高等院校会计专业本[
GAODENG YUANXIAO KUAIJIZHUANYE BE[

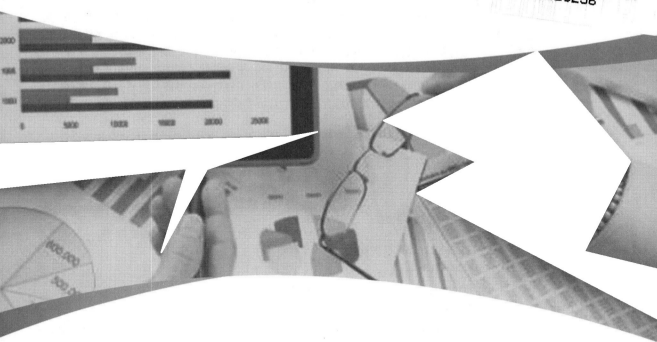

会计信息系统实验

KUAIJI XINXI XITONG SHIYAN

主 编 何家凤

重庆大学出版社

内容提要

本书是高等学校会计学专业会计信息系统课程的配套实验教材。全书注重会计信息处理方法、会计信息处理软件、案例分析三位一体化学习。本书主要内容包括会计信息系统及平台简介、系统初始化及总账系统、采购与应付系统、销售与应收系统、费用控制系统、固定资产系统、期末处理和年末结账等。全书基于金蝶 K/3 ERP 平台设计了 9 个实验,并基于 SAP ERP 平台设计了相关实验的拓展训练,着重培养学生对会计信息系统操作运行的基本实践能力。本书设计了制造企业与商贸流通企业的案例,目的是引导学生自主探索、研究实际问题,提高综合实践能力,培养科学探索精神,进而提高创新意识和创新能力。

本书通俗易懂,可作为高等院校会计学、财务管理、审计学等专业的实验教学教材,也可作为会计人员的专业岗位培训用书。

图书在版编目(CIP)数据

会计信息系统实验 / 何家凤主编. -- 重庆:重庆
大学出版社,2020.6
高等院校会计专业本科系列规划教材
ISBN 978-7-5689-2042-1

Ⅰ.①会…　Ⅱ.①何…　Ⅲ.①会计信息—财务管理系
统—实验—高等学校—教材　Ⅳ.①F232-33

中国版本图书馆 CIP 数据核字(2020)第 057802 号

高等院校会计专业本科系列规划教材
会计信息系统实验
主　编　何家凤
责任编辑:尚东亮　　版式设计:尚东亮
责任校对:万清菊　　责任印制:张　策

*

重庆大学出版社出版发行
出版人:饶帮华
社址:重庆市沙坪坝区大学城西路 21 号
邮编:401331
电话:(023) 88617190　88617185(中小学)
传真:(023) 88617186　88617166
网址:http://www.cqup.com.cn
邮箱:fxk@ cqup.com.cn(营销中心)
全国新华书店经销
重庆华林天美印务有限公司印刷

*

开本:787mm×1092mm　1/16　印张:10.75　字数:244 千
2020 年 6 月第 1 版　2020 年 6 月第 1 次印刷
印数:1—3 000
ISBN 978-7-5689-2042-1　定价:32.00 元

前言

当前社会已进入信息化阶段,随着互联网等信息技术的普及,人们对信息的需求比以往任何时期都更加强烈。同时随着 ERP 建设的深化,企业对传统核算型会计人员的需求日趋减少,而对能综合掌握会计与财务相关知识,适应现代社会发展需求的管理型会计人员的需求将日益增多。金蝶 K/3 ERP 适应我国国情,在实现财务、业务、生产的一体化管理,信息的无缝对接与集成方面已经非常成熟、稳定,在我国中小型企业中有较为广泛的应用。目前我国有不少的大中型企业集团在逐步转向使用德国 SAP 公司提供的 ERP 产品,进行整个集团的资源计划与信息集成。因此在掌握金蝶 K/3 ERP 的基础上,进一步了解基于 SAP ERP 的会计信息系统的设计与运作是非常重要的。

会计信息系统是一门实践性非常强的专业课程。本书以金蝶 K/3 ERP 为平台,基于企业模拟案例,通过系统初始化、总账系统、采购与应付系统、销售与应收系统、费用控制系统、固定资产系统、期末处理和年末结账等实验,诠释了会计信息系统关键子系统的实务操作流程,为学生进一步理解和掌握会计信息系统的理论、结构体系和方法提供有益的帮助。

本书在实验的编排设计上,采用贴近企业实际业务流程处理的方式进行编写,并对实验项目做了拓展训练。为此,本书在主体实验的安排上依托金蝶 K/3 ERP 平台,设计了一个制造企业的案例。在拓展训练中依托 SAP ERP 平台,设计了一个商贸流通企业的案例。本书的特色是通过案例贯穿全书,同时提供完整的业务数据来详细介绍会计信息系统关键子系统的功能和具体操作流程,不仅让学生理解和掌握国内主流 ERP 软件中会计信息系统的设计与运作,而且能初步了解和体验到全球应用最广的 SAP ERP 软件对企业业务的处理逻辑。这种对比和拓展性的实践学习,不仅能拓宽学生的视野,而且能提升其对会计信息系统理论和方法的认知。

本书是会计信息系统课程的配套实验教材,适用于高等院校会计学、财务管理、审计学等专业,也适合会计人员进行专业岗位培训使用。

本书由江南大学商学院何家凤老师负责总体结构设计与编写。金蝶国际软件集团有限公司和 SAP 大学能力中心(中国)为本书的编写提供了必要的软件和数据支撑。此外,本书在编写过程中,得到了许多专家和业内人士的帮助和支持,参考并借鉴了部分学者的成果。因为有了他们的辛勤劳动,才会凝结成本书的最终成果,在此谨对他们表示衷心的感谢!

由于编者水平有限,难免存在不足和错误之处,敬请读者批评指正。

编　者
2020 年 1 月

目录

第1章 会计信息系统及平台简介

1.1 会计信息系统概述

1.1.1 会计信息系统的概念

会计信息是用以描述会计事项,反映会计业务发生和完成情况,作为会计加工处理对象的信息。会计信息主要包括生产经营过程中产生的引起会计要素增减变动的信息。会计信息具有信息来源广,处理量大,关系复杂,综合性强,规范性要求严格,准确性要求高,可追溯性及可验证性强,周期性重复,及时性要求高,输出层次多等特点。

会计信息系统是企业资源计划系统(ERP)的子系统,是专门用于收集、存储、传输、加工会计数据,输出会计信息的系统。收集原始凭证是获取会计信息的过程;设置科目是对会计信息进行分类;填制记账凭证和记账处理是把原始的会计信息转换成有序的会计信息,并进行传递和存储;账簿和报表的查询则是综合的会计信息输出。会计活动的各个环节相互联系、相互衔接,实现了由原始会计信息到有序会计信息的转化过程。

会计信息系统的目标是为各级管理人员提供管理和决策依据,正确、及时、完整、全面地记录和反映会计主体经济活动的客观情况。如各种资产的增减变动情况,负债的取得和清偿情况,营业收入和成本费用的发生,利润的形成和分配情况等。

1.1.2 会计信息系统运行要素

会计信息系统是一个人机系统,其运行要素由系统人员、计算机硬件、计算机软件以及系统运行制度等构成。

1)系统人员

系统人员是会计信息系统的主体。其包括财会人员、系统管理人员、系统开发与维护人员等。没有一支高水平、高素质的系统人员队伍,再好的信息系统也难以稳定地、正常地运行。

1

2）计算机硬件

计算机硬件是进行会计数据输入、处理、存储、传输和输出的各种电子与机械设备。信息系统分单机应用和网络应用两种，其中网络应用又分局域网（Intranet）应用和广域网（Internet）应用。无论规模大小，单位都趋向于采用广域网应用。采用网络应用的企业应有服务器和终端机。采用集中数据管理模式时，企业的数据全部存储在服务器中，有的企业（如金融企业）需采用双功服务器。采用广域网应用的企业，不仅需要数据服务器，还要有网络服务器。

3）计算机软件

计算机软件包括系统软件和应用软件。系统软件包括操作系统、数据库管理系统等。

①操作系统：是计算机运行的最基础的系统软件。服务器若是微型机，一般采用Windows Server 系列操作系统，若是小型机或超微机，一般采用 UNIX 系列操作系统。终端机一般采用 Windows 系列操作系统。

②数据库系统：目前，应用最为广泛的是关系型数据库系统。它由众多的二维表构成，这些二维表称为数据库的基表，数据库管理系统包括 Oracle、SQL Server、Sybase、Unify、Informix 等。在我国，中小企业一般较多采用 SQL Server，而大型企业一般采用Oracle。

③应用软件：在企业中，一般是 ERP 系统，中小企业也可能单独使用会计软件。会计软件是专门用于会计信息处理的应用软件。没有会计软件的信息系统不能称为会计信息系统。

4）系统运行制度

系统运行制度是保证会计信息系统正常运行的各种制度和控制程序，如硬件管理制度、数据管理制度、岗位责任制度、保密制度等。

1.1.3　会计信息系统的开发方法

在信息系统的研发过程中，人们总结出多种科学方法，如结构化开发方法、原型法、面向对象开发方法、软件工程方法等。各种开发方法都有其不同的特点，都有各自的优点和不足。

1）结构化开发方法

结构化开发方法在开发目标与功能都比较明确的系统时，显示出了较大的优越性。它将信息系统开发的全过程划分为 6 个阶段，即系统调查、系统分析、系统设计、程序设计、系统测试和系统实施。要求系统开发工作分阶段、按步骤进行，每一阶段都有明确的任务、原则、方法，并形成相应的文档资料。结构化开发方法各阶段的主要任务及产生的文档如表 1-1 所示。

表 1-1　结构化开发方法各阶段任务及主要文档

系统开发阶段	主要文档
系统调查	系统调查报告、可行性研究报告、系统开发计划等
系统分析	系统需求报告、系统分析报告等
系统设计	系统设计报告,各项系统开发任务书等
程序设计	程序设计说明书,源程序清单等
系统测试	各项系统开发任务测试报告、使用说明书等
系统实施	系统实施报告、系统运行日志等

结构化开发方法的优点:适用于目标与功能都明确的大型系统,每一步都有明确的任务和详细的文档资料,系统中的每一个功能都以任务书的形式下达给程序员,程序员完成程序设计后,由测试人员进行测试检验,整个开发过程完全在计划的控制下有节奏、按步骤地进行。其不足是这种方法基于两个假定,一是系统的目标能反映用户的需求,二是系统的运行环境相对稳定。

2) 原型法

针对结构化开发方法的不足,人们提出了原型法。其基本思想是:在获得用户基本需求的基础上快速构造系统模型,然后演示这个原型系统,在用户参与的情况下,按用户合理而又可行的需求不断地修改原型。每次修改都使系统得到完善,直到用户满意为止。对系统的认知是在逐步加深的过程中完成的,而不是开始就试图预见一切。

会计信息系统开发时,原型法适用面不大,但原型法的思想是非常有用的,其原因在于即使系统目标确定,也会有设计和实现上的失误,或功能、数据结构、界面等具体目标的微调,这些都需要用原型法来加以实现。原型法的优点是开发周期短,见效快,可边开发,边使用,边完善,能适应多变的开发环境和用户需求。但如果初始原型设计不合理,则开发容易失控或陷入"头痛医头、脚痛医脚"的被动局面。

3) 面向对象开发方法

对象由属性集和作用于属性集之上的方法集组成,它把属性和方法封装在一起,属性集反映了对象的当前状态。面向对象开发方法有两类:一是通过返回对象当前属性来向外界反映对象的当前状态;二是通过改变对象的属性来改变对象的当前状态。面向对象开发方法把对象看成数据和有关操作的封装体,运用了类与继承的概念,用消息将对象动态地链接在一起,具有信息隐藏性等基本特征。

结构化开发方法、原型法、面向对象开发方法相结合的软件开发方法有很多,每种开发方法都有不同的特点,将不同的软件开发方法有机地结合起来,取各种开发方法的长处和优点,是进行技术攻关的可取路线。一般来说,会计信息系统的开发,以结构化开发方法为主线,运用原型法快速构造系统原型,不断完善直到满意为止。这里的原型是动态的,不断扩充,像滚雪球一样不断循环壮大,直到完成全部系统的目标。系统开发的每一步都采用面向对象的方法,特别是在程序设计阶段。

4)软件工程方法

软件工程采用工程项目管理的概念、原理、技术和方法来开发软件。它包括方法、工具和过程3个方面。软件工程方法包括结构化软件工程方法和面向对象软件工程方法。结构化软件工程方法是指,将项目管理与结构化开发方法相结合,用项目管理的理念、方法和工具来管理软件开发的全过程,也称为面向功能和数据流的软件开发方法。面向对象软件工程方法是指,将项目管理与面向对象开发方法相融合,尽最大可能采用先进技术来实施软件开发。这种方法已成为软件工程中的主流方法。"结构化软件工程方法"和"面向对象软件工程方法"是相互联系、相辅相成、统一的整体,其实,软件工程方法的实质就是各种方法的有效集成。目前几乎所有的软件开发都采用软件工程方法来实现。

1.1.4　会计信息系统的运行平台

会计信息系统的运行平台由硬件系统、系统软件、数据库管理系统3个主要部分组成。其中,硬件系统由服务器、终端机、网络布线等组成。系统软件主要是指网络操作系统(如 Windows 2000 Server、Unix 等)。数据库管理系统包括 Oracle、SQL Server 等。

在典型的信息系统运行平台中,企业信息系统通过 C/S 结构进行企业内部的信息共享,通过 B/S 结构进行内、外部信息共享。企业内部人员通过局域网可以获取企业内部信息。企业外部人员可以通过 B/S 结构访问企业内部信息。处在不同地域的企业人员也可以通过 B/S 结构相互访问各自的信息。

1.1.5　会计信息系统的开发工具

所有的会计软件都是用开发工具开发的,目前的主流开发工具包括 PB(Power Builder)、VB(Visual Basic)、Delphi、VF(Visual FoxPro)、C 语言、Java 等。这些开发工具除了具有结构化程序设计、面向对象程序设计等共同点之外,还各有其不同的特点。

①PB:Sybase 公司产品,是开发会计软件的首选工具。PB 与大型数据库进行数据交换具有明显优势,有数据窗口专利技术支持,具有与 Oracle、SQL Server、Sybase 等数据库连接的专用数据库接口,已成为 C/S 应用开发标准,能够高效地进行 C/S、分布式应用开发。在程序中可以嵌入动态 SQL 语句。

②VB:Microsoft 公司产品,是较好的工具。它方便灵活,提供与 Oracle、SQL Server 等专用数据库接口,能够高效地进行 C/S、分布式应用开发。采用 VB 与 Access 数据库开发软件时,程序中可以直接嵌入 DDL 语句。VB 与其他数据库连接时,程序中可以嵌入动态 SQL 语句。

③Delphi:Borland 公司产品。其程序结构沿用 Pascal 语言结构。提供与数据库连接的 BDE 专用接口,BDE 将应用程序与数据库隔离开来,使应用程序不受数据库变化的影响,无论数据库平台怎样更替,都不用改动应用程序。能够进行 C/S、分布式应用开发。

在程序中可嵌入动态 SQL 语句。

④VF:Microsoft 公司产品。VF 是集数据库与开发工具于一身的集成体,它既可以采用本身的数据库,也可以与其他数据库连接,其本身作为开发工具使用。提供与 Oracle、SQL Server 等数据库连接的专用数据库接口,能够高效地进行 C/S、分布式应用开发。采用 VF 本身的数据库开发软件时,程序中可以直接使用数据定义语句,VF 中的宏(&)命令为程序设计带来很大的灵活性。VF 是最灵活的软件开发工具。由于 DBF 类似于普通数据文件,极易被删改,安全保密性差,将被淘汰。VF 与其他数据库连接时,程序中可以嵌入动态 SQL 语句。

⑤C 语言:美国贝尔研究所研制,是开发系统软件的理想工具。系统软件(如 Windows)和工具(如 VB)都是用 C 语言开发的。C 语言的数据处理能力较差,一般不用 C 语言作为会计软件开发工具。用 C 语言开发应用软件的最大优点是稳定性高,可移植性强,不足是编程工作量太大。

⑥Java:Sun 公司产品,是开发基于 B/S 结构功能的有效工具。Java 程序可以在 Internet 环境下实现跨平台运行。Java 技术使用编程语言编写类,再以编写的类来封装产生动态网页,网页可以访问服务端的资源。Java 将网页逻辑与网页设计和显示分离,支持可重用的基于组件的设计,使基于 Web 的应用程序开发变得迅速、容易。

1.1.6 会计信息化的发展

1)发达国家会计信息化概况

欧美会计软件的应用非常普及,已融入 ERP 系统中,据估计有百余种 ERP 软件在市场上流通。概括起来,欧美 ERP 软件的基本状况如下:

①专用软件和通用软件并存,相互补充。专用软件是结合使用单位具体情况定点开发的软件,它能很好地适应使用单位的实际情况,但开发周期长,开发成本高。大型企业和特殊行业一般都应用专用软件;而通用软件投入使用较快,价格较低,主要应用于中、小型企业。

②软件市场竞争激烈。除了从事 ERP 软件研发的公司(如:SAP、Oracle 等)外,许多大型企业集团都有自己的软件公司,为本公司内部各部门和分公司服务,同时承接其他单位的软件开发项目。有些公司已建立了全球性或区域性的销售与服务网络。

③软件的开放性不断增强。可以应用于不同的软硬件环境。不仅可以在微机和局域网上使用,而且在 Unix、Windows 大、中、小型机和广域网上运行。

④软件规范引起重视。对软件的标准化和规范化都很重视。国际会计师联合会分别公布了多项有关会计信息系统的"国际审计准则"。

⑤财务、业务一体化管理(事件驱动)。传统会计流程下的数据处理方式是功能驱动的,对各项会计核算业务按照账务处理的功能模块顺序完成。业务活动发生后,在人工干预下,遵循一般会计处理准则,采用相应的会计方法进行事后处理,并输出最终结果。属于事后核算,从中看不到每项经济活动发生、执行与完成的全过程,不利于管控。

事件驱动的会计信息系统则按照多种可供选择的会计处理程序和方法,在执行业务事件的同时,实时触发事件驱动程序,从共享数据库中实时采集相关数据形成原始凭证,通过账务处理自动生成会计凭证、账簿、报表等,使物流、资金流、信息流同步,有利于企业对业务和信息的管控。

2) 中国会计信息化的发展

改革开放至今,我国的会计信息化大体经历了萌芽、产生、初步应用、推进与发展4个阶段,每一个阶段又包括实验探索、理论发展、应用推广等若干阶段。我国的会计信息化的发展历程呈现出了"前长后短"的特征,这就意味着我国的会计信息化的变革越来越快。

随着市场经济的高度发展,企业已不再是单纯的生产经营单位,投融资和资本运作提出了企业集团财务管理的协同管理模式,"会计信息化"这一概念也孕育而生。1999年4月,深圳市财政局与金蝶公司在深圳联合举办了"会计信息化理论专家座谈会",提出了从会计电算化走向会计信息化的观点。

(1)会计信息化的初步应用(2000—2002年)

以计算机网络为载体的信息高度共享、处理高度自动化、报告高度实时性的特点,使会计信息化在企业管理中迅速风靡。上海大众汽车有限公司于1999年8月实施了SAP的ERP系统,并根据中国会计和报表的实际情况,对财务系统进行了二次开发,使得财务系统在一定程度上符合"中国国情"。金融企业信息系统的快速发展有效带动了整个行业的会计信息化,尤其是银行业的报表系统所实现的实时性、自动性等功能在所有行业中名列前茅。同时,以用友、金蝶为代表的软件公司,也开始了真正的"网络财务"和ERP转型之路。

然而,这一时期的各行业会计信息化普遍存在以下问题:①重硬件投入,轻软件投入。②会计信息化还没有完全普及。③会计软件处理的内容仍以核算为主,管理功能较弱。④人才仍然缺乏,开发和使用ERP系统,需要大批既懂业务,又懂计算机专业知识的复合型人才。虽然近些年涌现出一大批这方面的人才,但距离社会需求还相差甚远。⑤会计信息化发展尚不平衡,大型企业与中小型企业,沿海企业与内地企业,金融企业、工业企业与其他行业之间,在应用深度和广度上都存在十分明显的差距。

(2)会计信息化的推进与发展(2002年至今)

随着会计信息化的发展,中国会计理论界也开始对会计信息化的理论进行深入研究。2002年起,中国会计学会每年都定期召开会计信息化年会,对会计信息化理论进行深入的研究与探讨。同时,政府也积极颁布法律和政策来推进会计信息化及软件产业的发展。2002年以来,财政部门允许地方对各单位甩账实行备案制,不再组织验收。2004年我国发布了《信息技术 会计核算软件数据接口》国家标准,从而建立了会计信息化的标准体系。

随着用友、金蝶等软件公司以会计信息化为核心的商业化软件更加规范化、成型化、实用化,会计信息化进入了推广应用的繁荣时期。用友公司先后推出了ERP_U8、NC等系列基于B/S架构的企业管理软件。2008年4月,用友公司正式向外界发布了UFIDA U9。同时,金蝶公司也推出了面向小企业的KIS和网络集团企业管理方案K/3。烟草行业根据其自身的企业特点和业务要求,很好地运用了网络会计,先后涌现出了安徽烟草、上海烟草等一批成功应用会计信息化的企业。相比起来小型企业的应用较为有限。

总之,中国会计信息化发展较快,特别是金融企业会计信息化已比较成熟,且网络化程度也较高。中国许多 ERP 系统就是在会计软件的基础上开发的。作为会计软件而言,国产 ERP 系统(如用友、金蝶等)是最好的软件系统,更加符合国人的财务管理理念和使用习惯,具有运用灵活、界面清晰、功能明确等特点。国产 ERP 都是由财务软件转型而来的,存在较多的缺陷和不足:各功能模块的数据仍以财务数据为主,而业务系统的非财务数据记录需要转换为财务凭证后再传递给财务系统,在及时性和完整性方面不能满足企业管理的需要,没有体现财务、业务一体管理的理念。

ERP 系统过度强调财务信息的重要性而忽视业务管理,导致 ERP 系统的实施应用局限于财务部门。这就造成了财务模块仅能满足编制财务报表的需要,却不能完全满足管理整个企业业务活动的需要。因此以功能驱动为导向开发出的国产 ERP 系统在集成性、实时性、信息的多维度采集等方面都存在不足。

1.1.7　会计信息化对会计实务的影响

1)账簿形式(载体和格式)的变革

会计信息化确立了电子账簿的主导地位。账簿是凭证分类汇总的结果,传统账簿格式有三栏式、多栏式、数量金额式、外币式等,并且要求在明细账中列示合计数和累计数。计算机可以对任何数据进行分组、组合,远远超出了传统的账簿格式。计算机可按条件定义任意组合凭证记录,如果要查某一账户的发生额及余额,可按条件定义直接查询该账户的发生额及余额。传统的账簿格式已被无格式但能进行任意分类、组合、汇总的形式所替代。

2)取消不必要的中间数据存储

中间数据是指"科目汇总表""汇总记账凭证""科目试算平衡表"等手工操作中的数据。手工处理时,编制并存储这些中间数据无非是为了试算平衡、登记总账和编制报表。分析会计信息系统中登账与报表生成的思路,完全可以用科目发生额与余额来登记总账或生成报表。

3)建立系统运行制度

传统的内部控制强调账证相符、账账相符、账表相符、账实相符,即"四符"。会计信息化后,前三者相符已不用担心。但计算机的数据可以不留痕迹地被修改或窃取,因此,应建立职权控制、运行控制、保密控制等制度。会计软件本身也应设计完善的安全机制,包括网络安全、系统安全、角色控制、功能控制和数据控制等。

4)建立国家会计数据中心

自 2013 年 4 月《网络发票管理办法》正式实施,全国各地的网络发票推进速度明显加快。电子发票经过税控防伪系统鉴别真伪后自动进入企业 ERP 系统生成记账凭证,并将电子发票传递给国家会计数据中心,作为审计线索发送给公共信息平台,有助于国家对企业业务的验证和监控,披露出真实的会计信息。XBRL(可扩展商业报告语言)提供了标准化数据格式,为报告的内容提供了标准框架,有助于信息的比较。建立会计资源数据仓库,进行数据挖掘和分析,可对行业的收入、成本、利润、费用等进行比较分析、区域市场分析等,从而发现经济的近期和远期规律,以控制行业风险、挖掘市场潜力。

5)促进审计工作的现代化

会计信息化后,审计制度与方法必将随之变革。审计信息化一直落后于会计信息化。审计信息化包括两方面:一是对会计信息化后的财会业务予以审计;二是借助审计软件对财会业务予以审计。会计信息化后,审计机关可以通过国家会计数据中心对企业的会计数据进行审计。

1.2 会计信息系统基本功能与流程

1.2.1 会计信息系统的组成

会计信息系统按照单位类型可以分为工业企业会计信息系统、商业企业会计信息系统和行政事业单位会计信息系统等。商业企业会计信息系统与工业企业会计信息系统的主要区别是,工业企业的供产销过程比较重要和复杂,有专门的成本核算模块,供产销系统是核心。商业企业有关原材料的核算很少甚至没有,固定资产管理要求比较简单,成本计算方法简单。所以一般没有成本核算模块,但商品采购、存货管理、销售业务等方面工作量比较大,所以,商业企业的购销存系统是核心。

会计信息系统一般遵循可拆装性、高内聚低耦合、通用化、与管理职能相适应等原则来进行划分。狭义的会计信息系统是指从凭证、账簿到报表的会计主体核心业务的部分,主要包括系统管理、凭证管理、出纳管理、账簿管理、报表管理等;而广义的会计信息系统除包括狭义的会计信息系统外,还包括与财会紧密相关的业务管理系统,主要包括工资管理、固定资产管理、成本管理、采购管理、销售管理、应收与应付管理、存货管理、会计报表、财务分析等。图 1-1 反映了会计信息系统各子系统之间的关系。

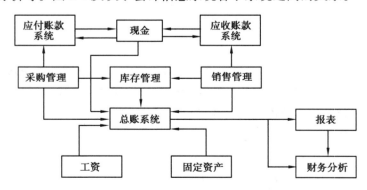

图 1-1　会计信息系统各子系统之间的关系

1）总账系统

总账系统也叫账务处理系统，它是会计信息系统的核心。会计信息系统的其他子系统一般是核算和业务管理系统模块。总账系统以会计凭证为原始数据，实现凭证的输入、修改、审核、记账、查询及期末账务处理等工作。其主要作用是管理账簿和有关按科目分类的指标。

2）工资核算系统

工资核算系统主要是计算职工的应发工资、实发工资，计提有关费用，代扣款项，并将工资费用进行分配，并根据工资核算处理结果自动编制有关工资费用的转账凭证传递给总账系统。

3）固定资产系统

固定资产系统主要用于固定资产明细核算及管理。该系统主要实现固定资产卡片管理、固定资产增减变动核算、折旧的计提与分配等，并自动生成有关固定资产增减变动的转账凭证传递到总账系统。

4）采购系统

采购系统与应付账款系统及库存管理系统完全集成。能及时准确地反映采购业务的发生、货款的支付等情况。实现对采购成本、采购费用、采购税金的核算，并根据相关处理结果，自动编制转账凭证传递给总账系统。

5）库存管理系统

库存管理系统从采购与应付系统获得存货增加的数量及取得成本，以反映存货数量的增加数和购进存货的成本。库存管理系统从销售及应付系统获得存货发出的数量，以反映存货数量的减少数，得出期末存量。库存管理系统通过与采购、生产和销售系统的高度集成，能及时反馈存货动态信息，生成各种报表。在按计划成本计价的情况下，自动计算和分配材料成本差异和商品进销差价，进行成本计算，生成成本差异明细账、暂估材料明细账等。根据各部门各产品领用物料情况，自动进行物料费用的分配，生成物料费用分配表。取得购进存货的成本及生产用料情况，才能正确核算出已销售商品的成本和期末存货成本，并根据商品存货出库等情况，自动编制转账凭证传递给总账系统。

6）销售系统

销售系统与应收账款系统及库存管理系统完全集成，能及时准确地反映销售业务的发生，通过发票及收款单的录入、修改及记账情况，实现对销售收入、销售费用、销售税金、销售利润的核算，并根据相关处理结果，自动编制转账凭证传递给总账系统。

7）应收账款系统

应收账款系统完成各应收账款的登记、冲销工作，动态反映各客户信息及应收账款信息，并可进行账龄分析和坏账估计。应收账款系统与销售系统、库存管理系统完全集成。其主要包括客户管理、发票管理、账龄分析等基本功能。

8) 应付账款系统

应付账款系统完成各应付账款的登记、冲销,及应付账款的分析预测工作,及时反映各流动负债的数额及偿还流动负债所需要的资金。应付账款系统与采购系统、库存管理系统完全集成。其主要包括供应商管理、发票管理、支票管理、账龄分析等基本功能。

9) 会计报表系统

会计报表系统实现各种会计报表的定义和编制,包括资产负债表、利润表、现金流量表和会计管理报表,并可进行报表分析和报表汇总。会计报表系统的主要功能有新建报表,报表格式定义,报表单元数据来源及计算公式定义,报表合并、汇总、查询及输出等。报表系统编制上报的数据基本能从总账系统各科目的余额、本期发生额、累计发生额等数据项目中获取。

10) 财务分析系统

财务分析是在核算的基础上对财务数据进行综合分析,一般功能有预算分析、对比分析、图形分析等。其数据来源也主要是总账系统。

1.2.2 会计信息系统的核算方法

会计信息系统的核算方法是在会计信息系统中,对经济业务进行系统、完整、连续的记录和计算,为经营管理提供必要信息所应用的方法。

1) 建立账套

在应用会计信息化软件开展会计信息管理工作之前,先要在系统中建立当前会计主体独立使用的账套。账套就是会计核算单位记录一套账务数据所用的电子文档的集合。在系统中可以为多个企业或一个企业的多个独立核算单位分别建账。其功能包括账套的建立、修改、删除、引入、输出、参数设置等。在建立账套时,一般至少需要确定账套编号、账套名称、行业及会计制度、起始会计期间、编码方案等参数。

2) 基础设置

基础设置就是在账套建立的基础上,全面构建会计的核算体系,主要包括设置操作人员及编码体系的构建,如会计科目代码、部门代码、往来单位代码、人员代码、物料代码等。

3) 业务初始化

业务初始化就是输入初始余额,将原来已经存在于旧系统的业务初始数据转入新的信息化系统中,如会计科目期初数据、固定资产期初数据、应收应付期初数据等。业务初始化设置完成后,需要启用账套,启用账套后才能进行日常业务处理。在结束初始化进入日常业务处理后,一般不允许再修改初始设置的相关信息。

4) 填制凭证

填制凭证是会计信息系统业务处理的核心之一,它是会计信息的上游系统和数据入口,因此,要确保数据处理的正确性和操作的方便与高效性。凭证管理的主要功能包括凭证的录入、修改、查询、汇总、审核、记账等,另外还包括常用摘要维护、常用凭证管理、期末自动转账凭证的定义与生成等。凭证的录入一般有两种主要方式,一是直接在系统中填制凭证,二是自动转账生成凭证。在会计信息系统中填制凭证时,凭证中各数据项会根据类型、范围和勾稽关系进行有效控制。如会计分录中的会计科目必须在设置的会计科目表中已经存在,并且是最底层的明细科目。根据当前科目的属性确定是否具有辅助项目,如往来单位、结算单据号等。自动转账分为两个层次:一个层次是在总账系统中定义并使用的自动转账;另一个层次是在各个子系统中定义和使用的自动转账,如工资系统中进行的工资费用分配,固定资产系统中进行的资产折旧计提等。

5)登记账簿

账簿管理的主要功能包括科目账表、部门账表、往来账表、项目账表等的管理。账簿管理应能按各种不同的要求,快速地生成各种格式的总账和明细账,并能按用户定义的各种组合条件生成各种发生额与余额表,以及各种辅助账表等。登记账簿主要是更新相关科目的发生额和余额,真正的会计账簿一般是在账簿查询时生成。

6)期末结账

结账分为月结和年结两种。月结是在每月月底进行,不仅要结转各账户的本期发生额和期末余额,还要进行一系列的处理。如检查本月的记账凭证是否全部审核和记账;检查科目之间有关数据是否平衡,相关辅助账是否进行了处理,其他各业务子系统是否结账等。年结是指系统自动产生下一年度的初始数据文件,如会计科目余额及发生额文件、记账凭证文件等,并结转年度余额,同时自动对各业务子系统的数据进行跨年度连续使用的处理。

7)编制会计报表

报表管理的主要功能包括标准报表模板、报表格式定义、报表公式定义、报表数据管理、报表汇总等。报表管理是通用系统,它不仅可以处理会计信息系统的财务报表,而且还可以处理各业务管理系统的报表,可以读取不同账套的数据,对不同账套的财务报表进行汇总、合并等。

在会计软件中,编制会计报表分为两个步骤。第一步是设计会计报表格式,定义数据来源计算公式;第二步是在具体会计期间,自动生成当期会计报表的结果。设计完成的会计报表可以长期使用,每年可根据新的科目设置、业务变化做相应的变动。

1.2.3　会计信息系统的处理流程

1)计算机会计数据处理流程

手工核算有多种数据处理流程,都是围绕减少或分散工作量,便于人员分工,提供会计信息而产生的。为了满足会计期末及时编制会计报表的需要,必须将大部分工作分散到日常工作中完成,因此,需要将从凭证到报表的数据处理过程分解为若干工作步骤,每一步骤都产生一些中间数据(如科目汇总表、汇总记账凭证、日记账、明细账、总账等)。记账凭证是账簿、报表的数据源,所有凭证的信息量等于各种明细账、总账、报表所含信息量的总和,各步骤存储的会计信息只不过是对记账凭证的重复存储而已。这种逐步转抄、重复存储,极易导致数据的不一致,因而产生了账证、账账、账表核对的需要。手工方式劳动强度大、重复数据多,信息输出的及时性和准确性都很差。

会计信息系统的数据处理流程的基本思想是:第一,利用计算机快速处理数据的特点,将大部分数据存储改为数据流,即以快速的数据加工取代中间数据存储;第二,变分散处理为实时处理,利用计算机快速处理能力,将手工长时间、分步骤的核算过程转变为可瞬间完成的程序运行过程;第三,变分工协作为集中处理,即不需要考虑采用分工协作方式来分散工作量的问题。计算机会计数据处理流程如图1-2所示。

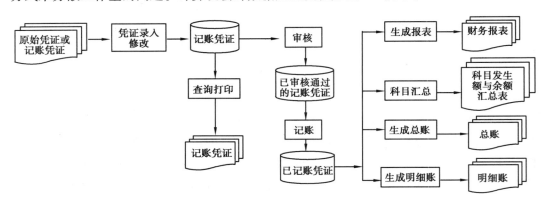

图1-2 计算机会计数据处理流程图

2)融入 ERP 的企业会计信息系统

当前,多数小微企业的会计业务处理一般依托的是会计核算软件,通常只有账务、报表、工资、固定资产等最基本的模块。在规模稍大一点的单位,增加有立足于财务角度的进销存模块和应收应付等模块。实际上,独立的会计业务处理软件与 ERP 系统在设计思想、功能和处理流程、对管理的提升等方面存在很大差异。ERP 的管理范围涉及企业的整体供需过程,是对企业运作实施的全面管理。ERP 的基本结构如图1-3所示,其反映的企业生产运作过程为:客户将对产品的需求传递给企业的销售部门,销售部门将客户的需求传递给生产部门。生产部门安排和组织生产,并将生产所需的原材料需求信息传递给采购部门,采购部门将企业的材料需求传递给供应商。供应商将原材料供应给企业,企业将原材料投入生产,生产出产品销售给客户。客户的资金流向企业,企业将资金投入到销售、生产和采购等各项事务中。整个过程贯穿着财务和成本管理,是一个信息流、工作流、资金流、物流、增值流的动态的发展过程。

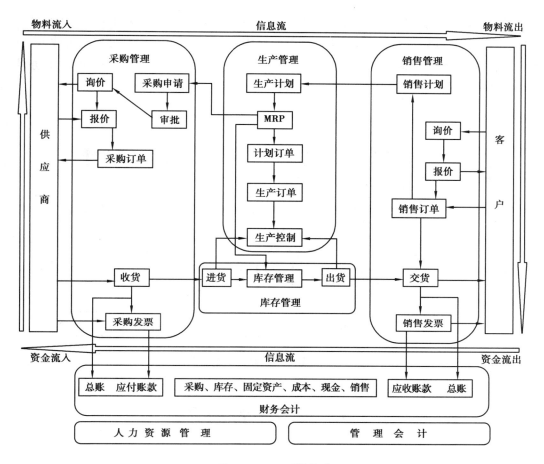

图 1-3 ERP 系统构成

ERP 系统一般通过财务管理、资产管理、销售管理、采购管理、库存管理、生产管理和人力资源管理等对企业的整个资源进行有效的整合。会计信息系统是 ERP 系统的一个组成部分,可以单独运行,也可以与 ERP 其他模块集成运行。在会计信息系统单独运行的情况下,一般主要是针对企业业务单据编制凭证手工输入系统,系统再进行汇总和分析。在这种情况下,会计人员大部分的时间仍然要面对烦琐的凭证录入工作而无法将时间用在管理工作上。而事实上,财务信息的结果来源于供产销等活动。制造企业通过物流的增值来体现自身的价值,围绕整个物流增值过程的供应链管理的核心基础是产品的属性、产品的结构(BOM)和产品的生产工艺。ERP 正是以此为核心,进行整个供应链的管理和规划,并通过凭证接口等方式与财务集成,将供产销等业务数据及时、准确地转化为会计所需要的信息,从而对企业的经营过程进行控制。ERP 中企业的业务以流程为导向,如图 1-4 所示,会计信息通过 ERP 中的自动凭证制作系统将这些流程紧密集成在一起,针对不同的业务类型自动触发会计业务事件,而这些会计业务事件对应的凭证已经预先定义会计科目和相关参数,所以当业务发生时,系统自动产生会计凭证,并自动记录有关账簿。在以业务为导向的信息系统中,所有的会计数据的产生是与业务活动联系在一起的,会计人员的工作内容就是对这些凭证进行审核或由系统自动审核,这样就极大地减轻了会计人员的工作量,他们可以将时间集中在管理工作中,如在分析销售收入、成本和销售毛利时,可以从客户类型、产品、销售流向区域、销售部门、业务员业绩、业务计划等多角度来分析销售情况。

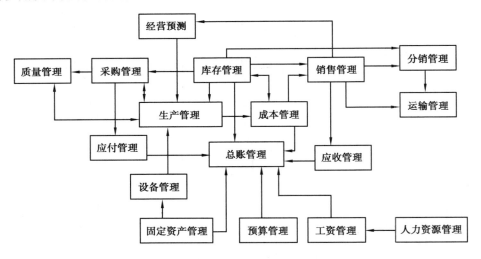

图 1-4　ERP 系统各模块之间的关系图

1.3　实验平台简介

1.3.1　金蝶 ERP

1)金蝶的历史及发展

金蝶国际软件集团有限公司("金蝶国际"或"金蝶")始创于 1993 年,是香港联交所主板上市公司(股票代码:00268.HK),总部位于中国深圳。1996 年金蝶成功发布中国第一个基于 Windows 平台的财务软件——金蝶财务软件 V2.51 For Windows,同年被中国软件评测中心确认为中国首家优秀级 Windows 版财务软件。全球化和信息化浪潮来势汹涌,信息成为企业发展的重要战略资源。全球化竞争压力迫使企业必须及时、全面、准确地掌握信息。金蝶作为向企业管理软件进军的先锋,借助 ERP 向企业传递先进的管理思想,助力中国企业积极应对经济全球化挑战。1997 年,金蝶在业内首创 32 位决策支持型财务软件,在国产 Windows 版财务软件评测活动中获总分第一,引领中国财务软件由核算型向管理型的历史飞跃,开辟中国财务软件决策支持新纪元。1998 年 5 月,引入国际数据集团(IDG)2 000 万元人民币的风险投资,成为我国财务软件产业首家引入风险投资的公司,并正式宣布全面进军企业管理软件市场。

随着中国政府将云列入国家重点扶持的战略性新兴产业,金蝶积极推进云管理,充分发挥社交网络、移动互联网、云计算等新兴科技力量,致力于成为全球领先的云管理服务商。2010 年金蝶系随手记 App 发布,2 周后便位居 iPhone App 中国区的财务类 App 第二。国际调研机构 IDC 数据显示,金蝶不仅连续 14 年稳居成长型企业应用软件市场占有率第一,更连续 2 年在企业级 SaaS 云服务市场占有率排名第一。金蝶旗下的多款云服务产品获得标杆企业的青睐,包括金蝶云·苍穹(划时代大企业云服务平台)、金蝶云·星空(中大及成长型企业创新云服务平台)、金蝶精斗云(小微企业的一站式云服务)、云之家(智能协同办公云服务)、管易云(电商行业云)及车商悦(汽车经销行业云)等。金蝶通过管理软件与云服务,已为世界范围内超过 680 万家企业、政府等组织提供服务。

2)金蝶的市场领域

(1)云服务

基于云计算的全面业务管理解决方案,帮助企业超越传统 IT 架构界限,推动企业转型与发展。其云服务包括移动办公云之家、大中型企业云服务金蝶云、小微企业云服务精斗云、电商云管易云。

(2)管理软件

寻找合适的产品和支持方式,满足企业的业务需求,并最大化投资回报。其管理软件包括面向集团型企业的金蝶 EAS、面向大中型企业的金蝶云、面向中小型企业的金蝶 K/3WISE、面向小微企业的金蝶 KIS。

(3)行业解决方案

根据企业的独特流程和需求,查找量身定制的行业特定软件、最佳实践和基准指标。其行业解决方案包括房地产解决方案、鞋服行业解决方案、汽车 4S 解决方案等。

(4)领域解决方案

从商务和财务到销售与服务,金蝶的解决方案覆盖所有业务线。深入了解面向企业所在业务线部门的解决方案组合,连接所有数据,驱动成功。其领域解决方案包括财务共享、协同管理(OA 系统)、产品生命周期管理(PLM 系统)、人力资源管理(S-HR)及其他领域解决方案。

3)金蝶 K/3 ERP 系统

金蝶 K/3 ERP 管理软件能够帮助企业高效整合内外部资源,实现企业规范管理;支持企业通过物料需求计划、物料替代策略,将销售订单转化为生产订单、采购订单和委外订单,实现产、供、销协同,提高订单履约率和供货及时率,精准业务分析,助力管理者实时掌控运营情况,提高企业管理水平。金蝶 K/3 ERP 能够提供财务业务一体化解决方案,其主要模块包括网店管理、供应链管理、生产管理、成本管理、财务管理、人力资源管理、商业智能等。

1.3.2　SAP ERP

1）SAP 的历史及发展

SAP 公司（纽交所代码:SAP）成立于 1972 年,总部位于德国沃尔多夫市,在全球拥有 6 万多名员工,遍布全球 130 个国家和地区,并拥有覆盖全球 11 500 家企业的合作伙伴网络。作为全球领先的企业管理软件解决方案提供商,SAP 帮助各行业不同规模的企业实现卓越运营。从企业后台到公司决策层、从工厂仓库到商铺店面、从电脑桌面到移动终端——SAP 助力用户和企业高效协作,获取商业洞见,并从竞争中脱颖而出。SAP 的软件和服务能够帮助客户实现营利性的运营,不断提升应变能力,实现可持续的增长。全球 188 个国家和地区的 232 000 家客户正在从 SAP 解决方案中获益,其中包括财富 500 强 80% 的企业及 85% 最有价值的品牌。

SAP 于 1992 年进入中国,1995 年中国子公司在北京正式成立,即思爱普（北京）软件系统有限公司,并陆续建立了上海、广州、大连、成都、武汉、深圳、南京等分支机构。24 年间,SAP 本着将国际先进的管理知识同中国实际相结合的宗旨,充分满足了中国企业追求管理变革的需求,目前已拥有近 6 000 家客户,其中 80% 为本地客户。

SAP 以信息技术为核心,不断推出适应企业管理需求和符合企业行业特点的商务解决方案,并会同合作伙伴帮助中国企业进行管理改革,增强竞争力。在中国扎根多年来,SAP 的市场份额快速增加,年度业绩迅猛增长。SAP 在中国拥有众多的合作伙伴,包括 IBM、埃森哲、凯捷、HP、毕博、德勤、石化盈科、东软、神州数码等。SAP 在众多的项目中与这些合作伙伴密切合作,将先进的管理理念和方法转变为切实帮助中国企业成功的现实。

长期以来,坚持不断创新和持续发展使 SAP 当之无愧地成为了行业的领军者。SAP 一直基于领先的产品技术、丰富的实践积淀和优质的保障服务,为中国企业提供企业应用、商务分析、移动商务、数据库及技术平台和云计算五大业务领域的企业管理解决方案,以满足不同行业、不同规模和不同类型企业的信息化及管理变革需求。

2）SAP 的市场领域

（1）企业应用

SAP 在企业 IT 行业居市场领导地位,拥有 24 个行业和 11 个业务线的标准化产品。SAP Business Suite（商务套件）助力优化企业核心业务流程,包括财务、市场、人力资源和采购;快速部署解决方案,可在几周时间内实现迅速部署。

（2）商务分析

SAP 是商务分析（商务智能）领域的市场领袖,引领实时分析技术,随时随地帮助企业实时探索和发掘数据,并寻找解决业务问题的答案;胸有成竹地制定决策,预测未来趋势。

（3）移动商务

SAP 软件能够为用户实现移动业务，随时随地向任何人提供安全、实时的关键业务信息，任何设备和任何操作系统都可以安全地实现移动性接入。SAP 拥有 6 000 万移动商务用户，处于市场领先地位。

（4）数据库及技术平台/SAP HANA

SAP 数据库解决方案借力内存技术、云计算和移动化技术，简化 IT 架构，将低价值基础架构转变为高价值创新，在各种复杂、实时、结构化或非结构化数据源中，解决特殊的数据难题。SAP HANA 是可运行所有 SAP 解决方案的技术平台，已成为实时计算技术的领航者，是传统数据库运行速度的 1 万多倍（数据分析）。

（5）云计算

在与企业预置型解决方案全面集成的同时，云计算能节约成本，提高业务运营速度及可扩展性，还让员工享有充分的自主力，能够与客户密切互动，并与业务网络中的合作伙伴通力协作。SAP 拥有最庞大的云计算用户群，是业务网络的市场领导者。

3）SAP ERP 系统

随着 SAP 产品的逐渐升级与发展，SAP ERP 产品由 SAP R/2 到 SAP R/3，再到 SAP ECC（SAP Enterprise Central Component）。本书所使用系统就是基于 SAP ECC 系统展开对核心部件系统中 FI/CO 两个功能模块的实践。SAP ECC 主要包括的模块有 FI、CO、AM、MM、SD、PP、QM、PM、HR、PS 等模块。这些模块之间相互实时集成，使得部署 SAP 系统的企业可以实现实时、动态的管理。

1.4　案例背景

1.4.1　无锡运河食品有限公司案例

无锡运河食品有限公司是本书基于金蝶 K/3 ERP 平台进行会计信息系统各子系统介绍中使用的案例。无锡运河食品有限公司位于风景秀丽历史悠久的江南文化名城无锡，是一家集食品加工贸易于一体的公司。公司生产的主要产品为花色年糕及团子，同时公司代理地方特产麦饼和茶叶。公司面向全国销售，但目前的主要销售对象是江浙沪地区的批发及零售商。公司现有正式员工 22 名，在旺季需要雇用临时员工。公司产品生产的工艺流程主要是，原料入库后经过预处理，然后在泡米间、碾米间进行处理后，转入团子间和蒸煮间。团子间产品经过加工处理后直接进入包装间。在蒸煮间对物料进行传统工艺加工处理后，转入切糕间，在切糕间加工后转入包装间，包装间完工的花色年糕和团子最后入成品库。

图 1-5 为公司组织架构图。

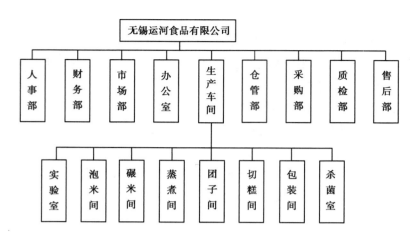

图 1-5 无锡运河食品有限公司组织架构图

公司近年来经过业务流程重组和信息化改造,将生产车间整合为年糕间、团子间、包装间,并引入金蝶 K/3 WISE 系统进行信息化数据处理。

1.4.2 无锡特产贸易公司案例

无锡特产贸易公司案例是本书基于 SAP ERP 平台进行拓展训练中使用的案例。无锡特产贸易公司为一家初创公司,公司相关参数从系统已有公司进行拷贝。公司目前主要业务包括采购特产产品,通过自身渠道销售特产产品。暂时没有生产、外协加工等业务。从财务分析角度看,需要关注该公司总账、应收、应付、固定资产等业务以及相关报表等信息。从成本费用控制角度看,需要关注该公司成本费用的归集与分摊、折旧的计提与归属以及作业成本核算与控制等内容。作为一家初创公司,随着公司业务的不断成长,未来将引入更多业务单元,财务与成本控制方面的内容也将更为多样。

第 2 章　账套的建立

2.1　实验目的与要求

本单元实验的主要目的,是让学生掌握如何在 ERP 系统中创建新的会计主体账套,并进行有效的账套管理。

①理解账套与用户组的含义和作用;

②掌握 ERP 系统中账套建立的步骤与方法;

③学会建立账套、用户分组,并进行有效的账套启用、授权、备份、恢复等管理。

2.2　知识准备

1)账套

账套是在计算机会计信息系统中,为每一个独立核算单位建立的一套账簿体系的数据库文件。企业可为每个独立核算单位建立一个账套,如总公司下属多个分公司,而某些公司需要独立核算,这就需要建立多个账套。各账套之间是独立的,互不干扰。但报表管理系统可读取不同账套的数据,可对不同账套的报表进行汇总、合并等。

2)用户管理

即对用户使用某一具体账套的权限进行控制,控制哪些用户可以登录到指定的账套中,通过用户管理,可以对账套中的哪些子系统、哪些模块或者哪些单据,甚至单据中的哪些项目,有使用或者管理的权限。

系统管理员拥有所有的权限,对用户的管理一般由系统管理员组的人员负责。账套主管只对所在账套拥有管辖权。

2.3　实验基本处理流程

账套建立的基本处理流程如图 2-1 所示。

图 2-1　建账基本流程

2.4　实验背景

【背景 1—账套的建立】

单位名称:无锡运河食品有限公司。

单位简称:运河食品。

单位地址:无锡市滨湖区锦西路 99 号江南大学科技园。

联系电话:0510-85189107。

账套号:01.01。

账套名称:运河食品。

数据库实体:默认。

采用默认账套路径。

数据服务器及验证模式:SQL Server。

SQL 用户名:SA;口令:SA。密码会因 SQL Server 安装时设置的密码而改变。

账套启用会计年度为 2018 年;启用会计期间为 10 月。小数位 2,选择"凭证过账前必须审核"。

【背景 2—用户管理】

1)用户分组

用户分组及功能权限资料如表 2-1 所示。

表 2-1　用户分组及功能权限

用户组	说明	功能权限
Administrator	系统管理员组	所有权限

用户组	说明	功能权限
总账组	非业务类凭证制作、企业往来账管理、个人往来账管理、会计报表制作等	基础资料、数据引入引出、系统参数配置、总账、报表、财务分析、现金管理、现金流量表、应收账管理、应付账管理
Cashiers	现金管理等工作	基础资料查询权、现金管理应收账管理、应付账管理
采购组	物料采购管理	基础资料查询权、供应链系统公共设置、应收账查询权、应付账查询权、采购管理系统
仓库组	各种出入库业务、库存盘点等业务	基础资料查询权、供应链系统公共设置、仓存管理系统、采购管理、销售管理
销售组	商品销售管理	基础资料查询权、供应链系统公共设置、应收账查询权、应付账查询权、销售管理系统

2）操作人员明细资料

会计工作分工和各岗位权限如表 2-2 所示。各操作员密码初始设置均为空。

表 2-2　会计岗位分工

操作员姓名	权限说明	权限属性	操作员组
王博	账套主管	可以进行业务操作;具有用户管理权限	Administrators
王亚兰	日常业务处理工作	可以进行业务操作	会计组
朱艺伟	现金管理相关工作	可以进行业务操作	Cashiers
沈艺科	采购业务有关工作	可以进行业务操作	采购组
曾进舒	销售业务有关工作	可以进行业务操作	销售组
徐小东	库存业务有关工作	可以进行业务操作	仓库组

在以下的实务操作过程中,王博进行系统初始设置。为了简化流程,将主要以王亚兰完成各业务处理,审核、记账的工作由王博完成。实际工作中则按照具体岗位完成相关业务。

2.5 实验过程

【账套的建立】

步骤 1 建立账套

执行路径:【所有程序】—【金蝶 K/3 WISE】—【金蝶 K3 服务器配置工具】—【账套管理】。

在"账套管理登录"窗口,初次使用时,用户名为:Admin,无密码。

在"金蝶 K3 账套管理"窗口,选择【数据库】—【新建账套】。

在"新建账套"界面,请注意按照案例场景输入相关信息。可以建立组织机构:01 运河食品有限公司,并在该组织机构下,建立账套:01.01 运河食品。其中,"账套号"按照要求设置,"账套类型"选择"标准供应链解决方案"。数据库文件路径与数据库日志文件路径一致。"系统账号"选择 SQL Server 身份验证。其余选择默认值。

步骤 2 启用账套

在"账套管理"界面,选择【属性设置】,在【系统】页的"机构名称"文本框中输入单位名称和相关信息。在【总账】页选择"凭证过账前必须审核",记账本位币代码"RMB",小数点位数为 2。在【会计期间】页,调整会计年度为 2018,启用会计期间设为 10 月。在系统提示"确认启用当前账套吗?"选择"是",启用账套。

步骤 3 账套备份

在"金蝶 K3 账套管理"窗口,选择【数据库】—【备份账套】,可以进行账套的备份工作。一般选择备份方式为"完全备份",备份路径为自己定义的文件路径。备份完成后,显示已备份完成结果提示。在指定路径下,生成两个文件" * .BAK"和" * .DBB"。

步骤 4 账套恢复

在"金蝶 K3 账套管理"窗口,选择【数据库】—【恢复账套】,再选择数据库服务器。找到备份文件,再选择要恢复到的目录,并设定账套号和账套名称,完成账套的恢复工作。

注意:账套恢复时,账套号、账套名不能重复。通过账套的备份和恢复,可以将账套转移到其他版本相同的机器上进行操作。

步骤 5 账套的管理与维护

在"金蝶 K3 账套管理"窗口中,可以进行密码修改、账套备份、账套恢复、账套删除等相关的账套维护工作。

账套删除时提示"无法删除,正在使用中",可以通过"取消账套注册"解决。

在没有正常退出金蝶 K/3 WISE 的情况下,关闭了操作系统,或者任务暂时没有执行完,使得运行的任务一直标记为运行状态,从而导致在系统中使用某些功能时,出现"你当前使用的功能与其他用户冲突,目前无法使用!"对于这种情况,解决方法是在"金蝶K3 账套管理"窗口,选择【账套】—【网络控制】—【控制】—【清除当前任务】,或者使用工具按钮直接清除。

【用户管理】

步骤 1　建立用户组

执行路径:【所有程序】—【金蝶 K/3 WISE】—【金蝶 K3 服务器配置工具】—【账套管理】。

登录进入后选择"账套"—"用户管理",进入"用户管理"窗口。系统中预置了初始用户,在系统设置时可以直接使用。选择"新建用户组"功能按钮,完成用户组的建立。依次建立会计组、出纳组、采购组等。

用户组的主要作用除了方便管理外,就是方便对多个用户进行集中授权。系统管理员组(Administrators)具有最大限度的操作权限,隶属于这个组的组员具有所有的功能权限,可以查询所有数据和报表。除此以外的其他各组的权限都与 Users 组一样,需要通过"权限设置"进行明细授权。

步骤 2　用户组授权

选定需要授权的用户组,然后单击"功能权限管理"按钮,选择需要授权的功能,选择完毕后,单击"授权"按钮完成对该组的授权。

查询权:只允许用户查看系统中的数据。

管理权:用户不仅可以查看,还可以新增、修改、删除系统的数据。

"高级"按钮:进行更加明细的功能授权。

步骤 3　设置用户

选择"用户管理"—"新建用户",可增加操作人员。

认证方式选择"密码认证",初始密码为空,操作者正式使用后,可以重新设置密码。

权限属性按照案例资料内容进行设置。在"用户组"页,可以将用户分配到相应的组。

在用户表下双击某用户,可以查看该用户的属性,如果勾选"此账号禁止使用",则取消其进入系统的权利。

步骤 4　用户授权

权限的设置既要达到权限约束的目的,又不能过于细致,否则可能导致效率降低。

若要进行细化的授权,在选择某个用户后,单击鼠标右键,在弹出的快捷菜单中选择"功能权限管理"—"高级",进行某个功能的详细授权。

在用户组的基础上再进行个人授权,其功能是在原来权限基础上进行增加,使得同一组中个别操作员有不同的权限。

要查看每个人的权限,可以选择该用户后,单击"功能权限浏览"。

2.6 思考与练习

练习建立自己的个人管理账套,并以该个人管理账套进行后续相关练习。

①账套号(具体实验中请按老师要求进行)

在没有要求的情况下,按照以下方式进行:

方案一

机构编号:组号   账套号:组号.组内编号

方案二

不设组织机构,账套号:年份(二位)+班级号(二位)+学号(后二位)

②账套名称:运河食品+账套号

③用户

在完成实验过程中请用自己的中文名字(汉字)替代王亚兰,用自己的名字的全拼或者自己的昵称替代王博。

2.7 拓展训练

步骤 1   SAP 系统登录

在 SAP 系统登录界面,按照教师提供的系统登录信息,选中链接后登录,并进行相关设置和维护。如登录系统的维护信息如下。

应用服务器:211.71.76.18

系统标识:G04

实例编号:02

client:211

用户名:GBIALL-001 至 GBIALL-100

密码:aisjnu

注意每批次练习时,登录维护的信息不一样,请根据指导老师提供的信息进行维护。

初始密码输入后,需要重新设定自己的密码。密码最少六位,应为数字或字母,区分大小写。设置新密码并重复确认后,进入 SAP 系统。

注意系统登录时,需要使用自己的密码,如果密码输入连续错误三次,系统会将用户锁定,无法登录,需要教师端或具有解锁权限的人才能解锁,重新设置密码。

步骤 2　认识系统初始界面

SAP 系统的初始界面是 SAP Easy Access。其中主要包括菜单栏(Menu Bar)、标准工具栏(Standard Toolbar)、标题栏(Title Bar)、应用工具栏(Application Toolbar)、状态栏(Status Bar)。

步骤 3　显示事务代码(T-CODE)

在 SAP 系统中,对指令的执行操作有两种方式:一是通过菜单路径的方式,二是通过事务代码。事务代码(T-CODE)一般是由 4 个字符组成的编码(在现有更高级版本中,有的事务代码进行了加长,超过了 4 位)。由于事务代码对应相应的操作指令,我们可以在工具栏的命令框中输入事务代码,实现快速访问相应功能的目的。

要显示事务代码,可以在 Extras 菜单栏下选择 Settings 子项,勾选 Display Technical Names。设置好之后,再打开系统树状菜单,即可看到事务代码。

步骤 4　显示历史输入记录

如果希望在输入文本框处,当鼠标放置在输入项处时,能自动显示前一项输入记录,从而方便进行快速访问,则可以通过相关参数设置来实现。

选择工具栏中的自定义区域布局按钮(customize local layout)中的 Options 选项,在 History 选项卡中选择 Immediately 单选项,即完成设置。

步骤 5　SAP 中的帮助

SAP 中提供了 3 种帮助形式,F1 帮助、F4 帮助、SAP Library 帮助。

①F1 帮助:在系统中任一界面遇到不理解的字段时,用鼠标单击该字段,单击键盘上的 F1,SAP 系统会自动提供参考帮助信息,进行解释说明。

②F4 帮助:当输入文本框后有类似查询的按钮出现时,说明该输入可以通过键盘上的 F4 键来选择可输入字段选项或调出进一步查询的对话框。

③SAP Library 帮助:在 Help 子菜单中的 SAP Library 可查看 SAP 在线帮助。

步骤 6　快速复制与粘贴

选择工具栏中的自定义区域布局按钮(customize local layout)中的 Quick Cut and Paste 后,当需要进行"复制/粘贴"时,只需左键选中所要复制的内容,然后在需要粘贴的指定位置单击右键即可"复制/粘贴"成功。

步骤 7　Favorites 的用法

系统允许用户将使用频率高的事务或网页添加到 Favorites 文件夹中。添加时,既可以直接从树状菜单路径中左键选中,拖拽至 Favorites 文件夹下,又可以通过树形菜单方式增加到目标文件夹下。如果需要添加 SAP 系统以外的链接(比如一个网页)时,可右键单击 Favorites 文件夹,选择 Add other objects,系统会弹出对话框,双击 Web address or file。

(1)增加一个常访问网址

在 Favorites 文件夹下插入一个文件夹 Web,并添加一个常用链接,如 SAP 中国官网或者一个 SAP 系统以外的一个链接,如江南大学官网。

(2)新增文件夹及事务代码

在 Favorites 文件夹下插入第二个文件夹 FI G/L,并添加一个交易事项的事务代码 FS00。

(3)目标事务添加

在树形菜单路径中找到交易事项 FB50,右键下拉菜单中选择 Add to Favorites,然后将其拖至指定文件夹 FI G/L 位置。直接把目标事务,如 FB03,拖到目标文件夹 FI G/L。

(4)修改事务名称

修改收藏夹中事务代码 FB03 的名称,将 Display G/L Document 改为"显示总账凭证"。

步骤 8　SAP 常用快捷键

将光标放在事务代码输入行中,按 F1 键,可以调出常用快捷键列表。如:

/N　当系统在执行任何一个任务指令,需要返回 SAP Easy Access 状态时,只需在命令输入行,键入"/N",并回车即可。当系统从一个事务跳转至另一个事务时,只需在命令行键入"/N+另一个事务代码",即可实现事务指令间的切换。

/O　可新打开一个界面(session)。当在命令行输入"/O"时,系统弹出 Session List of server 对话框,单击 Generate 即可打开新的界面(session)。SAP 系统最多可同时打开 6 个界面。

/NEND　退出系统,系统会提示是否需要退出。

/NEX　直接退出系统,系统将不提示,直接退出系统。

第3章 基础数据管理

3.1 实验目的与要求

本单元实验的主要目的,是让学生掌握如何在 ERP 系统中进行系统参数与公共基础资料的设置,为各业务模块的使用做好基础准备工作。本实验要求:

①理解系统参数和公共基础资料在 ERP 系统中的作用;

②掌握 ERP 系统中公共基础资料信息建立的步骤与方法;

③学会设置 ERP 系统参数,学会公共基础资料信息的设置与维护。

3.2 知识准备

1)公共基础资料

公共基础资料是 ERP 系统各业务模块运行的基础,主要包括科目、部门、外币与汇率、客户、供应商、职员等。基础数据管理主要是对这些数据信息进行维护,包括数据的增加、修改、删除、查询等处理。在会计信息系统所有的公共基础资料数据中,对会计科目数据表的管理最为重要,是整个会计信息系统实现精细核算与科学管理的核心。所有的公共基础资料信息的管理与维护都必须由系统管理员或账套主管来完成,其他人员无权运行。

2)会计科目设置

会计科目设置主要内容包括:科目代码、科目名称、科目性质、科目类型、账户格式、辅助核算项等。设置会计科目应由具有建账权限的操作人员进行,设置时必须先建上级科目,再建下级科目。一个科目可同时设置多种辅助核算。辅助核算必须设置在末级科目上。

3)核算项目

核算项目也叫辅助核算,通常在会计科目设置时,作为参数项进行设置。核算项目与会计科目连用,其功能类似明细科目的作用,但弥补了明细科目设置过多不利于运行和管理等缺陷。通过设置核算项目,可核算多个科目,如某部门的收入、成本和费用的考核指标数据。查询一个客户的应收账款、其他应收款、预收款等信息。此外,在使用业务模块时,可以根据核算项目生成凭证。核算项目还是各种单据的内容,为系统的各项操作提供基础资料的查询和获取。核算项目可对某一科目进行延伸核算,以处理从属于该科目某一方面独立的财务资料,每一独立的核算可以归纳成一个核算类别,每一核算类别之下可以设置多个核算项目。

4) 浮动汇率

企业一般选择经营所在地的货币作为日常财务核算的记账本位币。如果业务中涉及外币核算,需要即时的汇率进行业务记录与核算处理的话,则需要通过对汇率表的维护,使得不同时点发生的业务可以使用当时的汇率,这就是浮动汇率。

3.3　实验基本处理流程

整个 ERP 系统应用的准备工作除了建账之外,还包括基础资料的设置和初始化工作。基础设置和初始化流程如图 3-1 所示。

图 3-1　基础设置和初始化流程

3.4　实验背景

1) 设置系统参数

行业:新会计准则。

总账参数设置:本年利润科目为 4103;利润分配科目为 4104。数量单价小数位为 2。勾选"明细账(表)摘要自动继承上条分录摘要"。

凭证信息增加设置:银行存款科目必须输入结算方式和结算号;凭证中的汇率允许手工修改。新增凭证自动填补断号。禁止成批审核。

2) 外币和汇率

公司采用浮动汇率核算。汇率的生效日期为每月 1 日,失效日期也为每月 1 日。

汇率的有关信息如表 3-1 所示。

表 3-1 外币与汇率

外币名称	外币符号	折算方式	期初汇率
美元	USD	原币×汇率＝本位币	6.79
港币	HK	原币×汇率＝本位币	0.86

3）计量单位

计量单位的有关信息如表 3-2 所示。

表 3-2 计量单位

计量单位组名称	计量单位代码	计量单位名称	换算方式	换算率	是否默认
年糕组	1101	条	固定换算	1	是
	1102	箱	固定换算	6	
团子组	2101	盒	固定换算	1	是
	2102	箱	固定换算	10	
重量组	3101	千克	固定换算	1	是
	3102	吨	固定换算	1000	
其他组	4101	个	固定换算	1	是
	4102	桶	固定换算	1	
	4103	袋	固定换算	1	
	4104	包	固定换算	1	
	4105	辆	固定换算	1	
	4106	卷	固定换算	1	
	4107	千米	固定换算	1	
	4108	盒	固定换算	1	

4）核算项目

本单位核算项目分为自行加工项目和委托加工项目,如表 3-3 所示。

自行加工项目和委托加工项目新增属性:开工日期、完工日期、负责人。

表 3-3 项目概览

核算项目编码	核算项目名称	内容	
		代码	名称
ZXJG	自行加工项目	01	花色年糕
		02	团子
		03	辅料馅
WTJG	委托加工项目	01	茶叶
		02	麦饼

5）会计科目

2019 年 10 月份会计科目如表 3-4 所示。请注意银行存款的名称后加个人的班级号＋学号后两位，如某同学为会计 1 班 4 号，则他的银行存款科目的名称为"银行存款 0104"。

表 3-4 会计科目表

科目代码	科目名称	辅助核算	方向	币别计量
1001	库存现金	现金科目/出日记账	借	
1002	银行存款 0104	银行科目/出日记账	借	
1002.01	工行存款 0104	银行科目/出日记账	借	
1002.02	中行存款	银行科目/出日记账 期末调汇	借	
1002.02.01	美元户	银行科目/出日记账 期末调汇	借	美元
1002.02.02	港币户	银行科目/出日记账 期末调汇	借	港币
1122	应收账款	客户；往来业务核算	借	
1123	预付账款	供应商；往来业务核算	借	
1221	其他应收款		借	
1221.01	应收单位款	客户；往来业务核算	借	
1221.02	应收个人款	职员；往来业务核算	借	
1403	原材料		借	
1403.01	生产用原材料	数量金额辅助核算	借	千克
1604	在建工程		借	
1604.01	人工费		借	

科目代码	科目名称	辅助核算	方向	币别计量
1604.02	材料费		借	
1604.99	其他		借	
1901	待处理财产损溢		借	
1901.01	待处理流动资产损溢		借	
1901.02	待处理固定资产损溢		借	
2202	应付账款	供应商;往来业务核算	贷	
2203	预收账款	客户;往来业务核算	贷	
2211	应付职工薪酬		贷	
2211.01	工资		贷	
2211.02	职工福利费		贷	
2221	应交税费		贷	
2221.01	应交增值税		贷	
2221.01.01	进项税额		贷	
2221.01.02	销项税额		贷	
2221.03	所得税		贷	
2221.99	其他		贷	
2231	应付利息		贷	
2231.01	借款利息		贷	
4104	利润分配		贷	
4104.15	未分配利润		贷	
5001	生产成本		借	
5001.01	直接材料	自行加工项目	借	
5001.02	直接人工	自行加工项目	借	
5001.03	制造费用	自行加工项目	借	
5001.04	折旧费	自行加工项目	借	
5001.99	其他	自行加工项目	借	
5101	制造费用		借	

续表

科目代码	科目名称	辅助核算	方向	币别计量
5101.01	工资		借	
5101.02	折旧费		借	
5101.03	租赁费		借	
6601	销售费用		借	
6601.01	工资	部门	借	
6601.02	福利费	部门	借	
6601.03	办公费	部门	借	
6601.04	差旅费	部门	借	
6601.05	招待费	部门	借	
6601.06	折旧费	部门	借	
6601.99	其他	部门	借	
6602	管理费用		借	
6602.01	工资	部门	借	
6602.02	福利费	部门	借	
6602.03	办公费	部门	借	
6602.04	差旅费	部门	借	
6602.05	招待费	部门	借	
6602.06	折旧费	部门	借	
6602.99	其他	部门	借	
6603	财务费用		借	
6603.01	利息支出		借	
6603.02	利息收入		借	
6603.03	汇兑损益		借	

6）凭证类型

凭证类型（凭证字）如表3-5所示。

表 3-5　凭证类型

凭证字	凭证名称	科目范围限制
收	收款凭证	借方必有：1001-1002
付	付款凭证	贷方必有：1001-1002
转	转账凭证	借和贷必无：1001-1002

7）部门档案

部门档案如表 3-6 所示。

表 3-6　部门档案

部门编码	部门名称	部门属性	部门编码	部门名称	部门属性
1	管理中心	非车间	3	物流中心	非车间
1.01	行政部	非车间	3.01	仓储部	非车间
1.02	财务部	非车间	3.02	运输部	非车间
1.03	人事部	非车间	4	制造中心	车间
2	供销中心	非车间	4.01	团子间	车间
2.01	市场部	非车间	4.02	年糕间	车间
2.02	采购部	非车间	4.03	配料间	车间

8）职员信息

（1）职员类别

本企业在职人员分为 4 类：

ZY01—管理人员；ZY02—经营人员；ZY03—车间管理人员；ZY04—车间工人。

（2）职员档案

职员档案如表 3-7 所示。

表 3-7　职员档案

职员编码	姓名	性别	部门	职务	账号
1001	王海波	男	行政部	总经理	6222 8300 00432521
1002	李明明	女	行政部	办事员	6222 8300 00432522
2001	王博	男	财务部	部门经理	6222 8300 00432523
2002	王亚兰	女	财务部	办事员	6222 8300 00432524

续表

职员编码	姓名	性别	部门	职务	账号
2003	朱艺伟	女	人事部	部门经理	6222 8300 00432525
3001	曾进舒	男	市场部	部门经理	6222 8300 00432526
3002	陈静	女	市场部	业务员	6222 8300 00432527
4001	沈艺科	男	采购部	部门经理	6222 8300 00432528
4002	李文兵	男	采购部	业务员	6222 8300 00432529
5001	徐小东	男	仓储部	部门经理	6222 8300 00432531
6001	吴争	男	运输部	部门经理	6222 8300 00432532
7001	袁仪洁	女	年糕间	工人	6222 8300 00432533
7002	马克青	女	年糕间	工人	6222 8300 00432534
8001	刘敏敏	女	团子间	工人	6222 8300 00432535
8002	任红华	女	团子间	工人	6222 8300 00432536

9）供应商信息

该公司供应商分类为：G1—原料供应商；G2—成品供应商。

供应商档案如表3-8所示。

表3-8 供应商档案

供应商编号	供应商名称	所属分类码	所属地区	税号	开户银行	银行账号	地址	邮编	分管人员
001	江苏斯米克公司（简称：斯米克）	G1	华东	121000007178012462	中行	4096662178 763367	无锡市梁溪区小三里桥166号	214001	沈艺科
002	江苏凌华食品公司（简称：凌华）	G1	华东	121000007178067835	中行	4096662178 393293	无锡市梁溪区通沙路88号天鹏食品城	214203	沈艺科

续表

供应商编号	供应商名称	所属分类码	所属地区	税号	开户银行	银行账号	地址	邮编	分管人员
003	无锡天宇商贸公司（简称：天宇）	G2	华东	121000007178072566	工行	6282880064891278	无锡市惠山区创新创业园180号-6	214020	李文兵
004	无锡铭鼎茶业公司（简称：铭鼎）	G2	华东	121000007178031210	工行	6282880064575076	无锡市新区日月光路188号	214022	李文兵

供应商应收应付科目设置资料如下。

应付账款:2202;预付账款:1123;其他应付款:2241;应交税金:2221.01.01。

应收账款:1122;预收账款:2203;其他应收款:1221.01。

10)客户信息

(1)客户分类

K1—批发;K2—零售;K3—代销;K4—专柜。

(2)客户档案

客户的分管部门均为市场部,具体如表3-9所示。

表3-9　客户档案

客户编号	客户名称	客户分类	所属地区	税　号	开户银行	银行账号	地址	邮编	分管业务员
001	无锡华润食品公司（简称：华润）	K1	华东	9133010856606 88327	工行	6282880064663654	无锡市梁溪区五爱北路120号	214042	曾进舒
002	苏州巴比食品公司（简称：巴比）	K1	华东	9133010856606 10323	工行	6282880064665581	苏州市虎丘区石田路11号	215010	曾进舒

续表

客户编号	客户名称	客户分类	所属地区	税 号	开户银行	银行账号	地址	邮编	分管业务员
003	上海俏江南食品公司（简称:俏江南）	K4	华东	91330108566606 32654	工行	6282880064 772234	上海市浦东新区郭守敬路669号	200202	曾进舒
004	深圳稻花香食品公司（简称:稻花香）	K3	华南	91330108566606 51032	中行	4096662178 880548	广东省深圳市龙岗区平新北路恒顺工业区1-4	518103	陈静
005	北京家家乐超市（简称:家家乐）	K2	华北	91330108566606 21011	中行	4096662178 551717	北京市王府井双桥路14号	100101	陈静

客户应收应付科目设置资料如下。

应收账款:1122;预收账款:2203;其他应收款:1221.01;应交税金:2221.01.02。

应付账款:2202;预付账款:1123;其他应付款:2241。

11) 结算方式

结算方式有许多种类,如表3-10所示。

表3-10 结算方式

结算方式编码	结算方式名称
01	现金支票
02	转账支票
03	商业汇票
99	其他

12) 物料信息

（1）物料分类

物料分类如表3-11所示。

表 3-11　物料分类

物料类别编码	物料类别名称	物料类别编码	物料类别名称
1	原材料	201	年糕
101	大米	202	团子
102	糖	3	配套用品
103	食用油	301	茶叶
104	调味品	302	麦饼
105	其他辅料	303	礼盒
2	产成品	304	其他

（2）物料档案

物料档案如表 3-12 所示。

表 3-12　物料档案

物料编码	物料名称	物料属性	所属类别	计量单位组	计量单位	仓库
0001	粳米	外购	101	重量组	千克	原料库
0002	糯米	外购	101	重量组	千克	原料库
0003	白糖	外购	102	重量组	千克	原料库
0004	红糖	外购	102	重量组	千克	原料库
0005	猪油	外购	103	重量组	千克	原料库
0006	色拉油	外购	103	重量组	千克	原料库
0007	油渣	外购	103	重量组	千克	原料库
0008	料酒	外购	104	其他组	袋	原料库
0009	姜	外购	104	重量组	千克	原料库
0010	盐	外购	104	其他组	包	原料库
0011	味精	外购	104	其他组	包	原料库
0012	红豆	外购	105	重量组	千克	原料库
0013	花生	外购	105	重量组	千克	原料库
0014	芝麻	外购	105	重量组	千克	原料库

续表

物料编码	物料名称	物料属性	所属类别	计量单位组	计量单位	仓库
0015	南瓜	外购	105	重量组	千克	原料库
0016	红绿丝	外购	105	重量组	千克	原料库
0017	萝卜	外购	105	重量组	千克	原料库
0018	核桃	外购	105	重量组	千克	原料库
0019	松子仁	外购	105	重量组	千克	原料库
0020	瓜子仁	外购	105	重量组	千克	原料库
0021	肉松	外购	105	重量组	千克	原料库
0022	白糖年糕	自制	201	年糕组	条	成品库
0023	红糖年糕	自制	201	年糕组	条	成品库
0024	红豆年糕	自制	201	年糕组	条	成品库
0025	八宝年糕	自制	201	年糕组	条	成品库
0026	芝麻团子	自制	202	团子组	盒	成品库
0027	花生团子	自制	202	团子组	盒	成品库
0028	1号礼盒	外购	303	其他组	个	配套用品库
0029	2号礼盒	外购	303	其他组	个	配套用品库
0030	锡惠红茶	外购	301	其他组	盒	配套用品库
0031	无锡毫茶	外购	301	其他组	盒	配套用品库
0032	甜味麦饼	外购	302	其他组	包	配套用品库
0033	咸味麦饼	外购	302	其他组	包	配套用品库
0034	大号保鲜膜	外购	304	其他组	卷	配套用品库
0035	小号保鲜膜	外购	304	其他组	卷	配套用品库

物料计价方法均为移动平均法。数量精度:2位。单价小数位数:2位。物料科目:1405库存商品;销售收入科目:6001主营业务收入;销售成本科目:6401主营业务成本。

13) 仓库信息

仓库档案如表3-13所示。

表 3-13 仓库档案

仓库编码	仓库名称	仓库管理员
1	原料库	徐小东
2	成品库	徐小东
3	配套用品库	徐小东

14）地区分类

东北区、华北区、华中区、华东区、华南区、西北区、西南区。

3.5 实验过程

步骤 1 设置系统参数

（1）账套登录

执行路径：【所有程序】—【金蝶 K/3 WISE】—【金蝶 K/3 WISE】，进入系统登录界面。选择账套"运河食品"，输入用户名和密码。进入 K/3 主界面。金蝶 K/3 WISE 操作界面有几种模式，可以选择【系统】—【主界面切换】，选择我的工作台、K/3 主界面、K/3 流程图、K/3 信息中心等几种界面风格。可以认识业务模块区、主功能区、明细功能区、常用功能区等。

更换操作员：在实际应用中，需要按照每个人的权限进行操作。可以选择"更换操作员"来实现。

注意：系统参数设置、公共资料的录入等工作都需要系统管理员组的用户才能操作。在设置系统参数时，一般以系统管理员身份登录，日常工作中，操作者应定期修改自己的密码。

（2）引入会计科目

在 K/3 主界面，执行路径：【系统设置】—【基础资料】—【公共资料】—【科目】。

菜单路径：【文件】—【从模板中引入科目】，在科目模板中，行业选择"新会计准则科目"—"引入"—"全选"—"确定"，完成科目引入。

（3）设置系统参数

在 K/3 主界面，执行路径：【系统设置】—【系统设置】—【总账】—【系统参数】，进入相关参数的设置。

在"系统""总账""会计期间"3 个页卡中按照相关资料进行设置。案例资料中未提供的信息取默认值。

注意在"总账"—"基本信息"页卡中，需要指定"本年利润"科目和"利润分配"科目。在"凭证"页卡中的"默认汇率类型"选择"公司汇率"。会计期间设置信息在建账时已经设置过,必要时可以进行部分调整。

步骤 2　外币和汇率

在 K/3 主界面,执行路径:【系统设置】—【基础资料】—【公共资料】—【币别】,增加币别。

在 K/3 主界面,执行路径:【系统设置】—【基础资料】—【公共资料】—【汇率体系】,选择"公司汇率",根据案例资料进行设置。在日常业务中,当采用浮动汇率进行业务记录与核算处理时,需要在此进行汇率表的维护。

步骤 3　计量单位

先在 K/3 主界面,执行路径:【系统设置】—【基础资料】—【公共资料】—【计量单位】,新增计量单位组。

在增加好计量单位组后,选择某一计量单位组,然后单击右边空白部分,增加具体的计量单位。

每个计量单位组有一个默认计量单位,如果本组的其他计量单位与其之间存在换算关系,则需要在换算率中输入换算值。

步骤 4　核算项目

先在 K/3 主界面,执行路径:【系统设置】—【基础资料】—【公共资料】—【核算项目管理】。在工作区的左边空白处新增项目类别。注意新增项目类别时,在属性维护中添加"负责人""开工日期""完工日期"等属性值。

然后,在工作区左边选择已设置好的核算项目类别,单击右边空白部分,通过"增加"方式进行项目明细设置。

步骤 5　会计科目

(1)科目设置方法

在 K/3 主界面,执行路径:【系统设置】—【基础资料】—【公共资料】—【科目】,打开会计科目设置功能。

金蝶 K/3 WISE 将会计科目分为"资产""负债""共同""权益""成本""损益"和"表外"七大类。在会计科目设置窗口可以对会计科目进行增加、修改、删除等操作。

科目级次之间用英文符号"."作为分隔符。默认只显示一级科目,如果需要显示多级,可以进行设置。

菜单路径:【查看】—【选项】,将"显示级次"选择为"显示所有明细"。

为方便操作,预设科目中多余的科目可以不删除,以免后面报表公式进行大量修改。

科目命名:在科目输入过程中,如果所输入科目的名称在科目表中已经存在,系统会给予提示。如果科目代码不同,是允许科目名称相同的。

(2)科目核算项目的设置

银行类科目设置:在科目名称栏"银行存款"处单击鼠标右键,在相关菜单中选择"新增科目"。外币科目,需进行外币核算选择,勾选"期末调汇"。

往来类科目设置:应收账款、应付账款等科目需要设置核算项目,同时要勾选"往来业务核算"。在"核算项目"页,单击"增加核算项目类别",选择"客户"或者"供应商"。

有计量单位科目的设置:需要设置计量单位组和计量单位。

有核算项目科目的设置:科目和核算项目两者本身是独立的,需要建立科目后增加与核算项目之间的关联关系,才能实现对科目的项目核算。先增加科目,然后选择核算项目。

步骤 6　凭证类型

在 K/3 主界面,执行路径:【系统设置】—【基础资料】—【公共资料】—【凭证字】,新增凭证类型。

注意科目限制范围中的科目分隔号为英文状态下的减号"-"。

步骤 7　设置部门

在 K/3 主界面,执行路径:【系统设置】—【基础资料】—【公共资料】—【部门】,执行新增部门操作。可通过"上级组"按钮实现对部门的分类管理。

步骤 8　设置职员

在 K/3 主界面,执行路径:【系统设置】—【基础资料】—【公共资料】—【职员】,执行新增职员操作。通过"上级组"按钮实现对职员的分类管理。

职员类别、职务等信息,可以选择在【系统设置】—【基础资料】—【公共资料】—【辅助资料管理】中完成。

步骤 9　设置供应商

在 K/3 主界面,执行路径:【系统设置】—【基础资料】—【公共资料】—【供应商】,编辑供应商档案信息。对供应商的分类应该在【系统设置】—【基础资料】—【公共资料】—【辅助资料管理】中预先设置,录入供应商档案时可以直接参照选择录入。供应商的应收应付资料等信息需要录入完整。在输入过程中可以通过 F7 键调出参照信息,通过"复制"按钮可以复制上一条记录,提高录入效率。

步骤 10　设置客户

在 K/3 主界面,执行路径:【系统设置】—【基础资料】—【公共资料】—【客户】,编辑客户档案信息。对客户的分类应该在【系统设置】—【基础资料】—【公共资料】—【辅助资料管理】中预先设置,录入客户档案时可以直接参照选择录入。

客户的应收应付资料等信息需要录入完整。在输入过程中可以通过 F7 键调出参照信息,通过"复制"按钮可以复制上一条记录,提高录入效率。

步骤 11　设置结算方式

在 K/3 主界面,执行路径:【系统设置】—【基础资料】—【公共资料】—【结算方式】,在系统预设结算方式的基础上,增加、删除或修改结算方式。

步骤 12　设置物料信息

(1)物料分类

在 K/3 主界面,执行路径:【系统设置】—【基础资料】—【公共资料】—【辅助资料管理},在左边选择"物料分类"。选择物料分类的明细,单击"管理",然后根据案例资料中的物料类别进行新增、修改、删除等操作。

(2)建立物料档案

在 K/3 主界面,执行路径:【系统设置】—【基础资料】—【公共资料】—【物料】,根据案例资料中的物料进行设置。

在"物流资料"选项卡中,注意录入计价方法。在信息化环境下,一般采用"移动平均法",以实时结算材料成本。

物料的档案信息需要录入完整。在输入过程中可以通过 F7 键调出参照信息,通过"复制"按钮可以复制上一条记录,提高录入效率。

步骤 13　仓库、地区等其他信息的设置

在 K/3 主界面,执行路径:【系统设置】—【基础资料】—【公共资料】—【仓库】,根据案例资料中的仓库档案进行设置。在 K/3 主界面,执行路径:【系统设置】—【基础资料】—【公共资料】—【辅助资料管理】—【地区】中完成。

3.6　思考与练习

①基础设置的作用是什么?

②会计科目的辅助核算项目有哪些?

③作为系统管理员,如何得到网络用户对系统的操作记录?

④对于已经有业务发生的会计科目如何修改其科目辅助属性?

3.7　拓展训练

注意:所有的信息代码,老师用 H000,学生用 H###(###为自己的上机号后三位数字)。

步骤 1　系统基本信息维护

(1)登录端口属性:高速连接

目的是能够使用历史功能下的"立即"功能。

(2)控件设置:KEY 值

在 SAP 登录界面的左上角下拉菜单中,选择"选项"。在【交互设计】—【可视化与交互】中进行"控件"选项设置。勾选控件区域下的两个复选框,在系统中使用下拉列表框操作时,系统将给出备选项目的 KEY 值,并会按 KEY 值排序。

(3)通知界面:消息

在【交互设计】—【通知】中进行"消息"选项设置。勾选消息区域下的 3 个复选框,在系统中进行业务操作时,系统将以显著的方式给出操作成功与否的提示信息。

(4)历史记录:立即

在【本地数据】—【历史记录】中进行"历史记录"选项设置。勾选历史记录区域下的"立即"选项,表示系统会记住历史输入,光标放置该处即可出现历史输入信息以供选择,从而减少键盘输入量。

(5)用户参数维护

【system】—【user profile】—【own data】,在 Defaults 页卡中维护用户相关设置。

此处可以设置与特定用户相关的格式信息,如小数点、分位符的显示方式、日期与时间的显示格式等。

步骤 2　创建公司代码　T-CODE:SPRO

参考 US00 公司代码,创建自己公司代码,教师用 H000,学生用 H###。

Menu path:

SAP Customizing Implementation Guide ▸ Enterprise Structure ▸ Definition ▸ Financial Accounting ▸ Edit, Copy, Delete, Check Company Code

在总览中,双击目标公司名称后,可进入公司详细信息显示界面。在修改视图中可以查找是否存在待创建公司。如果不存在,则可以创建新的公司。

选择活动项目 Copy, Delete, Check Company Code, 在工具栏中点左边第二个按钮,Copy org.object 按钮进行拷贝。输入作为参照对象的目前系统中已经存在的公司代码 US00 和拟新建的目标公司代码 H### 点绿勾。提示"是否拷贝总账科目信息",选"YES";提示"是否更改记账本位币信息", 点"NO",不改变记账本位币,即拟创建公司使用的记账本位币与被参考的公司所使用的记账本位币保持一致。其他信息选默认值。直至公司创建完毕,可以在"已完成活动"中查看到"公司代码 US00 拷贝至 H###"的提示。

步骤 3　修改公司名称

选择活动项目 Edit Company Code Data,在修改视图"公司代码":总览中,双击目标公司名称后,可进入公司详细信息显示界面。将公司名称由"Global Bike Inc"改为"无锡特产贸易公司"。

步骤 4　查看公司参数信息　T-CODE:SPRO

通过 SPRO 查看新建公司基础数据的拷贝情况。

Menu path:

SAP Customizing Implementation Guide ▸ Financial Accounting (new) ▸ Financial Accounting Global Settings (New) ▸ Global Parameters for Company Code ▸ Enter Global Parameters

在此路径进入后,直接查找目标公司代码 H###或点 POSITION 进行查找。由视图"公司代码全球数据":详细,可以看到从源公司拷贝到自己公司代码下的信息。注意:在详细信息视图中无须修改操作,只是查看一下公司拷贝的信息。图中各字段的值均为创建公司过程中自动生成的,无须手动输入。如果查看此界面信息时,各字段的值为空,则即使手动输入,在系统中也是无效的。需要回到创建公司界面,删除信息拷贝不完整的公司,然后再重新拷贝创建自己的公司代码。

还可以与 US00 公司的参数信息进行比较。双击 US00 公司所在行,对比创建的 H###公司的详细信息,检查是否一致。

步骤 5　查看新建公司财务编码信息　T-CODE：FBN1

Menu path：

SAP Customizing Implementation Guide ▸ Financial Accounting（new）▸ Financial Accounting Global Settings（New）▸ Global Parameters for Company Code ▸ Document ▸ Document Number Ranges ▸ Documents in Entry View ▸ Define Document Number Ranges for Entry View

在"维护号码范围:财务凭证"界面上,输入目标公司 US00 的代码,然后点修改状态的 INTERVALS 图标。进入"维护号码范围:基于公司代码 US00 的财务凭证号码范围"界面。在显示 US00 公司的财务凭证号码范围信息的界面上。第一列由两位数字标识不同的业务类型或凭证出自哪个子系统。财务凭证的编号由业务类型标识和八位顺序号组成。每类业务目前的设置为由 0 号开始记录,最大号码为 99999999,即每类业务系统中允许最多记录 1 亿笔。

在公司代码输入行处输入自己新建的公司代码:H###,并点击修改状态的 INTERVALS 图标,进入"维护号码范围:基于公司代码 H###的财务凭证号码范围"界面,可看到 H### 公司下可以使用哪些财务凭证类型。如果经过查询,自己新建公司下缺少所要使用的号码类型,则需要手动添加相应的号码类型。

练习：

请查询公司代码 H###与 US00 的财务凭证号码范围的不同在于＿＿＿＿＿＿＿＿。

步骤 6　查看已存在的科目信息　T-CODE：FS00

Menu path：

SAP Menu ▸ Accounting ▸ Financial Accounting ▸ General Ledger ▸ Master Records ▸ G/L Accounts ▸ Individual Processing ▸ FS00-Centrally

系统有 3 种方式来维护总账科目。在 FS00 功能下,可以同时维护会计科目表视图和公司代码视图。在 FSP0 功能下,仅维护会计科目表视图。在 FSS0 功能下,仅维护公司代码视图。我们选择用 FS00 功能来集中维护总账科目所有类型的信息。

总账科目编码的查找方式可以按照不同查询条件来查找。可以按照公司代码方式查询总账科目,也可以按照会计科目表方式来查询。系统中预置了 31 套会计科目表。本案例使用 GBI GLOBAL（GL00）的会计科目表。在会计科目表中,选择银行存款账户 BANK ACCOUNT 所在行,双击后进入科目详细信息界面。输入公司代码,可以看到指定公司代码下指定会计科目的各类详细信息。在 FS00 功能下,按公司代码查询总账科目。可以查看本公司代码下存在哪些科目可供使用并了解特定会计科目的属性值。集中方式显示总账科目,可以显示科目的类型/描述信息、控制数据信息、创建/银行/利息信息、科目表层面信息、公司代码层面信息等。

步骤 7　参考创建新的科目 100###　　T-CODE：FS00

下面将参考 100000 科目创建科目 100###。老师参考 100000 科目创建自己公司代码下的 100500 科目,学生参考 100000 科目创建自己公司代码下的 100###科目。

为确保拟创建的会计科目在系统中不存在,先去查询一下此科目。在总账科目行处输入拟创建科目编码,并回车。提示不存在此科目,故可以创建此科目。单击 WITH TEMPLATE 按钮。参照母版科目修改银行账户的名称。注意确保 ALTERNATIVE ACCOUNT NO.字段的值为空,保存。

步骤 8　维护新建科目在财务报表中的位置

为了在保存凭证时就能生成实时的财务报表,需要维护新建科目在财务报表中的位置,从而建立会计总账科目与财务报表项目之间的对应关系。

(1)确定本公司使用的科目表编码　T-CODE：FS00

在集中方式显示总账科目界面中,查看公司层面信息。查看到 GL00(GBI Global),说明本公司使用的会计科目表代码为 GL00。

(2)确定新建科目在报表中的位置

在确定了本公司所使用的会计科目表后,就可查看新建科目在报表模板中的位置。在集中方式显示总账科目界面中,单击 EDIT FINANCIAL STATEMENT VERSION 按钮,选择财务报表模板。删除最多显示数量 500。可以看到系统预置 1050 套报表模板。输入查找值 GL00。在修改财务报表版本中,展开资产项目,可以看到新建科目 100###,已反映在目标报表项目所对应的会计科目段中。如果不在,则需要进行手工添加(由教师进行)。至此,我们建立了一个银行科目,后面全部业务都记在这个科目下。

第4章 总账与现金管理

4.1 实验目的与要求

本单元实验的主要目的,是让学生学习总账与现金管理模块的基本知识,掌握在总账模块下如何完成日常业务处理并查询相关的实时信息。本实验要求:

①理解系统初始化的含义和作用;

②掌握总账与现金系统日常业务处理的步骤与方法;

③学会进行总账与现金系统数据的初始化,能有效地完成日常业务的处理。

4.2 知识准备

1)系统初始化

商用化管理软件(通用软件)在设计过程中重点考虑的是系统的通用性,即不同行业业务处理的一般特性。企业在使用商用管理软件时,一般由账套主管根据单位业务情况,对系统进行必不可少的基本设置,如确定核算规则和输入基础数据等。通过对商用管理软件进行具体的限定以及输入基础数据,来完成将商用管理信息化软件转化为适合本单位实际需要的专用软件,以满足本单位日常业务处理的需要,这种设置工作被称为系统初始化。初始设置工作在业务模块启用时进行,以后一般不再重新设置或修改。

初始化设置一般在系统模块启用时进行,进入日常业务处理后,除某些项目可作少量的维护外,多数项目既不能修改也不能删除。因此进行初始化设置前必须做好充分的准备工作,如确定会计科目、凭证类别,准备好往来账户、科目等会计数据资料。

2)凭证审核

凭证审核是会计信息化非常重要的工作环节,应该由具有凭证审核权限的操作员进行,原则上,任何人都无权审核自己录入的记账凭证,也就是,审核人与制单人不能是同一个人。凭证审核过程中应该就凭证的真实性、合法性、合规性进行检查,只有经过审核后的凭证才能允许记账。凭证审核后发现错误,需要取消审核,退回制单人修改。

3)凭证修改

记账凭证的修改应由具有凭证修改权限的操作员进行。对录入系统但没有审核的凭证,可以直接利用凭证修改功能进行修改;对已经审核但没有记账的凭证,可以通过取消审核,由原制单人通过凭证修改功能进行修改;对已经记账的凭证,若发现错误,则只能采用红字冲销或蓝字补充登记的方法进行留有痕迹的修改。

4)记账

在会计信息系统中,所有的账簿数据是在查询或打印账簿数据时,由系统自动从记账凭证数据库中按照会计科目进行数据分类排序而自动生成的。修改、审核、记账等操作都是对记账凭证数据库相关字段值的维护。记账凭证数据库中的相关记录的记账字段值经过记账操作赋值后,该条记录的数据就不能进行修改和删除。如果有错误只能通过红字冲销或蓝字补充登记等方式进行留有痕迹的修改。

4.3　实验基本处理流程

1)总账系统基本业务处理流程

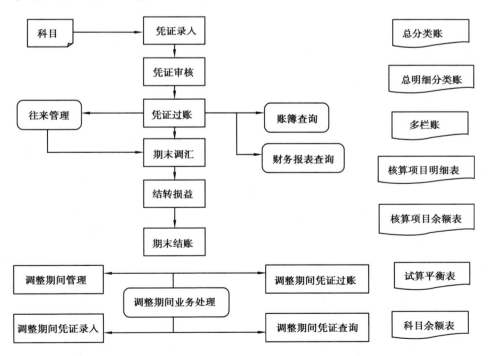

图 4-1　总账系统基本业务流程

2)现金系统基本业务处理流程

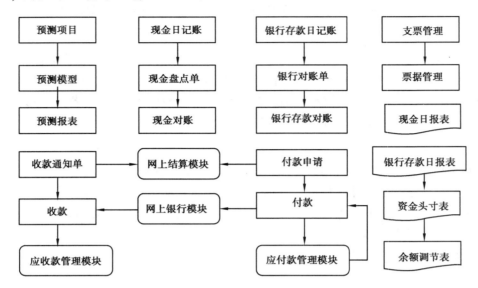

图 4-2   现金系统基本业务流程

4.4   实验背景

【背景 1—科目期初数据】

1)会计科目期初余额

10 月会计科目期初余额及累计额如表 4-1 所示。

表 4-1   会计科目期初余额

科目代码	科目名称	方向	币别计量	累计借方	累计贷方	期初余额
1001	库存现金	借		18 889.00	18 860.00	6 875.00
1002	银行存款	借		469 851.00	401 980.00	1 190 057.00
1002.01	工行存款	借		469 851.00	401 980.00	511 057.00
1002.02	中行存款	借	美元			679 000.00 美元：10 000.00
1122	应收账款	借		60 000.00	200 000.00	157 600.00
1221	其他应收款	借		7 000.00	5 300.00	3 800.00
1221.02	应收个人款	借		7 000.00	5 300.00	3 800.00

科目代码	科目名称	方向	币别计量	累计借方	累计贷方	期初余额
1231	坏账准备	贷		3 000.00	6 600.00	5 090.00
1401	材料采购	借			80 000.00	−80 000.00
1403	原材料	借		293 180.00		4 000.00
1403.01	生产用原材料	借	千克	293 180.00		4 000.00
1405	库存商品	借		140 142.00	90 000.00	226 400.00
1601	固定资产	借				3 690 860.00
1602	累计折旧	贷			39 511.00	108 995.00
1701	无形资产	借			58 500.00	58 500.00
2001	短期借款	贷			269 700.00	255 500.00
2202	应付账款	贷		150 557.00	60 000.00	276 850.00
2211	应付职工薪酬	贷			3 400.00	13 200.00
2211.01	工资	贷			3 400.00	13 200.00
2221	应缴税费	贷		36 781.00	15 581.00	−16 800.00
2221.01	应交增值税	贷		36 781.00	15 581.00	−16 800.00
2221.01.01	进项税额	贷		36 781.00		−33 800.00
2221.01.05	销项税额	贷			15 581.00	17 000.00
2241	其他应付款	贷			2 100.00	2 100.00
4001	实收资本	贷				4 272 844.00
4103	本年利润	贷				478 000.00
4104	利润分配	贷		13 172.00	9 330.00	−119 022.00
4104.15	未分配利润	贷		13 172.00	9 330.00	−119 022.00
5001	生产成本	借		78 511.00	10 221.00	18 665.00
5001.01	直接材料	借		48 000.00	5 971.00	11 500.00
5001.02	直接人工	借		8 610.00	1 000.00	4 000.00
5001.03	制造费用	借		21 701.00	3 050.00	2 000.00
5001.04	折旧费	借		200.00	200.00	1 165.00
6001	主营业务收入	贷		350 000.00	350 000.00	

续表

科目代码	科目名称	方向	币别计量	累计借方	累计贷方	期初余额
6051	其他业务收入	贷		250 000.00	250 000.00	
6401	主营业务成本	借		300 000.00	300 000.00	
6402	其他业务支出	借		180 096.00	180 096.00	
6405	营业税金及附加	借		8 561.00	8 561.00	
6601	销售费用	借		18 000.00	18 000.00	
6601.01	工资(市场部)	借		8 000.00	8 000.00	
6601.06	折旧费(市场部)	借		10 000.00	10 000.00	
6602	管理费用	借		22 550.00	22 550.00	
6602.01	工资(行政部)	借		8 000.00	8 000.00	
6602.02	福利费(行政部)	借		1 100.00	1 100.00	
6602.03	办公费(行政部)	借		600.00	600.00	
6602.04	差旅费(行政部)	借		5 600.00	5 600.00	
6602.05	招待费(行政部)	借		4 600.00	4 600.00	
6602.06	折旧费(行政部)	借		2 600.00	2 600.00	
6602.99	其他(行政部)	借		50.00	50.00	
6603	财务费用	借		8 000.00	8 000.00	
6603.01	利息支出	借		8 000.00	8 000.00	

2)辅助账期初余额表

日期中年份为 2018 年。

应收账款(1122)期初如表 4-2 所示。

表 4-2　应收账款期初

日期	客户	借方累计	贷方累计	方向	期初余额
本年-08-25	无锡华润食品公司		200 000.00	借	99 600.00
本年-09-10	苏州巴比食品公司	60 000.00		借	58 000.00
	合计	60 000.00	200 000.00	借	157 600.00

其他应收款—应收个人款(122102)期初如表 4-3 所示。

表 4-3 其他应收款—应收个人款期初

日期	部门	个人	借方累计	贷方累计	方向	期初余额
本年-09-26	行政部	王海波	2 000.00	3 000.00	借	2 000.00
本年-09-27	市场部	陈静	5 000.00	2 300.00	借	1 800.00
			7 000.00	5 300.00	借	3 800.00

应付账款（2202）期初如表 4-4 所示。

表 4-4 应付账款期初

日期	供应商	借方累计	贷方累计	方向	期初余额
本年-07-20	江苏斯米克公司	150 557.00	60 000.00	贷	276 850.00
				贷	276 850.00

生产成本（5001）期初如表 4-5 所示。

表 4-5 生产成本期初

项目	借方累计	贷方累计	期初余额
1.直接材料			
团子	20 000.00	2 071.00	4 500.00
花色年糕	28 000.00	3 900.00	7 000.00
2.直接人工			
团子	3 610.00	400.00	1 500.00
花色年糕	5 000.00	600.00	2 500.00
3.制造费用			
团子	8 500.00	1 050.00	800.00
花色年糕	13 201.00	2 000.00	1 200.00
4.折旧费			
团子	100.00	100.00	500.00
花色年糕	100.00	100.00	665.00
合计	78 511.00	10 221.00	18 665.00

【背景2—现金期初数据】

1）现金管理参数设置

增加设置"结账与总账期间同步"。

2）开户行资料

编码:01;名称:工商银行无锡分行滨湖区锦西路支行;账号:834568834568;户名:无锡运河食品有限公司;银行接口类型:中国工商银行;开户行:工行锦西支行。

编码:02;名称:中国银行无锡分行滨湖区锦西路支行;账号:234645234645;户名:无锡运河食品有限公司;银行接口类型:中国银行;开户行:中行锦西支行。

3）工商银行期初数据

工商银行人民币户企业日记账调整前余额为511 057.00元。银行对账单调整前余额为467 557.00元。

（1）企业未达账

银行已收企业未收:

9月26日,银行收到苏州巴比食品公司用转账支票支付的货款3 000元,票号ZZ45623,企业未收到。

银行已付企业未付:

9月28日,银行自动支付短期借款利息2 000元,银行付款票据企业未收到。

（2）银行未达账

企业已付银行未付:

9月28日,企业用现金支票支付零星采购货款2 500元,票号XJ445353,银行未入账。

9月29日,企业用转账支票支付货款3 000元,票号ZZ30254,银行未入账。

企业已收银行未收:

9月30日,企业已收货款50 000元,为无锡华润食品公司转账支票,票号ZZ8341,银行未入账。

4）中国银行账户不进行银行对账

【背景3—凭证录入与处理】

①10月1日,收到兴航集团投资资金10 000美元,汇率1:6.82,中行转账支票号ZZW002。

借:银行存款/中行存款（1002.02）　　　　　　　68 200

　　贷:实收资本（4001）　　　　　　　　　　　　　　68 200

②10月21日,采购部曾进舒购买了350元的办公用品,以现金支付,附单据一张。

借:管理费用/办公费（6602.03）/采购部　　　　　350

　　贷:库存现金（1001）　　　　　　　　　　　　　　350

【背景 4—现金业务处理】

2018 年 10 月底,工行存款账户对账单部分资料如表 4-6 所示。

表 4-6　工行存款账户 10 月对账单(部分)

日期	结算方式	票号	借方金额/元	贷方金额/元
2018-10-02	现金支票	XJ445353	2 500.00	
2018-10-04	转账支票	ZZ30254	3 000.00	
2018-10-08	转账支票	ZZ8341		50 000.00
2018-10-12	其他		2 000.00	
2018-10-12	转账支票	ZZ123	33 345.00	
2018-10-16	转账支票	ZZR002	50 000.00	
2018-10-20	现金支票	XJ001	15 000.00	
2018-10-20	转账支票	ZZR003		49 600.00
2018-10-20	转账支票	ZZR004	1 500.00	

根据以上资料,进行银行对账,生成银行存款余额调节表。

中行存款期初及期末均无未达账,不进行银行对账。

4.5　实验过程

【会计科目期初数据】

步骤 1　一般科目数据的录入

在 K/3 主界面,执行路径:【系统设置】—【初始化】—【总账】—【科目初始数据录入】。

币别方式的转换可以通过下拉框选择"人民币""美元""综合本位币"。输入数据时,只输入科目的最末一级,上一级系统会自动计算填入。外币的录入需要切换币别状态,直接输入原币,本位币自动计算得到。

步骤 2　应收应付期初数据

在进入初始化的【科目初始数据录入】状态下,币别为"人民币",双击"应收账款""应付账款""其他应收款——应收个人款"等行的"✓"标志后输入数据。先选择"客户""供应商""职员"等,然后输入相关数据。输入完成后,保存退到科目余额输入方式下,这时应收账款的数据将显示出来,是各客户、供应商或职员金额的合计。

步骤 3　科目项目数据输入

对于按照项目核算的科目，如"生产成本"科目，在进入初始化的【科目初始数据录入】状态下，币别为"人民币"，双击明细科目后的"✓"标志后输入相应的明细数据。

步骤 4　科目余额试算平衡

在初始余额录入下，币别选择"综合本位币"，单击"平衡"按钮，可显示出试算平衡的结果，以便检查数据是否平衡。

【现金期初数据】

步骤 1　设定参数

在 K/3 主界面，执行路径：【系统设置】—【基础资料】—【公共资料】—【科目】，将"1001 库存现金"科目属性的"现金科目"选中，将"1002 银行存款"科目属性的"银行科目"选中，如果前面设置好了，在这里检查一下设置是否正确。

选择【系统设置】—【系统设置】—【现金管理】—【系统参数】，此处设置"结账与总账期间同步"，以控制现金系统的结账期间同总账系统保持一致。即应该先进行现金系统结账，然后才是总账系统结账。

步骤 2　期初数据

在 K/3 主界面，执行路径：【系统设置】—【初始化】—【现金管理】—【初始数据录入】。

科目类别选择"现金"/"银行存款"—"编辑"—"从总账引入科目"，完成现金与银行存款科目期初数据的引入。

在【系统设置】—【基础资料】—【公共资料】—【银行账号】，通过"新增"按照资料输入相关银行账号信息。

选择【系统设置】—【初始化】—【现金管理】—【初始数据录入】，科目类别选择"银行存款"，输入"银行账号"，重新设置对账单的期初余额。

步骤 3　企业未达账

在 K/3 主界面，执行路径：【系统设置】—【初始化】—【现金管理】—【初始数据录入】。

在初始数据录入下，选择"工行存款"—单击"企业未达账"—单击"新增"，输入月初企业未达账。如果有多个科目需要输入企业未达账，可以通过"科目"选择实现。

注意：企业未达账是根据对账单上的数据方向输入的，账单是站在银行的角度开具的，银行已收是在贷方，银行已付是在借方，与企业银行账相反。

步骤 4　银行未达账

在初始数据录入下，选择"工行存款"—单击"银行未达账"—单击"新增"，输入月初银行未达账。

注意：如果输入"凭证年"和"凭证期间"，就要求输入凭证的有关信息。

步骤 5　余额调节表

在初始数据录入下，单击"余额表"，即可自动生成余额调节表。单击"平衡检查"按钮，可以检查各银行科目余额调节表是否平衡。

【凭证录入与处理】

步骤 1　新增凭证

在 K/3 主界面，执行路径：【财务会计】—【总账】—【凭证处理】—【凭证录入】—【新增】，按照案例资料录入凭证，确认无误后"保存"完成。

凭证字：所输入凭证的类型。

日期：即凭证录入的日期，录入后业务日期会跟着改变。注意凭证日期与业务日期一致。只允许输入本期以后任意期间的记账凭证，过账时系统只处理本期的记账凭证。

F7 快捷键：在凭证和业务单据编制界面，可通过该键调出基础资料等参照选择录入，包括会计科目、辅助核算项目等。

金额：金额录入后，按 ESC 键可以清除金额栏数据。要输入负金额时，在录入数字后再输入"－"号，系统即会以红字显示。要转换金额方向时，将光标定位于要转换的金额栏上，然后按空格键即可进行切换。

输入有核算项目的凭证：如果科目设置时定义了核算项目，输入相应科目时，光标就会在凭证下方闪烁，提示输入核算项目。按 F7 可以跳出相关的辅助核算项，选择录入。

个性化定制输入内容：在凭证输入状态下，选择"查看"—"选项"，可以按照习惯和需要进行设置，以提高凭证录入效率。一般至少选择"凭证保存后立即新增"。

步骤 2　凭证修改

在 K/3 主界面，执行路径：【财务会计】—【总账】—【凭证处理】—【凭证查询】。

单击工具栏中的"修改"按钮，或者单击鼠标右键在快捷菜单中选择"修改凭证"。

出错凭证的处理方法：

红字冲销法：对照原来的凭证，做一张红字冲销凭证，金额为红字，摘要写明冲销哪张凭证及冲销原因，然后再做一张正确的凭证。

补充登记法：科目没有错，仅仅是金额多了或少了，可以再输入一张凭证，相应增加金额或冲销多余部分，摘要写明具体的凭证号和原因。

步骤 3　出纳复核

在 K/3 主界面，执行路径：【财务会计】—【总账】—【凭证处理】—【凭证查询】，单击"编辑"菜单中的"出纳复核"，系统自动将当前操作者的姓名添加在凭证的"出纳"上。进入出纳复核状态后，单击"复核"按钮，完成复核。

步骤 4　凭证审核

在 K/3 主界面，执行路径：【财务会计】—【总账】—【凭证处理】—【凭证查询】，选择凭证过滤条件，确定后，进入会计分录序时簿。将光标定位于需要审核的凭证上，单击工具栏"审核"按钮，进入凭证查看窗口，审核无误后，单击"审核"按钮，系统会在审核人处进行签章。

步骤 5　凭证过账

在 K/3 主界面,执行路径:【财务会计】—【总账】—【凭证处理】—【凭证过账】,进行凭证过账处理。

如果选择记账功能时提示"初始化未完成不能过账",此时,需要选择【系统设置】—【初始化】—【总账】—【结束初始化】,然后再进行凭证记账。

步骤 6　账表查询

总分类账:【财务会计】—【总账】—【账簿】—【总分类账】,再设置"过滤条件"查看,双击某一行显示某科目的明细账。

科目余额表:【财务会计】—【总账】—【财务报表】—【科目余额表】,再设置"过滤条件"。

试算平衡表:【财务会计】—【总账】—【财务报表】—【试算平衡表】,币别选择"综合本位币"。

核算项目余额表:【财务会计】—【总账】—【财务报表】—【核算项目余额表】,再设置"过滤条件"查看,双击某一行显示该核算项目的具体明细账。

【现金日常业务处理】

步骤 1　结束初始化

在 K/3 主界面,执行路径:选择【系统设置】—【初始化】—【现金管理】—【初始数据录入】—【编辑】—【结束初始化】。

步骤 2　引入或录入银行存款(现金)日记账

在 K/3 主界面,执行路径:【财务会计】—【现金管理】—【总账数据】—【引入日记账】。

选择"现金日记账"/"银行存款日记账"页卡,期间模式选择"引入本期所有凭证"。单击"引入",完成后关闭。

选择【财务会计】—【现金管理】—【现金】—【现金日记账】,设置记录选项为"显示所有记录",可以查看现金日记账。

选择【财务会计】—【现金管理】—【银行存款】—【银行存款日记账】,设置记录选项为"显示所有记录",可以查看银行存款日记账。

步骤 3　输入银行对账单(现金盘点单)

选择【财务会计】—【现金管理】—【银行存款】—【银行对账单】,选择"工行存款"账户,设置条件后确定,进入银行对账单查询界面。单击"新增",录入银行对账单后"保存"。如果某行有错误,可以双击修改。

选择【财务会计】—【现金管理】—【现金】—【现金盘点单】,可以录入现金盘点单。

步骤 4　银行(现金)对账

选择【财务会计】—【现金管理】—【银行存款】—【银行存款对账】。

自动对账：单击"自动"按钮，设置勾对条件，选择"结算号相同"。如果不选择条件，则以金额相同为条件。

手工对账：对于自动勾对后剩下的，先选择要勾对的银行对账单业务，然后再选择对应的银行存款日记账业务，单击"手工"，完成勾对。"取消对账"按钮可以取消勾对。

选择【财务会计】—【现金管理】—【银行存款】—【报表】—【余额调节表】，查看余额调节表。

选择【财务会计】—【现金管理】—【银行存款】—【银行存款与总账对账】，查看是否正确。

选择【财务会计】—【现金管理】—【现金】—【现金对账】，进行现金管理、总账、现金盘点的对账。

步骤 5　出纳期末结账

选择【财务会计】—【现金管理】—【期末处理】—【期末结账】，结出本会计期间借贷发生额和余额，进入下一会计期间。

4.6　思考与练习

运河食品公司在 10 月份发生了以下业务，请对以下业务进行处理。

①10 月 2 日，工行账户收到苏州巴比食品公司支付的货款 3 000 元，转账支票号 ZZ45623。

借：银行存款/工行存款（1002.01）　　　　　　　　3 000

　　贷：应收账款（1122）/忆江南　　　　　　　　　　3 000

②10 月 2 日，接银行通知，工行账户支付短期借款利息 2 000 元。结算方式：其他；结算号：QT001。

借：财务费用/利息支出（6603.01）　　　　　　　　2 000

　　贷：银行存款/工行存款（1002.01）　　　　　　　　2 000

③10 月 3 日，采购部沈艺科采购芝麻 100 千克，每千克 30 元，材料直接送入二车间生产芝麻团子，货款以工行存款支付，转账支票号 ZZR002。

借：生产成本/直接材料（5001.01）/团子　　　　　　3 000

　　贷：银行存款/工行存款（1002.01）　　　　　　　　3 000

④10 月 3 日，财务部王亚兰从工行提取现金 15 000 元，作为备用金，现金支票号 XJ001。

借：库存现金（1001）　　　　　　　　　　　　　　15 000

　　贷：银行存款/工行存款（1002.01）　　　　　　　　15 000

⑤10 月 12 日，市场部曾进舒收到无锡华润食品公司转来的一张转账支票，金额 49 600 元，用以偿还前欠货款，转账支票号 ZZR003。

借：银行存款/工行存款(1002.01)　　　　　　　　　49 600
　　贷：应收账款(1122)/华润　　　　　　　　　　　　　49 600

⑥10月12日，采购部沈艺科从无锡天宇商贸公司购入大号保鲜膜1 000卷，单价10元，货税款暂欠，商品已验收入库，适用税率17%。

借：库存商品(1405)　　　　　　　　　　　　　　　10 000
　　应交税费/应交增值税/进项税额(2221.01.01)　　　1 700
　　贷：应付账款(2202)/天宇商贸　　　　　　　　　　11 700

⑦10月18日，行政部王海波出差归来，报销差旅费1 800元，交回现金200元。

借：管理费用/差旅费(6602.04)/行政部　　　　　　　1 800
　　库存现金(1001)　　　　　　　　　　　　　　　　200
　　贷：其他应收款(1221.02)　　　　　　　　　　　　2 000

⑧10月20日，开具工行转账支票(支票号：ZG1226)20 000元支付本月制造中心租用房屋的租赁费。

借：制造费用/租赁费(5101.03)　　　　　　　　　　20 000
　　贷：银行存款/工行存款(1002.01)　　　　　　　　20 000

⑨10月20日，行政部支付业务招待费1 500元，转账支票号ZZR004。

借：管理费用/招待费(6602.05)　　　　　　　　　　1 500
　　贷：银行存款/工行存款(1002.01)　　　　　　　　1 500

4.7　拓展训练

业务场景：无锡特产贸易公司，每年向宜兴特产厂采购各类特产产品，在无锡地区销售获利。现在该公司开始进行信息化建设。

第一笔业务为接受投资，投资者为UCC CHINA，金额为100 000美元。

注意：所有的信息代码，老师用H000，学生用H###(###为自己的上机号后三位数字)

步骤1　生成总账凭证　T-CODE：FB50

无锡特产贸易公司的第一笔业务为接受投资，投资者为UCC CHINA，金额为100 000美元。

Menu path：

SAP Menu ▸ Accounting ▸ Financial Accounting ▸ General Ledger ▸ Document Entry ▸ FB50-Enter G/L Account Document

在此路径下，输入总账凭证。注意，输入总账凭证前，应确保公司代码为自己新建的公司代码，见标题行。若不是，则需要更换。在录入凭证过程中，没有录入完毕，不要按回车键，否则会提示出错，无法继续，只能输入"/n"退出后，重新进入并输入相关信息。在保存凭证前，要模拟显示检查无误后再保存。

请记录：新生成凭证的编号＿＿＿＿＿＿＿＿＿＿＿＿＿＿

步骤 2　查看会计账户余额　T-CODE：FAGLB03

Menu path：

SAP Menu ▸ Accounting ▸ Financial Accounting ▸ General Ledger ▸ Account ▸ FAGLB03-Display Balances(New)

基于信息系统(ERP)来进行会计事务处理,优点是可以提供实时信息。只要凭证入账并被正式保存,相应的数据就可以被用来支撑账户信息与报表信息,从而减少人工干预,减少出错或数据不一致的可能性。最终提高效率的同时又提高质量,有助于会计辅助管理和决策。在此路径下输入科目代码,公司代码及年份等新消息,显示总账账户余额。

请记录：

查询的账户编码_____

查询的账户名称_____

账户借方发生额_____

账户贷方发生额_____

双击借方发生额(金额位置),可进行联机查询,查看详细信息。

在显示总账账户行项目—总账视图界面,请记录：

与此发生额对应的凭证的编号 _____

检查是否与上一笔业务的凭证编号一致_____

在显示总账行项目详细信息查询界面,请记录：

与此发生额对应的凭证 USER NAME_____

步骤 3　查看 FI 报表　T-CODE：F.01

Menu path：

SAP Menu ▸ Information Systems ▸ Accounting ▸ Financial Accounting ▸ General Ledger ▸ F.01-Balance Sheet

在财务报表查询条件窗口输入公司代码、财务报表版式及查询期间等信息后,可以看到财务报表查询结果。

请记录：

当前报表中总资产(金额)为_____

当前报表中总权益(金额)为_____

步骤 4　凭证查找　T-CODE：FB03

Menu path：

SAP Menu ▸ Accounting ▸ Financial Accounting ▸ General Ledger ▸ Document ▸ FB03-Display

按照凭证号查询,或者通过搜索凭证列表查询。在显示凭证:数据输入视图界面,请记录：

当前会计凭证中借方账户编码为_____

在显示凭证:001 号行项目界面,请记录:

当前会计凭证中借方账户完整名称为＿＿＿＿＿＿＿＿＿＿＿＿＿＿＿＿

步骤 5　凭证修改　T-CODE:FB02

Menu path:

SAP Menu ▸ Accounting ▸ Financial Accounting ▸ General Ledger ▸ Document ▸ FB02-Change

按照凭证号查询,或者通过搜索凭证列表查询。在找到相关凭证后,进行修改。

练习:

①修改凭证号 100000000 的摘要抬头文本,将内容从"投资###",修改为"获得 UCC CN 投资"。

②进入修改凭证:数据输入视图,修改凭证:002 号行项目摘要,在行项目备注中输入"测试修改 329000 账户###"。

步骤 6　查看凭证的修改历史　T-CODE:FB04

Menu path:

SAP Menu ▸ Accounting ▸ Financial Accounting ▸ General Ledger ▸ Document ▸ FB04-Display Changes

在凭证修改:初始屏幕,按照提示信息输入指定公司代码、凭证号和期间后,将看到该凭证所有的修改,包括已修改的字段及详情。请记录:

①当前会计凭证中修改的字段名称为＿＿＿＿＿＿＿＿＿＿＿＿＿＿＿＿

②当前会计凭证中的修改人为＿＿＿＿＿＿＿＿＿＿＿＿＿

③当前会计凭证中 DOCUMENT HEADER TEXT 的新值为＿＿＿＿＿＿＿＿＿＿

步骤 7　凭证冲销

不太重要的错误,如文本方面的信息,是可以使用凭证修改功能在错误凭证上直接修改的。但影响比较大的错误,如账户错了,金额错了,不允许直接修改,只能进行错误凭证的冲销,然后生成一张正确的凭证。

①查看凭证冲销前相关账户信息　T-CODE:FAGLB03

查 100###账户信息,请记录:

会计账户＿＿＿＿＿＿＿的借方发生额为＿＿＿＿＿＿＿,由几笔业务构成＿＿＿＿＿＿＿

会计账户＿＿＿＿＿＿＿的贷方发生额为＿＿＿＿＿＿＿,由几笔业务构成＿＿＿＿＿＿＿

会计账户＿＿＿＿＿＿＿的余额及方向为＿＿＿＿＿＿＿,由几笔业务构成＿＿＿＿＿＿＿

②制作拟冲销凭证　T-CODE:FB50

制作两张拟冲销凭证,两张凭证分别记在未来期间的账上。(分别提前一个月和两个月)

错误凭证一:接收投资 8 000 美元,凭证日期为当月,记账日期为下个月。

请记录:凭证类型及凭证编号＿＿＿＿＿＿＿＿＿＿

错误凭证二:接收投资 90 000 美元,凭证日期和记账日期都为下下个月。

请记录:凭证类型及凭证编号_____

③查看会计账户信息　T-CODE:FAGLB03

查 100###账户和 329000 账户信息。请记录:

会计账户_____借方发生额为_____

会计账户_____贷方发生额为_____

会计账户_____余额及方向为_____

请记录:

会计账户_____借方发生额由几笔业务构成_____

会计账户_____贷方发生额由几笔业务构成_____

会计账户_____余额由几笔业务构成_____

④查看 FI 报表　T-CODE:F.01

当前报表中总资产为_____由几笔业务构成_____

当前报表中总权益为_____由几笔业务构成_____

⑤冲销凭证——反向冲销方式　T-CODE:FB08

Menu path:

SAP Menu ▸ Accounting ▸ Financial Accounting ▸ General Ledger ▸ Document ▸ Reverse ▸ FB08-Individual Reversal

在凭证冲销界面,按照提示信息输入指定公司代码、凭证号和期间。此处凭证号选择错误凭证一的凭证号,选择冲销方式为"01 反向冲销"。请记录:

凭证类型及凭证号_____

冲销后立即查看相关账户金额信息,以确认冲销结果。

查 100###账户和 329000 账户信息。请记录:

会计账户_____借方发生额为_____

会计账户_____贷方发生额为_____

会计账户_____余额及方向为_____

请记录:

会计账户_____借方发生额由几笔业务构成_____

会计账户_____贷方发生额由几笔业务构成_____

会计账户_____余额由几笔业务构成_____

⑥冲销凭证——红字冲销方式　T-CODE:SPRO,FB08

Menu path:

SAP Customizing Implementation Guide ▸ Financial Accounting(new) ▸ General Ledger Accounting(New) ▸ Business Transactions ▸ Adjustment Posting/Reversal ▸ Permit Negative Posting

在此路径下,查看并修改后台配置—"按公司代码维护负值记账"。通过 T-CODE: FB08,在凭证冲销界面,按照提示信息输入指定公司代码、凭证号和期间。此处凭证号选择错误凭证二的凭证号,选择冲销方式为"03 红字冲销"。

请记录：

凭证类型及凭证号_____

冲销后立即查看相关账户金额信息，以确认冲销结果。

查 100###账户和 329000 账户信息。

请记录：

会计账户_____借方发生额为_____

会计账户_____贷方发生额为_____

会计账户_____余额及方向为_____

请记录：

会计账户_____借方发生额由几笔业务构成_____

会计账户_____贷方发生额由几笔业务构成_____

会计账户_____余额由几笔业务构成_____

查看凭证并记录：

凭证 _____被凭证_____冲销

凭证 _____冲销了_____凭证

查看 FI 报表的结果。

当前报表中总资产为_____由几笔业务构成_____

当前报表中总权益为_____由几笔业务构成_____

步骤 8　导出凭证清单　T-CODE：FB03

按照指定路径，在凭证清单界面，先调整要输出的清单样式，包括要按照什么顺序输出，要输出哪些项目等。在"修改布局—选择显示列"，从右侧区域向左侧区域增加想要输出的项目，增加后，左侧区域由上至下顺序即为凭证清单界面中由左至右显示的顺序。设置输入完毕后，保存时参照 layout 的名字：/OSAP###。确定数据输出方式时，可以选择电子表格方式输出。

第 5 章 采购与应付管理

5.1 实验目的与要求

本单元实验的主要目的,是让学生学习采购与应付系统模块的基本知识,掌握在采购模块及应付模块下如何完成日常业务处理并查询相关的实时信息。本实验要求:

①理解供应链系统与应付系统初始设置的含义和作用;

②掌握采购与应付系统日常业务处理的步骤与方法;

③学会进行采购及应付系统数据的初始化,并能有效地完成采购及应付日常业务的处理。

5.2 知识准备

1)采购与应付系统初始设置

供应链上的采购、仓存、销售等业务是相互关联的。库存和物料信息、业务和核算参数信息是供应链各业务模块共享信息,其设置将对整个供应链各业务模块都产生影响。另外供应链各业务系统启动其中一个,其他系统同时也启动,并结束初始化。同样,一个业务系统反初始化,供应链的其他业务系统也同时回到初始化状态。所以,采购、仓存、销售等供应链模块的初始化工作需同时进行,在各模块初始化数据全部录入完成后再启动业务系统。下面进行供应链核算系统参数、库存和物料核算初始数据、采购管理期初数据,以及应付账款初始数据的录入和相关设置。

2)单据的关联

关联是指单据之间建立的一种传递业务信息的关系,即在连续的业务处理过程中,将某一流程单据的业务信息传递给下一流程单据,使两者之间保持业务的连续性,同时也减少大量相同信息的重复录入。在关联其他单据生成记录时,被关联单据的类型称为源单类型。例如入库单可以关联采购订单。在选单号时可以将想要关联的单据调出。注意只有已审核的单据才可以被关联。

3）单据的审核

审核是业务处理的重要环节,通过审核操作,主管人员可以随时监控业务的开展状况,同时也只有已审核的单据才可以被其他单据关联和获取数据,进行后续业务的处理。采购订单的审核有两种方法,一种方法是在保存后直接单击“审核”完成,另外一种是通过订单维护功能,在“采购订单序时簿”上对显示的已经录入的采购订单进行审核。审核的方法是,先选定要审核的单据,然后单击鼠标右键,从弹出的快捷菜单中选择“审核”命令,也可以单击“审核”按钮。

4）单据的钩稽

采购发票的钩稽实质就是采购发票和外购入库单的核对,也叫“配单”。钩稽的主要作用是进行实际成本的匹配确认,使外购入库单的成本与采购发票保持一致。无论本期还是以前期间的发票,钩稽后都作为钩稽当期发票来计算成本。

5）凭证模板设置

每种业务必须制作相应的模板,每种核算单据可设置多个凭证模板,通常情况下,指定某个凭证模板为默认模板,在应用中可以根据需要选择。在金蝶系统中,已经预置了很多业务模板,但由于科目的设置不同等原因,均要在应用前按照具体单位的业务处理要求来修改。同时,可根据具体单位的业务处理方法来重新设置凭证模板。

6）暂估业务处理

暂估业务就是指物料先到发票后到,并且是在不同会计期间到达的采购业务。在采购发票当月无法到达的情况下,采购发票与物料入库的处理不在同一个会计期间内,财务上一般使用暂估入库,核算成本时一般结合以前的采购情况人为地给物料一个预估单位成本。按照暂估差额生成方式的设置,在“差额调整”方式下,在发票到达后,当期获得的发票金额(不含税)与以前期间暂估的入库单暂估金额不一致时,系统自动生成外购入库暂估补差单。对于暂估入库材料,发票价格与暂估单价不一致,只要数量相同也能钩稽,具体的金额差额在核算时处理。

7）单据拆分

单据拆分主要是为了钩稽。如果只收到部分物料,但对方发票已经全额开具,此时发票上的数量大于入库单数量,在钩稽前需要在发票序时簿上先将该发票进行拆分处理。同样,如果物料全部入库,但只收到部分采购发票,发票数量小于外购入库单数量,钩稽前需要在外购入库单序时簿上先将入库单进行拆分处理。拆分后,被拆分的单据减去拆分部分称为母单,单据号不变,可继续拆分;拆分出的数量形成的单据称为子单,不能再拆分,在原单据号后加 A、B、C 等标记。单据体中除了数量和总金额变动外,其他不变。

5.3　实验基本处理流程

图 5-1 与图 5-2 反映的是一般企业的采购与付款业务流程,在信息化条件下,结合计算机的特点,可以将企业中的采购与付款流程细化为请购与订单管理、验收、发票管理、付款四个流程。

(1)请购与订单管理

在该流程的管理中包括以下环节:①录入请购单。物料需求部门通过录入模块将采购申请录入计算机系统,并保存在请购单文件中。请购单也可以是存货系统自动传入或由企业的物料需求计划系统传入。②采购审批。采购部门专职人员负责将请购单文件和物料存货文件中的最高库存量和最低库存量进行比较,审核请购单的合理合规性。③选择供应商。采购订单编制人员从供应商档案文件、采购价格文件、订单交货文件等获取信息,系统自动按照供应商的选择条件,如供应商的交货记录、报价、送货条件、质量等给出供应商排名,以供选择合适的供应商。④编制采购订单。采购订单是以请购单为基础,结合供应商排名文件而产生的,反映选择的供应商、采购数据、付款方式等信息。该文件是整个采购与付款流程中最重要的数据文件之一。⑤发出订单。将订单发给供应商,同时提供相关信息给财务部门、验收部门。采购管理基本业务流程如图 5-1 所示。

(2)物料验收

当物料送达验收部门时,验收岗位负责人从采购订单文件中获取信息,并将存货信息与实物进行核对,检验合格,则将相关信息写入采购订单文件,系统自动生成入库单,传递到存货系统的入库单文件中。存货核算业务流程如图 5-2 所示。

(3)发票管理

财务部门收到供应商的发票和其他单据时,从采购订单文件或入库单文件中获取信息,自动生成采购发票文件信息。采购发票与验收入库单进行核对,确认物料采购成本,根据预置的凭证模板,自动生成转账凭证入账。

(4)付款

到期付款时,财务部门向供应商签发支票付款,同时编制记账凭证,进行相关账务处理。应付款业务处理流程如图 5-3 所示。

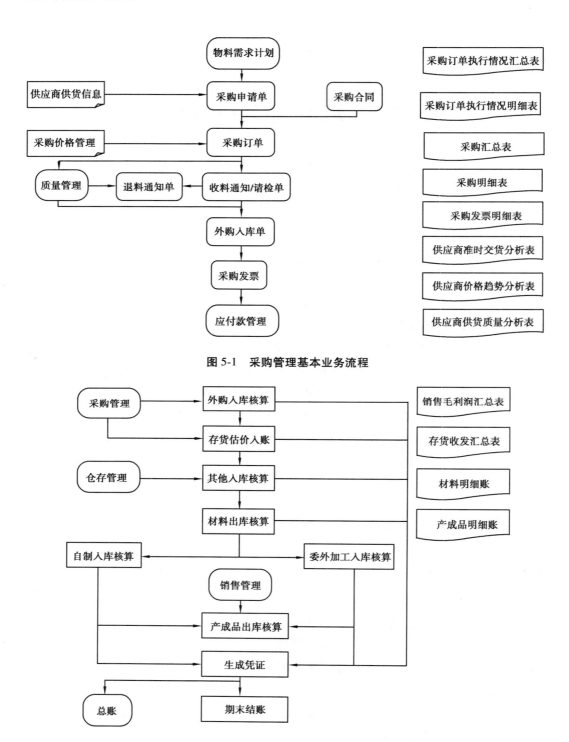

图 5-1　采购管理基本业务流程

图 5-2　存货核算基本业务流程

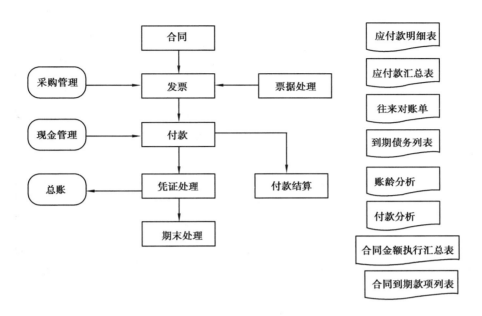

图 5-3　应付款系统业务处理流程

5.4　实验背景

【实验背景 1—初始设置】

1）核算系统参数

①勾选外购入库生成暂估冲回凭证，默认是不选择。

②暂估差额生成方式设置为"差额调整"（默认值）。

③暂估冲回凭证生成方式为"单到冲回"。系统默认的是"月初一次冲回"。

2）库存和物料核算期初数据

9 月 30 日，对各个仓库进行了盘点，结果如表 5-1 所示。

表 5-1　库存盘点表

仓库名称	物料名称	单位	数量	结存单价	结存金额
原料库	糯米	千克	2 000	6.20	12 400
	粳米	千克	2 000	4.50	9 000
	白糖	千克	600	7	4 200
	红糖	千克	500	8	4 000
	花生仁	千克	100	12	1 200

续表

仓库名称	物料名称	单位	数量	结存单价	结存金额
原料库	芝麻	千克	100	30	3 000
	红豆	千克	300	10	3 000
	瓜子仁	千克	200	40	8 000
	肉松	千克	300	30	9 000
	猪油	千克	200	20	4 000
	油渣	千克	100	11	1 100
	色拉油	千克	400	15	6 000
成品库	白糖年糕	条	980	30	29 400
	八宝年糕	条	990	60	59 400
	花生团子	盒	100	6	600
	芝麻团子	盒	100	6	600
配套用品库	无锡毫茶	盒	200	350	70 000
	锡惠红茶	盒	6	250	1 500
合计					226 400

3) 采购管理期初数据

9月25日,收到江苏斯米克公司提供的糯米1 000千克,暂估单价为6.10元,商品已验收入原料仓库,至今尚未收到发票。仓储部徐小东验收。

4) 应付账款初始设置

(1) 应付系统初始设置资料

应付系统设置资料如表5-2所示。

表5-2　应付系统参数

项目	参数
基本信息	启用年份:2018年;启用期间:10月
科目设置	单据类型科目:均设置为2202 应付票据科目:2201;应交税金科目:2221.01.01
凭证处理	使用凭证模板(不勾选);预付冲应付需要生成转账凭证(不勾选)

没有特殊说明的内容均采用系统默认值,不更改。

(2) 供应商往来资料

应付账款(2202)期初余额如表5-3所示。

表 5-3 应付账款期初余额

日期	供应商	方向	期初余额	应付日期	应付金额	部门	业务员
2018-07-20	江苏斯米克公司	贷	276 850.00	2018-10-30	276 850.00	采购部	李文兵
		贷	276 850.00		276 850.00		

【实验背景 2—常规采购业务的处理】

①10月1日,业务员沈艺科向江苏凌华食品公司询问白糖的价格(6.8元/千克,不含税价),经过评估后确认价格合理,随即向业务主管提出请购要求,请购数量为300千克。审批同意后向江苏凌华食品公司订购白糖300千克,单价为6.8元,要求到货日期为10月3日。

②10月3日,收到所订购的白糖300千克。填制收料通知单。

将所收到的货物验收入原料库。填制外购入库单。

收到该笔货物的专用发票一张,发票号为4001。

业务部门将采购发票交给财务部门,财务部门确定此业务所涉及的应付账款及采购成本,材料会计记材料明细账。

财务部门开出工行转账支票一张,支票号为ZZ123,付清采购货款。

【实验背景 3—暂估入库报销业务的处理】

10月4日,收到江苏斯米克公司提供的上月已验收入库的1 000千克糯米的专用发票一张,发票单价为6.00元。进行暂估报销处理,确定采购成本及应付账款。

5.5 实验过程

【初始设置】

步骤 1 采购管理启用(供应链启用)和选项设置

路径:【K/3 ERP】—【系统设置】—【初始化】—【采购管理】—【系统参数设置】。

启用年度设为"2018",启用期间设为"10",参数为默认设置选项。注意核对核算方式,选择"数量、金额核算",库存更新控制选择"单据保存后立即更新"。

启动业务系统,完成业务系统启用。

选项启用:供应链在业务处理上是关联的,需要设置有关参数。

路径:【K/3 ERP】—【系统设置】—【系统设置】—【采购管理】—【系统设置】—【供应链整体选项】,采用默认参数。

步骤 2　参数设置

路径:【K/3 ERP】—【系统设置】—【系统设置】—【采购管理】—【系统设置】—【采购系统选项】,可以设置有关参数,这里采用默认参数。

路径:【K/3 ERP】—【系统设置】—【系统设置】—【采购管理】—【单据设置】,先选择"单据设置",再选择"购货发票(专用)单据",在此可以对编码设置中的项目参数进行重新定义。在"选项"页卡中,选择"允许手工录入"。

路径:【K/3 ERP】—【系统设置】—【系统设置】—【存货核算】—【系统设置】—【核算系统选项】,进行暂估业务参数设置。

注意:"外购入库生成暂估冲回凭证"默认是不选择,在案例中要勾选。此参数只能在初始化期间进行设置,非常重要。在启用存货核算系统后,此处设置的参数就不能再更改。该参数的选择对后续业务处理有重要影响,选中时,将按照工业模式进行业务处理,设置后,"暂估冲回凭证生成方式"才起作用,"暂估差额生成方式"固定为"差额调整"。不选中时为商业模式,"暂估冲回凭证生成方式"无效,"暂估差额生成方式"可以选择。

步骤 3　物料初始数据

路径:【K/3 ERP】—【系统设置】—【初始化】—【仓存管理】—【初始数据录入】。

选择相应的库房,输入相关期初数量、期初金额,保存后会自动计算出年初数据。

注意:这里的期初金额总额必须与科目余额中"库存商品"余额相符。可以通过菜单"查看"菜单中的"对账/录入"进行检查。如果录入的物料期初数据是正确的,而总账余额不对,可以选择"传递"功能,将数据传递到科目期初余额中。

步骤 4　采购管理期初数据

初始化数据录入除了常规物料的期初数量金额以外,一些初始化之前未收到的采购发票的暂估入库单、未核销出库单(未开销售发票的销售出库单)也要录入系统。目的是使系统启用后能和实际相一致。通过调用"暂估入库单"和"未核销出库单"完成。

路径:【K/3 ERP】—【系统设置】—【初始化】—【仓存管理】—【录入启用期前的暂估入库单】。

通过"新增",在外购入库单界面输入相关信息。保存后"审核"完成。

暂估入库单是指初始化之前未收到采购发票的入库单,做暂估处理目的是使系统启用后能和实际相一致。

步骤 5　采购管理结束初始化

路径:【K/3 ERP】—【系统设置】—【初始化】—【采购管理】—【启动业务系统】,完成业务系统启用。通过【反初始化】功能,可以返回到启用前状态。

注意:采购、仓存、销售、存货核算等供应链子系统只需要启动其中一个,其他业务系统同时结束初始化。同理,采购、仓存、销售、存货核算等供应链子系统只需要其中一个系统反初始化,其他业务系统同时反初始化。

步骤 6　应付系统初始设置

路径:【K/3 ERP】—【系统设置】—【系统设置】—【应付款管理】—【系统参数】,按照提供的资料信息设置,其他按照默认参数进行设置。

路径:【K/3 ERP】—【系统设置】—【初始化】—【应付款管理】—【初始采购增值税发票—新增】,输入供应商往来相关信息。通过【初始应付单据—维护】,可以查看输入的数据和进行修改等维护处理。

路径:【K/3 ERP】—【财务会计】—【应付款管理】—【初始化】—【结束初始化】,完成应付账款的初始化工作。同时也可以在该路径下,通过使用【反初始化】功能,回到初始化状态。

【常规采购业务的处理】

该笔业务为典型的常规采购业务流程,以下步骤为处理流程中的关键环节。

步骤 1　采购订单录入及审核

路径:【K/3 ERP】—【供应链】—【采购管理】—【采购订单】—【采购订单—新增】,输入相关信息后保存。

通过【采购订单—维护】功能,在"采购订单序时簿"上选定要修改或审核的单据,完成"修改""审核"等维护工作。审核单据也可以在新增单据保存后直接"审核"。

对录入单据的设置,可以选择"选项"进行设置。具体根据需要进行设置,如"保存后立即新增"等。

步骤 2　填制并审核收料通知单

路径:【K/3 ERP】—【供应链】—【采购管理】—【收料通知】—【收料通知—新增】,输入相关信息后保存。

收料通知可以通过前面录入的采购订单数据关联转入。选择"源单类型"为"采购订单",在"选单号"处按 F7 键调出已经审核的采购订单。如果要选择多行,则先选择第一行,然后按 Shift 键(或 Ctrl 键),进行多行选择。在自动将该单据数据传递过来后,再补充其他相关信息。

路径:【K/3 ERP】—【供应链】—【采购管理】—【收料通知】—【收料通知—维护】,进行"审核"或"修改"。

注意:只有已审核的单据才可以被关联。

步骤 3　填制并审核外购入库单

路径:【K/3 ERP】—【供应链】—【采购管理】—【外购入库】—【外购入库单—新增】,输入相关信息后保存。

可以通过关联前面录入的收料通知单或采购订单转入(一般关联上一单据)。

路径:【K/3 ERP】—【供应链】—【采购管理】—【外购入库】—【外购入库单—维护】,进行"审核"或"修改"。

步骤4　填制并审核采购发票

路径:【K/3 ERP】—【供应链】—【采购管理】—【采购结算】—【采购发票—新增】,发票种类在右上角进行选择后,可通过关联"外购入库单"传入数据后,补充相关信息后保存。

路径:【K/3 ERP】—【供应链】—【采购管理】—【采购结算】—【采购发票—维护】,进行"审核"或"修改"。

注意:在货物先入库发票后到的情况下,如果发票上价格与预估价格不同,要以发票价格为准输入。

步骤5　发票与外购入库单的钩稽

路径:【K/3 ERP】—【供应链】—【采购管理】—【采购结算】—【采购发票—维护】,进入采购发票序时簿。选择"编辑"功能对光标所在的发票进行处理,选择"钩稽"功能。发票钩稽窗口的上半部分显示参与钩稽的发票列表,左边显示本次发票钩稽的数量。下半部分显示参与钩稽的外购入库单列表,左边显示本次钩稽的外购入库数量。两者的数量在原则上要保持一致。

反钩稽:在采购发票序时簿下,所选发票上单击鼠标右键,在弹出的快捷菜单中选择"反钩稽"或编辑菜单中选择。

步骤6　生成应付账款凭证

路径:【K/3 ERP】—【供应链】—【核算管理】—【凭证管理】—【凭证模板】,选择"实际成本法部分"—"外购入库单"的凭证模板,双击"外购入库标准模板"按照表5-4进行设置。凭证字"转",应付账款的核算项目为"供应商"("对应单据上项目"选择"供货单位"),在编辑菜单中设置为"默认模板"。

表5-4　模板名称:采购发票(赊购)

科目来源	科目	方向	金额来源	摘要	核算项目
单据上的往来科目		借	应付金额		供应商
凭证模板	银行存款——工行存款	贷	付款单付款金额		
凭证模板	6 603.99 财务费用——其他	贷	付款单折扣金额		
凭证模板	6 603.99 财务费用——其他	贷	兑换费用		

路径:【K/3 ERP】—【供应链】—【核算管理】—【凭证管理】—【生成凭证】,选择"外购入库"单击"重新设置"按钮,系统过滤出所有采购发票,选择需要生成凭证的发票,单击"生成凭证"。在正式生成凭证前,可以通过"编辑"中的"选项",设置有关凭证生成过程中的相关处理方式。生成的凭证可以修改和删除。

生成凭证错误的原因通常有以下几种情况:找不到科目;科目不是最明细级别,凭证借贷不平衡;单据上数据为 0,取不到核算项目;凭证不能保存。如果找不到科目通常需要补录科目或在模板中调整科目来源。科目不是最明细级别,凭证借贷不平衡的情况,一般是金额来源设置不正确。单据上数据为 0,取不到核算项目一般需要进行科目调整。凭证不能保存一般是由于业务系统当前会计期间小于总账系统的当前会计期间。

步骤 7　生成付款凭证

路径:【K/3 ERP】—【财务会计】—【应付款管理】—【付款】—【付款单–新增】,数据也是通过源单(采购发票)传入。保存后即可审核,如果设置为制单人可审核,则在输入付款单时单击"审核"完成。原则上要更换操作员,一般由部门领导审核。也可以在"付款单—维护"中审核。

在应付系统生成凭证,需要先修改系统参数:

路径:【K/3 ERP】—【系统设置】—【应付款管理】—【系统参数】,在凭证处理页卡中选择"使用凭证模板"。

路径:【K/3 ERP】—【系统设置】—【基础资料】—【应付款管理】—【凭证模板】。

事务类型为"付款",按照模板表 5-5 设置后,在"编辑"菜单中设置为"默认模板"。

表 5-5　模板名称:付款

科目来源	科目	方向	金额来源	摘要	核算项目
单据上的往来科目		借	应付金额		供应商
凭证模板	银行存款——工行存款	贷	付款单付款金额		
凭证模板	6 603.99 财务费用——其他	贷	付款单折扣金额		
凭证模板	6 603.99 财务费用——其他	贷	兑换费用		

路径:【K/3 ERP】—【财务会计】—【应付款管理】—【凭证处理】—【凭证—生成】,在单据序时簿下,单击"按单",对付款单生成凭证。选择【K/3 ERP】—【财务会计】—【应付款管理】—【凭证处理】—【凭证—维护】,可以查看、删除、修改有关设置再生成凭证。

【暂估入库报销业务的处理】

该笔业务为暂估入库报销业务的处理,以下步骤为处理流程中的关键环节。

步骤 1　录入并审核采购发票

选择【K/3 ERP】—【供应链】—【采购管理】—【采购结算】—【采购发票—新增】。

源单类型选择"外购入库",在"选单号"处按 F7,显示启用前的暂估入库单(初始化),关联转入。将数量、单价改为与发票相同的数据(800 改为 790),保存后审核。

步骤 2　与暂估入库单钩稽

选择【K/3 ERP】—【供应链】—【采购管理】—【采购结算】—【采购发票—维护】。

进入采购发票序时簿,完成钩稽。在【采购结算】—【钩稽日志】中可以查看。(此处可以看到3条记录,包括补差单)

步骤3 外购入库暂估冲回

选择【K/3 ERP】—【供应链】—【核算管理】—【凭证管理】—【凭证模板】。事务类型选择实际成本法部分的"外购入库",按照表5-6设置"估价入账标准模板"。

表5-6 模板名称:估价入账标准模板

科目来源	科目	方向	金额来源	摘要	核算项目
凭证模板	库存商品	借	外购入库单实际成本		
凭证模板	应付账款	贷	外购入库单实际成本		供应商

选择【K/3 ERP】—【供应链】—【核算管理】—【凭证管理】—【生成凭证】,再选择"外购入库",单击"重设"按钮,生成凭证。

步骤4 生成暂估补差单

选择【K/3 ERP】—【供应链】—【核算管理】—【入库核算】—【外购入库核算】,单击"核算",系统自动核算完成相关工作。

在【K/3 ERP】—【供应链】—【核算管理】—【报表分析】—【综合分析类】—【材料明细账】可以看到生成的外购入库补差单。

步骤5 生成应付账款凭证

选择【K/3 ERP】—【供应链】—【核算管理】—【凭证管理】—【生成凭证】,再选择"外购入库",单击"重设"按钮,生成凭证。

5.6 思考与练习

运河食品公司在10月份还发生了以下采购与应付业务,请对以下业务进行处理。

①10月4日,向江苏凌华食品公司购买猪油300千克,单价为20元/千克(无税单价),直接验收入原料仓库。同时收到专用发票一张,立即以工行转账支票(支票号ZZ011)支付其货款。确定采购成本,进行付款处理。

②10月6日,向江苏凌华食品公司购买糯米500千克,单价为6.20元/千克,验收入原料库。同时还购买花生仁100千克,单价为12元/千克,验收入原料仓库。当天收到专用发票一张。另外,在采购的过程中,发生了一笔运输费200元,税率为7%,收到相应的运费发票一张,费用按照金额分配。确定采购成本及应付账款,款项未付。

③10月9日,收到无锡天宇商贸公司提供的2号礼盒,数量1 000个,单价为12元。验收入配套用品库。

10月10日,仓库反映有5个2号礼盒有质量问题,退回供应商,办理相关出库手续。

收到无锡天宇商贸公司开具的 995 个礼盒的专用发票一张,单价 12 元,编制有关凭证。

④10 月 15 日,前期从无锡天宇商贸公司购入的 2 号礼盒质量有问题,从配套用品库退回 10 个给供货方,单价为 12 元,同时收到退货红字专用发票一张。对外购入库单和红字专用采购发票进行业务处理。

⑤10 月 20 日,收到无锡铭鼎茶业提供的无锡毫茶 300 盒,入配套用品库。由于到了月底发票仍未收到,每盒的暂估价为 350 元,进行暂估记账处理。

⑥10 月 20 日,财务部开出工行转账支票一张(支票号 ZZ7777),金额 7 020 元,支付江苏斯米克公司前欠糯米购货款。

⑦10 月 20 日,预付无锡天宇商贸公司购货定金 9 000 元,工行支票已经开出,转账支票号 ZF002。

5.7　拓展训练

业务场景:①无锡特产贸易公司从宜兴特产厂采购价值 3 000 美元的特产产品,宜兴特产厂开具 3 000 美元的发票给无锡特产贸易公司。假设发票与所购物资同时到达本企业,现需要在 SAP 系统中记录这笔采购业务所收到的物资和发票信息。②无锡特产贸易公司在记录从宜兴特产厂采购物资的业务后,产生一笔对宜兴特产厂的应付账款,将完成该笔付款业务。

供应商信息:宜兴特产厂###,地址:江苏省宜兴市太华镇石门,邮编:214200。

步骤 1　维护会计科目主数据

(1)维护应付账款总账科目主数据　T-CODE:FS00

Menu path:

SAP Menu ▸ Accounting ▸ Financial Accounting ▸ General Ledger ▸ Master Records ▸ G/L Accounts ▸ Individual Processing ▸ FS00-Centrally

在此路径下,采用集中方式编辑总账科目属性。输入应付账款总账科目代码 300000 后,设置应付账款科目属性及应付账款科目的控制数据属性。

凡是设置了下级明细科目的总账科目就是统驭科目(RA Reconciliation Account)。应付账款科目属于统驭科目(Reconciliation Account),类型为"客户(K vendors)"。在 ERP 中,通过将总账会计科目设置为统驭科目,可将相关的明细科目信息附加到总账科目上。相关业务发生时,只需要针对末级明细账户记账,在系统保存后,二者可实现同步更新,从而保证信息的及时提供。系统中不能直接对统驭科目进行记账处理。

(2)维护存货总账科目主数据

在同一路径下,采用集中方式编辑总账科目属性。输入存货总账科目代码 200200 后,设置存货科目属性及存货科目的控制数据属性。

练习:

修改存货属性 1——准许不带税过账。

修改存货属性2——允许手工记账。

步骤2　维护供应商主数据

（1）创建供应商主数据　T-CODE：FK01

Menu path：

SAP Menu ▸ Accounting ▸ Financial Accounting ▸ Accounts Payable ▸ Master Records ▸ FK01-Create

在此路径下，在创建供应商主数据初始设置界面，将账户组设置为"KRED"，由系统按预置编码规则自动为供应商分配编码。创建供应商—地址，设置统驭科目，设置排序码、付款信息等。

练习：

请记录：该公司新建供应商编号_____

（2）查看供应商主数据　T-CODE：FK03

Menu path：

SAP Menu ▸ Accounting ▸ Financial Accounting ▸ Accounts Payable ▸ Master Records ▸ FK03-Display

在此路径下，在显示供应商主数据初始设置界面，选择显示信息类型：地址、会计账户信息、付款条件等，查看已设置的供应商信息。

步骤3　记录采购业务　T-CODE：FB60

（1）记录采购业务

Menu path：

SAP Menu ▸ Accounting ▸ Financial Accounting ▸ Accounts Payable ▸ Document Entry ▸ FB60-Invoice

在此路径下，在创建供应商发票设置界面，完成供应商发票的输入。输入完成后，模拟显示，观察输入供应商发票状态的变化，查看相应的凭证并保存。

请记录：凭证类型及凭证编号_____

（2）查看会计凭证　T-CODE：FB03

Menu path：

SAP Menu ▸ Accounting ▸ Financial Accounting ▸ Accounts Payable ▸ Document ▸ FB03-Display

按照凭证号查询，或者通过搜索凭证列表查询。在显示凭证：数据输入视图界面，

请记录：

当前会计凭证中借方账户编码为_____

借方账户完整名称为_____

（3）查看未清项　T-CODE：FBL1N

Menu path：

SAP Menu ▸ Accounting ▸ Financial Accounting ▸ Accounts Payable ▸ Account ▸ FBL1N-

Display/Change Line Items

在此路径下,进入供应商行项目显示—输入查询条件界面。输入指定供应商,查询其未清账。在显示未清账界面,请记录:

未清项相关信息＿＿＿＿＿＿＿＿＿＿＿

下面,通过以下路径,查供应商余额:

Menu path:

SAP Menu ▸ Accounting ▸ Financial Accounting ▸ Accounts Payable ▸ Account ▸ FK10N-Display Balances

在供应商余额显示—查询结果界面,请记录:

供应商编码＿＿＿＿＿＿＿＿＿＿＿

供应商账户的借方发生额为＿＿＿＿＿＿,由几笔业务构成＿＿＿＿＿

供应商账户的贷方发生额为＿＿＿＿＿＿,由几笔业务构成＿＿＿＿＿

供应商账户的余额及方向为＿＿＿＿＿＿,由几笔业务构成＿＿＿＿＿

(4)查看 FI 报表　T-CODE:F.01

Menu path:

SAP Menu ▸ Information Systems ▸ Accounting ▸ Financial Accounting ▸ General Ledger ▸ F.01-Balance Sheet

请记录:

当前报表中总资产为＿＿＿＿＿＿＿＿＿＿由几笔业务构成＿＿＿＿＿

当前报表中总权益为＿＿＿＿＿＿＿＿＿＿由几笔业务构成＿＿＿＿＿

步骤 4　记录付款业务　T-CODE:F-53

(1)记录付款业务

Menu path:

SAP Menu ▸ Accounting ▸ Financial Accounting ▸ Accounts Payable ▸ Document Entry ▸ Outgoing Payment ▸ F-53-Post

在此路径下,进入"记录付款业务—条件输入"界面。按照相关提示信息录入银行存款账户100###及金额等信息。在付款业务记账—处理未清项界面进行付款事务处理后保存。

请记录:

凭证类型及凭证编号＿＿＿＿＿＿＿＿＿＿＿＿＿＿＿

(2)查看付款凭证

第一种方式在付款界面即时查看凭证的总账视图。

第二种方式查看凭证的总账视图(T-CODE:FB03)。

请记录:

当前凭证中借方账户编码为＿＿＿＿＿＿＿＿＿＿＿,金额为＿＿＿＿＿＿＿＿＿＿＿

当前凭证中贷方账户编码为＿＿＿＿＿＿＿＿＿＿＿,金额为＿＿＿＿＿＿＿＿＿＿＿

（3）查看供应商行项目信息　T-CODE：FBL1N

在显示界面,请记录:已清项＿＿＿＿＿＿＿＿＿＿＿＿＿＿

（4）查看 FI 报表 T-CODE：F.01

请记录:

当前报表中总资产为＿＿＿＿＿＿＿＿＿＿＿＿＿＿　　由几笔业务构成＿＿＿＿＿＿

当前报表中总权益为＿＿＿＿＿＿＿＿＿＿＿＿＿　　由几笔业务构成＿＿＿＿＿＿

步骤 5　凭证修改　T-CODE：FB02

业务场景:在凭证已经录入系统并保存后,发现原录入的宜兴特产厂所开发票的凭证表头摘要文字信息有误时,需要查找并修改该凭证。

Menu path：

SAP Menu ▶ Accounting ▶ Financial Accounting ▶ Accounts Payable ▶ Document ▶ FB02-Change

按照凭证号查询,或者通过搜索凭证列表查询。在找到相关凭证后,进行修改。

练习：

修改采购特产发票的摘要抬头文本,将内容修改为"购进物资并取得发票###"。

步骤 6　冲销错误凭证

业务场景:由于财务人员疏忽,在宜兴特产厂未交货的情况下,向其支出一笔 3 100 美元货款,同时在系统中记账。

（1）创建未交货的记账凭证

请记录:凭证类型及凭证编号＿＿＿＿＿＿＿＿＿＿＿＿＿＿＿＿＿＿＿＿＿

（2）查看相关信息

请记录查询结果:

当前凭证中借方账户编码为＿＿＿＿＿＿＿＿＿＿＿,金额为＿＿＿＿＿＿＿＿＿＿

当前凭证中贷方账户编码为＿＿＿＿＿＿＿＿＿＿＿,金额为＿＿＿＿＿＿＿＿＿＿

（3）冲销未交货凭证

Menu path：

SAP Menu ▶ Accounting ▶ Financial Accounting ▶ General Ledger ▶ Document ▶ Reverse ▶ FB08-Individual Reversal

在凭证冲销界面,按照提示信息输入指定公司代码、凭证号和期间。选择冲销方式为"03 红字冲销"。

请记录:凭证类型及凭证号＿＿＿＿＿＿＿＿＿＿＿＿＿＿＿＿＿

（4）查看凭证冲销后相关信息

冲销后立即查看相关账户金额信息,以确认冲销结果。

查 100###账户和 200200 账户信息。

请记录:

会计账户＿＿＿＿＿＿＿借方发生额为＿＿＿＿＿＿＿＿＿

会计账户_____贷方发生额为_____

会计账户_____余额及方向为_____

请记录：

会计账户_____借方发生额由几笔业务构成_____

会计账户_____贷方发生额由几笔业务构成_____

会计账户_____余额由几笔业务构成_____

查看凭证并记录：

凭证_____被凭证_____冲销

凭证_____冲销了 _____凭证

查看 FI 报表的结果。

当前报表中总资产为_____由几笔业务构成_____

当前报表中总权益为_____由几笔业务构成_____

第6章 销售与应收管理

6.1 实验目的与要求

本单元实验的主要目的是,让学生学习销售与应收系统模块的基本知识,掌握在销售模块及应收模块下如何完成日常业务处理并查询相关的实时信息。本实验要求:

①理解供应链系统与应收系统初始设置的含义和作用;

②掌握销售与应收系统日常业务处理的步骤与方法;

③学会进行销售及应收系统数据的初始化,并能有效地完成销售及应收日常业务的处理。

6.2 知识准备

1)销售与应收系统初始设置

供应链上的采购、仓存、销售等业务是相互关联的。库存和物料信息、业务和核算参数信息等的录入和设置在采购管理系统初始化时已完成的工作,在进行销售与应收系统初始设置时可以共享相关信息,不需要再进行设置。销售与应收系统初始化设置除了常规物料等期初数据外,还需要单独对应收系统进行参数设置,录入应收账款客户往来期初信息,一些初始化之前未核销的出库单也要录入系统中。未核销销售出库单是指未开销售发票的销售出库单,录入系统的目的是使系统启用后能和实际一致。

2)销售发票

销售发票在形式上分为专用发票和普通发票两种。专用发票涉及增值税,在发票格式上比普通发票多了与增值税相关的项目,其他基本相同。发票分红字发票和蓝字发票,其生成方式有所不同。蓝字发票是根据实际发生的业务产生的正常的发票,而红字发票是指销售后发生的退货发票。销售发票是销售管理的关键环节,它涉及销售收入,是销售管理与存货核算的接口。销售发票的生成方式:一种是直接录入,另一种则是通过关联销售订单、销售出库单生成。

3)单据的关联

关联是指单据之间建立的一种传递业务信息的关系,即在连续的业务处理过程中,将某一流程单据的业务信息传递给下一流程单据,使两者之间保持业务的连续性,同时也减少大量相同信息的重复录入。在关联其他单据生成记录时,被关联单据的类型称为源单类型。例如销售发票可以关联销售订单生成。在选单号中可以将想要关联的单据调出。注意只有已审核的单据才可以被关联。

4)单据的审核

审核是业务处理的重要环节,通过审核操作,主管人员可以随时监控业务的开展状况,同时也只有已审核的单据才可以被其他单据关联和获取数据,进行后续业务的处理。销售系统单据的审核方法同采购系统一样,可以参考采购部分的操作方式。为了加强对销售报价的管理,销售核算系统需要对报价单的审核权限进行专门的设置。其设置是以账套管理员身份登录后,在【系统设置】—【系统设置】—【销售管理】—【审批流管理】路径下,选择"销售报价单",在"用户设置"选项卡中指定销售报价单的审核人。

5)销售发票的钩稽

销售发票的钩稽是销售发票和销售出库单的核对。钩稽的主要作用是进行收入和成本的匹配确认。无论本期还是以前期间的发票,钩稽后都作为钩稽当期发票来计算收入。一张销售发票可以与多张销售出库单钩稽,一张销售出库单也可以与多张发票进行钩稽,多张销售发票可以与多张销售出库单钩稽。如果只发出部分商品,但发票已全额开给对方,发票数量大于销售出库单数量,钩稽前需要在发票序时簿中,通过"编辑"菜单的"拆分单据"先对发票进行拆分处理。同理,如果只开出部分销售发票,但货物全部发出,发票数量小于销售出库单数量,钩稽前需要在销售出库单序时簿中,通过"编辑"菜单的"拆分单据"先对销售出库单进行拆分处理。

6)凭证模板设置

每种业务必须制作相应的模板,每种核算单据可设置多个凭证模板,通常情况下,指定某个凭证模板为默认模板,在应用中可以根据需要选择。在金蝶系统中,已经预置了很多业务模板,但由于科目的设置不同等原因,均要在应用前按照具体单位的业务处理要求来修改。同时,可根据具体单位的业务处理方法来重新设置凭证模板。

7)暂估业务处理

暂估业务就是指物料先到发票后到,并且是在不同会计期间到达的采购业务。在采购发票当月无法到达的情况下,采购发票与物料入库的处理不在同一个会计期间内,财务上一般使用暂估入库,核算成本时一般结合以前的采购情况人为地给物料一个预估单位成本。按照暂估差额生成方式的设置,在"差额调整"方式下,在发票到达后,当期获得的发票金额(不含税)与以前期间暂估的入库单暂估金额不一致时,系统自动生成外购入库暂估补差单。对于暂估入库材料,发票价格与暂估单价不一致,只要数量相同也能钩稽,具体的金额差额在核算时处理。

8)单据拆分

单据拆分主要是为了钩稽。如果只发出部分物料,但发票已经全额开具,此时发票上的数量大于出库单数量,在钩稽前需要在发票序时簿上对该发票进行拆分处理。同样,如果物料全部出库,但是分次开出销售发票,销售发票上的数量小于出库单上的数量,钩稽前需要在销售出库单序时簿上先对出库单进行拆分处理。拆分后,被拆分的单据减去拆分部分称为母单,单据号不变,可继续拆分;拆分出的数量形成的单据称为子单,不能再拆分,在原单据号后加 A、B、C 等标记。单据体中除了数量和总金额变动外,其他不变。

9)出库核算

出库核算功能主要用来核算存货的出库成本,分为材料出库核算和产成品出库核算。在系统自动核算过程中,可以通过查看计算报告或出错报告了解物料出库核算的过程。

材料出库核算功能用来核算物料属性为外购类材料的出库成本。在成本计算、委外加工入库核算、其他入库核算前必须进行材料出库核算,否则,可能造成对应产品成本不准确。产成品出库核算功能是用来核算物料属性为非外购类的产品出库成本。经过出库核算后,前面在系统中录入的销售出库单就自动写入了出库成本数据。在"销售出库单—维护"中可以查看。

10)重置凭证

两张或多张会计凭证之间存在相互关联关系,当凭证存在重大错误时,不能直接冲销错误凭证,需要先在系统中将凭证之间的这种关联关系重置,使各凭证之间不再存在关联关系,这个过程被称为重置凭证。凭证被重置之后,再采用总账中错误凭证冲销法来冲销。

6.3 实验基本处理流程

1) 销售系统基本业务流程

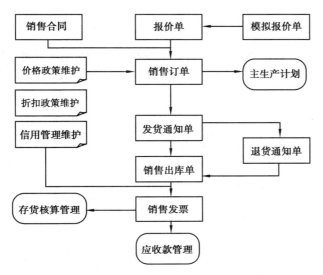

图 6-1 销售系统基本业务流程

2) 应收系统基本业务流程

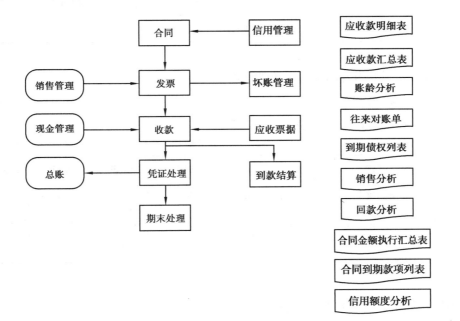

图 6-2 应收系统基本业务流程

6.4 实验背景

【实验背景1—初始设置】

1）销售管理期初数据

9月28日,市场部向苏州巴比食品公司出售白糖年糕500条,报价(无税单价)为35元,由成品仓库发货。该发货单尚未开票。白糖年糕单位成本30.0元。仓储部徐小东发货。

应收系统设置资料如表6-1所示。

表6-1 应收系统参数

项目	参数
基本信息	启用年份(本年)2018,启用期间10月
坏账计提方法	坏账损失科目:6602.99;坏账准备:1231;计提坏账科目:应收账款(1122);0.5%
科目设置	单据类型科目都为1122;应收票据科目1121;应交税金科目2221.01.05
单据控制	审核人与制单人不为同一人(不勾选,目的是为了简化操作) 专用发票单价精度,2位;折扣率的精度位数,2位
凭证处理	使用凭证模板(不勾选);预收冲应收需要生成转账凭证(不勾选)
期末处理	启用对账与调汇(不勾选)

没有特殊说明的内容均采用系统默认值,不更改。

2）客户往来期初资料

应收账款科目(1122)余额表如表6-2所示。

表6-2 应收账款期初

日期	客户	部门	业务员	方向	期初余额	应收日期	收款金额
本年08-25	无锡华润食品公司	市场部	陈静	借	99 600.00	本年-10-30	99 600.00
本年09-10	苏州巴比食品公司	市场部	陈静	借	58 000.00	本年-10-30	58 000.00
	合计			借	157 600.00		157 600.00

【实验背景2—常规销售业务】

①10月5日,苏州巴比食品公司欲购买100条白糖年糕,向市场部了解价格。市场

部无税报价为 39.2 元/条。填制并审核报价单。

该客户了解情况后,要求订购 120 条,要求发货日期为 10 月 8 日。填制并审核销售订单。市场部门向库房发出发货通知。

②10 月 8 日,从成品仓库向苏州巴比食品公司发出其所订货物,并据此开具专用销售发票一张。

业务部门将销售发票(留存联)交给财务部门,财务部门结转此业务的收入和成本。

③10 月 12 日,财务部收到苏州巴比食品公司转账支票一张,金额 5 503.68 元,支票号 ZP1155,款项入工行账户。据此填制收款单并制单。

【实验背景 3—商业折扣的处理】

10 月 12 日,市场部向北京家家乐超市出售无锡毫茶 100 盒,报价为 500 元/盒(含税价为 585 元),通知库房发货,然后货物从配套用品库发出。

最后商定的成交价为报价的 90%,根据上述发货单开具专用发票一张,记录应收账款。

【实验背景 4—现结业务】

10 月 15 日,向北京家家乐超市销售八宝年糕 200 条,每条 90 元(含税价 105.30元);白糖年糕 300 条,每条 40 元(含税价 46.80 元)。专用发票已开,商品已从成品库出库,款项转账支票已经收到入工行户,支票号 YZ1121。

10 月 15 日,市场部在向北京家家乐超市销售商品过程中,发生了一笔运费 200 元(含税),开具代垫费用发票,税率 7%。客户尚未支付该笔款项。

6.5　实验过程

【初始设置】

步骤 1　销售管理期初数据

路径:【K/3 ERP】—【系统设置】—【初始化】—【仓存管理】—【录入启用期前的未核销销售出库单】,单击"新增"按钮,在销售出库单中输入相关信息。保存后"审核"完成。

步骤 2　应收系统初始设置

路径:【K/3 ERP】—【系统设置】—【系统设置】—【应收款管理】—【系统参数】,按照提供资料信息设置,其他按照默认参数进行设置。

步骤 3　客户往来

路径:【K/3 ERP】—【系统设置】—【初始化】—【应收款管理】—【初始销售增值税发票—新增】,输入相关信息。【初始应收单据—维护】,可以查看输入的数据和进行修改。

路径:【K/3 ERP】—【财务会计】—【应收款管理】—【初始化】—【初始化对账】,核算项目类别选择"客户",科目代码输入"1122",完成初始化对账。选择【结束初始化】,完成应收账款的初始化工作。

【常规销售业务】

该笔业务为典型的常规销售业务流程,以下步骤为处理流程中的关键环节。

步骤 1　填制并审核报价单

路径:【K/3 ERP】—【供应链】—【销售管理】—【销售报价】—【销售报价单—新增】,输入相关信息后保存。在【销售报价单—维护】中完成审核。

录入单据的有关设置,可以选择"选项",具体根据需要进行设置,如"保存后立即新增"等。

第一次进入销售系统录入单据,需要设置审核权限,指定专人进行单据审核后才能进行单据审核。

路径:【K/3 ERP】——【系统设置】—【系统设置】—【销售管理】—【新单多级管理】,选择"用户设置"选项卡,将"沈科"设置为审核人,然后保存。

步骤 2　填制并审核销售订单

路径:【K/3 ERP】—【供应链】—【销售管理】—【销售订单】—【销售订单—新增】。可以关联前面的报价单来生成,然后修改数量。在【销售订单—维护】中完成审核。

步骤 3　填制并审核发货通知单

路径:【K/3 ERP】—【供应链】—【销售管理】—【发货通知】—【发货通知单—新增】。可以关联前面的销售订单来生成,在【发货通知单—维护】中完成审核。

步骤 4　填制并审核销售出库单

路径:【K/3 ERP】—【供应链】—【销售管理】—【销售出库】—【销售出库单—新增】。可以关联前面的发货通知单来生成,在【销售出库单—维护】中完成审核。

步骤 5　填制、审核并钩稽销售发票

路径:【K/3 ERP】—【供应链】—【销售管理】—【销售发票】—【销售出库单—新增】。可以关联前面的出库单来生成,在【销售出库单—维护】中完成审核。通过"删单",删除不钩稽的出库单(数量为 10)。选择"钩稽"按钮,进行发票与出库单的钩稽。注意,在发票与出库单不是一一对应的情况下,钩稽前需要进行拆分处理。

步骤 6　根据销售发票生成销售收入凭证

路径:【K/3 ERP】—【供应链】—【存货核算】—【凭证管理】—【凭证模板】。

在"实际成本法"部分中选择"销售收入—赊销",设置如表 6-3 所示的销售收入(赊销)凭证模板。

表 6-3 模板名称:销售收入(赊销)凭证模板

科目来源	科目	方向	金额来源	摘要	核算项目
凭证模板	应收账款	借	销售发票价税合计		购货单位
单据上物料的销售收入科目		贷	销售发票不含税金额		
凭证模板	应交税费-应交增值税—销项税额	贷	销售发票税额		

路径:【K/3 ERP】—【供应链】—【存货核算】—【凭证管理】—【生成凭证】。

选择"销售收入—赊销"后,单击"重新设置"按钮,系统过滤出所有发票,选择需要生成凭证的发票,单击"生成凭证"。在正式生成凭证前,可以通过"编辑"中的"选项",设置有关凭证生成过程中的相关处理方式。生成的凭证可以进行修改、删除等维护。

步骤 7 销售出库生成凭证

路径:【K/3 ERP】—【供应链】—【核算管理】—【出库核算】—【材料出库核算】,选择"结转本期所有物料",进行材料成本核算;在【产成品出库核算】功能下,选择"结转本期所有物料",进行产品成本核算。

选择"查看报告"功能,可以查看计算的情况,从其中某个具体的物料的"成本计算表"链接,可以查看该物料计算的步骤和方法。在"销售出库单—维护"中可以查看税控2号销售出库单的成本数据。

路径:【K/3 ERP】—【供应链】—【存货核算】—【凭证管理】—【凭证模板】。

在"实际成本法"部分中选择"销售出库—赊销",设置销售出库(赊销)凭证模板,如表6-4所示。

表 6-4 模板名称:销售出库(赊销)凭证模板

科目来源	科目	方向	金额来源	摘要	核算项目
单据上物料的销售成本科目	主营业务成本	借	产品出库单实际成本		
单据上物料的存货科目	库存商品	贷	产品出库单实际成本		

路径:【K/3 ERP】—【供应链】—【核算管理】—【凭证管理】—【生成凭证】,选择"销售出库单—赊销"单击"重新设置"按钮,系统过滤出所有采购发票,选择需要生成凭证的发票,单击"生成凭证"。

注意:对于全月一次加权平均法的物料销售成本的结转,应放到月末一次性结转,采用移动平均法的物料可逐笔结转。

步骤 8 填制并审核收款单

路径:【K/3 ERP】—【财务会计】—【应收款管理】—【收款】—【收款单—新增】,通过销售发票进行关联数据转入,并审核。

步骤9　收款凭证生成

路径:【K/3 ERP】—【系统设置】—【基础资料】—【应收款管理】—【凭证模板】,在"事务类型"中选择"收款",新增一张凭证模板,如表6-5所示。在"编辑"菜单中选择设置为"默认模板"。凭证模板的设置也可以直接在生成凭证时,通过"选项"功能,进行有关凭证模板生成的设置。

表6-5　模板名称:销售收款凭证模板

科目来源	科目	方向	金额来源	摘要	核算项目
凭证模板	银行存款—工行存款	借	收款单收款金额		
凭证模板	应收账款	贷	收款单收款金额		客户—核算项目

路径:【K/3 ERP】—【财务会计】—【应收账款管理】—【凭证处理】—【凭证—生成】,事务类型选择"收款",在单据序时簿下,将收款单生成凭证。在"凭证—维护"中可以查看生成的凭证。

【商业折扣的处理】

该笔业务是在简化业务处理流程的基础上,着重介绍销售过程中商业折扣的处理,以下步骤为处理流程中的关键环节。

步骤1　填制并审核发货通知单

路径:【K/3 ERP】—【供应链】—【销售管理】—【发货通知】—【发货通知单—新增】。

完成发货通知单的录入。注意发货通知单上的单价为含税价2 808元。发票在关联后可以看到含税单价。在【发货通知单—维护】中进行单据的审核。

步骤2　填制并审核销售出库单

路径:【K/3 ERP】—【供应链】—【销售管理】—【销售出库】—【销售出库单—新增】。

可以通过关联前面的发货通知单生成销售出库单。在【销售出库单—维护】中进行审核。在"维护"中看不到出库单中的单位成本,必须钩稽并在核算管理中进行出库核算后才有。

步骤3　填制并审核销售发票

路径:【K/3 ERP】—【供应链】—【销售管理】—【销售发票】—【销售发票—新增】。

可以通过关联前面的出库单生成销售发票,在折扣率(%)栏中输入10。在【销售发票—维护】中完成"审核"并进行"钩稽"处理。

步骤4　生成销售收入凭证

路径:【K/3 ERP】—【供应链】—【核算管理】—【凭证管理】—【生成凭证】。

选择"销售收入—赊销"单击"重新设置"按钮,系统过滤出所有发票,选择需要生成凭证的发票,单击"生成凭证"。

步骤 5　销售出库生成凭证

路径:【K/3 ERP】—【供应链】—【核算管理】—【出库核算】—【材料出库核算】。

选择"结转本期所有材料",进行出库核算。

路径:【K/3 ERP】—【供应链】—【核算管理】—【凭证管理】—【生成凭证】。

选择"销售出库—赊销"单击"重新设置"按钮,系统过滤出所有采购发票,选择需要生成凭证的发票生成凭证。

【现结业务】

该笔业务是在简化业务处理流程的基础上,着重介绍销售过程中现金结算业务的处理,以下步骤为处理流程中的关键环节。

步骤 1　填制并审核销售出库单

路径:【K/3 ERP】—【供应链】—【销售管理】—【销售出库】—【销售出库单—新增】。

在新增销售出库单时,注意将销售方式设置为"现销",出库单上的单价为"含税单价",在【销售出库单—维护】中进行单据的修改和审核。

步骤 2　填制并审核销售发票

路径:【K/3 ERP】—【供应链】—【销售管理】—【销售发票】—【销售发票—新增】。

可以通过关联前面的销售出库单生成销售发票,注意销售方式设置为"现销"。在【销售发票—维护】中进行单据的审核并完成"钩稽"工作。

步骤 3　生成收款凭证

路径:【K/3 ERP】—【供应链】—【核算管理】—【凭证管理】—【凭证模板】。

"在实际成本法部分"中选择"销售收入—现销",通过"新增",按照表 6-6 的方案完成现销凭证模板的设置,并将其设置为默认凭证模板。

表 6-6　模板名称:现销凭证模板

科目来源	科目	方向	金额来源	摘要	核算项目
凭证模板	银行存款—工行存款	借	销售发票价税合计		
单据上物料的销售收入科目		贷	销售发票不含税金额		
凭证模板	应交税费—应交增值税—销项税额	贷	销售发票税额		

路径:【K/3 ERP】—【供应链】—【核算管理】—【凭证管理】—【生成凭证】,选择"销售收入—现销"单击"重新设置"按钮,系统过滤出所有发票,选择需要生成凭证的发票生成凭证。

步骤4　销售出库生成凭证

路径:【K/3 ERP】—【供应链】—【核算管理】—【出库核算】—【产成品出库核算】。

选择"结转本期所有材料",进行产成品的出库核算。

路径:【K/3 ERP】—【供应链】—【核算管理】—【凭证管理】—【凭证模板】。

"在实际成本法部分"中选择"销售出库—现销",按照表6-7方案完成现销凭证模板的设置,并将其设置为默认凭证模板。

表 6-7　模板名称:现销凭证模板(注意编号和名称不要重复)

科目来源	科目	方向	金额来源	摘要	核算项目
单据上物料的销售成本科目		借	产品出库单实际成本		
单据上物料的存货科目		贷	产品出库单实际成本		

路径:【K/3 ERP】—【供应链】—【核算管理】—【凭证管理】—【生成凭证】。

选择"销售出库—现销"单击"重新设置"按钮,系统过滤出所有发票,选择需要生成凭证的发票生成凭证。

对于销售过程中代垫运费业务的处理,以下步骤为处理流程中的关键环节。

步骤1　增加费用项目

路径:【K/3 ERP】—【系统设置】—【基础资料】—【公共资料】—【费用】。

在该核算项目下选择"新增",单击"02 调试服务费",费用类型选"其他"。

步骤2　录入并审核费用发票

路径:【K/3 ERP】—【供应链】—【销售管理】—【费用发票】—【费用发票—新增】。

新增一张费用发票,并在【费用发票—维护】中完成对该单据的审核。

步骤3　生成凭证

路径:【K/3 ERP】—【供应链】—【核算管理】—【凭证管理】—【凭证模板】。

"在实际成本法部分"中选择"销售费用发票(应收费用)",按照表6-8的方案完成销售费用发票(应收费用)凭证模板的设置,并将其设置为默认凭证模板。

表 6-8　模板名称:销售费用发票(应收费用)凭证模板

科目来源	科目	方向	金额来源	摘要	核算项目
凭证模板	其他应收款—应收单位款	借	销售费用发票价税合计		
凭证模板	其他业务收入	贷	销售费用发票不含税金额		
凭证模板	应交税费—应交营业税	贷	销售费用发票税额		

路径:【K/3 ERP】—【供应链】—【核算管理】—【凭证管理】—【生成凭证】。

选择"销售费用发票(应收费用)凭证模板"单击"重新设置"按钮,系统过滤出所有发票,选择需要生成凭证的发票生成凭证。

6.6　思考与练习

运河食品公司在 10 月份还发生了以下销售与应收业务,请对以下业务进一步进行处理。

①10 月 15 日,市场部向深圳稻花香食品公司出售白糖年糕 400 条,无税报价为 40元/条(含税价 46.8 元),货物从成品仓库发出。

10 月 16 日,市场部向深圳稻花香食品公司出售无锡毫茶 200 盒,无税报价为 500元/盒(含税价 585 元),货物从配套用品库发出。

根据上述两张出库单开具专用发票一张,并制作凭证。

②10 月 16 日,市场部向深圳稻花香食品公司出售八宝年糕 200 条,无税报价为 90元/条(含税价 105.3 元),货物从成品仓库发出。

10 月 17 日,应客户要求,对上述所发出的商品开具两张专用销售发票,第一张发票中所列示的数量为 150 条,第二张发票中所列示的数量为 50 条。对发票和出库单进行钩稽,制作相关凭证。

③10 月 17 日,市场部向上海俏江南食品公司出售无锡毫茶 50 盒,无税报价为 500元/盒(含税价 585 元),物品从配套用品库发出,并据此开具专用销售发票一张,并制作凭证。

④10 月 17 日,市场部向上海俏江南食品公司出售糯米 100 千克,将由原料库发货,不含税报价为 6.8 元/千克(含税价 7.96 元)。同时开具销售 100 千克的专用发票一张。

客户根据发货单先从原料仓库领出糯米 80 千克。

10 月 18 日,客户根据发货单再从原料仓库领出糯米 20 千克。

⑤10 月 18 日,市场部向上海俏江南食品公司出售糯米 30 千克,由原料库发货,不含税报价为 6.8 元/千克(含税价 7.96 元)。

开具发票时,客户要求再多买 5 千克,根据客户要求开具了 35 千克糯米的专用发票一张。10 月 19 日,客户从原料仓库领出糯米 35 千克。

⑥10 月 21 日,市场部向上海俏江南食品公司出售无锡毫茶 120 盒。由成品仓库发货,无税报价为 500 元/盒(含税价 585 元)。由于金额较大,客户要求以分期付款形式购买该商品。经协商,客户分 3 次付款,并据此开具相应销售发票。第一次开具的专用发票数量为 40 盒,无税单价 500 元/盒。业务部门将该业务所涉及的出库单及销售发票交给财务部门,财务部据此制作凭证。

⑦10 月 21 日,市场部委托深圳稻花香食品公司代为销售芝麻团子 100 盒,花生团子100 盒,售价均为 10.5 元/盒(含税价 12.29 元),货物从成品仓库发出。

10 月 22 日,收到深圳稻花香食品公司的委托代销清单一张,结算芝麻团子 70 盒,花生团子 80 盒,售价均为 10.5 元/盒。立即开具销售专用发票给深圳稻花香食品公司。业务部门将该业务所涉及的出库单及销售发票交给财务部门,财务部门据此结转收入等业务。

⑧10 月 22 日,市场部出售给北京家家乐超市白糖年糕 120 条,单价为 40 元/条(含税价 46.8 元),成品库发出。

10 月 23 日,市场部出售给北京家家乐超市的白糖年糕因质量问题,退回 20 条,单价 40 元/条,收回成品库待处理。

开具相应的专用发票一张,数量为 100 条。

⑨10 月 24 日,委托深圳稻花香食品公司销售的花生团子退回 20 盒,入成品仓库。由于已经开具发票,故开具红字专用发票一张,单价 10.5 元(含税价 12.5 元)。

⑩10 月 25 日,市场部接到业务信息,上海俏江南食品公司欲购买锡惠红茶 200 盒。经协商以单价为 300 元/盒成交,增值税率为 17%,含税价 70 200 元。随后,市场部填制相应销售订单。市场部经联系以每盒 250 元的价格向无锡铭鼎茶业发出采购订单,并要求对方直接将货物送到上海俏江南食品公司。

10 月 26 日,货物送至上海俏江南食品公司,无锡铭鼎茶业公司凭送货签收单根据订单开具了一张专用发票给市场部。市场部根据销售订单给上海俏江南食品公司开具专用发票一张。市场部将此业务的采购、销售发票交给财务部,财务部制作应收应付凭证,结转收入和成本。

⑪10 月 20 日,收到上海俏江南食品公司转账支票一张,金额 29 250 元,支票号 ZS001,用以归还 17 日前欠无锡毫茶货款,款项转入工行户。

⑫10 月 24 日,收到上海俏江南食品公司转账支票一张,金额 25 000 元,支票号 ZS002,作为预购货物的定金,入工商银行户。

⑬10 月末,经确认苏州巴比食品公司前期欠款 58 000 元,该批货物在运输途中遭遇损失,决定作为坏账处理。

⑭10 月末,经过与上海俏江南食品公司商定,此前付来的 25 000 元定金用于冲销其应收款项。

6.7　拓展训练

业务场景:

无锡特产贸易公司从宜兴特产厂采购的价值 3 000 美元的特产中有两种产品,一种为价值 1 000 美元的宜兴 A 特产,另一种为价值 2 000 美元的宜兴 B 特产。无锡特产贸易公司将特产运回无锡后,计划分别以 1 600 美元的价格将宜兴 A 特产销售给五爱特产店,以 3 000 美元的价格(实际为 2 000 美元)将宜兴 B 特产销售给香榭特产店。

步骤 1　维护会计科目主数据

（1）维护应收账款总账科目（110000）主数据（T-CODE：FS00）

Menu path：

SAP Menu ▸ Accounting ▸ Financial Accounting ▸ General Ledger ▸ Master Records ▸ G/L Accounts ▸ Individual Processing ▸ FS00-Centrally

在此路径下，采用集中方式编辑总账科目属性。应收账款科目属于统驭科目（Reconciliation Account），类型为"客户（D customers）"。输入应收账款总账科目代码 110000 后，设置应收账款科目属性及应收账款科目的控制数据属性。

（2）维护存货总账科目（200200）主数据

在上述同一路径下，采用集中方式编辑总账科目属性。输入存货总账科目代码 200200 后，设置存货科目属性及存货科目的控制数据属性。前面已经设置，此处可以不做修改。

练习：

修改存货属性 1——准许不带税过账。

修改存货属性 2——允许手工记账。

（3）查找收入（600000）与费用科目（780000）主数据

在上述同一路径下，查看收入和费用科目属性信息。

步骤 2　维护客户主数据

（1）创建客户主数据（T-CODE：FD01）

Menu path：

SAP Menu ▸ Accounting ▸ Financial Accounting ▸ Accounts Receivable ▸ Master Records ▸ FD01-Create

在此路径下，在创建客户主数据初始设置界面，将账户组设置为"0001 sold to party"，这个一旦选定不能变更，只能新建。在"创建客户———一般数据"界面，录入客户名称、地址、联系方式等信息。在"创建客户—公司代码数据"界面，设置统驭科目、排序、付款信息等。

练习 1：

五爱特产店地址：无锡市梁溪区五爱北路 128 号，邮编 214031，统驭账户为 110000，付款条件为 14 天内付款 2%现金折扣，30 天内必须付款。

请记录：五爱特产店客户主数据代码＿＿＿＿＿＿＿＿＿＿

练习 2：

香榭特产店地址：无锡市县前西街 216 号，邮编 214025，统驭账户为 110000，付款条件为 14 天内付款 3%现金折扣，20 天内付款 2%现金折扣，30 天内必须付款。

请记录：香榭特产店客户主数据代码＿＿＿＿＿＿＿＿＿＿

（2）查看客户主数据（T-CODE：FD03）

Menu path：

SAP Menu ▸ Accounting ▸ Financial Accounting ▸ Accounts Receivable ▸ Master Records ▸ FD03-Display

在此路径下,在客户查询初始界面,输入公司代码和客户代码,查看已设置的客户信息。

步骤 3　商品出库业务

(1)记录商品出库业务

(向五爱特产店销售 B 特产,成本为 2 000 美元,做发货处理)(T-CODE:FB50)

该笔业务可以在总账中完成。通过 FB50 进入凭证录入界面,完成记账凭证的录入。模拟显示凭证,无误后保存。

请记录:凭证类型及凭证编号＿＿＿＿＿＿＿＿＿＿＿＿＿＿＿＿＿＿

(2)查看会计凭证

查看已生成凭证可以在凭证生成界面实时查看,也可以基于任何时点通过 T-CODE:FB03 指令进行凭证查询。

请记录:

当前会计凭证中借方账户编码及名称为＿＿＿＿＿＿＿＿＿＿＿＿＿＿＿＿

贷方账户编码及名称为＿＿＿＿＿＿＿＿＿＿＿＿＿＿

(3)查看总账(T-CODE:FAGLB03)

查 780000 账户信息

请记录:

会计账户 780000 的借方发生额为＿＿＿＿＿＿,由以下几笔业务构成＿＿＿＿＿＿＿＿

会计账户 780000 的贷方发生额为＿＿＿＿＿＿,由以下几笔业务构成＿＿＿＿＿＿＿＿

会计账户 780000 的余额及方向为＿＿＿＿＿＿,由以下几笔业务构成＿＿＿＿＿＿＿＿

(4)查看未清项(T-CODE:FBL5N)

Menu path:

SAP Menu ▸ Accounting ▸ Financial Accounting ▸ Accounts Receivable ▸ Account ▸ FBL5N-Display/Change Line Items

在此路径下,进入客户行项目显示—输入查询条件界面。输入指定客户,查询其未清账。在显示未清账界面,请记录:

未清项相关信息＿＿＿＿＿＿＿＿＿＿＿＿＿

同时可以,查客户余额,请记录:

客户编码＿＿＿＿＿＿＿＿＿

客户账户的借方发生额为＿＿＿＿＿＿,由以下几笔业务构成＿＿＿＿＿＿＿＿＿＿

客户账户的贷方发生额为＿＿＿＿＿＿,由以下几笔业务构成＿＿＿＿＿＿＿＿＿＿

客户账户的余额及方向为＿＿＿＿＿＿,由以下几笔业务构成＿＿＿＿＿＿＿＿＿＿

(5)查看 FI 报表(T-CODE:F.01)

请记录:

当前报表中总资产为＿＿＿＿＿＿＿＿＿＿＿＿＿＿,由以下几笔业务构成＿＿＿＿＿＿＿＿

当前报表中总权益为_____,由以下几笔业务构成_____

步骤4 开出销售发票业务

(1)记录开票业务(T-CODE：FB70)

(原计划售价3 000美元的B特产,以2 000美元售出,现向客户开出销售发票)

Menu path：

SAP Menu ▶ Accounting ▶ Financial Accounting ▶ Accounts Receivable ▶ Document Entry ▶ FB70-Invoice

在此路径下,在创建客户发票设置界面,完成客户发票的输入。输入完成后,模拟显示,观察输入客户发票状态的变化,并查看相应的凭证,然后保存。

请记录:凭证类型及凭证编号_____

(2)查看会计凭证

请记录：

当前会计凭证中借方账户编码及名称为_____

贷方账户编码及名称为_____

(3)查看总账(T-CODE：FAGLB03)

查600000账户信息

请记录：

会计账户600000的借方发生额为_____,由以下几笔业务构成_____

会计账户600000的贷方发生额为_____,由以下几笔业务构成_____

会计账户600000的余额及方向为_____,由以下几笔业务构成_____

(4)查看未清项(T-CODE：FBL5N)

请记录：

客户编码_____

未清项相关信息_____

(5)查看FI报表(T-CODE：F.01)

请记录：

当前报表中总资产为_____,由以下几笔业务构成_____

当前报表中总权益为_____,由以下几笔业务构成_____

步骤5 客户付款——全额收款方式

(1)记录客户付款业务(T-CODE：F-28)

Menu path：

SAP Menu ▶ Accounting ▶ Financial Accounting ▶ Accounts Receivable ▶ Document Entry ▶ F-28-Incoming Payments

在此路径下,进入"收款记账"界面。按照相关提示信息录入银行存款账户100###及金额等信息。在"收款业务记账—处理未清项(40)"界面进行收款事务处理后保存。注意,由于该笔业务为成本价销售,没有现金折扣,所以,在现金折扣栏,要取消现金折扣。

方法是双击金额,使金额数字由蓝色变为黑色,黑色金额表示本次不拟收回的债权,表示放弃折扣 40 美元。这样,存盘后,注意观察收款记账界面右下角的应收款项和实收款项要保持一致。

    请记录:凭证类型及凭证编号＿＿＿＿＿＿＿＿＿＿＿＿＿＿＿＿＿＿＿＿

    (2)查看会计凭证(T-CODE:FB03)

    请记录:

    当前会计凭证中借方账户编码及名称为＿＿＿＿＿＿＿＿＿＿＿＿＿＿＿＿

    贷方账户编码及名称为＿＿＿＿＿＿＿＿＿＿＿＿＿＿＿

    (3)查看总账(T-CODE:FAGLB03)

    查 100###账户信息。

    请记录:

    会计账户 100###的借方发生额为＿＿＿＿＿＿,由以下几笔业务构成＿＿＿＿＿＿

    会计账户 100###的贷方发生额为＿＿＿＿＿＿,由以下几笔业务构成＿＿＿＿＿＿

    会计账户 100###的余额及方向为＿＿＿＿＿＿,由以下几笔业务构成＿＿＿＿＿＿

    (4)查看未清项(T-CODE:FBL5N)

    请记录:

    客户编码＿＿＿＿＿＿＿＿＿＿

    未清项相关信息＿＿＿＿＿＿＿＿＿＿＿＿＿

    (5)查看 FI 报表(T-CODE:F.01)

    请记录:

    当前报表中总资产为＿＿＿＿＿＿＿＿＿＿＿＿,由以下几笔业务构成＿＿＿＿＿＿

    当前报表中总权益为＿＿＿＿＿＿＿＿＿＿＿＿,由以下几笔业务构成＿＿＿＿＿＿

    步骤 6　冲销包含已清项的凭证(T-CODE:FBRA)

    业务场景:假设香榭特产店是分多次支付货款的,则需要重置并冲销前面所做的客户付款凭证。

    (1)查看已清项(T-CODE:FBL5N)

    先查看已清项结果。

    请记录:

    客户编码＿＿＿＿＿＿＿＿＿＿

    已清项相关信息＿＿＿＿＿＿＿＿＿＿＿＿＿

    (2)重置并冲销包含已清项的清账凭证

    Menu path:

    SAP Menu ▶ Accounting ▶ Financial Accounting ▶ Accounts Receivable ▶ Document ▶ FBRA-Reset Cleared Items

    在此路径下,进入"重置已清项"界面。按照相关提示信息录入需要重置的凭证号,冲销清账凭证。选择 03 号冲销方式后,系统显示"目标凭证被重置"与"冲销凭证被记账"。

请记录:凭单类型与凭单号＿＿＿＿＿＿＿＿＿

(3)查看客户未清项(T-CODE:FBL5N)

请记录:

客户编码＿＿＿＿＿＿＿＿＿

未清项相关信息＿＿＿＿＿＿＿＿＿

步骤 7　客户付款——部分收款方式

业务场景:假设香榭特产店分两次支付货款,第一次支付 1 200 美元,第二次支付余下的 800 美元。

(1)第一次收款(T-CODE:F-28)

在此路径下,进入"收款记账"界面。按照相关提示录入日期、银行账户 100###、金额 1 200,客户代码等信息后,进入"部分收款方式"界面,在部分收款页卡中的付款金额栏双击金额,使得金额变为 1 200。屏幕右下角的未收金额变为 0。单击 Document 菜单下的 Simulate 子菜单,模拟显示凭证后保存。

请记录:凭单类型与凭单号＿＿＿＿＿＿＿＿＿

(2)查看未清项与已清项(T-CODE:FBL5N)

请记录:

客户编码＿＿＿＿＿＿＿＿＿

未清项相关信息＿＿＿＿＿＿＿＿＿

已清项相关信息＿＿＿＿＿＿＿＿＿

(3)收回剩余债权(T-CODE:F-28)

在此路径下,进入"收款记账"界面。按照相关提示录入日期、银行账户 100###、金额 800,客户代码等信息后,进入"处理未清项收款方式"界面,在标准选项卡中收回剩余债权,处理未清项。将现金折扣栏中的金额双击,使其颜色变黑后,表示放弃"现金折扣"。

单击 Document 菜单下的 Simulate 子菜单,模拟显示凭证后保存。

请记录:凭单类型与凭单号＿＿＿＿＿＿＿＿＿

(4)查看客户行项目(T-CODE:FBL5N)

请记录:

客户编码＿＿＿＿＿＿＿＿＿

未清项相关信息＿＿＿＿＿＿＿＿＿

已清项相关信息＿＿＿＿＿＿＿＿＿

步骤 8　客户付款 ——剩余项目方式

业务场景:因管理上不需要收款的过程信息,只需要净债权信息,故更改记录方式。现在先将部分收款方式的记录重置并冲销,然后再按管理要求进行财务信息处理。

为避免和前面的收款方式混淆,下面假设客户先付了 1 100 美元,第二次支付 900 美元,以下将按此流程做收款处理。

(1)重置并冲销具有清账性质的收款凭证(T-CODE:FBRA)

请记录:凭单类型与凭单号＿＿＿＿＿＿＿＿＿

（2）查看冲销清账凭证后的客户行项目（T-CODE：FBL5N）

请记录：

客户编码_____

未清项相关信息_____

（3）冲销第一次收款的凭证（T-CODE：FB08）

请记录：凭单类型与凭单号_____

（4）查看冲销第一次收款凭证后的客户行项目（T-CODE：FBL5N）

请记录：

客户编码_____

未清项相关信息_____

已清项相关信息_____

（5）剩余项目方式第一次收款（T-CODE：F-28）

在此路径下，进入"收款记账"界面。按照相关提示录入日期、银行账户100###、金额1 100、客户代码等信息后，进入"处理未清项收款方式"界面，在标准收款页卡中的现金折扣栏双击金额，放弃现金折扣。屏幕右下角的未收金额变为900，选择"剩余项"页卡，在"剩余项"栏双击后，出现金额900，此时屏幕右下角的未分配项金额变为"0"，保存后，在支付显示概览中，在第一次收款后尚未收回的900元所在行，在更正标识的行项目中输入辅助信息"净债权"。单击 Document 菜单下的 Simulate 子菜单，模拟显示凭证后保存。

请记录：凭单类型与凭单号_____

（6）第一次收款后查看未清项与已清项（T-CODE：FBL5N）

请记录：

客户编码_____

未清项相关信息_____

已清项相关信息_____

（7）剩余项目方式收回余下的款项（T-CODE：F-28）

在"处理未清项收款记账"界面，放弃现金折扣后存盘。

请记录：凭单类型与凭单号_____

（8）第二次收款后查看未清项与已清项（T-CODE：FBL5N）

请记录：

客户编码_____

未清项相关信息_____

已清项相关信息_____

第7章 仓存管理

7.1 实验目的与要求

单元实验的主要目的是，让学生学习仓存管理系统的基本知识，掌握在仓存管理模块下如何完成日常业务处理并查询相关的实时信息。本实验要求：

①理解调拨、出库、入库、假退料、盘点等基本仓存管理业务的含义和作用；

②掌握仓存管理日常业务处理的步骤与方法；

③学会有效地完成仓存管理日常业务的处理。

7.2 知识准备

1）仓存管理基本业务

供应链上的采购、仓存、销售等业务是相互关联的。仓存管理的主要功能是完成物料的入库、在库、出库、调拨、盘点等一系列管理工作。在采购和销售系统中，订单中的物料价格、出入库中的物料数量都会关联到发票中，实现业务的完成关联记录。在仓存管理系统中，也可以通过引用源单来实现单据间的关联。一方面，通过单据的上查下查，可以实现对关联单据的查询，另一方面，可以加快单据的录入速度。

2）调拨业务

调拨是指将物料从一个仓库转移到另一个仓库。调拨处理一般不涉及调拨物料的成本确定。调拨的调出一方会减少仓库的库存，调入一方增加库存，企业整体的角度库存并没有增加和减少。调拨业务的处理只需要在仓存管理的"仓库调拨"功能下完成调拨单的填制与审核即可。

3）盘点业务

在仓存系统中,盘点业务的处理,首先要填制并审核盘点报告单,在盘点报告单中输入盘点物料情况。然后生成盘点业务凭证。对于盘盈入库业务借记"库存商品",贷记"待处理财产损溢"。

4）假退料

假退料是指月末生产部门对当月未用完,下个月将继续使用的物料,所做的信息化处理。其操作方法是填制并审核红字生产领料单。在"存货核算"中进行"材料出库核算"后,生成领（假退料）凭证。到了下个月月初重新填制并审核生产领料单。

5）入库业务

一般情况下,物料的入库按不同的来源渠道分为外购入库、产品入库、盘盈入库、其他入库4种方式。生产入库是指企业生产加工的自制产品,通过产品入库单据录入系统,入库产品成本由财务人员在存货核算系统中计算核定。其他入库主要是指一些捐赠物品的入库,在记账处理时,按照入库单实际成本或评估价,借记"库存商品",贷记"营业外收入"。

6）出库业务

一般情况下,物料的出库按不同的来源渠道分为产品销售出库、盘亏出库、其他出库3种方式。产品销售出库是指企业生产加工的自制产品或库存商品,通过产品出库单据录入系统,出库产品成本由财务人员在存货核算系统中计算核定。其他出库主要是指一些捐赠物品的出库,在记账处理时,按照出库单实际成本,借记"营业外支出"或"销售费用—其他",贷记"库存商品"。

7.3　实验基本处理流程

仓存管理基本业务处理流程如图 7-1 所示。

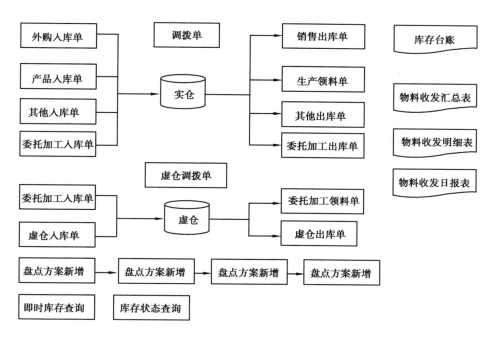

图 7-1　仓存管理基本业务流程

7.4　实验背景

【实验背景 1—产成品入库业务】

①10 月 5 日,成品库收到团子间加工的芝麻团子 3 000 盒,花生团子 4 000 盒,均入成品库。

②10 月 10 日,成品库收到当月年糕间加工的 3 000 条白糖年糕产成品入库。

10 月 25 日收到财务部门提供的完工产品成本。其中白糖年糕成本每条 30 元,计 90 000 元,随即做成本分配,生成记账凭证;芝麻团子的成本每盒 6 元,计 18 000 元;花生团子成本每盒 6 元,计 24 000 元,随即做成本分配,生成记账凭证。

【实验背景 2—物料领用】

10 月 10 日,年糕间向原料库领用糯米 100 千克,白糖 50 千克,用于生产白糖年糕。

7.5   实验过程

【产成品入库业务】

该笔业务为典型的产成品入库业务流程,以下步骤为处理流程中的关键环节。

步骤 1   团子入库

路径:【K/3 ERP】—【供应链】—【仓存管理】—【验收入库】—【产品入库—新增】,输入产品入库信息。

通过【产品入库—维护】功能,在"产品入库单序时簿"上选定要修改或审核的单据,完成"修改""审核"等维护工作。

步骤 2   年糕入库

路径:【K/3 ERP】—【供应链】—【仓存管理】—【验收入库】—【产品入库—新增】,输入产品入库信息。

通过【产品入库—维护】功能,在"产品入库单序时簿"上选定要修改或审核的单据,完成"修改""审核"等维护工作。

步骤 3   产品入库核算

路径:【K/3 ERP】—【供应链】—【核算管理】—【入库核算】—【自制入库核算】,输入单位成本。单击"核算"按钮,系统会提示核算成功。

步骤 4   设置入库凭证模板

路径:【K/3 ERP】—【供应链】—【核算管理】—【凭证管理】—【凭证模板】,选择"实际成本法部分"—"产品入库"的凭证模板,双击"产品入库标准模板"设置有关参数。产品入库凭证类型为转账凭证,如表7-1所示。在编辑菜单中设置为"默认模板"。

表 7-1   模板名称:产品入库凭证模板

科目来源	科目	方向	金额来源	摘要	核算项目
单据上物料的存货科目	库存商品	借	产品入库单实际成本		
凭证模板	生产成本—直接材料	贷	产品入库单实际成本		

为简化定义,这里将成本都列为直接材料,生产成本—直接材料科目的"核算项目"为"自行加工项目","对应单据上项目"为"单据上无此资料"。单击"保存",完成设置。

步骤 5   生成凭证

路径:【K/3 ERP】—【供应链】—【核算管理】—【凭证管理】—【生成凭证】,选择"产品入库"单击"重新设置"按钮,系统过滤出所有产品入库单据,选择应生成凭证的记录。在正式生成凭证前,通过"编辑"中的"选项",设置科目与单据选项中的项目全部不勾选。单击"生成凭证"按钮,生成凭证。生成的凭证可以修改和删除。

在【K/3 ERP】—【供应链】—【核算管理】—【凭证管理】—【凭证查询】路径下,可以查看生成的凭证,也可以对已生成的凭证进行修改,如输入对应的核算项目。

【物料领用】

步骤 1   录入领料单

路径:【K/3 ERP】—【供应链】—【仓存管理】—【领料发货】—【生产领料—新增】,输入领料数据后保存。

【K/3 ERP】—【供应链】—【仓存管理】—【领料发货】—【生产领料—维护】,完成领料单的"修改""审核"等维护工作。

步骤 2   设置领料凭证模板

路径:【K/3 ERP】—【供应链】—【核算管理】—【凭证管理】—【凭证模板】,选择"实际成本法部分"—"生产领用"事务类型的凭证模板,新增新的"生产领用"模板,设置有关参数。生产领用凭证类型为转账凭证,如表 7-2 所示。在编辑菜单中设置为"默认模板"。

表 7-2   模板名称:生产领用凭证模板

科目来源	科目	方向	金额来源	摘要	核算项目
凭证模板	生产成本—直接材料	借	生产领料单实际成本		
凭证模板	库存商品	贷	生产领料单实际成本		

为简化定义,这里将成本都列为直接材料,生产成本—直接材料科目的"核算项目"为"自行加工项目","对应单据上项目"为"单据上无此资料"。单击"保存",完成设置。

步骤 3   材料出库核算

路径:【K/3 ERP】—【供应链】—【核算管理】—【出库核算】—【材料出库核算】,选择"结转本期所有材料",然后进行核算。

步骤 4   生成凭证

路径:【K/3 ERP】—【供应链】—【核算管理】—【凭证管理】—【生成凭证】,选择"生产领用"单击"重新设置"按钮,系统过滤出所有领料单据,选择应生成凭证的记录,生成凭证。生成的凭证可以修改和删除。

在【K/3 ERP】—【供应链】—【核算管理】—【凭证管理】—【凭证查询】路径下,可以查看生成的凭证,也可以对已生成的凭证进行修改,如输入对应的核算项目。

7.6 思考与练习

运河食品公司在 10 月份还发生了以下仓存管理业务,请对以下业务进行处理。

①"白糖"是产品的关键材料,在库存管理时,需要对每一笔入库和出库情况做详细的统计,以严控其用途。

10 月 10 日,采购部向江苏凌华食品公司购进 80 千克白糖,单价为 7 元/千克。物品入原料库。

收到上述入库的专用发票一张,款项未付。10 月 12 日,年糕间向原料库领用 80 千克白糖,用于生产白糖年糕产品。

②调拨业务。10 月 20 日,将原料库中的 10 千克糯米调拨到配套用品库。

③盘点业务。10 月 25 日,对原料库的白糖进行盘点,盘点后发现白糖多 5 千克。经确认,该白糖的成本为 7 元/千克。

④假退料。10 月 28 日,根据生产部门的统计,年糕间有 5 千克糯米当月未用完。先做假退料处理,下个月再继续使用。

⑤其他入库业务。10 月 28 日,市场部收到赠品红糖 5 千克,单价 8 元/千克,存入原料库。

⑥其他出库业务。10 月 30 日,市场部从成品库领取 50 条白糖年糕,用于捐助西部贫困地区。

第8章 固定资产管理

8.1 实验目的与要求

本单元实验的主要目的是,让学生学习固定资产管理系统的基本知识,掌握固定资产管理模块下如何完成日常业务处理并查询相关的实时信息。本实验要求:

①理解固定资产卡片的含义和作用;

②掌握固定资产管理系统日常业务处理的步骤与方法;

③学会进行固定资产管理系统数据的初始化,能有效地完成固定资产日常业务的处理。

8.2 知识准备

1)系统参数

系统参数反映了企业管理固定资产的个性化需要。如"与总账系统连接""允许改变基础资料编码""变动使用部门时当期折旧按原部门进行归集"等。系统参数的设置关系到以后系统的业务和流程处理,在设置前要根据企业的管理制度和要求全面考虑。

2)基础资料

基础资料是系统运行的数据基础,固定资产系统的基础资料分为两类:一类是公共基础资料,如部门、科目、币别等资料,这些在总账初始化阶段已设置好;另一类是固定资产系统特有的基础资料,包括变动方式、使用状态、折旧方法、卡片类别、存放地点、折旧政策等。这些固定资产系统特有的基础资料反映了企业根据会计制度并结合自身具体情况,确定固定资产的划分标准和管理要求。

3）变动方式类别

固定资产的变动方式多种多样,不同的企业可能有所不同,在固定资产管理系统中一般预置了一些通用的固定资产变动方式,可以在此基础上自定义或对已有的固定资产变动方式进行维护。需要维护的变动方式属性包括:凭证字、摘要、对方科目代码及核算项目等信息。其目的是在固定资产日常处理时可以顺利地生成凭证。如果在此没有设置相关信息,则在生成凭证时只能手工调整录入相关信息。

4）使用状态类别

固定资产的使用状态是指固定资产当前的使用情况,系统中已经预设了使用中、未使用、不需用等多种使用状态类别,可以根据目标企业的实际情况定义自己所需要的固定资产使用状态类别。对于使用状态中的"是否计提折旧"属性,应根据会计准则的规定进行相应的维护。

5）折旧方法定义

固定资产系统提供了自动计提折旧和分摊折旧费用的功能。为了实现自动计提折旧的功能,必须预先设置好要用的固定资产折旧方法。系统一般根据会计准则和会计学基本原理预置一些常用的折旧方法,基本能满足需要。同时,为满足企业特殊的折旧处理要求,提供了自定义折旧方法的功能,可以通过"编辑"页卡中的"新增"功能来增加新的折旧方法。系统同样可以根据自定义的折旧方法实现自动计提折旧和费用的分摊。

系统预置了9种常见的折旧方法,一般不能修改其计算公式,但折旧选项是可以修改的。一旦折旧方法应用于固定资产卡片,折旧选项就不能再修改。在选择折旧方法时,如果不能预见以后期间该固定资产是否会进行原值、使用期限或累计折旧的调整,则应选择动态的折旧方法,以保证固定资产始终按照调整后的折旧要素计提折旧。

6）卡片类别设置

卡片类别管理是用户根据自身行业及企业固定资产的特点,设计本企业固定资产类别结构、资产编码方案等内容,以加强对企业固定资产的管理。由于每个企业对卡片类别的划分原则不同,系统中只提供了投资性房地产的预设类别,该类别不允许删除和修改。企业应结合自身实际情况增加固定资产卡片上的属性项目。这些项目及属性的设置会对日常处理中的报表统计与汇总产生影响。其中"自定义项目"按钮可以实现对所定义的固定资产类别属性项的设置。不同的固定资产类别,可以定义不同的自定义项目。如:房屋及建筑物可以定义"面积"这个自定义项目,机器设备可以定义"设备维护员"。固定资产的自定义项目,不仅可以由用户自行确定自定义项目的类型,也可以从公共基础资料的核算项目中取值。

7）资产原值变动

固定资产的变动包括除了固定资产卡片增加、清理和计提减值准备之外的其他变动业务,如部门、类别、原值、累计折旧等卡片项目的变动。同一张卡片可以做多个项目的变动。一个会计期间可以变动多次,并可通过卡片上的"变动记录"来查询历史记录。系统设置中的"批量变动卡片"功能可以提高工作效率。即多张卡片发生变动的内容相同时,可以通过"批量变动"功能来实现。在"卡片管理"界面中,选择【变动】—【批量变动】来实现。

8）提取减值准备

固定资产发生损坏、技术陈旧或其他经济原因,导致其可收回金额低于其账面价值,从真实性和稳健性原则出发,应当予以确认。要计提的减值准备可以选择按照原值减值比例、净值比例、绝对金额等形式。

9）减少固定资产

固定资产的减少也叫固定资产清理。固定资产发生清理的原因主要有固定资产的投资转出、报废、毁损、盘亏、清理等。固定资产减少的基本界面与变动处理相似。卡片清理后,该项固定资产的价值为零。如果清理过程中有清理费用和残值收入,则凭证处理是报废、清理费用、残值收入 3 项业务的综合处理。当期新增的固定资产可以在当期清理,但当期已变动的固定资产不能清理。

10）固定资产折旧管理

固定资产折旧费用的计提是会计核算工作的一项十分重要的日常业务。在固定资产系统中通过计提折旧费用功能实现自动计提固定资产本期折旧,并将折旧分别计入有关费用科目,自动生成计提折旧的转账凭证,并与账务和成本系统实现无缝连接。费用将按车间及部门自动传到成本计算单中。在重新计算折旧的情况下,系统将自动删除原来计提折旧时生成的凭证,重新产生新的折旧计提凭证。

在计提折旧后,若需要对本期实际折旧额进行调整,可以在"折旧管理"中对本期折旧额进行修改。在修改后,系统会自动修改计提折旧的凭证上的数据,但只是对本期折旧额起到修改的作用,后续期间计提的折旧还是原折旧额。所以,如果是暂时性修改本期应提折旧额可以在这里进行,如果希望今后每个期间的折旧额都改变则应该进行"卡片变动处理"。

8.3　实验基本处理流程

固定资产管理基本业务流程如图 8-1 所示。

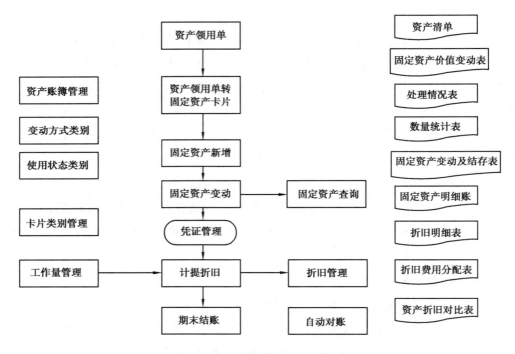

图 8-1　固定资产管理基本业务流程

8.4　实验背景

【实验背景1—固定资产系统初始化设置】

1）固定资产类别

具体设置如表8-1所示。是否计提折旧,均由使用状态决定。

表 8-1　固定资产类别

类别编码	类别名称	使用年限	净残值率	计提属性	折旧方法
01	通用设备	3	3%	正常计提	平均年限法
02	交通运输设备	8	3%	正常计提	工作量法
03	电气设备	5	3%	正常计提	平均年限法
04	仪器仪表	5	3%	正常计提	平均年限法
05	家具用具及其他	5	3%	正常计提	平均年限法
06	房屋及建筑物	30	3%	正常计提	平均年限法

2）固定资产变动方式

增加方式——直接购入：将"购入"变动方式中的对应科目设置为"1604.02 在建工程—材料"，凭证类型设置为"转账凭证"。

减少方式——毁损：凭证类型设置为转账凭证，对方科目为"固定资产清理（1606）"。

将"出售"变动方式的对应科目设置为"1606 固定资产清理"，凭证类型设置为"转账凭证"，其余变动方式可不变。

3）固定资产卡片资料

期初数据如表 8-2 所示。

表 8-2 固定资产卡片

资产编码	固定资产名称	类别编号	所在部门	使用年限	开始使用日期	原值	累计折旧
01	雪佛兰轿车	02	行政部	8	2017-07-01	215 470.00	37 255.00
02	传真机	01	行政部	3	2017-08-01	3 510.00	1 825.00
03	联想 ThinkPad	01	财务部	3	2017-03-01	29 800.00	5 548.00
04	华硕计算机	01	采购部	3	2017-02-01	6 490.00	1 246.00
05	制馅机	03	配料间	5	2017-06-30	200 000.00	6 250.00
06	团子机	01	团子间	3	2017-02-01	6 490.00	1 246.00
07	年糕机	03	年糕间	5	2017-06-30	180 000.00	5 625.00
08	吉利面包车	02	市场部	8	2017-04-30	50 000.00	10 000.00
09	办公楼	06	各部门均为 10%	30	2017-04-30	3 000 000.00	40 000.00
	合计					3 690 860.00	108 995.00

补充资料：

增加方式均为直接购入。固定资产科目 1601，累计折旧科目 1602。

车辆的使用状况为"正常使用"，折旧方法为工作量法。

雪佛兰轿车的工作总量为 800 000 公里，累计已使用工作量为 162 000 公里。

吉利面包车的工作总量为 200 000 公里，累计已使用工作量为 40 000 公里。

使用状况均为"在用"，除车辆外折旧方法均采用平均年限法。

部门对应的折旧科目：管理中心为管理费用/折旧费（6602.06）；供销中心、物流中心为销售费用/折旧费（6601.06）；制造中心为制造费用/折旧费（5101.02）。

【实验背景 2—固定资产日常业务的处理】

10 月 6 日,用中行美元账户存款购买 DELL 计算机服务器一台,价格 3 000 美元,当天汇率为 1 美元＝6.82 元人民币,运费 1 500 元,工行转账支票号 ZZ456325,中行转账支票号 ZZ151521。

发生厂商安装调试费 3 000 元,用工行转账支票支付,支票号 ZZ12058。

10 月 10 日,该服务器由财务部领用。

折旧按原值和预计使用期间计提折旧,预计使用年限 3 年。详细资料如表 8-3 所示。

表 8-3　固定资产信息表

卡片编号	固定资产名称	固定资产类别	原值	使用状态	增加方式	使用部门
10	DELL 服务器	通用设备	24 960 元	使用中	直接购入	财务部

10 月 30 日,计提本月折旧费用。其中雪佛兰轿车的本月工作量为 15 000 公里,吉利面包车本月工作量为 10 000 公里。

8.5　实验过程

【固定资产系统初始化设置】

步骤 1　系统参数设置

路径:【K/3 ERP】—【系统设置】—【系统设置】—【固定资产管理】—【系统参数】。

步骤 2　变动方式类别

路径:【K/3 ERP】—【财务会计】—【固定资产管理】—【基础资料】—【变动方式类别】,新增或修改。

步骤 3　使用状态类别

路径:【K/3 ERP】—【财务会计】—【固定资产管理】—【基础资料】—【使用状态类别】。

通过【修改】按钮可以维护每种状态是否计提折旧。

步骤 4　卡片类别设置

路径:【K/3 ERP】—【财务会计】—【固定资产管理】—【基础资料】—【卡片类别管理】。

通过"新增",逐一对类别进行设置。使用年限和计量单位根据情况可填可不填。

步骤 5　初始数据录入

固定资产系统初始数据录入就是把企业启用新的固定资产系统之前的固定资产内容通过卡片的形式录入到系统中。固定资产卡片初始数据信息包括"基本信息""部门及其他""原值与折旧""初始化数据"4 个标签页信息。

在"基本信息"页卡中需要录入固定资产的类别、编码、名称、计量单位、数量、入账日期等内容,其中资产类别等已经在基础资料中完成了设置,可以直接选择,其他信息需直接录入或修改。在初始化期间,"入账日期"系统自动默认为固定资产系统启用期前一天的日期,无须修改。资产编码的录入需要慎重,在进入日常处理后系统会强制设置为无法修改编码。标记有 * 号的为系统必录项,其他为非必录项。

在"部门及其他"页卡中的信息主要是为固定资产计提折旧和进行费用分摊提供依据,因此在该页卡中需要设置使用部门、固定资产及累计折旧的核算科目、折旧费用的核算科目。如果某项固定资产为多个部门提供服务,则其"使用部门"也对应多个,各部门的分配比例之和应为 100%。相应地分摊的费用科目也应该是"多个",此时需要"新增"折旧费用分配科目。录入折旧费用分配科目时也可以增加核算项目,同时要录入分配比例。一定要保证同一部门的所有费用科目的分配比例合计为 100%。

在"原值与折旧"页卡中各项目都是与折旧要素相关的项目,主要包括入账价值、币别、名称、开始使用日期、预计使用期间数、已使用期间数、累计折旧、预计净残值、折旧方法、折旧政策等折旧要素信息。录入这些信息后,月折旧额将自动根据公式计算出来。此页卡中的数据信息一定要认真仔细地录入,保证数据的正确性,以免影响以后各期折旧额的计算。"购进原值"系统默认与"原币金额"一致,但是可以根据实际情况更改。比如购进的是已经使用过的旧设备,则其购进时原有价值可能比入账原值要高。该项目属于备注信息,不参与折旧的计算。"购进累计折旧"系统默认为零。如果购入的是旧设备,购入时必然有一定的折旧金额。这里只是备注信息,不参与折旧计算。"预计使用期间数"是按照行业会计制度规定的使用期间数,用月作为单位来计量。"已使用期间数"由"开始使用日期"与"入账日期"自动计算。"折旧方法"系统会根据固定资产类别中的设置自动显示,但可以更改。

在"初始化数据"页卡中,包括本年原值调增、本年累计折旧调增、本年已提折旧等信息。如果是年初 1 月份启用固定资产系统,则固定资产卡片中没有"初始化数据"标签页,即表示本年尚无业务发生。如果是年中启用固定资产系统,而且已提折旧,则一定要录入"本年已提折旧"数据,即系统启用之年年初到启用期间本年共提折旧额。如果年中启用固定资产系统,而初始数据为当年新增固定资产,即启用期间与固定资产入账日期为同一个会计年度,则应该在"本年原值调增"中录入原值数据。

路径:【K/3 ERP】—【财务会计】—【固定资产管理】—【业务处理】—【新增卡片】。

选择"新增",系统提示"当前启用年期是:2018 年第 10 期,是否继续?""是"。

注意数据表中的"累计折旧"栏填入"累计折旧",不填入"购进累计折旧"。对于费用在多部门之间分配的情况,各部门分配比例时设为合计 10%,折旧费分配情况时设每个部门都为 100%。

步骤 6　结束初始化

"传递初始数据"功能只有在固定资产系统和总账系统同期进行初始化时才可以使用。具体使用时,可以首先进行固定资产系统初始化,录入所有的初始卡片后,将固定资产初始数据传递到总账系统。在总账系统已完成初始化的情况下,这种方法也可以起到检查固定资产系统数据是否录入准确的作用。

在核对原值、累计折旧与总账相符后,即可结束初始化。结束初始化及反初始化都需要系统管理员组的用户才可以进行操作。结束初始化后即进入正常固定资产管理的业务处理中。

路径:【K/3 ERP】—【财务会计】—【固定资产管理】—【业务处理】—【新增卡片】。

在初始数据输入完成后,选择"工具"菜单中的"将初始数据传送总账"可以实现将固定资产数据替换为"科目初始数据"功能输入的有关固定资产等相关科目的数据,从而保证总账系统与固定资产系统数据的一致。如果总账系统结束了初始化,则不能传递数据。

路径:【K/3 ERP】—【系统设置】—【初始化】—【固定资产管理】—【初始化】,结束初始化。

【固定资产日常业务的处理】

固定资产的日常业务包括对固定资产日常发生的增加、减少、其他变动、计提折旧、生成凭证等业务进行的管理与核算。固定资产的取得,按其来源不同可以分为购置、自建、租入、接受捐赠和盘盈等。不论来源如何,固定资产到达既定地点或完成建造安装后,资产管理部门或财务部门需要将固定资产的各项资料准备充分,在固定资产系统中录入新增固定资产的卡片资料,并进行相应的账务处理。新增卡片需要在"基本信息""部门及其他""原值与折旧"3 个页卡中录入信息。卡片录入信息的内容及方式方法等基本同初始化,只是少了"初始化数据"页卡这一项。

本月新增的固定资产要到下月才能计提折旧,当月不提折旧。为了保证固定资产卡片录入和变动的正确性和有效性,企业可以选择对固定资产卡片及其变动记录进行审核,审核后不能进行修改。保存后的卡片再进行查询时,卡片会多出来一个页卡"期间数据",这里反映固定资产在当期的状态,包括"当期已使用期间""当前原值""已提累计折旧"等,"原值与折旧"页卡是入账时录入的原始数据。

在固定资产系统中,除了完成对固定资产的新增、减少、变动、折旧计提等业务处理外,还可以通过凭证管理功能实现对业务的会计核算处理。固定资产系统生成的凭证会自动传递到总账系统,实现财务业务一体化管理,保证固定资产系统和总账系统的数据相符。卡片生成凭证时的摘要可以设成:变动方式+固定资产名称。已经生成的凭证可以在【会计分录序时簿】中查看。

步骤 1　输入固定资产购置凭证

选择【K/3 ERP】—【财务会计】—【总账】—【凭证处理】—【凭证录入】,单击"外币"转换为外币凭证,录入凭证。核算项目选择"HP 测试机项目"。

步骤 2　输入安装调试费凭证

选择【K/3 ERP】—【财务会计】—【总账】—【凭证处理】—【凭证录入】,完成安装费凭证的录入。

步骤 3　输入固定资产卡片

选择【K/3 ERP】—【财务会计】—【固定资产管理】—【业务处理】—【新增卡片】,保存。

选择【K/3 ERP】—【财务会计】—【固定资产管理】—【业务处理】—【卡片查询】,可查看全部固定资产卡片。

步骤 4　生成凭证

选择【K/3 ERP】—【财务会计】—【固定资产管理】—【凭证管理】—【卡片凭证管理】,进行过滤条件设置后,在选择的卡片上,单击右键选择"按单生成凭证"。固定资产系统生成的凭证,在总账系统中还需要进行审核、过账等操作。

步骤 5　固定资产报表查询

通过固定资产系统的统计报表和管理报表,可以从多维度查询固定资产信息,进行资产统计分析及各种资产折旧费用和成本分析,为企业进行固定资产投资、保养、维护等提供决策依据。

报表账簿包括资产清单、固定资产明细账、折旧明细表、资产构成表等。每类报表方案在进入时,需要进行过滤条件的设置,在完成报表方案的维护后才能进入相关报表账簿界面。

固定资产期末处理最核心的环节是计提折旧,其处理主要包括以下环节。

步骤 1　录入工作量

在固定资产管理和核算的日常业务处理工作中,如果有用工作量法计提折旧费用的固定资产,则应在计提折旧费用之前输入其本期完成的实际工作量。如果没有录入工作量,则系统默认工作量为 0。

路径:【K/3 ERP】—【财务会计】—【固定资产管理】—【期末处理】—【工作量管理】,输入本期工作量。

步骤 2　计提折旧

路径:【K/3 ERP】—【财务会计】—【固定资产管理】—【期末处理】—【计提折旧】,将主账簿从左边选入右边。单击"下一步",最后系统自动完成凭证的生成。

路径:【K/3 ERP】—【财务会计】—【总账】—【凭证处理】—【凭证查询】,可以查看生成的折旧凭证。

步骤 3　折旧信息查询

路径:【K/3 ERP】—【财务会计】—【固定资产管理】—【期末处理】—【折旧管理】,可以查看折旧情况。

8.6　思考与练习

10 月份,运河食品有限公司还发生了以下固定资产变动事项,请做相关业务处理。

①10 月 15 日,行政部的雪佛兰轿车添置新配件 15 000 元。用工行账户支付,转账支票号 ZZ12112。

②10 月 30 日,因技术进步影响,经评估对联想 ThinkPad 笔记本电脑计提 2 000 元减值准备。

③10 月 30 日,二车间毁损团子机一台,作毁损处理。

8.7　拓展训练

业务背景:

为满足业务需求,公司先给复印中心购买一台复印设备,价值 6 000 美元。再给管理部门配备了一台办公用计算机,价值 12 000 美元。

步骤 1　系统初始化

(1)维护资产类别主数据(T-CODE:SPRO)

Menu path:

Financial Accounting(New) ▸ Asset Accounting ▸ Master Data ▸ Screen Layout ▸ Define screen Layout for Asset Depreciation Areas

定义资产折旧范围的屏幕布局。先选中右侧的第一行,再双击左侧 FIELD GROUP RULES,针对编码为 1000 的屏幕布局修改视图,确认第一行 COPY 已勾选。

Menu path:

Financial Accounting(New) ▸ Asset Accounting ▸ Valuation ▸ Determine Depreciation Areas in the Asset Class

基于资产类别确定折旧范围。选定目标折旧表,选择资产类别 4000。在右侧选中 4000 资产类别所在行,再在左侧双击折旧范围。确认 01 编码的折旧范围的 Deact 列未被勾选。表示此行记录对应的折旧方法在资产系统中是生效的折旧方法。

(2)创建复印设备资产主数据(T-CODE:AS01)

Menu path:

Accounting ▸ Financial Accounting ▸ Fixed Assets ▸ Assets ▸ Create ▸ AS01-Asset

请记下自己生成的资产编号：＿＿＿＿＿＿＿＿＿＿＿

（3）查看已经关闭的资产年度（T-CODE：OAAQ）

Menu path：

Accounting ▶ Financial Accounting ▶ Fixed Assets ▶ Periodic Processing ▶ Year-End Closing ▶Undo ▶ OAAQ-Entire Company Code

（4）打开新的资产年度（T-CODE：AJRW）

Menu path：

Accounting ▶ Financial Accounting ▶ Fixed Assets ▶ Periodic Processing ▶ AJRW-Fiscal Year Change

（5）计提当前已开资产年度的折旧

（6）关闭当前已开的资产年度（T-CODE：AJAB）

Menu path：

Accounting ▶ Financial Accounting ▶ Fixed Assets ▶ Periodic Processing ▶ Year-End Closing ▶ AJAB-Execute

（7）维护会计科目主数据（T-CODE：FS00）

集中方式修改总账科目 220600 属性。在 Type/Description 选项卡下的 Account Group 字段的值为 RA Reconciliation Accounts。切换到 Control Data 选项卡，Recon. Account for acct type 字段的值设置为 A Assets。

步骤 2　记录资产购置业务　T-CODE：F-02

Menu path：

Accounting ▶ Financial Accounting ▶ General Ledger ▶ Document Entry ▶ F-02—General Posting

步骤 3　查看账户及 FI 报表　T-CODE：FAGLB03

（1）查看银行存款账户（100500）

双击当月贷方发生额，查询结果＿＿＿＿＿＿＿＿＿＿

双击当月期末余额，查询结果＿＿＿＿＿＿＿＿＿＿

（2）查看固定资产账户（220600）

双击任意一个金额，查询结果＿＿＿＿＿＿＿＿＿＿

（3）查看 FI 报表　T-CODE：F.01

查询结果＿＿＿＿＿＿＿＿

（4）查看 CO 报表　T-CODE：S_ALR_87013611

查询结果＿＿＿＿＿＿＿＿

步骤 4　资产浏览器

（1）查看不同折旧范围信息（T-CODE：AW01N）

Menu path：

Accounting ▶ Financial Accounting ▶ Fixed Assets ▶ Asset ▶ AW01N—Asset Explorer

（2）查看同一折旧范围的不同类别信息

步骤5　同步完成创建资产主数据和资产购置业务（T-CODE：ABZON）

公司为管理部门配备办公用品计算机一台。

Menu path：

Accounting ▸ Financial Accounting ▸ Fixed Assets ▸ Posting ▸ Acquisition-External Acquisition ▸ ABZON-Acquis. w/Autom. Offsetting Entry

请记录固定资产购置的总账凭证＿＿＿＿＿＿＿＿＿＿＿＿＿＿

步骤6　查看相关信息　T-CODE：FAGLB03

（1）查看银行存款账户（100500）

双击当月贷方发生额,查询结果＿＿＿＿＿＿＿＿＿＿＿＿＿

双击当月期末余额,查询结果＿＿＿＿＿＿＿＿＿＿＿＿＿

双击当月下一个月的期末累计余额,查询结果＿＿＿＿＿＿＿＿＿

双击借方发生额的累计发生额,查询结果＿＿＿＿＿＿＿＿＿

双击贷方发生额的累计发生额,查询结果＿＿＿＿＿＿＿＿＿

（2）查看固定资产账户（220600）

双击当月借方发生额,查询结果＿＿＿＿＿＿＿＿＿＿＿

（3）查看资产购置凭证　T-CODE：FB03

双击凭证类型为 AA 的凭证记录,查询结果＿＿＿＿＿＿＿＿＿

（4）查看 FI 报表　T-CODE：F.01

查询结果＿＿＿＿＿＿＿＿＿＿

（5）查看 CO 报表　T-CODE：S_ALR_87013611

查询结果＿＿＿＿＿＿＿＿

（6）查看资产浏览器　T-CODE：AW01N

查询结果＿＿＿＿＿＿＿＿

第9章 工资管理

9.1 实验目的与要求

本单元实验的主要目的,是学习工资管理系统的基本知识,掌握工资管理模块下如何完成日常业务处理并查询相关的实时信息。本实验要求:

①理解工资类别管理的含义和作用;

②掌握工资管理系统日常业务处理的步骤与方法;

③学会进行工资业务数据的初始化,能有效地完成工资日常业务的处理。

9.2 知识准备

(1)类别管理

企业在进行薪资核算时,会按照部门、人员类别、人员等在分类的基础上设置不同的核算方案进行工资的计算和处理。这样可以方便有多套工资方案进行核算的企业和集团进行多维度的工资核算和处理。即使只有一套工资核算方案,也要进行工资类别的设置。此时只要设置一个类别即可。工资分类核算的优点主要有:①满足企业按不同标准分工处理与集权控制的需要。②可以分不同时期对工资进行处理。如正式职工、临时人员、退休人员可以分开按照不同的标准来进行处理。③可以对临时立项的项目进行核算。④满足企业分权与集权管理的需要。⑤可对同一员工进行多类别处理。如既在开发部有工资,又在某一项目中有工资。在案例中,根据用户的需求选择项目,其中:"是否多类别"不要选择,因为每个类别是单独核算的,一旦选择了将无法录入数据。此选项只有在汇总工资类别中才能选择。

(2)基础资料设置

基础资料设置是工资系统核算的基础,其设置关系到工资的核算、费用的分配等日常处理。主要有"部门""币别""职员""银行"等。选择一种工资类别。在屏幕右下角会显示当前所操作的工资类别。

(3) 项目设置

在项目设置中可以定义工资核算项目的全部信息,如职员代码、职员姓名、部门名称、应发合计、实发合计、代扣税等。实际上就是定义工资主文件库结构。系统中已经预置了一些工资项目,如职员代码、职员姓名、基本工资等,可以进行修改,还可以根据实际需要增加新的工资项目。新增工资项目时需要编辑工资项目名称,定义数据类型、数据长度、小数位数,选取项目属性等。只有定义了的工资项目才能在公式设置时被引用,否则系统会提示某某变量未定义。

工资录入时允许录入的数据类型主要有逻辑性、日期型、整数型、实数型、货币型、文本型等。其中文字型的工资项目可以输入字符和数字,但不能参加运算;实数型、货币型、整数型、数值型的工资项目可以参加工资计算,只是运算数据范围与结果有所不同。

(4) 公式设置

公式设置是在工资项目的基础上建立工资计算公式。可以通过判断条件或简单的加、减、乘、除等运算方法来计算某工资类别的各工资项目值来实现对该工资类别工资计算的批处理。要注意,在公式设置时,除了数值外,其他所有的公式语句,包括工资项目、计算条件和运算符建议都从右边的公式选项中选取,不要手工录入,以免出现错误。

(5) 所得税设置

缴纳个人所得税是每个公民应尽的义务,在企业的工资核算系统中必须实现对职工个人所得税的计算与申报。所得税设置是对个人所得税计算进行初始项目的设置。需要定义的内容主要有:税率类别、税率项目、所得计算、基本扣除数、所得期间、外币币别等。

税率类别:税法规定的个人所得税超额累进税率分含税级距与不含税级距。含税级距适用于由纳税人负担税款的工资、薪金所得,不含税级距适用于由他人或其他单位代付税款的工资、薪金所得。

税率项目:确定应税项目的数据额,如应发合计。应税项目为工资或其他应交个人所得税的收入,可以选择对应的工资项目,一般与所得计算的项目一致。由于在"应发合计"中有的工资项目是免税的,如"补贴",这个工资项目在计算所得税时可以扣减,则应该把"应发合计"设为"增项",而把"补贴"这个工资项目设为减项。

所得计算:确定应税项目的数据额,如应发合计。

所得期间:此项所得发生的时间。

外币币别:所得外币的币别。

基本扣除数:所得额的扣除标准,扣除后的值作为计税基础。按照现行标准扣税起点每月为 5 000 元。个人所得税的征收,会随着国家个人所得税法的改变而改变,具体需要参照相关的法规确定。

(6) 工资录入与计算

在工资项目及计算公式等基础数据设定后,工资系统的日常业务便是进行工资数据的录入与计算。第一次进行工资录入时,需要建立一个过滤方案,通过"增加"过滤方案,可以指定工资的计算公式及参与工资计算的项目,并可以对工资录入表中的工资项目进行排序,以方便工资的录入和浏览。在已定义好过滤方案的前提下则可直接选择方案进入工资数据录入界面。

在工资录入界面中,只有底色为白色的工资项目栏才可以录入工资数据,底色为浅黄色的工资项目是通过公式计算出来的,不允许进行录入和编辑。在工资录入界面的菜单或工具栏有【重新计算】功能,可以实现按照已定义的计算公式对录入的工资数据进行计算。该功能也可以通过系统提供的专门的【工资计算】功能来实现。

(7) 费用分配

费用分配是把工资数据按部门汇总,生成相应的费用凭证到财务会计的总账模块中。费用分配包括工资费用分配、计提福利费等。在第一次使用工资系统进行费用分配,或者是费用分配方案发生变化时,需要建立分配方案或者编辑已有的方案。

在编辑费用分配方案时,需要确定是针对哪一个工资项目进行分配,一般是工资项目的"应发合计"。"费用科目"是作为生成凭证的借方科目来设置的。在进行费用分配设置费用科目和工资科目时,所选取的科目和核算项目都是从总账中取出,所以,对于总账系统中没有设置而单独在工资系统中增加的部门或职员等信息,系统将无法把费用分配到总账科目中去。如果工资系统是与总账系统联用的,部门和职员的全部信息都建议直接从总账引入,以保证两个系统信息的一致性,费用分配信息才不会出错。

9.3　实验基本处理流程

人事部门负责对企业职工文件进行实时更新与维护,包括增加新职工、删除离职人员、职工工作岗位(工资等级)的改变等。各职能考勤部门负责确认、输入职工考勤记录,形成考勤记录数据文件。会计信息系统收到人事部门和其他各职能部门的数据后,批处理计算机程序执行具体的工资计算、汇总、分配及转账等处理。

①输入,指将基本不变数据输入系统,建立基本不变数据文件,供以后各月使用。

②更新,当有人事变动时(如雇员增加、离职、岗位变动等),更新基本不变数据文件中的数据。

③输入,指每月将考勤记录、变动数据输入变动数据文件。

④匹配、计算,是以职工代码为关键字,将基本不变数据文件和变动数据文件的数据匹配,形成工资主文件,同时进行有关工资数据的计算。

⑤汇总,根据工资主文件,按工资发放单位汇总工资数据,形成汇总文件。

⑥分配,根据工资主文件,按部门代码和职员类别汇总,分配工资费用,形成工资费用分配文件。

⑦输出,根据工资主文件,按工资发放单位、部门、职员类别等不同维度,输出工资结算单和工资条、工资费用汇总表、工资费用分配表等。

⑧统计,根据工资主文件,按不同维度,输出满足管理需要的统计表。

⑨转账,将工资费用分配的结果,编制记账凭证,做自动转账处理,并向总账系统和成本核算系统传递数据信息。

图 9-1 为工资管理业务功能及处理流程图。工资管理主要分为系统初始及基础设置、日常处理、报表查询及期末处理等功能模块。

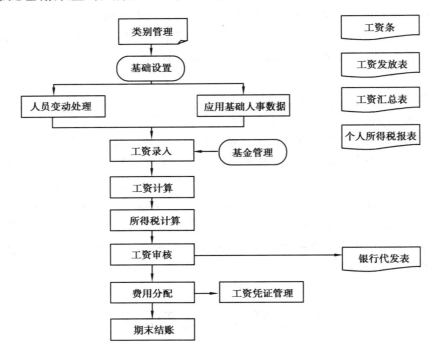

图 9-1 工资管理业务功能及处理流程图

9.4 实验背景

【实验背景 1—初始化设置】

①运河食品有限公司工资类别分为两个:正式人员和临时人员。

②正式人员部门档案如表 9-1 所示。

表 9-1 部门档案

部门编码	部门名称	部门属性	部门编码	部门名称	部门属性
1	管理中心	非车间	1.03	人事部	非车间
1.01	行政部	非车间	2	供销中心	非车间
1.02	财务部	非车间	2.01	市场部	非车间

部门编码	部门名称	部门属性	部门编码	部门名称	部门属性
2.02	采购部	非车间	4	制造中心	车间
3	物流中心	非车间	4.01	团子间	车间
3.01	仓储部	非车间	4.02	年糕间	车间
3.02	运输部	非车间	4.03	配料间	车间

③正式人员职员档案如表9-2所示。

表9-2 职员档案

职员编码	姓名	性别	职员类别	部门	职务	账号
1001	王海波	男	管理人员	行政部	总经理	6222 8300 0043 2521
1002	李明明	女	管理人员	行政部	办事员	6222 8300 00432522
2001	王博	男	管理人员	财务部	部门经理	6222 8300 00432523
2002	王亚兰	女	管理人员	财务部	办事员	6222 8300 00432524
2003	朱艺伟	女	管理人员	人事部	部门经理	6222 8300 00432525
3001	曾进舒	男	经营人员	市场部	部门经理	6222 8300 00432526
3002	陈静	女	经营人员	市场部	业务员	6222 8300 00432527
4001	沈艺科	男	经营人员	采购部	部门经理	6222 8300 00432528
4002	李文兵	男	经营人员	采购部	业务员	6222 8300 00432529
5001	徐小东	男	经营人员	仓储部	部门经理	6222 8300 00432531
6001	吴争	男	经营人员	运输部	部门经理	6222 8300 00432532
7001	袁仪洁	女	车间管理人员	年糕间	工人	6222 8300 00432533
7002	马克青	女	车间工人	年糕间	工人	6222 8300 00432534
8001	刘敏敏	女	车间管理人员	团子间	工人	6222 8300 00432535
8002	任红华	女	车间工人	团子间	工人	6222 8300 00432536

注:以上所有人员的代发银行均为工商银行无锡分行滨湖区锦西路支行;账号:16位。

④正式人员工资项目包括:

职员代码、职员姓名、部门名称、职员类别、个人账号、基本工资、岗位补贴、交通补贴、事假天数、事假扣款、养老保险、代扣税、应发合计、扣款合计、实发合计等。

⑤正式人员工资计算公式:

事假扣款:(基本工资/22天)×事假天数

养老保险：（基本工资+岗位补贴）×0.05

交通补贴：职员类别为"管理人员"或"车间管理人员"的为1 000元,其他人员为500元。

应发合计=基本工资+岗位补贴+交通补贴

扣款合计=养老保险+代扣税+事假扣款

实发合计=应发合计-扣款合计

⑥工资代发：工商银行无锡分行滨湖区锦西路支行；账号长度：16位。

⑦所得税设置：

计算个人所得税的扣税项目为"应发合计"，每个职员需选择"征收个人所得税"，扣税标准：扣税起点每月5 000元。个人所得税的征收，会随着国家个人所得税法的改变而改变，具体请参照当时的法规确定。个人所得税计算方法举例如表9-3所示。

税率类别：含税级距税率

税率项目：应税项目（应发合计-养老保险）

所得计算：应税项目（应发合计-养老保险）

表9-3　工资、薪金所得适用个人所得税七级超额累进税率表

级数	全月应纳税所得额（含税所得额）/元	税率/%	速算扣除数/元
1	不超过3 000元	3	0
2	超过3 000元至12 000元	10	210
3	超过12 000元至25 000元	20	1 410
4	超过25 000元至35 000元	25	2 660
5	超过35 000元至55 000元	30	4 410
6	超过55 000元至80 000元	35	7 160
7	超过80 000元	45	15 160

【实验背景2—工资录入与计算处理】

正式人员10月份工资情况如表9-4所示。

表9-4　正式人员工资资料

单位：元

职员代码	姓名	基本工资	岗位补贴	事假天数
1001	王海波	9 800	2 000	
1002	李明明	6 000	1 500	2
2001	王博	8 000	1 800	

续表

职员代码	姓名	基本工资	岗位补贴	事假天数
2002	王亚兰	5 000	1 500	
2003	朱艺伟	8 000	1 500	
3001	曾进舒	7 000	1 500	
3002	陈静	6 000	1 400	
4001	沈艺科	7 000	1 500	
4002	李文兵	5 000	1 400	1
5001	徐小东	6 000	1 500	
6001	吴争	6 000	1 500	
7001	袁仪洁	5 000	1 400	
7002	马克青	4 500	1 400	
8001	刘敏敏	5 000	1 400	3
8002	任红花	4 500	1 400	

【实验背景3—工资费用分配】

工资费用分配凭证项目设置如表9-5所示。并按当月应发工资总额的14%计提取工福利费。

表9-5 工资费用分配凭证项目设置

部门	职员类别	工资项目	费用科目	核算项目类别及明细	工资科目	核算项目
行政部	管理人员	应发合计	管理费用——工资	（部门）行政部	应付职工薪酬——工资	无
财务部	管理人员	应发合计	管理费用——工资	（部门）财务部	应付职工薪酬——工资	无
市场部	经营人员	应发合计	销售费用——工资	（部门）市场部	应付职工薪酬——工资	无
采购部	经营人员	应发合计	销售费用——工资	（部门）采购部	应付职工薪酬——工资	无
仓储部	经营人员	应发合计	销售费用——工资	（部门）仓储部	应付职工薪酬——工资	无

续表

部门	职员类别	工资项目	费用科目	核算项目类别及明细	工资科目	核算项目
运输部	经营人员	应发合计	销售费用——工资	(部门)运输部	应付职工薪酬——工资	无
团子间	车间管理人员	应发合计	制造费用——工资		应付职工薪酬——工资	无
团子间	车间工人	应发合计	制造费用——工资		应付职工薪酬——工资	无
年糕间	车间管理人员	应发合计	制造费用——工资		应付职工薪酬——工资	无
年糕间	车间工人	应发合计	制造费用——工资		应付职工薪酬——工资	无

【实验背景4—工资其他业务处理】

①本月运河食品有限公司职员刘敏敏从车间调到市场部。

②银行代发表的构成:职员代码、职员姓名、个人账号、实发合计。按照职员代码排序。

③工资业务期末处理。

9.5 实验过程

【初始化设置】

步骤 1 新建类别与选择类别

路径:【K/3 ERP】—【人力资源】—【工资管理】—【类别管理】—【新建类别】。

通过"类别向导"建立正式人员工资类别。类别名称中输入"正式人员"或"临时人员"。币别选择"人民币"或"外币"。是否多类别不选择为单一工资类别,选择则为多类别。因为每个类别是单独核算的,一旦选择了将无法录入数据。此选项只有在汇总工资类别时才能选择为"√",汇总类别只能查看数据。

【选择类别】:在新建类别的基础上,要进行工资业务的处理,需要先从已建立的工资类别中选择一个类别才可以进行相关工资业务处理。

【类别管理】:可以对已建立的工资类别进行相关的修改、删除等维护工作。

步骤 2　系统参数设置

路径:【K/3 ERP】—【系统设置】—【工资管理】—【系统参数】。

工资系统的相关参数在这里进行设置。如工资发放表打印前是否必须审核,结账前是否必须审核等。

步骤 3　部门信息处理

路径:【K/3 ERP】—【人力资源】—【工资管理】—【类别管理】—【选择类别】,先选择需要处理的工资类别,然后才能进行相关的工资信息处理。

路径:【K/3 ERP】—【人力资源】—【工资管理】—【设置】—【部门管理】,进行部门信息的导入和相关处理。

部门管理主要用来建立企业下属部门的相关信息,同时作为工资费用分配的依据之一。部门信息的设置有两种方式,一是从基础设置中导入部门信息,二是直接输入。在工资系统与总账系统模块相连的情况下,其设置可以通过【导入】将总账系统或其他工资类别中的"部门"资料引入进来。如果工资系统没有同总账模块相连,是单独使用,则用【新增】功能直接输入。在此选择导入方式,导入数据源选择"总账数据",单击"全选"和"导入"两个按钮。导入完成后,通过"浏览"功能,可以查看导入结果。部门信息一旦使用,不能进行修改。

步骤 4　职员信息处理

路径:【K/3 ERP】—【人力资源】—【工资管理】—【设置】—【职员管理】,进行职员信息处理。

同部门信息的处理方式一样,职员信息的设置有两种方式,一是从基础设置中导入部门信息,二是直接输入。在此选择导入方式,导入数据源选择"总账数据",单击"全选"和"导入"两个按钮。导入完成后,选择"浏览"按钮,可以查看导入结果。

职员信息中有些是必录项目,如职员类别是工资费用分配的标准,如果使用银行代发工资,则"个人账号"的设置将影响"银行代发表"的打印。所以,设定职员资料时必须设定职员的部门、职员类别、个人账号等。当设置人员资料不完善时,不要引入工资模块。在工资模块中修改职员的基本信息时,都会被认为是"人员变动"。已离职职员资料不能直接删除,只能通过变动处理中的人员变动,选择"禁用离职人员"选项进行变动处理。禁用后再选择删除可以将此职员以前的所有工资信息删除。

步骤 5　银行信息设置

路径:【K/3 ERP】—【人力资源】—【工资管理】—【设置】—【银行管理】,进行银行信息设置。

根据实际情况录入代码、名称、账号长度等银行信息。

步骤 6　工资项目设置

路径:【K/3 ERP】—【人力资源】—【工资管理】—【设置】—【项目设置】,在此处进行工资项目的设置。

注意凡是在工资表和工资计算公式中需要涉及的工资项目都应该在此进行正确的

设置,包括其项目名称、属性等,否则会影响工资的计算。

步骤 7　工资计算公式设置

路径:【K/3 ERP】—【人力资源】—【工资管理】—【设置】—【公式设置】,在此进行工资计算公式的设置。

通过"新增"按钮,输入公式名称,并完成公式的设置。公式录入完成后将进行自动检验,未通过检测不能保存。

步骤 8　所得税设置

路径:【K/3 ERP】—【人力资源】—【工资管理】—【设置】—【所得税设置】,在此进行所得税计算方案的设置。

所得税计算方案如表9-6所示。

表9-6　个人所得税计算方案

名称	个人所得税计算
税率类别	含税级距税率
税率项目	应税项目("应发合计"增项,"养老保险"减项)
所得计算	应纳项目("应发合计"增项,"养老保险"减项)
所得期间	2018-10
币别	人民币
基本扣除	5 000

【工资录入与计算】

步骤 1　定义过滤条件

路径:【K/3 ERP】—【人力资源】—【工资管理】—【类别管理】—【选择类别】。

在选择工资类别的情况下,再进行后续相关处理。

路径:【K/3 ERP】—【人力资源】—【工资管理】—【工资业务】—【工资录入】。

进入过滤器设置。输入过滤名称"正式人员类别",选择前面已定义的计算公式,选取需要的工资项目,单击"公式检查"按钮查看选择的项目是否符合公式要求后,保存。

步骤 2　工资数据录入与计算

路径:【K/3 ERP】—【人力资源】—【工资管理】—【工资业务】—【工资录入】。

选择过滤条件进入工资编辑状态。输入基本数据后保存。

路径:【K/3 ERP】—【人力资源】—【工资管理】—【工资业务】—【工资计算】。

在选择计算方案后,完成所选工资方案的计算。

步骤 3　所得税计算

路径:【K/3 ERP】—【人力资源】—【工资管理】—【工资业务】—【所得税计算】。

进入所得税数据录入界面后,用工具栏中的【方法】,选择"按工资发放期间计算"。用工具栏中的【设置】,设置、编辑或选择个人所得税计算方案后,重新计算税率及税额,在产生所得税计提结果后保存。

路径:【K/3 ERP】—【人力资源】—【工资管理】—【工资业务】—【工资录入】。

进入工资录入界面后,选择工资栏目中的"代扣税"栏,使得该栏目的底色变为全黑,在菜单栏中找到【引入所得税】功能后选择"引入本期所得税"。导入所得税后,可以再次选择【重新计算】或【工资计算】以实现扣税后的工资计算。

步骤 4　工资审核

路径:【K/3 ERP】—【人力资源】—【工资管理】—【工资业务】—【工资录入】。

在工资录入窗口,从菜单或工具栏中选择【工资审核】功能来完成对工资业务的审核。在数据录入内容无误的情况下,单击"区选"按钮,然后选中"职员代码"列标题,让该列所有单元格底色变黑后,选择【审核】功能,审核完成后,窗口中所有单元格底色变为苹果绿,表明已审核,无法进行修改。

【工资费用分配】

步骤 1　费用分配方案设置

路径:【K/3 ERP】—【人力资源】—【工资管理】—【工资业务】—【费用分配】。

在进入费用分配方案设置界面后,在"编辑"选项卡中"新增"方案,按案例资料信息输入有关设置数据。在设置时,核算项目需要选择部门。在设置过程中,可以通过鼠标右键,进行删除或插入一行的操作。

步骤 2　生成凭证

在费用分配方案选择界面中,"编辑"页卡中设置好费用分配方案后,可在"浏览"页卡中看到所建立的费用分配方案。选定所需要的费用分配方案名称后,可进行凭证生成。也可以按照有关设置选项来生成凭证。可以通过"查询凭证"查看生成的凭证。

注意:福利费分配方案与工资费用分配方案类似,只是计提比率和应付职工薪酬的二组明细科目有所不同。

【工资业务其他处理】

步骤 1　人员变动

企业人员部门之间的岗位流动、职员职称职位的变动等人事变动都会造成工资需要重新计算。通过人员变动处理功能可以解决人员与工资相关项目发生变动后工资的自动计算处理,方便财务人员根据人员变动情况制订工资计算标准。

路径:【K/3 ERP】—【人力资源】—【工资管理】—【工资业务】—【人员变动】。

通过"职员变动向导"对职员相关属性项目进行参数变动。

步骤 2　工资报表

工资报表主要是提供薪资管理所需用的基本报表,包括"工资条""工资汇总表""工资统计表"等。通过这些报表,可以从多维度全面掌控企业工资状况,如工资总额、各部门工资水平、人员构成等,为制订合理的薪资管理方案提供决策依据。工资报表的查询报告和统计报告的产生,关键在于过滤方案的设置。每一类报表都根据它自身的内容提供了过滤方案,不同的参数和不同的过滤方案决定了报表的显示格式及显示内容。

路径:【K/3 ERP】—【人力资源】—【工资管理】—【工资报表】—【银行代发表】。

单击"编辑"按钮,选择所需项目,通过"排序"按钮,设置排序项目。单击"确定"后生成银行代发表。

9.6　思考与练习

10月份,运河食品有限公司因业务需要,雇用了一些临时人员,请根据以下信息,对临时人员工资业务进行相关处理。

①工资类别:临时人员。

②部门选择:制造中心。

③临时人员档案如表9-7所示。

表9-7　临时人员档案

人员编码	人员姓名	性别	人员类别	部门	账号
7003	朱晓丹	女	车间工人	年糕间	6222 8300 00432800
7004	陈中波	女	车间工人	年糕间	6222 8300 00432801
8003	邓玉环	女	车间工人	团子间	6222 8300 00432802
8004	王国英	女	车间工人	团子间	6222 8300 00432803
8005	李琳	女	车间工人	团子间	6222 8300 00432804
8006	赵红妍	女	车间工人	团子间	6222 8300 00432805

④增加的工资项目:本月工时、计件单价、计件工资。

⑤工资计算方法:

如果职员类别为"管理人员"或"车间管理人员",则交通补贴为1 000元。其他人员为500元。

计件工资=本月工时×计件单价

应发合计=岗位补贴+计件工资+交通补贴

养老保险=(2 500+岗位补贴)×0.05。养老保险按照社会平均基数2 500元计算。

扣款合计=养老保险+代扣税

实发合计=应发合计-扣款合计

银行名称:工商银行无锡分行滨湖区锦西路支行;账号长度:16位。

⑥临时人员工资资料如表 9-8 所示。

表 9-8　临时人员工资资料

编码	姓名	工作岗位	岗位补贴	本月工时
7003	朱晓丹	年糕包装	400	180
7004	陈中波	年糕包装	400	190
8003	邓玉环	团子包装	300	200
8004	王国英	团子包装	300	250
8005	李琳	团子包装	300	210
8006	赵红妍	团子包装	300	220

计件工资标准：工时，有"年糕包装工时"和"团子包装工时"两项；计件工资单价是年糕包装工时 30.00 元，团子包装工时 40.00 元。计算个人所得税的扣税项目为"应发合计"。

9.7　拓展训练

【业务背景介绍】

设本公司有管理部、销售部、后勤部 3 个部门，每个部门会发生人员费用和办公设备的折旧费用；公司的电话费用首先记入后勤部，月末按照各个部门的电话时长将该电话费分到各个部门；后勤部下属一个复印中心，月末需要将复印中心的全部费用（包括复印人员费用、复印设备的折旧、复印纸张的费用）按照各部门复印的纸张数量分到各个部门。

CONTROLLING AREA（CO　Ar）：EU00　NA00

COST ELEMENT：人员费用 740500（payroll expense）、资产折旧、电话费用 741500（utilities）、办公费用 74000（supplies expense）

COST CENTER：管理部（ADMIN000）、销售部（SALES000）、后勤部（SUPPORT000）、复印中心（COPYCTR000）

STANDARD HIERARCHY：成本中心组（AIS＊＊＊＊），成本中心

步骤 1　将公司代码分配给成本控制范围（T-CODE：SPRO）

步骤 2　维护主数据

①查找成本要素主数据（T-CODE：FS00）。

请记录以下成本要素编码：

人员费用_____

办公费用_____

电话费用_____

②创建成本中心组（T-CODE：KSH2）。

③创建成本中心（T-CODE：OKEON）。

创建第一个成本中心—ADMIN###

创建第二、三、四个成本中心：SALES###，SUPPORT###，COPYCTR###

步骤 3　录入费用凭证　T-CODE：FB50

①输入第一张费用凭证——人工费。

请记录：

凭证类型及编号_____

②输入第二张费用凭证——办公费和电话费。

请记录：

凭证类型及编号_____

步骤 4　查看账户　T-CODE：FAGLB03

请记录：

查询结果_____

步骤 5　查看 FI 报表　T-CODE：F.01

请记录：

查询结果_____

步骤 6　查看成本费用报表　T-CODE：S_ALR_87013611

①查看整个公司的费用信息。

请记录：

查询结果_____

②查看部门的费用信息。

请记录：

查询结果_____

③查看各类费用信息。

请记录：

查询结果_____

④查看某一成本中心组的各类费用信息（办公费 740 000，电话费 741 500，人员费用740 500）。

请记录：

查询结果_____

⑤查看某一成本中心的某类费用信息。

请记录：

查询结果_____

步骤 7　月末分摊电话费—Distribution 方法

记录电话费用(　　　　　　　)?

记录费用部门(成本中心:　　　　)?

月末要依各部门各月实际电话时长进行分配,分配电话费用之前需要先维护当月各部门的实际电话时长。

①创建电话时长统计指标主数据(T-CODE:KK01)。

②月末维护当月各部门实际电话时长。

③创建 CYCLE。

④测试运行新建的 CYCLE(T-CODE:KSV5)。

⑤正式运行 CYCLE。

⑥查看 CO 费用分摊后的 FI 报表。

请记录:

查询结果_____

⑦查看 CO 费用分摊后的成本中心报表及每个部门的费用。

请记录:

查询结果_____

步骤 8　冲销 Distribution(T-CODE:KSV5)

请记录:

查询结果_____

步骤 9　计划分摊费用—ABC 法

①创建次级成本要素(T-CODE:KA06)。

②创建维修劳务作业类型(T-CODE-KL01)。

③输入计划提供的劳务数量(T-CODE-KP26)。

④输入维修费用计划发生额(T-CODE-KP06)。

⑤输入计划使用的劳务数量(T-CODE-KP06)。

⑥查看复印中心计划报表(T-CODE-KSBL)。

请记录:

查询结果_____

⑦查看后勤成本中心计划报表(T-CODE-KSBL)。

请记录:

查询结果_____

⑧查看会计账户金额信息(T-CODE-KSBL)。

请记录:

查询结果_____

⑨查询 FI 报表（T-CODE：F.01）。

请记录：

查询结果＿＿＿＿＿＿＿＿＿＿＿＿＿＿＿＿＿＿＿

⑩查询管理部门计划报表（T-CODE-KSBL）。

请记录：

查询结果＿＿＿＿＿＿＿＿＿＿＿＿＿＿＿＿＿＿＿

步骤 10　计算作业的计划价格（T-CODE-KSPI）

步骤 11　查看成本中心计划报表及财务信息（T-CODE-KSBL）

①查看复印中心计划报表。

请记录：

查询结果＿＿＿＿＿＿＿＿＿＿＿＿＿＿＿＿＿＿＿

②查看后勤成本中心计划报表。

请记录：

查询结果＿＿＿＿＿＿＿＿＿＿＿＿＿＿＿＿＿＿＿

③查看会计账户金额信息 FAGLB03。

请记录：

查询结果＿＿＿＿＿＿＿＿＿＿＿＿＿＿＿＿＿＿＿

④查询 FI 报表（F.01）。

请记录：

查询结果＿＿＿＿＿＿＿＿＿＿＿＿＿＿＿＿＿＿＿

⑤查询管理部门计划报表。

请记录：

查询结果＿＿＿＿＿＿＿＿＿＿＿＿＿＿＿＿＿＿＿

第 10 章　期末业务

10.1　实验目的与要求

本单元实验的主要目的,是学习期末业务处理的基本知识,掌握企业财务方面的期末事项,以及如何在 ERP 系统中实现。本实验要求:

①理解期末处理的基本知识,了解期末处理包括的主要事项;

②掌握期末业务处理的步骤与方法;

③学会会计报表的制作,能用报表模板自动生成指定会计期间的报表数据。

10.2　知识准备

(1)期末业务

期末业务是会计部门在每个会计期末都需要完成的特定业务,主要是指期末费用的分摊、预提、结转等业务和结账及编制会计报表等工作。

(2)自动转账

每个会计期末都存在一些具有特定规律重复发生的结转凭证业务。这些结转凭证的编制方法每个月末都是相同的,包括其借贷方科目、金额的来源和计算方法等。因而可预先定义出一个凭证模板,由计算机自动根据借贷金额提取有关数据,生成转账凭证,以后的凭证就可以根据模板由系统自动生成。这样可以提高凭证的生成效率,也避免了手工计算和录入可能产生的错误,这一过程称为自动转账。它包括两个方面的业务数据:一是其他子系统处理后需要进入总账进一步处理的综合性数据;二是系统内部数据的自动结转。

(3)期末结账

在本期所有的会计业务全部处理完毕之后,就可以进行期末结账了。系统的数据处理都是针对本期的,要进行下一期间的处理,必须将本期的账务全部进行结账处理,系统才能进入下一个会计期间。结账后,该会计期间不能再输入凭证和业务单据,该会计期间的数据只能进行查询和分析。结账后系统自动生成下一会计期间的期初数,不需要人为操作。在结账前,全部凭证需要审核、过账。结账功能一般只有系统管理员才能使用。

10.3 实验基本处理流程

①期末业务处理流程如图 10-1 所示。

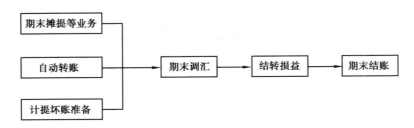

图 10-1 期末业务处理流程

②报表处理基本流程如图 10-2 所示。

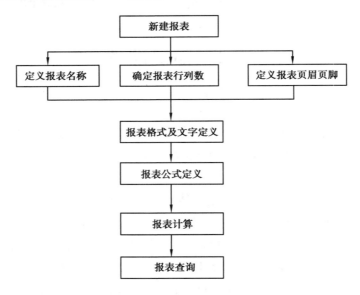

图 10-2 报表处理基本流程

10.4　实验背景

【实验背景 1—期末业务处理】

①10 月 30 日,按短期借款期末余额计提短期借款利息,利率为年率 6%。

②10 月 30 日,计提坏账准备。

③10 月 30 日,按照当日期末汇率为 1 美元＝6.82 元人民币,进行期末调汇。

④10 月 30 日,结转损益。

【实验背景 2—会计报表】

（1）自定义报表编制

自定义报表具体格式如表 10-1 所示,请按照销售费用、管理费用、制造费用对应明细科目进行汇总计算。

表 10-1　费用统计表

单位名称:运河食品有限公司　　　　　　　日期:　　　　　　　　　单位:元

行次	项目	本期金额
1	差旅费	
2	工资	
3	福利费	
4	折旧费	
5	业务招待费	
6	办公费	
7	利息费用	
	合计	

编制人:　　　　　　　　　　　　　　　　　　审核人:

（2）报表模板

利用报表模板生成当月运河食品公司的资产负债表及损益表。

10.5　实验过程

【各业务子系统期末结账】

步骤 1　期末业务

每个月末,都有一些期末特定要填制的凭证,需要逐一清理。对于类似案例中的业务,可以直接计算后输入凭证。

在 K/3 主界面,执行路径:【财务会计】—【总账】—【凭证处理】—【凭证录入】—【新增】,按照案例资料录入凭证,确认无误后"保存"完成。

每个月月末重复发生的业务,也可以通过设置自动转账凭证来生成。

步骤 2　自动转账

自动转账功能可将一些有特定规律并且较为复杂的转账凭证预先定义出一个凭证模板,以后的凭证就可以根据模板由系统自动生成。这样可以提高凭证的生成效率,也避免了手工计算和录入可能产生的错误。

在 K/3 主界面,执行路径:【财务会计】—【总账】—【结账】—【自动转账】。

在"编辑"选项卡中,通过新增定义自动转账凭证。按照案例资料录入凭证方案,确认无误后"保存"完成。

在"浏览"选项卡中,可以查看已经编辑完成的自动转账方案。选择要生成的自动转账凭证模板,单击"生成凭证",即可生成相关业务凭证。

已经生成的凭证,可以通过总账的"凭证查询"进行查看、审核和记账等相关操作。注意:已经生成的凭证,要根据生成凭证的模板中的取数公式查找相关数据并进行检验。如果每一个数据经过检验确认无误,以后每个月末需要生成凭证时,直接生成即可。

步骤 3　计提坏账准备

计提坏账准备之前,应当将当前未记账的凭证记账。

在 K/3 主界面,执行路径:【财务会计】—【应收款管理】—【坏账处理】—【坏账准备】,按照案例资料,在计提坏账准备界面中录入相关信息。通过"凭证"按钮,生成计提坏账准备凭证。对已生成的凭证中的核算项目等相关信息进行调整后保存凭证。

步骤 4　期末调汇

期末调汇主要用于外币核算账户在期末自动计算汇兑损益,生成汇兑损益转账凭证。

只有在会计科目设置时,将科目属性参数设置为"期末调汇"的科目,才会进行期末调汇处理。

在 K/3 主界面,执行路径:【系统设置】—【基础资料】—【公共资料】—【汇率体系】,

增加月底公司汇率。

选择路径:【财务会计】—【总账】—【结账】—【期末调汇】,系统自动调用月末汇率。依据操作向导,输入"汇兑损益科目",并对其他需要调整的参数进行相应的调整,然后,系统自动生成汇兑损益凭证。

在总账的凭证查询中,可以查看已经生成的凭证。

步骤 5　结转损益

该功能可以将所有损益类科目的本期余额全部自动转入本年利润科目,生成结转损益记账凭证。

在 K/3 主界面,执行路径:【财务会计】—【总账】—【结账】—【结转损益】,按照操作向导完成相关设置后,可以自动生成凭证。已经生成的凭证可以在总账的"凭证查询"中查看。

注意:①在结转损益前,一定要将所有的凭证全部录入并审核过账,否则结转的数据就可能出现错误。②只有科目类别为"损益类"的科目,其余额才能进行自动转账。

步骤 6　期末结账

本期所有的会计业务全部处理完毕后,就可以进行期末结账。系统的数据处理都是针对本期的,要进行下一期间的处理,必须将本期的业务全部进行结账处理,系统才能进入下一期间。

每月工资系统需进行期末处理,结束当前会计期间业务并为下一会计期间的业务准备初始状态,同时在生产管理系统、总账系统等与工资系统连用的情况下,只有在工资系统结账完成后,其他业务系统才可以进行期末结账处理。工资系统的期末处理通过【期末结账】功能实现。

固定资产系统的结账是指将当前会计期间的业务结转到下一期间,并将固定资产的有关账务处理如折旧或变动等信息转入已结账状态,已结账的业务不能再进行修改和删除。反结账是指发现已结账信息有误时,对已结账信息进行逆转操作,恢复到结账前的状态。系统设置反结账工作只有系统管理员才能进行。

在整个会计信息系统各业务模块启用的情况下,其结账是有一定的先后顺序的。各业务子系统先结账,总账最后结账。

在 K/3 主界面,执行路径:【财务会计】—【总账】—【结账】—【期末结账】。完成当月的全部结账工作。

【会计报表】

步骤 1　定义报表格式

点击【财务会计】—【报表】—【新建报表】—【新建报表文件】,选择【视图】菜单下的【显示公式】状态,在此状态下设置报表中的文字内容和公式。

①选择【格式】菜单中【报表属性】功能,在"行列"标签中直接输入行列数,并可调节行列宽度和高度。

②进行单元融合设置:选择多个单元格,在【格式】菜单下的【单元融合】功能中,可将一块单元区域合并为一个单元格。

③选中需要定义斜线的单元格,在【格式】菜单下的【定义斜线】功能中完成相关定义。

④设置报表内容:包括报表中的文字内容和取数公式。注意,一定要在"显示公式"状态下,完成报表格式的设置。

步骤2 定义报表取数公式

①公式定义:选择数据录入单元格,单击界面上部的【=】按钮,打开 ACCT 取数公式框。在弹出的对话框中,选择【科目】所对应的文本框,按 F7 键,打开【取数科目向导】对话框,选择科目代码。在 ACCT 取数公式框的【取数类型】文本框中按 F7 键,选择取数类型。【货币】【年度】等不用设置,取系统默认值。

②公式取数参数:选择【工具】菜单下的【公式取数参数】,在此处选择"数值转换""运算符""转换系数"可以实现对报表数据的处理功能。

案例中需要定义完成的公式如下。

"差旅费"项目 = ACCT("6601.04","JF","RMB",0,0,0,"") + ACCT("6602.04","JF","RMB",0,0,0,"")

"工资"项目 = ACCT("6601.01","JF","RMB",0,0,0,"") + ACCT("6602.01","JF","RMB",0,0,0,") + ACCT("5101.01","JF","RMB",0,0,0,"")

"福利费"项目 = ACCT("6601.02","JF","RMB",0,0,0,"") + ACCT("6602.02","JF","RMB",0,0,0,"")

"折旧费"项目 = ACCT("6601.06","JF","RMB",0,0,0,"") + ACCT("6602.06","JF","RMB",0,0,0,") + ACCT("5101.02","JF","RMB",0,0,0,"")

"业务招待费"项目 = ACCT("6601.05","JF","RMB",0,0,0,"") + ACCT("6602.05","JF","RMB",0,0,0,"")

"办公费"项目 = ACCT("6601.03","JF","RMB",0,0,0,"") + ACCT("6602.03","JF","RMB",0,0,0,"")

"利息费用"项目 = ACCT("6603.01","JF","RMB",0,0,0,"")

"合计"项目 = SUM(C2:C8)

步骤3 报表重计算与保存

报表格式及公式设置完成后,选择【视图】菜单下的【显示数据】,看一下是否能够产生数据,并用菜单中的"报表重计算"功能,完成报表数据的重计算。如果存在公式计算错误等问题,应该到【显示公式】状态下去进行相关的修改,没有问题则报表的制作完成。可在【文件】菜单下,执行"另存为",录入报表名称并【保存】报表即可。

步骤4 利用报表模板生成报表

(1)利用报表模板定义利润表格式(以新会计准则利润表为例)

在 K3 主界面中,执行【财务会计】—【报表】—【(行业)—新会计准则】—【新会计准则利润表】命令,打开新会计准则利润表,执行【文件】—【另存为】命令,将文件另存为"新会计准则利润表(实验)"。

选择【视图】菜单下的【显示数据】命令,转换为数据显示状态。选择【工具】菜单下的【公式取数参数】,可以对报表的取数期间进行设置。

选择【数据】菜单下的【报表重算】命令,报表将自动按照给定公式重新取数和计算。

首次使用时,要对报表的单元数据进行验证,以确保数据的正确性。同时要检查相关业务,如是否将有关费用进行了结转,以免出现利润的虚增或虚减。

(2)利用报表模板定义资产负债表格式(以新会计准则资产负债表为例)

在 K3 主界面中,执行【财务会计】—【报表】—【(行业)-新会计准则】—【新会计准则资产负债表】命令,打开新会计准则资产负债表,执行【文件】—【另存为】命令,将文件另存为"新会计准则资产负债表(实验)"。

选择【视图】菜单下的【显示数据】命令,转换为数据显示状态。选择【工具】菜单下的【公式取数参数】,可以对报表的取数期间进行设置。

选择【数据】菜单下的【报表重算】命令,报表将自动按照给定公式重新取数和计算。

首次使用时,要对报表的单元数据进行验证,以确保数据的正确性。同时要检查相关业务,如是否忘记处理某些月末应该处理的业务,而导致报表数据不准确或错误。

具体操作时可以对照"科目余额表"数据,重点关注坏账准备、制造费用、生产成本、待处理财产损益等科目的余额情况。

一旦出现报表数据不正确的情况,可以通过制作相关月末处理凭证和调整报表取数公式等方式来解决。

步骤 5　报表的日常使用

在 K/3 主界面中,执行【财务会计】—【报表】—【新会计准则利润表(实验)】,将弹出前面定义好的报表,系统自动取数并生成报表。如果希望系统重新计算,可以选择【数据】—【报表重算】。

在 K/3 主界面中,执行【财务会计】—【报表】—【新会计准则资产负债表(实验)】,将弹出前面定义好的报表,系统自动取数并生成报表。如果希望系统重新计算,可以选择【数据】—【报表重算】。

步骤 6　批量填充

在 K/3 主界面中,执行【财务会计】—【报表】,新建一空白报表,单击【工具】菜单下【批量填充】功能,进入"批量填充"界面,选择 ACCT 函数,在"科目"栏选择应收账款,再选择核算类别为"客户"后,选中需要的客户,点【增加】添加到右边的"生成项目"栏。取数类型可以通过【上】【下】调整顺序。

10.6　思考与练习

①基于 10 月份运河食品公司发生的业务,期末制作一张自定义内部报表,如表 10-2 所示。

表 10-2　货币资金表

单位名称:　　　　　　　　　　　日期:　　　　　　　　　　　　　　　　单位:元

项目	期初余额	借方发生额	贷方发生额	期末余额
现金				
银行存款—工行				
银行存款—中行				
固定资产				
应付账款				
合　计				

单位负责人:　　　　　　　会计主管:　　　　　　　　　　　　　　制表人:

②以批量填充的方式制作以下自定义报表。

制作按客户设置应收账款明细表,包括各单位期初余额、本期借方发生额、本期贷方发生额、期末余额。

10.7　拓展训练

【业务背景介绍】

临近月末,本公司需要计提固定资产的折旧费用,并按权责发生制原则分摊所发生的费用。结合本公司目前发生的需要分摊的费用来看,还要将复印中心名下的全部费用分摊到其他成本中心名下。

步骤 1　打开新的记账期间

①查找记账期间代码(T-CODE:SPRO)。

Menu path:

SAP Customizing Implementation Guide ▸ Financial Accounting (New) ▸ Financial Accounting Global Settings (New) ▸ Ledgers ▸ Fiscal Year and Posting Periods ▸ Posting Periods ▸ Assign Variants to Company Code

②修改记账期间。

Menu path：

SAP Customizing Implementation Guide ▸ Financial Accounting（New）▸ Financial Accounting Global Settings（New）▸ Ledgers ▸ Fiscal Year and Posting Periods ▸ Posting Periods ▸ Open and Close Posting Periods

步骤 2　处理折旧业务

①计提资产折旧（T-CODE：AFAB）。

Menu path：

SAP Menu ▸ Accounting ▸ Financial Accounting ▸ Fixed Assets ▸ Periodic Processing ▸ Depreciation Run ▸ AFAB-Execute

②查看折旧凭证（T-CODE：FB03）。

Menu path：

SAP Menu ▸ Accounting ▸ Financial Accounting ▸ General Ledger ▸ Document ▸ FB03-Display

请记录查询结果＿＿＿＿＿＿＿＿＿＿＿＿＿＿＿＿＿＿＿

请记录 Cost center＿＿＿＿＿＿＿＿＿＿＿＿＿＿＿＿＿＿

③查看资产浏览器（T-CODE：AW01N）。

请记录查询结果＿＿＿＿＿＿＿＿＿＿＿＿

＿＿＿＿＿＿＿＿资产,计划值＿＿＿＿＿＿,已记账值＿＿＿＿＿＿＿比较信息 ＿＿＿＿＿＿＿＿

＿＿＿＿＿＿＿＿资产,计划值＿＿＿＿＿＿,已记账值＿＿＿＿＿＿＿比较信息 ＿＿＿＿＿＿＿＿

④查看 FI 报表（T-CODE：F.01）。

请记录查询结果及其变化＿＿＿＿＿＿＿＿＿＿＿＿＿＿＿＿＿

⑤查看 CO 报表（T-CODE：S_ALR_87013611）。

请记录查询结果及其各费用中心信息的变化＿＿＿＿＿＿＿＿＿＿＿＿＿＿

步骤 3　分配折旧费用—Periodic Reposting 方法

①创建月折旧额统计指标主数据（T-CODE：KK01）。

②月末维护当月各部门实际折旧额（T-CODE：KB31N）。

③创建 Cycle（T-CODE：KSW5）。

④测试运行新建的 Cycle（T-CODE：KSW5）。

⑤正式运行 Cycle（T-CODE：KSW5）。

⑥查看 CO 费用分摊后的 FI 报表（T-CODE：F.01）。

请记录查询结果及其变化＿＿＿＿＿＿＿＿＿＿＿＿＿＿＿＿＿

⑦查看 CO 费用分摊后的成本中心报表及每个部门的费用（T-CODE：S_ALR_87013611）。

请记录查询结果及其各费用中心信息的变化＿＿＿＿＿＿＿＿＿＿＿＿＿＿

步骤 4　分摊成本中心某类费用—Periodic Reposting 方法

在费用控制系统已使用方法对电话费进行了分配,则不必做该部分,直接进入下一节"分摊成本中心全部费用"。

①创建电话时长统计指标主数据(T-CODE：KK01/KK03)。

②月末维护当月各部门实际电话时长(T-CODE：KB31N/KB33N)。

③创建 Cycle(T-CODE：KSW5)。

④测试运行新建的 Cycle(T-CODE：KSW5)。

⑤正式运行 Cycle(T-CODE：KSW5)。

⑥查看 CO 费用分摊后的 FI 报表(T-CODE：F.01)。

请记录查询结果及其变化_____

⑦查看 CO 费用分摊后的成本中心报表及每个部门的费用(T-CODE：S＿ALR＿87013611)。

请记录查询结果及其变化_____

步骤 5　分摊成本中心全部费用

截至目前,复印中心当前月份(本例中为 1 月份)的总费用包括办公费用 4 000 美元、人工费用 1 000 美元、电话费 450 美元、折旧费用 100 美元,目前复印中心名下的实际费用总额为 5 550 美元。现将复印中心的费用全部按照当月复印的纸张数分摊给各部门。

①创建纸张数量统计指标主数据(T-CODE：KK01)。

②月末维护当月各部门实际耗用纸张数量(T-CODE：KB31N)。

③创建次级成本要素(T-CODE：KA06)。

步骤 6　月末分摊复印中心全部费用——Assessment 方法

①创建 Cycle(T-CODE：KSU5)。

②测试运行新建的 Cycle(T-CODE：KSU5)。

③正式运行 Cycle(T-CODE：KSU5)。

④查看 CO 费用分摊后的 FI 报表(T-CODE：F.01)。

请记录查询结果及其变化_____

⑤查看 CO 费用分摊后的成本中心报表及每个部门的费用(T-CODE：S＿ALR＿87013611)

请记录查询结果及其各费用中心信息的变化_____

步骤 7　关闭当前 CO 期间(T-CODE：OKP1)

步骤 8　关闭当前 FI 期间(T-CODE：S＿ALR＿87003642)

第 11 章　综合模拟练习

11.1　练习一

智航科技有限公司是一家以生产经营电子产品为主的工业企业,公司拟定于2019年1月1日开始正式使用ERP财务系统进行会计核算,其中固定资产使用固定资产系统进行核算与管理。请根据以下信息,为智航科技有限公司完成建账、初始化及日常业务的处理。

(1)新建账套及参数

账套名称:智航科技有限公司

账套类型:标准供应链解决方案

账套启用日期:2019.1.1

(2)基础资料设置

①凭证字:凭证不分类,均为"记"字凭证。

②币别:RMB人民币。

③科目:引入新会计制度会计科目,并增加以下科目。

6601.01 销售费用—折旧费;6602.01 管理费用—折旧费;6602.02 管理费用—办公费;6602.03 管理费用—薪酬福利费。

其中管理费用设置"部门"辅助核算。

④单位:增加计量单位组"数量组",并增加计量单位"台""栋""辆"。

⑤部门:采购部、销售部、财务部、行政部。

(3)固定资产系统初始化数据

①在固定资产管理系统参数中选中"变动使用部门时当期折旧按原部门进行归集"选项。

②固定资产类别:

代码	名称	使用年限	净残值率	计量单位	折旧方法	固定资产科目	累计折旧科目	固定资产减值准备科目
001	交通工具	8	3%	辆	工作量法	1601	1602	1603
002	办公设备	5	5%	台	平均年限法	1601	1602	1603
003	房屋	30	10%	栋	平均年限法	1601	1602	1603

③存放地点:01 行政部,02 销售部,03 车库,04 其他。

④固定资产原始卡片:

资产类别:交通工具 资产编码:JT001 资产名称:雪佛兰轿车 计量单位:辆 数量:1 入账日期:2018-12-31 存放地点:车库 经济用途:经营用 使用状况:正常使用 变动方式:购入	固定资产科目:1601 累计折旧科目:1602 使用部门:销售部 折旧费用科目:6601.01	币别:人民币 汇率:1 原币金额:160 000 开始使用日期:2016-05-06 工作总量:800 000 公里 累计已使用工作量:500 000 公里 累计折旧:100 000 折旧方法:工作量法 折旧政策:常用折旧政策
资产类别:办公设备 资产编码:BG001 资产名称:传真机 计量单位:台 数量:1 入账日期:2018-12-31 存放地点:销售部 经济用途:经营用 使用状况:正常使用 变动方式:购入	固定资产科目:1601 累计折旧科目:1602 使用部门:销售部 折旧费用科目:6601.01	币别:人民币 汇率:1 原币金额:6 000 开始使用日期:2017-12-07 预计使用期间数:60 已使用期间数:12 累计折旧:1 140 折旧方法:平均年限法 折旧政策:常用折旧政策
资产类别:房屋 资产编码:FW001 资产名称:综合办公楼 计量单位:栋 数量:1 入账日期:2018-12-31 存放地点:其他 经济用途:经营用 使用状况:正常使用 变动方式:购入	固定资产科目:1601 累计折旧科目:1602 使用部门:行政部 折旧费用科目:6602.01	币别:人民币 汇率:1 原币金额:5 000 000 开始使用日期:2013-12-06 预计使用期间数:360 已使用期间数:60 累计折旧:750 000 折旧方法:平均年限法 折旧政策:常用折旧政策

⑤将固定资产初始化数据传送至总账,结束固定资产管理系统初始化。

（4）总账系统初始化数据

科目名称	借方余额	科目名称	贷方余额
现金-RMB	6 500	应付职工薪酬	50 360
银行存款—RMB	1 250 000	应交税金—未交增值税	20 000
固定资产	5 166 000	实收资本	4 060 000
累计折旧	−851 140	利润分配—未分配利润	1 441 000

（5）日常业务

①5 日，将传真机的存放地点由"销售部"改为"行政部"。

②6 日，购买办公用品 2 000 元，其中采购部承担 300 元、销售部承担 700 元、财务部承担 600 元、行政管理部 400 元，以现金支付。

③10 日，购入联想笔记本电脑 2 台，单价 4 500 元/台，以银行存款支付。12 日电脑已被销售部领用。

④本月雪佛兰轿车行驶 2 000 公里。月末，计提折旧费用。

（6）报表业务

①智航科技有限公司财务部每月需定期向上级领导提交管理费用相关明细表，请按以下表格样式制作，并定义相关取数公式，要求能够随时按查询时间统计最新数据。

②设置财务部员工易夏对该报表有完全控制权限。

费用表

单位名称：　　　　　　　年　月　　　　　　　单位：元

科目 ＼ 项目	本期发生额
销售费用—折旧费	
管理费用—折旧费	
管理费用—办公费	
合　计	

制表人：　　　　　　会计主管：　　　　　　审核人：

11.2　练习二

江南成衣制造有限公司是一家以成衣生产为主的企业，公司拟定于 2019 年 1 月 1 日开始正式使用 ERP 财务系统进行会计核算。请根据以下信息，为江南成衣制造有限公司完成建账、初始化及日常业务的处理。

(1) 新建账套及参数

①账套名:江南成衣。

账套类型:标准供应链解决方案

②数据实体:默认。

数据库文件路径:指定路径或默认路径

③账套参数。

公司名称:江南成衣制造有限公司

记账本位币:人民币 货币代码:RMB

账套启用日期:2019.01.01

(2) 用户

用户名	认证方式	用户组	权限
周永红	密码认证	Administrators	账套主管
王文明	密码认证	Users	授予所有权限

(3) 总账系统参数

①从模板中引入新会计制度科目。

②指定"本年利润"和"利润分配"科目。

③对以下账套选项打"√":新增凭证自动填补断号,禁止成批审核。

(4) 基础资料维护

①币别:

币别代码	币别名称	记账汇率	折算方式	汇率类型
HKD	港币	0.88	原币＊汇率＝本位币	浮动汇率
USD	美元	6.85	原币＊汇率＝本位币	浮动汇率

②凭证字为"记"。

③计量单位:

计量单位组	代码	计量单位名称	系数
重量组	101	千克	1
	102	吨	1 000
数量组	201	件	1
	202	箱	50

④结算方式:新增"转账支票"和"银行汇票"结算方式。

⑤客户资料：

代码	名称
01	梁溪区（上级组）
01.01	大荣公司
01.02	梦溪公司
02	滨湖区（上级组）
02.01	伊布公司
02.02	梦艳公司

⑥部门"资料：

代码	名称
01	财务部
02	行政部
03	销售部（上级组）
03.01	销售一部
03.02	销售二部
04	采购部
05	生产部

⑦新增"职员"资料：

代码	名称	部门
001	周永红	财务部
002	王文明	行政部
003	许志伟	销售一部
004	李素芳	销售二部
005	秦健	生产部
006	林利平	生产部

⑧新增"供应商"资料：

代码	名称
01	崇安区（上级组）
01.01	协新公司
01.02	一棉公司
02	惠山区（上级组）
02.01	恒源公司
02.02	二棉公司

⑨新增"产成品"核算项目类别，代码2011。

属性名称	类型	属性长度
标准成本	实数	
出厂价	实数	
零售价	实数	
负责人	文本	8
销售政策	文本	300

（5）会计科目维护

部分会计科目信息：

科目代码	科目名称	外币核算	期末调汇	数量金额辅助核算	核算项目
1002	银行存款	所有币别	√		
1002.01	建设银行	人民币			
1002.02	中国银行	美元	√		
1002.03	工商银行	港元	√		
1122	应收账款				往来业务核算,客户
1221	其他应收款				职员
1403	原材料				
1403.01	甲材料			√（计量单位:千克）	
1403.02	乙材料			√（计量单位:千克）	
1405	库存商品			√（计量单位:件）	

续表

科目代码	科目名称	外币核算	期末调汇	数量金额辅助核算	核算项目
1801	待摊费用				
1801.01	报刊杂志费				
2202	应付账款				往来业务核算,供应商
6602	管理费用				
6602.01	工资及福利				
6602.02	折旧费				
6602.03	通信费				部门、职员
5001	生产成本				
5001.02	直接人工				
5101	制造费用				
5101.01	折旧费				
5101.02	工资及福利				
6001	主营业务收入				部门、职员、物料
6051	其他业务收入				
6401	主营业务成本				
6402	其他业务支出				
6603	财务费用				
6603.01	利息				
6603.02	汇兑损益				

(6)"物料"资料

先设上级组: 01 材料, 02 产品

代码	名称	属性	计量单位	计价方法	存货科目	销售收入	销售成本
01.01	甲材料	外购	千克	加权平均	1403	6 051	6 402
01.02	乙材料	外购	千克	加权平均	1403	6 051	6 402
02.01	A 产品	自制	件	加权平均	1405	6 001	6 401
02.02	B 产品	自制	件	加权平均	1405	6 001	6 401

（7）初始余额录入

①会计科目期初数据：

科目名称	外币/数量/职员	汇率	借方金额	贷方金额
现金			30 000	
银行存款—建设银行			920 000	
银行存款—中国银行	200 000	6.85	1 370 000	
银行存款—工商银行	100 000	0.88	88 000	
应收账款			158 000	
原材料—甲材料	1 000		20 000	
—乙材料	500		50 000	
待摊费用—报刊杂志费			2 000	
其他应收款	李素芳		5 000	
坏账准备				5 000
固定资产			2 000 000	
累计折旧				900 000
应付账款				308 000
短期借款				100 000
实收资本				3 330 000
合　计			4 643 000	4 643 000

②应收账款科目期初数据：

客户	时间	事由	金额
大荣公司	2018.12.06	销货款	80 000
伊布公司	2018.11.25	销货款	78 000
合　计			158 000

③应付账款期初数据：

供应商	时间	事由	金额
协新公司	2018.09.12	购料	128 000
恒源公司	2018.06.03	购料	180 000
合　计			308 000

④结束初始化工作。

（8）凭证处理

制作一张提现的模式凭证,并进行以下业务处理。

①5 日,提取现金 10 000 元备用。

②6 日,发现 5 日的提现记账凭证金额出错,正确应为 1 000 元,用红字冲销法更正。

③10 日,偿还前欠协新公司的货款 128 000 元。

④15 日,销售一部许志伟向伊布公司销售 A 产品 60 000 元,货款暂欠。

⑤20 日,向协新公司采购甲材料 100 千克,单价 1 500 元/千克;乙材料 50 千克,单价 1 400 元/千克,以建行存款支付。

⑥25 日,收到某外商交来投资款 50 000 美元,存入中行美元户,当日汇率为 6.89。

⑦30 日,支付本月办公室电话费 2 000 元。

⑧30 日,收回伊布公司前欠销货款 60 000 元,存入建行。

（9）凭证审核、过账

（10）利用核销管理功能进行应收账款、应付账款的核销

（11）账簿查询

①查看各种总分类账、明细账等。

②查看管理费用多栏式明细账。

③查看科目余额表、试算平衡表等。

④查看"管理费用—通信费"及"主营业务收入"的核算项目表。

⑤查看往来对账单及账龄分析表。

11.3　练习三

假设练习二中江南成衣制造有限公司的固定资产与工资业务系统于 2019 年 1 月 1 日同期开始启用。请根据以下信息,为江南成衣制造有限公司完成其 2019 年 1 月份的固定资产与工资业务的处理。

（1）固定资产系统参数设置

①与总账系统相连。

②允许改变基础资料编码。

（2）固定资产系统基础资料

①变动方式类别增加:

代码	方式名称	凭证字	摘要	对方科目
002.004	报废	记	报废固定资产	固定资产清理

②卡片类别管理：

代码	名称	使用年限	净残值率	计量单位	预设折旧方法	固定资产科目	累计折旧科目	卡片编码规则	是否计提折旧
001	房屋	50	5%	幢	动态平均法	1601	1602	ZCFW-	不管使用状态如何一定提折旧
002	运输工具	10	3%	辆	工作量法	1601	1602	ZCJT-	由使用状态决定是否提折旧
003	生产设备	10	3%	台	双倍余额递减法	1601	1602	ZCSC-	由使用状态决定是否提折旧
004	办公设备	5	5%	台	平均年限法	1601	1602	ZCBG-	由使用状态决定是否提折旧

③存放地点：

代码	名称
01	办公室
02	车间
03	销售部
04	采购部
05	车库

④固定资产初始数据：

资产编码	ZCFW-001	ZCJT-001	ZCSC-001
名称	厂房	小汽车	缝制机
类别	房屋	交通工具	生产设备
计量单位	幢	辆	台
数量	1	1	10
入账日期	2018.12.31	2018.12.31	2018.12.31
存放地点		车库	车间

资产编码	ZCFW-001	ZCJT-001	ZCSC-001
经济用途	经营用	经营用	经营用
使用状态	正常使用	正常使用	正常使用
变动方式	自建	购入	购入
使用部门	行政部	销售一部、销售二部 （费用比例各 50%）	生产部
折旧费用科目	管理费用—折旧费	产品销售费用—折旧费	制造费用—折旧费
币别	人民币	人民币	人民币
原币金额	1 000 000	400 000	600 000
购进累计折旧	无	无	无
开始使用日期	2003.12.01	2010.6.1	2012.04.01
已使用期间	180	工作总量:30 万公里， 已使用 18 万公里	80
累计折旧金额	280 000	220 000	400 000
折旧方法	动态平均法	工作量法（计量单位:公里）	双倍余额递减法
折旧政策	常用折旧政策	常用折旧政策	常用折旧政策

⑤固定资产系统结束初始化。

（3）固定资产日常业务处理

①新增固定资产：

资产编码	ZCJT-001	ZCBG-001	ZCSC-001
名称	小汽车	电脑	缝制机
类别	交通工具	办公设备	生产设备
计量单位	辆	台	台
数量	1	3	2
变动日期	2019.01.20	2019.01.15	2019.01.10
存放地点	车库	办公室	车间
经济用途	经营用	经营用	经营用
使用状态	正常使用	正常使用	正常使用

续表

资产编码	ZCJT-001	ZCBG-001	ZCSC-001
变动方式	购入	购入	购入
使用部门	销售部	财务部	生产部
折旧费用科目	管理费用—折旧费	管理费用—折旧费	制造费用—折旧费
币别	人民币	人民币	人民币
原币金额	200 000	24 000	120 000
购进累计折旧	无	无	无
开始使用日期	2019.1.22	2019.1.20	2019.1.15
已使用期间	0	0	0
累计折旧金额	0	0	0
折旧方法	工作量法（计量单位：公里）	平均年限法（第一种）	双倍余额递减法
折旧政策	常用折旧政策	常用折旧政策	常用折旧政策

②减少固定资产：

将 ZCSC-001 固定资产卡片中的一台缝制机报废。

清理日期	清理数量	清理费用	残值收入	变动方式
2019.1.25	1	200	1 800	报废

注：清理费用以现金支付，残值收入存入建行。

③固定资产其他变动：

将 ZCJT-001 固定资产卡片中小汽车的使用部门由销售部转为行政部，折旧费用科目也由"销售费用—折旧费"转为"管理费用—折旧费"。

（4）固定资产期末处理

①输入本月工作量 3 000 公里。

②计提固定资产折旧。

③利用"自动对账"功能进行固定资产管理系统和总账系统的对账。

（5）建立工资类别方案

类别名称：在职员工

是否多类别：否

币别：人民币

（6）工资系统基础资料与参数设置

①系统参数:要求结账与总账期间同步。

②导入或新增部门资料:

代码	名称
01	财务部
02	行政部
03	销售部
03.01	销售一部
03.02	销售二部
04	采购部
05	生产部

③导入并修改职员资料:

代码	名称	职员类别	部门	个人账号
001	周永红	管理人员	财务部	6222 8327 1235 6487
002	王文明	管理人员	行政部	6222 8327 1256 8435
003	许志伟	销售人员	销售一部	6222 8327 1325 8741
004	李素芳	销售人员	销售二部	6222 8327 1385 6984
005	秦健	生产人员	生产部	6222 8327 1452 1436
006	林利平	生产管理人员	生产部	6222 8327 1363 2541

④增加银行资料:

代码	名称	账号长度
1001	建行梁溪支行	16

⑤工资项目设置:

项目名称	类型	位数	属性
职员代码	文字		其他
职员姓名	文字		其他

续表

项目名称	类型	位数	属性
部门	文字		其他
基本工资	数值	2	增项
浮动工资	数值	2	增项
津贴	数值	2	增项
加班	数值	2	增项
提租补贴	数值	2	增项
独补	数值	2	增项
病假	数值	2	减项
事假	数值	2	减项
应发合计	数值	2	增项
代扣税	数值	2	减项
医疗保险	数值	2	减项
养老保险	数值	2	减项
工会	数值	2	减项
扣款合计	数值	2	减项
实发合计	数值	2	增项
个人账号	文字		其他

⑥工资计算公式设置:

公式名称:在职员工

应发合计＝基本工资+浮动工资+津贴+加班+提租补贴+独补

扣款合计＝病假+事假+代扣税+医疗保险+养老保险+工会

实发合计＝应发合计-扣款合计

(7)工资数据的处理

①设置工资数据输入过滤器。

过滤器名称:在职员工

计算公式:在职员工

工资项目:全选

②工资数据录入:

职员姓名	基本工资	浮动工资	津贴	加班	提租补贴	独补	病假	事假	医疗保险	养老保险	工会
周永红	7 800	3 000	1 600	600	800				56	110	10
王文明	7 400	1 900	1 380	520	331	150			48	87.5	8
许志伟	7 200	2 100	1 360	610	500		200		44	82.5	7
李素芳	6 900	1 670	1 240	520	228			400	38	56	5
秦健	7 250	2 000	1 250	680	250	150			50	95	8
孙晴	7 500	2 600	1 400		327	150			47	92.5	6

③利用"工资计算"功能计算工资。

（8）个人所得税计算与处理

个人所得税初始化设置

名称	个人所得税计算
税率类别	含税级距税率
税率项目	名称："应税项目"，"应发合计"增项
所得计算	名称："应税所得"，"应发合计"增项，"独补"减项，"医疗保险"减项，"养老保险"减项
所得期间	2019-01
外币币别	人民币
基本扣除	5 000

（9）工资费用及福利费的分配

分配名称	工资分配			
凭证字	记			
摘要内容	分配工资费用	分配比例	100%	
部门	职员类别	工资项目	费用科目	工资科目
行政部	管理人员	应发合计	管理费用—工资及福利费	应付工资
财务部	管理人员	应发合计	管理费用—工资及福利费	应付工资
销售一部	销售人员	应发合计	产品销售费用—工资及福利费	应付工资
销售二部	销售人员	应发合计	产品销售费用—工资及福利费	应付工资

续表

分配名称	工资分配			
凭证字	记			
摘要内容	分配工资费用	分配比例	100%	
生产部	生产人员	应发合计	生产成本—工资及福利费	应付工资
生产部	生产管理人员	应发合计	制造费用—工资及福利费	应付工资

分配名称	福利费分配			
凭证字	记			
摘要内容	计提职工福利费	分配比例	14%	
部门	职员类别	工资项目	费用科目	工资科目
行政部	管理人员	应发合计	管理费用—工资及福利费	应付福利费
财务部	管理人员	应发合计	管理费用—工资及福利费	应付福利费
销售一部	销售人员	应发合计	产品销售费用—工资及福利费	应付福利费
销售二部	销售人员	应发合计	产品销售费用—工资及福利费	应付福利费
生产部	生产人员	应发合计	生产成本—工资及福利费	应付福利费
生产部	生产管理人员	应发合计	制造费用—工资及福利费	应付福利费

（10）人员的变动

将财务部周永红转为销售一部。

（11）查看各种工资报表

11.4　练习四

假设练习二中江南成衣制造有限公司的应收应付系统于 2019 年 1 月 1 日同期开始启用。请根据以下信息,为江南成衣制造有限公司完成其 2019 年 1 月份的应收应付业务的处理。

（1）应收应付款系统初始设置

①系统设置:

应收账款、预收账款、其他应收款、应付账款、预付账款、其他应付款等科目参数属性设置为科目受控系统"应收应付"。

②应收系统参数：

基本信息	启用年份 2019,启用期间 01 月
坏账计提方法	坏账损失:管理费用—坏账损失;坏账准备:坏账准备;计提坏账科目:应收账款,计提比例:0.5%
科目设置	单据类型科目为:应收账款;应收票据:应收票据;应交税金:应交税金
凭证处理	使用凭证模板(不勾选),预收冲应收需要生成转账凭证(不勾选)

③应付系统参数：

基本信息	启用年份 2019,启用期间 01 月
科目设置	单据类型科目为:应付账款;应付票据:应付票据;应交税金:应交税金(进项税)

没有特殊说明的内容均采用系统默认值,不更改。

④初始数据录入：

应收账款余额

日期	客户	部门	业务员	摘要	应收金额	应收日期
2018.12.23	大荣公司	销售一部	许志伟	销售 A 产品 125 件,含税单价 400 元	48 000	2019.01.05
2018.12.23	梦溪公司	销售一部	许志伟	逾期未还	5 000	
2018.12.20	大荣公司	销售二部	李素芳	销售 B 产品 160 件,含税单价 200 元	32 000	2019.02.01
2018.11.23	伊布公司	销售二部	李素芳	销售 A 产品 150 件,含税单价 400 元	60 000	2019.01.15
票据签发日 2018.12.10	伊布公司			收到不带息商业承兑汇票,票号 6699	18 000	票据到期日 2019.3.10

(2)应收应付款系统业务

①5 日,收到大荣公司签发并承兑的不带息商业承兑汇票一张,抵销前欠应收账款,到期日 4 月 5 日,票面金额 48 000 元。

②6 日,销售一部许志伟赊销一批 A 产品给梦溪公司,数量 100 件,含税单价 400 元/件,增值税率 17%,预计收款日期 1 月 15 日。

③8 日,职员李素芳还来上年个人借款 5 000 元。

④10 日,职员王文明因私向公司借款 5 000 元,预计 2 月 10 日归还。

⑤10 日,销售二部李素芳赊销一批产品给梦艳公司,其中 A 产品数量 90 件,含税单价 400 元/件,B 产品数量 150 件,含税单价 200 元/件,增值税率 17%,计划 1 月 20 日收回货款。

⑥9 日,将上年 12 月 10 日伊布公司签发并承兑的商业汇票拿去建行贴现,贴现率 3%,手续费 10 元。结算科目"银行存款—建行"。

⑦15 日,收到梦溪公司本月 6 日所欠货款 40 000 元,结算方式转账支票,部门销售一部。按应收单号生成收款单。

⑧20 日,收到梦艳公司还来前欠货款 66 000 元。结算方式电汇,部门销售二部。

(3)坏账处理

①25 日,销售一部许志伟收回梦溪公司期初坏账 5 000 元当中的 3 000 元,结算方式为现金。填制坏账收回单并制作凭证。

②31 日,将伊布公司逾期未还,且明显无法收回的前欠货款 60 000 元中的 11 000 元列为坏账。填制坏账损失处理单并制作凭证。

③计提当年坏账准备。

(4)核销往来业务

(5)查看往来对账单及账龄分析表

11.5 练习五

假设练习二中江南成衣制造有限公司的现金管理系统于 2019 年 1 月 1 日同期开始启用。请根据以下信息,为江南成衣制造有限公司完成其 2019 年 1 月份的现金管理业务的处理,并在对公司期末业务进行处理的基础上,做相关报表处理。

(1)现金管理初始数据录入

①将现金管理系统启用日期定在 2019 年 1 月 1 日。

②从总账系统引入现金、银行存款科目及年初余额。

③试算平衡检查,并结束初始化。

(2)现金处理

①从总账引入现金日记账。

②进行 1 月 31 日的库存现金对账。

(3)银行存款处理

①从总账引入银行存款日记账。

②录入银行对账单。

建设银行银行对账单记录

日期	摘要	借方	贷方
01-05	提现	10 000	
01-10	购买小汽车	20 000	
01-15	收到货款		60 000
01.15	购买办公设备	24 000	
01-20	收到货款		6 000
01-21	收到货款		60 000
01-20	清理固定资产收入		1 800
01-20	购买生产设备	50 000	
01-26	收回坏账		3 000
01-20	物料采购	220 000	

③进行建行账户的银行对账。

④生成银行存款余额调节表。

(4)制作自动转账凭证

①摊销应由本月负担的报刊杂志费。

②按短期借款年初余额 100 000 元和 3% 年利率计算本月应负担的短期借款利息。

(5)期末汇率为港币 0.89,美元 6.79,请进行期末调汇操作,生成凭证并审核过账

(6)结转当期损益,并过账

(7)报表系统练习

①查看并修订当月江南成衣制造有限公司的资产负债表及损益表。

②制作一张自定义内部报表。

内部报告简表

单位名称:江南成衣制造有限公司　　　2019-1-31　　　　　　　　　单位:元

项目＼金额	资产资料		损益资料	
	年初数	期末数	本期发生额	本年累计数
库存现金				
银行存款				
固定资产				

续表

项 目 ＼ 金 额	资产资料		损益资料	
	年初数	期末数	本期发生额	本年累计数
应收账款—大荣公司				
管理费用				
主营业务收入				
合　计				

单位负责人：　　　　　　　会计主管：　　　　　　　制表人：

(8) 期末结账

参考文献

［1］张瑞君,蒋砚章.会计信息系统［M］.7 版.北京:中国人民大学出版社,2015.

［2］郑菁,李湘琳,张文,等.金蝶 K/3 ERP 财务管理系统实验教程［M］.北京:清华大学出版社,2015.

［3］毛华扬. 会计信息系统原理与应用［M］.北京:中国人民大学出版社,2016.

［4］李翠红,孟浩,等. SAP 会计信息系统实务教程［M］.北京:北京交通大学出版社,2016.

［5］艾文国,孙洁,张华.会计信息系统［M］.北京:高等教育出版社,2016.

［6］毛华扬. 会计信息系统原理与方法［M］.北京:清华大学出版社,2016.

教育部高等学校旅游管理类专业教学指导委员会规划教材

酒店管理案例分析

JIUDIAN GUANLI ANLI FENXI

主　编 刘　伟

副主编 张　谦　陈文生

编　委 刘　伟 广东金融学院国际旅游与休闲管理研究院院长（教授）、西北大学博导

　　　　 张　谦 南宁邕州酒店管理公司总经理

　　　　 陈文生 《中国酒店》杂志主编、福建省饭店星评员

　　　　 唐伟良 恒大酒店集团副总经理（国家级星评员）

　　　　 罗旭东 柳州深航鹏逸酒店总经理、常德市饭店协会会长

　　　　 郭力源 沈阳力之源酒店管理有限公司CEO

　　　　 曾　莉 广州从化碧水湾温泉度假村董事长、总经理

　　　　 张彦浩 广州从化碧水湾温泉度假村管理有限公司总经理

　　　　 刘艳姣 广州从化碧水湾温泉度假村总经理助理

　　　　 唐　伽 安徽合肥天鹅湖大酒店总经理

　　　　 梁学成 西北大学旅游系主任、博导

　　　　 马　洁 广州大学（中法）旅游学院副院长

　　　　 王建平 君澜酒店集团董事长、CEO（国家级星评员）

　　　　 田晓军 君澜酒店集团咨询公司总经理助理

　　　　 林潮芬 广州工程技术职业学院讲师

　　　　 杨　结 广州南沙大酒店总经理

　　　　 张　添 广州白天鹅宾馆总经理

　　　　 林顺伟 恒大酒店集团三亚美丽之冠酒店总经理（国家级星评员）

　　　　 陈　浩 美国饭店协会注册饭店总经理CHA（新疆酒店协会副会长）

　　　　 钟北方 携龙旅游投资控股有限公司董事长

　　　　 张梓蕾 广东金融学院酒店管理系

　　　　 甘　涌 深圳市饭店业协会副会长、桂林市饭店业协会常务副会长

　　　　 胡质健 上海鸿鹄信息科技有限公司创始人、董事长

　　　　 袁学娅 上海星硕酒店管理咨询公司首席咨询官

重庆大学出版社

图书在版编目（CIP）数据

酒店管理案例分析／刘伟主编. --重庆：重庆大
学出版社,2020.6(2022.4 重印)
教育部高等学校旅游管理类专业教学指导委员会规划
教材
ISBN 978-7- 5689- 2079- 7

Ⅰ.①酒…　Ⅱ.①刘…　Ⅲ.①饭店—商业企业管理—
案例—高等学校—教材　Ⅳ.①F719.2

中国版本图书馆 CIP 数据核字(2020)第 061596 号

教育部高等学校旅游管理类专业教学指导委员会规划教材
酒店管理案例分析
主　编　刘　伟
副主编　张　谦　陈文生
策划编辑：尚东亮
责任编辑：夏　宇　杨　颖　　版式设计：尚东亮
责任校对：刘志刚　　　　　　责任印制：张　策
＊
重庆大学出版社出版发行
出版人：饶帮华
社址：重庆市沙坪坝区大学城西路 21 号
邮编：401331
电话：(023)88617190　88617185(中小学)
传真：(023)88617186　88617166
网址：http://www.cqup.com.cn
邮箱：fxk@ cqup.com.cn（营销中心）
全国新华书店经销
重庆华林天美印务有限公司印刷
＊
开本：787mm×1092mm　1/16　印张：28.5　字数：678千
2020 年 8 月第 1 版　　2022 年 4 月第 2 次印刷
印数：3 001—5 000
ISBN 978-7-5689-2079-7　定价：59.00 元

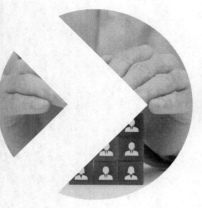

编委会

一、出版背景

教材出版肩负着吸纳时代精神、传承知识体系、展望发展趋势的重任。本套旅游教材出版依托当今发展的时代背景。

一是落实立德树人这一根本任务，着力培养德智体美劳全面发展的中国特色社会主义事业合格建设者和可靠接班人。以习近平新时代中国特色社会主义思想为指导，以理想信念教育为核心，以社会主义核心价值观为引领，以全面提高学生综合能力为关键，努力提升教材思想性、科学性、时代性，让教材体现国家意志。

二是世界旅游产业发展强劲。旅游业已经发展成为全球经济中产业规模最大、发展势头最强劲的产业，其产业的关联带动作用受到全球众多国家或地区的高度重视，促使众多国家或地区将旅游业作为当地经济的支柱产业、先导产业、龙头产业，展示出充满活力的发展前景。

三是我国旅游教育日趋成熟。2012 年教育部将旅游管理类本科专业列为独立一级专业，下设旅游管理、酒店管理、会展经济与管理 3 个二级专业。来自文化和旅游部人事司的统计，截至 2017 年年底，全国开设旅游管理类本科的院校已达 608 所，其中，旅游管理专业 501 所，酒店管理专业 222 所，会展经济与管理专业 105 所。旅游管理类教育的蓬勃发展，对旅游教材提出了新要求。

四是创新创业成为时代的主旋律。创新创业成为当今社会经济发展的新动力，以思想观念更新、制度体制优化、技术方法创新、管理模式变革、资源重组整合、内外兼收并蓄等为特征的时代发展，需要旅游教材不断体现社会经济发展的轨迹，不断吸纳时代进步的智慧精华。

二、知识体系

本套旅游教材作为教育部高等学校旅游管理类专业教学指导委员会（以下简称"教指委"）的规划教材，体现并反映了本届教指委的责任和使命。

一是反映旅游管理知识体系渐趋独立的趋势。经过近 30 年的发展积累，旅游管理学科在依托地理学、经济学、管理学、历史学、文化学等学科发展基础上，其知识的宽度与厚度在不断增加，旅游管理知识逐渐摆脱早期依附其他学科而不断显示其知识体系成长的独立性。

二是构筑旅游管理核心知识体系。旅游活动无论作为空间上的运行体系，还是经济上的产业体系，抑或是社会生活的组成部分，其本质都是旅游者、旅游目的地、旅游接待业三者的交互活动，旅游知识体系应该而且必须反映这种活动的性质与特征，这是建立旅游知识体系的根基。

三是构建旅游管理类专业核心课程。作为高等院校的一个专业类别，旅游管理类专业需要有自身的核心课程，以旅游学概论、旅游目的地管理、旅游消费者行为、旅游接待业作为旅游管理大类专业核心课程，旅游管理、酒店管理、会展经济与管理3个专业再确立3门核心课程，由此构成旅游管理类"4+3"的核心课程体系。确定专业核心课程，既是其他管理类专业成功且可行的做法，也是旅游管理类专业走向成熟的标志。

三、教材特点

本套教材由教育部高等学校旅游管理类专业教学指导委员会组织策划和编写出版，自2015年启动至今历时3年，汇聚了全国一批知名旅游院校的专家教授。本套教材体现出以下特点：

一是准确反映国家教学质量标准的要求。《旅游管理类本科专业教学质量国家标准》既是旅游管理类本科专业的设置标准，也是旅游管理类本科专业的建设标准，还是旅游管理类本科专业的评估标准。其重点内容是确立了旅游管理类专业"4+3"核心课程体系。"4"即旅游学概论、旅游目的地管理、旅游消费者行为、旅游接待业；"3"即旅游管理专业(旅游经济学、旅游规划与开发、旅游法)、酒店管理专业(酒店管理概论、酒店运营管理、酒店管理案例分析)、会展经济与管理专业(会展概论、会展策划与管理、会展营销)的核心课程。

二是汇聚全国知名旅游院校的专家教授。本套教材作者由教指委近20名委员牵头，全国旅游教育界知名专家和教授，以及旅游业界专业人士合力编写。作者队伍专业背景深厚，教学经验丰富，研究成果丰硕，教材编写质量可靠，通过邀请优秀知名专家和教授担纲编写，保证了教材的水平和质量。

三是"互联网+"的技术支撑。本套教材依托"互联网+"，包括线上线下两个层面，在内容中广泛应用二维码技术关联扩展教学资源，如导入知识拓展、听力音频、视频、案例等内容，以弥补教材固化的缺陷。同时，也启动了将各门课程搬到数字资源教学平台的工作，实现网上备课与教学、在线即测即评，以及配套老师上课所需的教学计划书、教学PPT、案例、试题、实训实践题，以及教学串讲视频等，以增强教材的生动性和立体性。

本套教材在组织策划和编写出版过程中，得到了教指委各位委员、业内专家、业界精英以及重庆大学出版社的广泛支持与积极参与，在此一并表示衷心的感谢！希望本套教材能够满足旅游管理教育发展新形势下的新要求，为中国旅游教育及教材建设开拓创新贡献力量。

教育部高等学校旅游管理类专业教学指导委员会

2018年4月

前言

这是一部凝聚着众多行业精英、大咖的心血之作,也是一部带着泥土芳香的大学教材。

一、本书的写作背景

(一)满足国内旅游院校的教学需要

案例教学是大学实现人才培养目标的重要手段,也是旅游院校,特别是应用型本科院校教学改革的发展方向,同时,也是我国国内目前旅游院校教学的薄弱环节。为了满足广大旅游院校及旅游与酒店管理专业教学急需,我们组织了强大的教材编写队伍,目标是编著国内最好的酒店管理案例分析教材。

(二)本书是《酒店管理》一书的配套教材

本书同时也是刘伟教授所著《酒店管理》(中国人民大学出版社,2018)一书的配套教材。

《酒店管理》一书出版后,深受酒店职业经理人及旅游院校师生的欢迎,一年多时间发行量达数万册,但缺乏一本与之配套的案例教材,《酒店管理案例分析》一书的出版,填补了这一缺憾。

二、本书的特点

本书具有以下显著特点:

(一)作者队伍强大

本书是教育部高等学校旅游管理类专业教学指导委员会规划教材。为了编写高质量的酒店管理专业大学教材,我们组建了强大的教材编写委员会,邀请了具有丰富酒店管理经验的众多行业大咖和行业精英、高星级酒店总经理、知名大学教授等参与教材编写,以确保教材的实用性、先进性和权威性。

(二)案例鲜活

案例的选编要求具有典型性和代表性。同时,书中的案例均为近年来发生在酒店的实际案例,很多案例是作者所在酒店实际发生和处理过的案例,能够确保案例的时代性和鲜活性。

(三)内容全面

教材包括酒店战略管理案例、酒店运营管理案例、酒店营销与收益管理案例、酒店综合管理案例四大篇,涉及酒店投融资、酒店筹建、经营管理的方方面面,读者学完此书,能够全面了解酒店的运营管理实践,并具备实际操作和应用能力。

（四）突出管理案例

本书淡化服务案例,突出管理案例。不同于其他案例分析类教材,本书的重点不是服务类案例的分析,而是着力研究酒店经营管理类案例,其中包括酒店品牌建设、投资与建设管理、资本运作、企业文化建设、酒店营销等,力求突出案例的深度和高度。

（五）体例新颖,亮点突出

1.教材创造性地设置了"对管理者的启迪"栏目。

教材中每个案例包含四大部分:教学目的、案例回放、案例点评、对管理者的启迪,力图使每个案例选编目的明确、重点突出、案例典型、分析到位,服务于人才培养目标。

除了案例点评以外,本书最大的特点在于设置了"对管理者的启迪"栏目。"案例点评"侧重于就事论事,而"对管理者的启迪"则是对案例本身和案例点评的升华,是要告诉管理者从这一案例中应得到哪些启发、哪些经验、哪些教训,是案例分析的精华部分,也是案例的画龙点睛之处。

2.案例分为正面案例和反面案例两大部分。

各章第一节的案例都设置了正面案例和反面案例两大板块,使读者能够接触到不同类型的案例,从而更加全面、深入地了解酒店经营管理的方方面面,掌握处理问题的方法,从不同类型的案例中得到更多的启示。

（六）点评到位

案例点评力求剑指要害,不拖泥带水。

三、鸣谢

感谢我的学生何茜,她为本书制作了配套课件(见刘伟酒店网—院校服务—课件)。

附:本课程主要教学参考资源
➤ 微信公众号:《旅游饭店内参》(tourism-hotel)
➤ 刘伟酒店网

刘 伟 教授

浙江大学文旅 MBA 导师

西北大学博士生导师

广东金融学院国际旅游与休闲管理研究院院长

2020 年 8 月 1 日

目　录

第一篇　酒店战略管理案例

第二篇　酒店运营管理案例

第三篇　酒店营销与收益管理案例

第一篇
酒店战略管理案例

第1章
酒店投资与建设案例

1.1 酒店投融资案例

PART 1 正面案例

我们就是想知道每个酒店开业后会赔多少

【教学目的】

了解酒店项目投资的博弈特点。

【案例回放】

五年前我曾经给一家大开发商做酒店项目可行性研究,有意思的是,这家客户交给我们的任务是:不需要选址建议、不需要定位建议、不需要设施建议,这些大老板都定好了,你们只需要做现金流预测。我疑惑不解地问职业经理人身份的CEO:"既然大老板什么都定好了,我们的服务还有啥意义呀?"答曰:"我们就是想知道每个酒店开业后会赔多少?"前年,这个大老板把酒店资产和盘卖给了另一家有志于做大酒店板块的开发商,文旅板块也卖给了另一家开发商。不得不说,从资产退出角度来说,这是个非常圆满的结局。

【案例点评】

近年来,高端酒店行业有一个词频繁出现,那就是"转卖"。众多酒店资产变动的案例,实际上反映出酒店资本运作的多样性和复杂性。那么,这些看似前景无限的酒店为何被撤牌或转卖,背后有什么深层次的原因吗?以上案例,或许能够代表一些行业的现状。

1.现象之一——资金链断裂

开发商资金链断裂,酒店被当作烂尾楼拍卖,这种情况较为多见。

2.现象之二——盈利不佳

盈利不佳被转卖出售,这种情况一般出现在老酒店。这种酒店尽管入住率可能会比平均水平高,但相比于其他酒店,在人员配置和房型上面的消耗均超出平均水平,导致盈利不佳。

3.现象之三——战略调整

这种酒店以集团或连锁酒店居多,从品牌的长远影响考虑,会主动进行战略调整。以希尔顿酒店集团近期逐步减少在华自投资为例,这一老牌国际集团在华际遇颇具有典型性。光鲜、专业、高端是不少国际酒店管理公司的代名词。在十几年前五星级酒店属于新鲜事物时,国际酒店管理公司被国内酒店人视为标杆,但随着本土高端酒店品牌不断崛起,同时外资酒店集团不断进驻中国市场,国际酒店集团的竞争加剧,加上高端酒店投资回报时间长,酒店品牌方面的压力越来越大。

总而言之,当企业一旦完成其短期获益或达到资产升值等目的后,选择最佳的退出时机和最佳退出价位就是酒店投资者的最佳选项。

【对管理者的启迪】

1.酒店项目既可以是投资,也可以是投机。投资是用专业审慎的态度去创造价值,做出增量价值,而投机就是短期博弈,也称"博傻",是无原则地钻营和套利,是追求局部和暂时利益的最优解,投机对于社会总财富的增加没有丝毫贡献。如果说博弈的人还讲规则,还会算大账,"博傻"就是纯粹玩击鼓传花的游戏了:明明知道一个投资很荒唐,但就是要赌一把,因为相信会有更傻的人来接盘。

2.巴菲特说,如果你在一个牌局上十分钟还没发现谁是最傻的那个人,那很可能你就是。

PART 2 反面案例

案例一 赔了一个亿、转让给万科的项目

【教学目的】

1.学习如何进行酒店投资。
2.认识投资决策的重要性。

【案例回放】

一个老板脑子里常常会充满了妄想、痴心、执着的念头。不知道自己在想什么,也不知

道自己在做什么。一般这类人对投资酒店、文旅、民宿项目非常感兴趣,手里有几个闲钱,脑子里充满了自己的想法,一上来就说要投四季、安缦和悦榕庄。看着他们眉飞色舞、自信满满的样子,我就暗自叹气,等他们告一段落了我会说:"文旅、酒店类项目投资的难度和风险极大,不是您做制造业、矿业或金融业成功后,跨个界就能玩的。"对方当然是一脸不屑。

2020年3月的一个下午,我接到一个四线城市民营老板的电话:"蒋总,您还记得我吗?五年前咱们见过面,您当初劝我不要做奢华酒店真是金玉良言啊,都怪我周围这些人忽悠我……我真不该听他们的,非要做什么奢华酒店,那项目后来弄不下去了,赔了一个亿,已经转让给万科了。"

【案例点评】

随着文旅地产的逐步升温,中国出现大量投资文旅酒店的大型投资行为,无论是地产商、政府,还是基金,都在里面扮演着不同的投资角色。而作为看好这一行业的投资者,是否有针对文旅住宿板块清醒的投资行为呢?像上述案例的民营老板,到底错在哪儿呢?

1.可能的失误之一——跟风盲投

从市场角度看,投资高端文旅奢华酒店的趋势确实值得关注。但是这一类型的精品度假酒店数量将大幅增加,会形成同质化竞争,不对市场竞争态势进行分析和调研,一味地跟风注定失败。

2.可能的失误之二——选址不当

交通不方便,肯定没有人去,再好的美景也抵不过交通的瓶颈。

其次,高档酒店需要高端客人。而在四线城市,由于经济发展水平以及城市规模体量有限,这类高端客人是缺乏的,这直接决定了酒店未来经营情况。

此外,对于这一类型酒店,隐逸、私密是最重要的特征,并且还要考虑其周边是否有一些不该出现的建筑,比如电厂——电厂的烟囱和仙境一般的酒店必会产生冲突。

总而言之,文旅酒店的项目投资会因为各种情况而失败,以上的情况分析只是挂一漏万、冰山一角。

【对管理者的启迪】

1.冲动是魔鬼,在投资上更要慎重。
2.事前的可行性研究调查、规划定位均不可少。

案例二　如果不修改定位,就不付你们尾款了

【教学目的】

了解酒店投资的博弈特点。

【案例回放】

博弈的本意是下棋,引申为在多决策主体之间的行为具有相互作用时,各主体根据所掌握的信息及对自身能力的认知,做出有利于自己的决策的一种行为理论。

在以往房地产开发高潮时,常见的博弈有政府和企业的博弈、国企和民企的博弈、酒店管理公司和业主的博弈、酒店管理方和消费者的博弈,甚至有其中的三四方搅在一起的博弈。

记得十年前,我为湖北某市的一家房地产公司在该市新市政府旁边的地块做酒店项目的可行性研究,老板从市政府拿地,成本较低,但条件是必须建一座600间房的国际五星级酒店。经过市场调研,我给出的建议是做一间300间房的四星级酒店,对接一个二线的国际品牌,预计平均房价450元,出租率68%。项目汇报完毕,对方董事长并不满意,滔滔不绝地说了一个小时,说什么该市是中国的地理中心,有武当山,有神农架,有丹江口水库,以后发展态势会超过武汉;市长许诺所有的政务会议接待活动都放在这里;你们给的定位建议和经营预测太保守,你们不修改定位就不付你们尾款……

后来这个老板依然建了600间客房的酒店,开业后几年一直亏损,再后来关掉了其中一栋楼的300间客房改作公寓和办公楼。如今十年过去了,我跟人打听了一下,这个酒店最近一年的出租率是70%,平均房价440元……

【案例点评】

常言道,知己知彼,方能百战不殆,酒店投资也是如此。毫无疑问,任何投资向来都是风险和回报并存的,以上案例投资的失败,可能是以下情况引发的,特简要分析如下:

1.可能的原因之一——受规划误导

地方政府对城市的整体规划往往从社会效益出发,酒店通常是系统性规划中的子项目,它作为城市和地区形象的代表和社会配套设施,有时社会效益远大于经济效益。部分配套设施要求高、投入大,甚至超过了实际需求,导致资金回收周期变长。这一点,往往是很多五星级酒店投资失败的重大原因。

2.可能的原因之二——预期回收期过于乐观

越是高端的酒店,回收期越长。资金沉淀易、套现难,不是渴望一夜暴富的人的投资选择。沉没成本大、资产流动性较低,同时业绩难以出现爆发性增长,难有单项的大额现金流入。静态回报率并不高,运营不错的四、五星级酒店项目的成本回收期一般都在7~15年,而更多的酒店项目无法达到此预期。很多酒店开始进行可行性论证时,都设置了乐观的回报期,以至于投资无法在冷静的气氛中得到冷却,反而一路攀升。

3.可能的原因之三——不了解酒店固有的特性

酒店业是不可位移的服务性行业,抗风险能力较低。社会动荡、金融危机、自然灾害、地域客户群优势偏移等,都会对酒店造成极大的影响,甚至毁灭性的伤害。酒店对环境的依存是持续的,自身抗风险能力极低。

酒店业更是一种特种行业。成功的酒店是"实体硬件+设计规划+运营策略+服务体验"等的综合价值体现,各环节均需做好,否则会是个无底洞,让投资人进退两难。

因此在酒店的投资中,只有了解投资风险,才能更加理性地去估算投资回报。

另一方面,在中国现阶段,很多时候酒店投资是政府和开发商之间的博弈:政府需要的是城市的形象和招商引资的环境(客商的投资环境),付出的是极低的地价;开发商追求的是整个项目的利润(包括但不限于酒店项目本身),因此,即使酒店未来经营亏损,但在其他项目(如房地产项目)上有回报,也愿意接受政府提出的条件。而作为顾问咨询公司,应在尊重业主作为委托方需求的基础上做可行性研究。以本案为例,既然政府和业主方都要求投资600间客房的五星级酒店,这是前提条件,顾问公司应该在此基础上做可行性研究,提出项目是否可行(或每年亏损多少)的研究报告供委托方决策,而不是拿出"300间房的四星级酒店"的建议,因为这是政府无法接受的。600间房的五星级酒店是开发商(业主方)以极低的价格拿地的条件,因此,也是顾问公司做可行性研究的前提条件。

【对管理者的启迪】

1.投资大和多不一定就是最好的,利润回报率高才是真的好。

2.静态和动态的投资回报分析必不可少。

3.酒店投资是否可行,不仅要看酒店单个项目的投资回报,还要看整个项目的投资回报;不仅要看当前的投资回报,还要看长远的投资回报。

1.2　酒店设计案例

PART 1　正面案例

案例一　"湾澳 23"：当行政酒廊变成"鸡肋"以后
——珠海来魅力假日酒店行政酒廊的设计理念

【教学目的】

1.认识酒店设计装修的重要性。

2.了解酒店装修改造和设计理念。

3.了解酒店设计装修需要考虑的因素。

【案例回放】

2020 年 1 月 12 日，一则微信公众号推广"新晋网红打卡圣地，珠海惊现 270°空中百米长廊，居然能在这里俯瞰珠澳双城美景"出现在网络，点击量很快过 10 000，引起了旅游和酒店行业的广泛关注。

跟随这篇推文，我们找到了推文中的酒店——珠海来魅力假日酒店总经理、国家级星评员唐伟良先生，听他介绍了这篇网红推广背后的故事。

珠海来魅力假日酒店是广东珠海市一家五星级商务酒店,有非常优越的地理位置:它是港珠澳大桥的珠海落脚点,紧挨中国最大客流的拱北口岸,距离澳门只有百米之遥,距广珠轻轨珠海站仅2分钟步程,汽车总站近在咫尺。新设计改造的"湾澳23"原本是酒店行政楼层的配套项目——酒店的行政酒廊。多年来,这个位于酒店最高层23楼的行政酒廊因设计和定位问题,缺乏特色和亮点,生意一直很清淡,成了酒店的鸡肋,做也不是,不做也不是。做的话,是做中餐还是西餐:做中餐场地狭小,做高档西餐扒房,酒店客源又不足。营业收入支撑不了行政酒廊的人员开支,更不要说硬件投资上的回报。

新任酒店管理公司接管酒店后,经过市场调查,结合自身特色,审时度势,扬长避短,创造机遇,将酒店配套的行政酒廊升级改造为面向市场和社会的餐厅酒吧(继续保留行政酒廊的功能和对行政楼层客人的礼遇),并结合港珠澳大桥和粤港澳大湾区的热点,把餐厅命名为"湾澳23",客人可在此观湾赏澳,通过美食、美酒、美乐、美景,打造珠澳旅游"一国两制"交会点上的网红打卡点!

【案例点评】

随着网络的发展和手机电商App应用的兴起,包括酒店商务中心和传统五星级高端酒店的行政酒廊在内的商务服务日渐衰落,在这种背景下,经营者遵循市场需求,根据酒店地理位置的特点,大胆地将原本是酒店行政楼层配套的行政酒廊,设计改造成市场化经营的独立餐厅,是向店外市场要效益的经营理念的体现,可以说,是酒店创新经营的典范。

新装修的餐厅,豪华、时尚,值得点赞。

另外,经营者将餐厅命名为"湾澳23"也很有新意,体现酒店独特的地理位置优势。

精心设计的"湾澳23",通过"美食、美酒、美乐、美景",一定会吸引店内、外社会名流和高端消费者,也一定会打造成"珠澳旅游'一国两制'交会点上的网红打卡点"!

"湾澳23"的设计
理念和实际效果

【对管理者的启迪】

1.行政酒廊的创新是一个有普遍意义的课题,需要酒店经营管理者认真思考。

2.酒店经营要与时俱进,有创新意识。

3.酒店设计要时尚,更要考虑市场需求。

4.酒店设计要结合酒店自身特色,审时度势,扬长避短。

5.酒店设计还要体现经营者的经营理念。

案例二　二十多年未经"大改"的酒店

【教学目的】

1.认识酒店的规划设计对未来经营管理的深远影响。

2.了解酒店的装修改造和设计理念。

【案例回放】

浙江世贸君澜大饭店于 1997 开业,并于 1998 年被世界贸易中心协会吸收成为会员,是一个综合性多功能的经营实体。酒店位于著名的西湖景区附近,毗邻黄龙体育馆,不仅有游客入住,更吸引了大量的商务客人。酒店拥有 400 多间客房,具备大中型展会的接待能力,多次获得媒体颁发的"最佳会议酒店"等荣誉,连续多年营业额超 2 亿元。

酒店从建设之初,就在设备设施维护上做到了规范与标准:酒店内装及软装设计极具韵味,文化气息历久弥醇;酒店营业区从设计之初就考虑了空间感与能耗上的平衡;酒店动线设计合理,展会、宴会通道分离,展会到用餐区设有单独的通道;设备维保工作细致入微,制订了详细的操作守则、维保计划和严格、多维度结合的检查制度;设备供应商管理到位,确保售后服务能如约进行……21 年的时间跨度以及酒店客流量对设备设施提出了考验,但酒店21 年来除对几个楼层的内装风格进行了一些改动外,整体未进行重大改造,使酒店节约了大量的工程投入。

【案例点评】

酒店"大改"的原因,不仅是设备设施的质量问题,空间需求、装饰风格与文化气质难以跟上时代审美也是重要原因。

通常酒店5～10年就要重新装修改造,而浙江世贸君澜大饭店设计理念科学、先进,管理精细,维护保养出色,为酒店业主节约了大量装修改造资金。

【对管理者的启迪】

1.科学而理念超前的酒店设计及精细维护,对酒店长远利润有重大影响。科学的设计和出色的维保会延长酒店改造周期,事实上为酒店业主节约了大量资金,而节约下来的资金对于业主来说就是净利润。

2.酒店收益产生的途径不仅靠销售,也要靠设计和维护。

3.作为酒店管理者,应学习设计、艺术等多方面知识,懂得"功夫在诗外"。

4.酒店维保工作是系统化工程,管理者不仅应在工程管理上制订系统方案,在日常运营当中更应多维度地制订工作计划与方案。

PART 2 反面案例

案例一 投资几个亿,为什么评不上五星级酒店

【教学目的】

1.了解星级酒店的评定标准。
2.认识到酒店设计是一门科学。

【案例回放】

在一个新兴的城市,有一家投资了将近2亿元人民币的酒店,老板本以为投资这么大,达到五星级的标准是没有问题的。可是,在申报五星级酒店时,星评委员会的几位专家经过粗略的评定就给枪毙了。老板不服气,提出了异议。

星评员耐心地讲解星评的标准,并一一对照着说酒店存在的问题。比如,房间的面积达不到标准,这是硬指标,而且是一票否决的,还有……听到这些,老板后悔不已,他说:"我是搞房地产的,以为不就是盖房子嘛?我不怕花钱,要高档、要豪华,就一心想建一家五星级的酒店,哪知道这里面还有这么多说法。"除了以上问题,经营中也有很多弊端,比如酒店布局不合理、功能不全、流程不顺等。

老板听了星评员的讲解,彻底认识到了存在的问题。

【案例点评】

酒店设计是一门科学,对酒店建设及营运成本高低、投资和经营成功与否关系十分重大。酒店建好后之所以有缺陷,很大原因在于投资人凭空想象,缺少经验丰富的酒店设计师,缺少专业技术人员的指导,缺少对国家星级酒店评审标准的理解和把握。

国家对星级酒店的建设是有标准的,这家酒店的投资者不顾国家的标准,盲目地设计施

工,这样的结果就不可能达到标准要求,如果再改造会浪费资金,如果不改造又会使投资达不到预期的结果。

因此,投资者不能从主观愿望出发,不要自以为是,而应该尊重专业的人员,请内行人来指导,这样才能避免造成失误。

【对管理者的启迪】

1.设计和建设酒店是一门学科。好的酒店设计是设计者的艺术理念与经营者的实践经验的完美结合。

2.投资酒店要慎重,要尊重科学、尊重专家,千万不要自以为是,不要花自己的钱来买教训。

3.为了使所建的酒店达到预定的星级标准,一定要从设计开始就严格按照国家星级酒店建设标准进行,这样可以减少后期的损失。

案例二　失败的酒店设计与糟糕的顾客体验

【教学目的】

1.理解酒店定位与产品设计的关系。
2.关注不同群体顾客的需求和行为规律,合理设计酒店产品。

【案例回放】

年近五十的李先生是一家公司的高层管理人员,他受邀参加某三线城市召开的一个论坛。李先生决定提前一天抵达该市,傍晚约见重要客户。他让秘书去安排约见事宜,要求面谈地点安静、有档次、有品位,要有轻松的氛围,最好距离晚餐地点比较近。

秘书带来某酒店的宣传画册,上书:"本酒店是一家超豪华的大型酒店,毗邻著名景区,风景优美、交通便利,该酒店一期投资约 5 亿元,设施齐全,客房 300 余间(套),拥有中、西特色餐厅,还有大堂吧、雪茄屋等,适合商务洽谈及宴请,拥有大型的会议中心,以及室内温泉、室外泳池等,堪称本地最好的集商务、会议、休闲、度假于一体的豪华酒店。"此次论坛正是安排在这家酒店。把会晤重要客户的地点安排在酒店的大堂吧或雪茄屋,然后在酒店中餐厅用晚餐,这样既体面又方便。

这天下午约三点,李先生抵达酒店。大堂非常宽敞、气派,属古典歌剧院式设计,让人眼前一亮。大门朝南,总服务台位于大堂的西侧,大堂北侧是大堂吧,中间有玻璃门连接户外花园。透过巨幅玻璃墙,站着眺望,视线穿越户外树木,隐约可观赏景区的湖光秀色。办理入住时,秘书说,已跟客户确认下午四点半在大堂吧见,李先生亲自走到大堂吧区域,感觉环境还不错,就是有点可惜,因为落座后,树木遮挡导致不能观赏到景区的秀丽景色。

李先生刚刚在客房休息了一会儿,感觉神清气爽、精神奕奕。客房和卫生间面积都很大,布局合理,家具用品舒适、档次高,景观非常好,李先生感觉很满意。书桌上摆放的酒店宣传册印刷精美,李先生随手翻看着,觉得论坛会务组和自己的秘书真的会选地方,酒店各方面都不错。

快到约定的时间了,李先生来到电梯口。电梯位于大堂的西南侧。电梯门打开,李先生愣了一下,只见电梯里站了两位妇女和两位孩子,他们都穿着泳装、拖鞋,披着浴巾,孩子们拿着泳具正兴奋地大声说笑。

从电梯出来,妇女和孩子们欢快地跑向大堂。这时前台排起了长队,有不少客人在等候办理入住手续。李先生穿过大堂,来到大堂吧,服务员马上热情地打招呼,大堂吧没有别的客人,李先生选择了一处相对僻静的位置,刚要坐下,户外传来一阵噪声,原来大堂吧有一扇玻璃门连通花园,而花园正中央就是游泳池,那里人声鼎沸,噪声就是从那儿传过来的。李先生透过巨幅玻璃看到了刚才一起乘电梯的妇女和孩子们。他摇摇头,把视线转回大堂,却惊讶地发现大堂里又出现了一拨穿泳装披浴巾甚至裸露上身的人,他们穿越大堂,高声谈笑着往这边走过来。

这里绝不是一个会客的好地方。李先生招来服务员,问道:"你们这里的雪茄屋怎么走?"

"雪茄屋现在还没有对外营业,还在装修中。"

"那有没有安静一点的能坐下来喝杯茶聊聊天的地方?"

"对不起,先生,只有大堂吧这里了。"

"可是这里太吵了!人来人往的,"李先生用眼睛瞟了一下大堂方向和游泳池方向,"而且,衣冠不整,很不雅观。"

他接着再问服务员:"你们酒店有行政酒廊吧?"

"有的,但是行政酒廊现在还没装修好。"

"还没装修好,你们酒店的宣传资料怎么就都印上了呢?"

李先生一脸不悦。这时,秘书带着客人走了过来。宾主寒暄了几句后,点完饮品,李先生对服务员说:"今晚我在你们中餐厅订了个包间,麻烦你帮我过去打个招呼,我们想早点过去在那边喝茶。"服务员说:"餐厅五点半上班,你们可以在这里坐到五点半再过去。"碍于客人在场,李先生不好再说些什么。

五点半了,李先生一行到了三楼中餐厅,窗外湖光山色,恍若人在画中。夕阳照在湖面上,光影流转,与远处染上一层红晕的山色相互辉映。李先生暗自叹息:多美的景色啊,真可惜,能早点上来这里喝茶就好了。

夜深了,李先生送走了客人,见游泳池那边已经安静下来,他想去游泳放松一下。他一直疑惑,从客房去游泳池必须横穿大堂吗?李先生回客房带齐物品下楼,这次他看仔细了,在电梯口的一个水牌上画着一个箭头,上书"往游泳池"几个字。箭头所指并非大堂方向,而是更往西边走。箭头指向一条昏暗的狭窄通道,与灯火通明的大堂形成鲜明对比。难怪别人都选择走大堂啊!李先生犹豫了一下,还是按箭头方向走过去,一路上灯光昏暗,没有见到一个人,按指示牌的指引拐了几个弯,终于走到了户外,看到了游泳池,但一路上没看到更衣室,找服务员一问才知道更衣室在刚才走过的通道附近,但还没开放使用,需要回客房更衣后再下楼。

这样,李先生不得不穿着拖鞋裹着浴袍下楼。这次,他没有按箭头指示走,而是横穿大堂、穿过大堂吧,直奔游泳池。可是,这样衣冠不整地横穿大堂,真的好吗? 但愿别碰到熟人,李先生默默加快了脚步。

【案例点评】

从设计和运营的角度看,案例中的酒店主要存在以下四个问题:

1. 大堂流线不合理

酒店定位决定了酒店产品设计的内容和风格。案例中的酒店位于三线城市著名景区附近,定位于商务会议和休闲度假两个细分市场,为此酒店产品在设计和配套上就需要考虑两个细分市场上的顾客需求。首先,不同细分市场的顾客消费行为具有不同的倾向,为防止彼此干扰,酒店首先要做好顾客流线设计,结合空间、景观的合理利用,考虑各种设施的功能布局以及运营管理中的要求,使得不同细分市场上的顾客流线相对分离,商务客人流线、会议客人流线、住宿客人流线、游泳及其他休闲客人流线、非住宿餐饮客人流线等主流线设计合理,才能给各类客人带来良好体验。其次,还需要明确各类服务设施的主要功能。

2. 相关设施的服务时间安排不合理

酒店要合理安排各项服务设施投入服务的时间,确保各类细分市场上客人的不同需求都能在酒店产品目录中得到满足。

本案中,游泳客人本来有专门的流线,但由于管理不当,更衣室没有同步投入使用,电梯口也没有设专人引导,导致泳装客人穿越大堂,对商务会议细分市场的客人造成干扰。大堂吧和游泳池的空间位置过于接近,导致在游泳池开放时段,大堂吧的商务接待功能被弱化,无形中沦为泳池吧;当大堂吧受游泳客人干扰无法满足商务客人需要时,酒店的其他相关设施在服务时间设定上不合理,也令酒店的产品资源闲置,错失赢利机会。

3. 未能发挥借景艺术,酒店资源没有得到充分利用

良好景观是酒店不可多得的重要资源,在酒店产品设计上利用好景观,能增加客人的感知价值,为酒店创造更多的收益。本案例酒店地理位置优越,具有得天独厚的湖光山色景观,可惜在产品设计时相关考虑欠周全。大堂吧所在的位置虽然正对花园,酒店花园与景区只是树篱相隔,却因为大堂地面没有抬高,树木遮挡视线致使大堂吧里无法观赏到景区美景;中餐厅占据了观赏美景的绝佳位置,但在一天累计 10 小时的营业时间里,有效观赏窗外景色的时间只有 7 小时,景观利用率过低。在酒店的其他相关设施(咖啡厅、雪茄屋、红酒吧)未投入使用的情况下,中餐厅的功能定位应适当拓展,分区域延长服务时间,满足各类客人需求。

4. 与客人之间的酒店运营与服务沟通不足

受各种因素影响,酒店建设分期、服务设施分批投入使用的做法可以理解,但前提是需要顾及客人对现有服务产品的消费体验,并注意在各种媒介的酒店宣传资料中,清楚注明哪些设施和产品尚未启用,以防造成误解。案例中,受酒店宣传资料的误导,李先生及其秘书以为这家新酒店宣传资料里提到的各项服务设施已经启用,认为酒店里能提供多种可选的服务产品,自己接待客户的场所有多重选择,而没有及时与酒店进行深入的沟通,导致接待客户时出现尴尬局面。虽然客人并未投诉,但酒店在客人心目中已然失分。

【对管理者的启迪】

1.酒店定位于多个细分市场,对于具有相当规模的酒店而言,是开源创收的重要措施,此举并无不妥。但必须做好酒店的规划设计,做好市场分析,合理规划流线系统以满足各类客人的使用需求,合理分流客人,避免在大堂位置让所有流线交叉重叠。设计不尽合理之处,或因工期等特殊原因导致短期内的流线混乱,需要用必要的管理方法来弥补,以确保各类客人得到良好的消费体验。

2.景观是酒店产品的组成部分,良好的景观能提升酒店产品价值,增强酒店竞争力。酒店设计时一定要重视景观设计,加强视觉管理。

3.酒店分期建设、某些项目施工工期滞后等,会使原来总体上合理的产品定位和设计在一定时期内显得不合理,干扰运营管理,影响顾客体验。管理者应积极应对,在力所能及的范围内,合理调整现有产品的服务时间,更有效地利用现有的服务设施,及时向顾客传递相关信息,分批制作和投放宣传资料,并确保宣传资料的内容准确。

案例三　客房电源那些事儿

【教学目的】

认识客房电源开关设计的重要性。

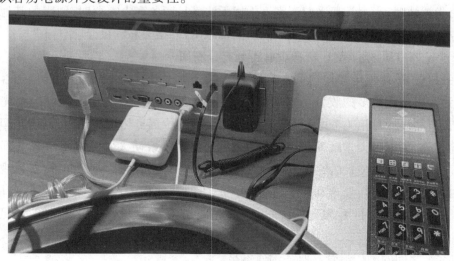

漂亮气派的五星级酒店插线板,却找不到可以插客人手提电脑的电源插口

【案例回放】

在建设装修或改造装修过程中,对客房的电源开关与插座如何设计和安装,很多酒店并不太在意,给客人在入住期间的生活带来诸多不便。

- 卫生间的电灯开关装在卫生间内,客人只好凭经验和手感在黑暗中摸索开关。
- 卫生间的毛巾架安装位置不当,挡住了备用电源插座,使用电动剃须刀或电吹风时只好拉下毛巾。
- 衣橱的橱门关不紧而无法碰到电灯开关时,造成漏光,影响客人睡眠。
- 迷你吧摆放着电热水壶,但找不到插座,只好移到卫生间烧水。
- 若想在化妆台(写字台)使用吹风机,或在写字台使用手提电脑,或给手机充电,因台面上方的墙上没有备用插座或插座不够,如上页图所示,往往要爬到桌子底下寻找,若没有备用插座,只好拔去台灯或电视机插头。
- 有的客人带了手提电脑,但因没有宽带网接口或 Wi-Fi,只能摇头叹息。
- 客人并没有"请勿打扰"的意思,只因打开其他开关,把装在一排的"请勿打扰"开关不经意误开,造成服务员判断失误而影响工作。同样的原因,客人并没有召唤服务员,而服务员却接到"呼唤"指令来敲门。
- 个别酒店将"请勿打扰"开关和"请速打扫"开关并排安装,但是没有做"此亮彼暗"的技术处理,因客人不经意间同时按下这两个开关,造成门外两个指示灯同时点亮,可以想象服务员看到这种现象后的窘迫神态。
- 最富有戏剧性的,恐怕要数客人为打开电视而手忙脚乱的情景了:打开了电视机上的开关,荧屏不亮,再按一下遥控器开关,仍没有图像,最后才想起来是床头柜这边开关未打开。待打开床头柜开关还是没有反应时,才发现刚才按下电视机开关,实际上是把原已打开的开关又关上了,于是两头"奔忙"。

【案例点评】

客人入住客房,少不了与开关和插座打交道。开关与插座的使用方便与否,直接关系到酒店的服务质量与水平,务必在设计、建设和装修时予以注意。

以上种种给客人生活带来的不便,在许多酒店总会多少遇到一些。为了客人更方便地使用开关和插座,建议:

(1)卫生间电灯开关和过道灯开关应分别装在卫生间门的两边。卫生间内马桶旁的墙面还可增设"紧急呼救"和"请稍候"按钮及备用电源插座。

(2)衣橱可以不装电灯,当然过道灯亮度应能足够照亮衣橱。

(3)在化妆台(写字台)上方的墙面,或在化妆镜两边,或在化妆镜下方,设置镜前灯开关、宽带网接口和备用电源插座(分别为 110 伏和 220 伏,且为不间断电源)。

(4)床头的电源开关越少越好,一般只将床头灯、音响、阅读灯、地灯和总开关设在床头,其他开关都可以"各就各位",如落地灯、台灯、镜前灯、迷你吧灯、过道灯、行李架灯乃至房顶灯,均装在灯具上或附近位置的墙面。

（5）"请勿打扰"灯的开关要安装在既避免客人不小心而触碰、又易于发现的地方,比如可以设在显眼而又独立的墙面某一位置(如与空调开关并排)。

（6）至于电视,有遥控器开关就足够了。而"呼唤服务""请速打扫"完全可以通过电话解决,没有必要再另设专用开关。

【对管理者的启迪】

1.客房电源的开关与插座的设计不是小事,他们直接关系到客人入住的舒适度、方便度和体验度,影响到酒店的服务质量与服务水平,因此在酒店建设或改造时必须加以重视。

2.筹建新酒店或改造老酒店,从设计、建设到装修全过程,都要有熟悉酒店管理和服务的专家参与,这样才可能将遗憾降至最低。

案例四　这家酒店设计与装修败在哪里

【教学目的】

1.认识酒店设计的重要性。

2.了解酒店智能化装修改造中可能存在的问题。

【案例回放】

位于福州西湖公园附近的某酒店是一家三星级酒店,房间设计典雅,以梅和竹为主要元素,给人清新脱俗之感,不仅房间风格让人十分舒心,一些硬件设施也十分智能化,一打开房门,窗帘自动打开,厕所马桶也是智能恒温的,古典与现代化的结合让我印象深刻。

我们 13:00 多办理入住后回房间休息,打算 16:00 再步行去西湖公园和三坊七巷。15:00 左右,服务员很贴心地上门给我们送了酸奶和小点心。我们对这家酒店整体印象非常好,虽然只有三星,但我们对它的评价都不止三星。

晚饭后我们回到酒店准备洗漱休息,问题就来了。房间的卫浴是分开的,应该很便利才对,但浴室是一个很窄小的方块空间,根本无法放置毛巾和换洗的衣物。导致洗澡前后只能在外面换衣,我们都是两人一间房,很不方便。

刚开始被赞扬过的智能窗帘在睡前就暴露了它的弊端,床头有窗帘的开关确实很便利。但睡前我想开一点窗帘,以免早上房间没有一点光线,而我研究了十几分钟才发现这个窗帘只能全开或全关。智能确实智能,但这还不如普通窗帘呢!

【案例点评】

该酒店赢得了客人良好的第一印象,却又因一些设计降低了客人对酒店评价。可见在酒店客房设计上,最基础也是最重要的就是要满足客人实际居住的需求,在此基础上再追求便利、美观等,而且应该注重细节,考虑周全。

客房是酒店销售最主要的产品,客人在酒店的大部分时间都是在客房度过的,且硬件的装修改变所耗成本更高,因此,客房的设计对客人的体验感以及日后的经营、酒店的效益等都具有重要影响。

【对管理者的启迪】

1.酒店运营不能盲目追求智能化。选择智能产品要站在客人的角度,全面了解智能产品在增强客人体验感的同时,是否真正方便客人,是否会真正增加客人的体验感和满意度。

2.酒店设计要专业化,既要艺术、美观,又要方便客人、方便员工操作,否则后患无穷。

1.3　酒店筹建管理案例

PART 1　正面案例

因地制宜打造特色产品带来的引爆点
——把传统大堂吧改建成为黄酒吧

【教学目的】

1.了解因地制宜打造定制化产品对酒店定位起到的作用。

2.丰富的产品与引爆点的形成对销售产生多层次的推动。

【案例回放】

君澜·鉴湖大酒店大堂吧改建时,以较低的投入把传统大堂吧改建成黄酒吧。结合绍兴风情"亭""轩""廊"的元素,扩展了大堂视野;在空间上模糊了黄酒吧与自选餐厅的界限,使两个错峰经营的营业场点在各自的营业高峰增加了可利用的空间。黄酒吧概念刚一推出便赢得了市场,游客喝着黄酒调制的鸡尾酒,品尝黄酒棒冰,一时引爆朋友圈。

竹乡安吉的安吉君澜度假酒店以竹文化为母题,在装饰、经营中导入大量的竹元素,使酒店被称为可以过夜的竹博物馆;香水湾君澜度假酒店与七仙岭君澜度假酒店根据彼此间产品的互补性与资源优势,推出"海誓山盟"产品。

武功山温泉君澜度假酒店拥有非常好的温泉资源,但周边产品相对单一。酒店按照君澜酒店集团以住宿为核心,以产品丰富度假生活加引爆点产品打造的思路,以温泉产品作为核心,通过自有产品完善、合作产品导入、功能型产品创新,丰富了亲子休闲类产品,为团队提供定向化服务型产品,为深度游客提供景区打包产品。

【案例点评】

黄酒吧之于绍兴、竹文化之于安吉、温泉之于武功山、海誓山盟之于香水湾与七仙岭,这些都是极具地方特色的可持续产品,这些特色产品与其他度假产品的成功结合,才能为宾客提供一次完美的度假体验。

【对管理者的启迪】

1.在产品打造的过程中,应注意一些跟风产品的不可持续性。

2.打造特色产品,除了产品本身以外,还应对产品的内涵与外延有更多认识,充分理解产品即营销的理念。

PART 2 反面案例

案例一 酒吧惨案

【教学目的】

通过本案例的惨痛教训,使学生懂得在酒店筹建中,安全的设计与装修一并通过验收是一项非常专业、非常严肃的事情,来不得半点马虎和作假。

【案例回放】

某年农历正月初五,是春节期间亲朋好友聚会的好日子。

这天,沿海某市某酒店一楼临街封闭式酒吧与其他休闲娱乐场所一样,顾客盈门,生意兴隆。入夜,该酒吧聚满了年轻人,其中9号台有十多个年轻人聚在一起,为其中一位久别重逢的同学庆贺生日。他们又是喝酒又是嬉闹,个个兴致高昂。

突然,这个台上燃放起了烟花,火光腾起,火星四射。较大的火星蹿上天花板,天花板忽地燃烧起来,顿时烟雾弥漫,毒气四溢,许多顾客纷纷起身夺门而逃。一部分熟悉消防通道的人迅速撤离,但一些人只顾往正门冲去。这些人虽然冲到门口,但由于大门无法往外推开,很快就被跟上来的人顶住。这时火势迅速蔓延,易燃装修材料燃烧后产生的毒气越来越浓,无法逃出的人最终被毒气熏倒。

等到消防部门赶来灭火后,除了抬出部分伤员送去医院救治外,留在现场的15个年轻人永远停止了呼吸。

【案例点评】

以殒命15条的惨痛代价,希望能换来以下教训:

1.教训一:酒店是人群密集的消费场所,必须尽一切可能排除安全隐患。

按建筑规定,大众场所的大门应当是双扇门,而且必须是既能推进,又能推出。之所以如此设计,是为了预防人们逃生时因挤在门口发生踩踏事故。而该酒吧大门设计错误,只能往里开而不能往外推。为了防火,天花板本该采用硅酸钙板之类的阻燃材料,而该酒吧竟然使用易燃的泡沫塑料板材。所有这些不当的设计与装修,都埋下了严重的安全隐患。

酒店的设计与装修关乎安全。按理说,一家设计与装修通过验收的酒店,应该不存在问题了。很难想象一家设计与装修已通过验收,且已投入运营的酒店还会有如此严重的安全隐患存在,但现实中却还是存在。原因很简单:设计也许专业,而装修不一定专业。设计对材料要求规范,但装修商为了赚取更多利润或为了拿下工程以低标投中,使用材料则以次充好、以劣充优,蒙蔽业主;或业主为了降低造价,自身明白用的是劣质材料,而监管部门渎职,致使酒店带"病"营业。

酒店从设计开始到施工、安装要注意顾客安全的地方是很多的,诸如:

● 大堂地面与门口回车道应当设计成平面。有的酒店大堂地面与回车道多出一级台阶,新到店客人一下车急匆匆往大堂走,就有可能不小心绊倒;客人从大堂出去,与门外的人打招呼,就有可能注意不到这个台阶而脚底踩空,扭伤脚踝。同样,考虑到客人店内行走安全,大堂等公共场所的地面设计不宜有过多的高低错落。已形成台阶的,要有明显的安全提示。

● 景区酒店室外山坡、池塘边的步道应有栏杆,台阶的最上一级与最底一级应漆有黄色警示线。

● 酒店内可能被客人碰撞的所有玻璃门、墙,都应是钢化玻璃。客人可能经过或碰到的玻璃门、墙,都应有防撞条,如色带或磨砂条示警。

2.教训二:酒店不可只顾经营利润而忽略安全管理。

据说当时在场的工作人员中,有人提出是否要上前阻止客人燃放烟花,但最终还是没人敢上前阻止,理由是不要让客人扫兴,以免影响了生意。如果当时在场的服务员或管理人员能够及时坚决地予以制止,也不至于发生惨剧。

【对管理者的启迪】

1.酒店在筹建中,从设计开始到施工安装,都必须注意安全问题,不能有任何麻痹大意和侥幸心理。

2.酒店不可以只顾经营利润而忽略安全管理,否则得不偿失。

3.酒店经营管理人员要有安全意识,要及时发现并消除各种安全隐患。

4.警钟长鸣,任何时候安全第一,平时要注意做好对员工的安全培训。

案例二　地漏问题不是小事

【教学目的】

1.认识酒店筹建中从设计、建设、装修到设备采购的重要性。

2.既要注意大设备的质量和可靠性,也要注意小设备乃至小配件的质量和可靠性,后者虽小,但可能给酒店日后的服务、运营和管理带来极大的影响。

【案例回放】

我因工作需要常住酒店,也常常因客房卫生间地漏不合格而给我的酒店生活带来诸多不便。

例如,淋浴不一会儿,脚下的防滑垫莫名其妙地滑动起来,害得我差点摔倒,也吓得不轻。原来是地漏堵塞,防滑垫没有压实所致。

再如,浴后推开淋浴房的门,发现铺在门前的地巾和一次性拖鞋被水浸湿,让我一时无从下脚。原来,地漏排水的速度慢于淋浴出水的速度,排不掉的水溢出了门外,酿成"水灾"。

有一次遇到的情形甚是有趣:这家酒店的淋浴房地面见不到地漏,但也看不出属于隐形设计的那一种——有的酒店出于美观考虑,将淋浴房地漏做隐形设计。淋浴房地面周边设有浅沟,靠近排水口有一块可以掀起的石板,这块石板底下有一开口,水可以顺着浅沟从开口处流入隐藏在这块石板下的地漏,以达到排水目的。我想看淋浴后是何结果,就踏在服务员已为我铺好的防滑垫上冲起了澡,结果是水排不掉,一片"水乡景色"。我猜不透地漏究竟在何处,后来试着提起防滑垫,才发现排水口竟在淋浴房地面中央,而服务员将它用防滑垫严严实实地盖住了!

还有一次我入住的是一家五星级酒店,客房卫生间地漏做的是隐形设计,本以为该酒店不至于产生地漏堵塞之类的"小儿科"事件,于是放心地冲澡。没想到就那么一会儿,水漫到脚面,我只好搬开石板,掀开地漏盖子才完成了冲澡。

由于经常遇到地漏排水不畅甚至堵塞的情况,之后我就学"乖"了,每当淋浴时,干脆先掀掉地漏盖子。不过,新的问题又来了:浴后若忘了将地漏盖子重新盖好,当关闭排气扇或空调后,就有可能闻到阵阵异味甚至恶臭。

有时,即使地漏盖子盖着,也会有异味逸出,这是由于地漏的隔臭水槽中的水被空调"蒸干"了,或因客房长时间无客人入住,隔臭水槽中的水自然挥发,异味则从地漏缝隙逸出。为了防臭,只好自己给地漏的水喉"喂"水了。

【案例点评】

客房舒适度是酒店产品质量的核心。地漏虽是不起眼的小设备或小配件,但它与客房的舒适度和客人体验感有很大关系。不合格的地漏既无法通畅排水,又起不到隔臭作用,给入住的客人带来不小的烦恼。

一个小小的地漏却导致如此大的问题,这里有制造商的原因,也有采购方的缘故。从制造商方面说,有的厂家为了迎合低价求购者,则以低成本定制物件,于是出现设计不合理、粗制滥造、产品不合格的现象。从采购方说,以下三种情况都有可能购进不合格地漏:一是业主方负责工程监督的人缺少这方面的经验和意识,而包工包料的施工方为了攫取更多利润,有意采购价格低廉的不合格地漏,将后患留给了使用者;二是监督者即使有这方面经验,但也许该重视的事情太多,无暇顾及而忽略了;三是有的施工方即使未包料,但由于业主和施工方都缺乏这方面的经验和意识,于是随意采购。

什么样的地漏才是合格的呢? 首先,要求地漏的排水口直径尽可能接近排水管的口径。一般废水的排水管直径为 5 厘米,但是我观察到的地漏排水口直径通常都小于 5 厘米,最小的竟只有 2.7 厘米。其次,地漏下部的隔臭水槽外围一圈的"外墙"口径应大一些,这样悬在盖子下面的倒扣碗状"围墙",才不至于太靠近地漏下部的隔臭水槽的"内墙",利于下水通过。而我观察到的个案通常两"墙"之间缝隙小,几乎贴上,这样必然堵水。再次,地漏下部的隔臭水槽应尽可能深一些,这样悬在盖子下面的倒扣碗状"围墙"就不至于太接近隔臭水槽的底部,也利于下水通过。总之,地漏的隔臭水槽尽可能存水多、通水量大,既要利于隔臭,又要利于排水,只有达到这两个目的地漏方为合格。为了从源头上解决问题,在批量购进地漏之前必须做通水试验,将不合格产品拒之装修门外。

除了选用合格地漏之外,还要注意以下三个事项:

第一,客房下水立管(口径一般为11厘米)应有两条:一条污水管、一条废水管。马桶下水走污水管,通向化粪池;洗手盆、浴缸、淋浴房的下水管连通废水立管,排往市政排水网。而有的酒店为省钱,将两条下水立管合并为一条污水管,这样更易使地漏产生异味。

第二,淋浴房地漏若设计成隐形,则施工时要注意:石板底下的排水管道口必须按明装的地漏来铺设,不可将盖子去掉。否则,等于取消隔臭功能。

第三,客房服务员每天做房间卫生时,都要记住对地漏注水,尤其对客人使用过的淋浴房地漏,尽可能清污后再注水。

【对管理者的启迪】

1.地漏虽小,与客房舒适度的关系却不小;要保证发挥它的功效,对它的关注不能少。为了提高以客房为主打产品的酒店整体质量,必须重视地漏的设计和质量!

2.酒店筹建中从设计、建设、装修到采购,对关系到客人使用是否方便、舒适的设备、物品乃至小配件方面,参与筹建的管理者都要亲力亲为,给予关注和把关。

案例三　夜半呼救声

【教学目的】

1.充分认识酒店在建设、装修和采购过程中,小设备、小配件的重要性。
2.小设备、小配件虽小,但对客人满意度的影响力却不小。
3.酒店从建设、装修到采购,不能放过小设备、小配件的质量、安全性和可靠性。

【案例回放】

某海岛的一家度假酒店,位置偏僻。虽然已是春季,但乍暖还寒,因此生意清淡,不多的客人分散住于几幢别墅里。

一天深夜,突然从一幢别墅的阳台上发出阵阵呼喊声:"××酒店的保安,我们被困在阳台了,请过来帮帮我们!"由于当时海浪声、风声很大,压过了客人的呼喊声,任凭客人怎么喊叫,就是听不到有人回应。

怎么回事?原来有一对男女宾客住在距中心大楼较远的一幢别墅里,他们在开着暖气的房间里待得太久,想到露天阳台上呼吸一下新鲜空气。当他们走到阳台后,怕房里的暖气逃逸,就顺手将房间与阳台隔开的左右推拉式落地玻璃门关上。落地玻璃门是铝合金边框,所用的门锁是一种嵌入式的自动锁(装在门框边,也当把手用)。他们没想到将门关上后,从外面就打不开了。二楼阳台离地面比较高,与房间窗户相距也远,显然难以脱身。他们硬是被困在四周漆黑、寒风阵阵的阳台上。他们想砸开玻璃门,但找不到一件硬物,同时身边也没有手机可与外界联系,只好一阵阵地呼喊,希望有人听到前来营救。

这样持续了近两个小时,幸好酒店围墙外的小路上有人经过,听到他们呼救后通知了总台值班人员,他们才获救。

【案例点评】

可以想见,本案例中的两位客人当时是何等焦急、恐慌和无奈。对这次不愉快的经历,他们恐怕一辈子都不会忘记。

本案例问题的根源,在于房间与阳台相隔的玻璃门所使用的门锁不当。合适的门锁有两种:一种是安装在两扇推拉门中间的月牙式扣锁,另一种也是嵌入式的,但必须手动才能关上。这两种锁头都只能在房内才可以开启和关闭,这样,客人即使在阳台将门拉紧,也不会被"锁死",也就不会发生客人被困阳台的事件了。

因一个小小的门锁而给客人制造了一个大大的麻烦,这说明酒店硬件的设计、安装及施工,必须考虑到客人使用是否安全、方便,是否人性化,哪怕一个不起眼的配件,都不可以随便放过。

小配件配置不当,也可能惹出大麻烦。比如,有的酒店配置的防滑垫是塑料的,用久后老化,吸盘失去吸附力,客人不用还好,用了更容易滑倒。

有的配件安装马虎,也可能给客人带来危险。比如,冷热进水管安装相反,且没有区分冷热水的色标,客人打开冷水开关,却被冲出的热水烫伤。

小配件虽然有了,但无保养检查,给客人在使用上带来不便和尴尬也不乏其例。诸如电视遥控器电池用尽,客人打不开电视,还以为是电视机坏了;烘手机、感应水龙头失灵,让客人久久伸手不见动静,最后只好沮丧离开。

本案还暴露出酒店管理的另一问题,即该酒店的保安巡逻制度不当。据了解,该酒店规定保安员巡夜只安排在上半夜和下半夜各一次,这样自然无法及时发现这两位客人被困的情况。

就本案而言,酒店应尽快改装通往阳台的门锁,在未对门锁改装之前,可暂时在玻璃门上贴上"走出阳台,请勿关门"的安全提示;同时增加保安巡视次数,以便及时发现问题,确保顾客与酒店的安全。

【对管理者的启迪】

1.看似不起眼的小配件,却关系到客人使用是否方便、舒适和安全,关系到客人对酒店服务的满意度,切不可掉以轻心,参与筹建的管理人员必须予以关注和把关。

2.由于别墅比较分散,对酒店和度假村的安全、卫生、服务和管理工作都会带来一定的困难,度假村管理人员应因地制宜,根据度假村的实际情况,做好别墅型度假村服务和管理的设计工作,确保别墅客人的安全以及度假村有关部门与别墅的良好沟通。

本章案例讨论

禾肚里稻田酒店

毛总监是一家大型装修公司的首席设计师,他们公司最近接了一个"奇葩"的任务——要在稻田里给业主"种"出一座酒店来!

与周围景观的融合是这家名叫禾肚里稻田酒店建筑设计的一个亮点。除了稻田之外,设计师还设计了一处荷塘。荷塘被客房、大堂和书苑环绕,一段浮在水面的栈道将建筑主体进行连接,在田野之间形成了一方别致的景色。

禾肚里的客房部分是由之前的小学建筑改建的,它保留了原有建筑的基本结构,增加了间墙来重新划分客房空间。南楼的原走廊则改造成了面向稻田的景观阳台,面向稻田一侧的建筑外立面是用大面积的竹子铺设的,创造了良好的通风和采光条件,也让整体建筑显得淳朴而自然。至于包括大堂、餐厅、书屋、后勤以及三个独立田舍的新建筑部分,在材料上同样运用大量当地的乡土材料:竹、石、砖、瓦等。比如大堂的外墙就是用当地的河石垒砌而成的,加上混凝土与大面积的玻璃,共同营造出质朴的空间意境。这些建筑的灰色瓦顶与连绵起伏的远山呼应,宛如一幅稻田中的山水画卷。

"她应该位于自然,被绿草环绕;她不打扰什么,哪怕是一株野生的蔷薇。每一扇窗户都开向一幅牧歌式的风景。"毛总监此时此刻想起勒·柯布西耶的描绘。

案例讨论：

1.你如何评价禾肚里稻田酒店的设计？如何使这一酒店的设计更加丰满，更具特色？试设计一家你自己心中的"禾肚里稻田酒店"。

2.投资这样的酒店项目,有市场吗？

补充与提高

三亚××酒店筹备开业整体运营方案设计

一、基本情况

酒店建筑造型独特,属三亚市地标,位于三亚市中心两条主干道交叉口,交通便利。酒店距离高铁站 15 分钟车程、距离机场 25 分钟车程,拥有超过 2 000 间客房、2 个超过 2 000 平方米的大型会议室及 20 个 50~300 平方米不等的会议室,30 万平方米的商业面积(含商业及餐饮)。另外还有游泳池、水上世界、健身房、电影院等配套设施,周边有临春岭、白鹭、名花等多个公园,其中临春岭公园海拔 195.6 米,登山栈道长 5 500 米,特别适合爬山锻炼。酒店东面隔着凤凰路为三亚市国际友好中医疗养院,南面隔着为三亚图书馆,西面连着美丽的临春河,酒店曾经举办多次国际赛事,知名度很高。

二、酒店定位

1.三亚城中央超大型会议型度假酒店。

2.海南旅游文化窗口,特色美食体验中心。

三、目标市场定位

目标市场	细分市场
1.会议、会展、论坛	1.会议客源 (1)政府会议 (2)协会会议 (3)商会会议 (4)企业会议 (5)行业会议 (6)微商会议 (7)学术论坛
2.培训、研学旅游	(1)学术培训 (2)行业培训 (3)职业培训

续表

目标市场	细分市场
3.度假出游	(1)Z时代年轻人 (2)家庭出游 ● 未婚或新婚,携带父母出游度假者 ● 邻居、闺蜜或同学相约,家庭组合出游者 ● 借参加会议,携带家人到三亚度假者 (3)亲子度假 (4)养老度假:有钱、有闲、有爱好的退休老人 (5)首次到三亚度假的观光游客人
4.情侣度假及婚纱旅拍	(1)恋爱中情侣度假 (2)老伴相约度假 (3)与婚纱摄影公司约定到三亚拍婚纱照或拍婚纱照后奖励三亚游的 (4)境外情侣半工半读度假者
5.下班后生活及夜经济市场客源	(1)三亚市民 (2)周边酒店度假客人
6.夏令营与冬令营	(1)夏令营 (2)冬令营

四、竞争对手分析

酒店的竞争对手主要是三亚湾红树林度假世界,其次还有大东海哈曼度假酒店、三亚子悦康年酒店、三亚中亚国际大酒店等。

(一)三亚湾红树林度假世界

1.简介

三亚湾红树林度假世界位于三亚的凤凰路,距离机场6.4千米、距离动车站仅3分钟车程,酒店群客房总数4 500间,分别由棕桐王亲子主题酒店、菩提酒店、椰林酒店、大王棕酒店、木棉酒店、皇后棕酒店等组成,内设自营餐厅及酒吧,配套设施有3.3万平方米亚马逊丛林水乐园,3 300平方米儿童探险王国,同时三亚湾红树林还拥有1.5万平方米的国际会议中心,50多个大大小小型会议厅,4 000多平方米的今日X书屋,1+X红树林影城,红树林奥特莱斯,婚庆广场,陶艺吧以及多品牌入驻的4万平方米的红树林生活MALL。酒店网络房价在390~707元不等,OTA分值:4.6/4.7,目标市场定位为会议、会展、亲子度假、商务政务差旅等。

2.优劣势分析

优势	(1)酒店比邻凤凰路,交通便利,距离机场5分钟车程,距离动车站3分钟车程 (2)酒店建设伊始便按产权式酒店定位,从吃、住、行、购、娱等进行全方位的策划,流线布局,餐饮娱乐设施配套等考虑比较周全 (3)以主题分类并落地装修各式主题客房,满足各类客户需求 (4)拥有三亚市最大、可容纳7 000人的宴会厅
劣势	离三亚市中心相对偏远

（二）大东海哈曼度假酒店

酒店位于大东海旅游区大菠萝商业广场内,有490间客房,配套游泳池和儿童设施,广场内有餐饮和商业配套,将分流喜欢逛商场、购物的消费群体。

（三）三亚子悦康年酒店

酒店位于三亚市区迎宾路,由子悦康年酒店和子悦康年主题套房酒店构成,有622间房,交通便利,同为市区,将分流喜欢融入三亚生活圈的消费群体。

（四）三亚中亚国际大酒店

酒店位于三亚河东路三亚河边,有395间房,将分流喜欢融入三亚生活圈的住宿和宴会消费群体。

五、SWOT分析

1.优势

（1）酒店建筑外形独特,辨识度高,知名度高,属三亚市中心地标性建筑,是三亚市形象的载体之一,具有吸睛、驻留、拍照、打卡的网红地气质。

（2）酒店位于三亚市中心,商圈成熟,入住的客人可以较高的性价比融入三亚生活圈。

（3）酒店长150米、宽12米的艺术长廊可打造成为永不落幕的时尚秀场网红打卡地,为酒店吸睛引流。

（4）酒店客房数量多,包容性强,为满足首次到三亚度假的客人惰性需求提供了条件。

（5）酒店周边有公园环绕,加上酒店园区内闹中取静,比邻三亚市国际友好中医疗养院、三亚市图书馆等,适合退休老年人康养、度假。临春岭公园可打造成为会议拓展资源,丰富酒店会议产品内涵。

（6）位于市区,交通便利,适合承接大型婚宴。

（7）借力图书馆资源,可以组织各种作者签名售书活动,邀请作者入住美丽之冠。

（8）借力三亚市中医院,可以互动组织面对客人的中医养生讲座,发放优惠卡与中医院合作提供理疗服务。

2.劣势

（1）酒店客房数量大,客房面积小,由公寓改造而来,内部结构不尽合理,作为核心产品的要素不明显。

（2）酒店前期规划缺乏全面考虑,服务流线未充分考虑客人便利性需求,如处理不好会影响客人入住体验。

（3）酒店配套设施不齐全,而且园区户外空间比较局促,不利于后期配套项目落地。

3.机遇

（1）海南建设国际消费中心,三亚市委提出免税店可进入五星级酒店的政策,为酒店尚未启动的商业面积针对性吸引商业和餐饮的业态入驻提供了机遇。

（2）酒店位于三亚市中心,交通便利且知名度高,房量大,符合三亚市游客集散中心选址需求。

（3）新业主入驻,可充分发挥酒店位于市中心、临河且有独立园区的特点,打造夜游三亚景点。

4.挑战

(1)需要规范管理和统一价格体系,需要对目前的小旅租进行整治,假如手段过于激烈,存在品牌事件出现的风险,需谨慎行事。

(2)酒店客房体量大、面积小,配套设施受场地约束,难以做到合理布局。假如想打造特色产品,需要在对市场进行充分调研的基础上与地区公司进行沟通,将耗费比较大的精力和时间。

(3)酒店客房体量大、面积小、配套设施不足,难以形成与周边酒店的价格竞争力。如何借力整合资源,打造"游海南、玩三亚"品牌,需要花费较大的精力和较多的时间。

六、营销策略

1.团队组建

市场营销部总监任职条件要求:

(1)有全面的市场渠道经验(会议、OTA、旅行社、商务政府),可以充分掌控各个渠道的特点并进行合理的布局。

(2)有较强的产品理解力,擅于包装产品,针对不同渠道、不同客群有相应政策。

(3)有较强的市场预判力,及时规避市场变化带来的风险。

(4)有较强的价格掌控力,建立相对稳定的全年价格体系,有效提升单房收益。

(5)有较强的收益管控力,根据经营情况及时调整经营结构或价格体系,以取得收益最大化为目标。

(6)有较强的市场敏感度,与时俱进,了解各种流行网络社交新媒体,不断提高酒店曝光度和知名度。

(7)有较强的团队建设能力,能带领团队高效有序地开展工作。

(8)有较强的执行力和理解力,能高效落地集团及管理层的指令。

(9)有较强的团队协作力,能够有效与各部门沟通,并共同完成酒店工作或接待任务等。

2.市场销售部架构

设市场营销部总监、市场总监、会议总监、销售总监、收益总监、传讯总监。

市场总监:负责研究市场,挖掘整合内、外部资源,打造游海南玩三亚产品。

会议总监:负责链接各类会议资源,组合会议产品,安排会议服务。

销售总监:负责链接拓宽各类销售渠道,制订价格政策,销售酒店产品。

收益总监:负责预测市场,分析酒店经营数据,为市场策划及经营决策提供依据。

传讯总监:负责产品包装及推广。

3.产品定位

(1)客房装修做减法,融入时尚元素,延伸视觉空间,提高用品品质。

(2)餐饮布局重文化,布局主题简餐,讲究互动和文艺性,可考虑融入海南文化(岭南文化),营造消费环境文化氛围,餐饮方面可考虑以海南各市县特色美食为主导,以岭南地区特色美食为辅助,以全国各地特色美食为补充,满足住店客人以及三亚游客的消费需求。

(3)争取金钥匙服务中心及三亚市民游客中心落地,整合三亚旅游资源,打造吃、住、行、游、购、娱一价全包产品。

（4）艺术长廊及园区打造全息4D沉浸式主题场景，为酒店吸睛引流。

4.价格策略

（1）以网络公开价为基础，其余各渠道以不同折扣率进行定价。

（2）根据淡旺季变化，制订全年价格体系。

（3）根据出租率变化，调整短期价格。

（4）根据房型不同，制订合理的阶梯价格。

（5）根据渠道不同，制订部分特殊协议价格。

5.渠道构建

（1）OTA渠道：以做携程特牌或金牌为目标，将酒店的网络排名固定在三亚酒店前二十名，大大提高酒店的知名度和预订转化率，并有效提高酒店的收益。

（2）旅行社团队/散客：分为岛外、本岛和境外三大市场，其中本岛大旅行社集团公司，如康泰、民间、事达等大社的产品房是酒店的主要客源；岛外旅行社以产品打包的形式，如房+餐/下午茶/康体活动等方式，提高客人的选择度及综合收入；境外旅行社主要以东南亚和港澳台市场为主，俄罗斯客人多选择海边酒店。

（3）婚纱蜜月：婚庆公司、婚纱摄影公司等也是重要补充客源之一。

（4）公司政府：酒店地处市中心，因此商务公司及政府接待也是酒店重要客源渠道之一。

（5）会议：酒店会议室设施完善，客房数量充足，会议市场极为关键，包括微商、会展、培训等多种类会议。

（6）上门散客：提高该部分占比可有效提高平均房价。

6.宣传推广

（1）强化公关策划的新颖度和持续性，策划多种公众活动。

（2）加强网络营销力度，强化自媒体平台宣传力量，加强官方网站、官方微信、官方微博等软件的推广和功能开发。

（3）削弱传统媒体广告的宣传，将广告的资源用于礼品、奖励政策等方面，更加直观地投入到市场。

（4）在终端城市建立直接合作的伙伴关系，以机票+酒店或者其他产品打包方式直接展示给岛外合作商，逐步摆脱中间商的依赖。

（5）与现代新型传媒网络公司合作，如抖音、小红书等网红平台。

七、运营管理

（1）人力资源：合同工+实习生+劳务工。

（2）工程维护：负责酒店日常维护保养，主要专业设备实施外包维护。

（3）智能化：方便客人入住及办理退房手续，同时也节省前台的人力成本。

八、经营预算（略）

第2章
酒店集团化建设与品牌管理案例

2.1　酒店集团化建设案例

PART 1　正面案例

案例一　恒大酒店集团:搭建多元品牌架构

【教学目的】

1.了解多元化的住宿产品。
2.学习如何进行品牌系列构建。

【案例回放】

恒大酒店集团把握趋势、另辟蹊径，以客户需求研发产品，以特色产品打造特色品牌，满足不同细分市场的需求，形成了酒店系列、温泉系列、公寓系列及童世界主题乐园酒店系列组成的品牌矩阵。

恒大酒店集团已经在为未来谋篇布局。集团将在温泉业持续发力，未来 3～5 年内，在全国布局十余个温泉项目，形成强大的全国性温泉度假网络，打造以日本、芬兰、意大利、土耳其、泰国等多国温泉文化为特色的温泉度假综合体，包括海南海口、江苏启东、广东恩平等地的温泉项目即将建成开业。2019 年初，恒大酒店集团与知名温泉品牌"碧水湾"建立了框架合作关系，双方的深度合作将为广大游客提供舒适、健康而富有个性的温泉度假服务。

公寓是近年来的又一热销住宿产品，把握趋势的恒大酒店集团适时推出了"逸阁"公寓品牌。"逸"，意为飘逸，让宾客获得舒适、放松的旅行体验，"阁"为美好的居所，蕴含了中国文化的审美和意境，其首个项目已在海南海口湾成功落地，未来几年内将花落上海、山东青岛、浙江宁波、海南海花岛等多个热点目的地。

童世界主题乐园是恒大旅游集团打造的全室内、全天候、全季节的儿童主题乐园，预计规模为迪士尼乐园的 1.5 倍，其配备的童世界酒店系列，融合了童世界丰富多彩的乐园元素，主题鲜明，童趣十足，专为全球亲子出游者的安心体验而精心准备，未来几年内将在贵州贵阳、湖南长沙、江苏太仓等多地陆续盛放。

【案例点评】

随着中国旅游市场的日益深化和成熟，酒店产品和品牌日趋多元化，传统的品牌线性思维已无法适应全新的市场需求。各大酒店集团都在进行新品牌的孵化，丰富产品线。恒大酒店集团没有盲目跟风，而是立足自身传统优势，包括利用恒大集团在地产、旅游方面的优势资源，以及对未来产品需求的准确分析，构建出合理的多元品牌体系，形成强大的品牌竞争力。

【对管理者的启迪】

1.必须对国家政策、产品发展、行业趋势进行密切关注，在深入研究后，结合自身情况进行判断。

2.品牌系列的搭建不可过于保守，也不可过于冒进，需结合自身情况进行有节奏的推进。

3.新品牌的推出，必须有强大的孵化团队、管理团队进行管理，并辅以富有创意的品牌团队进行设计，才能快速成长起来。

案例二　让"自己家的员工"改头换面

【教学目的】

1.了解酒店管理公司接管酒店时可能遇到的问题及解决方案。

2.初步理解接管酒店过程中人员稳定对酒店人力资源工作的重要性。

【案例回放】

君澜酒店接管睢宁天成大酒店时,业主希望君澜能带来全新的团队和全新的气象。对此,君澜管理团队在接管时提出:"对自己的员工不抛弃、不放弃。只要员工有提升意愿,集团与你共同成长。"君澜酒店集团在接管过程中,落实了明确的授、分权体系,植入了职、权、利明晰的管理办法,把一套成熟的企业文化、管理模型、产品模型体系导入酒店。更关键的是,君澜酒店集团针对不同的业主状况、员工状态对接管工作的影响,总结出了一套管理经验与对策,为总经理到岗之后的平稳交接工作提供了参考。

接管一年后,睢宁天成君澜的人事没有出现波动,酒店的携程评分达到 4.9 分,优质服务广受好评,员工们因为酒店业绩蒸蒸日上而干劲倍增。君澜把一批自己家的员工,变成了每个酒店业主想要的"别人家的员工"。

【案例点评】

在酒店接管过程中,常有业主提出:别人家的员工总是态度热情、精神饱满,自己家的员工却总是精神萎靡、笨手笨脚。面对酒店人力资源市场萧条的现状,酒店管理者应考虑更深层次的原因,应有自己的解决方案。君澜酒店集团在接管上形成的系列方案,是未来经营提升和员工队伍稳定的保障,而员工队伍的稳定,同时确保了酒店的接待能力,为酒店经营提供了支撑。

【对管理者的启迪】

1.尽管很多酒店业主期望"大换血",但全部换血是不可能的,这样做势必造成成本费用的上升和酒店的不稳定。

2.酒店集团或管理公司在接管项目时,要做到平稳过渡。作为管理者应当立足当下,以发展的眼光来看待原有员工和酒店。

3.成熟的管理体制是酒店接管的重要工具,好体制能造就出更多的优秀员工。

4.酒店集团介入新项目后,不是适应酒店原有文化,而是带来新的文化、新的理念、新的模式,并用这些新的文化、理念和模式改造原有文化、理念和模式。这个过程需要坚定的信念,并力争得到业主的大力支持。

案例三　"开元"集团人才培养体系

【教学目的】

了解酒店集团管理人才培养体系以及管理培训生培养模式,为学生将来可能从事人力资源管理工作打开新的思路提供参考。

【案例回放】

浙江开元旅业集团是国内一家大型酒店管理集团。为满足集团扩张、永续发展和输出管理对人才的需求,开元集团在实践中逐步形成了一套行之有效的管理人才培养体系。其培养体系包括三个计划和一个模式:

"未来之星"计划——培养基层管理人员,如领班、主管;

"中层接班人"计划——培养部门总监、经理;

"后备高管"计划——培养总经理、副总经理;

"管理培训生"模式——培训储备干部。

培养体系中的"管理培训生"模式是开元集团的新尝试,值得一说。

"管理培训生"模式与前三者的不同之处,首先是培养对象有所区别。如果说前三者主要对象是现有集团内具备一定条件和潜质的人,那么后来推出的"管理培训生"模式则是根据形势变化和集团发展需要,其对象扩大至集团队伍之外,包括集团旗下各酒店非在编的大学实习生和通过网络招募的大学毕业生。该集团第一批 60 名管理培训生,是在近千名人选中精选出来的学员。

其次是培训方法的不同。首届管理培训生班的学习分两个阶段进行:

第一阶段花数天时间学习有关理论知识,师资来自集团各职能部门的总监。学习内容有企业文化、职业生涯规划、人力资源管理、市场营销、运营管理、质量管理、安全管理、财务管理,以及产品开发和服务创新等课程。还开展了团队拓展、演讲与口才、才艺表演等活动。最后通过体验教学、头脑风暴、学员展示、讲师点评等教学方法,加深学员的职业认同感和激发学员的管理思维,为第二阶段的实习培养打下理论基础。

第二阶段则是花半年时间进入管理岗位实习。见习计划由集团人力资源部牵头,由集团各职能部门制订,最后由各接收实习的酒店具体实施。管理培训生实习期间,集团通过当面恳谈、电话调查、实习报告等形式,对实习情况予以持续关注,直至实习圆满完成。管理培训生的学习和实习过程为进入下一步管理人才培养计划阶段奠定了良好的基础。

该集团管理人才培养体系经过多年实践,培养出一批基本能胜任的管理骨干走上管理岗位。

【案例点评】

有一些单体酒店或个别酒店集团,往往因业务突然扩大急需管理人才,于是突击提拔、匆忙调遣、勉强任用,显露出人才"捉襟见肘"的窘态,甚至大发"将"到用时方恨少之概。

本案的浙江开元旅业集团管理人才培养体系及"管理培训生"模式,对我们广大单体酒店或酒店集团的人才培养储备和对管理者的培训提高,无疑具有启发和借鉴意义。

遗憾的是,不少酒店将人事培训工作普遍视为事务性工作,而非战略性工作。尽管很多酒店都早已把人事培训部更名为人力资源部,但却是名换事不换,依旧沿袭着老套路,只从事招聘、签合同、发工资、上保险和岗前培训等事务性工作,鲜有与企业发展战略配套的人力资源开发和培养工作。

本案例中的各级人才培养体系非常完善,"未来之星"计划、"中层接班人"计划、"后备高管"计划等名称本身就有激励作用,特别是其"管理培训生"模式更是值得称道,是对未来酒店新招聘的大学生等高学历人才培养的必由之路,对于吸引和留住人才具有重要意义。遗憾的是,实施这一计划的酒店并不多,能够有效实施的则更少。

本案中该酒店集团管理人才培养体系的建立与实践,值得我们学习。

【对管理者的启迪】

1.人事培训部更名为人力资源部,不仅是名称的变化,管理理念、工作内容和工作重点已经发生变化。

2.酒店集团要建立人力资源培养体系。

3.酒店集团化发展中要重视人力资源的开发和管理,将人力资源开发和管理作为集团发展的战略重点。

案例四　恒大酒店集团大众点评"霸王睡"体验活动

【教学目的】

1. 培养网络营销意识。
2. 学会策划"达人试睡"体验活动。
3. 学会利用大众点评来提升酒店品牌形象。

【案例回放】

2018 年 11 月底,恒大酒店集团携旗下 9 家酒店上线大众点评"霸王睡"活动,邀请全国粉丝体验恒大酒店,粉丝通过大众点评的酒店平台报名就有机会到心仪的酒店免费试住,入住结束后只需提交一份试住体验报告,即可完成一次完美的"霸王睡"旅程。

本次参与"霸王睡"体验活动的酒店包括恒大酒店集团旗下 9 家酒店。参与活动的 9 家酒店不但具备优质的硬件设施和服务,还有非常鲜明独特的"酒店个性",这是创造卓越入住体验、打造良好口碑的宝贵源泉。例如,天津东丽湖恒大酒店拥有 5 000 平方米超大室内温泉水疗馆;天津恒大酒店坐拥蓟州区盘山风景区中心地带,享有"森林酒店"的美称;启东恒大海上威尼斯酒店精心移植海南白沙,打造了 3.5 千米碧海银滩;清远恒大酒店与恒大皇马足球学校相得益彰,处处体现恒大足球文化。恒大酒店集团按照"十年百店"发展规划,在全国稳步发展,海滨、森林、湖畔、温泉、藏式等酒店特色各异,结合"N+1"模式配套和周边景区,为宾客创造了独特的综合体验。

恒大酒店一直关注顾客的下榻体验,并重视自身良好口碑的积累与延续。从 2016 年开始,恒大酒店已经陆续举办过多次试睡体验类活动。

【案例点评】

大众点评是中国领先的生活信息及交易平台,也是最早建立的独立第三方消费点评网站。恒大酒店此次上线"霸王睡"活动,通过在互联网场景下紧贴"体验为王"的消费升级,从顾客反馈中获得完善自身的持续动力,反映了恒大酒店集团对客户体验和点评的高度重视。此次参与活动的有专业达人,也有大众消费者,他们从不同角度为恒大酒店提供了客观而有效的反馈,将恒大酒店的特色和优势更好地展现在广大消费者面前。这样的品牌推广形式更具真实感,也自然会受到当下消费者的欢迎。

【对管理者的启迪】

1.重视酒店体验类活动的开展,对提升酒店的口碑和美誉度非常有效。

2.重视达人的使用,在自媒体时代,他们带来的流量往往比传统媒体更大。

3.重视点评,点评在任何平台上都很关键,而且要保证真实可信、内容鲜活生动,这需要在酒店服务品质上下足功夫,同时品牌的创意思维也非常关键。

案例五　恒大酒店"健康客房":上线与推广

【教学目的】

1.了解酒店如何进行品牌的科技创新与赋能。

2.学习酒店品牌推广的全媒体思维。

【案例回放】

2018 年 4 月,由清华恒大研究院历时三年研发的健康客房,在天津恒大酒店与天津东丽湖恒大酒店实现全面上线。借助权威科技与设计,恒大酒店客房全面进化,为顾客打造净霾养生的绿色度假体验,真正从专业技术上实现祛霾实效,突破性开创酒店行业体验新浪潮。

在顾客入住健康客房前,恒大酒店将开启"一键净化"装置,顾客可通过房间内的智慧净化控制面板获知室内外各项环境参数和指标(包括温度、湿度及 $PM_{2.5}$ 浓度),直观地感受到房间的洁净度。客人还可以在预订前登录恒大酒店的官方网站,查询到健康客房的实时监控数据。

值得一提的是,恒大酒店的健康客房控制系统走在了潮流的前端——采用 EIC 环境智能化管理平台。和同类产品相比,EIC 环境智能化管理平台不止满足于对环境参数的监测与展示,更加关注环境对人体舒适度、健康度及睡眠指数的科学评价。一方面,平台让用户对所处的物理环境有直观的认识;另一方面,它能够结合顾客对客房的实际调控,为顾客进行个性化的策略定制,既可以通过后台算法提出相应的环境改善建议,又可以直接对设备进行智能化控制,以期更人性化地实现改善室内环境品质的目的。

也就是从 2018 年 4 月起,恒大酒店集团携旗下酒店对健康客房进行了全方位、立体式的品牌传播,在全媒体思维的引导下,恒大酒店集团通过官方自媒体、行业媒体、大众媒体、达人体验、网红直播等一系列方式进行了或专业或体验式的,或传统或新式的品牌推广,这对恒大酒店健康客房的品牌知名度起到了巨大的提升作用。

【案例点评】

当今时代，许多酒店客人对新技术非常关注，他们非常乐于进行新尝试。恒大酒店推出的健康客房是一项专业性很强的技术，同时它又是应运而生的。因为部分地区的空气污染严重，导致了这项技术受到关注，并且人们对于生活品质和健康的关注度是空前的，这使得健康客房有机会成为网红。恒大酒店集团通过全媒体思维的一系列品牌推广，将这一想法变得更具真实感，赢得了消费者的认可。

【对管理者的启迪】

1.酒店品牌必须重视新科技、黑科技。

2.科技必须与消费者产生强关联，产品要做到实处。

3.品牌推广需要具有全媒体思维，不可以偏废。失去成为网红的机会，也就失去了市场。

案例六　面对上级集团公司的检查

【教学目的】

1.了解酒店集团及酒店管理公司质量检查制度：方法、内容和依据。

2.下属酒店如何应对上级酒店集团及酒店管理公司的检查。

【案例回放】

近 9 年来，湖南长沙某高星级酒店每年都会与上级酒店管理公司签订《年度经营管理目标责任书》，酒店管理公司每季度都会对酒店的经营管理做一次全面检查，肯定成绩、查找不足，以期酒店保持成绩、改正不足，从而不断地推动和提高酒店经营管理水平。这种"一季一检查、一季一评估、一季一回头"的工作方法和有效措施，确实让公司和酒店都尝到了甜头，从酒店以前的抵触和不接受，到现在的欢迎和主动寻求酒店管理公司的监督和检查，完全是两个不同的情形。2019 年 7 月，上半年的时间已经过完，酒店管理公司如期下发了对酒店将进行全面的经营和管理工作的检查通知，酒店管理公司进行半年度工作检查的依据是：

（1）《旅游饭店星级划分与评定》。

（2）《星级饭店访查规范》。

（3）《旅游饭店星级的划分与评定》附录 C 饭店运营质量评价表。

（4）《管理公司经营管理目标责任书》。

酒店管理公司将采取明察暗访以及找员工座谈的方式进行检查，最后综合评价酒店的经营管理，出具半年度工作检查作通报，并召开工作检查通报会。

事实上，这家酒店在抓品质和经营上面，始终"一以贯之"：酒店制订了月度"五专"检查工作制度：月度卫生大检查；月度档案管理检查；月度服务技能检查；月度设备设施维保检查；《目标责任书》执行情况检查。同时为强化酒店的服务质量，保证服务质量的稳定性和延续性，也是更加方便员工操作，酒店根据《星级饭店访查规范》制作了"三卡一表册"（随身卡、台面卡、随车卡、流程表），让员工在实际工作中能够"死扣"标准和依据，使标准和依据"不走样"。酒店还全年开展"人人都是 VIP"服务活动，让酒店的每一个客人都能享受到酒店的标准和规范服务等。正因为酒店一直"高标准、严要求、重实效"地对待酒店的每一项工作，所以对酒店管理公司的半年度检查成竹在胸、从容应对，酒店管理公司的半年度检查结束后，对酒店的经营管理给予了极高的评价。

【案例点评】

"心中有数人胆大"，这家酒店的管理"有板有眼"，管理团队严抓酒店的各项经营和管理，从点滴做起，每一项工作都有标准、每一项工作都有依据、每一项检查都有成效，不飘浮、不忽悠，扎扎实实，日积月累，酒店当然能够取得骄人的成绩。

任何一个管理者在工作中，既要有战术思维，更要有战略思维，相得益彰，才能够使工作开展得有条不紊。酒店管理公司的季度、半年度的检查是常态的、持之以恒的，如果酒店的管理者不去制订非常严谨的、细致的工作方案，工作是不可能推进到位的。因此，酒店的管理者既要"驭术"又要"得道"，做好"顶层设计"是关键。

【对管理者的启迪】

1. 酒店管理公司（集团）对下属酒店的检查应该常态化。

2. 下属酒店应制订非常严谨的、细致的工作方案，确保各项服务和管理工作到位，这样才能经得起检查。

PART 2　反面案例

酒店集团化:该如何管理

【教学目的】

1.了解酒店集团化管理中可能存在的问题。
2.了解集团化管理的方法。

【案例回放】

在携程网上,广州某两家酒店集团有一段时间受到许多消费者不同程度的投诉,以下是问题示例:

1.集团1遇到的投诉问题及处理方法

投诉问题:价格不便宜,房间设施很旧,卫生一般,与图片不符;洗衣机、电磁炉用不上;洗衣机排水管是坏的,水龙头也是坏的……

集团营销部门回复:客房部针对配有洗衣机的套房立即做了检查,对排水管和水龙头进行更换,根据客人的意见点评,客房部会加强设施设备的检查,积极发现问题,努力做好客房服务接待工作。

集团采取的措施:扣分店总经理和相关员工工资。

2.集团2遇到的投诉问题及处理方法

投诉问题:入住的客房味道很大,好像是胶水的味道;晚上回酒店没有热水洗澡,第二天早起同样没有热水,维修工来了之后修了半天都没修好……

集团销售部门回复:客人入住的房间浴室玻璃门破碎,新装了一块玻璃,房间维修后已锁房10天,经客房主管检查确认没有味道才放房。客人入住后还是闻到味道,后续会根据实际情况增加锁房时间,确保没有任何味道后再让客人入住。没有热水问题是因为管道破裂,酒店也重新完善了关于突发事件的应急处置方案。

集团采取的措施:集团2的网络营销部没有权力处罚分店。仅有的措施是把客人的投诉反馈给分店,并告知分店根据具体情况必要时申请集团协助。

显然,两家酒店集团对消费者的投诉都没能采取具体的、可行的、能真正解决问题的措施。集团1分店总经理经常抱怨总部管理人员虽是名牌本科生毕业,但没有相关实践经验,对分店的工作没有相关的指导措施,对于网络投诉,从来不由分说就直接扣分店员工工资,他们很难接受,因此经常出现员工辞职的现象。集团2由于没有什么奖惩制度,分店虽然收到投诉反馈,但并未真正落实处理问题。

【案例点评】

为增强抵御风险的能力,在发展中不断扩大企业规模,实现规模经济效益,酒店集团化发展已成为酒店发展公认的方向。然而,专业人才的匮乏、管理制度的不完善,导致出现许多管理和服务的问题。案例中两家酒店集团在处理客人投诉这件事情上,凸显出酒店集团管理中存在的问题。

集团 1 缺乏具备丰富实践经验的酒店行业资深人士,不能对分店经营管理起到指导和监督的作用。如针对投诉中的分店客房设施的问题,集团总部应有相应的部门和领导人员负责,对分店的设施设备设置合格标准和定期检查标准,监督落实各分店制订相应的设施设备检查计划。确保客房设施设备完好才出租给客人,杜绝客人入住客房时才发现设施设备有问题。假如在集团有相应的工作细则要求的基础上,分店仍然出现相关客房质量问题,再按规定进行扣工资等处罚,这样才能让分店员工心服口服。

集团 2 主要问题在于集团组织管理权责不清,集团营销部门没有相应的权限管理分店,集团缺乏对分店管理制订行之有效的奖惩制度。如案例中提到的客人投诉,集团仅仅只是反馈客人投诉给分店,没有处罚,分店没有压力,相关工作得过且过,后续的相关投诉仍将出现。集团应调查相关事实,针对投诉中涉及的问题进行分析,对没有按照相关标准落实工作责任的员工进行相应惩罚,并要求分店按期整改。客观对待事实不符的投诉,勉励分店相关人员以积极的心态应对。

【对管理者的启迪】

1.酒店集团对分店的管理主要是指导和监督,集团总部的管理人员应具备丰富的实践经验,才能有效地管理分店。

2.在集团对分店的管理中,应健全相应的管理制度和奖惩制度,对分店经营过程中可能出现的问题要防患于未然。

3.奖惩应根据客观事实实行人性化管理,这样才能留住人才,才能激发员工工作的积极性。

2.2　酒店品牌管理案例

PART 1　正面案例

案例一　恒大酒店集团联手浦发银行发行球迷白金联名信用卡

【教学目的】

1.学习如何进行品牌借势营销。
2.了解借势营销的作用和效果。

【案例回放】

2017 年 11 月 1 日,浦发银行恒大酒店球迷白金联名信用卡在广州恒大中心举行了隆重的全球首发仪式,该款信用卡集合恒大球迷、恒大酒店、银联白金卡三重权益,是一张集酒店会员卡、金融功能卡与球迷"身份证"三合一的信用卡,持卡人可自动成为恒大酒店集团九钻白金会员,享受恒大酒店"九钻贵宾"会员计划中的白金卡权益。

浦发银行信用卡与恒大强强联手,结合广大球迷的不同偏好,推出广州恒大球员形象、广州恒大队徽共两款卡面选择,卡面精致,极具设计感,球迷们可以把心爱的球队随身携带。除了极具收藏意义的卡面外观,恒大球迷卡在权益方面也极具吸引力:成为新户,即可有机会获赠广州恒大足球官方出品的 POLO 衫、鸭舌帽、2017 官方围巾及官方全队签印足球等专属赠品,同时对所有持卡人,申请成功还可专享恒大酒店特惠自助餐及住宿权益等。

该卡发行短短一个月,便有超过 10 万恒大球迷粉丝成为恒大酒店会员。

【案例点评】

广州恒大淘宝足球俱乐部是拥有千万级粉丝,中国最成功的职业足球俱乐部,曾历史性地连续 7 年获得中超冠军和 2 次亚冠冠军;浦发信用卡一直凭借其跨界营销及年轻化的品牌形象,在消费者群体中受到认可与青睐。正值创立 10 周年之际的恒大酒店集团,借势这两大 IP,在品牌知名度和市场营销推广上均取得了明显的效果。

恒大酒店集团借集团成立 10 周年的契机,携手同属恒大集团旗下的广州恒大淘宝足球俱乐部及颇受广大消费者欢迎的浦发银行,共同为恒大球迷提供专享服务和权益。集团为消费者提供的这项服务是创新且温情的,通过这样的跨界合作,回馈广大宾客,很能赢得消费者的心,更好地成就了品牌。

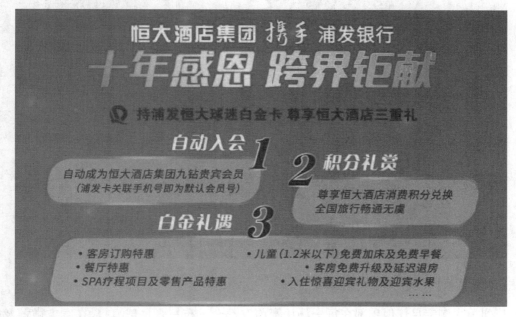

【对管理者的启迪】

1.借势集团内部现有的 IP,充分挖掘自身的品牌资源,与单打独斗、仅依靠自身发展相比,更快速有效。

2.品牌的玩法是可以不断创新的,同时又必须遵循以市场为导向、以顾客为中心的原则,才能富有温度,直击消费者内心,从而实现品牌的价值。

3.精准的跨界品牌合作可以实现"1+1>2"的效果,找到合适的伙伴,可以事半功倍,实现超出常规的品牌和市场效应。

案例二　恒大酒店集团如何吸引粉丝,推广品牌
——恒大足球海报与赛事竞猜活动

【教学目的】

1.学习如何借势内部 IP。

2.借力打力,巧借其他 IP 制造爆点。

【案例回放】

广州恒大淘宝足球俱乐部在每一场比赛前夕都会发布一张足球海报,在官方微博及微信号上发布,为俱乐部加油助威,这成为恒大每场赛事的一道例牌,是粉丝们期待的一道风景。恒大酒店集团关注到这一点之后,认为可以在这张海报上做文章,借助恒大足球这一强势IP,扩大自身的品牌影响力。最终恒大酒店集团通过在足球海报基础上配上激动人心的文案,将足球与酒店结合起来,通过在朋友圈、官方微博上发布海报的形式,达到既为恒大足球加油,又为恒大酒店造势的一举两得的效果。

恒大酒店集团更与恒大淘宝足球俱乐部合作,在官方微博上开展粉丝竞猜活动,通过线上互动的形式,赠送恒大签名款足球、球衣、充电套装、U盘以及恒大酒店大礼包等纪念品,引起了粉丝的热烈响应,平均阅读量和评论数达到平日的数十倍,大大增加了恒大酒店集团官方微博的粉丝黏性和活跃度!

【案例点评】

恒大酒店集团非常巧妙地结合恒大淘宝足球俱乐部的海报,通过一种很轻巧的借势方式,只增加几句文案,便达到了良好的品牌推广效果,将足球嫁接到酒店。同时在官方微博进行竞猜互动,吸纳并活化粉丝,通过平均每周1~2场比赛的规律性推广,在粉丝心中形成了稳定的印记,海报和竞猜成为他们每周的例牌"甜点"。这是粉丝非常期待的一个活动,是一个很值得称道的品牌推广和会员吸纳案例。

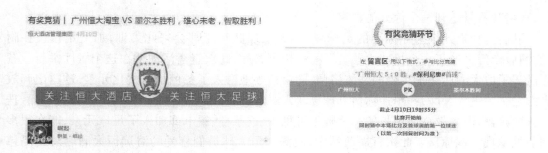

【对管理者的启迪】

1.在进行跨界合作时,可大亦可小,可重亦可巧,不必一味追求大手笔,关键是挖掘品牌资源的特色和优势,小的创新也能取得大的效果。

2.粉丝活动是很常规的社交媒体玩法,但是通过跨界的方式,将足球粉丝吸引过来,既增加用户又提高活跃度,小成本实现了大效益。

案例三　流量 180 万的足球美食盛宴直播秀

【教学目的】

1.如何利用渠道进行最大化的媒体传播。

2.学会抓住最佳时机进行品牌推广。

【案例回放】

2017 年 11 月 10 日 15:00"双 11"前夕,清远恒大酒店开始了一场"恒大酒店集团十周年献礼"&"美的家,中国 zao"的足球美食盛宴直播秀,食色吃货讲堂携华丽主厨团和美女主播,独家探秘恒大酒店后厨,活动在天猫、映客、一直播、花椒直播等直播平台上实时同步进行,直播观看量达到一个惊人的数字。

　　酒店坐拥十几个国际标准的足球场,恒大足球队每年都会来此集训,加上足校设在附近,酒店专门打造了一个足球主题餐厅——雄冠餐厅,此次直播活动就在这个餐厅举行。餐厅沿袭了恒大酒店奢华高档的整体格调,同时巧妙地融入了各色足球文化元素,透露出奔放自由之感。进入餐厅,一个迷你仿真球场映入眼帘,让人忍不住想踢上一脚。天花板上悬挂着各国旗帜,恒大教练和球员的照片随处可见,就连茶杯、餐巾都加入了足球元素,能在很多细节处发现诸多惊喜。此次直播活动中,由深得恒大球员们喜爱的清远恒大酒店总厨冯伟权坐镇,他清楚地了解球队每一位成员的口味和习惯,多次随队出征,为身在国外比赛的教练和球员们提供膳食。冯伟权创意设计的多套足球菜品,均受到食客们的欢迎。除了清远恒大酒店总厨,广州恒大酒店总厨也受邀参加,因为广州恒大酒店是恒大主场比赛的下榻酒店,其足球主题菜式亦不遑多让,受到恒大球员和消费者的欢迎和好评。

　　除了足球主题菜式的制作和试吃之外,酒店还邀请恒大足球学校的学生们进行了精彩的足球表演,现场气氛异常精彩、热烈,2小时的直播全程无尿点,参与者均感到意犹未尽。

【案例点评】

　　这是一个非常好的品牌跨界案例,恒大酒店与知名家电品牌"美的"合作的一场美食直播活动,通过年轻化、活泼的直播方式,获得了极大的流量,为恒大酒店的品牌宣传带来了很好的效果。这个案例的关键在于对渠道的利用,案例中选择的这几个平台都是巨大的流量端口,对酒店的宣传起到很好的引流作用,而且恒大酒店凭借鲜明的足球主题特色,获得了直播平台观众的热烈追捧。

【对管理者的启迪】

　　1.抓住重大节日节点进行推广是众所周知的,但如何做出有特色、有差异性的活动,是需要思考、打磨的。

　　2.对渠道的利用一定要敢于尝试,要拥抱趋势,引领潮流,大流量的直播平台是酒店行业的重要推广渠道。

3.酒店行业是服务行业,体验是第一位的,能否将体验做到位,是一次品牌活动好坏的关键评判标准。

案例四　如何打造"酒店业最佳雇主"品牌形象

【教学目的】

1.了解打造雇主品牌的重要性。

2.如何让员工和社会对雇主品牌进行有效感知。

【案例回放】

良好的企业形象为招募人才提供了吸引力。对外,向潜在员工展示品牌,吸引他们期待加盟;对内,为在职员工创造好的工作体验,让他忠实地为企业效力。通过塑造在职员工、潜在员工和大众对其雇主品牌的感知,可以立体地宣传企业的雇主品牌形象。

恒大酒店集团自创立以来便高度重视人力资源的储备与素质提升,把人才作为发展的核心要素,建立高标准、适度超前的人才引进及培养机制,开辟校园招聘、社会招聘、海外引进多渠道吸纳贤才,打造出高素质的强大专业团队。针对管培生,量身定做"恒星计划"这一全方位、系统化的培训体系,通过"星火训练营"为期一年的定向培养,再充实到酒店集团各职能岗位。通过这种方式,许多青年才俊成为集团的中坚力量。

恒大酒店集团为员工提供了免费班车、工作餐、酒店优惠、生日假日礼物以及丰富的企业文化活动等多种福利,增强了员工的幸福感与归属感。在 2018 年"中国旅游住宿业论坛暨 2017—2018 中国酒店业金光奖颁奖典礼"上,恒大酒店集团斩获"中国酒店业最佳雇主"殊荣,"有温度"的品牌可见一斑。恒大酒店集团品牌中心助力行政人事中心推出"恒大酒店集团 HR"官方微信号,该号已成为传递"有温度"品牌的重要渠道。

【案例点评】

人才是企业成功的关键,酒店行业是人力密集型行业,随着酒店行业的快速发展,人才短缺是长期以来的问题。恒大酒店集团对于雇主品牌的打造,包括进行相应的品牌推广是非常有针对性的。恒大是一家非常大型的企业,知名度非常高,员工数量非常多,这在一定程度上也增加了雇主品牌打造的难度,但是恒大酒店集团在细节上下足了功夫。

【对管理者的启迪】

1.酒店管理者要从员工福利、员工培养、人文关怀等方面在企业内部以及全社会努力打造最佳雇主形象,增强员工的忠诚度,同时吸引优秀员工加入。

2.雇主品牌的打造不能流于形式,要重视细节,落到实处。

3.雇主品牌的宣传是必不可少的,但可以是鲜活的,不能只是空洞说教。

PART 2　反面案例

原来 4.9 分是这样得来的

【教学目的】

1.认识酒店网络点评及品牌管理的重要性。

2.认真反思品牌管理的方式。

【案例回放】

钟先生在携程挑了一家评分 4.9 分(满分 5 分)的酒店入住,办理入住时,接待员请钟先生给予 5 分好评,可以赠送礼物。钟先生很纳闷,我还没入住,还不知道情况,怎么就给满分点评?于是钟先生不同意。入住期间,钟先生感觉酒店没有想象中那么好,而且房间有霉味,隔音太差。第二天退房时,钟先生跟前台反映存在的问题,但前台对钟先生的反映表现得心不在焉,又继续跟钟先生说给予 5 分好评,可以减少 20 元房费。钟先生觉得不可理喻,不愿意给 5 分好评。这时值班经理来了,听了钟先生反映的情况后表示歉意,并同意给钟先生的房费打八折,但同时又要求钟先生给予满分点评。钟先生觉得莫名其妙,生气地走了。晚上钟先生在携程网上给予 2.5 分评价。第二天,钟先生接到酒店前厅经理来电,致歉后希望钟先生删除点评,可以给钟先生充值 200 元话费。隔一天,酒店总经理打来电话,表示删除点评,下次来免费入住。钟先生很失望,原来 4.9 分是这样得来的。

【案例点评】

随着网络的发展,酒店预订大部分发展为网络预订、手机 App 预订,同时网络点评也成为顾客挑选酒店的重要参考。该案例中的酒店集团,对属下分店采取高压政策,分店点评低于 4.5 分,扣罚分店绩效奖金;低于 3 分,扣罚奖金超 3 000 元,并要求总经理写检讨报告;2

分以下,一条给分店一次黄牌,累计五张黄牌,分店总经理降级。该酒店集团此种政策导致酒店犯了当前网络点评的通病,投机取巧,通过利诱强行要求客人给予满分点评,导致客人对酒店失望,对网络点评持怀疑态度。

问题出在哪里?出在酒店网络点评管理的缺失上;出在对酒店服务和服务质量管理的舍本求末上。酒店未能从根本上狠抓服务质量,未真正理解客人的满意从何而来,简单粗暴地应对网络点评操作,致使客人对酒店的服务质量感受越来越差,打分越来越低。

事实上,客人对通过利诱给予酒店好评的做法普遍是反感的。当客人清楚了高分点评的来源后,更多的是对酒店持厌恶的态度,即使当时无奈给酒店好评,事后也不可能再入住此酒店,并会通过口碑宣传告诫亲友远离此酒店。酒店应该客观地对待点评分数,真心诚意地做好服务,保障服务质量,让客人真正感觉到酒店的好,自愿给予高分点评,争取客人回头。

【对管理者的启迪】

1.酒店服务质量和网络点评都很重要,但服务为本,不能舍本求末。
2.只有全心全意做好服务,确保服务质量,才能从根本上解决问题。

本章案例讨论

如何看待君澜酒店集团的发展战略

君澜酒店集团是国内酒店集团的生力军,也是国内最大的度假型酒店集团。近年来,君澜酒店集团迈上了发展的快车道,其中,精确的战略导向起到了关键作用。集团充分把握未来的社会消费趋势,不是奢侈消费的回归,而是中产阶级消费升级和人们对于品质生活的追求。集团总裁王建平先生把酒店定义为这个时代人们品质生活的载体。根据市场对品质生活的需求,君澜酒店集团形成了明确的战略目标:"打造体现中国(东方)特色、赋予时代特征、极具品牌性格的酒店集团",催生了君澜酒店集团的品牌布局:以度假品牌为先导,布局不同定位的"君澜度假酒店"(休闲度假)、"君澜大饭店"(休闲商务)、"景澜酒店"(多维社区生活)三个品牌。

君澜酒店集团的战略被细化为行进地图,把"中国文化""时代特征""品牌性格"三要素落实成为产品、服务、管理、市场等方面的发展路径,按品牌研发了功能型产品、服务型产品、管理型产品,制作了设计文化导则等一系列标准与指导手册,形成自身的个性与优势。

案例讨论:

如何看待君澜酒店集团的发展战略? 请对君澜酒店集团的发展战略加以分析。

补充与提高

中外酒店集团品牌:Logo 为何要变更

标志(Logo)是企业和社会公众之间的视觉桥梁,它必须要向公众传达出企业的行业特性。

一个优秀的酒店品牌,往往带有鲜明的个性,能让人产生积极的品牌联想,具有冲击力,便于识别、记忆,还可以促进消费。而酒店管理者们也利用恰当时机,根据自身品牌发展的需求对 Logo 进行更新。那么,该如何在强手如林的中外酒店品牌中,通过对 Logo 的变化更新,使品牌脱颖而出,获得更多记忆点和关注度呢?

我们将通过以下案例进行探讨。

【案例 2-1】恒大酒店集团:凸显品牌内涵

原Logo　　　　　　现Logo

【点评】

1.Logo 中的英文名称由原来的"HENGDA HOTELS & RESORTS"更新为"EVERGRANDE HOTELS & RESORTS"。恒大酒店集团的新 Logo 使用了全新的中英文排列方式,并凸显了

EVERGRANDE 英文字样,EVER 意为永恒,GRANDE 意为伟大,EVERGRANDE 则寓意志存恒远、宏图大展。通过设计变化,整体上更加国际化,品牌内涵更加突出,展现了品牌海纳百川、包容向上的胸襟,孜孜不倦、开拓进取的精神面貌与蓬勃生力,扛起中国民族酒店行业旗帜的恒远理想和宏图大志。

2.新版 Logo 与母公司恒大集团及广州恒大淘宝足球俱乐部的英文保持一致,立足恒大强大品牌基石之上,不断超越,与母公司在品牌上实现完美衔接与呼应。

3.时间节点上,选择在恒大酒店集团创立十周年之际更新 Logo,充分借助时间契机,提高了话题性和关注度,取得了更好的传播效果。

【案例 2-2】喜来登酒店:重新焕发活力

原Logo

现Logo

【点评】

新 Logo 继续保留了其名称首字母"S",但删除了月桂树的设计元素,字体设计由衬线体变化为无衬线体,更趋向于扁平化设计理念。万豪国际在新闻稿中表示:喜来登 Logo 的演变反映了我们正在为客户和客人重新燃起的能量和坚定的承诺,使这个标志性品牌重新焕发活力。这不仅仅是 Logo 的换新,更是喜来登对新客户体验愿景的象征性陈述。全新的 Logo 提供了一个更加现代化的视觉外观,同时也保持和延续了喜来登品牌原有的强大认可度。

【案例 2-3】希尔顿酒店集团:新 Logo 更为简洁

原Logo

现Logo

【点评】

希尔顿刚刚换上新 Logo 不过 2 年,大家已经对其颇为熟悉。新版的 Logo 摒弃了"H"标志,转而使用了简洁的 Hilton 品牌 Logo,希尔顿酒店集团的英文将略去 Worldwide,简化为 Hilton。新的 Logo 设计成一款更为简单、优雅的字体样式,目的是让品牌更加简洁。

【案例 2-4】洲际酒店集团:数字化的转变

原Logo　　　　　　　　　　　　　　　　　　　现Logo

【点评】

　　新 Logo 采用更简洁的设计和芒果色的"IHG ⓒ"字样,展现了集团"传递真正的待客之道,共享幸福体验"的品牌理念。洲际酒店集团在关于启用新 Logo 的声明中称:"全新的标识是数字化的转变,希望使用数字内容来增强旅客的体验。公司将进行品牌修订,特别是针对移动设备,这将有助于确保我们的标识能够在屏幕中进行突出的呈现。"

【案例 2-5】法国雅高酒店集团:再次更换 Logo,推出客户"忠诚计划 ALL"

原Logo　　　　　　　　　2015年Logo　　　　　　　2019年Logo

【点评】

2018 年,雅高酒店继续向轻资产模式的重要战略转型,收购了包括 25 hours、Mantra、FRHI、SBE 等众多酒店集团后,在 2019 年 3 月推出了新生活方式"忠诚计划 ALL",该计划将提供多元化和高端服务,意图打造一个能涵盖全球旅行与本地生活的新物种。新 Logo 再次将名称中的"Hotels"和口号"Feel Welcome"部分删除,再次回归到以"Accor"为核心的集团品牌,这是自 2015 年以来第二次重塑品牌,以此来表达雅高不仅仅只是酒店品牌,此外,象征着开放、自由、旅行的雅高大雁形象将不再独立成为图形标志,而是被融入一个大写的无衬线字母"A"中。颜色也由之前的蓝色和金色统一为渐变的金色,重点强调了奢侈和豪华的品牌个性。

【案例 2-6】汉庭酒店:从马踏飞燕到骏马

原Logo　　　　　2013—2018年Logo　　　2018年5月以后Logo

【点评】

汉庭酒店的 Logo 经历过三次转变。从具象的"马踏飞燕"到更为抽象但脚步迈得更为轻快的骏马,标志着汉庭从功能性到情感共鸣的转换。新的汉庭字体正是当代国民的形象传递:正直、体面、干净且温情。

【案例 2-7】诺富特酒店:结束色块制约

原Logo　　　　　　　　　　　　　　现Logo

【点评】

全新的标识结束了蓝色色块的制约,加大了字母之间的间距,使整个标识变得轻盈舒适。新标识的推出,将有助于重新定位 Novotel 酒店更加个性化的品牌形象。

以上 7 个案例展示对管理者的启迪如下：

1.Logo 不是设计出来的,是从品牌文化中提炼出来的,也是品牌文化最重要的传播载体之一,它的存在,便于消费者产生品牌记忆,具有极强的传播属性。Logo 的变化更新,不仅仅是更改升级为全新的形象,更重要的是通过 Logo 的变化,传递更深层次的品牌价值。

2.Logo 变化更新需要与时俱进、保持新鲜感。在酒店规模有所扩大、改变经营方向、推出新的品牌愿景或品牌转型及升级、面对不同以往的全新消费群体时,或在现有 Logo 已满足不了大众审美需求时,都可考虑品牌 Logo 是否需要换新。

3.Logo 更新变化的几种趋势:年轻化、情感化、扁平化、时尚化,使得品牌更具现代感,随着时间的推移,品牌在大众心中的形象与认可度越来越深,Logo 设计也越来越简约大气。Logo 的变化更新,不是要代替旧有版本,而是在细节上优化,注意原品牌形象的延续性,以避免原有客群的流失。

第3章
酒店经营管理理念与企业文化建设案例

3.1 酒店经营管理理念案例

PART 1 正面案例

案例一 "海底捞":奇怪的考核标准

【教学目的】

1.认识企业考核标准的本质。
2.学会制订企业考核标准。

【案例回放】

海底捞真是一个奇怪的企业,作为餐饮行业最常考核的指标(KPI),比如利润、利润率、单客消费额、营业额、翻台率,这些都不考核。

海底捞董事长张勇说:"我不想因为考核利润导致给客人吃的西瓜不甜、擦手的毛巾有破洞、卫生间的拖把没毛了还继续用。"那么他们考核什么? 考核客户的满意度、员工积极性、干部培养这三个指标。作为一个做了很多年管理工作的人,我实在想不出他们是如何解决内部公平问题的。但是我知道,今天你看到的海底捞员工真诚的微笑,就来自这里。海底捞不考核翻台率,但是海底捞的员工比谁都重视翻台率。回到开头的那句话,企业文化才是魂,所有的利润和翻台率,都是附加的、随之而来的,不是最重要的。这种真诚,如何能不让员工有积极性?

【案例点评】

企业考核标准作为管理者有力的管理工具,往往会得到企业决策层的高度重视。在实际管理过程中,不同的企业考核标准会带来不同的企业文化。海底捞集团董事长张勇确定的独特的考核标准,带来了与所有餐饮企业不同的海底捞文化,构成了海底捞成功的基因之一。

海底捞没有将餐饮行业最常考核的指标(KPI),比如利润、利润率、单客消费额、营业额、翻台率等作为考核指标,而是考核客户的满意度、员工积极性、干部培养这三个指标,看似不合常理,但考核这些指标恰恰抓住了促进企业发展的"牛鼻子",员工积极性提高了,顾客满意度增加了,企业的营业额、利润自然就来了。这是管理的哲学,也是先进的管理理念,值得所有酒店管理人员思考和学习。

海底捞认识到服务业的关键是人,如何创造让员工愿意留下来的工作环境和积极的态度,是海底捞成功的关键。海底捞的管理模式和所奉行的管理哲学,就是以员工需求为出发点,充分满足员工需求,调动员工积极性,为顾客提供令其感动的服务,进而使顾客满意度实现最大化、从而实现企业利润最大化。

【对管理者的启迪】

1.企业不同的考核标准会带来员工不同的行为。

2.考核要抓住能够促进企业发展的"牛鼻子",要抓住根本问题。

3.酒店管理层要重新审视自己的考核指标体系,使得考核能够真正起到促进企业发展,实现企业目标的作用。

4.企业管理中应该更加重视人的作用,重视员工满意度的提升,这是实施所有管理制度,实现企业目标的基础。

案例二　生意不好还涨价

【教学目的】

1.认识酒店市场定位的重要性。

2.了解酒店的定价机制。

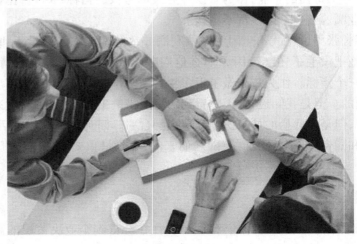

【案例回放】

有一家酒店开业已经两年多了,档次在当地是很高的,可是这里房价很便宜,效益也不好。老板多次调换管理团队,可是越调换生意越不好。

这次酒店又换了一批管理团队,大家也没有什么信心。

新来的管理团队首先对以往的经营情况进行了调研。从记录上看,酒店开业以来先后多次降低房价,可是效益却是连连下降。大家都在思考,也都很着急,究竟是什么问题呢?

在经营工作分析会议上,大家进行了热烈的讨论,也做了一些分析,找了很多客观理由,营销部的人员提出可不可以再降一点房价。坐在中间的总经理发话了,我听了你们的发言,都有一定的道理,但我认为不是要降价而是要涨价。总经理的一句话把大家都弄晕了,生意不好还涨价?总经理再次坚定地说,对,要涨价。接着总经理阐述了他的理由。

为什么越是降价生意越是不好,就是定位出现了问题。不知道大家是否钓过鱼?在一个鱼塘里有不同的鱼,但他们是生活在一个水面上吗?不是的。不同的鱼一定是生活在不同的水面,人类也是如此。酒店的价格越低,那就是说什么消费水平的客人都会有,那么你想他们能够共享这个空间吗?不能。尽管说得有点道理,可大家还是担心。

涨价后,生意更清淡了,协议单位的意见也很大。这回大家都担心起来,老板也坐不住了,只有总经理信心百倍。总经理说,该是你的客人涨价也不会走,不是你的客人走了就对了。经过一个多月的调整,特别是在软件上下了一番功夫,结果生意越来越好,大家的心终于放下了。

【案例点评】

近几年来,酒店的市场发生了很大的变化,绝大多数酒店都面临严酷的竞争环境,使得经营出现窘境。

但是,酒店经营者应该清楚,价格不是唯一的竞争手段,也不是酒店的救命稻草。一味地靠低价竞争,可能会使酒店走进恶性竞争的泥潭。酒店高层要明确酒店的定位和发展战略,经营出现问题,总经理应全面客观地分析,做出正确的决策。

这位总经理的大胆决策,来自他对酒店经营过程的了解和分析,来自他对市场的分析和把握。最终扭转了酒店的发展方向,使酒店走向了健康发展之路。

另外,值得称道的是这位总经理敢于担当风险的精神。他没有考虑一旦决策失误,就意味着自己"下岗",而是为了企业的利益去担当风险。在酒店行业变化无常、竞争残酷的形势下,总经理需要有一定的胆识,而这种胆识是建立在自己的专业水平和对市场的准确把握之上的。

【对管理者的启迪】

1.准确的市场定位十分重要,酒店的价格要根据市场定位来制订。

2.酒店经营出现窘境,要从自身管理出发,而不是一味地通过降价苟延残喘。作为酒店的经营者,一定要找出影响经营的根本原因,调整好定位,制订好战略措施。

3.降价不是酒店生存的救命草,有很多酒店就是因为降价致使目标客源受到冲击。

4.酒店一定要通过以服务质量为根本的软件建设来增强对客人的吸引力。房价会影响对客人的吸引力,但这不是唯一的要素。绝大多数客人关心的还是服务的品质。品质有了,价格高也会吸引到应有的客人。相反,生意越是不好,越是降价,就等于降低了自身的品质,这样反而会失去优质客人。

5.酒店经营者要有战略思想,要能够看准市场、把握全局,要设定酒店经营的基准点。

案例三 "加法"与"减法"

【教学目的】

认识基本工资与奖励工资采用"加法"与"减法"可能带来不同的效果。

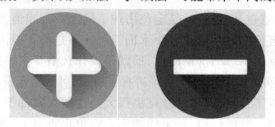

【案例回放】

案例1:A 酒店的加法

A 酒店的小罗是一位刚入职的房务员。她是一名职业中学刚毕业的学生,在全酒店房务员中,要数她年龄最小,但文化程度最高。

几位大妈级的房务员关心地问小罗:"以你的文化水平,为什么不选择轻松一点的岗位呢?"

小罗的回答是:"我家经济困难,父母工资微薄,还有一个弟弟在上学,需要我为他缴学费。几个工种中,只有房务员的收入有可能拿得高一些,除基本工资外,要是超额完成任务,还另有收入。"

原来,该酒店规定:每位房务员每班清洁房间定额为13间(必须检查合格),若因生意不好,任务分配不到13间,基本工资照拿;如果生意好,每超额完成一间另付奖励工资20元。不过,考虑到"做房"质量,每天最高工作量不得超过18间。

据该酒店客房部经理介绍,为了能够让每位房务员都有较高收入,客房部会根据淡旺季适时调整房务员人数,使得每位房务员每天工作量基本保持在15~18间。这样下来,每位房务员除了有3000元基本工资外,一般可以增加2000元以上超额奖。此外,还有可能获得根据表现发放的效益奖。如此一来,员工队伍和工作质量的稳定性就有了保证。

案例2:B 酒店的减法

B 酒店是即将开业的新酒店,营销部需要招收近10名业务经理。开出的月薪不可谓不高——每月工资6000元,超额完成任务另有提成。这样的待遇在当地酒店业中算是最高的了，自然吸引了不少人前来应聘。但是历经一个月，却没有招到一个人。其中的原因也许从以下两例可以得到答案。

小钱是大学毕业生，他的期望工资在 5 000 元以上。该酒店的待遇对他很有诱惑力。当他接受营销总监面试时，多了一个心眼，弱弱地问道："是不是只要正常工作，都可以拿到 6 000 元工资呢？"

"那要看你完成任务指标的情况。每月任务指标是 30 万元营业额，如果超过 30 万元，每超一万提成 5%。不过，假如没有完成定额指标，每减少一万，就要扣去工资 200 元。换句话说，如果一个月里没有拉到一个单，那么这个月的工资就没有了。"营销总监看到小钱露出了失望的眼神，立即补充道，"只要稍加努力，完成 10 万元以上应该没有问题。"

小钱笑了笑说道："您说的 6 000 元工资，我是不是可以理解为是一个虚的数。我作为一名新手，开始几个月完全有可能 10 万元的营业额都做不到，这对我来说太没有安全感了。看来这个岗位不适合我，很不好意思。"

而小邵已在其他酒店做过多年业务经理。原来所在的酒店硬件老化，生意不好，他的收入自然也少。小邵感觉这家新酒店将来生意应该不差，个人收入也会有所改观，于是满怀希望前来应聘。哪想到给出的工资是有兑现条件的。以他的工作经验估计，在当地酒店供过于求十分严重的情况下，要想完成任务指标困难很大，更别指望拿提成了，于是他也打起了退堂鼓。

【案例点评】

这两家酒店对员工工资兑现的方法各异。A 酒店做的是"加法"。在"旱涝保收"的基本工资外，超额完成任务者另有收获，何况任务指标定得符合常理，员工自然心里踏实，队伍也就稳定。

反观 B 酒店，做的是"减法"。标榜的是高工资，却如同墙上画的饼，好看却很难吃到。应聘者大有智商被低估甚至被欺骗的感觉，难怪人家拂袖而去。

对营销部业务经理工资政策怎么定，各家酒店不尽相同。不过，至少应注意以下三点：一是给予的基本工资未必要高，但应当"旱涝保收"，不再做"减法"。二是在基本工资基础上，按业绩提成。提成方法可以是"零起点"，即有营业额就有提成，也可以是"定额起点"，即在任务指标之外提成，前者提成比例自然低于后者。三是所定的任务指标尽可能"跳得到"，一般说来指标高，超额提成比例也高，反之亦然。

在此，有必要指出两点：

（1）按《劳动法》规定，用人单位不得克扣和无故拖欠工资。另据解释，按约定与经济效益挂钩情形下减少工资虽然不属于克扣，但扣减额不得超过工资的 20%，且扣除后不得低于最低工资标准。所以 B 酒店所谓"如果一个月里没有拉到一个单，那么这个月的工资就没有了"的做法有悖于《劳动法》。

（2）其实营销部业务经理日常工作并不限于"拉单"跑业务，还有许多事情要做，如市场调查研究、制订销售计划、发放宣传广告、签订合作协议、谈判签订合同、合作部门协调、接待活动结束回访、拜访老客户、征求客人意见、建立客史档案和对客户迎来送往等。以上工作都是为了促进销售而必须做的,如果对这些工作不计报酬,业务经理显然不能理解和接受。

【对管理者的启迪】

1.基本工资与奖励工资采用"加法"或"减法"的效果迥异。加法比减法的正面效果好,有较好的正激励作用。

2.采用减法会给员工压力,属于负激励,虽然也能起到激励作用,但会降低员工对企业的忠诚感,不利于培养积极向上的企业文化,应尽量不用或少用。

案例四　无餐具餐厅的启示

【教学目的】

1.了解企业竞争战略的概念。
2.懂得企业竞争的三大战略:成本领先战略、差异化战略和专一化战略。
3.认识"红海战略"和"蓝海战略"。

【案例回放】

去餐厅吃饭,餐厅不提供餐具,怎么吃? 用手抓着吃? 没错,就是用手抓着吃! 原本在"手抓饭"国度或地区才有的场面,出现在了我国的个别城市。听说这样的餐厅生意还相当不错,于是引起了笔者前往一探究竟的兴趣。

走进这家位于福州某购物广场一角的无餐具餐厅,只见座无虚席,却并不喧闹,一个个食客忙着动手取用食品,不多的服务员穿梭其间。

我们一行数人好不容易等到有人退席才找到座位,刚落座就有服务员靠近餐桌接受点菜。

趁大家与服务员交流,我开始观察周围。餐厅装修比较前卫,看起来像酒吧。不过更加前卫的是这家餐厅的服务方式和就餐形式:客人就餐前,服务员先在餐桌上铺上一张防油的厚纸,然后为客人分发围嘴和手套。还有的服务员端来客人要的食品,有的服务员拎着不锈钢小桶来到桌前,然后将桶里的菜(大多是带壳海鲜)倒在桌上,空桶则放在桌上的一边。客人把围嘴挂在脖子上,套上手套就可以开始吃饭了,吃剩的垃圾则扔进空桶里。

整个餐厅基本上不见餐具,没有装菜的盘、碗,也没有用餐的筷、勺。菜都在桌上,要吃就自己用手抓。因为没有装菜的盘、碗,所以餐厅提供的食物全是无汤的,以油炸、烧烤、水煮、白灼而成的食品为主,比如牛排、比萨、烤串、土豆、玉米和带壳海鲜等,调味料则使用小纸盒盛放。由于食物比较适合年轻人的口味,因此餐厅里以年轻人居多。

客人用餐完毕,服务员收拾起来就简单多了,只要将铺在桌上的防油纸卷起来包好,连同不锈钢小桶一起带走,就算整理过,又可以接待下一拨客人了。

由于这种另类餐厅对本地食客来说还是头一回见到,在本地也是第一家,因此颇吸引眼球,更是深受许多追新逐异的年轻人青睐,生意十分火爆。

【案例点评】

　　介绍此案例,绝不是提倡星级酒店要去仿效这家餐厅的服务方式或就餐形式,只是想与大家一起探讨其经营管理的做法,从而启发我们的思维,从中吸取对我们有用的思想。

　　这家无餐具餐厅的成功,可以从经营和管理两个角度去分析。

　　首先从经营层面分析,这里有必要先引入企业竞争战略的概念。企业竞争战略,是企业在市场竞争中指导全局的总方针、总路线,显然,企业竞争战略是针对竞争对手而言。

　　企业通常有三大竞争战略:成本领先战略——把成本控制到比竞争对手更低的程度,以增强对经营对象的吸引力;差异化战略——为经营对象提供与竞争对手不同的产品或服务,既避开同质化竞争的拼杀,又让消费者得到不同寻常的需求满足,或让消费者感到所提供的产品或服务,比竞争者具有更高的价值,同样也能增强竞争力;专一化战略——也称目标集中战略,是指企业致力服务于某一特定细分市场,或经营某一特定产品种类,或服务于某一特定地理范围,旨在"小市场中求大份额"或"以特色取胜"。

　　以上三种战略除了第一种是希望以比竞争对手更低价格赢得市场以外,其余两种都是为避开众多竞争对手而另辟市场空间,从而占据有利地形。许多酒店往往采用以上三种战略中的一种,或是两种结合使用。

　　在目前过度兴盛的酒店业市场中,硬碰硬的竞争只能使企业陷入血腥的"红海"。因此,有专家提出了"蓝海战略",即避开惨烈拼杀,另辟市场,其思想与差异化战略或专一化战略有异曲同工之处。"如家"等经济型酒店、"君亭"等中端精选服务的商务酒店,可以说是有别于传统星级酒店的新业态酒店,其战略也出自"蓝海战略"思想,推行的是差异化的成本领先战略或专一化的成本领先战略。

　　在餐饮市场竞争十分激烈的形势下,本案餐厅走的正是差异化、成本领先的道路,避开"红海",另辟蹊径,寻找自己的"蓝海"。具体说来,该餐厅抓住客人尤其是年轻人的好奇心理,以差异于传统的就餐形式吸引人,也迎合了某些客人要求自由自在、轻松好玩的就餐心理;更主要的是由于这种经营方式降低了诸多成本,可以低价入市,薄利多销。此外,由于就餐方式简单,翻台速度快,为增加就餐人数、提高营业额创造了条件。

　　再从管理角度看,大幅度降低人力、物力成本是其最大的优点。比如,由于客人就餐方式简单,服务也简单,就不需要太多服务员;不用餐具,省去了大笔购买餐具的费用;没有餐具,也就无须洗涤,省工省水,又节省了一笔不菲的开支。诚然,食客对餐厅尽可能不用塑料制品,降低能源水源消耗的环保理念和做法也会产生好感,从而提高了餐厅的美誉度。

　　虽然这种经营方式很好,但以服务作为主要产品的星级酒店不宜模仿。不过,此案例告诉我们:酒店不论转型还是创新,都要抢占先机,差异化经营才有胜算。

【对管理者的启迪】

　　1.企业竞争通常有三大战略:成本领先战略、差异化战略和专一化战略。我们至少采用以上三种战略中的一种,或者是其中两种战略结合使用。

　　2.在激烈的酒店市场竞争中,注意施行"蓝海战略",即避开惨烈拼杀而另辟市场,其思想来自差异化战略或专一化战略。

3.颠覆传统消费习惯的经营模式,也许因其新颖性会热闹一时,但有可能很快退潮。所以必须注意观察经营变化,做好调整准备。

案例五　餐饮部可以设"客户经理"吗

【教学目的】

培养学生的管理创新意识。

【案例回放】

沿海某市的某一大型酒楼,前台设两类经理:一类是一名服务经理,主要职责是管服务,下设几位管服务的领班;另一类是设若干名的客户经理,主要职责是管销售,包括现场推销、外出宣传及客户管理。

让笔者感兴趣的是这几名客户经理的岗位在当时"规范"的星级酒店餐饮部还未见设立过。通常酒店餐饮部的前台管理层只有餐厅经理,下设主管、领班(如果规模不大,餐厅经理之下或设主管不设领班,或设领班不设主管)。他们的主要职责,一般就是管服务。至于销售工作,由点菜员或宴会预订部来做,但他们几乎没有外出宣传和客户管理的任务。而酒店的营销部对于餐饮销售,也只是作为配合全局性促销的一部分内容而已,客户管理只涉及与住宿、会议有关的客户。

据介绍,该酒楼几名客户经理的工作各自相对独立,统属于酒楼总经理领导。客户经理的职责从一天不同时段的要求看,大致可分为 10 个方面:

上午:①拜访老客户,与新客户签订协议;②发放宣传材料,尤其是推出新产品或搞主题促销活动期间,更有必要开展宣传工作。

下午:③接受客户预订,并根据餐位、包厢已预订状况,向新老客户打电话或发短信、微信问候、促销。

晚上：④营业高峰即客人陆续抵店时段，与专职迎宾员一道，站立入口处候客。某位客户经理若发现其预订的客户抵达，即迎上前去，招呼、引领、带位。无人"认领"的客户，只要被某一位客户经理"盯上"并带走，也就成了这位客户经理的顾客；⑤根据某一消费团体的人数和消费档次意向，带往大小不同、豪华程度不等的包厢，或亲自为客人下单，或协助点菜员排菜；⑥重要的菜品或新推出的菜品，由这位客户经理作重点介绍，或亲自进行分菜、派菜；⑦不时进入包厢征询客人意见，并做好记录反馈；⑧向新老客户亲切问候、敬酒，与新客户交换名片，以扩大关系客户队伍（每一位客户经理都建有客史档案）；⑨亲自代客结算或协助收银人员收账；⑩争取亲自礼貌地送走自己的每一位客户。

这里需要说明的是，该酒楼为了激励客户经理努力工作，给客户经理的待遇是在底薪基础上，再根据每晚揽下业务的营业额按比例提成。

可以看出，该酒楼客户经理工作的全过程包括了与客人进行一对一销售、个性化服务和建立感情关系。其维系客户关系程度之高、促销力度之大，都是以往星级酒店所不及的。

【案例点评】

随着社会酒楼的增多，星级酒店的餐饮业绩普遍下滑。星级酒店如何走出餐饮经营困境，是酒店高层及餐饮管理人员都在思考的问题。

星级酒店除了应当坚持自己的市场定位之外，还应当学习社会酒楼的营销管理经验，在星级酒店餐饮部内部建立一支销售队伍。当然，更关键的是要学习其销售运作的模式和方法。

相信星级酒店定准抓稳自己的客户群体，发挥自身的硬件优势，再引入由餐饮部自身抓销售的运作方法，一定能逐步改变星级酒店餐饮业绩不佳的局面。

【对管理者的启迪】

1.星级酒店的餐饮部可以借鉴本案酒楼的做法，在餐饮部内部建立一支销售队伍，相信这是走出星级酒店餐饮经营困境的重要方法之一。

2.星级酒店餐饮销售人员结构未必完全照搬。可以将以前的领班和点菜员纳入销售队伍，再配备若干名专职销售骨干。而其中领班充当两种角色，既是管服务的领班，同时又是客户经理。这些成员每人都有名片，头衔均为"客户经理"，这样便于与客人联系。

案例六　本分

【教学目的】

1.守好"本分"，超出"本分"的服务，是获得客人好评的一个重要原因。
2.认识管理人员的"走动管理"对提升服务质量的重要性。

【案例回放】

笔者上网浏览了几家酒店的"网评",出于对员工培训的需要,特别留意了一下客人对员工的表扬或批评,发现被表扬或被批评的内容大多与"本分"二字有关。

案例1:"匆匆过客"的感动

署名"匆匆过客"的客人在中午用餐时间来到餐厅。他刚想询问迎宾员,只见一位身穿经理制服的中年人向他微笑致意,迎面而来。

客人看其胸牌,知道他的职位是餐饮总监。总监不但热情回答客人询问,还推荐并带领客人来到自助餐厅,为他找到合适的位置并拉椅让座。

"匆匆过客"认为,这位不是服务员的经理,却为他提供了殷勤的服务,让他感动不已,促使他将此事上传到网上予以表扬。

案例2:"吃货"的好评

自称"吃货"的客人宴请朋友。席间,负责该包厢的盯桌员走出包厢去领取饮料。

此时,传菜员端菜进来,托盘放到工作台后,代替盯桌员端菜上桌,报完菜名,还对菜肴特点做详细介绍。

这位叫"吃货"的客人经常出入于酒店。据他所知,上菜、报菜名、介绍菜肴特点,本不是传菜员的职责范围,而这位传菜员做了,而且做得很到位,所以他禁不住上网予以好评。

案例3:"流浪鱼"的批评

一个叫"流浪鱼"的客人在网上批评了某酒店中餐厅的迎宾员。他说,到餐厅门口时,迎宾员正在看她的手机,对他的出现视而不见。非但如此,当他报出预订人姓名时,迎宾员查找是哪个包厢还磨蹭了很久。"流浪鱼"认为这位迎宾员连自身起码的"本分"都没有尽到,况且上班还违规玩手机,实在不应该。

"流浪鱼"还对在营业现场看不到管理人员表示遗憾,对该酒店的管理不力提出了批评。

【案例点评】

本分,就工作而言,也指职责所在。从上述几例看,能获得客人网上表扬的,多是因为服务员为客人提供超过"分内事"的服务,令客人感动乃至感激。反之,假如职责范围的服务没有做到或做得不好,客人在网上给予差评就不足为怪了。

守好"本分",做好本职工作固然应该,而要获得客人高度赞誉,还是需要多为客人提供超越本分的服务,何况这些超越本分的工作多是无成本的。

【对管理者的启迪】

1.本案客人反映的事例,与酒店开展培训是否到位有极大关系,所以在对员工培训和进行服务意识灌输时,要强调守好"本分",倡导超越"本分"的观点。

2.餐饮部的管理人员在营业时间里必须守在现场,检查督导补位,接受客人询问,及时处理投诉,看到好的表扬,发现问题纠偏,这样做了就不担心网上得不到好评。

案例七　一架特殊的钢琴

【教学目的】

1.了解酒店的经营理念。
2.认识特色经营的意义。

【案例回放】

一位年迈的钢琴家到武汉来旅游,偶然听说在武汉联投半岛酒店的大堂,陈列着一台古老的钢琴,就执意要下榻这里。

这位钢琴家一进入联投半岛酒店的大堂,就被那台钢琴吸引了,他不顾旅途的劳累,围着钢琴转了好几圈,端详着钢琴的每一处,久久不愿离去。

原来这架钢琴1927年生产于美国,是世界著名的品牌——鲍德温。虽说它是美国产的世界品牌钢琴,可从外观上看还带有中国的元素,白色的漆面、蓝色的围边,一看到就会联想到中国的青花瓷。它历经了90多年依然还能演奏。

酒店的工作人员见到这位客人如此倾情,就介绍说:这架钢琴本来是武汉钢琴博物馆的,我们总经理是一位资深的酒店管理专家,她上任后,希望把更多创新理念、特色文化在酒店呈现及传承下去。为此,她找到武汉钢琴博物馆商量,把这架带中国风的美国古典钢琴请到酒店来,合作展出。其实,这架钢琴不仅仅是件艺术品,而且是记录着风雨沧桑的历史文物,能让每一位到店的客人在这架钢琴面前驻足聆听,感受独特的历史文化氛围。

这位老钢琴家好像找到了知音,听得入了迷……

【案例点评】

在同质化竞争严重的今天,酒店的陈设是打造差异化战略的最好体现。

酒店把一架具有独特历史文化价值的钢琴摆放在大堂,一方面增加了对酒店客人视觉的冲击力,另一方面也增加了酒店的艺术感染力,提升了酒店的品位,突出了文化主题酒店的特色,打造了酒店的独特竞争力。

【对管理者的启迪】

1.酒店经营要有特色,要有文化品位。

2.现代高档酒店的客人品味越来越高,需求层次也越来越高,酒店装修、装饰要有文化主题,要有艺术氛围,要从文化艺术方面打造竞争力。

3.酒店经理人除了具有专业水平以外,还要不断提高自己的文化、艺术修养。

4.在互联网时代的今天,要打破以往的思维习惯,要懂得利用跨界来拓展企业的空间,要把一切可以利用整合的资源都整合起来,为自身的经营开辟新的空间。

PART 2　反面案例

案例一　"严禁"与"请勿"

【教学目的】

1.认识高档酒店的经营管理理念。

2.认识高档酒店与低档酒店的区别。

3.了解酒店与客人沟通的重要性。

4.学习酒店与客人之间正确的沟通方法。

【案例回放】

一家进出口公司李副总经理,陪同几位来自马来西亚的客人游览了我国著名的文化古城后,下榻在当地最好的一家酒店。办好住店手续,李副总和几位客人各自进入房间,服务员温文尔雅的举止和恰到好处的言谈,使李副总不由得叹道:"毕竟是文化古城的人,处处显出儒雅之态!"

因为白天一连游览了几个景点,李副总感到腿酸、浑身乏力,脱下皮鞋便一头倒到床上睡着了。

当一觉睡到天亮的李副总醒来后,环顾房间,看到的是满目的警示牌。"严禁躺在床上吸烟""严禁穿着拖鞋到楼外""严禁把浴巾带到游泳场"等,所有以"严禁"开头的警示语后面都带有一个不容疏忽的大感叹号。

李副总看到这一切,感到十分不悦,觉得这是一个没有温度的酒店,他和客人吃完早餐后就提前退房了。

【案例点评】

中国的语言是十分丰富的,同样的一个事物,用不同的词汇就能表达出不同的心境。"禁止"是带有强制性的语言,是命令式的、没有温度的。如果换成"请勿""请不要"等"请"字开头,那效果就截然不同了。是否有"请"字,反映了一个酒店的文化、档次,也反映了酒店对待客人的态度以及服务和管理理念。

酒店要把客人当作绅士和淑女,当作家人、亲人来对待,"必须""应该""严禁"这些没有温度的、生硬的词汇就要避免使用。

【对管理者的启迪】

1.高档酒店对客服务中要避免使用措辞强硬的语言和文字。酒店经营管理者要审视酒店经营场所有无类似语言文字,若有就要加以改正。

2.酒店要为客人创造温馨、礼貌、雅致的环境和氛围,使客人感到身心愉悦和舒适。在客人活动的场所,面对客人的用语一定要亲切,要有温度,要用敬语和自谦语,让客人有一种受到尊重的感觉。

3.语言表达是一门艺术,酒店在经营中要做好这方面的培训工作。

案例二 客人在酒店前台当面用 OTA 预订酒店客房

【教学目的】

1.了解酒店渠道运营逻辑。
2.认识酒店直销渠道的核心价值。
3.理解第三方流量利用和自建流量池运营的逻辑差异。

【案例回放】

某商务酒店大堂,客人 A 走到酒店前台,问道:"您好,我想预订今晚的房间,请问标准房多少钱一晚?"

酒店前台员工回答:"您好先生,标准间 1 200 元一晚。"客人掏出手机打开携程搜索该酒店后问道:"为什么这里预订只需要 900 元一晚? 我直接在你这里预订可以优惠点吗?"

酒店前台员工回答:"您好,先生,最优惠可以给您 1 000 元一晚。"结果客人在酒店前台当着面用携程预订了 900 元一晚的房间,并问酒店员工:"收到携程预订房间信息了吗?"

【案例点评】

这是一个非常典型的案例。类似的案例还包括:

• 某度假型酒店预订部,客人 A 提前 2 周致电酒店预订部,咨询 2 周后假期的房间价格,在客人进行一番比对后,预订部也无法说服和说明为什么 OTA 的价格比直接致电酒店价格更便宜,最终预订部告知客人还是通过 OTA 预订吧。

- 通过人脉关系,找到酒店 GM(总经理)或者 DOSM(营销总监)寻求优惠客房预订时,发现 GM 或者 DOSM 给的所谓的"特惠价"依旧没有 OTA 优惠。

在这个互联网极度发达和信息极度透明的时代,完全不再有传统酒店思维中门市价和 W/I 价的存在价值,一间所谓门市价 1 200 元的客房,实际的对外统一展示价就是 1 000 元,OTA 做到 900 元是因为拿出了 150 元佣金(佣金比例:1 000 元房价的 15%)中的 100 元让利给客人。

如果说员工引导客人去直销平台预订 920 元的价格,并提供给客人比 OTA 渠道 900 元贵出 20 元的超预期的价值感,80% 的客人会直接以 920 元的价格入住酒店。

酒店管理者应该意识到:

(1)到酒店的客人通过 OTA 预订,酒店实收房费为 1 000 元×(1−15%)= 850 元,客人和 OTA 平台多了一次交互。

(2)客人通过酒店前台预订客房,酒店实收房费 920 元,客人和酒店平台多了一次交互,就可能沉淀下一个粉丝或会员。

相信大家也遇到很多类似的场景,找熟人、靠关系要来的所谓"特惠价"一点都不特惠,根本的原因是酒店直销渠道的价格体系混乱且没有逻辑,仅靠第三方流量存活的传统酒店运营思维在作怪。

问题出在哪里?

(1)酒店传统运营逻辑认知错误:酒店价格体系的制订基础错误地建立在 OTA 渠道逻辑上。

(2)没有充分理解 OTA 流量利用和自建流量池运营的根本差异。

(3)酒店对客有转化功能的重点岗位,没有开展专业的转化销售培训。

【对管理者的启迪】

1.在营销战略中,直销为王。酒店必须持之以恒地坚持和重视直销渠道建设。

2.要颠覆传统落后的酒店运营思维,不能做几个价格扔给 OTA 渠道,坐等客人上门,不能做 1.0 时代的酒店管理者。

3.坚持做"对的事",直销渠道的建设是辛苦、漫长、坎坷的,但其一旦形成规模和逻辑后,销售爆发力和收益提升力是巨大的。

4.要充分理解第三方流量利用和自建流量池运营的核心差异,OTA 持续拉新,直销渠道完善沉淀,才是最好的酒店渠道运营逻辑。

5.针对有转化功能的重点岗位,酒店要开展专业的转化销售培训。对客销售中,要突出产品的价值感、淡化价格感。如果酒店没有突出产品价值感的引导,最终客人会被最粗暴的价格感所触动,直接导致直销客人的流失。

案例三　宾客第一,还是员工第一

【教学目的】

1.树立正确的酒店管理理念。
2.认识管理的逻辑。

【案例回放】

某酒店总经理召集的部门经理晨会正在进行。

当轮到前厅部邓经理发言时,本来平和的气氛变得紧张起来。这是因为邓经理就昨天发生的常客停车受阻导致退房一事批评了保安部武经理,并建议对保安员小韦给予处罚。武经理当即予以反驳,最终上升至究竟是"宾客第一"还是"员工第一"的争论。他们你一言我一语,唇枪舌剑,声音渐高。各位部门经理面面相觑,不敢插话。要不是董总经理严厉制止,论战将没完没了。

是什么导致两位部门经理"论战",这还得从昨天发生的一场停车风波说起。

昨天中午,一辆奔驰轿车驶进酒店停车场。由于正值夏天,烈日当空,轿车的主人欲将车停靠在一棵大树的树荫下。不巧的是树荫下的停车位被一块上书"场地施工,请勿泊车"的牌子挡住。轿车主人下车把牌子拿开,将车停放了进去。

正当车主人下车关车门时,负责看车场的保安员小韦指挥其他车辆之后,转身看到奔驰车停放不当,于是立即赶了过来,向这位先生说明下午需要施工维修该停车位地面,请他把车挪到其他车位。

这位先生对小韦的劝告充耳不闻,头也不回地朝大堂方向大步走去。小韦急了,下意识地上前拉住这位先生的手臂,意思要请他留步讲话。没想到这位身材魁梧的先生甩开小韦的手,用另一只手握拳朝小韦脸上打来。小韦躲避不及,随着"嘭"的一声,一颗门牙松动,嘴角流出血来。小韦一时被打懵,愣在了原地,等他回过神来,那位打人者已经进入大堂。

小韦立即到保安部办公室向武经理汇报停车场发生的情况,武经理见小韦被打得面部红肿,满嘴是血,非常气愤,马上带小韦去找打人者交涉。

他们到大堂后,在小韦的指认下,武经理拦住了办完入住手续正向电梯走去的行凶客人。武经理自我介绍后即要求这位客人向小韦道歉,同时将轿车挪位。没想到这位客人非但不向小韦道歉,还反诬小韦先打了他,并声称如果轿车非挪位不可,那他就退房改住他店。

这位客人的吵闹声引来了前厅部邓经理。邓经理一见吵闹者是当地一位企业家也是酒店常客秦先生,立即对他微笑问道:"秦先生怎么了?""你问他吧!"秦先生没好气地指向武经理。

邓经理向武经理了解情况后,对怒气未消的秦先生说道:"秦先生您先上楼,这事由我处理。"武经理见客人欲转身离去,又上前拦住他,仍然坚持那两个要求。秦先生见不好脱身,旋即返回总台办理了退房手续,然后到停车场开车离开酒店。小韦被打一事也就不了了之。

早会结束后,董总召集争吵的两位部门经理和行政办主任召开专题会。会上董总对两位经理处理昨天的事情既不肯定也不否定,但是对他们在会上争吵提出批评,接下来仅就如何处理保安员小韦的问题进行讨论。讨论之前,他们到监控室调看了昨天停车场那一时段的录像。

董总请行政办的莫主任先谈谈意见。莫主任认为:小韦当时只是生怕客人走掉,下意识地也就是出于本能去拉客人的手臂,并没有如客人所说先动手打人,所以不构成违纪,也无须处罚。由于小韦因此受伤,应当由领导出面给予慰问。董总和武经理对莫主任的意见都点头称许。

不过,邓经理对此持有不同看法。他认为:首先,小韦心中没有"客人第一"的观念,如果有此观念,停车位的维修可以推迟,没有必要拖住客人;其次,客人之所以打了小韦,是因为小韦先动手去拉客人引起,尽管小韦只是下意识的动作,但也是由小韦缺乏"客人第一"的观念所致。所以,建议对小韦慰问的同时要对其批评教育。

此外,邓经理认为武经理固执地要求客人向员工道歉,是因为他只有"员工第一"的思想,没有"客人第一"的观念,并且认为武经理得罪客人导致客人退房离店的事实,说明"员工第一"的思想要不得。

武经理则认为:从秦先生恶劣的表现可以证明"顾客是上帝""客人总是对的"理论已经过时,许多员工辞职的很大因素,是无法接受某些客人的恶劣态度和行为。所以应当倡导"员工第一",不宜再提"客人第一",如果没有满意的员工,哪有满意的客人?因此,对小韦不但要慰问,还要给予表扬,授以"委屈奖",并且认为,像秦先生这样的不良客人不要也罢。

最后,董总总结:同意莫主任的意见,决定对小韦表示慰问,并尽快送小韦去医院治伤。至于是宾客第一,还是员工第一的问题,还是留待专家到酒店上课时回答。

【案例点评】

就本案而言,小韦出于职责请客人将轿车挪位没有错,去拉客人手臂尽管是出自本能的下意识动作,也要注意避免,毕竟这成了秦先生出手打人的导火索。由于小韦没有及时指挥秦先生停车,而且已被秦先生泊车的停车位也不是必须马上维修,因此在劝告无果的情况下,"放"过秦先生不失为明智之举。由此,前厅部邓经理为缓和矛盾、先请客人住下来处理还是妥当的。

至于客人与员工谁是第一的问题,不是一两句话可以说清的。就本案而言,邓经理和武经理的说法都有失偏颇。事实上,"客人第一"或"员工第一"的两种提法都没有错,只是站的角度不同而已。从经营角度说是客人第一,但从管理角度说是员工第一,这两者之间并没有矛盾。前者是就酒店及员工处理与顾客之间关系而言,后者则是就管理者处理与普通员工关系而说。"客人第一"和"员工第一"都是我们所必须坚持的理念。

此案中,酒店方并没有处罚员工,而是对被打员工进行慰问是正确的,但同时应指出可以采取更为灵活的和礼貌的工作方法处理矛盾,避免矛盾发生。另外,通过监控案例,如果确认该保安员工没有还手打客人,酒店方应该授予员工"委屈奖",以保护员工的工作热情。

【对管理者的启迪】

1.人力资源管理,首先必须明确员工的地位问题,虽然认可"员工第一",但还是必须明白"客人第一"与"员工第一"的说法都是正确的,只是站的角度不同而已。

2.不能因为推崇"客人第一"而丢了"员工第一",不能为提高客人满意度而降低员工满意度,反之也一样。"客人第一"与"员工第一"两种观念可以而且必须并存,唯有如此,才能维护酒店与客人的和谐共赢关系。

3.酒店方不应一味姑息一些刁蛮客人的违法乱纪行为,必要时要将其列入酒店或旅游协会"黑名单"。对于严重损害酒店利益和伤害员工人身安全的恶意消费者,必要时酒店应求助警方和司法部门,以维护酒店和员工的正当权益。

4.对于为保护酒店利益而承受委屈的员工,酒店应授予"委屈奖"。

5.实践证明,酒店可以将客人当成"绅士和淑女"、看成"衣食父母"、当成"亲人"、当成"朋友"对待,但不应当作"上帝"对待。把客人当"上帝"看待是一种误区,国外(西方)没有这一理念,国内被奉行了多年,但在新的历史时期,继续奉行这一落后的理念则不合时宜,会带来很多管理上的问题。

案例四　问题出在授权管理的缺失上

【教学目的】

1.培养学生的工作责任感。
2.理解酒店管理中授权管理的重要性。

【案例回放】

黄先生凌晨三点入住某连锁酒店,在飞机上飞了一天的黄先生疲惫不堪,跟前台接待邓小姐再三交代:安排一间最安静的房间,且不能受打扰,任何人不能去敲门,且不要打电话去房间,如果超过退房时间没有下来退房的话,房间自动续住。由于夜班只有邓小姐一人上班,黄先生入住时,有几个客人同时办理入住,加上前台有来电,邓小姐手忙脚乱的,居然忘记了将黄先生的要求写在交班记录本上。

第二天,事情接二连三地发生。早上十点客房服务员敲门,把客人敲醒后,问是否需要打扫卫生。中午十二点前台接待处打电话到房间，问黄先生是否需要续住，如不需要续住的话退房时间已到。黄先生睡眠质量比较差，两次被吵醒，不由得火冒三丈，来到前台，要求给个说法。前台接待小艾听了客人的说法后，马上赔不是。但黄先生说，我不是要你赔不是，你们得给我一个说法，一个精神赔偿方案。小艾初步跟黄先生交流，黄先生表示房费最少打五折才能接受。小艾说前台没有权限，要请值班经理来处理。值班王经理刚好有事在忙，小艾跟客人说等 15 分钟左右，但客人在大堂等了半小时也不见值班经理来，客人决定提前退房走人。在办理退房时，值班经理来了，也向客人了解了情况。黄先生比较生气，提出了免房费才愿意续住。值班经理说他只有打八折的权利，免房费的话要申请。黄先生提出要见总经理，值班经理告知他总经理外出开会要下午回来，回来就会给黄先生致电。但是总经理那天外出没有回来，也不见给黄先生打电话。一气之下，黄先生投诉到集团客服中心。后来酒店总经理给黄先生打折致歉，但黄先生表示非常失望，酒店处理事情一拖再拖，他决定转住其他品牌酒店。

【案例点评】

该事件中，由于前台接待忙中出错，忘记将客人的要求交接班，导致一连串错误发生。更严重的问题出在，由于酒店授权管理缺失的问题，客人由被吵醒事件，转化为对酒店处理事情一拖再拖的愤怒了。

问题出在哪里？ 出在授权管理的缺失上。

缺失之一：前台接待工作不够细致，责任心不强，导致忙中出错。

缺失之二：酒店没有给前台接待打折的权限，值班经理打折的权限也受到限制。

缺失之三：酒店沟通机制出现问题，对客人的投诉和不满不够重视，导致未能及时联系相关管理人员出面解决客人投诉的问题。

【对管理者的启迪】

1.加强培训每一位员工的工作责任感和对业务处理的应变能力，确保每一位上岗的员工在任何时候都能够忙而不乱、工作有序进行。

2.要给一线员工充分授权。目前 90% 以上的传统酒店依然使用层层授权、级级不同的管理方式。但一些新型酒店管理集团，如亚朵酒店，已经打破传统授权的方式，最大限度地授权基层员工。如前台接待的权限：可以免费给予客人升两级房型；可以给客人任何折扣；可以直接给客人免房费。由于亚朵酒店集团的大胆尝试，给予基层员工最大权限，目前已经成为全国领先的连锁酒店品牌，客人满意度排全国前列。

3.2 酒店企业文化建设案例

PART 1 正面案例

案例一 企业精神是如何诞生的

【教学目的】

1.使学生懂得,企业文化涵盖物质文化、行为文化、制度文化和精神文化,其中精神文化是内核。精神文化包括价值取向、目标愿景、管理理念和追求信念等。

2.使学生懂得,企业文化是企业的核心竞争力之一,企业文化建设做得好,就能为企业发展带来强劲的持续推动力。

【案例回放】

北京玉渊潭酒店集团通过多年的积极进取、不断努力,经济效益和社会效益都取得了较好成绩,于数年前被中国旅游饭店业协会评为中国饭店集团60强之一,其品牌知名度和影响力引起了业界越来越广泛的关注。其中,该集团的企业文化建设十分成功,更值得点赞的是该集团企业精神表述用语的产生过程。

据该集团李总介绍,酒店集团成立伊始,就着手总结和提炼集团在酒店行业深耕近30年所形成的、有自身特色的企业精神。在确定企业精神表述用语时,面向酒店集团全体员工组织开展了两次大规模的"玉渊潭酒店集团'企业精神'表述用语征集活动"。全集团上下几千名员工,对此表现出极大的热情,积极参与,认真创作。历经数月,最终评选出"管理和服务追求一贯一流"作为玉渊潭酒店集团企业精神的表述用语。

当时有些人对此做法不太理解,认为没有必要为这么一句话兴师动众。然而李总并不这么认为,他说:"企业文化决定着一个企业发展的方向、水平和整体素质,决定着是做什么样的企业和企业能做多大、能走多远。必须给予企业文化建设高度重视,应该下功夫做好。确立企业精神表述用语的过程,就是我们梳理过往辉煌历史,磨砺集团共同价值观,激发全体员工奋发有为的过程。"他还自豪地说:"可以毫不夸张地讲,这一企业精神是我们集团在酒店行业发展30年的实践中诞生的,是有源之水、有本之木,是我们玉渊潭酒店集团所有员工的心声,更是我们的信念。支撑我们一路走来的就是这个信念——管理和服务追求一贯一流!"

【案例点评】

企业文化涵盖物质文化、行为文化、制度文化和精神文化,其中精神文化是内核,包括具有积极意义的价值取向、目标愿景、管理理念和追求信念等。企业文化是企业的核心竞争力。企业文化建设做得好,能为企业发展带来强劲的持续推动力,这个道理已经为酒店业内人士所认同。

玉渊潭酒店集团的企业精神文化,与一般企业靠文案策划产生的企业精神文化有很大不同。与其说该酒店集团的企业精神口号有特色,不如说该酒店企业精神口号的产生很特别。他们通过向员工征集、确立企业精神表述用语的过程,梳理了企业的辉煌历史,磨砺出集团价值观,同时使得员工焕发精神、凝聚共识。这一企业精神的提炼过程本身的意义,远远超出喊几句口号和贴几张标语那么简单。

玉渊潭酒店集团企业文化建设的做法,很值得业界学习和推广。

【对管理者的启迪】

1.向员工征集企业精神口号的过程,就是建设企业文化、发动员工学习企业文化的过程,它的意义远远超出征集口号过程本身。

2.凡是成功的企业,都有自己独特的企业文化,酒店高层管理者必须重视企业文化的建设,它是企业可持续发展的强大动力源泉。

案例二　亲情满"京闽"

【教学目的】

通过本案酒店开展的亲情活动,学生感受到该酒店的企业文化建设内容,培养了学生正确的家庭观、社会观和人生观。

【案例回放】

厦门京闽中心酒店将倡导"孝贤文化"作为企业文化建设的一项内容来抓,组织员工学习《弟子规》、观看《中国最美孝心少年颁奖典礼》视频,发动员工给父母写家书等活动。而最为精彩的要数某年春节前开展"京闽一家亲,孝心在行动"——酒店邀请首批近70位员工家长来酒店活动的一次亲情之旅。

为了让家长们感受到员工作为儿女的拳拳孝心和酒店对员工家长的浓浓盛情,酒店提前一个月就做了精心策划,为家长们到酒店后的食、宿、行和游等活动做了周密安排。

首批来自全国各地的员工家长到店后,酒店组织专门接待人员给予悉心照顾。其中最年长的一位家长有84岁高龄,更是得到无微不至的关怀。考虑到来自全国各地的家长们饮食习惯存在差别,酒店为家长们准备的"家宴"品种繁多,尽可能满足他们不同口味的要求。

酒店专门安排一场总经理率领中层管理人员与家长们的座谈会,与家长们拉家常谈心,听取家长们的意见和建议。酒店还组织家长们参观酒店的营业设施和子女工作场所,参观员工的宿舍、食堂和活动场地。

酒店员工为了欢迎家长们的到来,早早就排练了一台丰富的晚会节目。晚会上员工展示了有酒店特色的礼仪秀和服装秀,还有声情并茂的诗朗诵和歌舞表演。厨师们的现场食品雕刻、蒙眼削苹果等节目让家长们更是大开眼界。最让家长们动情的是员工"我想对父母说"的真情告白以及当月生日的家长齐切蛋糕的环节,在场的每个人无不热泪盈眶。晚会的高潮是在《相亲相爱一家人》歌曲声中,员工同时为父母戴上他们加班加点赶织而成的红围巾环节,这令父母们倍感温暖,感动不已!

酒店还安排了家长们与其子女参加"厦门一日游"活动,让员工与家人共享天伦之乐。

为期两天的亲情活动在家长们中反响热烈,有的家长说:"能够到孩子工作的地方看一看,心里踏实多了,也更加理解孩子的工作。"家长们纷纷表示,孩子就在酒店过春节好了,这样也可以解决春节期间员工人手不足的问题。家长们对酒店这次活动安排除了表示感谢之外,还要求子女们今后更加努力工作,为酒店做出更多贡献,回报酒店的殷切关怀。

【案例点评】

从本案事例可以看出,京闽中心酒店的企业文化建设内容丰富新鲜、形式多样生动,有血有肉,特色鲜明,避免了对员工简单乏味的说教,收到良好的思想教育效果。

京闽中心酒店能够根据形势需要,在"80后""90后"甚至"00后"年轻人居多的酒店,倡导"孝贤文化",提升员工的道德水平,培养正确的家庭观、社会观、人生观,强化正能量,无疑有着重要的现实意义。

(1)强化员工的亲情意识,从而在日后的对客服务中,也能为客人提供亲情服务。

(2)在企业倡导感恩文化:首先对父母和家人感恩;进而延伸到对企业感恩、对老板感恩、对社会感恩,在酒店中树立积极向上的正能量文化。

(3)密切酒店与员工以及与员工家庭的关系,取得家人对员工工作上的支持,稳定员工队伍。

【对管理者的启迪】

1.在年轻人居多的酒店,倡导"孝贤文化""感恩文化",对提升员工的道德水平,培养正确的家庭观、社会观、人生观,强化正能量,有大的现实意义。

2.企业文化建设和企业精神传播,通过丰富多彩的活动,容易为员工所接受,其效果远胜于单一的说教。

3.酒店对员工家人的关爱,会换来员工的感恩之心,进而把这种感恩之心和感激之情倾注到客人身上,从而在强化企业正能量的同时,提高对客服务质量和客人的满意度。

案例三　领奖风波

【教学目的】

使学生明白,客人赠送的小费、礼物有其约定俗成的"约法三章"处理方法。

【案例回放】

"各位员工,各位来宾,激动人心的时刻到啦!下面抽奖活动马上进入最后一个环节——抽特等奖!"主持人高亢的声音响彻宴会大厅。

"现在有请集团的金总裁上台为我们抽出特等奖,大家掌声欢迎!"顿时掌声、欢呼声响成一片,将宴会的气氛推向了高潮。

这是某工业集团在某酒店宴会大厅举办尾牙晚宴,数百位员工及请来的嘉宾济济一堂,热闹非凡。

"803号!"主持人从该集团金总裁手中接过一张抽到的纸条,经过验票者检查后,大声喊出中奖号码。全场顿时安静下来,大家目光四处搜索,希望看到这位幸运者,但许久无人应答。

主持人再次高喊:"803号!"突然,一个身着酒店服务员服装的年轻小伙子,从一个角落疾步穿过几张餐桌,跳上舞台,手举一张纸券:"我是803号!"

"你是替谁领奖的呀?"主持人看到是酒店服务员来领奖,就疑惑不解地问道。

"是一位客人有事先走,把抽奖的礼券送给我了,没想到竟中奖了!"这位服务员兴奋地回答。

场下一片骚动,有人高喊:"不是我们集团员工,也不是嘉宾,不能领奖!""对!他不能领奖,必须重新抽奖!"有人附和道。

这时主持人显得十分尴尬,不知所措,他紧张地望着金总裁。金总裁倒是一副领导风范,从容不迫地从主持人手里接过话筒,朗朗说道:"各位员工,抽奖活动只是为了活跃气氛,谁得奖都一样,都应当祝贺。既然这位酒店服务员得到特等奖,说明他跟我们集团有缘,我真希望这位幸运的年轻人能来我们集团的销售公司工作,给我们企业带来好运,提升新一年的销售业绩,大家说好不好啊?"

"是啊,既然领导都说了,谁还会再有意见呢?"主持人接过话筒,借坡下马地应声道,"大家掌声祝贺!"然而传来的只是稀稀拉拉的掌声。

那位获奖的酒店服务员喜滋滋地捧着奖品———一台笔记本电脑走下台来,没想到随后就被在场的酒店总经理请到了餐饮部办公室。大概是既被批评,又被做了思想工作,这位员工交出了这台笔记本电脑。

酒店总经理随即将奖品送回舞台,并当场宣布:"我们酒店有规定,酒店员工不可以随便接受客人的馈赠,不论是小费还是实物礼品。我代表酒店员工感谢贵集团总裁的好意,还请金总裁将奖品收回去,重新抽奖!"金总裁返回舞台,与酒店总经理握手互致谢意,旋即宣布重新抽奖。

宴会大厅又充满了欢闹的喜庆气氛。

【案例点评】

先不说该酒店的"员工不可以随便接受客人小费、礼物"的规定是否合乎情、理、法,单说在客户单位内部出现不同声音的情况下,根据"以客为尊"原则,酒店总经理当机立断做出退还奖品的决定,应当说十分正确而且必要。

我国大陆早期的酒店普遍规定"员工不可以接受客人小费和礼物",对此也没有人提出异议。这是基于"客人向酒店付费,员工服务理所应当,员工不能另外私收小费"的认识。尽管服务员私下接受客人馈赠的现象还是存在,此规定仍然没有废弃。

随着人们法律意识的增强和人性化管理的提倡,有人认为这一规定与情、理、法相悖,于是提出"员工对客人馈赠的小费和礼物可以接受但不能索要",这对激发员工为客人提供优质服务确实起到促进作用。所以,许多酒店也就"悄悄地"取消了原有规定。

不过事物总是有两面性,有的服务是由几位员工共同为某一位客人提供,而收到小费的却只是直接接触客人的个别员工,其他员工享受不到,自然产生负面影响。因此有的酒店约定俗成以下三条:一是客人馈赠可以收,但不能要;二是公共场合几位服务员都知道客人给小费、礼物的情况下,小费、礼物应放入集体小费、礼物箱(多见于餐厅);三是私下接受客人馈赠的,不可以对其他员工公开和炫耀,否则小费、礼物充公,按第二条办。

本案处理客人赠送小费、礼物的"约法三章",体现了人性化管理精神,能够激励员工,是处理小费问题比较好的方法,而且可操作性强,值得借鉴。

【对管理者的启迪】

1.酒店对客人赠送的小费、礼物应有明确的规定。
2.规定应合情合理,能够调动员工的积极性。
3.特殊情况需要灵活处理。

PART 2　反面案例

案例一　放了烟花,却冷了员工的心

【教学目的】

认识企业文化的重要性。

【案例回放】

某市有两家比较大的企业集团,他们有很多共同点:都是搞房地产开发的,都有矿产,还都有一个在当地十分豪华的酒店。

春节时，A集团为了树立形象，扩大社会影响，下属酒店耗资20万元，购买了鞭炮。在除夕、初一等几个关键的时间段，这里是礼花满天，震耳欲聋，好不热闹，自然引来众多市民前来观赏。市民都说，这家集团太有实力了，为市民过春节营造了喜庆的氛围。

B集团下属的酒店才试营业了几个月，春节期间一个鞭炮都没放。市民还以为是不是生意不好，经济实力不够，或者是因为老板抠门，不懂得树立企业形象。然而，老板心里想的却不同。

A集团虽说是礼花满天，震耳欲聋，但是过春节，员工连一分钱的福利都没有拿到。员工就这样眼巴巴地看着20万元的鞭炮钱化为硝烟弥漫。B集团虽说没有买一分钱的鞭炮，但是员工的福利那是"杠杠的"（员工的原话）。不仅在节前发了一定的福利，过年值班的人员都得到了加班费。

结果，A集团的员工怨声载道，都说老板不懂得感恩，不懂得关心员工，说："20万元的鞭炮钱是贴在了老板的脸上，但却冷了员工的心。"

而B集团的员工却对企业赞不绝口，都说："老板真拿员工当回事，酒店刚开业还谈不上盈利的时候，给员工发了这么多的年货，我们应该好好干，这样才对得起老板。"

【案例点评】

同样是规模相当的大集团，同样在一个城市，同样都有经济实力，可差距咋就这么大呢？这就是理念上的差异。

一个企业要生产与发展，首先要想：谁是这个企业的生产力？以人为本首先就要善待员工，满意的员工才能生产出满意的产品，才能提高服务质量，创造更多的效益。

酒店投资者也好，经营者也好，都要树立以人为本的意识，员工是酒店的主人，只有善待员工，员工才能够为企业做好服务。虽说企业需要外树形象，需要让社会认知，需要扩大在社会上的影响，但是，外树形象不如内树威望，员工对企业的认同会产生无尽的动力，会创造出一个好的工作氛围。让社会认识不如让员工认可，员工对企业的认可，会促进员工队伍的稳定，会拉近员工与企业心理上的距离，会为管理工作的顺畅减少一些障碍，这样才能做大做强企业。企业做大做强了，企业的社会影响自然就来了。

再说，要扩大企业在社会上的影响，员工是最好的传播者。每一个员工都有一定的交际圈，这就决定了员工对企业评价的传播范围。员工对企业的评价会被对方认为是可信的，因此，在企业对外树立形象的同时，首先要考虑到企业在员工心中的形象。善待你的员工就是最好的企业形象，这也是为什么很多大企业和国际知名酒店集团都企求树立"最佳雇主"的社会形象的原因。

【对管理者的启迪】

1.员工的认同比企业外树形象更重要，让社会认识不如让员工认可。

2.要扩大企业在社会上的影响，员工是最好的传播者。

3.善待你的员工就是最好的企业形象。

案例二　这个五星级酒店，一年换了9任总经理

【教学目的】

1.掌握酒店管理政策延续的必要性。
2.了解"空降总经理"和"本土化团队"的沟通障碍对企业的影响。

【案例回放】

"张总，没想到是你啊！"在第一届中国酒店业金光奖颁奖仪式上，来自广西南宁某酒店的张总获得了"全国最佳总经理"称号，在张总刚走下颁奖台时，听到了一个熟悉的声音在喊自己。原来是以前曾在南宁一家五星级酒店任过副总经理的漆总，一个自己培养的老部下在朝他招手。

"哎呀，是漆总啊，好久不见，离开南宁后去哪里了呀？"见到酒店业界的老部下，张总也显得很高兴。

"去了深圳的一家酒店管理公司，还可以呢！比我在广西的那家一年换9个总经理的酒店要好多了，不用担心因老总被炒而被炒了。"漆总开心地抱怨着。

他说的情况，张总略知一二。漆总原先所在的那个酒店是个五星级酒店，临近南宁东盟商务区。该酒店采取特许经营，与最佳西方酒店管理公司签署了特许经营协议，对方不派人，只授权使用品牌。

酒店老板是个"土豪"，随性用人，一年换了9任总经理，每换一个总经理，总有个把部门经理或副总被"殉葬"，一同被免。漆总就是上次受总经理连累的分管经营的副总，这位副总曾是张总的老部下，当时他的被迫离职，让张总唏嘘不已。

旧日部下相见，现在事业有成，张总格外欢喜。一阵寒暄过后，免不了还谈起了当初那

个五星级酒店的话题。

漆总郁郁地聊了起来:"当时在这个酒店,说空降总经理九死一生,绝不过分。其实,其他的酒店,空降兵也大体如此,90%的空降总经理,一般都做不过半年,有的甚至三天就干不下去,辞职走人了。以至于某些酒店,一年最多换十多任总经理,最后一个都没留下来。这样持续的打击,会让酒店团队无所适从,酒店从健康走向衰败,最后关门大吉。"

张总饶有兴致地问道:"那么,为何空降总经理会如此难以开展工作呢?"

漆总叹了口气:"主要原因大概有五点,这五点原因可能最容易导致空降总经理'歇菜'。"

"哦,你还总结了? 把你的理论成果摆摆。"张总鼓励着。

受到鼓励,漆总自信地说道:"首先要防备酒店元老,和历朝历代的忠臣无法实行新政一样,空降总经理面临的最大挑战就是酒店元老。这些酒店元老,有的是老板心腹、有的是工作时间很长的权臣,他们在酒店团结了一批员工,希望保持安定的工作状态,不愿改变,对空降总经理一般都持有敌意。面对这样的员工,空有一腔热血却没有权谋之术的总经理,通常会被玩得团团转,与这些元老不相适宜的总经理,待不过一个月,就得乖乖就犯——要么与他们一起保持酒店原状不变,要么被他们挤对走。"

"说得有道理。"张总鼓励漆总继续说。

"是啊,其次老板总是多疑的。把酒店整体交给一个完全不认识的人,特别是财务权限,这对老板的胸怀是个挑战。如果再加上某些'好事者'到老板那'透点风',空降总经理就会被老板猜疑,处理不当就会关系破裂,双方都会受伤。"

张总肯定地点了一下头:"大部分老板都有这个毛病。"

漆总继续说:"空降总经理为了更快地取得老板的信任,在没有做好产品质量的前提下,过快追求结果,势必会导致酒店恶性发展。一个酒店经营从坏变好,必定有一个过程,快则一个月,慢则大半年。如果加上前面两条,空降总经理要让一个酒店经营转好,那就更加困难。某些时候,总经理部署的工作,要两到三个月才会出效果,如果过快追求结果,会进入'治标不治本'的局面,这不利于酒店的长期发展。"

张总点点头,表示赞同:"我补充一点,只身一人空降的总经理,如果遇上酒店没有中层管理人员、没有现金流,再加上老板授权不够,再牛的总经理也难以把酒店做起来。"

漆总见张总认同,立刻激动了起来:"是啊,老板要是想把一个问题酒店做好,就要配置足够的资源,需要有人、有钱、有权、有相应的能力,空降总经理才能发挥他的才能。"

不过,漆总还是有点泄气:"唉,说一千道一万,还是应归结为空降总经理能力不足吧。真的能力很强的话,一定能把老板和他的手下全搞定。作为一名总经理,拥有的不仅是酒店管理能力,还要拥有与人沟通、统筹全局的能力,更要拥有改变老板的能力。除非酒店病入膏肓,资金链断裂,总经理都应处理好当前面临的问题,这才能称为优秀总经理。我当时跟的总经理,比我现在的能力也没强多少啊!"

一场关于职业经理人和投资业主关系的小讨论悄然结束了。漆总和张总都陷入了深深的思考……

【案例点评】

如此频繁地更换酒店总经理，无法培育良好的企业文化和落实管理制度，无法实现企业的稳定发展。

在这个案例中，漆总的思考确实代表了酒店职业经理人普遍的心理，业主和职业经理人的沟通确实是一门高深的艺术。

一个酒店经营的成功，取决于两个人：业主和总经理。业主不仅要有正确的发展和经营管理理念，还要学会尊重职业经理人，给职业经理人发挥才能的时间和空间，给企业文化和管理制度生根发芽的机会，只有这样才能保证酒店的稳定和可持续发展。

【对管理者的启迪】

1.职业经理人在选择其服务的对象时，要对投资者做适度背景调查，尽量选择理念相同、管理意识趋同的业主。

2.除了酒店管理专业知识的学习外，职业经理人还要努力提升自己的沟通能力，加强与业主、同事、下属的沟通。

本章案例讨论

奢华酒店可以叫外卖吗

"朋友刚刚发来的晚餐图片，说王老师你谴责奢华酒店客人叫外卖，请你看看奢华酒店的出品是啥玩意儿？我就住在三亚太阳湾最牛的奢华酒店，一盘孜然京葱爆东山羊268元，加服务费后约300元；一盘蟹黄酱阿拉斯加蟹肉炒饭加服务费后182元。——我竟然无言以对。这类遭遇我也遇到过，我想说，中国的'奢华'酒店就奢华在菜名和价格上了。所以，我选择叫外卖！"

案例讨论：

奢华酒店可以叫外卖吗？

补充与提高

假如我是马云——我的酒店会是怎样的

张总是个有着30年资深经历的老酒店人了，2016年年底的《上海观察》，登载了一篇《马云的未来酒店》，张总是一口气看完的。

张总是个爱思考的人，他想：现在酒店业竞争如此激烈，可我们的管理人员好像都没有意识到、感受到这种压迫来临。

像马云这种喜欢跨界打劫的人，很快就会来革我们酒店的命，可我们的管理人员，还没有准备好，没有想到自己可能会面临失业和转岗的风险，不行！得给这些跟了自己那么多年的老部下泼点凉水了。

可搞个什么活动呢？讲课？古板！聚会？光想着吃了！聊天？不够活泼、警醒。张总在一个一个地否定着自己的提议。对了，搞个拓展培训吧，既在户外也切合培训的主题。就这样定了，张总拿起了电话，拨通了质检培训部经理的电话号码……

拓展培训，在一个山清水秀的大型真人野战射击基地举办。当这个当地最高档的五星级酒店的部门主管全部从射击场下来休息时，张总开始了他的主题："各位，刚才胜利、活下来的有哪些人啊？"

"我！""我！""我！"一大堆人抢着喊叫起来，脸上都透着欢快、骄傲的笑容。

"好啊，这是游戏呢！再过5年，各位还能继续待在酒店不被干掉的话，那才是本事呢！"大家一下子被张总的话吓得愣了起来。

"现在，我们来个头脑风暴，也是我们今天培训的主题：假设你就是马云，你要弄个酒店，你会如何建造？你会把这个酒店搞成什么样呢？"张总一下子把问题抛了出来。

"哈哈,我是马云,那我的酒店全搞刷脸入住。对于客人来讲,开房、进房也不用刷房卡了,只要刷脸。同样,办理入住手续时,也不必再向前台展示自己的身份证,因为客人的身份都是由后台系统来审核的,这个后台是国家公共安全部门,支付也要他们全部用支付宝。"前厅的陈经理抢着说道。

客房部的梁经理也没有停止思考:"我们的送餐服务和客房一次性物品配送全部用机器人。以后酒店客房服务的物品完全是机器人送的,他知道走哪部电梯、到哪个楼层,以及到哪间房的门口按门铃。可以根据楼层服务员做房的进度,提供一次性物品和布草配送服务,包括换下的床单等布草,都由机器人运送。"

"我的阿里巴巴未来酒店开业时,西餐厅都会有机器人,烤牛排、做汉堡以及做三明治等都行,因为这些标准化流程没有什么问题,完全可以复制操作。"餐饮部的贾经理也不甘示弱地补充了起来。

财务部的潘总监慢条斯理地说:"事实上,有一些重复性工作的基层岗位是完全可以被替代的。比如,传统酒店20人左右的财务部,如果控制到17个人已很困难;但在将来,可能我的财务部只需要5个人就足够。我的验货员都用电子扫描系统、自动计量过秤系统、自动扫码录入系统,进销存自动生成报表。而在离店查房时,针对有点麻烦的发票问题,客人可以通过自助机具,输入发票抬头、发票性质等关键信息,自助打印所需的发票。当然,这些财务税务的审核,也是通过后台系统完成的。做财务的朋友们,可能最容易失业的就是中层,高层和基层可能还需要,因为中层功能都可以被系统替代,这是一个势不可当的发展趋势。"

"我的保安,大部分用机器人。"

"我的做面条、做饺子的厨师,全部用机器人。"

"我的吸尘、扫垃圾、地面石材保养,全部用机器人。"

一个一个的经理、主管开始描述智能化进入酒店的场景,都是切实可行、可实现的功能,基本上已经把一个未来智能化酒店给描绘出来了。

当大家还沉浸在智能化给酒店带来的美妙情境中时,张总却当头给了大家一盆凉水:"既然都用机器人了,我还要那么多你们干吗?有没有想过呢?"

所有的人一下子脸色变得晦暗起来,大家突然感觉到了一种无形的压力。

张总见大家已有所触动,继续着他的启蒙:"现在酒店业,每年酒店员工的流失率已高达40%左右,对于酒店投资者和老总来说,留住'人'甚至比留住'客'更紧要。而且,有一种不算良性的循环:好多酒店现在连实习生都难招收,因为从普通酒店学校毕业的他们,常常被当作廉价劳力,而不是作为服务人才进行培养。中国的酒店业已让这些投资者改变了思路,他们对重复性岗位的认知,达成做加法不如做减法的共识。当我们这些经理人团队还在探讨如何吸引人员的同时,这些老板和顶级高管已经在考虑如何减少人员了。那总人员减少了,基层、中层的管理员也势必会相应减少啊。大家一定要居安思危,迅速调整自己的人生职业规划。我个人认为,要么尽快成长,要么转型重新选择行业,要么创业,除此之外别无他法。因为从行业的角度看,整个行业未来已容不下那么多中、基层管理者。不是悲观,而是清醒,转型哦,旧的需求消失了,新的岗位在呼唤着。"

车在回酒店的路上飞奔着,但大家已没有了刚来时的欢快,数字化、智能化已经给酒店行业带来了巨大的影响和冲击。是甘于被淘汰还是凤凰涅槃、浴火重生?这就是留给每一位酒店人的人生命题。

第二篇
酒店运营管理案例

第4章
总经办管理案例

4.1　总经理管理案例

PART 1　正面案例

案例一　教员工唱国歌的新任总经理

【教学目的】

1.树立经营管理新理念。

2.认识爱国、爱家及感恩文化在酒店管理中的重要性。

【案例回放】

有一家管理公司刚刚接管了一家酒店。这家酒店开业还不到两年就换了几个管理团队。新的管理团队到来后,员工都在观望,以为又是老一套"定制度、大换血",所以员工都"坐以待毙"。

可是这家管理公司到来后,没有提改章建制的事,而是搞了一次别开生面的测试。测试的内容包括:

- 有多少名员工能够知道父母的生日和生肖,每年能不能为父母过生日?
- 有多少名员工会唱《中华人民共和国国歌》,对歌词都能够理解?
- 有多少名员工能够熟悉家乡的情况和优势,谈到家乡能够如数家珍?
- 有多少名员工懂得现在与未来的关系,对自己的未来有设想?

……

这个测试使员工一头雾水。一周过去了,总经理给员工上的第一堂课就是"我爱我的母亲、我爱我的祖国"。在课堂上还学唱《国歌》,了解《国歌》里的每一句歌词,激发员工的爱国热情。唱完后各部门还拉起了歌,这样员工的激情就来了。小伙子们、小姑娘们都像打了鸡血一样,谁都不示弱,长期以来的懒散、死气沉沉的局面一下子被打开了。有的人在讲到我爱我的母亲的时候,就大讲孝道,作为子女应该有感恩之心,讲得员工都落泪了。有一位员工是和父母赌气出来打工的,已好长时间没和家里联系了。

这堂课很生动,很有感染力,对员工的触动也很大。员工原本等待管理团队"新官上任三把火"的心态没有了,抵触情绪也没有了,短短几天酒店的面貌就焕然一新。

这家管理公司的总经理说,抓企业的经营和管理首先是抓"造人",也就是要改造人、塑造人、锻造人、造就人。员工都有自己的抱负和理想,我们作为管理者就要把员工当成自己的孩子,你把员工当成孩子,他们才能把企业当成家。

【案例点评】

中国是一个十分讲究情感的民族,要在员工的心中建立一个情感世界,懂得感情、懂得亲情、懂得友情,才会形成一个和谐的集体。

新的总经理或管理团队到位后,面临的首要问题是稳定员工队伍。这支管理团队从教员工唱国歌、记住父母的生日入手,培养员工爱国、爱家的感情和感恩文化,入情入理,打消了员工观望消极的心理,拉近了管理者与员工的心理距离,激发了员工的工作热情,稳定了员工队伍,实现了酒店的顺利过渡,并为下一步工作打下了基础。

【对管理者的启迪】

1.要帮助员工树立理想、规划人生,让员工知道为什么而活着。一个没有思想、没有情操、没有追求、没有梦想的团队不能称其为团队,是不可能有战斗力和持续发展力的。

2.要摒弃以往的新官上任三把火的传统做法,要先进行调查研究,看准、抓准关键性的问题,再去解决,这样才能收到事半功倍的效果。

3.面对"90后"新员工群体,要注意改变以往的生硬的管理模式,要根据"90后"员工的特点来实施以情入手的管理。

4.要把员工当亲人,先向员工付出爱,才能得到员工对企业的爱和对客人的爱。

案例二　每天必做的功课:日记和晨会

【教学目的】

1.要使得酒店管理运转有序、效率提高、服务到位,很大程度得益于信息沟通顺畅和问题处理及时。

2.写好工作日记和参加晨会是重要且基本的一种工作方法。

【案例回放】

某酒店在当地的酒店圈里有口皆碑,这是因为在激烈的市场竞争中,该酒店连续多年都取得了良好的经济效益,并且员工队伍稳定,几乎没有负面"新闻"发生,成了当地酒店行业的标杆单位。而我知道,这一切都来自其高水平的管理。

根据该酒店卢总经理介绍,他们成功的管理经验之一,得益于日常工作的信息沟通顺畅和问题处理及时,使得酒店运转有序、服务到位。其中,从总经理层面说,抓好部门经理的工作日记和晨会十分重要。

对于工作日记和晨会,他们有一套完整的制度,记录如下:

(一)关于工作日记

1.完成工作日记的对象和批阅者

部门经理以上管理人员均要求写工作日记,完成后送交总经理批阅。其中还包括高级值班经理和大堂副理的工作日记。部门经理休息日的工作日记由部门当值人员完成。

2.部门经理工作日记的内容

一般包括五个板块:

(1)昨日工作基本情况简要报告。

(2)昨日或前一段时间需要解决的重要问题已解决或进展情况报告。

(3)新出现或新发现重要问题的报告,并提供解决问题的方案或思路。

(4)近期工作计划或安排。

(5)工作建议,包括对酒店、本部门或其他部门工作提出的建议。

3.部门经理工作日记涉及问题的范围

涉及问题的范围一般包括经营性和管理性两大方面。

(1)经营性问题。包括产品、价格、销售渠道和促销四个部分。

(2)管理性问题。包括人力、财力、物力、信息、时间和声誉(质量)六个部分。其中,质量问题又可分为硬件和软件两个方面。硬件包括设施设备、材料用品、装修装潢和环境气氛。软件包括服务质量、管理水平和员工素质。

这里需要说明的是：第一，工作日记书写时可按上述问题范围的顺序进行，不涉及的可以不写，对各方面问题视重要程度可详可略；第二，对个别重大问题或计划方案可用专题报告形式另行汇报，但在工作日记中要予以注明。

4.日记书写的格式及应注意的问题

书写工作日记要保持严肃性，按一定的格式来写。一般要求在一页纸张的左边或右边（占页面的大部分）写文字，另一边留白以备总经理批注。

书写字迹要工整，不可随意涂鸦。书写的每件事须编上序号。一般要求日记书写用蓝黑笔，总经理批注用红笔。

5.日记上交时间和程序

工作日记提交时间一般定于8：30以前，直接送至总经理办公室。总经理阅批后，需提到会上讨论，需要说明的应另摘出。日记本由办公室人员带到会上送还。

（二）关于晨会

1.参加对象

部门经理以上干部。若部门经理无法出席，应由该部门其他负责人到会。

2.会议时间

正常情况下为每日10：00召开，一般要求半小时内结束。特殊情况无法按时召开的，可另择时间，由总经理办公室提前通知。与会者须提前5分钟到会，需请假者事先向总经理请假并通知办公室。之所以要求每天必须召开晨会，是因为只要酒店有运转，总会有相对重要的事情需要通报、强调、协调和讨论。另外，召开晨会也是为了对部门经理进行无形的考勤和促成其良好的生活习惯。所以只要不是特殊原因，都要尽可能每天召开晨会。

3.会议内容

会议内容一般包括重要情况通报、必须在会上协调和讨论的问题。为了开短会，凡能在会前、会后通过个别指示、研究和专题会议解决的，尽可能不在晨会上讨论研究，原则上只体现以下三类内容：

（1）必须在会上通报和强调的问题。此类问题一般属于重大事件、重要决定和重要问题。

（2）必须在会上组织和协调的问题。此类问题一般涉及整个酒店各部门或多个部门。

（3）必须在会上讨论和研究的问题。此类问题一般属于全局性的重要问题。

4.会议发言

原则上由总经理、副总经理做主要发言。一般来说，部门经理只有被允许发表意见或接受质询时才可以发言。这是因为各部门工作汇报和请示已在工作日记中反映，所以一般情况下，没有必要在这里轮流汇报请示。

5.会议主持和纪要

会议由办公室主任主持，会议纪要由办公室人员负责记录。一般要求当日上午打印完毕并存档，特殊情况可延至下午。需要分发的还有有关人员。需要办公室落实或协调的，办公室主任应按总经理指定的时间及时反馈。

6.会议开始形式

与会人员提前5分钟到会。总经理到会并同意开会后,由办公室主任发令:"全体起立!"总经理向大家说:"各位上午好!"全体齐声向总经理说:"×总上午好!"总经理说"请坐"后,大家方可落座。

【案例点评】

该酒店的工作日记和晨会制度值得赞赏。建立工作日记和晨会制度的好处包括畅通信息、克服惰性、促进思维、增强计划及提高效率。

1.该酒店晨会制度十分高效

就晨会制度而言,虽然较为多见,但该酒店的晨会制度十分高效,不流于形式,与日记制度完美结合。

对于开晨会,有的酒店不要求定期开,只是有事需要开会则临时集中召开;有的酒店每周开一次(实际上是每周工作计划会);有的酒店隔天开,如每周开两次或三次;有的酒店虽然天天开,但时间不一定都是上午,有时安排在下午。至于晨会如何开,也各有不同的做法。常见的是让每位与会者轮流发言。如此做法,不但开会时间长,更因多半汇报的事情与其他部门无关而浪费其他人的时间。另外,总经理在会上即听即判,未经充分思考,所做决定难免偏颇。更有甚者,因为一个部门所谈问题涉及其他部门工作不到位,于是有关部门出于自我保护,当场辩驳,甚至相互推诿,争得面红耳赤,也未必解决问题。

另外,该酒店晨会制度的形式也很好:总经理到会并同意开会后,由办公室主任发令:"全体起立!"总经理向大家说:"各位上午好!"全体齐声向总经理说:"×总上午好!"总经理说"请坐"后,大家方可落座。此形式既是表示相互尊重,又能集中大家的精神,还能树立总经理的权威,有助于政令畅通,提高酒店的执行力。

2.该酒店"工作日记"制度是一种创新

对于写工作日记,有的酒店不要求写;或有要求写,但不统一要求如何写,自行其便;有的即便要求写,但不要求上交,只是开会时让其照本宣读。该酒店的工作日记制度从形式到内容都十分新颖、科学,也十分有效,有利于管理者养成良好的工作作风;有利于中层管理人员不断反思和检讨工作中的问题;有利于问题的高效解决。

该酒店实践证明,酒店中层以上干部每天写工作日记和参加晨会,是提高工作效率和收到良好效果的十分重要的工作方法,也是提高管理水平的重要途径。工作日记和晨会制度应当看作酒店管理中最基本且不可或缺的制度,应该持之以恒地执行。

【对管理者的启迪】

1.管理者可以考虑在酒店设立工作日记制度,除了中层管理人员以外,也可考虑将这一制度扩大到酒店各级督导人员等基层管理人员。

2.工作日记要按照一定的形式和要求写,避免走过场。

3.晨会制度要坚持每天开(根据酒店或度假村经营规律,也可安排在晚上召开),以便及时发现运营和管理中的各种问题,并使这些问题及时得到协调和解决。但晨会必须精心设计,以提高晨会效率。

案例三　酒店微信群的管理

【教学目的】

认识酒店微信群在酒店管理中的作用。

【案例回放】

厦门新怡酒店早先缘于管理层都有智能手机,出于沟通方便考虑,建立起管理层微信群。随着智能手机在广大员工中普及,酒店为了扩大沟通范围,于是又建立了"全员微信群"。没想到这个全员微信群,后来在酒店的管理中竟发挥了重要作用,时任新怡酒店总经理李鹏辉先生提供了这方面的几个例子。

案例1:惊现管制刀具

有一位员工在微信群里晒了他在宿舍里的自拍照,李总发现照片的背景似乎有一把管制刀具,立即亲自和保安部经理一起到该员工宿舍检查,果然发现了这把刀。保安部随即检查了所有宿舍,又查出多把管制刀具。经了解,原来是最近有外人在宿舍附近售卖这种管制刀具,有的员工感觉好玩就买了。

保安部立即以此为契机,对员工宿舍进行包括防火防盗在内的全面安全检查,并对全体员工开展了一次安全防范教育。

案例2:菜盆空空如也

一位员工在微信群里晒了一组照片,内容是员工食堂出菜窗口的菜盆空空如也,并感叹:"饿!这么忙,还在用餐时间,员工食堂打菜台的菜盆却是空的。"

人力资源部经理在微信群里发现后,立即赶到员工食堂了解情况。经调查证实,的确存在经常加菜不及时,甚至饭、汤温度不够等现象。人力资源部经理立即向这位反映问题的员工道歉,对其监督管理行为给予肯定和感谢。人力资源部除了限期要求员工食堂全面整改外,还对所有后勤人员上了一次"员工是内部顾客","没有满意的员工,就没有满意的顾客,也就没有全体员工的工作"等意识的灌输课。

案例 3：餐饮部需要支持

餐饮预订部一位员工在微信群里发出消息："今晚中餐包间已订满，自助餐预订也超出100 位，希望有关岗位协助支持！"

保安部经理回复："已疏导车辆，并预留好车位！"

人力资源部经理回复："已安排好有关部门的人员前往协助。"

另外一些员工则回复："餐饮部加油""餐饮部棒棒哒"，有的发大拇指和强壮给力的插图以表示鼓励。

案例 4：晒出客人表扬信

客房部的一位员工在微信群里晒了一则客人给他的留言，内容是这位客人对该员工额外为他提供的许多温馨服务深表感谢。

客房部经理看到这则留言立即调查核实，在部门会议上对该员工进行表彰和奖励；同时把该员工的个性化服务事例进行归纳整理，加入部门的服务档案中，成为与同事分享的重要资料。不但该员工深受鼓舞，也因此激发了其他同事为客人提供个性化、人性化服务的热情。

案例 5：互通重要信息

财务部经理在微信群转发了官媒发布的本地十大失信单位和个人，留言道："报纸提到的××公司和个人是本酒店客户，请有关部门加以注意。"

前厅部、餐饮部、销售部纷纷发感谢插图，有的用文字回复："知道了，谢谢！"

据李总介绍，全员微信群中也会不时出现不实信息或暴露出员工存在错误思想等负面情况。不过他们并没有因噎废食而解散全员微信群，反过来，还把全员微信群当作发现问题和了解员工思想的窗口，重要的是要及时介入教育有关员工。比如下面两例。

案例 6：出现不实信息

销售部的一位员工在城市社交网上看到这样一则信息：本酒店的大客户某公司拖欠该公司员工工资。也许该员工出于通报客户信誉度的目的，就在酒店微信群里转发了这一信息。

李总发现后马上与该员工沟通，向他说明客户公司的劳资纠纷问题在没有定性之前，不宜随意转发，如果转发的信息不实，不但会影响客户与本酒店的合作关系，还可能引起不必要的麻烦。事后了解到那条信息确为有人恶意造谣，这位员工也因此受到了一次深刻教育。

案例 7：发现不当言论

一位员工在微信群里转发了曾轰动全国的"马加爵事件"的有关信息，并在自己的评论中替马加爵鸣冤叫屈，甚至有颠倒黑白的言论。

李总看到后，立即查找资料，详细了解"马加爵事件"的来龙去脉。然后与该员工进行沟通，向其说明该事件对社会产生的恶劣影响。在李总的耐心引导和教育下，这位员工纠正了错误认识，意识到自己看问题的片面性和极端性，并表示深受教育。

厦门新怡酒店自建立全员微信群后,为了不影响正常工作,对相关问题做了如下规定:

(1)一线普通员工上班时间里将手机存于工作间、后台或房务中心,实在需要时也要到工作间使用,且要求员工告诉家人朋友无重要事情上班时不要来电,更不可以在上班时间玩手机。

(2)销售部、总台、大堂副理、房务中心、宴会预订中心等对客服务口配备专用手机,建立对客服务微信群,以便沟通与服务有关的信息,其他内容不得上传;至于餐厅、楼层和保安等一线服务员与后台的工作联系则使用对讲机。

(3)酒店所有微信群可以发布关系到酒店的经营、管理和服务的工作信息以及员工的心声等,但不可以发布不利于团结的言论、虚假信息和黄色图片、视频等。

【案例点评】

本案酒店的全员微信群不但可以用来沟通各种信息,还可以从中发现酒店服务和管理中的各种问题,了解员工思想动态,让员工有宣泄不良情绪的管道,管理者也可以对员工的负面情绪和思想及时进行疏解和引导。利用微信群平台,可以增强管理者与普通员工之间的思想互动和感情交流,对员工的良好表现给予表扬,对员工的工作辛苦给予慰问,有利于激发员工的积极性。同时,微信还可以成为宣扬企业文化的重要阵地。厦门新怡酒店利用微信群这一方便的移动平台,为酒店管理发挥作用,应予点赞。

几点建议:

(1)微信群可以根据职能需要分类建立。如由总办牵头、总经理和部门经理参加的“经理群”,由质检部牵头、管理人员(含主管领班)参加的“质检群”,由培训部牵头、全员参加的“培训群”,由大堂副理牵头、一线人员参加的“客户信息群”(旨在收集客人信息、提供个性化服务),由营销部的传媒部牵头、有关人员参加的“传媒群”(旨在征求宣传广告设计修改意见)等。这类微信群里的内容只能与其工作性质有关,其他内容不得上传。

(2)微信群也可以根据工作板块建立。如“餐饮群”“客房群”或“运营群”“后勤保障群”等,餐饮部和客房部工作又涉及销售部、工程部和保安部,因此也可以把相关部门拉入群内。

(3)对于重要、紧急和需要追究责任或留档的事情,还是必须使用电话、面谈或纸质文件,这是微信所不能取代的。

【对管理者的启迪】

1.利用微信群沟通信息,交流感情,传播知识,对优化管理无疑能起到重要作用。

2.时刻注意微信群里有可能出现的不良信息,及时清除,保持微信群的健康状态。

案例四 广州××酒店总经理年度经营报告

【教学目的】

1.了解酒店总经理对酒店业主(董事会)提交的工作总结和工作计划的主要内容、写作形式和体例。

2.学会撰写酒店总经理工作总结和工作计划。

3.学会通过年终总结分析和判断酒店的经营状况。

【案例回放】

查看完整报告
请扫二维码

【案例点评】

这是一份酒店总经理提交给酒店董事会的年度工作报告与下年度工作计划。该工作报告的工作计划具有以下优点和缺点。

(一)优点

1.该份年终总结形式较为新颖,简明易懂,使日理万机的酒店董事会成员能一目了然地抓住重点,值得各位职业经理人和管理者借鉴。

2.采用与历史数据对比法,将关键经营数字一一罗列、对比,非常具有说服力,凸显出该管理团队和该名总经理的业绩。

3.没有过多地用华丽和炫耀的词语来阐述自身的业绩,充分使用数字说话,言简意赅、词少意达。

4.对工作成果采取主要成绩举例法的方式,充分诠释了以事实为依据、以标准为准绳的管理理念。

(二)缺点

除了上述优点以外,该工作报告和工作计划尚存在以下缺点:

1.从数据中可以看出,酒店 2018 年业绩仅比预算超出 10% 左右,故年终总结时就把营收多与去年相比,因 2018 年比 2017 年营收大约超 18%,对比起来数字显得好看些。这些合理的"打擦边球"的分析无可厚非,但却少了一点逻辑的严密性和分析的全面性。

2.在经营利润上的提升未能实现大幅度的跨越,过多地强调了客观的困难,对自身是否还有更好的潜力未能挖掘,未做更深层次的剖析,应该说留下了一点小小的遗憾。

3.工作报告中,业绩主要与历史数据做了比较,没有与当年的工作计划逐一比较,当年工作计划的完成情况不清晰。

4.来年工作计划不够详细,只说明来年要做的几件事,没有说明来年及各季度的营销计划指标。

【对管理者的启迪】

1.年终总结是对职业经理人的一次考试,总经理必须认真对待,要以最重视的态度来誉写答卷。

2.实事求是,既要晒成绩单,更要自爆家丑。尤其对不足要有深刻的认识,对未来要有改变的招数。

案例五　站好最后一班岗

【教学目的】

培养学生的职业道德。

【案例回放】

这一年的最后一天,酒店的一切都在正常进行中,而酒店总经理却心潮澎湃,因为这是他在这里工作的最后一天。这是他早在一个多月前就与集团董事长约定的最后一个工作日。虽然是他自己提出离职要求的,可他对这里十分留恋。

时间过得很快,一转眼他在这里就工作一年多了,这期间酒店已经成为省里首家中国AAAAA级绿色饭店,五星级旅游饭店的初审工作已经通过了评审,这也是当地的首家,想到这些他怎能不心潮澎湃呢?

但是,从他的表情与工作上,员工并不知道今天要发生重大的人事变动。因为他还像往常一样巡视酒店的各个部门、各个岗位,还特意到厨房检查了婚宴的准备情况,并找到餐饮总监在酒店最大的宴会厅做了一个主题文化餐台的设计。连餐饮总监都不知道当天中午是什么接待任务。这一切都是那样的自然、那样的平常。

中午,集团董事长率集团高管、各企业的主要领导及酒店部门经理以上的管理人员步入宴会厅,当大家看到电视屏幕上写道"热烈欢送××总经理"时,大家这才知道是为总经理饯行。

总经理就要启程了,酒店大堂员工们自发地站在那里为他送行,很多员工都流下了泪水。他向在场的所有人员恭恭敬敬地鞠躬致谢,感谢所有人对他工作的支持。

送行全部是按照VIP的迎送规格来执行的,8名礼仪人员站在酒店大门的两侧,安保人员身着正装佩戴白手套,从酒店的雨棚排到院子的大门口,车过的时候全体敬举手礼致敬。

俗话说,雁过留声,人过留名。总经理走后,集团召开年度工作总结大会,全集团中高层管理人员170多人参加,董事长对总经理给予了高度的评价,概括为八个字——勤奋、敬业、廉洁、自律,还号召集团的全体管理人员向他学习。

【案例点评】

一位已经离任的老总,董事长能给予这么高的评价是难得的。俗话说,人走茶凉,可是这位总经理人走茶并没有凉,这里的关键就是总经理所具有的高尚的职业操守。

职业经理人的入职、离职都是很正常的,要看是以什么姿态离开自己的岗位,这是检验职业经理人职业素养的关键,这位总经理做到了。

【对管理者的启迪】

1.不论你的职位高低,也不论你从业时间的长短,要注意做好职业素养的修炼,这是职业成功的基础。

2.作为一名职业经理人,要懂得忠诚:对所从事的事业忠诚、对所属的团队忠诚、对自己的老板忠诚、对自己的家庭忠诚、对自己的祖国忠诚。

3.职业经理人要严于律己,在人生的舞台上你就是一名演员,你的一举一动都是在给自己塑像,也都是在为自己的日后铺路。

4.职业经理人要有良好的职业操守,特别是离职的时候更能够体现职业经理人的修养和格局。

PART 2　反面案例

案例一　晨会应该怎样开

【教学目的】

1.了解酒店总经理主持的酒店晨会。

2.学会主持酒店晨会。

3.了解晨会的主要内容,懂得如何提高晨会效率。

（邢子琦绘）

【案例回放】

某酒店规定,每天10:00召开由各部门经理参加的晨会。这天超过开会时间5分钟了,参会人员还未到齐。

已经坐在会议室的两位经理走到会议室门口打电话,其中一位要求部门员工把桌面上的笔记本送到晨会会议室,另一位则要求赶快将昨天的营业收入报给他。

保安部经理、餐饮部经理姗姗来迟,且都未着工作服。保安部经理的理由是"穿西装实在不习惯",餐饮部经理则称"因为怕迟到,就没到办公室换衣服,直接来会议室了"。

10:15,晨会开始。各部门经理依次发言,有的寥寥数语,有的照本宣科。一线部门汇报业绩,二线部门汇报做了哪些工作。没有客人投诉,也不存在问题,看来形势一片大好。

11:15,总经理准备做总结发言。突然,餐饮部经理站起来,指责人力资源部迟迟没有解决该部门员工短缺的问题。

人力资源部经理回应说:"各酒店都缺人手,都在抢人。我们工资开得又低,很难招到人。"随后指责餐饮部:"据辞职的员工反映,你们部门的主管领班对普通员工态度很不好,怪不得你们部门员工流失率那么高。我看你们还是要提高对员工的管理能力。"

两位经理你一句我一句互不相让,此时已经 11:30 了。总经理很生气,要求两位经理到办公室解决问题,晨会就此结束。

【案例点评】

一次晨会,可以看出一支管理团队的精神面貌和职业素养。

案例中的酒店,有人迟到、有人不按要求着装、有人还没有做好准备。开会严肃性差、纪律松散,甚至互相攻击。笔者相信,这样的管理团队很难带出有战斗力的队伍。

通常来说,晨会不应占用太多时间,控制在半个小时以内为好。建议部门经理头天晚上写好工作日记,标明该汇报的内容,第二天上班报总经理批阅。总经理则应把必须强调、必须通报或必须集体讨论的问题,整理好带到会上。这些问题或是总经理自己思考的,或是从部门经理日记中抽取出来的。晨会以总经理发言为主,不需要每个人都知道的事,不必在会上说;只涉及个别部门的问题,总经理直接批示;涉及几个部门的问题,安排会前或会后进行专题研究。如此,晨会才能效率高、效果好。

【对管理者的启迪】

1.酒店晨会不能走形式主义,也不能成为中层管理人员吵架的场所。

2.必须提高晨会的工作效率,晨会不需要每个参会者都发言,有需要协调解决的问题,才在晨会上由总经理协调解决。个别问题会后解决,不耽误其他与会者的时间。

3.总经理必须通过制度强化晨会纪律,与会者必须严格遵守晨会纪律。

案例二　酒店管理是"一把手文化"

【教学目的】

1.认识"一把手文化"。
2.认识酒店总经理作为一把手的重要性。
3.了解一把手应该具备的能力。

【案例回放】

记得几年前,一个地产老板在上海建造了一座高端酒店,委托一家著名的国际集团管理公司全权管理,一个响亮的品牌标志挂上了这栋建筑的顶端。开业几年以后,由于该酒店的经营业绩一直不够理想,离当年和管理公司签约时的预测相差甚远,投资方数次要求管理公司更换总经理和市场营销总监,但遗憾的是收效甚微。这位地产老板在百般无奈的情况下拿起了法律武器,经过仲裁,管理公司被要求向投资方赔偿巨额损失。当业内都以为该管理合约会被终结,品牌标志会从酒店建筑顶端拿下时,投资方在专业高手的指点下,提出了保留品牌和渠道网络平台的要求,管理者由投资方自行聘用。双方达成的条件是,变全权委托管理为挂牌自行管理,管理公司需要收取营业总额的6%作为品牌和渠道平台使用费,而投资方可以用赔偿款金额抵扣。这个出人意料的置换条件,其实关系到投资方对品牌和渠道平台的认可,但需要一位出色的一把手来运作,而这位一把手只能是投资方自己寻找,管理公司无法为其提供。

经业内人士介绍,投资方聘请了一位多年在中国高星级酒店担任总经理的资深外籍华人职业经理人。上任两年,酒店管理团队凝聚力大大提高,酒店的经营业绩从原来的亏损做到了连续两年提升和盈利,投资方大为满意,证实了"品牌 + 渠道 + 出色的一把手"对酒店经营成功的重要性。由于这位资深外籍华人职业经理人已到退休年龄,两年后从该酒店请辞,投资方不得不再次寻找合适的一把手,最终聘请到一位德籍职业经理人,由于语言不通和对当地市场不熟悉等因素,该酒店的各方面情况又开始退步。

【案例点评】

"一把手文化"其实是一家酒店一把手的领导力的表现,领导力是指在管辖的范围内,充分利用人力资源和客观条件,以最低成本达到目标,并提高整个团队效率的能力。具体到酒店管理范畴,需要一把手具有专业能力、学习能力、沟通能力等。目前,多数城市酒店供大于求,各大集团管理公司人力资源不济,单体酒店物业老板到处祈求职业经理人,除了品牌和预订渠道平台,决定一家酒店成败的关键因素落到了酒店操盘的一把手手中。

以上这个案例说明了"一把手文化"的重要性。

目前,行业内有不少单体酒店,它们并没有著名的国际品牌和渠道网络平台,但是,一把手较为专业且善于不断学习,能准确把握产品定位,拥有获客能力,能积极调动管理团队和全体员工的积极性,还善于与当地政府有关部门及行业主管部门沟通,不断学习提高管理水平和经营效率的新技术,并且积极运用到日常的经营管理之中,把酒店经营得有声有色。

当然,在当今行业的现状下,酒店的一把手若想做成事、做好事,一个重要的前提是必须有权使用一定量的资金。有些一把手专业、认真,努力经营管理酒店,但被投资方限制使用正当需要花费的费用,进而妨碍酒店正常营运发展。然而,一把手能否获得资金使用权,一方面有赖于投资方或董事会的认知,另一方面也考验一把手的沟通以获得业主认可的能力。

总之,行业发展的速度和业态的变化如此之快,要想成功经营管理一家酒店,一把手的关键作用凸显,仅有品牌和渠道网络平台,没有专业的、爱学习的、爱顾客和员工的、有超强沟通能力的一把手,则会让成功的概率大打折扣。一把手的学习力就是学习的毅力和能力及能够将知识向资本转换的能力。行业发展至今,还是存在部分单体酒店或集团酒店的一把手把职位当官位,知识结构落伍、认知理念固化,虽然也在不断参加各种培训和学习,但实际学习转换能力缺乏的情况。

【对管理者的启迪】

1.酒店管理是"一把手文化"。

2."品牌＋渠道＋出色的一把手"对于酒店经营的成功十分重要。

3.酒店一把手要有很强的与业主沟通的能力。

4.一把手要有学习力和将知识向资本转换的能力。所谓学习力是指学习的态度、毅力和能力,这是一把手获得领导力的关键。

4.2 质检管理案例

PART 1 正面案例

案例一 酒店质检:从"猫抓老鼠"变为"患者找医生"

【教学目的】

1.了解酒店质检工作。

2.掌握酒店质检的方法和艺术。

【案例回放】

大多数酒店都设有质检部(或有质检职能的虚拟部门),他的职责就是做酒店质量检查。可是由于员工对质检工作不是很理解,质检部就常常和其他部门产生矛盾。

在一个周末的下午,某酒店质检部经理到餐饮部检查工作,因为冰箱里原材料的存放不符合标准要求,质检部经理对当事人提出了批评,并要写入质监通报。这时,餐饮部经理走了过来,听了一下情况,认为不就是原材料存放不标准吗,有什么大惊小怪的。质检部经理反驳道:"这样的事情已经发生过多次,你们是屡教不改。"就这样两个人连吵带嚷地找来总经理评理。

总经理自然是要保护质检部经理啊,因为质检部的活是得罪人的,谁愿意干? 总经理要是不给撑腰就没有人干了。

晚上,总经理把质检部经理找到办公室,他提出一个问题:"为什么人们都主动到医院去看病,还要花很多的钱?"经理说:"人有病了一定要看啊,花钱也得看,不看就小病变大病了。"总经理说:"这就对了。我们的质检工作就像给病人看病一样,是帮着他们改正错误,他们不应该拒绝的,可是为什么总闹出矛盾呢? 这就是方法问题了。你想一想吧。"

质检部经理回到家一夜也没有睡好,终于想出个办法来。第二天一上班他就找到总经理说:"我想出办法来了,我们改变质检的方式,让他们自己先做检查,然后来找我们做复查,复查出的问题再进行整改,这样就不会有那么尖锐的矛盾了。"

在酒店的办公例会上,质检部经理谈了自己的想法,结果大受欢迎。

【案例点评】

质检部的职责是保证酒店服务的产品质量,但是质检部要有为其他部门服务的意识,而不是形成对立。从质检部对各部门的强制性检查,改变为各部门主动请质检部去检查,这就达成了一个确保质量的共识。

该酒店质检部创新的质量管理方式,能够调动大家的积极性,你要检查和我请你来检查,态度变了、角度变了、方式变了,结果也就改变了。质检部与酒店其他部门的关系从对立变为合作,探索出一条酒店行之有效的质检之路。

【对管理者的启迪】

1.管理是科学,也是艺术。酒店管理者要不断进行管理创新,探索管理的艺术。

2.质量管理工作要调动部门管理人员和员工的积极性,要培养全体员工的质量意识。

3.单单依赖少数人搞质量管理是不够的,各部门要认识到质检工作也是本部门的工作职责。

4.质检部要成为各部门的保健医生、防疫站,不是要查出多少问题,而是帮助服务部门少出问题或不出问题。

5.质检部要摆正自己的位置,要树立为各部门服务的意识。出现问题不只是发通报、扣奖金,而是要帮助各部门制订整改方案,这样质检部就会从万人恨成为人人爱。

6.要培养和强化酒店所有部门的合作意识和质量意识。

案例二 星评检查:最严格的质检

【教学目的】

了解酒店星评检查(复检)流程和方法。

【案例回放】

长沙市某酒店是一家挂牌的五星级酒店,每年都会接受省旅游局的复核,每三年会接受国家旅游局的评定性复核。该酒店去年才做的评定性复核工作,2015年只是省旅游局的年度常规性复核,在三个月前就接到了省旅游局下发的《2015年度全省星级饭店复核工作方案》通知,对复核的大致时间、复核重点及其内容、复核程序都做了详细要求。酒店对平时的各项工作就从不懈怠,各项服务标准都是不折不扣地按规范执行,清洁卫生、礼节礼貌、仪容仪表、设备维护、后台管理以及如何迎检,都有非常详细的措施和方案。2015年11月8日9:00,省星评委及省级星评员来到酒店开展复核工作。其实在11月6日,省星评委就安排了相关人员对酒店进行暗访,省星评委及相关专家对星评工作的情况已经心中有数。于是,他们来到酒店后,就立马要求总经理带队对酒店进行明查,先查酒店的客房,到了非"备检房"8803房门前时,星评委的领导停下脚步,要求酒店打开房门,对里面的房态、设施做全面检查。他们非常专业:枕头有没有毛发?拆开枕头看枕芯是不是定期清洗?床单上有无毛发?出风口有无灰尘?对8803房的其他设备也不放过,如浴室水龙头出热水的时长以及马桶按键都一一检查到位。陪同一起迎检的房务总监多少还是有一点紧张,毕竟8803房是一间非"备检房",万一有一点纰漏,必然影响酒店的评分。省星评委的领导在检查8803房的同时叫房务总监拿来楼层员工的花名册,任意抽到一个员工,对敲门服务、陌生访客服务、递送物品服务、开夜床服务、房间小整理服务一一进行考核。由于酒店平时的工作扎实,没有半点打马虎眼,因此省星评委对客房楼层检查是比较满意的,还对客房的严谨管理和专业素养提出了表扬。查完客房以后,他们来到餐饮部,考核了餐饮服务员的送餐服务、楼面员工的点菜服务,还对菜品知识进行了考核;同时也对台面上的餐具、杯具的卫生进行检查。这些领导拿起包厢的一个个玻璃杯放在灯光下照射,看杯子是否擦得干净;同时还用餐巾纸抹了包房及走道地脚线,看卫生是否干净;对厨房下水道的卫生情况进行了检查;对凉菜房的"二次更衣"及其操作消毒情况进行了检查;也考核了西餐员工的早餐规范服务及送餐服务;在康体部对员工健身器材业务知识的掌握情况进行了询问,同时要求员工对训练器材做示范检查;在工程部,对停电以后紧急启动酒店自备发电机的发电时间做了检查;在消防安全监控中心,对接听报警电话,口报及自拨报警信息也做了考核;在洗衣房考核了员工收取客衣及折叠打包知识;在最后一站到达员工饭堂,检查了员工餐厅的卫生及出品质量;晚上进行宴会服务体验和康乐足浴服务体验。

在第二天的通报中,省星评委的领导和省星评员对酒店高度重视复核工作、贯彻星级标准、落实行业规范给予了充分的肯定。对客房、餐饮、康体各部门的个性化服务更是高度赞扬,最后宣布某酒店顺利通过五星级酒店年度复核检查。

【案例点评】

案例中省星评委和省星评员的检查是专业的、严谨的,也是到位的。酒店应对星级复核的工作准备也是充分、到位的。这得益于酒店平时管理工作的高标准、严要求。

【对管理者的启迪】

1.酒店管理中的质检管理是一项硬功夫,需要平时的积累和磨炼;如果没有抓好平时的基础管理工作,复核工作检查来了,临时抱佛脚是不可能取得好成绩的。

2.工作抓平时、抓点滴、抓细节非常重要。

PART 2　反面案例

案例一　质检部的暗访

【教学目的】

1.让学生认识到检查与暗访的重要性。
2.了解检查的常用方式。

【案例回放】

2017 年 8 月 21 日,××大酒店质检部在全店范围内进行服务质量暗访。检查人员入住房间后,拨通了酒店岗亭电话(邮件、包裹接收)询问是否有自己的快递。保安在电话铃响四声之后接起电话"喂,哪位?"得知来电人员是住客,需要查询快递,保安非常不耐烦地说:"到大厅查。"然后挂断了电话。约半小时后,检查人员退房。

质检部通过录音和监控录像,确认接听电话的情况、当班保安等信息,整理出检查报告反馈至安保部经理。在当天的班后会上,安保部经理请所有保安分享自己当班期间的工作亮点,该保安说道:"15:00 左右,住在 2003 的客人查询快递,我热情地帮助查询,并主动将快递送至房间交给客人。"

【案例点评】

管理学家法约尔提出管理的五大职能:计划、组织、指挥、协调和控制。其中"控制"就是要证实企业的各项工作是否已经和计划相符,其目的在于指出工作中的缺点和错误,以便纠正并避免重犯。

在酒店管理中"控制"的职能,具体体现在"检查"环节。由于酒店检查工作内容繁多、复杂、涉及面较广,一般酒店会专门成立质检部门,设立专门的检查人员,同时检查人员担任内审员,负责宣贯国家、地方等行业标准规范,并按标准检查。

酒店检查常用方式有两种:明查和暗访。在实际工作中每日例行工作明查较多,而暗访则更能反映出员工的真实工作状态,适用于不定期或计划性访查。本案例暗访保安服务的环节主要反映出以下问题:员工接听电话极不规范(未按规定时间接听电话、延迟接听电话未致歉、未按规定问候、未自报家门、礼貌欠佳、于客人挂电话之前先挂电话)、未主动帮助客人解决问题、向上级汇报时说假话(涉及人品诚信)等问题,而这些问题都是在明查过程不易被发现的。

【对管理者的启迪】

1.检查不仅是质检部的责任,每个管理人员都应该运用不同方式,对部门员工工作形成常态化检查。

2.下级不会做上级要求的,只会做上级检查的,管理者检查的标准就是员工做到的标准。

3.管理的一半是检查,哪里没有检查哪里就有问题。哪里有问题哪里就有不负责任的检查,或者就没有人检查。

案例二　质检部经理为何辞职

【教学目的】

1.认识质检部的工作性质。

2.了解质检部的工作职责。

【案例回放】

质检部的刘经理举起手中酒杯,对客房部的崔领班说道:"你看,杯壁上还有几点红酒渍,房务员根本没洗过,你是怎么检查的?"然后转向记录员:"记下来!"

不一会儿,又查出新问题,刘经理的声调几乎高了八度:"你再看看,圆珠笔都写不出字了也不换一支,标配两张的信笺缺了也没补上。这个房务员实在马虎!"

"对不起,这位房务员新来不久,业务还不熟。"崔领班轻声辩解道。

"新来的? 那你更要对她多加关注才对! 看来问题主要在你身上了。"刘经理气呼呼地训斥道。

崔领班一脸愧色,近乎哀求地说:"刘经理,是我没做好,我们立即重做,请你不要开处罚单好吗？否则我这个月的奖金就泡汤了。"

"那不行，发现类似问题已经好几次了，再不开罚单，你还是改不了。不是跟你们说过了吗——对新手要多留个神，对他们出现的问题，要举一反三、由点及面地去检查，而且要及时补位。这个房间你签字通过成了 OK 房，你就要负责！"刘经理好像是这位领班的上司，继续教训着。

崔领班见无挽回余地，咬了咬嘴角，哼了一声"就你严格"，怨恨之情表露无遗。而在一旁久不作声的客房部陈经理这时出来打圆场："刘经理，返工好了，这次口头警告一下就算了。"

"不是我故意跟你们过不去，我不严格，我就要挨批。总经理已经说我好几次爱当老好人了。"刘经理似乎也有她的苦衷，她转向陈经理继续说道，"我说陈经理，你可倒好，我每次向总经理反映你们部门的问题，你总是申辩，替你部下开脱。要知道，你们部门问题积累多了，最后要负责任的还不是你陈经理？待会儿我还要开一张整改通知书给你。"陈经理虽然不再作声，但面带愠色，心里肯定不爽。

虽然一周内这种技能业务质量的检查才一天，但一天下来刘经理类似以上遭人白眼、被人讨嫌的情形总有那么几次，足可使她郁闷好几天。

其实，刘经理不被当事部门理解还不是最难受的，让她感到沮丧和无助的是总经理有时对她处理问题也不予理解和支持。比如，对当事人多一些口头警告吧，总经理知道后，说你怎么这么手软；有几次开出罚单，被当事部门以小题大做告到总经理那里，总经理又说你不够讲究工作方法，没有把握好分寸，不能灵活处理问题，等等。总之，经常搞得左右不是。几次想脱离这个岗位，换一个部门，总经理总是以"你业务知识全面，这个岗位非你莫属"为由而拒绝。

最后，刘经理只好打报告，向总经理申请辞职，当然，报告中的辞职理由还不能说与工作有关。

【案例点评】

总经理在刘经理的辞职报告中看不到其辞职的真正原因，自然对如何改进质检部工作，使之更科学地发挥作用也就无从反思。即使换一个人选，结局恐怕依然如此。

为什么会出现本案这样的结局呢？这就必须从质检部的"职、责、权"上找原因。

首先，要搞清楚质检部是属于什么工作性质的部门。

酒店各部门按其工作性质分类，可分为业务部门（如客房、餐饮），职能部门（如人事、财务）和后勤部门（如采购、维修）。而质检部应属于职能部门。职能部门与其他部门的关系应当是监督与被监督、指导与被指导的关系，而不是命令与被命令、指挥与被指挥的关系。具体说来，质检部职能主要是充当总经理的"手电筒"，搜索有关质量问题的情报，以质检报告形式上报总经理，有的还需要送交有关部门。这些材料是作为总经理或有关部门制订和改进与质量有关的工作方针、管理措施、培训规划和整改计划（包括是否处罚、怎么处罚）等的参考依据。一般来说，总经理不会简单地拿来作为处罚当事部门或人员的直接依据，需要时会指示有关部门按常规程序调查处理。当然,个别情况下也不排除作为总经理决策的直接依据,如重大事件专题报告。

而本案的酒店,将质检部的具体职能不但看作总经理手上的"手电筒",而且还看作总经理手上的"警棍"——质检部既可以向当事部门下达整改通知书,还可以向当事部门或人员开出处罚单。一个与其他部门平级的单位有如此之大的权力,这使其他部门经理的心目中极易产生说不出来的嫉妒、抵触等情绪。假如质检部指出的问题与事实一旦有出入,自然就更增加了其他部门经理甚至员工的不满和怨恨情绪。

其次,要明确质检部的工作职责是什么。

除了上面已经提到的以质检报告形式上报总经理或送交有关部门之外,其实质检部还有一个协助酒店质检小组(有的酒店称质检委员会)的工作任务。质检小组是为了加强质量整改力度,由各部门经理或业务骨干组成的。质检小组一般每隔一定时间(不定期)检查一次,每次出检成员也未必到齐,只要有一定人数,做到众口一词,权威性就大。总经理授予质检小组执罚权,目的是起到威慑作用。这时质检部在其中则成了质检小组的"秘书",其工作内容是:负责召集质检小组成员参加质检活动,代质检小组开出处罚单,以及整理质检小组的检查结果纪要。

至于质检部本身是否有处罚权,其实从质检部的性质和职责中已经知道。质检部本身并没有处罚权,仅是为总经理提供质检情报,即充当总经理的"手电筒",以及为有关部门传送质检情报而已,同时为酒店的质检小组担任"秘书"罢了。质检部也不该有处罚权,假如授予"生杀大权",授以"警棍",对质检部本身开展工作并不有利,本案事实也证明了这一点。那么,检查出问题后谁来处理、谁来处罚?当然是当事部门,因为各部门各层管理者的日常工作职责中,就负有质量检查和处理问题(包括要不要处罚、怎么处罚)的责任。

【对管理者的启迪】

1.搞清楚质检部是属于什么工作性质的部门,明确质检部的工作职责是什么,这对正确评判质检部工作的优劣十分重要。

2.酒店管理是一个系统,质检工作属于酒店管理中的质量监控系统,酒店组织架构中要明确质检部门的职能和具体职责(是"手电筒",而非"警棍"),这样才能使整个酒店各部门之间顺畅、有机地运作起来,使质检部门更好地发挥作用。

3.酒店高层管理者,特别是总经理,要重新审视酒店的规章制度、组织架构和岗位职责,必要时对其加以调整、改革,使其更加科学、有效。

案例三　产品质量:综合与量化的评价

【教学目的】

1.了解从消费者视角出发设定的酒店产品质量指标体系的主要内容。

2.掌握综合与量化评价产品质量的步骤与方法。

【案例回放】

酒店产品质量是指酒店产品适合和满足客人需要的程度,适合、满足客人需要的程度越高,说明质量水平越高,反之亦然。这里介绍某酒店对该酒店产品质量进行综合与量化评价的做法,供同行参考。

综合评价:一是指综合硬件产品和软件产品的各项指标;二是指综合顾客和专家的评判意见而进行评价。

量化评价:是指取得顾客和专家的评价数据之后,通过层次分析与模糊评判相结合的方法而得出评价结论。

该酒店进行综合与量化评价产品质量的步骤如下:

第一步:确定评价指标体系和各层次权重(表1)。

表1　酒店产品质量评价指标体系及权重表

一级因子及权重	二级因子及权重	三级因子及权重
1.设施环境 U1——0.563 8	(1)建筑装修 U11——0.051 4	a.建筑风格 U111——0.250 0
		b.装修装潢 U112——0.750 0
	(2)设施设备 U12——0.216 7	a.设施齐全,布局合理 U121——0.125 0
		b.设备的适用性与可靠性 U122——0.875 0
	(3)材料用品 U13——0.626 7	a.食物品质 U131——0.222 2
		b.易耗品品质 U132——0.111 1
		c.布草干净舒适度 U133——0.666 7
	(4)环境气氛 U14——0.105 2	a.照明舒适度 U141——0.088 2
		b.噪声减除措施 U142——0.156 9
		c.空气清新度 U143——0.271 7
		d.空气温度和湿度 U144——0.483 2
2.服务质量 U2——0.263 4	(1)服务水平 U21——0.104 7	a.服务项目多少及其适应性 U211——0.297 0
		b.操作熟练程度 U212——0.536 9
		c.服务规范化与准确性 U213——0.166 1
	(2)服务态度 U22——0.637 0	a.服务主动热情 U221——0.800 0
		b.服务耐心细致 U222——0.200 0
	(3)服务效果 U23——0.253 8	a.清洁卫生状况 U231——0.417 4
		b.安全措施与安全感 U232——0.263 4
		c.提供方便周到的服务 U233——0.160 2
		d.服务总体感觉温馨的程度 U234——0.097 5
		e.对正常服务要求的快捷反应程度 U235——0.061 5

续表

一级因子及权重	二级因子及权重	三级因子及权重
3.管理水平 U3——0.117 8	(1)对特殊服务要求和突发事件的反应速度与处理能力 U31——0.750 0	
	(2)对投诉的及时应对与处理能力 U32——0.250 0	
4.员工素质 U4——0.055	(1)形象风度 U41——0.108 2	a.着装整洁 U411——0.333 3
		b.举止得体 U412——0.666 7
	(2)礼貌态度 U42——0.573 1	a.谈吐优雅得体 U421——0.666 7
		b.对客尊重有亲和力 U422——0.333 3
	(3)专业水平:业务能力和相关知识 U43——0.253 2	
	(4)心理品质 U44——0.065 5	a.气质平和沉稳 U441——0.333 3
		b.性格外向开朗 U442——0.666 7

说明:①本表指标体系是站在顾客角度评价酒店产品质量而设立的,凸显顾客所关心的问题。

②权重指各级因子在本级因子总和中的比重,表明其在总体中的重要程度。权重的确定是先由专家根据平时的观察和对顾客的访问,对各评价指标的相对重要性进行打分,然后综合各专家的打分,应用层次分析法(Analytic Hierarchy Process, AHP),计算出各指标在整个指标体系中的权重。例如:布草干净舒适度的权重为0.666 7,重要程度占材料用品的66.67%,而材料用品又占硬件即设施环境的62.67%,可见布草干净舒适度在顾客心目中的分量之重。

第二步:向顾客和专家发放调查问卷。

该酒店在发放调查问卷过程中,共向酒店住客(住店时间至少为一夜,排除钟点房)发放问卷366份,收回128份,有效卷112份;向酒店专家3人发放并收回问卷3份。

说明:①发给顾客的调查表去除"专家评价"栏,发给专家的调查表则去除"顾客评价"栏。②根据通用评估准则将酒店产品评价级定义为五级,由低到高为等级五、等级四、等级三、等级二、等级一。评价依据来自顾客评价和专家评价两个方面。顾客按很不满意、不满意、一般、满意和很满意进行评价;专家采用百分制评价,39分以下为等级五,40~59分为等级四,60~74分为等级三,75~89分为等级二,90~100分为等级一,各档均可根据程度不同决定分数高低。

第三步:对收回调查问卷的数据进行统计。

计算顾客有效问卷中各指标的不同评判份数占总份数的比重,再计算三位专家对各指标打分的平均值,将统计结果列表(表2)。

第四步:对酒店总体质量进行模糊评价。

分别就顾客和专家评价数据进行模糊评价,计算公式和计算过程从略。

顾客组和专家组得出评价结果,都表明该酒店产品总体质量为"等级一"。因此,结论是该酒店产品总体质量为"等级一"。

表2　酒店产品质量调查表/统计表

评价指标			顾客评价(在认同的栏内打"√")					专家评价(百分制)
			很不满意	不满意	一般	满意	很满意	
1.设施环境	(1)建筑装修	a.建筑风格	0	0.05	0.20	0.40	0.35	85
		b.装修装潢	0	0.20	0.26	0.30	0.24	75
	(2)设施设备	a.设施齐全,布局合理	0	0.03	0.45	0.36	0.16	92
		b.设备的适用性与可靠性	0	0.02	0.30	0.43	0.25	95
	(3)材料用品	a.食物品质	0	0.15	0.20	0.20	0.45	88
		b.易耗品品质	0	0.12	0.15	0.35	0.38	92
		c.布草干净舒适度	0	0	0.10	0.30	0.60	95
	(4)环境气氛	a.照明舒适度	0	0	0	0.45	0.55	89
		b.噪声减除措施	0	0	0.10	0.50	0.40	96
		c.空气清新度	0	0	0.15	0.40	0.45	84
		d.空气温度和湿度	0	0.10	0.30	0.25	0.35	90
2.服务质量	(1)服务水平	a.服务项目的多少及其适应性	0	0.20	0.25	0.30	0.25	81
		b.操作熟练程度	0	0.10	0.35	0.30	0.25	88
		c.服务规范化与准确性	0	0	0.35	0.35	0.30	76
	(2)服务态度	a.服务主动热情	0	0.10	0.25	0.30	0.35	85
		b.服务耐心细致	0	0	0.23	0.26	0.51	79
	(3)服务效果	a.清洁卫生状况	0	0.19	0.21	0.32	0.28	83
		b.安全措施与安全感	0	0	0.29	0.30	0.41	93
		c.服务方便周到	0	0	0.10	0.25	0.65	89
		d.服务总体感觉温馨的程度	0	0.04	0.26	0.45	0.25	91
		e.对正常服务的快捷反应程度	0	0.08	0.21	0.33	0.38	95
3.管理水平	(1)对特殊服务和突发事件的反应速度及处理能力		0.12	0.11	0.17	0.21	0.39	89
	(2)对投诉的及时应对与处理能力		0.07	0.10	0.11	0.23	0.49	96

续表

评价指标			顾客评价(在认同的栏内打"√")					专家评价(百分制)
			很不满意	不满意	一般	满意	很满意	
4.员工素质	(1)形象风度	a.着装整洁	0	0	0.11	0.31	0.58	98
		b.举止得体	0	0	0.24	0.32	0.44	94
	(2)礼貌态度	a.谈吐优雅得体	0	0	0.48	0.37	0.15	96
		b.对客尊重,有亲和力	0	0	0.22	0.31	0.47	86
	(3)专业水平	业务能力和相关知识	0.04	0.07	0.28	0.30	0.31	86
	(4)心理品质	a.气质平和沉稳	0	0	0.33	0.39	0.28	88
		b.性格外向开朗	0	0.10	0.35	0.48	0.07	78

【案例点评】

本案酒店产品质量指标体系是从消费者视角出发设定的,其测定结果显然具有市场意义;采用层次结构分析,并对每一层因素应用模糊综合评判的方法进行评价,综合考虑了各种因素的影响,减少了评价过程中的主观性和偏颇性,从而保证了对产品总体质量的评价具有较高的可靠性,在实践中具有一定的应用价值。

由于本案最后对酒店产品质量进行总体评价时,应用的计算公式和过程比较复杂,因此有赖于专家协助完成。对于大多数酒店而言,进行到第三步,基本上可以掌握顾客或专家对各项质量指标水平的评价结果。

通过本案:

(1)可以利用该质量指标体系来引导我们观察问题的方向。

(2)可以应用各级因子在本级因子总和中的权重,启发对不同问题的重视程度,比如本案指标体系中的设备的适用性与可靠性、布草干净舒适度、服务的主动性、清洁卫生和安全措施等指标权重都比较高,显示这些均属于顾客的核心利益,必须给予足够重视。

(3)可以通过对顾客和专家发放调查表,对各项指标的评判数据进行统计,找出主要或重要问题,再运用"问题树法"分析存在的问题的原因,运用"PDCA法"(计划、执行、检查、处理)解决问题。

(4)还可以对不同时期评判结果及大数据进行质量动态变化分析,为酒店管理决策层改进硬件、提升软件等方面提供决策依据。

【对管理者的启迪】

1.突破了以往从酒店角度评判产品质量的做法,改为从消费者视角出发设定酒店产品质量指标体系,这样的结果更有意义也更加实用。

2."大数据"分析是由定量到定性分析的过程,本案也可以看作单体酒店运用相对大的数据来分析判断产品质量,这对指导单体酒店的产品质量评判具有现实意义。

案例四　令人满意的满意度问卷

【教学目的】

使学生懂得一份简明扼要的满意度问卷的内容及其调查步骤与方法,供以后进行类似活动时参考。

【案例回放】

"陈老师早上好!打扰您了。这是我们酒店征求客人意见的一份问卷,麻烦您花一分钟时间在表格里打钩。同时,酒店为感谢您参与这次调查活动,送您一盒巧克力,请您务必收下。"

我正往自助餐厅里走,站在餐厅门口的质检部南经理双手递给我一张纸,同时又送上一个精美的盒子,让我感到意外。

我匆匆浏览了一下这张 A4 大小、印有表格的纸(好在内容不多),一下子就明白过来这是一张满意度调查表,内容如下:

××××酒店顾客满意度问卷

顾客基本情况:□男　□女;　□青年　□中年　□老年;　□散客　□会议　□团队

序号	内　容	很不满意 1分	不满意 2分	一般 3分	满意 4分	很满意 5分
1	酒店位置和交通					
2	内部和外部的环境					
3	内部或外部的生活设施配套					
4	房间:空调,清洁,噪声					
5	床铺:床垫舒适,布草干净					
6	洗漱用品的质量					
7	网络(Wi-Fi):强度,速度					
8	电视:频道,清晰度					
9	服务员:服务态度,应对速度					
10	早餐:品种,品质,口味,卫生					
11	其他:					

注:①若有细目的问题,请在不满意细目的文字上画圈。

②本表未列出的很不满意或很满意内容,请写在第 11 行"其他"中,并予打"√"。

我立即找到座位坐下,很快将问卷打完钩并交给站立一旁等候的南经理,顺便问道:"每个客人都要填这张表吗?"

她说:"是啊。当然,也有遇到客人不愿意配合的,我们也不勉强。我们这次调查活动刚进行半个月,准备一个月后,再根据客人提出的问题做一次大的整改。"

我在这家酒店讲课,课余就向南经理了解这项活动的开展情况。南经理告诉我,考虑到调查时不可以占用客人太多时间,调查的问题尽可能少而精。表中的 10 个内容是他们综合近期网络评价中客人提到最多的问题总结出的,目的在于进一步确认客人对这些问题的满意度。

南经理接着介绍,调查工作分三步走:

第一步,发放问卷。一般在客人到总台办理退房手续时请客人作答。对于长住客人,由客房部领班以上管理人员亲自拜访并收回问卷。

第二步,计算各个方面得分的平均值。集中问卷后,分别按各个方面问题打钩的栏目分数相加,再除以问卷总份数,得出各个方面的平均分值。

第三步,确定各方面的满意度。根据平均分值按以下标准确定:平均分值在 2.50~3.50 分的为中度满意或称满意度一般,在 2.49 分以下的为低度满意或称满意度差,在 3.51 以上的为高度满意或称满意度高。

南经理随即将半个月来收到的有效问卷 797 份拿给我看。挑出其中"早餐"这一方面的统计数据,如下:

计量单位:份

序号	内　　容	很不满意 1分	不满意 2分	一般 3分	满意 4分	很满意 5分
10	早餐:品种,品质,口味,卫生	7	95	458	219	18

计算这一方面的平均分值 = (7×1+95×2+458×3+219×4+18×5) ÷797 = 3.18,处于 2.50~3.50 区间,属中度满意。还可以看出,在 102 份满意度差的问卷中,提出品种少的约占一半,而且大部分是由散客提出的。尽管有一些对早餐不满意的客人未圈出细目,同样要求厨房对各细目都必须予以关注。

【案例点评】

以往见到一些酒店的顾客问卷,设计内容繁多,似乎希望一次性搞清和解决所有问题,这恰恰应验了"贪多嚼不烂"那句话,花费了大量人力、时间,收效却不理想。

本案酒店能在平时利用互联网这一新型工具,初步了解部分客人关心的核心问题。而且考虑到大部分客人不一定上网参与评论,为了更准确掌握客人的核心诉求和酒店存在的问题,设计出问题少而精的调查问卷(每一阶段的问卷内容也应当与时俱进加以变化),不但节省了客人的答卷时间,利于调查活动开展,同时也利于今后集中精力抓住关键问题进行整改,以求尽快见效。可以说,本案的《满意度问卷》本身就令人满意。

【对管理者的启迪】

1.改变了以往的习惯思维,以前总以为酒店关心的问题就是客人关心的问题,其实不然,站在客人角度去了解情况,才能更准确地掌握客人的核心诉求和酒店存在的问题。

2.以前总以为一次调查的问题越多越好,其实不然。设计出问题少而精的调查问卷不但节省客人答卷时间,也利于酒店集中精力抓住关键问题进行整改。

3.酒店进行服务质量调查具有重要意义,可以真实地了解酒店的服务质量水平,了解酒店服务中存在的问题,从而采取有效措施,不断提高对客服务质量,提高酒店的市场竞争力。

本章案例讨论

挂冠归去的总经理

正是初春的艳阳天,李董事长踏着明媚的阳光,心情也如这初春的天气,充满着醉人的喜悦,当他推开他在这家五星级饭店硕大的办公室大门时,桌面上一封写着隽秀字体的信,却使他整个人一下子回到寒冬,原来这是一封饭店总经理的辞职信。

李董:

您好!今天,当我不得不怀着复杂的心情提笔时,心中充满了感慨和遗憾。今天算来差不多是我上任饭店总经理五个月的样子,其间的酸甜苦辣一言难尽。尽管这五个月已经取得了我们饭店历史最好的业绩,但我还是决意离开,这种结局带给我更多的是反思。

当初经过跟您和猎头公司协商,我对我们饭店进行了为期三周的调研,呈交管理诊断报告后我选择了放弃。两天后您亲自开车到我家,而且告诉我,您组织过饭店部门经理以上人员集体表决,一致通过聘我做饭店的总经理,并让他们每个人签了"军令状"。如果某一天因为新任领导的管理需要,对他们进行调整或辞退,任何人不得有异议。

我很感动,自感无法望孔明先辈之项背,无须三顾茅庐;也看您变革决心之大,告诉我把权力完全下放,可以大胆放手地去干;还有一点是我的私心——大学毕业二十年一直在外漂泊,中国人有个叶落归根的情结,而我们饭店正好在老家,种种复杂的原因让我接受了这份任命。问题恰恰出在这里:是因为原因接受了任命,而非因为目的——我迈出的第一步就错了;而作为您,在各项条件尚未完备,尤其在您没有足够思想准备的情况下,就匆忙引进了一个总经理。

进入饭店两个月后,在逐渐意识到饭店过分注重短期效益,授权也远不够充分时,我提出了离开,是您的诚心再一次打动了我。是啊,来的时间毕竟太短,完全放权也存在风险,饭店失败不起,而员工的渴望、管理的现状,也确需引进外聘的高管;我同样也失败不起,作为从业多年的职业经理,更不愿意轻易看到自己的失败。

您需要的不是总经理,而是一个总经理助理或者执行副总。

您招聘我的目的,不仅因为自己飞得太高太快,感觉那些熟悉得连乳名都能随口叫出来的老臣,已跟不上自己的思路及饭店的形势,还希望借他人之手革除组织的痼疾,又能避免被人说成是炮打庆功楼的朱元璋似的领导。

今天看来,我们双方的定位就没有从根本上取得一致。您是想通过一个外聘的高管,把自己的管理思路贯彻下去。

我们配合的最大问题在于,老板您希望通过一个职业经理去改变下面时,却没有意识到系统问题的根源大多出在自己身上。职业经理依之,将因错位导致舍本逐末。反之,试图改变老板的结局,往往注定失败的是自己。

尽管您嘴上承认规范管理为第一要务,但内心似乎更偏好先赚钱,做得更大,然后更强。至于酒店服务意识、管理规范先暂时让位于 KTV、中式婚宴再说。

老板的格局决定一个企业的战略,有什么样的战略,就会有什么样的企业。

今天我们酒店业的竞争形势已经从蓝海跨入红海阶段,已经进入网络时代,但我们的思维还未从根本上转变。

包括您在内的众多元老对此不以为然,企业为了快速赚钱难道还错了吗?

也许我们思路相悖的原因在于,在老板您的眼里,企业从无到有,是自己一点一滴心血的结晶,您对待饭店更像是对待自己的孩子。尤其是随着规模的发展,您对企业命运的担忧可谓如履薄冰,容不得半点闪失,导致在战略决策的风险评估和选择上,您倾向于经验,避免失败。

一个饭店,组织结构的确定要服从于饭店的整体战略,然后根据饭店发展的需要进行岗位分析,进而把合适的人员选拔到合适的岗位。而在我们饭店,核心权力层都是跟随您十年以上的老部下,如果这不是问题,那您身边的司机都陆续做了部门经理、副总经理的时候,还感觉不出其中的问题吗?感恩的方式有多种,如果送出去深造,对彼此是不是一种更负责任的做法?当然,也许问题出在了因为待遇匹配了相应的职位上。建筑学中有一个很形象的比喻:只换一个包工头,想领着原来一帮盖草房的泥瓦匠盖起高楼大厦,简直是天方夜谭,除非队伍素质提升,要么服从统一指挥,可这在我们饭店却难以实现。

在饭店组织伦理的管理上,您远没有意识到越级指挥对一个企业带来的危害。您对饭店的情感是任何人无法比拟的。您喜欢事必躬亲,对饭店的了解,甚至哪个角落有个螺丝都清楚;当您看到工程部员工维修效率太低,挽起袖子就下手,或者认为哪个地方需要调整,现场就调动起资源。效率倒是有了,但结果是原有的计划全被打乱。

试想老板您担任了多年的"救火队长",其结果是不是"火势"越来越大?问题也像您带的手机一样变得越来越多?对此我曾不止一次跟您沟通过,您也意识到其中的问题,但您认为自己就这个脾气。

一个个被架空的主管,员工会服从他们的管理吗?当层层都可以不服从安排,企业会是一个什么样的局面?

人事权的控制,将决定一个管理者的权威。我非常清楚变革的艰难程度,在近 1/10 是亲友的千名员工中,一招不慎甚至连自己是怎么"死"的都不知道。在元老们的眼里,他们就是把太阳叫出来的公鸡,饭店是他们拼死拼活挣来的,大家拼来拼去拼到最后,却突然发现一个陌生人仅凭那点所谓的资历就坐享其成,不仅高高地坐在他们的头顶上,而且还要享受着他们为企业辛苦半生都无法企及的待遇,内心会产生极端的不平衡,"恨"屋及乌,自然对新推行的一些政策极具抵触情绪。

而更要命的是您的态度也随之开始动摇。其实我的目的在于给员工一个信息——从现在起,凡是新颁布的文件都会以此为例,以便为将来推行新的管理制度铺平道路。心理学中,这叫"首因效应"或"第一印象"。可是……

李董,这次我离意已决。

我真的太累,本来很多轻而易举的事情,在我们饭店我却显得无能为力。每一项措施的推行都让我精疲力竭,到头来却多是半途而废,面对政策的随意性,我不知道接下来该怎么做?先要适应然后改变,谈何容易!那种缓慢的进程更让我后怕将来某一天成为饭店的罪人。也许作为第一任外聘的总经理,本来就很难打破短寿的魔咒,与老板彼此的陌生感也是一种常态。

我的离开不是为了证明谁对谁错,那毫无意义,管理上也没有哪一种理论界定某种思路就一定对或错。如果老板不对,就不可能有今天企业的成功。我只是对饭店未来的命运充满了深深的忧虑,希望通过这次离职促使彼此深入地思考,或许能对饭店的稳健发展有所裨益。

我怀着极其复杂的心情,怀着对饭店和您的感念,怀着希望饭店成为百年品牌的良好愿望,一口气写了这么多,说的话不一定对,却是我的肺腑之言。

感谢这五个月来对我的关心和照顾,您的心地宽厚、雷厉风行和敬业精神让我由衷敬佩。为了避免给饭店造成一些不必要的负面影响,您可以考虑一种有利于饭店的方式让我退出。

再次感谢!

李董一口气看完了这位总经理的信,他知道,这次,是无论如何也无法留下这位老总了。他摸出一根中华烟,点燃,顿时,房间里弥漫起一股浓郁的芬芳,但同时,自己也被挥之不去的烟雾笼罩了起来。

案例讨论:

1.这位总经理为什么要"挂冠归去"?

2.接下来,酒店李董事长需要思考哪些问题?

补充与提高

假如你成了酒店老板,你会怎样对待员工

今天是袁老师给"酒店总经理资格证培训班"上的最后一节课了,下午考试完后,明天他

们就要各奔前程了。

走进课堂的袁老师并没有立刻开始讲课，而是打开电脑，把电脑里的PPT投影在屏幕上："假如你成了酒店老板，你会怎样对待员工？"

"各位学员，短暂的培训即将结束，明天你们就要回到各自的岗位上去了。未来的日子里，在你们的中间会涌现出大量的酒店老板和酒店高级管理人员。那么，当你们不再是普通的员工时，你们会如何对待你的员工呢？今天我们就不讲课了，而是来个头脑风暴，看看大家的经营理念和企业文化的理念有何不同？如何？"

袁老师的一番话，让大家一下子提起了精神。

来自某经济型酒店的郑副总第一个发言："以后我不会提顾客是上帝了，我会说没有好心情的员工，就不会有好的服务。"

"'为淑女和绅士提供服务'，就要求我们自己首先得成为淑女和绅士。我们要为行业树立标杆。是啊，员工能给客人提供什么样的服务，与员工的生活状态有很大关系。没有好心情的员工，是不可能有好的服务的。"另一位学员深有感触地赞同着。

从上海四季酒店来的一位经理发言道："在我国的酒店星级标准中，不但规定了酒店客人能感受到的各个方面的条件要求，还规定了后台相关方面的要求，包括员工的工作、生活和活动设施等条件，其实就是基于后台是保证前台的基础。我记得当时我们上海四季酒店刚开业时，员工餐厅给员工提供哈根达斯冰淇淋，让员工们惊讶不已。但其实过不了多长时间，再好的东西员工们也吃不了多少，可是让这些员工每天都能跟家里人、朋友们说，酒店福利很好，餐厅有免费的冰淇淋随便吃，让好多酒店同行生了多少羡慕的心哦。"

河南郑州来的五星级酒店郝副总说道："那我们酒店可比你们惨了，我们酒店办公区域和生活区域非常拥挤，人均空间很小，相互影响很大。员工宿舍一个大房间摆放了11张床，上下铺，20多个员工住在一起，洗澡是大浴室，且没有挡板隔着，这样的条件恐怕是无法让员工'高级'起来的吧。要知道，你的员工不高级，他就不可能给客人提供高级的服务！"

来自民营酒店的唐总，特别深有感触："许多企业都要求员工提供五星级的服务，我觉得老板在提出这个要求的时候，能不能先看一下，自己的员工都生活在什么状态？你让一群住在鸽子笼的人，拿出五星级的服务来，这本身就不现实。如果你真的要做，你就先想办法让你的员工'高级'起来，这就是我常讲的氛围管理。西方管理学不提氛围管理，因为人家的社会状态不需要。我尝试了很多年，我想告诉大家，依靠氛围，普通员工也可以变得高雅。"

"啊，唐总，你们具体是如何做的呢？"学员们好奇地问了起来。

"人们对氛围的敬意，永远比你的一句话管用。为了实现这一点，我们酒店招了公司内部的管家，一年365天，公司的垃圾箱上都有鲜花摆着，那是一种让人肃然起敬的氛围。365天公司有早餐，有下午茶。第一次推下午茶过去时，员工诚惶诚恐，不知道出什么事儿了，让他们喝，他们也不喝。这大概是10年前的事，今天员工都特意把自己打扮得更优雅一些，然后看到一张张笑脸，其实这些方法比把员工拉去五星级酒店培训好多了。钱花在两种人身上是最值的，一是员工的身上、一是客人的身上。管理者要明白，别跟员工计较，一盘水果没有多少钱的，但时间久了，你就会发现，其实你永远是那个拿大头的。这十几年，我做的一件固定的事就是每一个员工走了，我都要知道。员工来很多我都不知道，但是，每一个员工走我都要知道,因为他会跟你说真话。"

唐总话音刚落,居然响起一阵非常热烈的掌声,这下,反而让唐总顿时觉得不好意思起来。

小古是个有着诗意情怀的经理:"看看一个酒店能走多远、走多久?我觉得最好的答案,就在你员工的笑容和眼神了,如果他们的笑容比你还坚定,如果他们的眼神比你还真诚,那你就成功了。以员工为本,一定要落在实处,宿舍是否装空调、冬天给不给拉热水管到宿舍、允不允许员工合并休假等,都是非常关键的细节。细节,真的决定成败!"

来自酒店管理公司的郭副总说道:"马云曾经说过,员工流动就两条原因,一是钱没有给到位;二是员工不开心。其实我很赞同这个观点,特别是就'80后''90后'的员工而言,我更认同的是第二条原因,员工不开心。这些人思想活跃、有个性、基本没有家庭负担。他们追求的是人格的尊重,要的是能够体现自我,要的是工作的开心,一遇有不如意,起身就走人了。"

"我们酒店也是这样的,其实,员工流动的原因很多,但是很重要的原因之一就是企业的诚信。员工入职前,酒店把员工所关心的事情说得天花乱坠,可是一旦上班了,不是扣工作服押金就是扣宿舍费,名目繁多,一个月下来,好多承诺的事情都不能兑现,员工产生了上当受骗的感觉。试想,这样做员工那满腔热忱不就如同遭到了一次霜冻吗?"一个年轻的经理很有感慨地接上了话。

还是成熟一点的职业经理人思考全面,这不,一位中年经理说道:"老板和员工之间都应该有感恩之心。老板冒着风险来投资盖酒店,为员工提供了就业的机会,也为社会做出了贡献,员工应该感谢老板;反过来员工也是通过他们勤劳的双手来实现老板所要实现的愿望,老板也应该感谢员工,实际上是建立了利益的共同体。"

一场头脑风暴会,就在袁老师的巧妙安排下进行着,随着话题的不断深入,关于如何善待员工、使员工具有幸福感地工作等问题,事实上已经有了结论。

第5章
人力资源管理案例

5.1　人事管理案例

PART 1　正面案例

请为应聘者准备一把椅子

【教学目的】

深刻理解以人为本的管理理念。

【案例回放】

案例1：要老员工让座

某酒店行政办公区，员工应聘登记处。登记台后面坐着一位老员工，桌面上摆放着一本已翻开的杂志。一个站在登记台前的应聘者，正弓着腰在填写一张表格。

酒店许总经理正好经过登记处，看到登记处的情形，他大声地问正在看杂志的老员工："酒店再也找不到一张椅子了吗"？老员工没反应，也许没有听懂许总问话的意思。

许总走到老员工身旁，一手摇着老员工座椅的椅背，一手指着应聘者说道："请你起来，椅子让她坐。"老员工缓缓地站起来，她似乎不明白许总为什么如此"蛮横"，怯生生地望着他。许总又拉着应聘者坐在了老员工原先坐的位置上，应聘者似乎也不明白他为什么这么"客气"，露出诚惶诚恐之状。

许总突然发现了我，大概已察觉出我看到了刚才的情景，于是面容不太自然但又不无诙谐地说道："不好意思，这是我到这家酒店以来第一次的'野蛮行径'，被您碰上，让您见笑了。"

案例2：总经理亲自送椅

一次我在一家新开业的酒店接受业主咨询。当我与该酒店的罗总经理一起从会议室出来，经过人事培训部办公室门口时，只见罗总停住了脚步，朝人事培训部办公室里面看。我也出于好奇往里面瞧，只见三位干部模样的小姐，坐在各自的办公桌前有说有笑，显得轻松自在。而另外一位大概是应聘者吧，弓着腰伏在其中一张办公桌的边沿正填写着表单。

这时，罗总径直走进人事培训部办公室，从墙边抓起一张方凳，放到了应聘者身后让她坐下。三位管理人员怔怔地看着罗总的这些举动，一个个都不敢作声，也许她们明白了什么。

罗总走出来后对我说道："这都怪我平时缺乏向她们灌输以人为本的意识。"

【案例点评】

这两位总经理都做了一件平凡的事情：为应聘者送上一把椅子。但从中却反映了不平凡的一面：他们都具有"以人为本"的思想。

可以想见，这几家酒店的企业文化应当或将充满人性化管理的味道。当然，这只是从总经理身上看到的，真正在整个酒店上下要取得人力资源为第一位的价值认同，确实不是一件容易的事。不是吗？案例1中的那位老员工，案例2中的三位人事培训部干部，他们的事例都告诉我们：营造以人为本的企业文化不是一日之功，也非一人之力就能做到的。

谁都有上门应聘的经历，谁也都有与业主或管理当局第一次接触的经历。虽然应聘者未必都知道什么叫企业文化，未必都事先了解招聘单位的人文环境，但他们还是可以凭借与酒店的第一次接触，感受到这家酒店给予他的是亲近还是疏远，是被重视还是受轻视，或最简单地获得好感抑或反感。毫无疑问，应聘者的第一次遭遇如何，对当时决定是否受聘或将来以什么样的心态进入该酒店都会产生一定的心理影响。

以人为本的企业文化宣扬的是重视人的作用的价值观,把人力资源看作酒店生存和发展的根本。以人为本的企业文化核心是对员工尊重,将员工的被尊重感、满意度与经营效果挂钩。从经营角度讲顾客固然是第一位,但从管理角度讲员工也是第一位,两者都是酒店能够产生经济效益的源泉。人性化管理体现了以人为本的企业文化,它不仅通过口号、活动、制度和政策等予以反映,也表现在管理者对待员工的态度和方式的方方面面。这些方面当然也包括了业主和管理者对待应聘者的态度和方式。

有的酒店只是把招聘书上的广告词如"诚聘""诚邀加盟""欢迎加入"等变成公式化的东西,负责招聘的人员虽然都是"专业的"酒店人力资源管理人员,但缺乏以人为本的意识,甚至缺乏起码的礼貌要求。这些负责招聘的人员与应聘者面对面时,难以见到笑容,"您好"不会说、"请"字听不到,就连递登记表的姿势也是随便的。严重者表现出来的是态度冷漠、傲慢甚至粗暴,与应聘者对话时居高临下,甚至对那些认为要求过高的应聘者连讥带讽使人难堪。而如同本案例所述的不为应聘者准备一把椅子的现象更是常见。所有这些态度和现象,都会让应聘者从中预感到将来所在酒店的人文环境是什么样子。这对应聘者衡量这家酒店是否符合他的就业期望、是否愿意受聘,以及将来是否有积极的心态投入工作等,都会带来负面影响。

给不给应聘者一把椅子,这类事情虽小,却可从中反映出管理者是否真正具有以人为本的管理思想。假如业主或管理当局意识到尊重员工是何等重要,那么就应当从小事做起,从应聘者第一次与酒店接触中让其获得好感做起。

请为应聘者准备一把椅子吧!

【对管理者的启迪】

1.以人为本的企业文化宣扬的是重视人的作用的价值观,把人力资源看作酒店生存和发展的根本资源。

2.人性化管理表现在业主和管理者对待员工的态度和方式上,包括对待应聘者的态度和方式。

3.管理者要通过各种方式培养员工,特别是管理人员要有以人为本的管理理念。管理人员管理中的以人为本的思想,将传导到员工对客服务中,一线员工将以以人为本的理念对待客人,为客人提供优质服务,这是管理的逻辑,也是企业希望看到的境界。

PART 2　反面案例

机器人会代替员工吗

【教学目的】

1.了解新技术的发展在酒店中的应用。

2.认识新技术运用到酒店后使酒店员工产生的竞争压力。

润 RUN

"润"是一款可自主乘坐电梯的商用服务机器人，
拥有送物、引领带路、语音宣传、远程召唤等功
能，市场覆盖率高

【案例回放】

一份非常俏皮的广告推送近期火爆了网络,那是一个酒店机器人广告——"机器人都给酒店投简历了,你还不努力?"下面是这个名叫"润"的"酒店机器人"的求职简历:

基本信息

中文名:润

英文名:Run

性别:男

年龄:1 岁

体重:41 千克

出生地:苏州

专业:酒店服务

毕业学校:北京云迹学校

应聘职位:客房送物员

工作技能

我是一名智能送物专职服务员,智能! 智能! 智能! 套路三遍! 擅长将客人需要的物品安全送达房间,随时待命,24 小时工作,全年无休。

工作经验

我已经在国内近 20 家酒店应聘成功了!

(执行了 8 060 次任务,任务里程达到 609.96 千米)

雇主反馈

大家都非常喜欢我,多家酒店招聘我之后,OTA 当月评论数增加 50%,增加的评论中有一半着重提到我哦!

自我评价

我的性格：

- 性格外向，活泼开朗；
- 有点小唠叨，爱说爱笑，喜欢与人交流；
- 热情好客、会卖萌，小客人都喜欢跟我玩。

我的优点：

- 24 小时全天在岗，全年无休；
- 节假日从不请假回家；不偷懒，不耍滑，只需要给我充电；
- 永远精神饱满，动作标准，与同事们和谐相处。

我的不足：

- 我胆子比较小，害怕撞到您，所以有时走路比较慢；
- 还需要努力学习更多技能；
- 上岗前，"岗位培训"需要 4~5 个工作日。

薪资要求：

- 要求有合理的劳动报酬；
- 至少三个月"试用期"。

自我推荐

作为中国第一个酒店全流程业务跑通的机器人，雇用我之后，会让您成为行业中最时尚、最有范儿，且具有"科技感"的酒店！还有什么理由不聘我呢？

【案例点评】

看到这份"简历"，我们的酒店管理者必须要引起重视，未来这类机器人，必将逐步取代现有部分岗位的酒店员工，今天可能替代了 Room Service，明天就可能是泊车员、保安员，后天可能是前厅员工、餐厅服务员。一个智能化的酒店时代即将来临。

新技术运用到酒店后，对酒店的经营管理会带来一系列变化，尤其在人力资源管理方面，酒店管理者应加以重视，并采取相应的应对措施。

【对管理者的启迪】

1.酒店可以通过大量使用机器人，降低人力成本，提高酒店自身的竞争力。

2.智能化对酒店的革命将是全方位的，除了人力资源外，还会涉及酒店的方方面面，应及时应对。

3.新技术可以提高服务和管理效率，也可以降低酒店的成本费用，但永远不能完全代替具有温度感的人的作用。

5.2　员工培训案例

PART 1　正面案例

案例一　写案例：给奖励

【教学目的】

1.了解酒店员工的激励实践。

2.学习员工的激励方法。

【案例回放】

日前,山东德百温泉度假村邀请笔者到该酒店考察,并为该酒店的温泉项目提出改进建议。建议没提多少,笔者倒是有了意外收获。

意外收获来自该酒店的人力资源部。考察中笔者发现,该酒店温泉中心的服务员工作状态很好,因有该酒店分管行政工作的吕书记陪同,便疑惑是不是只有领导在场才如此。

吕书记没有回答笔者的疑惑,而是拿出了三个文件夹,封面上分别写着:每天进步一点点案例、用心做事案例、反面案例,并且标注有日期。笔者粗略地看了其中几个案例,发现记录的多是员工对工作主动性和自觉性的认识。比如,不是自己职责范围的事,他们做了;暂时可以不做的事,他们先做了;可做可不做的事,他们还是做了。而且做的这些事,自己不说,领导和同事未必会知道;自己不做,领导和同事也未必会责备。而每篇案例的作者正是当事人,这其中也包括反面案例。

"如果说,正面案例作者的'自我标榜'是为了得到奖励,那么,反面案例的作者为什么要将'劣迹'曝光呢?"笔者问。

吕书记递给笔者一张表格,说:"这是要给予员工'温柔的压力',有点压力,但不强迫。好的激励制度,可以改变人的惰性。"她指着表格上有关奖励金额的部分,说:"这个奖励成本是可控的,随着经济效益的提高,在奖励人数和金额上也将水涨船高。"

吕书记说:"以前,酒店没少给员工灌输各种服务理念,也很重视企业的文化建设,员工收入除了基本工资以外,还有效益奖金,但是,员工的表现还是乏善可陈。自从实行'写案例,给奖励'激励制度之后,员工增加了一项'表现奖'收入,员工的精神面貌焕然一新,工作的主动性、自觉性、积极性都有明显提升。"

【案例点评】

改变人的惰性,需要施加压力。如果压力过头,员工不堪重负,轻则抱怨,重则辞职,显然不足取。山东德百温泉度假村推出的"写案例,给奖励"措施,给予员工的只是小小的压力,产生的却是大大的动力。没有谁跟在后面强迫你,只要你愿意,每次进步一点,每次用心做事,都有可能获得奖励;即使做错,肯于自我批评,仍然有奖励。员工心情轻松,始终处于积极兴奋的状态,工作效果不好才怪。

企业文化是核心竞争力之一,如果仅仅立个愿景,喊几句口号,效果必然不明显。只有通过政策、制度、机制和各种活动等载体去体现和实施,才能取得良好的效果。该酒店"写案例,给奖励"的激励机制,使得企业文化落地、生根、开花、结果,是一个很好的例证。

好的政策制度,还必须执行得好。在评比案例是否入围、确定什么等级上,必须公平公正,否则只能适得其反。这就要求参与评选的人员必须具有代表性和公正心,评选小组成员最好由全员民主选举产生。

【对管理者的启迪】

1.要开阔员工激励的思路。

2.在新形势下,面对新的员工要探索新的员工激励方法。

3.实践证明,酒店实施的正面案例、反面案例实践是十分有效的员工激励方法。

案例二　快乐的训练课

【教学目的】

掌握各种有效的培训方法。

【案例回放】

笔者在一家酒店授课期间,有机会目睹了该酒店举行的一次别开生面的员工有奖娱乐活动,具体内容是手托托盘捡硬币。实录如下:

只见偌大的多功能厅,每 5 人为一组一溜排开,个个手托托盘,托盘上有 1 瓶啤酒和 3 听易拉罐饮料。

活动规则:参与者手托托盘,在两分钟内按"S"形绕过前面纵向间隔摆放的 7 张椅子,同时要捡起一路上放置的 10 枚 1 元硬币并放入托盘(可多捡或少捡)。在这一过程中,如果托盘不落地、瓶子不倒,被捡入盘中的硬币就归参赛者个人所有。若违反规则,如超过两分钟没达到终点或没有绕完 7 张椅子,或者瓶子倾倒、托盘落地等,所捡硬币则被"没收"。每位参与者有 3 次机会。

活动一开始,参与者个个精神集中、紧张前行。而旁观者呐喊鼓励,那紧张劲不比参与者差。参与者中有的为了赶时间多捡硬币,速度飞快,但欲速则不达,或因紧张手抖而瓶倒盘飞,或因下蹲不得法,整个人趔趄摔倒在地,引来哄堂大笑;有的则讲策略,宁可少捡硬币,也要在规定时间里绕完 7 张椅子,这样多少有点收获;当然也有个别员工既走完全程,又将 10 枚硬币尽收囊中,那兴高采烈状就别提了。这场活动,从经理到普通员工,人人精神亢奋,场面热闹非凡。

随后,我请一位参与活动的领班谈谈感受。她说:"这项活动既丰富了我们的生活,又强化了员工的技能,同时还让员工得到了奖励机会,一举多得,我们喜欢!"

【案例点评】

该酒店举行的这场娱乐活动,其实也是托盘平衡训练课,也可称为"快乐的训练课"。参与活动的领班对其意义已做了很好的概括。希望酒店在开展培训工作时,尽可能结合类似的活动,有乐、有练、有奖地进行,在娱乐中发挥培训、激励的管理职能。寓教于乐,生动活泼,情绪高昂,一定深受员工欢迎。

【对管理者的启迪】

1."有乐、有练、有奖"地进行培训工作,可以收到既丰富员工生活又达到培训目的的好效果。

2.管理人员应根据各岗位、各项工作的特点,探索多种行之有效的培训方式。

案例三　培训老师为何自罚俯卧撑

【教学目的】

培养学生的执行力。

【案例回放】

9月的一天晚上,酒店的培训室灯火通明,这里正在进行对酒店主管以上管理人员的培训。今天的培训不同于往常,因为培训班的学员中有5位没有完成培训老师上次交代的任务,正在接受处罚。这里没有严厉的训斥,而是要求没有完成任务的学员做20个俯卧撑。

当这5名学员做完20个俯卧撑之后,培训老师说:"同学们,这5名同学做完了俯卧撑,我相信他们一定明白了什么叫执行力了吧? 同时大家也要吸取教训。我是你们的'班长',他们的工作没有做好,我也是有责任的,我也应该接受处罚。"

说着,培训老师也和学员一样做起俯卧撑。都快六十的人了,当他做到第16个的时候,学员看不下去了,去拉他起来,但他坚决不肯,一直坚持做完。在场的学员们有的甚至流出了泪水。从此以后,这个培训班的执行力就有了很大的提高。

【案例点评】

酒店的执行力是实现酒店管理目标的前提条件,因此,如何提高管理人员的执行力,特别是基层管理人员的执行力,是酒店高层管理人员面临的难题。

该案例中,培训老师要求未完成任务的学员做俯卧撑,对于这一做法是否合适,我们先不做评论,但培训老师能够以身作则,用自我"惩罚"的方式感动全体学员,提高学员的执行力,达到了培训的目的。

因此,管理者要严格要求自己,努力塑造在员工中的形象,喊破嗓子不如做出样子就是这个道理。

【对管理者的启迪】

1.一个酒店的好与差关键在于带头人,员工大多是模仿者。

2.打铁先要本身硬,出现问题不要总是责备下级,要想一想我们做上级的有没有做到,有没有做好。

3.现在的管理不能只是用简单的说教,员工不是听你说了什么,而是看你做了什么,因此,管理者以身作则很重要。

PART 2 反面案例

案例一 让人头疼的新员工培训和流失问题

【教学目的】

1.认识培训的重要意义。
2.认识培训不到位可能带来的后果。

【案例回放】

广州一知名五星级酒店的前台经理这几天心情很糟糕,因为这一段时间,前台出现了一种恶性循环的情况:前台新进的员工经过培训后,培训经理觉得可以了,就让他们上岗工作。这些新员工由于业务不熟悉导致客人投诉。前台经理感觉这些员工既没有工作热情,也没有发展规划,还总觉得自己只是服务员,工作太累,有很多怨言。以上这些情况导致前台新进员工工作一小段时间就辞职,前台又重新招人,接着就是不断地教新人。由于人手紧缺,有时一些员工还没有学会基本技能就被直接推上工作岗位,导致新一轮的客人投诉。

前台经理很苦恼,她想,到底应该怎么做? 有没有一种有效的培训方式能让新人在培训期间快速融入企业文化,掌握服务技能,然后再上岗,避免不必要的错误发生,从而避免客人投诉。另外,该如何留住上岗后的新员工,降低流失率,让其忠诚于公司,忠诚于自己的职业,主动学习,为酒店发展,为自己发展做出规划? 她尝试找员工谈心,教授所知道的东西,但是成效并不明显。

【案例点评】

该酒店前台培训新进员工的做法不科学,导致新进员工因业务不熟悉经常遭到客人的投诉。当新进员工觉得自己经常做错事时,自然在工作中很难找到成就感,从而导致新进员工容易离职,因此前台就陷入不断地换新人、培训、被投诉的窘境。

问题出在哪里? 主要出在前台对新进员工的培训不够规范。

缺失之一:该酒店前台在人才的储备上过于被动。在人才储备上应防患于未然,根据前台员工工作表现情况,按照人员编制规定,及时进人,给新进员工一个相对宽松的培训时间段。

缺失之二:该酒店前台对新进员工的培训不应由培训经理培训完以后,自己觉得可以了就上岗。模拟培训与跟岗学习是有本质区别的,酒店前台应有一套科学的培训体系。培训应分几步走:第一步,由培训经理对新进员工进行一些通识性知识的培训;第二步,安排新进员工直接到前台跟岗学习,安排一名老员工对接一位新员工,按照从易到难、从简到繁的原则来教授新员工,真正让新进员工掌握实际对客操作业务。同时,相关管理人员应借助当前信息网络的便利,可以通过微信,每天了解新进员工的表现和他们的工作感受,针对他们在工作中遇到的问题及时答疑解惑,进行心理疏通。使新进员工感受到人性化管理,在工作中能找到自己的价值所在。管理人员可再进一步针对新进员工的良好表现,适当褒奖,鼓励新进员工做好职业规划,让新进员工看到发展前景,留住新进员工的心。

【对管理者的启迪】

1.酒店培训工作意义重大,不规范、不到位的培训不但会影响酒店服务质量,还会导致高流失率。

2.所有管理中出现的问题,归根到底都是因为没有相应的科学的、规范的培训和管理体系。

3.酒店应该重视新员工的培训。

4.网络信息时代,管理人员要能掌握先进的信息技术,提高自身对员工的管理能力,优化管理方式,对员工实行人性化管理。

案例二 实习生的职业发展引路人——师傅

【教学目的】

1.理解培训在酒店人力资源开发中的战略地位和作用。
2.思考如何加强酒店部门业务培训管理的规范性。

【案例回放】

小许和小王是大三的在读本科学生、同班同学,这个学期,按照学校的教学计划,他们分别到A、B两间酒店实习半年。A和B酒店同属某著名酒店集团。小许在A酒店的自助餐厅实习,小王在B酒店的前厅接待处实习。

在老师眼里,小许和小王都是认真学习、遵守纪律、有集体意识的好学生。他们两人都非常熟悉和仰慕A、B酒店的企业文化,并早已做好了虚心向同事学习、吃苦耐劳的思想准备。小王是个温文尔雅、帅气阳光的小伙子,担任班长,平日里关心同学、尊敬师长、待人友善、热心集体事务,这次到酒店前厅部前台实习,老师觉得很放心。小许是个外表斯文柔弱的小女生,平日里说话不多,容易害羞,做事不太自信,在班里非常不起眼,这次到A酒店实习,最初应聘的是其他部门,但没被录用,最后成为自助餐厅的实习生,老师有点担心她不能适应高强度的相对枯燥的工作,特意多嘱咐了几句。

一天夜里,老师接到了小王打来的电话,电话里一聊就是一个多小时。小王说:

老师,我不想干了。我觉得在酒店受到不公平对待。我今天正式上班才第十一天,虽然觉得自己现在就做出辞职决定,多少有点仓促,但我真的觉得继续留在这里很煎熬。我第一天到酒店报到办手续并参加人力资源部组织的培训,第二天就到部门了。师傅X是个有经验的资深员工,她对我很好,很耐心地教我各种业务知识。但是第四天,X没有来上班,后来听说她辞职了。当天,没有人管我,我在前台办公室坐了一天,后来主管说,放我四天假(春节假期）。第九天我去上班了，经理给我指派了一位新的师傅 Y，她刚升了主管，看起来很忙的样子。当天她就让我自己在办公室的电脑前熟悉系统的操作，直到下班，都没见到她。第十天上班，师傅 Y 就让我到前台 3 号机位，她在旁边看我操作，不停地说我这里错了，那里错了，还说不知道之前的师傅是怎样教我的，时不时说几句 X 的坏话。后来客人多起来了，3号机位也要接待客人，师傅 Y 就亲自操作，我在旁边看，其间她没有对她的操作做任何解释，也没有指出不同情况的处理方法，我插不上话，只能尽量死记。下班前，Y 告诉我，她不再做我师傅了，明天会安排我跟其他的同事。第十一天早上一上班，主管 Z 就让我自己一个人站 1 号机位，她自己却去了办公室。因为操作还不熟练，所以为客人办理入住或退房手续速度不够快，好在有其他同事在 2、3 号机位，避免了客人排长队。但 1 号机位工作太繁忙了，客人一个接一个，其中有个客人的信息没有及时录入系统，后续的服务没有跟上，导致客人投诉。午饭时间，Z 不停地责骂我，说客人投诉我这件事情会连累她和整个部门，说我上班十几天了居然还像什么都不懂的样子，说怪不得没有人愿意做我的师傅，还说了很多难听的话。我听出来了，Y 和 Z 都不喜欢 X，所以总是在否定我、批评我时借机贬低 X。这些天我也听说了，X 之所以辞职，是因为她与 Y 都是晋升主管的热门人选，最后 Y 升职了，X 气不过只好离开。听着 Z 的数落，我一直忍着，我跟她说，虽说自己是十天前入职的，但中间休息了几天，业务确实未过关。前面两天师傅 X 一项项跟我介绍前台的工作、岗位工作的规范和基本要求，也大致演示了查询客人预订资料、查询房态、建立客账、办理入住登记、结账的系统操作方法，但由于时间关系，我还没有机会模拟具体情境来熟悉系统、独立操作系统。后来休假了几天，再后来跟了师傅 Y 两天，但她除了批评我做错，并没有解释错误的原因及操作注意的要点，大部分时间是我自己在摸索。（老师，事实上 Y 除了批评的话，对我讲的话两天加起来不超过 10 句。今天一上班就要求我站 1 号机位，我实在不知道 Z 师傅是对我太信任还是故意让我出丑。）我之前没有相关工作经验，没有独立站过机位，今天被客人投诉，我也很难过、很无奈。很多工作还不熟悉，更谈不上熟练，在独自服务客人的时候经常手忙脚乱、顾此失彼，希望能安排个师傅以便好好学习。Z 说，她就是我的师傅。我说，还请师傅多指点，多给我点时间慢慢练习。Z 说，我没那么多时间管你，再说了，客人来了，你叫客人怎么等？正因为人手短缺，我们酒店才请实习生的，你可好，让我多给你点时间慢慢练习，你不如叫客人慢慢等，等你练好了再来！下午，Z 又打发我自己熟悉系统，她没有从旁指导。

老师，我觉得主管 Z 和 Y 都对我有成见，她们根本就没有系统、完整地教我如何操作，只是让我自己慢慢摸索熟练系统，出了问题就只有埋怨，没有体谅、没有安慰。我自己回顾了这些天发生的事情，感觉自己没有违反纪律，也没有出格的行为或言语，跟其他同事都是客客气气的。但我明显感到，Y 和 Z 都对我另眼相看，对我的态度与对其他同事的态度截然不同，大概她们认为我跟过 X 几天，我就是 X 的人了。我实在忍受不了，不想被她们之间的帮派斗争所株连，我想辞职。

经过老师的一番分析、劝解和开导，小王暂时打消了辞职的冲动，他接纳了老师的建议，明天去找部门经理谈一谈。

听完小王的倾诉，老师想到了一直放心不下的小许，赶忙拨打了小许的电话。小许说：

我已经入职大半个月了，每天虽然很忙很累，但很开心，师傅对我很好，每天都教我一些新的东西。有时候我忘记了前面的内容,她也没有很严厉地责备我,反而安慰我、督促我多记多练习。刚开始还以为自助餐厅没什么东西可学,现在看来真是误解了,师傅说我现在学的东西达不到日常工作所需的1/2。不过师傅说,她都会慢慢教我的。我现在每天跟师傅一起上下班、住同一间宿舍,休息日的时候一起去逛街,师傅还请我喝饮料呢。虽然师傅和我同年出生,但我觉得她比我成熟老练多了,从她身上能学到很多东西……

听着小许对自己的师傅滔滔不绝如数家珍般的称赞,老师感叹,人的际遇真的太不相同了,称职的师傅对实习生的职业发展起到积极的引领作用,不称职的师傅呢?

【案例点评】

师傅是实习生、新员工的重要领路人。在日常工作中,师傅通过言传身教,帮助新员工尽快掌握业务知识和操作技能,把岗位职责形象、具体地展现给新员工,使他们在工作中理解并贯彻落实酒店的服务精神,并帮助他们融入部门和工作团队中,缩短其对新的工作环境的适应期。师傅这一角色对酒店服务理念和传统的传承、对服务规范和服务标准的贯彻落实发挥着非常重要的作用。对刚走出校园的实习生而言,师傅的重要作用还不止如此。师傅是实习生对职场最初的总体体验是否良好的直接影响者,也是实习生能否坚持完成实习的最关键的影响者,更是实习生能否爱上酒店工作、坚定酒店业发展信念的重要影响者。本案例中,小许得到了师傅在业务上的无私帮助,师傅循序渐进的指导方法和温和、宽容、接纳的个性,对小许的实习工作产生了极大的支持,加上师徒二人在情感上有非常密切的沟通,使得小许能顺利克服工作和生活上遇到的各种困难和不适。反观小王,上班的时间才刚满一周,就接触了三个师傅,这样的工作安排非常不利于小王对岗位业务知识的掌握。再加上三位师傅之间的个人亲疏关系,导致师傅之间没有就小王的培训内容、学习进度、阶段性培训考核等进行必要的沟通交流,没有完成相关工作的交接。每一任师傅的不负责任的态度,使得实习生接受的培训内容不连贯、关键内容缺失,极大地挫伤了实习生的积极性,甚至产生了对某些管理人员的不信任态度和对酒店管理的质疑,动摇了职业发展的信心。酒店内部"师傅"素质的参差不齐现象应引起重视。

实习生初涉职场,不少人会对工作群体内复杂的人际关系感到困惑和迷惘,无所适从,加上突然面对高强度的工作任务,往往在实习初期会感到身心疲惫。酒店应重视加强对实习生的工作指导和心理辅导,尤其是各业务部门的中层和基层管理者,不仅需指派业务能力强的师傅,强调对实习生给予正面的积极的引导,还需注意在工作和生活中多关心实习生,组织更丰富的集体活动,让实习生迅速融入团队里。加强对部门内非正式群体的管控,建设团结、和谐、积极向上的工作氛围。鼓励发展融洽的同事关系,对同事之间的竞争要控制在公平、有序的原则基础上,遏制不良风气。

【对管理者的启迪】

1.员工流失率高与管理人员没有带好队伍有直接关系,"好员工是带出来的"。

2.酒店不能忽视对带新员工的"师傅"的培训。需要建立一套"师傅"的遴选、受训、工作规范和指引、考核、激励措施等制度,以确保"师傅"能对新员工发挥正面的积极的影响作用。

卫生做好,比如发 1 800 元底薪,就是让你每天做 8 间客房,因此需要设定基数。"

小唐问:"那提成金额定多少钱合适?"

孙经理挠了挠头,说道:"通常情况下,超房以后的提成在 4~6 元/间,地区不同,提成的金额也不同,酒店档次不同,提成也不同。像快捷酒店类的卫生比较容易做,房间面积较小,所以提成会比较低。主题酒店、中档酒店的房间面积大,卫生难做,所以提成比较高。我们酒店的提成应该算多少钱,您可以自己拿个方案测算一下,只要员工同意就行。"

小唐想了想又问:"那特殊房型的提成,又怎么算?"

孙经理听后,立刻竖起大拇指,夸道:"小唐你可以哦,这么快就有自己的思考了。酒店的套房、麻将房由于面积大,打扫难度大,通常情况下,这样的房间按照 1.5 间房来计算。"

小唐被孙经理夸奖后,很不好意思地再问:"续房的卫生怎么算计件呢?"

孙经理非常干脆地回答:"有两种情况,第一种,续房卫生不算提成;第二种,续房卫生算 0.5 间房。具体怎么做,我们酒店可以自行决定。"

"那房间卫生不达标,该如何处理?"小唐忧虑地问道。

孙经理斩钉截铁地回答:"如果房间卫生不达标,应该让服务员重做,重做还不合格的,不能计算提成。也可以把房间卫生和计件结合起来考核,如果房间累计多少次不合格,当月的计件工资相应减少。"

"谁来计件呢?"小唐还有疑惑。

孙经理说道:"客房管理人员负责计件啊。服务员做好卫生,管理人员查房合格后,计入做房登记表,月底统一计算做房数量,按照规定计算计件工资。"

有着客房实战经验的小唐,立刻想到了一个问题:"那服务员对分房有意见,怎么处理?"

"这简单,"孙经理解释道,"首先,让前台在开房的时候,注意开房的平均性(如果需要考虑能耗,可以集中开房)。服务员固定负责某层楼,每个月调换一次,做到互换楼层,平均开房,减少客房服务员之间的矛盾。如果前台需要集中开房,客房领班在分房的时候,尽量按照房间分,别按照楼层分,确保大家公平公正。"

小唐吐了吐舌头:"没想到还有这么多细节需要学习哦,那提成什么时候发呢?计算提成有哪几种方式呢?"

孙经理毫不犹豫地说:"发工资的时候一起发。计算提成有两种方式:第一种是按天算,比如每天固定 8 间基数,超过以后每间房提成多少钱,超过就提成,没超过就不提成。第二种是按月计算,每天固定 8 间基数,一个月就是 240 间(大月增加 8 间),当月总做房数超过 240 的部分计算提成。客房计件已经是行业约定俗成的规定,现在中小酒店使用的也很多,如果您对客房计件还有哪里不清楚的,可以随时问我!"说完,孙经理打了个哈欠,流露出明显的疲态。小唐赶紧打住不再问下去了,一场生动的培训课"下课"了。

【案例点评】

客房计件工资制是很多酒店采用的客房部员工激励方式,体现了按劳分配,多劳多得的分配原则,有利于提高客房部员工的工作效率,调动员工的工作积极性。同时,站在酒店的角度,还可以节约劳动力成本和费用,进而提高酒店的利润水平。

　　客房计件工资制改革的成败,关键在于细节的设计、客房定额确定的科学性以及客房任务分配的公平性。案例中的孙经理是有一定经验的,对客房计件工资制有较为全面和清楚的认识。安排小唐去完成改革方案,又对其进行指导,能够确保客房计件工资制方案的科学性和可行性,同时,又对下属进行了锻炼。

【对管理者的启迪】

　　1.设计方案时需关注对公共区域及无法量化的卫生项目的平衡。
　　2.必须监督基层管理人员,在分房过程中容易出现分配不均的现象,避免非正常现象破坏良好的企业文化。
　　3.客房计件工资制实施时,要注意方案的科学性和实施过程的公平性。

PART 2　反面案例

案例一　本来是"领"表扬,结果挨了批

【教学目的】

　　1.掌握人力资源管理的艺术。
　　2.学习员工激励的方法。

【案例回放】

　　10月的一天早上,酒店的营销经理自以为出色地完成了营销任务,他兴高采烈地来到营销总监的办公室,对总监说:"我告诉你一个好消息,我跟进了两个多月的那个客户昨天被我拿下,终于同意签约了,而且订单金额比我们预期的多了20%,这将是我们这个季度最大的订单。"

　　说完这话之后,他本以为总监一定会和他同喜同贺,没承想,总监听了他的话没有搭茬,冷冷地说:"知道了。我问你今天上班怎么迟到了?"营销经理解释说:"二环路上堵车了……"营销经理还想说,可是总监已经不耐烦地打断了他的话:"迟到还找什么理由,都像你这样,企业的业务还怎么做!"

　　营销经理是满怀欣喜,以为一定会受到夸奖,可是听到这几句话,他垂头丧气地回答:"那我今后注意吧。"然后快快不乐带着沮丧的表情,有气无力地离开了总监的办公室,随后几天心情都不爽。

【案例点评】

　　营销经理本来是想寻求总监的肯定和表扬,可是不仅没有得到总监的任何表扬,反而因为迟到之事受到了批评。

　　个人出现迟到的问题可以说,但不要忽略了成绩去抓问题,这会打击员工的积极性。如

果总监能够给这位经理一定的鼓励,然后再关心地询问一下迟到的原因,这样才不会影响到他的积极性。

【对管理者的启迪】

1.管理者要掌握表扬与批评的艺术,掌握不好会影响员工的积极性。

2.在实际工作中,管理人员一定要注意不要给下级泼冷水。

3.管理人员要学会激励下属,当员工做出成绩时,要大张旗鼓地表扬。

4.激励是一种有效的领导方法,它能直接影响员工的价值取向和工作观念,激发员工创造财富和献身事业的热情。

案例二　本来要提拔,员工却离职了

【教学目的】

认识沟通及员工职业生涯规划的重要性。

【案例回放】

一天,总监上班后刚刚布置完工作,以为可以休息一下,可是员工小王走了进来,她递给了总监一份辞职报告。总监愣住了,因为刚刚研究完近期的晋升评估:根据小王的表现,计划给她调高一个级别,她怎么就要走了呢?

小王来这里工作已经三年了,表现一直不错,可是因为大家都忙,再加上岗位都满满的,没有空缺,这样就耽误了小王的晋升。

总监拉着小王的手坐了下来,问其原因,小王只是说家里有事情要离职,其他什么也没有说。总监批准了小王的辞职报告。

然而,小王离职后就到另一家酒店工作了。当总监听说这个消息后非常生气,骂这个员工没有良心,不忠诚。后来小王对她的闺蜜说,我脚踏实地、努力苦干了三年,可是领导像没有看见一样,我就感觉没有什么希望了,其实我也不想走。

【案例点评】

现在的员工队伍基本都是由"90后"年轻人构成的,他们有个性,但也是有追求、有理想的。他们从小就懂得"不想当将军的士兵不是好士兵"的道理,所以在管理工作中要关心他们的成长和进步。

每一位员工参加工作的动机是不一样的,作为酒店管理者,要了解员工的各种需求,在有条件的情况下满足员工的愿望,而不要单纯地把员工当作一个劳动力。要不断地为员工实现个人的愿望提供帮助,要让每一位员工都明确他的努力方向和未来。

酒店要为优秀员工提供良好的晋升渠道,包括职务的晋升、专业技术的晋升和待遇的晋升等。另外,上级要保持与下级沟通的渠道畅通,要让员工知道,他所做的一切领导是知道的,是关注的。要做到领导心里有数,让员工心里也有数,这样才能调动员工的积极性,也给了员工一种希望。

【对管理者的启迪】

1.要关心员工的个人发展。

2.企业要为员工设计好职业规划,让员工有奔头。

3.员工需要知道他发展的路径,他也会用自己的表现及条件来对照自己与发展路径的差距。

4.管理者在管理工作中要注意与员工多沟通。

本章案例讨论

江苏辰茂新世纪大酒店的"感动币"

4 月 18 日,一对来自东北的老夫妻带着孙子来到江苏辰茂新世纪大酒店下榻。当他们来到房间,看到在桌上摆放着一个黑色的布袋,上面印有"感动币"三个字,客人感觉很奇怪,就打开来看个究竟。袋子里有 10 枚酒店定制的金币,还有一张"感动币使用说明"。说明是这样写的:

首先恭喜您获得酒店为您特别定制的感动币,在您住店期间可以通过赠送任意一名员工感动币,为他(她)的服务点赞。在结账时如您仍有感动币,可抵扣消费(每次最多抵扣 10 枚感动币,1 枚感动币＝1 元人民币)。如果我们员工的服务没有感动到您,请留下您的意见与建议,我们会很感谢的哦。

赶紧拿起您手中的感动币试试吧!

看完了这份说明,老人就明白了。他觉得这沉甸甸的感动币代表了酒店对客人的信任,也是酒店赋予客人的一种责任。

晚饭后，两位老人带着孙子回到了房间，他们都愣住了。在桌上多了一个翻花玩具，旁边还有一个说明，提示这是儿童玩具，可以翻出18种不同的形状，希望小朋友能够喜欢。果然，小孙子把翻花拿在手里爱不释手。床铺晚饭前还是白色的，现在魔术般的都换上了红色的带有小动物图案的床单和枕套，在卫生间里还增添了小拖鞋、小塑料凳和儿童牙刷。看到这一切，两位老人真的被感动了。

第二天一家人离店时，他们诚恳地把10枚感动币都送给了负责这个房间的管家张艳，并说："我们到过很多的城市，来到南京入住这里真的有回到家的感觉，你们的服务太贴心了。"

案例讨论：

如何评价江苏辰茂新世纪大酒店的"感动币"员工激励机制？

补充与提高

游戏教学："蜈蚣运水"

某酒店在五四青年节这一天举行了一场由全体员工参加的"趣味运动会"。

该酒店楼后的停车场成了运动场，场地四周彩旗飘扬。员工们一改平日的工作服穿戴，换上了酒店送发的运动服，个个英姿飒爽、意气风发。

各个项目依序进行。其中有一个叫"蜈蚣运水"的竞赛项目比较特别，与理念性的培训有关，实录如下：

这个项目由酒店的8个部门各派出6人作为代表队，形成8个参赛组。每4个组作为一批进行比赛，两批中各产生一个优胜组，然后由两个优胜组PK，产生出一个冠军组，给予现金奖励。

比赛是这样进行的：每组领一根木棍，木棍两旁各站立3名参赛组员，用绳子将每人的一只脚的脚腕与木棍相绑，整个队伍形同蜈蚣。每人手托托盘，上放装水纸杯。各组在同一起跑线按出发令开始运水。各组齐步走到终点线后，将杯中水倒入该组的水桶里，再齐步往回走继续装水运行（各组在起点和终点都有本组的人协助装水和倒水）。如此往返数次后，随着裁判长一声"停止"令下，各组停止运行。接下来检查各组桶内水量，水多者胜出并获奖励。

比赛过程中，各参赛组由其中一位担任指挥者，喊着"一、二，一、二"的口令，音调不一的口令声响成一片。周边的"观众"为了不影响指挥者的传令声，一个个都不敢大声说话。只见有的组落后了，该部门的员工急得在场外挥手跺脚，煞是有趣；还有的组出现步调不一致，指挥者口令速度也就无所适从，越发乱套；有的组成员的脚绑得不牢固，松绑重来，急得手忙脚乱；有的组装水倒水慌里慌张，导致速度下降，本部门的员工之间互相埋怨；还有的组因违反比赛规则被淘汰出局,该部门的员工"同仇敌忾"向裁判长提出强烈抗议;当然,获胜组成员则高兴得相互拥抱、欢呼雀跃。整个比赛过程气氛热烈,人人精神激昂兴奋,达到了全员参与的目的。

比赛结束后,主持人请各组代表发表感想,分析失败或成功的原因。该酒店的总经理饶先生是"总办"这一组的参赛组员,也是最终获得冠军组的指挥者,他作为冠军组代表做了总结性发言。

饶总对这个竞赛项目的意义进行了阐述,他强调一个团队要取得成功,必须注意以下方面:组织准备、服从指挥、目标一致、齐心协力、注重细节、遵守法则、团队精神等。饶总接着说道:"希望大家在今后能够将以上几个方面的精神,切实贯穿到参与市场竞争中和服务接待上,把各项工作做得更好,争取经济效益和服务质量两方面都能在本地酒店行业中保持'冠军'地位!"

【点评】

该案例通过让员工参与某种游戏活动,达到某一课题培训目的。这一类活动也可称为"游戏教学"的培训形式。这类培训形式气氛活跃,员工参与性强,也有一定的娱乐性,似乎是在"玩"中进行。这对于平时天天从事重复性工作的员工来说,无疑具有很大吸引力。同时,这一类活动还具有奖励性竞赛特点,更容易激发员工的参与热情。

虽然一次活动下来,给员工传递或灌输的某些理念、意识等信息量也许不是很大,但"润物细无声",给员工的启发或感悟却是深刻的,对员工的思想有着潜移默化的影响和教育作用。

案例中饶总经理的表现值得称道。他作为参赛一员与员工打成一片,"秀"了一回"亲民"形象,拉近了与员工之间的距离;作为总经理,他利用全员活动机会,传递了他的管理思想及企业精神和目标。

作为一"家"之主的总经理,除了维持日常运转正常之外,要用更多的精力和时间倾注于两件事:一是市场;二是企业文化。前者关系到企业生存,后者关系到企业活力。关注市场,总经理一般都会努力去做,而企业文化建设,就未必是每位总经理都会去做、认真去做或做得好的。

企业文化是企业的核心价值观,告之员工提倡什么、反对什么、追求什么,企业文化又是企业的精神、目标和愿景。可以说,企业文化是引领员工思想和行为的灯塔。优秀的总经理,不但是思想者,能够根据不同时期工作需要,提出不同主题的企业文化,而且还是宣传者,能够在不同场合,如培训班、员工大会、员工运动会宣扬企业文化。

案例中的饶总正是这么一位优秀的领导者,他不失时机地利用员工运动会,宣传他的思想及企业精神和目标,积极实践着企业文化建设,非常值得我们学习。反观某些总经理,恰恰在抓市场和抓企业文化建设两方面无所作为甚至不作为,只顾维持日常运转不出事,企业的前景十分令人担忧。

第6章
前厅管理案例

6.1 预订案例

PART 1 正面案例

预订员:将"头回客"变成"回头客"

【教学目的】

1.引导学生思考服务与营销的关系。

2.深入理解全员营销的理念。

【案例回放】

7月20日,安徽合肥天鹅湖大酒店客房预订部预订员廖小姐接到一个订房电话,按照酒店的预订流程为客人预订1间入住2晚(7月29—30日)的套房。在交流的过程中,廖小姐得知是客人的父母入住,他们对合肥并不熟悉,尤其是交通和景点,而且年龄比较大,不擅长用手机智能查询信息。考虑到离入住日期尚早,在此期间客人可能会有不同的问题需要解答,廖小姐主动将自己的微信和姓名、联系方式推送给客人,便于随时为客人解决问题。

于是,从预订开始到客人到达、住宿直至离店,廖小姐始终如向导一样为客人提供各种信息咨询和答疑。在此之后,客人又多次通过廖小姐预订了该酒店的客房。

7月31日客人离店了,预订人为廖小姐寄来一封感谢信,内容如下:

致××大酒店:

本人父母于2017年7月29日入住贵酒店,于7月31日退房离开,入住高级套房。父母平时在××市生活,本人在珠海工作,考虑到父母年事已高,为了给父母提供好服务,我多次致电贵酒店预订部廖小姐。她每次都耐心接听电话,不厌其烦解答我的问题,并结合我家人的情况给我提供很多好的建议,非常专业,责任心很强,处理问题灵活有方,为我解决了很多问题。家人很感动,在合肥找到了回家的感觉。酒店的软硬件设施也非常棒,在此对贵酒店及预订中心廖小姐表示衷心的感谢。

××先生

【案例点评】

酒店的预订工作非常重要,预订是酒店销售工作的组成部分。预订人员的工作质量直接决定了销售是否成功;另一方面,客人与酒店的接触从预订开始,因此,预订是给客人留下第一印象的地方。从心理学上讲,第一印象非常重要,客人总是依据第一印象来评价一家酒店的服务质量。如果第一印象好,那么即使在住宿期间遇到不如意的事情,他也会认为这是偶尔发生的,可以原谅;如果第一印象不好,那么他会认为是必然的,酒店在他心中的不良形象也很难改变。

《旅游饭店星级的划分与评定》附录 C 饭店运营质量评价表中关于预订的标准要求如下:

(1)及时接听电话,确认抵离店时间,语音清晰,态度亲切。

(2)熟悉饭店各项产品,正确描述房型差异,说明房价及所含内容。

(3)提供预订号或预订姓名,询问宾客联系方式。

(4)说明饭店入住的有关规定,通话结束前重复确认预订的所有细节,并向宾客致谢。

(5)实时网络预订,界面友好,及时确认(针对线上预订的要求)。

从以上标准中可以看出,在预订环节并没有更多的其他服务要求,但廖小姐除了做到标准的要求之外,还提供了个性化的服务,站在客人角度换位思考,为客人解决实际困难,将"头回客"变成"回头客",而回头客则是酒店最宝贵的资源与财富。

【对管理者的启迪】

1.服务营销是现代酒店营销的重要方式。

2.每一次服务都是一次重要的营销过程。

3.服务营销要考虑使用新媒体手段。

4.服务应在消费之前并贯穿整个消费过程。

5.要号召全体员工,通过为客人提供超出标准要求的个性化服务,开展全员营销,并将个性化服务常态化。

PART 2　反面案例

案例一　从美联航对亚裔乘客施暴看酒店的超售政策

【教学目的】

1.掌握酒店客房超售知识。

2.学会处理酒店客人超售投诉,减少酒店品牌损失。

【案例回放】

2017年4月9日,美联航一架从芝加哥奥黑尔国际机场出发的3411航班表示发生超售预订。涉事客机原定于17:40起飞,但是联合航空发现航班超额订票,为让4名机组人员能于翌日抵达路易斯威尔,以便为隔日的航班做准备,便在机上寻求4名自愿下机的乘客,承诺赔偿400美元及一夜酒店住宿;但加至800美元都无人放弃登机,航空公司决定用电脑随机抽出4人。

一对被抽到的男女平静接受,但一名自称是医生、与妻子同被抽中的亚裔男子拒绝下机,表示翌日要到路易斯威尔医院见病人。在争持不下的情况下,3名机场执法人员决定强行拖走该男子。拒绝下机的亚裔男子,随后被警察暴力拖下飞机,男子头部、口腔均流血,最后昏厥。尽管芝加哥警方有自己的立场,但无论从现场和网络反响来看,大众都认为工作人员的处理严重过激,并表达了对航空公司的强烈不满。

酒店人开始反思:要是我们酒店的超额预订也碰到满员,该怎么办,莫不是也要把客人拖走?

【案例点评】

做收益管理的同行都知道,在该事件中,错的并不是超售策略(或者叫超额预订),而是美联航的后续应对超售结果的处理方法。超售在收益管理领域中,是常见的应对损失的处理方法,也是合理的。那么,从酒店收益管理的角度出发,在该事件中,酒店可以从中吸取什么教训呢?

超售策略是指在酒店客房已经订满的情况下,再适当地增加订房数量。也是为了避免顾客延迟入住、没有入住和临时取消订房而带来的损失。

实施超售的关键在于预测和确定超售的数量。根据酒店行业经验统计,订房不到者,通常占预订数的2%左右,临时取消预订者与订房不到者的数量类似,再加上客人可能变更预订,提前离店,还有不同的酒店位置、客人的构成以及淡旺季、节假日等因素,酒店超售的比例一般应控制在5%~15%。

超售数量的确定应该依赖于大数据的分析,而不是单纯的人工判断。如果我们预测到在已考虑到的超售基础上还有额外的预订,酒店就要及时关闭利润率低的渠道,例如代理和OTA,提高酒店的平均有效房价(房价去除佣金的部分)。

从整体和长远的角度来看,只要合理地控制超售量,便可达到增加酒店收益的目的。最好的情况是,酒店采取了超售措施,酒店的入住率提高,接近于或者等于100%,实际到达酒店的人数却没有超过酒店的客房数。

不过也难免会有意外发生。那么,当酒店真的发生超售,顾客没有客房住的情况下,酒店该怎么应对呢?

方法一:假如超售的是酒店的基础房型,而高级房还有空房,酒店可通过免费升档的方式解决,既可避免顾客舟车劳顿到别的酒店,也让顾客体验到了高档房的超值服务。

方法二:有的酒店一般设置有专门供酒店高层管理人员住宿的自用房,若出现超售情况,酒店可腾出自用房给已预订却没房住的顾客。

方法三:安排那些订了房却没有房住的顾客到其他酒店入住。首先按照惯例,酒店需承担当天更换酒店产生的差价和往返的交通费等。酒店可寻找自愿被安排到别的酒店的顾客,若有些客人因为节省开支而感到开心,这样的情况就好办多了。若没有自愿者,就需要用对顾客的估值分析和顾客忠诚计划分级,量化每个级别的客户(甚至细化到每个顾客)给酒店带来的价值。例如,一个钻石会员顾客,就要根据该顾客的类型和以往的消费记录,推测出该顾客可能会有餐饮、会议、娱乐等其他消费,在酒店的消费次数也较多,忠诚度较高;而另外一个非会员的普通散客,可能给酒店带来的价值较低。根据这样的对比,我们就要选择 Walk 后者。除此之外,酒店还应考虑哪些顾客比较容易安排到别的酒店等因素。比如单身或是对时间没有压力的顾客等。通常不要 Walk 贵宾、会员卡持有人、行动不便的顾客以及上年纪的顾客。

超售出现后,我们需要提早做出对应的解决方案,定期更新对订房不到者和临时取消预订者的预测,做好最坏情况下 Walk 的顺序,减少损失。

超售的理念核心是以合适的价格在合适的时间给到合适的顾客,这是酒店实施收益管理的精髓。从某种程度上讲,这是酒店的理性价值,是保障酒店更加有效率地运转的手段。

而酒店的感性价值更多是体现在发生意外时对顾客的人性关怀。它比酒店的理性价值更高一个层面。在美联航事件中,美联航的暴力行为是不恰当的,但同时超售策略的理念不应因此被抹黑。超售在收益管理界是合理的存在,是有价值的。我们要完善的应该是通过大数据的方法,根据市场供需关系来对房价进行合理定价,让不同需求的客户享受到自己想要的服务和价格,让酒店学会正确地实施超售以及超售后对顾客的服务。

【对管理者的启迪】

1.酒店管理者需要反思酒店的客房超售政策。

2.客房超售需控制相应比例,掌握适度原则。

3.要做好超售的预案。如果我们事先把相应的酒店选择好,即使出现了超售情况,也可以随时有解决的办法。

4.当出现超售"爆仓"时,应该强化沟通能力,化干戈为玉帛。注意技巧化地处理客人因超售而不能入住的情况,在满足客人需求并使客人满意的前提下,使酒店利益最大化。

案例二　我预订的房间呢

【教学目的】

了解如何提升预订与沟通技巧。

【案例回放】

3:55,某美资　　　　　公司预订客人钟先生到前台要求办理入住手续,因客房已满,未能安排客人入住。钟先生对此非常不满,称他作为酒店的常客,未有预订不到的不良记录,对于晚到而不为他保留房间,钟先生表示失望。

经了解,钟先生的订单上显示确认最晚到达时间为 18:00,而当晚亦有较多的未预订客人要求入住,直至 23:53,在一位无预订客人的一再要求下,接待员 Amy 将钟先生预订的房间安排给了该客人。

大堂副理 Coco 向钟先生表示歉意,恰好有一间商务套房的客人在前台办理退房手续,Coco 请客房部员工马上跟进房间卫生,20 分钟后,钟先生入住了该房。

【案例点评】

此案例发生在国内享有盛名的广州白天鹅宾馆,那么在此案例中,员工有过错吗?

采用白天鹅质量管理体系的服务框架,分析如下:

1. 操作

主要失误:预订部没有根据酒店开房率情况,要求客人提供房费担保。

建议如下:

(1)预订部:在旺季或高开房率时期,预订部需要求订房客人提供房费担保,并请客人提供联系方式(手机号、微信号、电子邮箱)。

(2)接待员:在此案例中,客人是大公司的员工,他事先有非保证性预订,但他到店时间比房间预留时间晚了几个小时。在此期间,多次有无预订的客人要求入住,接待员一直为其保留房间,直到近 24:00,才将房间给了强烈要求入住的无预订客人。接待员为酒店争取收益最大化的出发点没有错,但前提是应及时与管理人员沟通,查看客人过往预订记录、分析客人抵店可能性的概率,并协助管理人员做好满房状态下的应急处理。

(3)管理人员:在满房情况下,管理人员应该主动、积极地与接待组做好沟通工作,了解实时开房率,查看未到客人资料(过往入住史、订房途径及担保情况等),关注天气预报情况,做好无房时预订客人抵店的应急预案。

2. 沟通

(1)对客:预订组在接客人订房时,需提醒客人在高开房率时期,要提供房费担保,否则不接受订房(或房间只保留到 18:00);另外,请客人留下有效、便捷的联系方式,以保证沟通渠道的畅通。

(2)部门:在旺季,前台、客房与销售部三方沟通要紧密,客房要提前将维修房知会销售部。

3. 流程

(1)超额预订培训:为了避免 No-show 情况造成的损失,酒店可以采用超额预订的策略。通过超额预订,酒店可以防范大量未履行预订的风险。然而,如果酒店接受太多的超额预订,就得负担客人抵达酒店时没有房间可以入住的风险。为了降低超额预订的风险,酒店可以通过以往节假日 No-show 和取消的数据进行统计比较,得出一个合理的百分比。从而实现既能够最大限度地降低由于空房而产生的损失,又能最大限度地降低由于未能做好足够预订而带来的损失。因此,营销人员不仅要做好预测和超额预订的策略制订,而且要与前台

【案例回放】

坐落于东京的帝国大厦最初是于1890年修建的文艺复兴□者的建筑，后来由美国建筑师弗兰克·劳埃德·赖特设计，完成它以前的东配楼主楼。后来卡方西店，被称为东京帝国饭店。饭店开业以来，接待了来自世界各地的无数宾客，无论是入住还是在此饮食小憩，帝国饭店为这里的每一位客人所奉献的，始终是周到和真诚，它的服务是被世人公认的。

讲几个小故事，大家就可以看出它的服务水准了。一个是白门童服务。

在帝国饭店的洗衣房，每天都要洗100多双白手套。这是为何，原来是为门童的。由于门童必须替客人搬行李，手套难免弄脏，帝国饭店规定门童每30分钟换一次白手套，洗衣房天天都要洗100双白手套。

门童被称作"饭店的门面"，因为他是饭店最早接触客人的员工，也是最后一个送客人离开的人。为了让客人从打开车门那一刻起就感受到帝国饭店的贴心，当客人搭计程车来到门口时，门童会先从身上拿出日元替客人付费，让客人不会因没有零钱而忘了买日元而手足无措。这是帝国饭店标准的服务程序，已经被写进饭店新进员工的培训教材里。这样独一无二的服务不仅让客人满意，还受到计程车司机的好评。

另一个是鞠躬服务。如果采访帝国饭店员工，问他们最引以为傲的是哪项服务，十之八九都会提到：房务人员对着已关上门的客房，45°深深鞠躬。这还有一个故事呢。

很久以前，曾有一位服务人员每次送餐到房间，退出房间关上门后，总会对着房间深深鞠一躬。按理说，敬礼已没必要，因为客人根本看不到，但她却坚持这么做。

有一次她的这个举动被其他路过的客人看到，客人感动不已，还特意写了一封表扬信给饭店。从那以后，其他房务人员纷纷仿效她。"无论是否在客人视线内，表达感谢是很重要的。"帝国饭店社长肯定地说。

帝国饭店摆花也十分讲究，全馆没有一朵人工塑胶花，不管是客房或餐厅，还是要在大厅正中央的那一大盆花，都是真花。花苞紧闭或过于盛开都不合格，唯有含苞待放时最美。

【案例点评】

历史悠久的帝国饭店，有他世代相传的不变传统，帝国饭店精益求精的日子，正是日本人的待客之道和注重细节的完美体现。

对于细节锲而不舍的追求，事实上是一种工匠精神、一种敬业精神，一种完美主义精神。

房门关上后还对着房门鞠躬的做法以及门童准备现钞零钱为客人垫付出租车费的做法不一定值得我们仿效(在我国已经实现移动支付,客人可以通过手机支付出租车费用),但员工的服务意识以及对客人表达深深谢意的思想却值得我们学习。

【对管理者的启迪】

1.细节决定成败。

2.帝国饭店的待客之道和精益求精的细节服务,需要国内同行学习。

案例二　酒店"金钥匙"为客人提供贴心服务后

【教学目的】

1.理解金钥匙理念。

2.培养品牌意识,学会收集能展现酒店服务理念的品牌宣传素材,并通过适当的组织和媒体平台将正面的品牌形象扩散出去。

【案例回放】

2018 年的一个清晨,客人姚先生匆忙地来到清远恒大酒店大堂向礼宾部求助,称当天下午有个很重要的招标会,但标书细节仍需修改并重新装订,时间非常紧迫。礼宾部"金钥匙"张勇在了解情况后,第一时间为其推荐打印装订门店并安排车辆,同时致电门店再三确认能否满足需求。半个小时后,张勇再次接到姚先生的求助电话——匆忙中他不慎将钱包遗失,内有身份证等重要证件,因招标会需出示投标人有效证件原件,如无法及时找回将对公司造成严重损失。

张勇急客人之所急,在得知情况后详细询问客人细节,并迅速做出分析,逐一排查可能遗失的地点。礼宾部当班同事经过不懈的努力,终于找回了姚先生的失物!由于时间紧急,张勇与姚先生协商后,亲自将姚先生的证件送往招标会现场,及时赶上招标环节。最终姚先生的公司成功中标,取得项目合作机会。

事后,姚先生专程回到清远恒大酒店,向"金钥匙"张勇赠送锦旗。此次暖心的事件得到了中国酒店金钥匙组织的关注,并进行了官方的正式报道。

【案例点评】

注重客人体验,打造有温度的品牌。恒大酒店不仅要体现硬件设施的富丽堂皇,更要体现以人为本、个性化服务的品牌特性。清远恒大酒店的"金钥匙"急客人之所急、想客人之所想,帮客人解决了一个又一个的难题,并最终帮客人所在公司中标,充分体现了"金钥匙"的服务理念。与此同时,恒大酒店集团很好地抓住了这样的品牌宣传素材,并通过权威的行业平台扩散出去,让行业和消费者对自身品牌形成了良好的认知,提升了在行业和消费者中的美誉度。

【对管理者的启迪】

1.酒店"金钥匙"要抓住一切为客人提供服务的机会,这也是酒店发现并满足客人需求、感动客人、树立酒店品牌的时机。

2.酒店管理者需要细心,对于酒店发生的大小事都要留心,不要放过任何品牌宣传的机会。

案例三　阿香、阿水的"尖叫式"服务

【教学目的】

1.理解产品、服务本身即是营销过程。

2.了解一次成功服务:"功夫在诗外"的含义。

【案例回放】

阿香、阿水是香水湾君澜度假酒店的两个客户关系管理的代号,也是两个微信号,隶属于酒店"尖叫服务小组"(意为提供让客人惊喜到尖叫的服务)。通过微信,即便客人离店,也时刻为客人提供相应的服务。

尹女士已连续第三年来香水湾君澜度假酒店度长假了。为了给尹女士提供君澜式的度假体验,"尖叫服务小组"召开了会议。阿水负责收集尹女士的宾客喜好、阿香负责尖叫服务设计、美食管家负责餐饮的台面设计。

距尹女士上次来酒店度假相隔了275天,当尹女士抵达酒店时,房间的音乐播放器播放着李健演唱的歌曲《似水流年》,书桌上放着麦家的小说《刀尖》,床上用花瓣布置了"欢迎回家"的字样和毛巾动物,欢迎尹女士回家。

这天正好是中秋节,尹女士用餐时,惊喜地看到餐单上有一首"二七五天等待"的藏头诗,桌面以"月满中秋庆团圆"为主题布置,以客人喜好的清淡素食定制菜品。

为了将尹女士在酒店的美好记忆定格,尖叫服务小组准备了纪念册,将有意义的照片加上记录文字,以她喜欢的歌曲《心升明月》作序,定制成回忆纪念册,在尹女士离店时送给她作为礼物。

阿香、阿水在客人来店和离店时,都为客人提醒目的地的天气、路况等信息,接受客人的咨询。酒店根据君澜酒店集团"资源整合者"的角色定位,向客人提供周边的景点、美食等信息,成为香水湾客人的最佳度假伴侣。

【案例点评】

香水湾君澜度假酒店组织专业的服务小组,为客人提供"尖叫式服务",是对服务的重视、对客人的重视,是服务的创新,也是管理模式的创新,值得点赞。

让一支服务队伍形成从信息互通到自动组织、策划的能力,是对管理者更大的考验。把服务从店内延伸到店外,了解客人的需求,是做到君澜"尖叫式服务"的有效手段,而超出预期的服务即带有强大的营销功能。

【对管理者的启迪】

1.为客人提供超出客人预期的"尖叫式服务",是新时期酒店竞争策略和战略,是酒店竞争的一把"利剑",需要酒店管理者学习、借鉴。

2.随着大众生活习惯的改变,利用微信可以更及时、更准确地为客人提供优质服务,也更受到客人的欢迎。

3.成功的服务背后包含了完善的客史档案、高效的工作团队、强大的策划力和执行力。

案例四　礼宾员的导游"话术"

【教学目的】

1.认识体验场景的打造对客人度假总体体验形成的重要性。

2.从需求与供给的角度学习服务关键点的打造方法。

【案例回放】

度假酒店礼宾员是较早接触客人的酒店岗位之一,也是接触客人次数最频繁的岗位。和很多景区度假酒店一样,海南七仙岭君澜度假酒店的品质部礼宾班组同时兼任着驾驶观光接驳车的责任。

根据君澜酒店集团"酒店不仅仅是食宿之所,更是一种体验场景"的理念,七仙岭君澜度假酒店品质部对礼宾与安保提出了全面的要求,特别是在观光接驳车驾驶过程中,要求礼宾员不再把车子当成单纯接送客人的交通工具,而是变成让客人融入酒店的最佳载体。七仙岭君澜度假酒店有很多景点、活动设施、网红打卡点,品质部礼宾员们针对新客人、重游客人分别研发了导游"话术",从为客人搬运行李开始,到送客人进房,礼宾员们用七仙岭的热情与好客作为这套话术的载体。送客人去房间的路上,礼宾员们戴上小蜜蜂扩音器,一路为客人介绍酒店的产品设施、景点传说、典故由来等,帮助客人熟悉酒店,描述他们接下来数日的度假生活,拉近了酒店与客人的距离。客人们在车上听着"导游"的介绍,眼中看到的是热带雨林的美景,还有路上每位酒店员工热情的招呼与问候,一下子就对酒店充满了好感,对接下来的度假生活充满期待。

【案例点评】

君澜酒店集团"酒店不仅仅是食宿之所,更是一种体验场景"的理念是一种先进的经营理念,特别是对于度假型酒店而言,更是如此。客人购买的度假酒店产品,实际上是一种不同寻常的度假经历,是一种体验产品。打造体验场景需要落实到各个部门和岗位,海南七仙岭君澜度假酒店将品质部礼宾班组作为突破口,要求驾驶观光接驳车的礼宾员不再把车子当成是单纯接送客人的交通工具,而是变成让客人融入酒店的最佳载体,一路为客人介绍酒店的产品设施、景点传说、典故由来等,帮助客人熟悉酒店,描述他们接下来数日的度假生活,是很好的做法。

从客人进入酒店到离开酒店,酒店有很多机会可以为其提供服务。当这些机会出现时,酒店应第一时间把握并打造"关键点",甚至形成"让人尖叫的时刻"。这种把握机会的能力,只留给有准备的人。

【对管理者的启迪】

1.第一时间消除了客人对酒店的陌生感,是客人给予酒店好评的开始。

2.只有让客人了解产品,客人才能获得"自由自在"的度假体验。

3."话术"与规范服务只是酒店服务的一个层次,更重要的是如何让员工提供发自内心的好客热情,这样才能使服务"活化",赋予服务灵魂,服务不会因"规范"而死板。

PART 2　反面案例

案例一　被遗忘的行李

【教学目的】

1.认识各程序、流程之间信息及时传递、精准传递的重要性。

2.了解做好现场管理,时刻掌握现场动态,提升主动发现问题和及时解决问题的能力。

【案例回放】

11 月 4 日 7:30,碧水湾温泉度假村迎来了某高校彭院长一行,酒店前厅部对此接待高度重视。一早,前厅部苗经理便带着行李员小唐,GRO 小谢、小张和小卓几人站在大堂门口等候彭院长的到来。只见一辆黑色奥迪缓缓驶来,停在了彩虹湖旁,行李员小唐迅速跑了过去,主动为彭院长打开了车门。

"彭院长,一路辛苦了,欢迎您来到碧水湾温泉度假村考察!"小唐热情洋溢地说道。他见彭院长手提公文包,便询问道:"彭院长,您是否还有其他行李呢?"彭院长回答道:"我还带有一个黑色皮革的密码箱在后备箱,麻烦你帮我拿一下。""好的,很乐意为您效劳!"

彭院长下车的间隙,苗经理等人也端着欢迎饮品及冰巾来到彭院长身边。"彭院长,欢迎您来到碧水湾,请喝杯茶水吧,暖胃暖心。"彭院长喝完欢迎茶后,便由 GRO 小张带其参观酒店。此时,小唐顺手将彭院长的行李箱放在大堂的贵宾行李寄存处,并嘱咐另一位行李员小杨:"这是彭院长的箱子,你记得跟进。"小杨点头道:"好的,我记下了。"得到此回复,小唐认为应该不会出现任何差错,于是也未在对讲机里告知前厅其他同事。此时前厅部陆陆续续入住的客人非常多,小唐和小杨一直站在门口帮客人搬运行李,竟都忘记了彭院长的密码箱。

12:15 彭院长考察完毕,准备离店,苗经理等人前去送行。"彭院长辛苦了,感谢您一直以来给予碧水湾的支持!"彭院长回答道:"也要感谢你们一直以来的优质服务。"说话间,接送彭院长的车已停在前厅门口。"彭院长,再见,欢迎您随时回碧水湾。"苗经理看见彭院长带着自己的手提包离开,并未多想,挥手间送别了他。

凑巧的是,当时正值午餐期间,小唐因在员工食堂用餐,也错过了对讲机传递的彭院长离店信息,等他用完午餐回来,发现行李寄存处的密码箱十分眼熟。"这不是彭院长的箱子吗,怎么还在这儿呢?"小唐赶紧询问小杨,才知道彭院长已经离店,于是立刻向苗经理反馈此信息,此时距彭院长离店已长达40分钟,酒店只能另派一辆车为彭院长送去密码箱,这不仅耽误了客人赶航班的时间,而且增加了度假村的成本。

【案例点评】

碧水湾度假村接收交办事项三原则告诉我们:"需交办他人的,一定要按信息传递原则交接到位,并且在有效时间内确认交办事项是否已得到落实。"案例中小唐仅交接给另一位同事便没有继续跟进,导致问题出现;而苗经理等人以为客人没有携带行李便没有进行询问,犯了"想当然、我以为"的错误,导致问题没有得到及时弥补,耽误了客人的行程及时间,给客人留下了不好的印象。

缺失之一:小唐只交接工作,并未确认是否已落实。

缺失之二:参与接待的员工很多,但缺乏统一的集中调度,未做到忙而不乱。

缺失之三:送行时未温馨提醒客人行李是否已带齐。

缺失之四:管理人员发现问题的意识不够敏锐,补位意识不够。

【对管理者的启迪】

1.管理者应牢记自身的角色定位:应重统筹调度,而非凡事亲力亲为。只有把工作合理安排好,在现场调度好,才能保证各个环节忙而不乱。

2.管理人员应懂得如何做好现场管理,在现场发现易被员工忽视的细节,及时做好补位。

3.员工意识方面的培养,仅靠耳提面命远远不够,酒店多运用情景再现的形式进行培训,或可事半功倍。

案例二　问题出在服务程序的缺失上

【教学目的】

1.懂得制订和执行严谨科学的操作程序(SOP)之重要性。

2.让学生明白要取得优质的服务,必须具有急客人所急和认真细致的服务态度。

请记下您的出租车号
Please note down the taxi No. 5736
请送我到
Please send me to _____

友情提示：为了保护您的权益，乘坐出租汽车请索取发票。
Notice: In order to protect your rights, please ask for receipt when you take a taxi.

厦门市出租汽车监督电话：0592－5615610　Supervision number of Xiamen Taxi:5615610
酒店宾客关系主任电话：6075（内线）　　Guest Relationship Officer Ext. 6075

中国厦门会展二路199号
ADD: No.199, Conference & Exhibition Road 2, Xiamen, China
电话/Tel: 86－592－5959999　传真/Fax: 86－592－5959666

【案例回放】

某酒店大堂。一位中年男子正在向大堂副理小文诉说："我是早上从机场坐出租车来你们酒店的。到房间整理行李时，才发现一个行李袋忘了拿，落在车后座。当时因急着下车，没向司机要发票。现在不知道怎样才能找到这辆车。你能帮我吗？"

小文安慰客人道："没问题，我们可以通过门口监控查找。现在就怕行李袋被这辆车的下一位旅客顺手牵羊拿走。您上午大约几点到酒店的？"

"也就是半个小时前吧。"男宾回答。

接下来，小文从客人在总台登记的时间推断出租车抵店的大概时间。然后在保安部的配合下，从监控中查到男宾乘坐的出租车号和下车时的情形。监控画面显示，当时行李员从为客人拉开车门，到从后车厢取出行李，以及随后带客人进入大堂，没有开口说过一句话。

小文请男宾回房间等候行李的下落，然后根据车牌号联系出租车公司。没过多久，那位出租车司机拎着男宾的行李袋出现在大堂。男宾确认无误后，高兴地取回了自己的行李袋。

下面丢失物品的主人，是一位年轻女宾。她办完入住手续后才想起来，自己把小提琴落在了出租车的后排座。她这次是专程来参加小提琴比赛的，没了熟悉的小提琴，自然十分着急，于是急匆匆地来找大堂副理求助。

大堂副理小文听了女宾的情况后说："请您别着急，我们会想办法找到这辆出租车。请问，您下车后，行李员有没有给您一张卡片？"

"什么卡片？没印象。我找找看。"女宾搜了搜自己风衣的口袋，终于摸出一张皱巴巴的纸片，"是这一张吗？它有什么用？"

小文接过纸片，向客人介绍："这一张纸片叫'出租车提示卡'，凭上面记录的车牌号很容易找到那辆出租车。"

"啊！那太好了。多亏有这张卡，我差点把它扔了呢。"女宾喜形于色。

原来，该酒店引入别家酒店的先进做法，制作了"出租车提示卡"，当客人下车时由行李员交给客人，以备客人不慎将物品落在车上时方便寻找。

小文根据卡片上的车牌号，很快通过有关出租车公司找到那辆出租车，小提琴终于物归原主。

【案例点评】

该酒店为寻找客人落在出租车上的物品,费力、费神又费时,即便后来使用上"出租车提示卡",还是要经过一番周折才能找到。总之,给酒店带来不小的麻烦,同时也让客人虚惊一场。

虽然客人将行李落在车上是其自身疏忽造成的,但是可不可以通过行李员的优质服务加以防范呢?答案是肯定的。然而,本案例的行李员并没有做到。

问题出在哪里?出在行李员服务程序的缺失上。

缺失之一:行李员在为客人拉开车门时,除了向客人致欢迎词外,应当提醒客人:"您的行李都拿好了吗?"据了解,该酒店原程序中只有问好欢迎,却没有请客人拿全行李的提醒词。

缺失之二:紧接着扫一眼出租车前后排座位上是否有客人落下的物品。据了解,该酒店原程序中没有这一环节。

缺失之三:如果后车厢有行李,在帮客人拿行李时,应当再次提醒客人:"行李都拿全了吗?"据了解,该酒店原程序中没有这一要求。

凡是有缺点的服务,必然是要么制订的服务程序有缺失(如少了必要环节),或程序本身不科学、不细致;要么是服务程序没问题,但在执行时存在缺失。

如果能做到制订的服务程序严谨科学,执行时周密无缺失,那么博得客人满意正所谓功到自然成。

【对管理者的启迪】

1.所有服务出现的问题,说到底还是管理问题。没有严谨科学的规范,包括制度、程序和规定等,就不可能有优质的服务。

2.为保证规范执行到位,管理人员还必须身体力行和对普通员工有效监督指导。

3.制订管理规范一定要配套、能落地。比如,本案例该酒店虽然有了"出租车提示卡",但程序中由于缺乏行李员对客人口述的提醒词,难免出问题。

案例三　小费风波

【教学目的】

学习如何消除顾客误解。

【案例回放】

1105 房住客刘先生前来投诉前台实习行李员 Damon 有变相索要小费的嫌疑。经了解,刘先生在前台办理完入住手续后,行李员 Damon 为客人送行李到房间。Damon 为客人开了门后,一一向刘先生介绍客房设施、设备:"这是床头控制柜,这是空调开关……"在刘先生表示知道了,Damon 仍继续说:"这是电冰箱,桌上文件夹内有入住须知和电话指南……"最后,刘先生给了十元钱小费,Damon 才退出了房间。

经向 Damon 了解,他当时只是想到要按照操作规程向客人介绍客房设施、设备,完全没有要客人小费的意思。当收到客人给的小费时,他还觉得很不好意思,回组后就把小费上交到组里了。行李组主管 Tony 证实了 Damon 的说法。大堂副理把了解的情况向客人做了解释,表示会加强对新入职员工服务技巧的培训,并赠送给客人一个陶瓷挂件,客人也接受了解释。

【案例点评】

1.操作

主要失误:Damon 没有理解场景,没有掌握好服务分寸,机械地执行房间介绍流程,导致客人产生他想要小费的误解。

建议:先在前台了解客人是否是初次入住,然后在为客人打开房门并放好行李后,询问客人是否需要向他介绍房间设施。客人同意:①初次入住客人,按操作流程介绍;②回头客,只介绍客房新增添的服务设施。客人表示不需要,则只需感谢客人再次入住酒店。

2.服务心理

首先应该充分肯定 Damon 对客人积极、主动、热情的服务。按服务规范不厌其烦地给客人介绍客房设施、设备,通常来说并没有错。但是,服务规范的运用应因人而异,灵活机动。对服务分寸的掌握有个适度的问题。Damon 对这位客人机械地套搬服务规范确有欠妥之处。显然,将客房的常用设施、设备甚至普通常识详细地介绍给并非第一次入住酒店的客人大可不必。特别是当客人表示知道了且已显出不耐烦时,Damon 还继续唠叨就过于死板了。这样做会使客人感到被视为没见过世面,自尊心受到挫伤,或者误解服务员是变相索要小费,从而引起客人的不满和反感。好心却没办成好事,这是满腔热情的 Damon 始料不及的。

3.服务技巧

做好对客人的识别,才能提供恰当的服务。那么,怎样才能识别客人呢? 一是在引领客人入住房间时即可细心观察客人情况;二是在介绍房间情况前可事先征求客人的意见;三是介绍情况中注意察言观色;四是注意总结经验,向有经验的员工学习和请教。

4.服务意识

可以看出此案例中的行李员非常热爱本职工作,这点是值得肯定的。但由于他经验不足,未能站在客人的角度去思考并调整行为。只有了解了客人的需求,才能给客人提供恰到好处的服务。如本案例中行李员可以提前从前台了解客人的姓名、国籍和入住记录等资料。在引领客人去房间的途中用客人的姓称呼客人,客人会产生一种亲切及受尊重的感觉;通过了解客人的国籍和入住史,选择用何种方式进行房间介绍。

5.客情分析

介绍房间情况,对常住饭店的客人和初次下榻饭店的客人显然应有所区别。对饭店常客做房间内容介绍,可只介绍客房新增添的服务设施;而对初次下榻饭店的客人,则应较详细地介绍房间设备及使用方法。这样既能给客人带来方便,又能避免因客人使用不当而损坏客房的设施、设备。Damon 没有注意到两者的区别,照本宣科地按流程操作,很容易引起客人的不满。

6.培训

Damon 对服务技巧未能灵活掌握。针对新员工的培训除了操作流程的灌输外,更多的应是优秀员工的经验分享。

7.管理人员

员工在平时服务过程中,往往因为忙或粗心而暴露出很多问题,这就需要管理人员多利用交接班或通过谈话对其加以指正。另外,管理人员还要多与员工分享服务心得,因为书面上的规定再多、再细,也不如现实的榜样更有教育意义。这样,新员工才能快速成长起来。

【对管理者的启迪】

1.酒店需重视每位见客人员的服务技巧学习。

2.组织老员工分享经验,处理这类场景。

3.管理者多关注新员工应知应会的内容。

4.按照考核后才可上岗的原则处理。

案例四　失败的留物转交服务

【教学目的】

1.理解细节的重要性。

2.认识酒店班次交接工作的重要性。

【案例回放】

21:00,1201 房孙先生前来投诉,他上午外出时曾告知前台服务员,有一位李先生会送一些订货样板给他,他晚上回来取。但刚才得知,李先生来了以后,前台以客人没有知会为由婉拒了客人转交的要求。

经了解,孙先生 10:00 时把有人会送样板来的事情告诉了前台员工 Steven,Steven 答应后却忘了做登记,也没有交接给晚班的同事。16:00,李先生到前台说 1201 房客人有事外出,让把东西放到总台。服务员 Marco 查找了一下留物登记单,没有找到关于 1201 房客人的留言。Marco 便向李先生解释,在近期会展期间因太多商户主动给客人送样板,容易给客人造成骚扰与不便,故如客人没有提前告知,酒店不接收物品。李先生表示他没有客人的海外手机号码,提议由酒店直接联系孙先生核实情况,Marco 以不方便打扰客人为由拒绝了李先生,建议李先生通过其他方式联系。李先生一怒之下,把样板(布匹色版)放在前台就离开了,样板被寄存在行李储藏间。

大堂副理对给两位客人造成的不便表示歉意,经与李先生核实,大堂副理把样板转交给孙先生,并赠送了欢乐时光体验券以表歉意。

【案例点评】

1.操作

主要失误：

（1）Steven：责任心不强，没有把客人交代的事情做好记录，没有做好交接班工作。

（2）Marco：服务意识欠缺，没有对李先生反映的情况进行核实，弥补之前的失误，而且也没有想办法帮助李先生解决问题。

建议：

（1）Steven：询问孙先生需转交的物品内容（违禁品和易燃、易爆物品不接收），然后使用留物登记表记录留物人及取物人的姓名、联系方式，交接班时提醒下一班人员跟进。

（2）Marco：当李先生表示是住客的要求后，员工首先应该考虑的是"会不会是自己的服务出了纰漏"，而非"这位客人可能说谎"。然后联系上一班同事，确认此事。即使未能从同事那里得到肯定的答复，还可以尝试联系住客，因为存在客人忘记知会前台服务员的可能。

2.服务态度

此情景中，Marco和李先生接触时，用了很多拒绝式语言，如"不接收""不方便"和让李先生自己联系客人等。给客人创造优质服务的第一印象应该是积极、主动的服务态度，而非消极、被动的态度。

3.责任心

本案例暴露了酒店前台工作的脱节，造成不良的后果，值得大家引以为戒。酒店前台工作要避免此类事件的发生，员工应树立整体意识，各个岗位之间要做好协调工作（包括认真做好交接班记录），相互衔接，环环相扣，从而保证整个酒店工作的正常运转。

4.服务意识

"顾客至上"必须体现在员工的服务工作中，形成一种服务意识。酒店员工要时时记住"顾客总是对的"，时时处处以顾客满意为标准，把握自己的言行，形成良好的服务意识。

5.沟通

接待员在处理事情的过程中要灵活机动，在发生上述事件时，应主动与上班次员工联系，确认此事，或者同管理人员联系，在确认物品的安全性符合规定的情况下，为客人办理物品转交手续，以便最大限度地弥补失误。

【对管理者的启迪】

1.树立"客人的客人也是我们的客人"的意识，对潜在客人同样应该提供优质服务。

2.情景分享，加强员工对责任心和团体合作意识的重视度。

3.管理人员加强巡查力度，对异常服务加以关注。

案例五　把对"让"给客人

【教学目的】

认识到重点是为客人解决问题而非争对错。

【案例回放】

1303 房的李先生办理完退房手续后到礼宾部提取行李。当行李员 Damon 把行李箱拿出来后,李先生发现行李箱的四个轮子少了一个,于是非常不满地询问行李员。行李员 Damon 说:"对不起,先生,我不知道。可能是寄存的时候就没有了。"客人很生气,坚持称寄存行李箱时是完好无缺的。两人各持己见,争了起来。值班经理 Cherry 听说后马上来到现场,了解了情况并向客人道歉,表示是酒店工作的失误,行李箱将由酒店负责修好。10 分钟后经理 Cherry 把修好的行李箱送还给了客人。客人对此表示满意。

【案例点评】

1.操作

主要失误:行李员接收行李箱时没有按流程认真核查清楚,在客人质问时还与客人争对错。

建议:行李员在接收行李箱时应检查行李箱拉杆、箱面及轮子有无异常,如果有应及时向客人指出,并在行李标签上注明损坏明细和发现问题的时间,请客人签字确认已阅读声明内容。如标签上没有注明破损明细,但提取时客人又指出了问题,可向管理者反映,与客人协商解决方法。

2.流程

作为一名行李员,在服务过程中要时刻小心谨慎、认真仔细,遇到问题要冷静处理。行李员在接收行李时,需与客人确认行李总数、破损情况,询问客人行李箱内有无易爆及贵重物品并记录在案。案例中的行李员错在装运行李之前,没有检查行李是否有损坏,如果事先发现有损坏,应及时向客人指出。

3.服务意识

上述情景中行李员和值班经理的想法和做法迥然不同,效果也就完全相反。行李员直接与客人争辩,这样更加深了客人的怒火,矛盾也更激化。而值班经理在没有弄清箱子是何时何地、谁弄坏的真相前,就代表酒店向客人表示愿意承担责任,这里面有她的道理:①行李员 Damon 在接收行李时没有发现损坏并向客人指出;②行李员和客人在公共区域争吵,影响酒店形象;③轮子维修更换成本不高,值班经理这种主动把"错"揽下来的做法,有助于缓和气氛,有利于问题的解决;④无论责任在谁,主动为客人解决问题,有助于树立酒店的良好形象。

4.服务技巧

值班经理确信绝大多数的住客都是通情达理的,把"对"让给客人,给客人提供一个台阶,往往只需少量成本就可以将问题解决,避免了进一步加深客人的怒火。如果值班经理也头脑发热,和客人争得面红耳赤,即使最终免于赔偿,也可能因此永远失去一位客人。

5.客人心态分析

(1)李先生真的认为自己的行李箱在寄存于酒店前是完好无缺的。

(2)有可能李先生明知行李箱不是在寄存酒店期间弄坏的,但因为行李员违反操作流程,没有提前发现轮子缺失并告知他,导致他有机会抓住这个把柄要求酒店赔偿。

两种心态中前者的底气比后者更足。由于这类事件确实是因为员工违规操作导致的,因此属于有效投诉。争辩只会给前者情绪火上加油,给后者在向酒店索赔时多加了一条"劣迹",所以在处理问题时,把"对"让给客人是最好的解决方式。客人越"对",酒店的服务就越能让客人满意,这才是酒店真正需要的待客之道。

【对管理者的启迪】

1.对新员工业务能力进行抽查。

2.加强新员工服务意识培训。

3.开展客人心态分析培训,懂得换位思考,提高员工的应变能力。

案例六　一个不知道房号的叫醒电话

【教学目的】

1.引导学生认识任何小失误都可能造成严重的后果。

2.认识按照标准操作的重要性。

【案例回放】

3月16日1:00左右,夜班行李员拉兹接到住客电话,需要一个5:50的Morning Call。拉兹热情地答应客人,并于结束电话后立即通知总机设置叫醒服务。当拉兹向总机话务员传达宾客要求时,忽然发现自己忘记询问客人的房号。由于礼宾员使用的电话没有来电显示,而内线电话系统中也无法查询到通话记录,万般无奈之下,拉兹将此事汇报给大堂副理。

当晚出租率高达95%,假如你是大堂副理该如何处理?

【案例点评】

叫醒服务是总机的主要职责之一,而非行李员的主要服务内容,但两者同属于前厅部。在酒店管理中,提倡"一站式服务""问题到我为止"。本案例中如果行李员拒绝客人的要求,而让客人自己拨打总机电话,会造成客人反复拨打电话、多次重复自己的要求的情况。所以,行李员接受客人叫醒电话服务需求是对的,但是却不够专业,没有问清楚客人的房号和姓名,造成叫醒服务无法按要求提供,如果客人要赶飞机、开会等,就会给客人带来严重影响。因此,小失误可能带来大影响。

实际上,在酒店入职培训服务礼仪时有关于电话礼仪的相关要求,其中有一项要求为"集中精神、耐心,重复确认要点,适时记录"。拉兹在接听电话过程中,未与客人重复确认要点,即使客人未主动提供房号,如果能按照标准要求,与客人进行细节重复,仍然可以弥补这一失误。

【对管理者的启迪】

1.日常工作中对员工的培训与要求应严格按照标准执行。

2.酒店基本业务知识的普及相当重要,如果员工能掌握服务项目的基本要求,就可以减少失误的发生。本案例中,拉兹如果知晓叫醒服务必须要知道客人的房号和叫醒时间,也可避免失误。

6.3　总台接待案例

PART 1　正面案例

案例一　以前的酒店真"不要脸"

【教学目的】

1.掌握智能化酒店的形式、特点和类型。
2.了解智能化酒店的发展趋势。

【案例回放】

小范的爸爸是个酒店人,每天早出晚归,对小范的学习没太顾得上,只是叫她有空时多看看书,少玩手机和电脑。

这天范爸爸回来得早,满身疲惫的他看到电脑屏幕上还没最小化的一篇文档,于是随意瞄了一眼。这一眼把范爸爸吓了一跳,因为文章的题目是"以前的酒店真不要脸"。"啊,这样说我们酒店行业!"范爸爸索性坐在电脑前看了下去……

原来这是一篇穿越魔幻小说,讲的是 2040 年,一对情侣情人节穿越回 2016 年的七夕,发现住个酒店都那么怪怪的,要登记,要刷身份证,要发房卡,结账要刷卡或用微信、现金支付。这对小情侣穿越过来什么都没有带,就带了一张脸,以为可以凭脸解决一切问题。可 2016 年的酒店,还真就"不要脸"! 没法刷脸支付。

哈哈,范爸爸看得非常开心,没想到 16 岁的小妮子想象力那么丰富,文笔也细腻温润,很有出息。

范爸爸一口气看完了,躺在沙发上,就着刚才"不要脸"的故事,想起酒店业最近开始的"要脸"的事来了:

刚进入 2017 年,没有一点点防备,国家各个行业,突然开始推行智能识别工程。每个人的脸,开始成为自己真正的身份证! 从今以后,乘火车、坐飞机全靠一张脸! 靠脸吃饭的日子真的从 2017 年开始了! 刚刚,武汉火车站传来消息,32 个刷脸通道全面启用,只留 10 个传统检票通道,所有人进站只需 2~5 秒。进站时,只需把身份证放到读码器,抬头看屏幕,瞬间打开闸门! 没有一个检票员,所有进站通道均无人值守! 这是中国第一个刷脸进站的火车站,这一天 90% 的旅客进站已开始走刷脸通道,化妆女士也不用担忧,照样准确地刷脸。更令人震撼的是:这套系统与公安打通,那些打算乘火车潜逃的犯罪分子一旦刷脸,马上锁定,自动报警!

北京机场,重磅宣布:刷脸登机。火车站的变革已经开始,怎能少了更高端的机场。前几日,中国最大的机场——北京首都机场,宣布与百度全面合作,进入刷脸时代! 目前,百度机器人已经开始投放,负责机场信息咨询。同时,刷脸登机也正全面开始测试,告别身份证、登机牌。我们的脸既充当了身份证,也充当了登机牌!

我们的脸,正取代手机! 我们现在到哪里都是刷手机、扫二维码。也许很快,我们将从刷手机时代正式迈入刷脸时代! 曾经我们经常调侃:"没带钱怎么吃饭,你和老板那么熟,刷个脸呗。"没想到这句玩笑话正在变成现实。而我们的这张脸,正在被添加越来越多的功能:身份证、登机牌、火车票、通行证,甚至付款码。

"啊,老爸,你回来了呀?"女儿一声喊叫,让范爸爸中断了思考,赶紧站起来,毕竟"做贼心虚",没经过女儿同意呢……

【案例点评】

酒店智能化是未来大势所趋,不管是 VR 选房还是人脸识别,这些更多的科技尝试,都是使用仪器帮助酒店前台工作人员有效识别身份证上的信息,通过点的比对,认定是否为同一个人。通过高科技,减少前台工作量,同时也能解决"我就是我"的问题,有效地解决客人在酒店办理入住时实名认证、人证合一的问题,让客人在办理入住的时候更加方便快捷,最终实现"刷脸入住和结账"。红外人体感应、过期身份证提醒、对比结果语音播报,时间、天气信息显示……人证识别设备已然成为酒店前台人员对住客身份核实的"利器",运用科技的力量,智能化为更多酒店提供更可靠的有力保障。

没有前台、不需要 check in,直接刷脸入住。酒店的楼梯、客房里的设备,很可能是声控的,很方便。酒店的大堂就是一个轻社交的场所,符合年轻人喜欢交朋友的生活习惯。当然,离店时也不需要 check out。这就是"未来酒店"的入住模式,而它全程基于最先进的云端PMS(酒店管理系统)模式。

现在做酒店可以"不要脸",未来做酒店还真的"要脸"啊。

【对管理者的启迪】

1.技术的进步和智能化的发展会对酒店组织架构以及人力资源管理产生重大影响,这要求酒店经营管理者必须要有先进的管理思想和管理理念。

2.酒店经营者要正视现实,面向未来,与时俱进,以酒店利润最大化和消费者需求为导向,适时调整经营策略、管理模式和服务流程。

3.考虑到成本因素,智能化的"未来酒店"可能会首先从传统中低档以及经济型酒店开始。相对而言,高档酒店需要更高的服务质量,因此,高档酒店需要保留更多的服务人员,提供更具有人情味的高品质的服务。

4.未来酒店将依托酒店后台强大的云数据,但也同时意味着客人每一次入住都将记录在云端,未来客户的信息安全保密将成为重中之重。

案例二　为你打造浪漫

【教学目的】

1.培养学生的服务意识。

2.学会为客人设计温馨、周到、体贴、关怀的亲情服务。

【案例回放】

2019 年 3 月 15 日朱先生携太太、儿子入住碧水湾,此次是特意与太太过 8 周年结婚纪念日。前厅总机的赵文静和黄姝颖根据客人信息,为客人设计了一场温馨、浪漫的纪念日。

在经过朱先生同意后,黄姝颖添加微信,拿到了朱先生与太太不同时期的合照。赵文静和黄姝颖考虑到纪念日要有仪式感,选取了朱先生和太太领证、婚纱照及宝宝满月的照片打印出来,用精美的相框装裱,将其余照片制作成折页相册,按时间顺序排版,并在每一页写上深深的祝福语。

朱先生与儿子的生肖都属龙,朱太太生肖属羊,赵文静便准备了相对应的生肖小公仔,放在房间茶几左右两边,寓意着家庭幸福美满。

赵文静根据朱先生和太太两人的相识相知、相爱结婚,再到蜜月和三口之家,把每一个阶段的照片从进门到落地窗依次排序布置,同时利用彩灯进行点缀,设计出了"爱的进程照片墙",增强浪漫氛围,回忆幸福时光。

为给女士制造浪漫和惊喜,黄姝颖特意申请将房间升级为蜜月房,赵文静用气球结合照片墙布置房间,营造温馨浪漫的气氛;另外,黄姝颖还交代前台为客人准备甜甜蜜蜜的房卡套;赵文静特意制作了代表爱情的纪念日贺卡,以朱先生的名义写了一封表白信给太太,感谢太太多年来的陪伴。

朱先生与太太到店后对此特别满意。在次日离店时朱先生发来微信点赞,称赞碧水湾是他去过几十家温泉酒店中服务水准最高的。

【案例点评】

好的服务是"你让我觉得你总是替我考虑"。选择碧水湾不仅是选择了度假的风景,更是选择了一种享受的方式。朱先生给予碧水湾为他们呈现结婚纪念日服务的机会,前厅的黄姝颖和赵文静花费心思制造的一家三口的温馨与浪漫,站在先生的角度为太太打造浪漫,站在父母的角度为孩子分享幸福,站在客人的角度从客人的心里出发考虑问题,让客人感到惊喜与叹服。

亮点之一:知道客人是带着期望而来,能够做到与客人内心的期望赛跑,做到超出顾客期望。

亮点之二:善于抓住个性化的信息进行服务设计,无论是 8 周年的服务切入点,还是"爱的进程照片墙",无一不显示出员工对个性化信息的充分利用与挖掘。

【对管理者的启迪】

1.好的服务是设计出来的,每一个打动客人的瞬间背后,是服务人员的极致用心、极致用情。

2.顾客只买走了经历、体验,没有给客人留下美好回忆和值得传颂的服务是"零"服务。一个成功的服务,一定会是一个值得流传的美好故事。

3.帮助顾客赢,酒店才会赢。我们只有站在顾客的角度去经营管理,努力提升顾客满意度,才能让企业在激烈的竞争中获胜。

案例三　推销

【教学目的】

1.使学生懂得总台岗位的职责不仅只是接待或收费,还有推销的任务。

2.让学生知道推销技巧之一是了解客人的核心需求,再有针对性地"投其所好",这样因人而异的推销方法容易取得成功。

【案例回放】

"都有什么样的房间,请你介绍一下。"一次笔者受某酒店集团之托,到其旗下一家酒店暗访,第一个被我访查的对象是总台接待员。

"请问,您是一个人住吗?"总台接待员问。

"是的。"我回答。

"那我建议您还是住大床房,大床睡得舒服。不过,大床房有不同朝向和特点,请问您有什么特殊要求吗? 要不要我介绍一下供您选择?"

她的主动建议和询问,在其他酒店并不多见,不免使我开始注意她。这位接待员个子不高,也谈不上漂亮,却有一双炯炯有神的眼睛和亲切的笑容,给我的第一印象不错,也让我产生听她介绍房间特点的兴趣。我说:"到度假酒店自然希望住在面朝景观的房间。你就介绍一下房间特点吧。"

"我们酒店坐北朝南,南面房间面对风景区的大湖,北面房间面向酒店的后花园。如果选择南面房间,可以一览湖光山色;假如住北面房间,这时正是鲜花盛开的季节,可以欣赏满园春色。而且,我们酒店的房间宽敞,床垫是定制的袋装弹簧软垫,客人都反映睡得特舒服。您选择我们酒店算您选对了。"接待员滔滔不绝、声情并茂。

"你说床垫是袋装的弹簧软垫? 我只听说过,但没见过!"我感到有点意外。

"是啊,那是我们酒店特别定制的。"

"你知道哪里可以买到这种床垫吗?"

"不好意思,我不知道,不过我可以帮您问一下。对了,您准备住几天呢?"

"就住两个晚上。"

"那这样吧,今晚住南面,明晚住北面,这样两面景色您都可以兼顾到,怎么样?"她还是那样充满热情地建议。

"这样不是增加了你们服务员做房间卫生的麻烦?"我感动之余,不免有些过意不去。

"没关系,只要您住得满意,我们都非常乐意多做一些。咦,您好像经常住酒店?"她脸上露出一丝诧异神色,"我们酒店如果有做得不够的地方,请您一定给我们指出来啊!"

"说老实话,我本来不一定住你们酒店呢,倒是因为你的热情推销才下决心住你们酒店的。"我也不失时机地恭维她一句,"从你这么优秀的表现,我就已经对你们酒店充满信心了!"

只见她满脸灿烂、谦虚应答并道谢之后,又投入了接下来的工作。

【案例点评】

酒店推销工作不完全是营销部门的事情,酒店内的有关岗位也都有向客人推销产品的责任。各个服务岗位努力做好本职工作,其实也是无形的推销。营销部门辛辛苦苦把客人引进来,服务部门就要想方设法把客人留下来。本案例酒店总台的接待员在这方面做得非常好,好在善于抓住客人特别要求,向客人针对性地介绍窗外景观特色,投其所好,博得客人好感,使得客人很快下定入住决心。

这里顺便讲一个有关推销的"故事":

卖辣椒的人有可能会遇到这样的问题:"你这辣椒辣吗?"怎么回答呢? 说辣吧,怕辣的立即走人;答不怎么辣吧,也许人家却要很辣的。有一个卖辣椒的妇人很好地解决了这个二律背反难题。你瞧,来了一个买辣椒的,果然问:"这辣椒辣吗?"妇人回答:"颜色深的辣,浅的不怎么辣。"这样下来,浅色的就所剩不多了。又来了一个顾客,问:"辣椒辣吗?"妇人答道:"长的辣,短的不怎么辣。"接下来,长辣椒眼看就要告罄。这时又来一位顾客,还是问:"辣椒辣吗?"不过,听其口气并不十分坚定,妇人这次是这样回答的:"硬皮的辣,软皮的不怎么辣。"由于剩的不多,妇人接着说:"如果都拿去,5折优惠好了。"不一会儿工夫,她的辣椒全部卖光。

别人也许会把辣椒分成两堆卖,一堆是很辣的,另一堆是不怎么辣的。而她推销却另辟蹊径,想到了别人所没有的推销方法。希望达到什么效果呢? 其实,妇人是想让顾客找到一种懂得挑选的成就感,或对卖家产生一种信赖感,于是她就比别人卖得快。

有人总结出因人而异的推销术,看似简单甚至有点偏颇,但也有其一定道理,特录于下供参考:对生客卖的是礼貌;对熟客卖的是热情;对急客卖的是效率,对慢客卖的是耐心;对有钱客人推的是尊贵;对节俭客人推的是实惠;对挑剔型客人那既要讲耐心又要讲细节了。

总之,因人而异,投其所好,想方设法进行推销,才能收到好的销售效果。

【对管理者的启迪】

1.酒店促销工作不仅限于营销部,促销是全员性的。尤其是直接面客的岗位,都有推销酒店产品的任务。那么,在制订有关岗位职责时,必须注意提出岗位上的推销要求。

2.管理人员对有关岗位的培训、督导、检查和考核时,同样不可以遗漏了对有关岗位推销的要求。

3.管理者要对员工进行销售艺术方面的培训,并启发员工学习、研究和掌握前台销售的艺术。

案例四　前台接待岗位会消失吗

【教学目的】

1.了解新技术在酒店的应用。

2.认识新技术运用到酒店后,对酒店从业人员可能造成的压力。

【案例回放】

夜幕降临,小莫拖着疲惫的身体,拉着那个每次出差都离不了的拉杆箱,走进了一间"速8"酒店的大堂。"咦,怎么没有一个人呢?"小莫发出了惊讶声。

只见有些宽敞的大堂里空无一人,起初小莫真以为自己走错了,但抬头一看,那个美国式风格的"速8"标志,确实表示这个美国品牌在中国的存在。小莫静下心来,看到在墙边立着一台好像银行里的排队机一样的设备。走过去一看:嗬,好家伙,原来是一台"全自动酒店入住自助机",那么新潮,小莫顿时来了兴趣,按照里面的提示操作起来。

只见小莫把身份证放到自助机上,按提示对着机子上的摄像头摇摇头,即完成了"刷脸"。通过身份认证后,便开始"选房"。小莫选择了自己心仪的大床房。随后,进入"支付"阶段,小莫按照提示,用手机选了"微信支付",支付了押金和房费。不一会儿,自助机就吐出房卡,完成了"领取房卡"。小莫看了看表,整个过程仅耗时两分多钟。

办完入住手续,小莫突然感觉到一阵压力:真的,技术改变人类,技术改写行业,自己真要努力啊,不然,下一个被技术取代的会不会是自己。

【案例点评】

科技的大发展,给我们的生活带来了很多新鲜玩意,就拿这家酒店来说,传统的入住方式逐渐被颠覆,自助入住、无卡开门这种新的入住方式将会越来越受到年轻人的青睐。试想,客人凭身份证、护照、刷脸或指纹认证,就可以实现"网上自选订房、进店二十秒入住、离店二十秒退房",做到订房、入住、退房、打印小票等全自助,自主操作完成,方便、快捷又时尚,为客人提供了多样化的自主入住通道,节省了客人时间,保护了客人隐私,哪会不受酒店的欢迎呢?

像这种功能强大而方便的自助入住方式,二维码、身份证、验证码、手机号、会员卡等均可办理入住,极大地方便了客人,节省了客人入住时间,免除了排队的烦恼,降低了员工的劳动强度,减少了企业运营成本,是一项多元化、人性化的服务指标。试想,一个前台每班2个人,一天6个人,加上休息轮班员工和管理员,至少得7~8个人,用了这台机器后,可以节省6个人,全年工资最少可节约10多万元。看来,未来酒店前台这个工种恐怕真的会慢慢被淘汰。

【对管理者的启迪】

1.机器人(智能化)可以降低酒店的运营成本。

2.智能化是未来酒店的发展趋势,酒店人无法逃避、无法阻挡,也不应该回避,不应对其视而不见,酒店要更多地融入技术革命的浪潮,不做时代的落伍者。

3.未来酒店人需要思考的是:在机器逐渐取代人的情况下,酒店如何提高"服务质量"?

4.运用新技术时,别忘了"人"的"对心"服务,差异化的服务也许是你战胜技术的唯一法宝。

PART 2 反面案例

案例一 男宾"裸奔"事件

【教学目的】

1.让学生认识到酒店服务工作要有灵活性。

2.认识楼层电梯间设置公用电话的重要性。

【案例回放】

谁能想到坐在总经理写字桌前的这位衣冠楚楚的男宾,就是昨晚在大堂"裸奔"的客人。

"正因为我不小心被关在门外,才找总台帮助。那位男服务员竟然不顾我只穿一条裤衩的狼狈相,一定要我先出示身份证。还说什么,没有身份证怎么知道你是住店客人,怎么可以随便为你开门。"这位男宾满脸通红,一边说着一边挥舞手臂,"总经理你想想看,不进房间,拿不到身份证,又怎么能证明我是住店客人?你说这个服务员是不是脑子有病?建议你开除这个服务员!"

总经理回应道:"非常感谢您的批评,这位服务员的确呆板。特殊情况特殊处理嘛,我们将加强对员工的培训。听说您明天就要离开,今晚我请您吃饭,还想听听您对我们酒店的建议,好不好?"

男宾心情顿时好起来,语气轻松地说:"那好吧,请您把昨晚替我解困的那位经理也叫来陪我,我要感谢他。"

总经理为详细了解事情的来龙去脉,特意来到监控室调看昨晚男宾"裸奔"的几个镜头。

镜头1:

一个房间的门打开,先是露出一个男人的头部,左看看,右瞧瞧,然后整个人走出房间。这时我们才发现这位先生几乎裸体,只穿一条紧身小裤衩,两手托着装满餐具的托盘。走到门旁,蹲下,将托盘放在地上。

当他站起来转过身时发现门已关上,这时才想起来出门时没有将房门推到吸门器上,闭门器却将房门自动关上了。他握紧两个拳头按在门上,额头又顶着拳头,一副痛心疾首状。可以想见,这时的他是多么的沮丧。少顷,他抬头,退后两步,做出欲撞门的姿势。也许他觉得此举不妥,只能在门前急躁地来回走动,显得一筹莫展。

也许他听到电梯的开门声,知道有人过来了,意识到几乎裸体的自己羞于见人,于是立即停止走动,转向房门做敲门状,以免尴尬。过了一会儿,束手无策的他只好朝电梯方向走去。

从客人走出房间到向电梯走去,足有 3 分钟时间。

镜头 2：

这是电梯前的电子探头所录。几乎裸体的男宾很不自然地向电梯走来,然后按下电梯按钮。这时我们发现:通常楼层电梯间都有的公用电话机,这家酒店却没有。

镜头 3：

电梯里,一位女宾正面向梯门。梯门突然打开,几乎裸体的那位男宾踏进来,女宾连忙转过身去,显然她受到了惊吓。

镜头 4：

这是大堂一角的电子探头所拍。只见那位近于裸体的男宾走出电梯,向总台方向扭扭捏捏地走去。一路上,引来过路客人侧目。遗憾的是,正在大堂做保洁的 PA、站立在大门旁的行李员都看到了这一幕,却无人上前帮忙,也许是他们一时也不知道该怎么帮忙。

镜头 5：

当总台女服务员抬起头,突然发现眼前赤裸上身的男宾,惊讶得不知所措。她顾不上听这位"怪人"说什么,立即扭头转身从镜头里消失。没过一会儿,一位身穿深色制服的男性服务员进入镜头。他与这位赤裸上身的男宾足足对话 3 分钟,貌似还解决不了问题,因为那个男宾表现出非常生气的样子。

这时出现一位经理模样的人来到总台,他与男宾说了几句什么,然后带着近于裸体的男宾进入总台旁边的一个房间。过了一会儿,那位经理带着身穿酒店管理人员制服的男宾走出房间,来到总台领取了门卡后与男宾一起离开。

至于客人与总台男性服务员如何对话,总经理就无从查证了,因为监控的画面没有同步录音。

【案例点评】

此案例暴露出该酒店至少存在三个问题:

其一,楼层电梯间没有设置公用电话。如果有公用电话,客人若因为房卡落在房间,可以通过这部电话求助。注意,此电话只能打出不能打进(以免产生铃声噪声),而且只能打往房务中心。

其二,监控室有失职之嫌。客人在楼层"裸奔"3 分钟,应视为情况不正常或看出客人受困。然而,监控室没有作为,基本上可以确定值班人员没有严密巡视屏幕。

其三,总台男性服务员大失水准。面对赤裸上身的客人,无论如何都要想办法先让其脱离窘境(那位经理就做得很好),而非不慌不忙、固守程序地查认对方是否为住店客人。事后客人为此投诉,实属必然。因此,总台服务员必须由意识正确、思维清晰、业务娴熟、反应敏捷和有很强沟通能力的人担任,这一岗位的水平很大程度上彰显了整个酒店的服务水平,不可小觑。

顺便指出,一般监控探头没有录音配置,而总台或收银台是纠纷多发处,其探头很有必要配置录音,该酒店在这方面显然有欠缺。建议建立"网络视频监控系统"(集图像、声音和防盗报警于一体),在重点区域或部位安装带有音频的探头,这样可以更加全面有效地调查情况。

【对管理者的启迪】

1.在不违反原则的情况下,服务和管理工作要有灵活性。

2.要加强对一线员工的培训,使员工认识沟通的重要性,掌握沟通的艺术。

3.楼层电梯间要设置公用电话,方便客人。

4.酒店 CCTV 不仅要有录像,还要有录音功能。

案例二　到底住"一晚"还是"两晚"

【教学目的】

学会与客人沟通。

【案例回放】

1105 房刘先生 23:00 回来,却怎么也打不开门,便到前台询问,当班的正好是昨天帮他办理入住手续的服务员 Steven。Steven 告诉他,因为他昨天办理入住登记时说是住一晚,因此,过了今天 12:00,房卡就会失效,所以打不开门。这位客人不满地说昨天自己明明说的是住两晚。Steven 也不示弱,强调自己昨天清楚地听到客人说住一晚,两人为"一晚"还是"两晚"争执起来。大堂经理 Coco 迅速赶到现场,了解事情原委后,一方面制止 Steven 别再多说,另一方面不断向刘先生道歉,承认是酒店不对,并主动提出房费可以予八折优惠。在 Coco 的安抚下,刘先生趋于平静,准备拿匙卡回房休息。没想到不再说话的 Steven 此时明显不高兴地将新做好的匙卡从台面推向客人,这使得本已消气的刘先生又被激怒了,任凭 Coco 好话说尽,刘先生也不肯原谅。最后由驻店经理出面道歉,才让刘先生的怒火平息下来。

【案例点评】

1.操作

主要失误:服务员 Steven 和客人争辩对错,在经理介入后,还甩脸色给客人看,对客服务意识极度缺乏,此类性格并不合适继续在原岗位工作。

建议:当客人表示是入住两晚时,Steven 向客人表示歉意,回答"可能是我听错了",马上为客人办理续住手续,还可以向客人赠送迎宾酒券或水果篮以示歉意。

2.服务意识

现实中有许多服务人员虽然知道"顾客总是对的",但是如果发生纠纷,自己身临其境,却不能把持自己。也许在他们看来顾客是人我也是人,为什么明明是客人不对,反而让我说"对不起"。这说明了"顾客总是对的"只是贴在墙上、挂在嘴边,并没有真正入到心里。作为服务人员,不能事事与服务对象——为我们发工资的客人——寻找心理平衡、明辨是非曲直,而应磨炼自己,要有一颗宽容之心,把"对"让给客人,不要与客人发生争执;要让顾客开开心心消费,高高兴兴离去。

3.语言技巧

在此例中服务人员如能在发生争执之前即刻道歉,说句"对不起,也许是我听错了"之类的话,完全可以大事化小、小事化无。

4.筛选与培训

要让第一线员工树立"顾客总是对的"观念,一方面通过不断的培训考核,改变或剔除那些不适宜从事服务工作的"刺头"个性员工。

【对管理者的启迪】

1.酒店员工要真正树立"把'对'让给客人"的服务意识。

2.招工时应进行性格测评,对于不适合在一线服务岗位工作的员工应有其他安排。

3.加强对客语言技巧培训。

4.出现争执时,应该及时换另外一个同事前来帮忙,其他员工要做好补位的准备。

5.不要当面责怪或惩罚已经受了委屈的服务人员。

案例三　我才是 VIP

【教学目的】

理解工作的细节落实,警惕想当然的推测。

【案例回放】

5月25日10:00,酒店即将到店的客人中,有两位是某日资大型跨国公司的高级行政人员。该公司深圳分公司的负责人员专程赴酒店,为这两位客人预订了行政楼层客房,并要求酒店安排VIP接待,该公司其他客人的房间则安排在普通楼层。客人到店之前,相关部门均做好了准备工作。前台及行政楼层接待处准备好客人的钥匙及房卡,大堂副理部则通知相关部门为VIP客人准备鲜花和水果,并安排专人准备接待。然而,就在一切准备就绪,等待VIP客人到店之际,其中一位VIP客人出现在酒店,并声称已入住在普通楼层的客房。

经查证,发现客人确已下榻酒店普通楼层的客房,但这并非客人要求,而是由于接待员的工作失误造成的。此VIP客人与其他客人一行三人抵达酒店时,前台接待员Amy只核实了第一位客人的姓名与预订单上客人姓名相符,未进一步在电脑系统中查询另外两位客人的预订,而这三位客人自称来自同一公司,又是一起抵达酒店,Amy主观判断是预订单上标示的客人名字出现了偏差,于是安排三位客人入住普通楼层的客房,并将预订单上的客人名字更改成已入住的客人姓名,造成实际应入住普通楼层的客人在抵店时,接待员Billy无法查到该客人的预订。Billy虽然在客人出示该公司名片后确认客房为该公司员工的预订房,并马上安排此客人入住,但却使客人对酒店的服务水平产生质疑。

在查清造成上述错误的原因之后,当值大堂副理Coco马上与客人联系,致电客人房间,此时客人均已外出。于是酒店一方面在行政楼层为客人保留了房间,另外在VIP客人房间内留下一封致歉信,就此事向客人致歉。在接到VIP客人回到酒店的通知后,Coco和前台部经理Penny亲自向他致歉,并询问是否愿意转回行政楼层。客人在接受酒店道歉后,表示对下榻之客房比较满意,无须再转去其他房间。第二天当VIP客人离开酒店时,Coco又专程向客人当面致歉。客人表示并不介意此次不愉快的经历,并对酒店对于他的重视很满意。

【案例点评】

1.操作

主要失误：对 VIP 客人的接待，每个当班员工未能引起足够的重视；当值主管未尽监督之职。

2.责任心

此次 VIP 客人接待工作的失败，是由于两位接待员的疏忽造成的。"失之毫厘，差以千里"，因为前台接待员工作中一个环节的疏忽，造成客人到店后产生一系列的问题，影响到后续各个工作部门的工作。所谓"100-1＝0"，由于一位员工的一时疏忽，而使酒店所有部门所做的工作都在客人心中大打折扣。虽然酒店事后尽力弥补，各相关部门花费大量时间和精力希望客人能接受酒店的歉意，却再也无法给客人留下一个完美的印象。

3.细致/准确的服务

接待员工作不细致，未在客人抵店时仔细查询客人预订，在客人名字与预订单不符时，主观判断是预订单上名字写错，将已预订的名字直接更改为当时入住客人的名字，造成其他员工无法查到已预订普通楼层房间但随后到店客人的名字，使该客人无法按预订入住。VIP 客人未入住已准备好的房间，使酒店相关部门为此次接待工作所做的一切准备付之东流，虽然经酒店方的努力，客人接受了道歉，但此次接待任务的失败，势必使客人对酒店的印象打了折扣。

工作的准确性和细致性是服务性行业的基本工作准则。酒店各岗位的工作人员，仍需在工作中认真对待每一个工作细节，踏踏实实完成每一个工作步骤，以保证服务工作的顺利进行。对于将服务看作行业第一生命要素的酒店业来说，只有给客人提供准确到位、细致周到的服务，才能给客人留下一个良好的印象，使酒店在竞争中立于不败之地。

4.管理人员

（1）大堂副理。虽然在 VIP 客人入住时，接待员未仔细查询客人的预订而使客人未按预订入住行政楼层，导致一系列问题的产生，但由于当值大堂副理妥善安排，及时向客人致以诚挚的歉意，才使客人接受酒店的道歉，并使此次事件得以平息。

（2）当值接待主管。对 VIP 团队的接待应该予以重视，亲自跟进或检查 VIP 客人的登记情况。

【对管理者的启迪】

1.前台员工的态度和细心非常重要，在工作日常管理中要留意部分员工的思维模式与操作习惯，对喜欢凭猜测的不严谨行为要及时纠正。

2.培养班组文化，注重对员工工作态度的指导，增强工作责任心。

3.加强工作的细致性和准确性，以便为客人提供周到、优质的服务。

4.加强对 VIP 团队客房接待的检查。

案例四　总台响起"女高音"

【教学目的】

1.了解酒店住房收费政策。
2.掌握酒店住宿收费政策执行的操作标准程序。

【案例回放】

某酒店大堂弥漫着轻柔的背景音乐。

这天 12:00 刚过不久,总台方向突然传来不和谐的"女高音",引起了大堂副理小施的注意,她立即向总台快步走去。

发出"女高音"的原来是一位住在本酒店 809 房的年轻女宾。她正在喋喋不休地向总台服务员小游发泄她的不满:"我明明告诉你们,我是要住一天的,怎么一天不到就不让我进门了?"

小施马上向服务员小游了解情况。原来这位住 809 房的卢小姐是昨天 17:00 入住的,今天上午上街采购,过了 12:00 才回酒店,打不开房门,就在总台大吵大闹。总台服务员已经告诉她下午如果要再住,必须重新办理加收费用手续。但卢小姐一口咬定酒店是"宰客"——不到 24 小时收一天房费,与商店卖东西短斤少两没什么区别,并声称下回再也不住该酒店了。

"如果你现在不住了,我可以和你一起上楼帮你开门,把行李提下来。现在就结账的话,算你一天房费好了。"大堂副理小施生怕"女高音"继续"唱"下去,就给卢小姐提出建议。

接下来,卢小姐气鼓鼓地跟随大堂副理上楼,取出行李后回总台结了账,然后拎着采购回来的大包小包,头也不回地离开酒店,消失在人群里。

【案例点评】

卢小姐恐怕始终没搞明白:酒店为什么不到 24 小时就收她一天的房费。卢小姐不明白"住一天"的概念可以理解,但总台服务员明白吗?

总台服务员对此的解释大多是"对不起,这是酒店的规定",如此怎能说服客人呢?

怎样才能避免本案例的现象再次发生? 首先,总台服务员必须能解释清楚为什么即使不到 24 小时也要收一天的费用。

道理如下:客房的主要功能是过夜,因此只要客人在酒店过夜都要算一天的费用(除非个别酒店住房率太低,夜间也出售钟点房则另当别论)。即便是昨天上午入住到今天 12:00 退房,尽管超过 24 小时也只按一天收费。关键就是看客人是否在酒店过夜。其次,在客人入住时,估计离次日退房时间不足 24 小时但有过夜的,最好都要告诉客人,我们将按一天收费。比如本案例中的卢小姐 17:00 入住,总台最好应对她说明白:"小姐,您准备什么时候退房? 您说住一天,房间只能使用到明天 12:00。要是下午再住的话,要加收半天房费的。"假如卢小姐还要深究,那就要向她讲清前面所说的道理,客人一般都会接受。

如果住的不是一天,而是两天以上,比如住三天,那么从今天上午登记开始住三天应该是指住三个晚上。但也许客人说的三天是指后天白天即退房,那么总台接待员还是要多问一句:"是后天(×月×日)离店呢,还是大后天(×月×日)离店?"即使搬出日历表逐日核定都不见得多余。甚至问清离开那天是上午、下午还是晚上?若是回答下午或晚上离店的,则应告知收费政策,以免日后发生麻烦。

当要求客人在登记单上签字之前,最好请客人看一下其中的通知(一条是关于贵重物品和现金请寄存,另一条则与收费有关,即结账时间为12:00,超过时如何计算),然后请客人在签名栏上签字。假如客人反问为什么要签字,可以回答:"请您签字,是说明您收到我们上面的通知了。"这样就能比较好地预防本案例情况的发生。

【对管理者的启迪】

1.住房收费政策经常不为客人所理解,管理人员必要时必须对客人解释清楚,而不是用简单的一句"这是国际惯例"来搪塞。

2.在对总台员工培训时,着重讲清楚为什么如此收费,以及在登记单上签字的原因,以便员工能够从容地为客人释疑解惑。

案例五　并不成功的索赔

【教学目的】

1.使学生明白,酒店制订的政策、制度和规范等未必都是合理科学的,有改进的空间。

2.让学生懂得学会主动思考,必要时及时向上级汇报自己的想法(在上级对你质疑的政策未修改之前,还是要按原政策执行),培养作为管理者所需要的多思敏行品质。

【案例回放】

大堂总台方向忽然传来女宾的高分贝声音:"什么!你说我把你们电热水壶弄坏了?我烧开水都烧得好好的,怎么说坏就坏了呢?"

"这是楼上服务员报下来的,不然我叫人和您一起上楼试试看有没有坏,好吗?"总台服务员建议道。

这位女宾看了一下手表,一边向服务员出示火车票,一边急匆匆地说:"小姐,我要赶火车,不想跟你啰唆,你说要多少钱吧。"

"100元!"服务员干脆利落地回答。

女宾惊讶地说:"买一个全新的也要不到100元呀!"

这时,旁边的领班插话:"这电热水壶是70多元买来的,定100元赔偿金的目的是提醒客人小心使用。"

"真是岂有此理。再说究竟有没有坏,我还不知道。你们这是宰客,我不赔了!"女宾气愤地大声叫起来。

这时大堂副理闻声而至,了解情况后当即做出决定:由于电热水壶只是指示灯不亮,还不能肯定是不是报废或是不是客人的责任,就免予赔偿了。这时从楼上追下来的客房服务员却不同意,说:"客人要是不赔,以后追究起来,我是要负责的。"最后经值班经理处理,决定请客人支付30元的修理费。

女宾匆匆丢下30元钞票,然后拎起手提箱扭头就走。

当紧跟出来的大堂副理为女宾打开车门送上车时,女宾对他丢下一句话:"不就是30元钱吗?说什么下回我也不会住你们这里了!"

大堂副理目瞪口呆,不知如何是好,看着渐渐远去的出租车,心里真不是滋味。他决定把此事件向上级反映。

【案例点评】

根据此案例的实际情况,顾客根本无须赔偿这个电热水壶,理由有四:

第一,楼层服务员只说电热水壶指示灯不亮,并不一定就是整个电热水壶不能使用了。即使是电热水壶不能使用,也未必是客人使用所致,客人即使愿意上楼验证,也未必就会承认是她损坏的,结果仍可能是没完没了的扯皮。

第二,不能排除电热水壶本身的使用寿命终结或质量不好的问题。如果属于产品本身质量不好(根据同一批进货的使用情况可以推断),非但不要客人赔偿,酒店还应向客人致歉。

第三,就算是客人使用不当而损坏,原本只值70多元的电热水壶,却要客人赔偿100元,客人当然认为是宰客。很多酒店规定赔偿金额之所以超过实价,是为了促使客人小心使用,遏止客人随意损坏,这种做法本身就令客人十分反感。假如客人真的不小心损坏,还要当作破坏性质处罚不成?何况设备物品使用了一定时间,按折旧计算也不可能值回原价,客人怎么能接受这种规定呢?

第四,即使按折旧计算,还要根据其损失价值与客人在酒店的消费额相比的比值大小不同来区别对待。比值小的即损失价值占其消费额微乎其微的,可以免赔,否则得不偿失。就本案例而言,女宾为了赶火车,不想据理力争,被迫付出所谓的30元修理费,结果是其恼恨交加、气愤而去,显然不再可能成为回头客。试想,为区区几十元而失去一位甚至更多的顾客值得吗?

由此得出一个观点,凡是价值不高的被损坏物品,若非顾客有意损坏,或无法认定是客人有意破坏的,都无须要求客人赔偿。当然,即使价值不高的物品,如果是不良顾客有意破坏,那就要"缠住"不放:赔偿(尽管可能得不到赔偿)并将其列入黑名单。

因此,服务员检查退房时,对没有明显破坏迹象的房间,无须查看诸如电热水壶之类的情况,这样也提高了查房速度。有的高星级酒店之所以定下退房免查制度,其依据与上述观点不无关系。

【对管理者的启迪】

1.在制订向客人索赔的政策时,必须考虑所定政策是否合理,在客人权益意识日益增强的当下,更是必须谨慎再三,否则将败坏酒店声誉;同时也要考虑所得是否大于所失,即便索赔合理,但是收回的只是占其消费额的极小比重,可以忽略不计,否则就因小失大、得不偿失。

2.实践出真知。对来自基层的员工反映的关于向客人索赔政策的意见和建议,应当给予肯定和认真听取,并及时改进有关政策。唯有如此,管理规范才能不断完善。

3.在新形势下,管理者需要对以往的管理制度进行重新审视和修订。

4.管理制度需要落实,但要有灵活性。

5.还需要特别说明的是在此案例中,大堂副理根据实际情况,已对客人做出免赔的决定(大堂副理应该有权做出这样的决定),在这种情况下,值班经理却当面否定大堂副理的决定,做出要求客人赔偿30元修理费的决定,无论从合情理的角度还是管理的角度都是不应该的。作为值班经理,应该有更大的优惠权限,而不是剥夺大堂副理的权限,对客人的赔偿"加码",结果只能使客人气愤离开、永不回头。

6.既然大堂副理代表酒店根据实际情况已经对客人做出免赔的决定,客房服务员就不应该追下楼谈责任的问题,这说明这家酒店管理体系很混乱。

案例六 罚了10万元,酒店该怎么办

【教学目的】

1.掌握酒店处理法律与酒店实践矛盾的办法。

2.寻求破解酒店避免处罚又能拓展业务的密码。

【案例回放】

忙碌的黄金周后,刚倒休没几天就赶回来上班的连锁酒店运营总监方总,被电脑上OA系统里一份集团信息中心发来的酒店业态通报吸引住了:《本集团高管警惕:国庆期间全国多家酒店被罚10万元》。没顾上泡茶,方总便聚精会神地看了起来:

每日酒店简讯
本集团高管警惕：国庆期间全国多家酒店被罚 10 万元

9 月 22 日，江岸区公安分局在对辖区万友风庭武汉云旅酒店进行检查时，发现该酒店未落实实名登记制度，江岸公安分局依法对该酒店处以罚款 10 万元。

9 月 29 日，海州公安分局治安大队再次对连云港某国际酒店进行检查时，发现该单位依然未按照规定对入住旅客身份信息进行查验、登记，海州警方根据《中华人民共和国反恐怖主义法》第八十六条第一款、第二款之规定依法罚款 10 万元。

据悉，2017 年上半年，海南多家旅馆因违反实名登记管理规定且屡次不改的，被开以 10 万元反恐罚单。

各高管：请迅速督促各自分管区域的自经营和加盟酒店，落实实名制登记事宜。

看完此内部通知，方总立刻拿起电话，通知几位职能部门的经理开起了紧急会议。

公共关系部邱经理提出了一个建议："我们是不是可以要求各个酒店把《中华人民共和国反恐怖主义法》关于要求按实住人员登记身份证这一段法律，在各个酒店大堂张贴或悬挂出来？这样可以减少前台人员与客人的矛盾冲突。"

……

方总看大家七嘴八舌说了很多，最后做了总结发言："各位刚才说得很好，可以立即发指导函给旗下酒店执行。一方面我们要及时和公安机关沟通，同时还要杜绝无证开房的乱象。这种问题如果依然频出，也就折射出旗下各酒店办理入住手续时，证件审验环节的松懈。在此呼吁各位酒店人：一定要严格按照公安机关的要求，办理相应的入住登记手续，宁愿被客人投诉，也不要因为登记不仔细而被罚款。"

会散了，思考还在进行。

【案例点评】

出于反恐的需要，要求客人在酒店住宿时，凭身份证件办理入住登记手续，公安部门这一要求是合理的，但有时酒店实施起来是有难度的。从酒店的角度来讲，一方面前台服务员的流失率很高，业务不熟练是常有的事。再加上入住酒店具有很强的时间性，一般是早晨集中退房，下午集中办理入住的比较多，前台工作人员在那一段期间内的工作强度很大，要完全落实有一定难度，需要大量的投入。

另一方面，出于个人隐私等原因，很多时候客人并不配合，不愿意出示证件。即使前台审核过了信息，入住之后的管理也很难。你想一名顾客持证件开完房，酒店很难监控之后进入酒店与其会合的人，虽然很多酒店有严格的"会客"时间，比如 23：00 以后不允许会客等，但从操作的层面来讲，仍然存在一定的困难。还有一种情况，一个人先进房间，把行李放好，下来了，再把房卡给另外一个人带行李进去。最后查到了，完全由酒店承担罚款，酒店也"很冤"。所以，酒店业的一人一证不是酒店业不配合公安机关，而只是操作上有一定的难度。

希望公安机关能采取双打模式，对于一些不登记就入住的人，也加以重罚，通报全国。以法律的名义，要求任何人住店，如不主动在酒店前台登记入住信息，就要承担 50% 的罚款。

这样,客人就会主动要求他们刷身份证了(至少会配合前台服务员刷身份证)。

但在没有这样的法律、法规和政策出台之前,作为酒店,即使是弱势群体,即使有一定难度,也有义务执行现行法律法规,严格落实"一人一证"的入住登记管理制度,否则,就可能被处以10万元的巨额罚款。除了培训前台员工必须严格执行凭身份证入住的管理制度以外(严格按客人所报人数发门卡,凡要门卡者必刷身份证信息),从技术上可在电梯里每个楼层设置门禁,只有入住者的住房卡才能打开,这从技术层面解决了入住登记问题,同时,也在一定程度上解决了酒店的安全问题。

【对管理者的启迪】

1.《中华人民共和国反恐怖主义法》作为刚性的法律,在执行时,公安机关的要求不可能打折,不可能通融,即使它确实将社会的、个人的责任转嫁给了酒店业。因此,作为酒店要想减少经济和品牌的损失,只有牺牲一部分不合作的客户而保护自身的利益。

2.酒店必须苦练自身的内功,要求前台人员强化入住登记这一"一夫当关、万夫莫开"的关口,否则,只会给酒店带来无法挽回的损失。

3.学会用技术的手段来阻隔不遵守法律的客人,化解企业的风险。

案例七　前台与房务中心注定是冤家吗

【教学目的】

1.了解房务中心与前台的业务关系。
2.学会如何在工作中避免此类冲突。

【案例回放】

房务中心与前台的不协调问题,几乎是酒店业的通病。在南宁的一次广西酒店管理学会的年会上,来自恒升酒店的小唐和南宁邕州宾馆的小何碰在了一起,两个曾经的同事顿时聊起了业务。

小唐说:"我们恒升酒店的客房部与前台是分开的,前台由前台经理负责,客房部由主管负责,没有设客房部经理。前几天我管的客房部与前台发生了一件关于赔偿款项的问题:客人在住店期间把地毯弄了三个烟洞,这间房是麻将房,我想是打麻将弄到的,客房部在做续房卫生时发现后,报到房务中心,领班下去查看后也留了小纸条提醒客人。过了两天,客人9:30退房时,总台没有收客人的地毯赔偿费,只收了房费及消费物品的费用,造成漏收了这笔赔偿款。然后总台把责任推到了房务中心,说是房务中心交接本上没有交接记录,在发现烟洞的时候没有通知前台有此赔款,也没有通知前台让客人补交押金。但房务中心在9:38查房输单时并没有漏输这一项赔款,是前台没有看到。我觉得责任在前台,虽然没有通知有烟洞赔款,但是电脑上有地毯赔款,是他们自己没看清楚,没看到,造成漏收。搞得郁闷死了。"

小何说:"在打印消费明细单的时候,没有看到消费总额吗?"

　　小唐说:"客人在前台没有办理完手续的情况下,把房卡扔在总台,押金都不要就走人了。过了没多久,11:30左右客人又回来了,要求再次入住那间房,前台在没有看房态的情况下又再次开给了这位客人,房务是在还没恢复房态的情况下卖出去的,虽然当时这间房已打扫完毕,但是前台违反了操作程序。当然,后来也把烟洞的赔款追回了。这类问题出得太多了! 如果客人不回来,该怎么办,是谁的责任?"

　　小何叹了一口气,说道:"哪个酒店都差不多,我们饭店的前台和客房也矛盾不断,员工之间天天都在吵架,虽然都是同一个老大在管。我认为原因出在:前台的员工一般不太了解客房的程序,不能体会客房工作的烦琐和辛苦;客房员工不能体会到前台作为一线部门要承受着来自多方面的压力,所以我建议要cross-training(交叉培训)。但是话又说回来,不是我偏袒前台,我挺反感我们饭店的客房主管的。在前台发生卖错脏房或者Double C/I(排重房),前台员工请求客房服务员及时将客人拦下,遭到客房主管的拒绝,理由是客房服务员没有那么多时间去替前台员工的失误善后。让我觉得我们客房主管的最大乐趣,就是看前台一旦犯错了,她可以在第一时间向AM和DOR告状。另外,我几乎不相信客房服务员和领班的查房,经常报下来少了浴袍、浴巾、枕套、杜蕾丝之类的,让前台员工被客人臭骂,AM每次都不得不去善后。等客人刚走,HSKP就会报下来说刚刚报错了,是服务员之前没有补进去云云。"

　　小何突然笑了起来,说道:"最经典的一次,服务员查房结果是消费了杜蕾丝,但客人打死都不承认。AM要领班复查,领班斩钉截铁地报下来说'尸体'都还在。客人要求AM上房间查看,刚进电梯,领班就在对讲机里面对AM说不要上来看了,刚刚搞错了,让客人走吧。客人都气疯了,扬言要报警请媒体,最后总经理都出面赔礼道歉了。我们那位可怜的AM,硬是当场被客人用各种难听、污秽不堪的言语骂哭。哎! 哎! 哎! 就算是一盒杜蕾丝又多少钱啊! AM处理也欠妥!"

　　小唐被小何讲的奇葩故事震惊了,说:"你们还有这样的事?"

　　小何说:"是啊,我们是国企,一切都按程序走啊,谁愿意让财务以为有猫腻去签单啊!"

　　小唐幽幽地吁了一口气,说道:"刚才说的烟洞的事,其实责任还是我们客房部的,不过我就是看不惯那个前台经理的跩样。首先,客房部在发现有烟洞的时候,就应该报AM。其次,退房时,烟洞这种事应该算查房的责任吧! 没报应该是算RA漏查吧! 至于那个Double C/I事件,恐怕错误在于前台的那位员工吧! 客房经理不帮忙是不对的,毕竟这样对酒店的声誉不好。但楼层RA很忙也是事实啊! 酒店的问题,就在于客房主管和前台经理在工作上的相互不和谐吧!"

　　小何接着聊:"我在的酒店可能会比你那个酒店好些,可能跟来住我们酒店的都是公务员有关吧,前厅跟客房基本不会出现查房迷你吧跑单的情况,因为我们酒店标间提供的迷你吧是免费的,到了行政楼层和贵宾楼层会有收费的酒水,但在C/I时接待会跟客人明确讲清楚哪些收费、哪些免费。客人也蛮自觉,偶尔遇到不自觉的,AM就签免的,基本不会让员工赔偿。我们前台跟客房的矛盾主要出现在赶房催房的问题,因为我们是休闲度假型酒店,团队多,矛盾就在团队抵达的时间会很早,离开的时间基本都在12:00,而且我们基本每周四、五、六都会有95%的住房率,就会出现这种情况,新到团队都在大堂等,而住店的客人还没打算退房,遇到素质高点的会安静地等,遇到蛮不讲理的就在大堂骂。唉,我是什么不讲理的客人都见过了……等 12:00 客人 C/O 了,前台催客房赶房,但房间也是一间间做出来的啊,哪能一下催得出一两百间房呢?过了 12:00 有些客人就更来劲了,骂骂咧咧,客人骂前台,前台反过来骂客房动作慢……无语啊……有什么好的办法解决这个矛盾吗?"

小唐说:"出现这种问题,我总觉得首先相关部门之间的员工不能有私人恩怨,一旦把私人恩怨带到工作中来,就会容易算计对方,容易导致工作失误。所以大家心态要好。其次就是工作要细心,每一个环节不要脱节。要有连贯性,这样工作才能做到实处。"

小何说:"是啊,我想这两个部门出现摩擦和矛盾都是难免的,正如有的酒店人说的那样,总台的员工不能很深刻地体会客房部工作的辛苦和压力,而客房部的也无法理解直接面客服务的总台人员的无奈。"

小唐深有感触地感叹:"我们酒店经常会出现互相指责、推诿的情况。一线员工之间也要加强沟通,而不仅仅靠各自部门的老大去协调。如果两部门员工有机会在各自休息日到对方的地盘去体验一下彼此繁忙时的辛苦,也许能更加体谅对方。"

小何拢了一下秀发,说道:"我以前工作的酒店,前台和客房是没有分开的,我们叫'客务部',我是部门经理,客房由副经理分管、前台由大堂副理负责。房务中心和总台的矛盾时有发生,员工之间的矛盾会升级到领班、AM 和副经理之间的争吵,当出现这种情况时,我会各打五十大板,因为不懂得团队协作的人,在工作中永远都不会得到最彻底的支持。工作中出现问题的人,可以根据工作程序查找责任人,如果找不到,那就是工作程序的问题。你所说的问题很好判断,问题出在总台,是责任心不够、工作不仔细造成的。还有你所说的客房主管,如果在我们酒店,我会通知他脱岗学习一个周,因为他不懂得什么最重要。在忙碌的时候,总台卖错房、卖重房的情况是不可避免的,尤其是碰到新手,更容易出现错误。这需要加强培训,尤其是突发情况的培训。"

这时小唐抢过了话头,稍微有点激动:"是啊,一般情况下,为了照顾客人面子,像杜蕾丝这种东西是很敏感的,客人第一次说了没用,如果确认房间只住了一位客人,那就可以直接给客人结账了。不要追问下去,那东西才多少钱?"

小何拿起手机,看了一下时间,说道:"哦,时间快到了,要开会了。如果想化解房务中心和前台的矛盾,就请两个岗位的人多交流,开一些小型的讨论会、交流会。另外,我部门前台的员工入职培训时,必须要到房务中心和楼层学习半个月,体验楼层的辛苦,了解客房的布局、房间的设施设备使用情况、查房的程序、房间物品的价格等。这样,能很大限度地减少前台对房务中心的抱怨。另外,在前台结账忙的时候,可以让房务中心的人在前台观摩学习,让他们看一下前台是如何面对客人的压力的。总之,让自己手下的员工学会换位思考、团结协作,才是作为管理人员不能忽视的一门功课。"

【案例点评】

酒店前台与客房之间联系最多,矛盾也最多,减少和处理好这些矛盾需要多方努力。一是要在组织架构设置和工作流程设计上科学、合理;二是两个部门的员工要有团队意识和合作意识,以客人满意和对客服务质量为目标,学会换位思考,相互理解、相互支持,加强沟通。

在处理对客投诉的原则上，要先对外、后对内，用快速的处理手段处理完对客投诉后，再协调内部事宜。

【对管理者的启迪】

1.酒店前台和房务中心的矛盾是一个永恒的话题。首先，酒店要在顶层设计上尽量减少矛盾的产生机制，如建议只设房务部，前台和客房均归属其中，不再分设前台、客房两个独立的部门。

2.经常安排前台员工和客房员工轮岗体验，为各自增强对对方业务的了解而增加配合。

3.加强对员工服务质量意识、客人意识、团队意识和合作精神的培训。

案例八　前台和餐饮部的员工在电话里吵起来了

【教学目的】

1.了解前台和餐饮部员工在管理取向上的常见矛盾，找到化解矛盾的办法。

2.掌握通过制度设计，减少两个部门之间管理冲突的方法。

【案例回放】

南宁××饭店的前台员工小陈，正在给餐饮部收银台打电话："餐厅吗？你们还没有将8706房客人签名的挂账凭证送来啊？客人要结账走了啊！啊，收银要到中午才来上班，单据锁在她柜子里？她昨晚干吗不交班？啊，她上中午班不上早班，没人和她交接班？见鬼，你们怎么排班的啊！叫你们经理来前台签担保吧，客人要马上走！"

小陈放了一连串连珠炮后，气得把电话直接挂了。

前台员工和餐饮部员工，为了客人结账要看签单凭证的事情大吵了起来。作为大副的小莫，这时候心里犯起了嘀咕：这样的事自己已经处理过好几次了，但成效都不大。通常情况下，可以有三种选择：一是当作没看见；二是把员工叫过来，各骂一顿；三是把员工叫过来心平气和地听清原委，然后批评错的，让她改正。小莫挺不情愿地给餐饮部经理打起了电话……

一场风波就这样各打五十大板过去了，其实小莫和餐饮部经理、前台小陈都明白，问题还是没有解决。只要餐饮部员工稍微懈怠一点，没有及时将顾客签单凭证第一时间送前台，或前台在餐饮部收银下班前未做提醒，这样的脱节还会发生，这样的争吵还会上演。

【案例点评】

在酒店里，类似这种情况会让管理人员很头疼，通常是能够解决一时却解决不了一世。即使前台和餐饮部员工不吵起来，也不会太和睦，这都会影响酒店的经营。

前台员工发脾气，客人在前台等了10分钟，餐饮收银还没有将昨晚客人签单的凭证送来。很明显，前台员工和餐饮收银在需求上不一致，于是产生了矛盾。前台需要的是餐饮收银赶紧把客人签名凭证拿来，免得客人等太久而生气；餐饮收银需要的是给他充足的时间，让昨晚当班收银自己交出凭证,不要让其他人仅凭电脑记录就担保收款,若漏收了款项,还得赔钱。

有没有别的办法来调和此类矛盾,让前台和餐饮收银一条心呢?有,只要将他们的行动、利益和需求统一就行了。前台和餐饮收银的目的都是顺利地"为客人办理退房",原本就是统一的,这一点我们不需要动它。在利益点上,一方是"别漏收了款项",另一方是"不被客人骂",作为管理者应如何统一双方的利益呢?不妨试试这样跟前台说:"我们为客人办理退房,有必要仔细去做,一旦餐饮收银凭证和电脑记录不符,报错了消费,作为前台的你,可能会遭受客人的批评,这是你不愿意看到的。因此,我们前台工作人员可以想些别的办法,缓解客人的情绪,让客人理解收银未在,未能及时提供凭证,可请客人先按电脑记录缴费,留下地址或微信号,到时凭证拿到后再拍照给他发来,如有多收,可以微信支付退回。"这样来引导前台员工,就将双方的利益点统一成了"不被客人骂"。

【对管理者的启迪】

1.要及时调整晚班收银交凭证的流程,必须建立当日交付前台的铁的制度。

2.授权前台员工必要的免责权限,灵活机动地处理此类投诉。

3.善于利用包括即时通信工具等在内的现代科技,化解客人的空间距离感,给客人提供资金安全保证。

案例九　要求加收一天房费之后

【教学目的】

1.了解酒店前厅管理中的退房服务。

2.指导学生学会处理前厅管理中的退房问题。

【案例回放】

3 月 10 日 18:07,接待员小杨接到 8806 房客人通知退房的电话,小杨告诉客人此时退房需加收一天房费,客人听后大发雷霆,对 18:00 才超过几分钟就要收一天房费表示不理解,小杨耐心向客人解释说:"房费是由电脑控制的,超过 18:00 就会自动产生一天房费。"客人听了火气更大,觉得电脑是人操作的,酒店应当灵活处理,对酒店的做法不能理解,并拒绝支付全天房费。

小杨随即向大堂李副理汇报,经查询 8806 房客人为酒店的常客,李副理同意只收取半天房费。当李副理再次拨通 8806 房的电话时,却没有人接听,楼层服务员告知他,客人可能与朋友外出吃饭了。为了不让退房时间超过太久,加之客房服务员查房后发现没有行李,大堂李副理又多次拨打客人电话,却一直无人接听。于是李副理直接将该房间进行了退房结账处理。22:00 左右,8806 房客人回到了酒店要求续房,此房间早已安排给其他人,客人很生气,说:"我跟你说我要退房了吗?谁让你退房的?"这时,大堂李副理只好给客人安排同样房型的另一间房,并向客人赔礼道歉,还赠送了水果。

【案例点评】

酒店服务员小杨和当班大堂副理在处理8806房客人退房问题时有些草率,与客人没有充分沟通就退房,显然不妥。尽管客人打算退房,但并没有来总台办理退房手续,简单进行退房处理显然是不妥的。

前厅服务中常常会碰到一些客人退房时,得知酒店超时要加收房费又改变计划的情况。在此情况下,如果客人未来前厅办理退房手续,就应与客人做进一步确认。

在前厅管理中,处理预离"Due out"非常考验一个前台接待员或是大堂副理的工作灵活性。客人通常应拿着房卡来前台办理退房手续,也有客人因行程紧张或嫌麻烦,直接把房卡放在房间等待酒店自动结账就离开了酒店。如果客人没有来到前台退房,大堂副理在查退房时一定要拨通客人在办理入住时留下的联系方式,得到客人准确回复后才能进行处理,切忌"想当然",武断地退房,导致客人的投诉。

【对管理者的启迪】

1.酒店应当针对特殊问题做特殊处理,对"特殊客人"格外关注,并保持跟进服务。

2.在没有取得客人最后退房确认时,不应该把客人房间做退房处理。通常前台应对此房间做标识,在房间销售不紧张时对此房做保留。

3.此类案例部门经理应当在例会上做培训分享,以防范同样的事情再次发生,影响酒店的声誉。

本章案例讨论

应该将这位客人列入酒店"黑名单"吗

小郭是山西一家四星级酒店的大堂经理,那一天正好轮到他值早班。

8:30左右,一位客人蓬头垢面,提着行李、背着电脑包,急急忙忙去前台办理退房,办理完,直接飞奔出租车,样子像是要去赶飞机。前台员工看见他那么急,就直接给他享受"免查房"通道,给他快速办理了退房手续。

小郭还在纳闷:这么火急火燎的,不知道有没有落下什么东西?便赶紧给房务中心打了个电话,要求他们急查房,看有没有什么东西落下。果然,不出所料,但却不是预想的结果,不是客人落下东西,倒是酒店的东西不见了。客房部汇报:"电视遥控器不翼而飞了!"

小郭惊讶地拿电话听筒的手都没来得及放下来:"怎么偷这种东西呢?"后来想想,小郭也想通了:"估计是家里的电视和酒店的一模一样,家里的电视遥控器坏了,懒得去买或者同一型号的不好买到吧。"一定是这样,小郭毫不犹豫地坚定了自己的推断。"这种占小便宜的宾客,下次坚决不让他进酒店来了。"于是,小郭走到前台,告知前台服务员,把这位宾客的名字录入"黑名单",备注:窃取酒店电视遥控器。

　　刚把这一切做完,小郭才坐上大堂副理台,房务中心又来了一个电话,说在刚才那个客人的房间床上,换枕头套时,掉出一个手机,让大堂副理负责处理一下。"晕死。"小郭拍了一下自己的脑门。这下糗大了,自己把人家当小偷了,这时,房务中心的员工已经把手机送到大堂来了。

　　这时候,突然前庭的车道上疾驶来了一辆出租车,急刹车的声音让人害怕,车里跑下来的正是那个蓬头垢面的客人。只见他气喘吁吁地问小郭:"经理,我的手机掉在你们房间了,能帮帮我吗?"

　　小郭看他那么急,也就不拐弯了,直接问:"这个是您的手机吗?"

　　"哎呀,是啊,太谢谢你们了!那,这是你们酒店房间的电视遥控器!"

　　"我们酒店的遥控器怎么在您那儿呢?"

　　客人非常不好意思地挠了挠头:"嘿嘿,我包、我包电脑的时候,把它当手机收起来了!不好意思啊!"

　　小郭莞尔一笑:"呵呵,没事、没事,您赶紧赶飞机吧。"

　　"谢谢!过几天我还来住啊,到时见啊!"客人一溜烟钻进出租车绝尘而去。

案例讨论:

应该将这位客人列入"黑名单"吗?

补充与提高

客房参观记

笔者经常因工作需要而参观酒店客房。参观客房本没有什么稀奇的地方，但有时遇上类似以下三例的情形倒真让我感到惊讶，而且也为之担忧。

情景一："好像有人住了。"

一次我带学生去参观一家酒店。该酒店客房部经理带我们一行数人进入一间客房后，我立即询问这位经理是否已通知总台该房间暂作封闭房而不出售，话音未落，门口已有两位提着行李的客人向房内探头探脑。

只听见他们中的一人在自言自语："是这个房间吗？好像有人住了。"

我心里明白，总台并不知道该房间有人在参观。

情景二："我要休息！"

某酒店准备对客房进行改造，该酒店总经理邀我先参观客房原貌，然后提出改造建议。当楼层主管正拿钥匙开某一房间的门时，只听见房内有人喊话："什么人？"

这位主管立即停止开门动作，她为自己的冒失感到不好意思，朝我及总经理伸了一下舌头。好在她脑筋转得快，立即模仿服务员对房里说："我是客房服务员，请问可以整理房间了吗？"

"不需要！我要休息！"房间里传出的声音明显带有不满。

我看了一下时间，这时正是 13:30，显然打扰了客人午休。

情景三："什么人？"

这一次还是被邀请参观客房。

客房领班打开房门，插进取电牌，只亮过道灯。由于窗帘密闭，房间还不是很亮。总经理先进入房间，想去拉窗帘，我也跟了进去。

没想到刚走进一半，突然听见："什么人？"这时才发现床上竟睡着一个人。吓得我们立即停止了谈话，总经理赶忙向客人道歉并做出解释。

"行了，你们走吧，我还要睡觉。"客人原谅了我们。

我们退出房间后，总经理狠狠地批评了领班。只见领班脸色苍白，不知所措。

以上三例很显然都是开房门的人没有按常规程序行事。

常规程序是什么？应当是：带客人参观之前先看房态表，选好房间后，通知总台对参观房封闭暂停出售，然后才开门供人参观。

这一程序并不复杂，但为什么还会发生类似以上三例情形呢？答案很简单：要么平时没有建立起这一程序，要么已建立这一程序但没有执行，随意使然。

假如未曾建立这样的程序，有了教训之后建立起来就是了。但据事后了解，这几家酒店都有建立这样的程序。

我曾无一例外地询问这几位开门者："你怎么不看一下房态表呢？"她们的回答也惊人的相似："我还以为是空房哩。"有的还会补充说："现在住房率不高，不一定都有人住。"有程序不执行，心存侥幸、粗枝大叶，这就是频频出错的原因。

更令我担忧的是，这样的问题竟都是出在具有"一官半职"的管理人员身上。试想，管理人员对程序、规范乃至制度倘若都随意处之，又怎能严格要求普通员工？管理人员因随意马虎频频出错，又怎能保证普通员工事事正确？所以，我十分赞同有人说过的一句话：酒店服务问题从根本上说是管理的问题。这是因为,没有建立必要的程序,服务中因此出了差错,当然是管理的问题;即便有了程序,管理人员没有带头执行,服务员也随意而为之,从根本上说,还是管理的问题!

由此可见:

(1)酒店服务的问题从根本上说还是管理的问题。换言之,服务出现的问题都应当从管理上找原因。

(2)任何程序规范存在错误或缺陷,任何程序规范执行不力或不到位,管理者都难辞其咎。

(3)酒店员工(包括管理人员)要有规范意识,管理者要加强对员工进行服务意识和规范意识的培训。

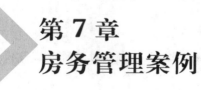

第7章
房务管理案例

7.1 客房管家案例

PART 1 正面案例

案例一 带"移动猫眼"上班的客房服务员

【教学目的】

1.认识客房卫生管理的重要性。

2.了解客房卫生管理新方法、新趋势。

3.了解政府对酒店公共卫生管理的发展趋势。

【案例回放】

上海人童先生最大的爱好就是周末出游。2015年8月的一天,他来到杭州临安,住在青山湖中都国际酒店。

11:30,童先生收拾好东西就去一楼大堂退房,临结账时,他突然想起有一串和田玉手珠可能遗落在了房间。童先生赶紧回去,推开房间门,他看到了客房清洁服务员弯身在盥洗台摆弄一个东西。

服务员当时背对着他,童先生很好奇,靠近去看:是个小型摄像头。童先生开始以为这东西就在房间里面,当时很生气,后来服务员说是她自己随身带来的,这个摄像头是用来拍摄客房服务人员的清洁过程,包括怎么给马桶消毒,怎么替换浴巾,怎么更换垃圾桶,也包括怎么清洁房间地面,怎么更换床单枕套——反正清洁人员的工作过程、所到之处都会被一一拍摄。

证实摄像头的出处和作用后,童先生便没有再追问,也为酒店能为了保证服务质量,想出了这么一个管理手段而倍感欣慰。

【案例点评】

童先生说的这个视频设备,叫移动猫眼。使用移动猫眼初衷是好的,目的是让酒店的卫生清洁工作全程纳入可监、可控范围,避免"浴巾擦完马桶擦水杯"的情况发生。

移动猫眼的工作程序:清洁员随身携带猫眼进入房间,每一个猫眼对应一个清洁员—在打扫卫生时将猫眼摆放在对应位置—记录打扫情况—通过网络将视频信息及时传输给客房部经理—经理根据需要进行查看,或将剪辑后的视频在大堂滚动播放。记录中的视频,可以通过无线网络实时传输到云端,一旦在视频中发现了不规范操作,客房部经理就可以通过编号找到相应清洁员,提醒并督促改正。再有,很多客人看到这类视频后,对酒店的清洁过程更加放心了。

然而,移动猫眼使用不当,会涉嫌侵犯客人隐私。正如一些客人所言:"我住过的房间,总有很多有关我的个人隐私,酒店把这些拍了去好吗? 他们可以这样想拍就拍吗? 你开了房间,你睡过了,你走了,然后你用过的浴巾、你蹲过的马桶,当然还有你睡过的床都被拍了——不是偷偷摸摸,而是光明正大、冠冕堂皇,甚至不会被放过一丝细节,比如内衣啊。被拍了还不算,你睡过的这个房间、这段视频还可能在酒店的显示屏上滚动播放。对于这样的结果,你是不是有点紧张? 这样的话,住客就没有什么隐私可言了。"

为了保护客人的隐私,酒店方可要求员工不得在客人临时要求打扫房间时拍摄,而只有在客人退房后,清洁员才能携带猫眼拍摄清洁全过程,而且明令各种视频片段严禁外泄。针对一些特殊物品,比如安全套、遗弃的内衣等,酒店方面不能进行刻意录制,否则存在侵犯个人隐私嫌疑。

另外,酒店客房部对调看视频的权限,也要做相应的规定。视频调看的权限应仅限于酒店主管或政府职能部门。视频留存期间,必须进行信息限制,除非有法律、刑侦的需要,其他情况下都不能对视频片段回放、外泄。任何一个片段外泄都是违法行为,酒店需要承担法律责任。

【对管理者的启迪】

1.新时代酒店管理者应考虑采用新技术、新设备,加强对客房卫生工作的管理,确保客人住得放心、住得舒适。

2.告诫员工在拍摄前,应先处理敏感信息后再开始拍摄。案例中的酒店,必须杜绝在大堂播放的行为,否则一定会给自己的酒店带来侵权的风险。

3.要加强"移动猫眼"视频的管理工作,切忌流失、泄漏。

案例二　对客人的"管理"

【教学目的】

学会"管理"客人的艺术。

【案例回放】

这天晚上是天目湖宾馆服务员王静值夜班,晚上10点多巡视楼层时,她看到在三号楼梯口有四位客人正在打牌,说话音量也较大,整个过道还弥漫着一股烟味,还有客人坐在旁边观看。此时大部分客人已经回房休息了。

王静立即想到两个问题:一是这四位客人大声说话,会影响到其他房间客人的休息;二是这大量的烟雾会引起消防报警,也存在安全隐患。如果这样下去,还会招来其他客人的投诉。

王静想到这些就走上前去,婉转地对客人小声说:"对不起,打扰一下,我是今晚的值班服务员。时间已经晚了,我建议你们回房间再玩一会儿,也早点休息吧,别影响你们明天的工作,也不会影响其他客人的休息。"

王静随着客人一同进到房间,并询问客人还有什么需要。王静边说着边清理烟灰缸,还为每一位客人倒上了水,并到卫生间为客人做洗浴前的准备。客人看到王静这样忙着,不好意思地说:"服务员,别忙了,我们玩完这把就不玩了。"

王静把一切都做好了,一位客人对大家说:"咱们不玩了,服务员多辛苦啊。"就这样,楼层和房间又恢复了宁静。

【案例点评】

当客人的行为影响到其他客人时,作为酒店的服务人员如何劝阻而不会引起客人的反感,这里就有语言的技巧和善解人意的做法。

(1)王静很有责任感。当她发现客人很晚了还在打牌,破坏了酒店的环境,存在安全隐患,也影响到其他客人休息,甚至会引起客人的投诉,她上前进行了劝阻。

(2)王静处理问题很得当。她是从关心客人健康的角度切入,这样就便于与客人沟通,客人也愿意接受。

(3)王静非常懂得与客人沟通的艺术。第一,她没有责怪客人,而是先向客人道歉:"对不起,打扰一下,我是……"第二,她"建议你们回房间再玩一会儿,也早点休息吧,别影响你们明天的工作,也不会影响其他客人的休息",从关心客人的角度,劝客人回房间休息;同时,也没有戛然制止客人玩牌,而是可以在房间"再玩一会儿",比较人性化,避免了直接冲突。

第三,提示客人如果继续在楼梯口打牌可能会影响其他客人休息。但她没有直接说,而是委婉地告诉客人"回房间早点休息,也不会影响其他客人休息"。

(4)王静不是一说了之,而是继续跟进,通过帮助客人清理烟灰缸、准备洗浴用品等,用行动来感动客人,使客人尽早地结束玩牌。

一起安全隐患、客人的投诉就这样艺术地、技巧地以服务的方式,被王静"消灭"在了萌芽状态。试想,如果不这样跟进,客人可能就不会停止玩牌,如果遭到其他客人投诉,服务员再去"劝阻",那就是事倍功半的结局。

【对管理者的启迪】

1.服务员要有服务意识,要有"宾客至上"的思想,但不等于客人就不需要"管理",而且这种"管理"也是有利于客人的。

2.要培训员工学会处理问题的技巧,特别是语言的沟通能力。

3.一次完美的语言沟通,会收到"冰雪消融"的效果。

4.要有全局意识,对酒店来说,全局就是大多数客人的利益不受侵害。

案例三　刘阿姨的"管家式"超值服务

【教学目的】

1.学会做好针对"长住客"的服务。

2.了解并学会为客人提供"管家式服务"。

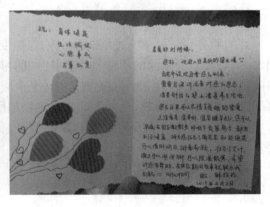

【案例回放】

2019 年 4 月 2 日,刘阿姨独自前来碧水湾度假,在参观了房间后确定入住。当刘阿姨第一天感受到非常好的服务后,便邀女儿一同入住,共订下两间房入住五晚。针对刘阿姨及女儿这两位长住客人,前台韩筱玲和客房成贻芳用心设计感动服务,为刘阿姨和女儿带来专属的管家式服务。

第一天,根据刘阿姨个人特征,韩筱玲主动跟进服务。春季以养肝为主,韩筱玲便使用特制花茶袋包装了玫瑰花和菊花茶,清肝明目;刘阿姨在春季容易腿疼,而艾叶可以祛湿散寒,化瘀止痛,对老人家有帮助,韩筱玲到客房借来木盆、热水瓶和艾叶配入房间。成贻芳和曾兰香在为客人打扫房间时,询问了刘阿姨住店感受。得知刘阿姨是北方人,不适应广东的潮湿天气,立即配入除湿机。刘阿姨对卫生要求高,每天的小管家便及时更换床品,用酒精把房间里里外外消毒一遍,并帮客人及时清洗脏衣服。

第二天,成贻芳和廖冬青打扫房间时细心地发现刘阿姨的女儿睡眠质量不好,及时提供了睡眠耳塞,同时准备了艾叶、泡脚盆、开水,方便其泡脚助眠;刘阿姨女儿有看书和写作的习惯,她们便准备了书签和台灯;她们还发现客人自带的一张床单上有一条大缝隙,便主动送去制服房缝补,让刘阿姨和女儿感受到家一般的温暖。

第三天,因为服务的贴心,刘阿姨特意到前台与韩筱玲沟通要续住两天,韩筱玲立即与预订组沟通,将被预订的房间协调出来;另外将制作的衍纸贺卡和准备的玫瑰花和菊花茶配入房间,并配送了两个护颈枕让刘阿姨返程使用。

第四天,客房王经理了解到刘阿姨非常喜欢房间的书报架后,亲自组装了一个送给刘阿姨。在刘阿姨和女儿入住的五天中,成贻芳、曾兰香、廖冬青持续跟进卫生与夜床服务,在晚上配入有助睡眠的牛奶,及时发现客人的一些潜在需求并逐一满足。

在入住感受的沟通中,王经理了解到刘阿姨对房间含双早,但一人一间房,只用到一人早餐这件事比较在意,便通过用超常服务补偿落差,做到不让客人吃亏。在客人离店当天王经理在家休息,但积极沟通度假村的车辆安排,刚好有一辆车在11:30出发到广州机场,便与刘阿姨沟通是否方便同行,解决了客人的返程问题。

刘阿姨离店时,特意写了一封表扬信,对酒店的服务给予肯定,并表示会介绍更多朋友来碧水湾体验。

【案例点评】

好的服务,是"让客人吃惊的服务响应速度"。刘阿姨第一次到碧水湾,而碧水湾像是老朋友一样,知道刘阿姨的不便,了解刘阿姨的习惯,针对性地提供超值服务,从除湿机到消毒房间,从泡脚的艾叶到缝补好的床单,一个个服务细节都在打动着客人。碧水湾的服务人员每天都有新的惊喜呈现,让刘阿姨感受到物超所值的服务。

亮点之一:持续五天的关注与贴心服务,做到了情感的投入,真正把客人当成贵宾和朋友。

亮点之二:服务员善于察言观色,揣摩客人心理,预测顾客需求,使得客人得到一种精神上的享受。

【对管理者的启迪】

1.亲情服务要求大力倡导细微化服务。服务员要善于"察言观色",揣摩客人心理,预测顾客需求,在客人未提出要求之前,服务员就能替客人做到,使得客人感受到服务的惊喜与感动。

2.一个细节服务的跟进容易,一天的个性化服务也不难,但是一个星期的全程跟进确实不简单。碧水湾人用实际行动践行优质服务的理念,告诉我们服务的无所不能:服务让我们与客人成为很好的朋友;服务让客人愿意花更多的钱入住酒店……

案例四　被子还有阳光的味道呢

【教学目的】

1.学会抓住对客服务的机会。

2.了解客房部提高服务质量的方法。

【案例回放】

9 月 16 日中午,房务部于主管在楼层巡视时看到有客人要下楼就餐,等电梯的时候,她询问客人对酒店客房硬件和服务的感受。客人微笑地说:"都很满意,就是感觉被子有点儿潮。"说完就下楼了。于主管把客人的意见反馈给部门,两位经理立即分析原因,并决定把房间的被褥拿到楼顶平台上晾晒。由于平台上没办法固定绳子,两位经理就去搬来会议桌,又拿来多余的床单把桌子包好,再把客人的被子、羽绒垫、枕头都拿上去晒。李经理担心晒不透,特意交代小于一个小时后去把被褥翻个面。等太阳快落山时,她们把晒好的被褥送回了客人的房间,并为客人做了雅致夜床。

第二天,客人看到小于开心地说:"小姑娘,你们太贴心了,服务真好,让我感觉到黄河酒店就像到家一样。昨晚睡觉的时候被子还有阳光的味道呢,真是太感谢了!"

【案例点评】

于主管能够注意在服务工作中与客人的沟通,征求客人的意见,客人随意说出的事情都能挂在心上,这就是一种问题意识和责任意识。

由于小于对客人的反映很敏感,并能及时向上级反映情况,为改进工作提供了信息。而房务部经理听到反映后,能够迅速拿出处理办法,从而赢得了客人的赞誉。

【对管理者的启迪】

1.在服务工作中要注意多与客人沟通、交流,多听取客人的意见,关注客人的需求。

2.当客人提出了问题,要做出快速反应,这是改进服务的机会,也是赢得客人的机会。

3.房务部的管理人员查房要细致,要做到全方位的检查,要注意发现不可忽略的每一个细节。

4.酒店要做好各种问题的处理预案,特别是应该把这样的案例记录在案,防止类似问题的再次发生。

案例五 《三月回忆录》:令人感动、惊叹的高效服务

【教学目的】

1.认识到最好的服务是最高效的服务。

2.学习如何做好老客户及会员的深化服务,如何通过服务提升顾客忠诚度,增加客户的复购率。

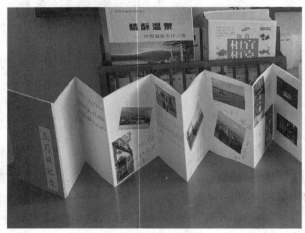

《三月回忆录》

【案例回放】

2019年3月26日,房务部了解得知8627房入住的是碧水湾的老朋友刘先生,为了让刘先生感受到碧水湾的亲情服务,客房服务员在最短的时间内,对服务进行了如下设计:

客史的运用,做到服务在客人开口之前:客人入住之前,成贻芳提前查看客史信息,按照客史要求为客人贴心地准备好插线板和足底按摩器。

主题房间布置:成贻芳在房间用浴巾布置了小动物造型,营造开心快乐的氛围,表示对刘先生的欢迎。

量身定制的礼物——《三月回忆录》:从广州出发到碧水湾,客人在高速路上开车不到1小时的时间内,王经理从客人微信朋友圈里精选出30余张刚刚过去的3月的照片,由郑洪波进行打印、裁剪、粘贴,并组织好语言,手工制作出一本充满回忆的相册:《三月回忆录》。

温馨的夜床服务:岑志中在开夜床时,为客人配入木桶、艾叶和艾叶功效卡,做好个性化服务。

客人到店之后,看到员工为他定制的《三月回忆录》这样浪漫又有纪念意义的主题相册,而且是在这么短的时间内完成的个性化创新服务,非常惊喜,立即拍照留念,并发朋友圈赞

扬碧水湾员工的用心服务。

【案例点评】

碧水湾的老朋友刘先生再次光顾碧水湾,这对度假村的服务显然是一个挑战。但是客房同事迎难而上,在短时间内碰撞出服务设计的火花,并快速落地,这就是碧水湾"八度服务"中速度和温度的体现,也正是因为员工的用心,再次赢得客人的高度赞扬,为这些专注、专心做服务的小伙伴们点赞!

亮点之一:依托客史系统,记住顾客的喜好和禁忌并运用在服务中,让客人感到尊贵和有面子。

亮点之二:在不到 1 小时的时间内做出了如此细致、用心的服务,尤显服务的高效,值得点赞。

【对管理者的启迪】

1.亲情服务必须突出服务的"深度"和"广度",客人想到的,我们替客人做到;客人没想到的,我们要替客人想到而且做到。

2.在标准化、规范化基础上的个性化、超常化、亲情化服务就是优质服务。如何让客人再次光临碧水湾时享受到平淡中的小惊喜?超常规的优质服务就是让客人感受到小惊喜的法宝,从而让客户对酒店一往情深,形成顾客忠诚。

3.最有效的奖励是最快的奖励,而最好的服务则是最高效的服务。在最短的时间内为客人提供令其感动的服务应是酒店管理者所追求的。

案例六　"领班包"的故事

【教学目的】

1.让学生认识到原有的工作方法可以改进和创新,并非一成不变。
2.培养学生敢于改革和创新的锐意进取的精神。

【案例回放】

一次,笔者受邀到外地的一家酒店授课。抵达后,热情的人力资源总监张先生和客房部经理辛女士送我到住房。

当行李员接过我的大衣、拉开衣橱的门时,尴尬的场面出现了:行李员"啊"的一声,原来是衣橱的拉门徒然落地,砸中了行李员的脚。张总监见状,赶紧扶起拉门,并关心地询问行李员脚伤得怎样。

在一旁的辛经理立即语带歉意地对我说:"陈教授,不好意思,还是换一个房间吧。"

我说:"不必了,叫工程部派人修一下就可以了。"

"那我就叫一个客房部领班来,也许他搞得定。"辛经理说完立即拿起对讲机通知有关人员。

客房部领班就能搞得定?我疑惑不解,就问辛经理:"工程部缺人?"

辛经理回答道:"不是。我们酒店提倡相关岗位互相补位。再说,通知别的部门手续麻烦。由于硬件老化,像衣橱拉门脱落这类的事情时有发生,我要求客房部领班学会处理小毛病的技术,以便尽快解决问题,也好让工程部做更多的其他事。"

我对眼前的这位部门经理顿时肃然起敬。

没过一会儿,一个穿黑制服的男领班拎着一个类似医生出诊用的小箱子出现在我们面前。只见他打开箱子,拿出几件工具,三下五除二就把拉门安装好。

我对领班的小箱子产生了兴趣,便问辛经理:"我想看看这个箱子里都装了些什么,可以吗?"

"当然可以。"辛经理爽快地答应,并立即请领班把箱子里的东西一一取出。

这个箱子不大,却装了不少东西:抹布,客用易耗品,各种表单,还有前面见过的几样小工具。光是刀具就有螺丝刀、刮刀、平口剪刀、弯口剪刀,还有水果刀。

我不禁感叹道:"真是个百宝箱啊!"

辛经理接过话说:"我们对它可有一个正式的叫法呢,叫作'领班包'!"

"每个领班手上都有这个包吗?"我问。

"是的。不晓得你注意到没有,这里还有抹布、易耗品等,当领班检查出房务员做房有遗漏问题且不多的情况下,他就要先进行补位,事后通知当班房务员注意改进。这样既提高了效率,又不影响当班房务员情绪。"辛经理侃侃而谈。

我由衷地说:"你倒是先为我上了一堂课呢。我要将你们的'领班包'经验和补位精神在同行中宣传!"辛经理听后高兴地笑了。

【案例点评】

工作方法的创新,源自正确先进的思想理念和积极向上的工作激情。辛经理的补位意识和协作态度催生了看似不起眼却意义非凡的"领班包"及其工作方法。

作为职业经理人应当是"有思想、有知识、有经验、有激情"的人。很高兴在辛经理身上看到了"四有"的影子。希望有更多的管理人员能够像辛经理一样积极思维、敢于创新,推出更多的工作新方法。

【对管理者的启迪】

1.管理者要有创新意识,包括理念创新、制度创新、流程创新、产品创新、工作方法创新等。对于基层管理人员而言,工作方法的创新尤为重要。

2.工作方法和流程的创新要发挥一线员工的主观能动性。

3.只要用心做事,肯动脑筋,工作方法的创新并不是一件多么难的事情。

4.山外有山,要多向其他酒店学习和了解最新的工作方法,为我所用。

PART 2　反面案例

案例一　"超常"的超常服务

【教学目的】

1.使学生认识到超常服务不能衍化为"过度服务"。

2.学会正确使用客房"留言条",加强与客人的情感和信息沟通,提高客人感觉中的服务质量。

【案例回放】

邱先生于春夏之交的一天中午从东北飞抵南方某市。一下飞机,他立即感觉到南方的气温明显比北方高出许多。当他住进早已预订好的某酒店后,就换了一套夏装出门办事去了。

傍晚邱先生回到酒店,感觉有些凉意,就想再穿上中午换下的针织内衣,不料他却怎么也找不到了。

于是他拨通客房服务电话询问。回答是:当班服务员小王进房整理时,发现椅子上放着一套脏的针织内衣裤,就拿走亲自在房务中心的家用洗衣机洗了,估计第二天中午就会送回来。并告知,酒店最近在开展"质量月"活动,每位服务员都在争取为客人提供超常服务,希望能给客人以惊喜。

邱先生听后觉得这家酒店服务真好,就连声表示感谢。

不过,他放下电话后转而一想:不对呀!假如我要立即离开酒店,未干的衣服怎么带走?假如我只带来这么一套内衣裤,而这季节气温变化大,我需要添加衣服怎么办?假如我是马大哈,收拾行李时记不得曾换下这套内衣,第二天就离开酒店,岂不是丢下这套衣服了?假如我有洁癖,不喜欢我的内衣与他人衣服放在一块洗,而你不经我同意就把内衣取走,我能高兴得起来吗？再说,内衣裤涉及客人的隐私,是客人的私密用品,尤其对于女性而言,更是如此,这样的服务会让客人高兴吗?

邱先生陷入了沉思。

【案例点评】

看来,邱先生对该酒店的这位服务员为提高服务质量而采取的超常服务未必领情,虽然他曾对房务中心的服务员连声表示感谢。

邱先生连续发出几个"假如"之后的疑问对不对呢?完全是对的!该服务员真可谓好心办了错事。也正因为小王的好心,邱先生想发火还真发不起来,只能连连感叹。可以说,该服务员的好心举动,客人并不由衷感激。

那么,服务员小王该怎么做呢?很简单,首先将客人随意散放的衣服用衣架挂到衣橱里,然后留一张字条,询问客人是否需要服务员帮你免费洗衣,并注明可以单独使用家用洗衣机洗涤(凡是内衣,客人都希望单独洗涤,这也正是平时客人不喜欢将内衣送洗的原因)。由此照样体现了酒店亲情化、细微化的服务精神。通过征求意见式的留言条,让客人感受到酒店对其尊重之意,即使无须酒店帮助,同样产生惊喜和感动。

笔者记得一次下榻某高星级酒店,上街回到酒店发现房间已全面整理过,而搁在"迷你吧"上还剩些开水的水杯旁多了一张字条,上面是用电脑打印的文字:尊敬的阁下,由于不知杯中遗留物是否还需要,我们服务员在整理房间时不敢随意倒掉。若需清理,请立即电话通知,我们将随时为您效劳。祝您住店愉快!落款是房务中心。我起初认为这张留言条过于细腻而且显得多余,但转而一想,至少是人家对我表示尊重和考虑周到,我被折服了。想必这张留言条的魅力,对于其他客人来说效果也是一样的吧!

另外,"客房服务"电话告诉客人开展"质量月"活动的消息实无必要,其实"质量月"之外,同样要求员工为客人提供优质服务。

【对管理者的启迪】

1.向员工灌输超常服务意识的同时,应告诫员工不能为超常而超常,必须注意服务的方式、方法和效果。

2."超常服务"并不等于"过度服务",酒店提倡为客人提供超常服务,但应防止"过度服务"。未经客人许可,主动为客人洗涤内衣裤显然属于过度服务。

3."质量月"活动可以内部推动,但不宜对外宣传。亲情化、细微化的服务精神,应当贯穿于平时日常服务之中,而不是仅靠开展"质量月"活动来促进,客人对短时间内的作秀式活动并不买账。

案例二　迟到的荔枝

【教学目的】

1.培养酒店人必须具备的敏感度与预见性,能将顾客需求与喜好作为指导运营管理的准则。

2.认识执行力是酒店经理人"敬业精神""职业精神"的重要体现,没有了执行力,酒店管理和发展的目标无从实现。

【案例回放】

2018 年 7 月 8 日 13:10,广州从化碧水湾度假村张总去客房例行检查,洗漱间卫生:合格;床单被罩:合格;地毯卫生:合格;细节抹尘:合格;但,这盘水果? 怎么没有看到从化特产:荔枝! 7 月的时令水果从化荔枝一定榜上有名,因为从化荔枝不但肉质厚实、爽脆清甜多汁,更是物美价廉。

基于此,张总便找来客房部楼层负责人岑主管询问:"为何房间内水果盘未配入从化荔枝?"岑志中此时还未意识到自己所犯的错误,便答道:"从化荔枝只配入贵宾房,普通房间是不配入荔枝的。"但是早前,度假村领导便已告知客房部王经理,房间的水果盘(不分贵宾与否)一定要配入时令水果,所谓"什么季节吃什么便补什么"。

【案例点评】

"日啖荔枝三百颗,不辞长作岭南人",荔枝作为岭南地区的特色水果,深受全国各地游客的喜爱。6 月中旬荔枝开始全面上市,不仅口感甜美,价格也最实惠。这个时候将荔枝配入客房,既是应季又经济实惠,相信这个季节入住的每一位客人都会想吃一口冰爽的荔枝。甜蜜的滋味在舌尖回旋,仿佛穿越到了唐朝,领略杨贵妃那回眸一笑百媚生的绝姿。然而这一切,都因荔枝的"迟到"留下遗憾。

缺失之一:无论是从应季、成本还是客人体验上考虑,客房都应配入时令水果,客房管理人员明显缺乏这方面的意识。

缺失之二:客房管理人员对领导已经明确布置的工作不重视、未上心、没执行。

缺失之三:领导布置完工作未做检查,导致布置的任务未完成也不得而知。

【对管理者的启迪】

1.流程与制度是需要不断更新和完善的,将应季水果的配备列入水果配送流程,完善水果配送流程,能够防止同样的错误再次发生。

2.执行力就是企业的生命力,没有执行一切等于零,一流的执行力才能成就一流的企业。下级对上级安排的工作不可敷衍了事或打折执行。

3.客人的需求会应景而变、应时而变,酒店提供的产品应时刻与客人的需求相匹配,将顾客需求与喜好作为指导运营管理的准则。

4.哪里没有检查哪里就有问题,工作有布置、有检查、有验收、有奖惩,才能形成管理的闭循环。

案例三　客人投诉了：问题出在哪里

【教学目的】

认识严格按照工作规范工作的重要性。

【案例回放】

这一天晚上，山东某酒店的大堂副理正在交接班，从楼上走下来一位来自拉美国家的客人，他冲着大堂副理气呼呼地投诉，说是房间没有清扫，还说：“这就是你们五星级酒店的服务标准吗？”大堂副理连忙安抚客人，同时安排客人搬到一间干净的房间，并安排送去一个果盘。

事后，大堂副理了解到，这两天酒店的住房很满，早上当班的服务员小杨拿到房态表后，就开始了紧张有序的工作。按工作程序先打扫 OC 房（住客房）、CO 房（走客房），然后是保洁 VD 房（空脏房）。由于开房率较高，工作很紧张，小杨打扫完 OC 房、CO 房后就快要到下班时间了，他也就没有再去检查 VC 房（干净空房）。

按规定，VC 房应该每天检查，稍微整理。但就是这一天，这一楼层房态表的打印出现了错误，把一间 OC 房打成了 VC 房，而小杨又没有进这间 VC 房，所以就没有检查出这一错误。当客人晚上回来，发现自己的房间竟然没有整理，当然非常生气，于是跑去投诉。

【案例点评】

从案例本身看，酒店服务和管理中出现了三个不应出现的问题：

一是房态表的打印不该出现错误，把一间 OC 房打成 VC 房。当然，这不应该归罪于电脑，问题出在操作电脑的员工身上，一定是相关人员工作不够认真、负责，才导致出现这样的乌龙事件。

二是服务员小杨的问题。小杨整理房间时，没有按照酒店要求的工作程序进行，没有对 VC 房进行检查整理。因此，小杨对随后出现的客人投诉负有不可推卸的责任。

三是小杨的直接上级也是有责任的。如果小杨的上级（领班）能够严格执行查房制度，就一定能够堵住这个漏洞，不至于引起客人的投诉。

【对管理者的启迪】

1.酒店的各项规章制度和操作流程必须得到严格执行。

2.对服务人员要加强培训,要求服务人员严格按照操作规程、标准进行操作,确保酒店对客服务质量和客人的满意度。

3.管理的一半是检查,酒店要严格执行检查制度,确保各项规章制度和操作规范得到落实,防止员工滋生懈怠、偷懒、侥幸的心理。

4.通过管理人员一丝不苟的工作作风,培养员工认真负责的工作态度。

案例四　硬件不足软件补

【教学目的】

1.让学生知道体现服务质量的内容包含哪些方面。

2.使学生懂得服务态度只是体现服务质量的一个方面,不能完全代替服务质量。

3.要让学生明白,"硬件不足软件补"的思想是不对的。产品质量体现在硬件和软件两大方面,两者不可替代。

【案例回放】

有一次,笔者去一家酒店授课。刚住下来的第一天晚上,淋浴之后发现不管怎么拨弄浴缸下水口塞子的开关,都无法将塞子顶起来,脏水装了半浴缸无法退下。由于这时已接近夏季,气温闷热,又没有空调,浴缸里的脏水冒着热气,弥漫到整个房间,感觉实在不舒服。于是我拨通了房务中心电话,要求派一名修理工来处理一下。

没过多久,门外有人敲门。我心想,服务还不错——对客人的要求反应挺快的。没想到打开门之后,出现在我眼前的竟是一位女服务员,她笑容可掬地说:"陈教授,很对不起。晚上只有一个电工值班,他不会修浴缸,只好请您克服一个晚上,明天再修理好吗?"大概是我本能地流露出的失望神色被她察觉到了吧,她继续堆满笑容,赶紧补上一句:"要不然换一个房间?"我只好答应换房。接下来当然是让我忙碌一阵后才能休息。

第二天，陪我吃早餐的严总经理客气地问我昨晚休息得怎么样，我如实将昨晚的事告诉他。他对酒店的硬件老化给我带来的不便表示了歉意。当我夸奖服务员的服务态度还不错时，他释然地笑了，说道："硬件不足软件补嘛。我们酒店硬件不怎么样，但我们十分注意抓员工的服务态度，所以服务质量还不错。"

我当即就告诫他说："服务态度好不等于服务质量高。"我还说，假如能事先不把坏房提供给客人，假如有万能工值夜班，假如客人的问题能及时解决，那么才谈得上服务质量还不错。要知道，光靠服务员的微笑是远远不够的。只见他频频点头，但不知他是否完全理解我说的意思。

【案例点评】

服务质量与服务态度是两个不同的概念，这两个概念的混淆，对改进酒店的服务质量实在没有好处。

服务质量固然包括了服务态度，但如果认为服务态度好就标志着服务质量高，那就大错特错了。表现在实践中，最为典型的思想莫过于"硬件不足软件补"一说（而且还将软件狭隘地理解为服务态度），所以我想还是有澄清的必要。

客人评价一家酒店的产品质量，是从多方面感受后得出的结论。ISO 9000 质量管理体系认证中，对产品的概念明确表述为硬件、软件、流程和服务 4 个方面。服务是整个产品的一个方面。ISO 的定义看似将服务与硬件等方面分开而述，但事实上许多的服务都要凭借硬件支撑和软件支持完成。从这点意义上说，服务质量如何还与硬件、软件（包括制度程序、授权放权、企业文化）等方面的优劣有关。不过，传统上对服务是从狭义上去理解的，通常是指向客人面对面提供劳务性的人工服务。

那么，能体现服务质量的内容究竟包含哪些方面呢？我认为至少包括以下 3 个方面，即服务水平、服务态度以及由此产生的服务效果。

其中，服务水平首先体现为服务项目的多少，以及是否适应客人的需求。项目越多，适应的程度越高，当然就意味着服务水平越高；其次体现在服务的规范与技巧上；再次体现在服务的操作水平和服务效率上（包括整体的快速反应）；最后体现在服务的心理效能方面，如服务的感情化、个性化以及心理体验。

而服务态度如何则表现在对客人是否主动、热情、耐心、周到和真诚等方面（不仅仅表现在热情上）。

最终表现出来的服务效果包括卫生、安全、舒适、方便、温馨、快捷、细致（关注细节）、准确、可靠和礼貌等 10 个方面。不难想象，如果没有优良的硬件支撑和软件支持，优良的服务效果恐怕也很难实现。

由以上分析可见，服务质量包含了服务态度，但服务态度不等于服务质量。要想提高服务质量，仅仅靠提高服务态度是不可能解决的。唯有提高服务水平的方方面面，再辅以良好的服务态度以及优良的硬件支撑和软件支持，才可能取得理想的服务效果，从而提高整体的服务质量。

顺便指出,评判服务质量的高低,应以是否适合和满足客人的需求为标准。适合和满足的程度越高,客人对服务质量的评价也越高,反之亦然。当然,这里所说的适合和满足的对象与范围,应是该酒店目标市场的绝大多数客人及其绝大部分需求。

【对管理者的启迪】

1.服务质量不仅体现在服务态度上,而且包含服务水平、服务态度以及由此产生的服务效果。服务质量的高低,应以是否适合和满足客人的需求为标准。

2.“硬件不足软件补”的思想要不得。产品质量体现在硬件和软件两大方面,两者缺一不可,更不可相互替代。

3.酒店管理者不仅要重视员工服务态度、服务效率、服务水平、服务技能等方面的提高,而且也要注意保持酒店设施设备的完好性,以及与酒店档次相适应的硬件标准。

案例五　房门外的电话铃声

【教学目的】

1.培养员工的系统管理思想。

2.让学生懂得,在酒店改革创新的进程中,一种事物的变革必然导致有关工作的方式、方法、程序和规范等方面的相应变化。在实际工作中,要具有与时俱进的意识和锐意进取的精神。

【案例回放】

以下是笔者在某酒店的一次经历。

我正在房间的卫生间里洗漱,隐约听到一阵电话铃响。由于水龙头哗哗地流着水,听不清这铃声来自何处。虽然卫生间里装有分机,但我想也许是分机坏了因此没有铃声。我关掉水龙头想听清楚,但此时铃声已停。等我再打开水龙头时,铃声又隐隐约约地响起。我干脆不洗脸刷牙了,想听个究竟。哦,铃声来自房间门外。

我打开房门循着铃声找去,原来是距我房间不远的服务台的电话机铃声大作。这时,只见一位服务员从走廊尽头往这边跑,然后上气不接下气地接起了电话。

等这位服务员打完电话,我问他:“好像你们服务员都配上对讲机了,你有对讲机吗?”

答曰:“有呀。”

我又问:“那为什么还要用服务台电话与你联系呢?”

服务员也许不明白我为什么问这些,先是一脸茫然,然后又笑容可掬地回答说:"我也不知道。"

更为糟糕的事情还在后头。中午我躺下休息睡着了,也不知过了多久,忽然朦朦胧胧地听见电话铃声。谁在中午来电话呢?等我清醒过来屏息聆听,哎,又是房间门外的电话铃响!扰人的铃声让我无法入睡,我只好打电话到总台要求换房。

【案例点评】

本案例虽然记录的是笔者的一次经历,但类似的案例绝不止这一例。为什么有的酒店会存在这样的问题?依我揣测,原因有二:一是某些管理人员尚不清楚在撤去值台、服务员配上对讲机之后,服务台仍保留电话机的意义何在;二是估计这样的酒店的管理人员缺乏"体验管理"思想,值班不睡客房;或者是值班睡的房间相对固定,而且还不在服务台附近。

如果以上揣测没错的话,我们是否应当意识到以下两点:

第一,在酒店锐意改革、持续创新的进程中,应当意识到一种事物的变革必然导致工作方式、方法、程序、规范等的相应变化,而这些变革及由此带来的变化都必须围绕如何提高工作效率、降低成本和使酒店产品、服务更能满足顾客的需要而展开。就本案例而言,楼层值台撤去,为服务员配上对讲机,这是有益的改革,之所以仍然保留服务台上的电话机,是考虑到客人无法进房时(如门卡留在房内或超过结账时间打不开门)便于与房务中心联系。因此,这部电话机完全可以作"只打出不打进"的设置,也就是说,这部电话只能打到房务中心,而外界打不进来,从而避免铃声对附近客房造成干扰。

第二,管理人员还应当意识到"体验管理"方法之重要。假如这些酒店的值班经理有在客房过夜,而且还不是固定某一房间过夜,想必有可能体会到服务台电话铃声的扰人之苦,从而提出改进措施,即将楼层服务台电话作"只打出不打进"的处理。

【对管理者的启迪】

1.酒店任何事物的改革或创新,必须以达到提高工作效率、降低成本和使酒店产品、服务更能满足客人需要为目的。

2.任何事物的改革或创新,都可能引起有关工作的方式、方法、程序和规范的变化,应当要有与时俱进的意识,尽快适应其变化。

3.服务人员和管理人员都要有酒店意识和顾客意识,服务程序、标准、规范等的制订要考虑客人的需求和感受,要从客人的体验出发。

案例六　结局虽然是轻松的

【教学目的】

1.让学生懂得判别客人遗留物品是否属于遗弃物的重要性。

2.认识设立旅客意见记录本以获取客人有关信息的重要性。

【案例回放】

楼先生吃完午饭回到房间,立即着手收拾行李准备退房离店。但进入卫生间一看,自己带来的毛巾、牙刷以及牙膏不见了踪影。由于同行的人已在大堂等候,他没有时间再找服务员问个究竟,只好匆匆收拾好其他行李,来到大堂。

当楼先生在总台结账时,顺口与总台收银员谈起这事,没想到收银员十分重视这一情况,立即打电话向楼层反映。得到的答复是:整理房间的服务员是根据做房表注明该房间为"本日退房"记录,误以为客人遗留的毛巾、牙刷等已不再使用,于是当作废弃物处理了。

总台收银员如实转达了楼层的答复后,问楼先生怎么办。楼先生并没有因为这些价值无几的物品被丢弃而表示不满,倒是以比较轻松的语气说道:"既然这样就算了,我总不能因为这一点点损失和你们酒店计较吧? 不过,这给我去下一个城市住酒店带来不便,因为我始终有使用自己毛巾和牙刷的习惯。"

总台接待员马上将楼先生的遭遇写在了旅客意见记录本上,这一举动被在场的楼先生看在眼里。楼先生露出了笑容,开玩笑地说:"但愿以我的一点损失,能给其他旅客上一份财产险吧。"

【案例点评】

本案例的结局是轻松的,当然这是因为客人的损失不大。也正因为本案例服务员所丢弃物品价值不高,所以更容易导致其疏忽大意。

现在提倡客房不提供易耗品,或即使提供易耗品也提倡有偿消费,以此促使客人尽可能自带洗漱用品,达到"环保"的目的。也许出于对酒店提供的洗漱用品质量或卫生的怀疑,或出于客人本身的使用习惯,客人自带洗漱用品的现象越来越多。在这种情况下,酒店应当相应地要求服务员根据房态,认真地甄别某些物品是否为客人自带品,以及是否还在使用中或是否可成为遗弃物,以免客人遭受不应有的损失而不满,甚至导致酒店向客人赔偿的情况发生。

本案例中,该酒店为楼先生整理房间的服务员没有细心观察,在房间里尚有客人其他行李的情况下,应十分容易判断其洗漱用品仍可能在使用中,而将其用品当作走客房的遗弃物处理,未免草率。

现在许多酒店对续住房的易耗品实行"增新不撤旧"的做法,即仍然可以使用的易耗品不撤,而照样要添补新的(免费供应情况下,添补新的以示没有克扣应有消费量)。在此情况下,同样要求服务员必须留意哪些易耗品该丢弃,哪些该保留。

顺便指出,该酒店总台使用旅客意见记录本非常好,这是了解客人意见和建议的一个重要渠道。这一做法在其他酒店还不多见,应在同行中推广。

【对管理者的启迪】

1.任何一种服务方式或工作方法的变化,作为管理者都应当预见到服务员可能因老习惯而产生失误,必须相应地加强适应性、针对性的培训和督导。

2.总台设置旅客意见记录本的做法非常好,这是了解客人意见和建议的一个重要渠道。

3.对续住房的易耗品实行"增新不撤旧"的做法值得提倡。大部分客人会予以配合,既满足了客人需要,又节约了运营成本,同时,为环保和旅游业的可持续发展做出了贡献。

案例七 "黑洞"

【教学目的】

1.让学生明白"100-1=0""100-1<0"的含义,使学生在今后工作中对每一次、每一项、每一位客人的服务都力求完美无缺。

2.让学生了解酒店向客人索赔的原则与方法。

【案例回放】

客房服务员小朱正在整理909房间,突然发现写字台边的地毯上有一个烟头。烟头虽已熄灭,但拿起烟头后,地毯赫然出现一个黑洞!于是小朱对正在写字台写材料的一位戴眼镜的中年顾客说道:"先生,您的烟头把地毯烧了一个洞,按我们宾馆规定你必须赔偿。"

中年顾客扶了扶眼镜,看了一下地面,本能地用脚蹭了蹭地毯,地毯上的那个黑洞奇迹般地消失了,只留下一小块并不明显的疤痕。"可以不赔吗?你看,地毯上看不出有烧焦的样子,再说我也不是故意的。"中年顾客一脸无奈地说。

"不行,要是我的领班发现了,我要负责的。你要是不赔,我的工资就要被扣。"服务员小朱苦着脸说道。

客人见服务员一副可怜相,心一时软了下来,问道:"那要赔多少钱呢?"

"100 元!"服务员小朱见有了转机,立即大声报出赔款数额。

中年顾客一听,皱了一下眉头说道:"这 100 元不是小数目,假如算在房费里,我回去也不好报销。"他说完蹲下身,细细察看了一下留有疤痕的地毯,然后又扶了扶眼镜说:"这样吧,你把领班叫来,由我向她把事情说清楚,就不关你的事了。"

"不行的,领班要是见我把问题推给她,她会不高兴的,那样即使你赔了钱,我还是要受罚的。你还是赔了吧。"说着说着,服务员小朱的眼圈红了起来,几乎要哭了。

"那我就赔了算了!"中年客人心有不甘地答应了下来。

第二天,宾馆林总经理案头上摆着 909 房间客人留下的"密函"。信函中有这么一段话:"……烟头落地是烟灰缸夹不住烟头所致,非我故意。虽然我也有疏忽,但问题并没有那么严重,而服务员缠着我非要赔偿不可。我不怪服务员,我认为是贵宾馆的规定实在不合理,一点商量余地都没有,简直让我不敢再住下去,所以我今天只好改住他店。给你留下这封信,是因为我看到你们其他各方面都还好,唯有希望你们能改一改不合理的规定……"林总经理看完信函,陷入沉思。

少顷,林总把电话拨到总台,了解到 909 房客人姓彭,是来自上海的一位商务客,刚退房不久。林总立即下楼徒步来到离本宾馆不远的另一家酒店。他到总台一问,果然上海来的彭先生刚刚入住。林总谎称是彭先生朋友,是来看他的。总台服务员也认识林总,于是将彭先生房号告诉了他。

林总先是用电话向彭先生作自我介绍。见面后又是道歉,又是致谢,而且谦虚地听取了彭先生的意见。最后林总希望彭先生返回宾馆,而且表示给予 VIP 待遇。彭先生终被林总的诚挚和热情所感动,愉快地答应了下来。

【案例点评】

"100-1＝0"是酒店业内人士所熟悉的特有公式。

本案例的主角彭先生在信函中说"你们各方面都好",但还是因为该宾馆对客人的索赔规定太死板、不合理,令彭先生畏惧地"潜逃"了。此案例再形象不过地说明了这个公式的成立。可不是吗?彭先生不住该宾馆了,其结果不是 0 还是什么?

当然,有的客人对一两件事情不满意不会投诉,忍一忍也就过去了。然而,假如他入住的其他酒店事事称心如意,他会愿意再回到有缺憾的酒店吗?同时,我们还要意识到"100-1"未必都等于 0 的另一种情况是:"100-1<0",他将把不满传给那些潜在顾客,那问题就要严重得多。林总经理之所以花费那么大心思和精力,将彭先生请回自己的宾馆,应当说是他已经意识到"100-1"的严重后果。就这一点而言,林总对此"黑洞"事件的处理是值得称道的。

事情是否就此结束了？对此案例是否可以考虑更深层次的问题？至少有以下几个方面的问题需要加以注意和改进。

第一，客人反映烟灰缸的夹槽夹不牢烟头，这是产品的不合格——只要是客人使用的，都是酒店产品，没有安全保证的烟灰缸当然就是不合格产品，应当全面检查，对夹不住烟头的烟灰缸要全部换过。建议厂家生产的陶瓷烟灰缸其壁要厚些，夹槽开口适度且横截面无须上釉，以保持粗糙。

第二，向客人索赔，要分清客人是有意破坏还是无意损坏，两种情况做不同处理。对于有意破坏或恶意消费造成的损失，不论其价值高低，都要理直气壮地请其赔偿，哪怕赔得这类客人不高兴而不再成为本酒店客户；对造成酒店巨大损失的故意肇事者，若继续无理取闹，仍可能造成更大危害的，必要时可以求助"110"。而对于不是故意、只因疏忽造成的损失，又应当再按其损失价值与消费额之比的比值大小区别对待：比值小的，可以不要求赔偿。比如，一场婚宴消费额达1万多元，其中有两个酒杯是因客人激动碰杯而破碎，折旧后充其量值10元钱，当然无须请其赔偿。不过，客人买单时要告知此事并说经理指示准予免赔，让客人领下这份情。对于比值大的，酌情按折旧后补偿，想必客人也会接受。在本案例中，彭先生既非故意，问题又不是很严重，而且客人还能指出是因为酒店烟灰缸缺陷所致，可以考虑免赔或酌情赔偿。这样处理合理也合情，说不定客人正因为酒店的这种得体礼让风度而成为你的忠诚客户。

第三，不能对服务员做出类似本案例不合理的规定。服务员发现客人造成的损坏并非故意而且后果不严重，应允许服务员"放过"客人，事后报告，领班认账了事（通常酒店都有规定允许范围内的自然损耗率）。服务员没有把握处理的，同样允许服务员向领班或大堂副理请求帮助解决。当然，处理索赔事件有时因客人背景复杂，或事件本身客观因素较多会让人感到棘手。为了提高索赔的效率和效果，应将处置权力逐级适度下放，允许基层管理人员在符合大原则的前提下，有较大的灵活处理权限。

【对管理者的启迪】

1.对员工进行入职培训时，就要灌输"100-1＝0""100-1＜0"的意识，培养员工一丝不苟的工作态度。

2.关于索赔处理的原则和方法，应当以文字形式形成制度，并列入培训内容专门讲授，使得上下认识一致，有章可循、有规可鉴，做到既不得罪客人，又能很好地维护酒店利益。

3.对客索赔要考虑制度的严肃性，坚持原则，要有一定的灵活性，酌情处理，让客人赔偿得心服口服。要在坚持原则的前提下，让客人心甘情愿地做出赔偿。

7.2　PA 与洗衣房管理案例

PART 1　正面案例

让客人感动的酒店 PA

【教学目的】

1.让学生认识到服务是全酒店每一个人的责任,当客人有困难时,任何一个人都有义务帮助客人解决。

2.当客人有困难需要帮助的时候,让客人感动的机会就到了。

【案例回放】

2011 年 1 月 17 日,张先生与妻子在酒店参加宴会。其间,张先生妻子不小心将手机掉入马桶中。PA 员工高大姐现场反应迅速,及时用吸水机和其他工具帮助客人把手机取出。同时汇报给主管,请酒店工程部人员协助客人将手机吹干,以便进一步检修,减少宾客损失。张先生夫妇非常感动,并写下感谢信。

【案例点评】

1.在酒店,PA 是年龄结构较大、知识水平相对较低的一个班组,日常主要承担公共区域卫生保洁的职责,其管理难度大于一般的年轻班组。客人对 PA 的服务要求与预期也是较低的,恰恰是这种低预期才容易让客人感动。如果在酒店中,连保洁员阿姨、大叔都能提供让客人惊喜、感动的服务,那么酒店的整体管理水平和服务水平都会得到客人的认可。

2.酒店里的任何一个员工都是酒店的代表,客人不一定能记住员工的名字,但一定能记住酒店的名字,所以,任何一个员工的服务,都是客人评判酒店服务的全部标准。

【对管理者的启迪】

1.酒店服务是一个有机整体,往往一件事情的解决需要不同岗位相互配合,日常管理中各部门的沟通与配合相当重要。

2.酒店要重视对基层员工的培养,尤其是保洁、保安、工程这类在多数人眼中并不直接承担服务职责的岗位,这些员工的表现,才最能体现出酒店管理和服务的最高水平。

PART 2　反面案例

打酒店脸的"隔脏睡袋"

【教学目的】

1.认识酒店卫生工作的重要性。
2.强化卫生意识。

【案例回放】

常大姐是这个城市某四星级酒店房务部的老服务员了。今天,她像往常一样到楼层做续住房的小整理。进到1508房后,看到房间里的大床房上,在原有的床单上,赫然还铺着一床灰色的大床单。

"咦,这是什么意思呢?"常大姐走上前去,仔细研究起来,看看到底是什么东西。仔细一看,哦,原来不是一床灰色的大床单,是一个灰色的双人睡袋,再仔细看下面的标签,标注的是"隔脏睡袋"。正想再翻看一下标签的其他内容时,1508房客人回来了。

客人是一对中年男女。带着好奇心,常大姐向这位男客人询问:"您好! 请问昨晚你们是用这个休息的吗?"

"是啊! 有什么问题吗?"

"哦,没有! 没有! 我以前没见过这玩意儿,想了解一下呢。请问昨晚休息得好吗?"常大姐急切地回道。

"好啊,这个袋子大,两个人睡,还有空间呢。"

常大姐纳闷地问道:"先生,您干吗要用睡袋睡呢? 那样睡还是没有直接睡在床上舒服吧?"

女客人接起了话:"我知道你们是四星级酒店啊,我们主要是嫌这些床单不干净呢。我们以前在五星级酒店工作过,我先生还在酒店自己的洗衣房实习了半年呢。我们知道,那个床单的卫生是很难保证的哦。"

男客人和颜悦色、不厌其烦地跟常大姐讲了起来:"外出旅行,要住酒店,最怕遇到卫生条件差的。一旦感染皮肤病什么的就麻烦了。一般正规的酒店,对于床单的清洗和折叠都是有要求的,不用担心他们会用客人使用过一次的床单。问题不会出在酒店,主要是洗涤厂家一个滚筒接一个滚筒地洗涤,哪有时间给你用紫外线消毒,有时连消毒液都未必放进洗衣机里,所以根本无法确定那些床单是否消过毒。客人为自己的健康着想,考虑还是自带一次性的床单了。你想那些杯子、桌子、椅子等,如果让你觉得不卫生,不用也罢。可是,床上用品是晚上必须用的,假如看起来不够卫生,或者乍看还算整洁,但是实际又不干净,真是让人坐卧不安。旅行中的睡眠很重要,直接影响到第二天的工作或者旅游状态。如果睡不好觉,怎么能有好心情呢? 后来,我终于找到一个解决问题的办法,在网上买到了隔脏睡袋。这种睡袋轻便小巧易收纳,可以轻松装进背包或旅行箱。住酒店时,只要把睡袋拿出来,往床上一铺,就把自己彻底隔绝于公用床上用品之外了,不用担心床单被褥到底洗干净了没有。"

"哦,原来是这样!"常大姐终于弄明白顾客为何非要自己带睡袋来酒店睡觉的原因了,也因此羞红了脸。

【案例点评】

两位客人虽然有些"洁癖",但反映的问题却是客观存在的。酒店换洗下来的床单、被套、毛巾等,现在大部分酒店都送洗涤公司。是否能做到100%杀菌消毒,就需看洗涤公司的规范程度了。此案例的"隔脏睡袋",恰恰是对酒店供应链的不信任,而酒店却无理直气壮反驳的底气。此案例说明做好酒店卫生管理的重要性,案例中的"隔脏睡袋"是在倒逼酒店抓好卫生管理,从每一个细节开始。要教育、培训员工严格按酒店服务和卫生标准操作,确保酒店卫生,让客人放心。

【对管理者的启迪】

1.卫生是客人对酒店的最低要求,对酒店卫生工作要常抓不懈。

2.要做好对上、下游供应商的监控和约束,确保酒店客用品的卫生标准和酒店产品质量。

本章案例讨论

每天不少于2封表扬信的客房部员工

广西南宁胜华文创公寓自2017年初开业以来,生意一直火爆,除了文创概念外,该公寓还有一个秘密武器——那就是客房部的张主管。

张主管是一位年近40岁的客房大姐,她很热爱酒店这个行业,也喜欢跟酒店的客人打交道,从事客房工作将近20年了。由于她的极致用心,在跟客人打交道的过程中,她不断地被点名表扬,每天基本上可以收到不少于2封的表扬信。这让她迅速积累成就感,最终也极大地激发了她对客房服务的热情。

张主管为何能得到客人如此多的表扬呢？最典型的莫过于她给客人提供的夜床服务，她总是变着法子给客人惊喜，把客人当作自己的孩子、自己的长辈一样对待。她善于在整理房间的时候观察，在跟客人沟通交流的过程中获取灵感。

为此，她经常会去当地一些市场淘东西。淘这些玩意儿干吗用呢？给客人做夜床时使用。她不按套路出牌，连住几天的客人都无法想象每天会有这么多的新鲜玩意儿，让客人不得不服。

只要是经过她布置后的房间，客人回到房间后都忍不住拍照合影，抑制不住自己内心的喜悦之情。

那么，她到底做了哪些夜床服务，让客人这么难忘呢？我们来看看她的部分作品，她的夜床服务大致可分为以下几种类型：

（1）手工艺品。她平时喜欢做一些手工艺品，经常会利用自己的休闲时间，裁减一些非常有意思的纸花。折叠也是她的爱好。例如，她会把水果房不要的菠萝叶子，洗干净、擦干，然后折一些螃蟹、鱼类的动物，放在客人的床上，当客人回到房间，瞬间会感觉到一股清新的暖流。尤其是遇到带孩子入住的客人，这一类夜床创意会很受欢迎。这类手工艺品成本低廉，但是却能让客人眼前一亮、耳目一新，产生惊喜。

（2）毛巾折叠类。利用毛巾折叠动物，应该是成本最低的一种夜床做法了。但是当你还在沉溺于大象的折叠、天鹅的时候，她早已进阶到了更有创意的阶段。她喜欢研究新的玩法，不墨守成规，走老套路。她开始叠乌龟、狗狗、青蛙。当客人见到这些新鲜玩意儿时，一定会感到惊喜。

（3）温馨花草语类。单调乏味的房间、洁白的床铺上，要是摆放一点绿色或者鲜花，又会是怎样的一种体验？张主管很会利用天时、地利、人和去做客房服务，到了哪一个季节流行什么样的小花、绿植，她都很清楚，并且会付诸行动。在酒店所在的小区花园里，拾掇一些绿叶、小花，收拾整理之后，摆设在客房内。当然，她还会为喜欢花草的客人送上当地比较有特色的绿植。最近大家都在种植多肉，她就特意繁殖了一大堆多肉，有些就直接送给客人。

（4）吉祥物玩偶。很多酒店都会做自己的吉祥物玩偶，作为送给客人的礼物。不过胜华文创酒店公寓的吉祥物玩偶可不是那么单一，而且更换较为频繁，这会给客人产生视觉冲击。作为客房人员，她还会设置一些场景，例如，欢迎场景、晚安场景等。

（5）温馨小礼品类和水果甜品类。

从张主管不断收到客人给她的赞美可以看出，大多数客人都是夜床服务的追随者。客人入住酒店，不仅仅只为得到一张床和舒畅的热水，更重要的是一种服务体验，有特色的夜床服务会增加客人的服务体验。张主管的创意就是用自己的奇思妙想来达到"满意+惊喜"的服务，这是一种无形资产的创造。

夜床服务也是最能体现个性化的服务项目，尤其是张主管按照入住客人的性别、年龄而做的设计，正是体现了个性化服务的精髓。其实，对于夜床服务，我们不仅仅是补充客房物品、整理房间、渲染夜晚的气氛，还可以通过简单的布置给客人一些惊喜。

案例讨论：

1. 如何看待和评价张主管的夜床服务？
2. 从某种意义上讲，夜床服务就是酒店房价的一个溢价器，对吗？
3. 如何对夜床服务的成本加以控制？

补充与提高

五星级酒店，你们为什么不换床单

上海××饭店的徐副总这天一上班，就被朋友圈和他自己的酒店群和酒店营销群"吵到了"。原来是被一篇《五星级酒店，你们为什么不换床单》刷屏了，酒店人一时在网上议论纷纷。

凭着职业的敏感，徐副总立刻嗅到了火药味。尽管此事发生在北京，也不是自己所在的酒店集团，但唇亡齿寒，说不定，暗访之风就会刮到自己这里。徐副总把一天主要的工作布置完后，立刻交代了他分管的一线部门的主管级以上人员来到他的办公室。

徐副总对大家说："今天也不是一个正式的会议，主要就是北京的五星级酒店因没换床单被央视曝光了，大家应该都知道了吧。这个问题大家怎么看，轻松点，可以自由发言。"

秘书小陶介绍说："自称独立测评机构的蓝莓评测在其微博和微信公众号发布的《五星级酒店，你们为什么不换床单》一文称，蓝莓评测机构工作人员先后入住了北京 W 酒店、北京三里屯洲际酒店、北京希尔顿酒店、北京 JW 万豪酒店以及北京香格里拉饭店 5 家五星级酒店。体验后发现：这 5 家酒店均未在客人退房后彻底更换床品，5 家酒店均未清洁浴缸、马桶圈未彻底清洁，部分酒店未更换浴袍，3 家酒店未清洁漱口杯。"

测评不仅用文字阐述了测评结果，还插入了一段时长为 6 分钟左右的视频，记录了其工作人员暗访体验过程。

各位经理迅速地开始了热烈的讨论。

房务部的谭副经理首先发言："说实在话，在旅游出行最旺且最有需求的年代，我们整个酒店行业服务水平都在下滑。人们也在叹息，'偷工减料'对于整个酒店行业而言，既成了'标签'，也成了'潜规则'。员工越来越难招，薪酬与其他行业比越来越低，几乎是所有职业中最低的一个了。员工素质的下滑，直接导致了服务质量的下滑。"

管家部的田副经理说道："五星级酒店之所以会发生不换床单这种自毁名声的事情，很大程度上可能还是与内部管理结构以及利益倾斜分配有关吧。酒店对客服保洁等基础性业务的管理强度趋于弱化，为之配置的资金、人力也变得越来越有限。这样，基层员工看到管理有孔隙，不钻才怪呢。况且，做客房卫生的，多半引入了量化考核，多做房是和多拿做房提成挂钩的，干吗不赶时间多做一间房呢？"

前厅部的小魏副经理是个很有思想的经理，涉猎也广，只见她说道："我前不久刚看了《你好，前台：酒店的那些事儿》这本书，书里对美国酒店的内幕有所揭露。在这本书中，作者指出酒店里的杯子、遥控器往往是最脏的地方，服务员可能将旅客的行李箱拖到没有监控的地方踹上几脚。但床单、枕套都不更换，无疑已经超出这种限度。更为严重的是，这种真相，不只让某家酒店的卫生状况现了原形，更动摇了一种最基础的信任：若五星级酒店都这样，还有值得信赖的酒店吗？这恐怕让那些希望靠多花钱来买卫生的客人触动最深：反正都是这样，选哪家酒店不是一样？若五星级酒店也这样，快捷酒店能有好的？反正我都得住，那我还不如住快捷，这样还省钱，反正都不卫生。这种判断或许不乏感性成分，却是人之常情的推理。"

房务中心巫主管也加入了讨论："现在的做房考核制有好有不好，做房速度提高了，但服务质量却有所下降了。像现在五星级酒店的客房清理流程一般都是先由服务员打扫，然后由领班查房，接着再由主管和经理抽查。五星酒店的服务人员与所负责房间数量的配比在$1:10\sim1:8$，一旦每人所负责清扫的客房数量过多，甚至指标过高，都会造成员工为完成工作任务而降低服务质量的情况。"

管家部唐主管很客观地说道："现在这个做房量化考核，真的有好也有不好，抢房、赶房确实快了，但涉及公共区域常规清洁，则没人去做了，得排班轮了，轮的忘了、多排了，都会有意见。这个曝光的事，不论爆料者的动机如何，酒店行业服务、管理水平近年来整体上呈下降趋势是事实，这个锅得背。大集团、知名品牌更应自重，在抓管理、抓运营上下真功夫，尽管现实困难很多。一般阿姨检查的时候发现床根本没动过，只是可能躺了一下、靠了一下，自然就不换了，这样我其实不觉得有什么太大问题。大多五星级酒店客房服务员月薪不足3 000元，员工流动率常年在40%以上。招工难，我那个主管每天忙死，天天要培训、要带新员工，带会一个跑一个，常常是白培训。让酒店一人多用，一名服务员每天要打扫13间客房以上，非常辛苦，又得不到尊重，很难尽职尽责按标准打扫卫生。她们客房服务员最多的抱怨就是工作累和工资低。"

PA部的费主管也赞同地附和道："'一客一换'是酒店的行业标准。但事实上，即使是五星级酒店奢华品牌，也并非像公众想象的那样，新客人入住，就把所有日用品全部更换、设施彻底洗涤。'一客一换'指的是用过才会给换。"

……

一场头脑风暴，让与会的各位管理人员知晓了事件的来龙去脉，也对这种事情发生的根源和解决方法有了更深的认识和思考。

案例中所反映的问题是客观存在的，原因也是多方面的。除了员工的卫生意识和管理的疏漏以外，更深层次的问题是员工待遇、考核方式以及管理理念方面的问题。

当前国内酒店业竞争激烈，基层员工待遇普遍偏低（包括国际奢华酒店在内），员工做房任务偏重，很多酒店对客房员工采用计件工资制，为了完成任务或养家糊口，不得不"偷工减料"，对客用品不更换、不消毒，甚至一条抹布马桶、茶杯抹到底的现象（当然，这是职业道德问题）。

另一方面，薪酬低、招工难，也导致了客房管理人员和检查人员对发现的问题只能睁一只眼、闭一只眼,或者视而不见,充耳不闻。这也是客观现实。

解决的办法是:狠抓酒店服务质量,靠特色、差异化和服务质量取胜,从而在提高酒店经济效益的前提下,增加客房员工的编制,不断提高客房员工的待遇水平,为严格管理创造条件,使酒店走向良性循环。

本案例对管理人员的启迪:

(1)酒店业主和管理者要努力提高基层员工的待遇水平,这是加强管理的前提条件。

(2)对员工加强培训,提高员工的职业道德水平和卫生意识。

(3)完善对客房员工的业绩考核方式,改变只凭做房数量论英雄实施奖励的做法。

(4)加强检查,严格管理制度。

(5)必要时采用技术手段对员工的客房清洁过程进行监控。

(6)加强企业文化建设,关爱员工、关爱客人,培养积极向上的充满正能量的企业文化。

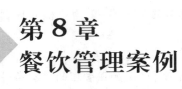

第8章
餐饮管理案例

8.1 餐厅管理案例

PART 1 正面案例

案例一 细节取胜的商务接待宴

【教学目的】

1.了解商务接待宴服务形式,知道如何做好商务接待宴。
2.用心感受细节带来的震撼,用心聆听细节绽放的声音,用心抚触细节碰撞的活力。

【案例回放】

2018年11月29日,餐饮部贾总监接到营销部关于12月1日福×集团用餐预订的通知,在了解客户此次用餐的主题需求后,餐饮部组织召开接待研讨会,制订出了一系列的接待方案,并陆续开展准备工作。

首先,在菜单设计确认细节方面,贾总监和营业部及厨部黄师傅根据客人的接待规格研讨设计出 5 套菜单供客人选择,客人最终确定了其中的一套菜单。

其次,在包房布置细节方面,由于此次宴会是福×集团和光大×信托达成战略合作的庆祝晚宴,因此餐饮部在宴会布置细节上紧紧围绕这一主题。在外部环境上将用餐指示牌和包房门牌都改为合作共赢的主题,并将双方公司 Logo 在门牌设计中体现。在包房装饰上,贾总监在福×集团微信推文中,找到双方签约仪式的相关照片,由张坤芳打印在包房内制做照片墙,并在餐桌上创作牡丹花托举双方公司 Logo 的米粒画,用以烘托气氛。在用餐环境细节上,在包房内用鲜花布置,并将花瓣点缀的毛巾小动物放在洗手间,处处彰显细节,营造出温馨别致的氛围。

最后,在客人用餐的细节方面,在菜单造型设计上,餐饮部选用西式卷筒的造型样式,将双方公司 Logo 设计在菜单下方,并用鲜花和丝带捆绑,寓意着合作共赢;易经理和巢丽君将红色口布用席巾扣折叠成商务领结的形状,烘托用餐的喜庆气氛。在出品上,厨部师傅也进行了精心的研究,用青瓜、竹叶、糖艺、彩灯、枯木和松叶进行装盘布置,蕴含着节节高升和基业长青的美好寓意。在餐后水果上,由丁燕婷用果酱在果盘上绘制合作共赢的图案,将美好的祝愿再一次表达。

客人到达包房后,不禁被餐饮部用心的布置所打动,在赞叹包房内一处处精美的装饰细节时,更激动地用手机不停地拍照,在用餐时更是多次赞扬餐饮部的细心安排和碧水湾的服务。

【案例点评】

"一树一菩提,一花一世界",生活的一切都是由细节构成。这些不起眼的细节看在眼里便是风景,握在掌心便是花朵,揣在怀里便是阳光。将服务视作生命的碧水湾人,同样高度重视细节服务,在与客人沟通交流等接触过程中,从细节入手,挖掘顾客更多信息,关注客人的言行举止,关心客人的饮食起居和爱好习惯,从中筛选出有价值的服务突破口,把服务做精、做细,让客人感受到服务无处不在。餐饮部在商务接待中注意双方公司需求,在体现顾客尊贵性方面做到极致,让客人感到尊贵和有面子,这就是碧水湾的服务理念。

亮点之一:高效执行、展开研讨、形成方案,充分发挥团队的力量。

亮点之二:积极主动跟进沟通,打破疑虑、把握机会,创造服务的机会。

亮点之三:重视接待中的每一个细节,用细节服务打动客人,赢得掌声与赞誉。

【对管理者的启迪】

1.在我们身边,想把事情做好的人很多,但是愿意把小事做细的人却不多,我们不缺少精明能干的管理者,但缺乏精益求精的执行者。碧水湾人就是这样一群严抓管理,同样追求细节的行路人,在追求更高服务品质的道路上一步一步坚定踏实地前行,用细节赢得掌声,将服务做深做细,让服务无处不在。

2.高标准、高效率、高质量的管理和执行必定会带来高赞誉、高顾客满意度。所以我们在日常的经营管理中,需要将标准抬高、将效率放快、将质量提升,才能打造更高的顾客满意度和更多的顾客赞誉率。

案例二　酒杯换茶杯

【教学目的】

1.培养学生的管理意识。

2.掌握优化服务流程。

【案例回放】

4月初,餐饮部周定君到碧波园换岗已将近一个月了。在平时协助员工开餐时,小周发现客人到店时,服务员会到工作柜内拿茶盅为客人泡茶。客情不忙时还好,周末客人多时服务质量就很难保证。小周还看到大厅桌面上都摆了酒杯,而用酒水的客人却不是很多,早上花时间摆上去,客人点完菜不用酒水又要撤下来,不但浪费人力成本,而且增加了餐具的破损率。于是,小周主动与总经理沟通商量,是否可将摆台的流程做一些优化改变,把酒杯换成茶盅,如果客人需要用酒水再为客人提供酒杯。

总经理同意后,餐饮部随即对服务流程做了调整。调整后,小周关注了一周运行效果,不但减轻了员工工作量,而且提高了客人的满意度。

【案例点评】

小周注意观察客人的用餐习惯,从服务品质的提升、工作效率的提高、为客人提供方便以及降低餐饮运营成本的角度出发,向上级提出了自己的想法,为上级的决策提供了依据。从而提高了对客服务质量、优化了服务流程,降低了餐饮损耗。说明小周具有服务意识、成本意识、创新意识和管理意识,作为基层管理人员,值得赞赏。

【对管理者的启迪】

1.管理人员的工作就是发现并解决问题。作为管理人员一定要深入到基层,通过对现场的观察,发现需要解决的问题,以及规定与实际情况不相吻合的问题,这样才能不断地改进工作。

2.服务工作一定要从实际出发,不断改进,优化流程。同时关注效果,只有持续创新,酒店才有竞争力。

3.管理的一半是沟通。发现问题首先需要的是沟通交流,听取他人的意见和了解情况,作为上一级管理人员要注意倾听下级的意见,因为他们来自工作实践,有切身的体验,是最有发言权的。

4.上级管理人员要鼓励下级多提工作建议,要保护他们的积极性,即便提出的建议不够完善,也要给予肯定。

案例三　是"上火"还是"风寒"

【教学目的】

1.培养员工的服务意识。

2.学会发现服务的机会和感动客人的时机。

【案例回放】

11月15日,中餐厅首席服务员小南在芙蓉厅接受点菜时,发觉点菜的女士声音有点不对劲,于是她试探地问了一下:"这位女士,您是不是感冒了?"女士点点头回答说:"是啊,已经有两天了。"

"那您是上火了还是受了风寒?要是上火了,我就请厨师为您做一碗鸡蛋水,要是受了风寒,就为您做一碗姜丝茶。"小南接着问。

客人笑着说:"姑娘,看来你还很专业呀,我是上火了。"

"那请您稍等,我这就去为您准备鸡蛋水。"不多时,一碗煮好的鸡蛋水就送到了客人的手中,客人满意地连声夸赞酒店的服务好!

【案例点评】

小南在对客服务中能够及时发现客人的异常,并找到服务的切入点。

小南处理这类问题的经验丰富,在询问客人后能够选择正确的方法,而不是主观臆断,这就能够与客人的需要相吻合。

【对管理者的启迪】

要培训酒店服务人员在服务的过程中,注意观察在客人身上出现的一切不正常的表现的能力,通常这就是我们为客人提供关爱服务的机会,也是赢得客人赞誉的机会。

案例四　餐厅,吵闹的孩子们安静了

【教学目的】

1.学会掌控酒店客人的就餐环境。
2.学会安抚与家长一起来餐厅的小朋友们。

【案例回放】

10月2日,适逢国庆假期,自助餐厅不少散客在就餐,其中不乏带着孩子的家庭聚餐。餐厅内不少小孩子自来熟,不一会儿就聚在一起开始追逐打闹。服务员小郭看到此种情景,考虑到一是小孩子们追逐打闹会不安全,二是也影响其他客人就餐,可又不便与孩子的家长直接说,怕影响到家长们的就餐心情。

小郭灵机一动,招呼着小朋友说:"小朋友,阿姨请你们吃好吃的水果好不好啊?"可小朋友们并不理会。于是,小郭就到厨房请后厨的师傅摆放了由各种水果组成的什锦果盘,还在上面插上了带有各种图案的牙签,端上来放在电视机前方的桌子上,一边招呼孩子们吃水果,一边将电视频道调到动画频道,孩子们看到了这精美的水果盘,又看到了电视里的动画片,立刻就安静下来。

刚才还有很多就餐的客人因为孩子们嬉笑打闹而心烦呢,看到孩子们突然安静了,心情也爽快了很多,伸出大拇指表扬服务员小郭有办法。

【案例点评】

酒店要根据不同客人的特点,提供有针对性的服务。在酒店,特别是度假型酒店,孩子们与家长进入酒店消费已经不足为奇了。服务好客人的孩子,也会赢得孩子的家长,也是赢得市场。目前,很多酒店还设有孩子们专门的活动场地,准备了孩子们用的餐具,这是很好的做法。

对小孩子的服务要讲究方式方法,要了解孩子们的特点,生硬的方法不仅孩子不会接受,孩子的家长也会反感。

小郭在此事的处理上发挥了心智,既考虑到就餐客人家长的感受,又考虑到其他客人的感受。她根据孩子们都喜欢看动画片的特点,很机智地安抚了孩子。

酒店后厨房能够积极配合,根据前台服务人员提出的客人需要积极提供方便,体现了服务的整体性和客人第一的思想。

【对管理者的启迪】

1.餐厅管理人员和服务人员要学会掌控客人的就餐环境,对特殊的客人要采用特殊的服务方式,这样才能收到好的效果。

2.酒店各部门、岗位要积极配合,二线部门为一线部门服务、一线部门为客人服务。

3.酒店要根据不同客人的特点,提供有针对性的服务。

PART 2　反面案例

案例一　这个婚宴大单是怎么丢掉的

【教学目的】

1.认识到每一位员工都代表着酒店的形象,其一言一行都关系到酒店的声誉。

2.通过本案例再次让学生明白"100-1=0",甚至"100-1<0"的道理。

【案例回放】

一位朋友的儿子准备在国庆节这天结婚,想在当地选一家四星级酒店举办婚宴。因得知笔者与当地酒店关系甚密,于是早在国庆节的半年前就向我咨询:在当地三家四星级酒店中,选哪家举办婚宴为好?

我一时难以回答。办婚宴是人家一生中的大事,万一我推荐的这家酒店到时办不好,岂不怪罪于我? 我只好这样回答:请你们到三家酒店实地考察一下,感觉哪一家合适,若遇到预订上的困难再找我出面解决。

我这位朋友的儿子和准媳妇十分慎重地考察了这三家酒店,最后向我"汇报":

甲酒店能容纳 30 桌酒席的大宴会厅已被预订,只能作罢;

乙酒店大宴会厅虽然未被预订且服务费比率不高,但鉴于宴会预订部工作人员服务态度不好,决定不作为选择对象;

而丙酒店大宴会厅未被预订,但开出的服务费比率偏高,能否出面说情、价格调低一些? 如果可以,就选定丙酒店了。

后来在我的"调停"下,丙酒店同意调低服务费比率,我朋友的儿子高高兴兴地与丙酒店签订了婚宴协议并缴纳了定金。

出于职业的敏感,我自然对乙酒店被他们否定的原因产生了关注,因为在我的心目中,乙酒店举办婚宴在本地历来有很高的知名度。不承想,他们向我叙述的原因竟然如此简单:"坐在大堂的宴会预订处大班桌后面的那位经理态度傲慢,当要求她带路看宴会场地时,她头一扬:'你们自己去看吧。'那时午餐营业已结束,到处关着门,又是黑灯瞎火的,我们转悠了好一会儿还是没找到宴会大厅。最后,我们认定这家酒店的经理工作态度尚且如此,想必婚宴的服务水准也不咋样,于是断然排除了选择这家酒店的想法。"

出于对乙酒店的关心,我还是寻机将此事告知了该酒店高层领导,并希望他们对此问题引起重视。

【案例点评】

因为一个宴会预订部工作人员的不负责任,导致本唾手可得的一笔宴会收入付诸东流。

也许有人会说:国庆节结婚的人多哩,这一对准新郎新娘不满意,总还会有其他新人要在这家酒店举办婚宴。总之,不会有任何的损失。我想,说这种话的人,也许只是想到营业额方面不会有何损失,但不知是否想过,比营业额更重要的声誉、形象却因此而受损? 要知道,一旦酒店失去声誉、形象下降,由此而产生的经济损失将是多么巨大! 这也正是为什么将"声誉"看作管理六大资源(人力、财力、物力、信息、时间和声誉)之一的原因。

据笔者所知,本案例乙酒店历来将餐饮部视为该酒店主要收入部门,十分重视菜肴出品质量。其厨师队伍力量雄厚,曾多次在省内外甚至中央电视台举办的重大烹饪比赛中获得金奖、银奖,但要知道,金杯、银杯不如老百姓的口碑。而这口碑不完全是因为菜肴质量,还来自顾客(主要是当地消费者)对餐饮服务质量的评价,其中当然也包括对酒店员工服务态度的评价。

失去一次顾客对你的选择不可怕,可怕的是失去十个、百个乃至更多的顾客对你的选择!

【对管理者的启迪】

1.本案例又一次验证了"100-1＝0"的说法。

2.管理人员要对员工灌输"100-1＝0""100-1<0"的意识。

3.管理人员要经常实行"走动管理",尤其对面客的员工更是要经常进行现场督导,因为领导在与不在,员工的表现还是有差距的。

4.声誉是酒店的资产,管理人员必须把声誉作为重要资源来抓,既要创造声誉,又要维护声誉。

案例二　迟到的茶杯

【教学目的】

1.认识基层管理人员现场督导的重要性和技巧。

2.懂得管理人员进行现场督导或检查的同时,还有"补位"这一重要职责。

【案例回放】

有一次,笔者被外地某酒店请去讲课。抵店后的第一餐,总经理领着几位部门经理为我接风,自然我就被请到了主宾的座位上。

也许是餐饮部经理为了慎重起见,特意安排了一位主管督阵,并配合盯桌员服务。

坐在主人位的总经理把每位在座的部门经理一一介绍给我。正在这时,盯桌员已经开始上巾服务了。但我注意到,盯桌员为第一位服务对象送上小毛巾的不是我这位主宾,而是坐在我左边作为主人的总经理,然后顺时针方向一一派送。我自然就要看一眼站在工作台前面的那位穿着黑西服斑马裙的女主管有何反应。主管见我注意到她,只是礼貌地对我微微一笑,没有其他任何表现。我心想,也许这家酒店原先所定的上巾服务规范就是从主人位开始的。

当盯桌员第二轮上茶服务开始后,更确定了我前面的想法,因为盯桌员上茶的第一位客人仍然是主人位!我再一次看了一眼依然站在原位的主管。这时主管大概从我诧异的目光中感觉到什么,她急速地扫了一眼桌面。也许她这时已发现我餐位上没有茶杯吧,就急匆匆地走向已转到陪同位的盯桌员身边,对其耳语了一阵。只见盯桌员顿时面红耳赤、不知所措。

少顷,盯桌员回过神来,才急忙为我补了茶杯。

可是,它着实是个迟到的茶杯。

【案例点评】

盯桌员在主管的耳提面命之下,纠正了不规范的操作程序,说明现场的督导十分重要。不过,本案例的督导表现是否还有值得评论的地方? 我想是有的,起码有三:

第一,总经理接待客人的宴会应算是有一定规格的了,然而从该盯桌员暴露出的问题看,说明该餐厅管理人员平常对服务规范要求不严、督导不力,以致在关键时刻露馅。

第二,现场督导是十分重要的,但也要掌握好指导的时机和技巧。比如本案例中主管应当在盯桌员的服务间歇,或背向客人或在包厢外对其面授机宜。这样,服务员既容易接受,同时也留有面子。当然,管理人员事后并不能就此罢休,对此问题还要在班后会或班前会与其他员工就事不就人地展开讨论,必要时还须进行短训,用现在的话说叫信息共享。

第三,现场指导固然重要,但更重要的恐怕还比不上赶在客人察觉之前,亲自上前先把问题解决掉。所以对现场管理人员(包括中层或高层管理人员)而言,就有一个现场补位的职责问题(注意,我是把补位作为现场管理人员职责看的)。例如,本案例中的主管既然发现了问题,她首先要做的应当是立即从服务员的托盘上取出一个茶杯,或在工作台上找到备用茶杯,然后亲自送到主宾位上。至于指导,那该是后面伺机进行的事了。

【对管理者的启迪】

1.对各岗位要制订科学的服务规范,并进行严格的培训。

2.管理人员要有现场补位意识。

3.管理人员要注意督导的艺术。

案例三 "过度服务"与"无干扰服务"

【教学目的】

1.认识"干扰式服务"和"过度服务"。

2.对客服务中要注意"干扰式服务",避免"过度服务"。

【案例回放】

一天中午,我独自坐在某酒店中餐厅的一个角落用餐。

中午来酒店吃饭的客人不多,零零落落分散于大厅各处。不一会儿,有一对男女在我附近的一张餐台坐下。根据他们的年龄差距和暧昧神态,一看便知他们是属于那种"非常"关系的一对。他们似乎久别重逢,一落座便交头接耳说起了悄悄话。

负责这个区域的女服务员刚为我上完一道菜,便匆匆赶到他们身边,又是上毛巾又是上茶水、又是请客人点菜又是上酒水。在服务员忙碌的这一阵里,他们谈话终止了,看来他们是不愿意让外人听见他们的谈话内容。

当服务员离开他们的餐台去招呼其他客人时,这一对客人又开始交头接耳了。我为了不让他们感觉到我对他们有何干扰,知趣地换了一个背向他们的位置,吃我自己的饭了。

明明刚才还是绵绵不绝于耳的喁喁私语,怎么突然就没了声音?我不免狐疑,好奇心促使我转头向他们那一桌望去:原来,那位尽职尽责的服务员大概铭记上司的教导——闲来无事时要伫立于客人身旁,随时听候客人吩咐吧。只见她两手交叠,自然下垂于腹前,近距离地站立于那一对客人的桌旁,而且两眼直愣愣地盯着他们。

我见此情状,立即举手招呼服务员过来。服务员弯身问我有什么事需要帮忙,我倒也真与这位服务员"交头接耳"了一回,说:"你没看见人家好不容易会一次面,你在旁边当电灯泡呀?你是不是希望他们下次不来用餐了?"好在这位服务员马上领会了我的意思,投我一笑,然后走到了她自己的工作台前,站到了她该站的地方,用眼睛余光照顾她所负责领域内的客人。

我附近那桌的那一对客人显然轻松多了,马上又说又笑起来。

【案例点评】

有人戏说过去的服务是"动物式服务",服务员把饭菜端上桌扭头便走,如同"喂猫喂狗"。以后倡导把客人看作上帝,而有人却理解成客人即皇帝,于是便有了"帝王般服务",服务员紧紧围绕在客人身边,怕服务不周,当心出什么差错,真是如履薄冰,战战兢兢。其实客人却感觉十分不自在,如芒在背、如坐针毡,我们把这种服务称作"干扰式服务"。

本案例这一对客人正是遇到了服务员的干扰服务,害得人家悄悄话不敢说,更别说有什么亲昵之举了,就是那审视的目光,已足够让人家尴尬异常了。

从对客人不理不睬到对客人无微不至的关怀是一大进步,客人自然高兴。但凡事都要有一个度,服务也不例外。一旦到了人家觉得多余、觉得烦心、觉得是一种干扰的时候,这种服务就不是优质的了。

干扰,有时间、空间上的干扰,有语言、动作方面的干扰,甚至还有目光的干扰。可以说本案例的服务员是在不适当的空间向客人投以不适当的目光。我想假如那位服务员还执迷不悟地继续站在人家身边不走,那一对客人下次约会的地点,肯定不会选择这家餐厅了。也就是说,干扰服务成了这一对客人不再光顾这家餐厅的主要原因。

可见,客人选择餐厅,未必都是因为菜肴本身,环境、氛围甚至是否有干扰服务都成了客人考虑的因素。若不对这位服务员灌输"无干扰服务"的意识,也许她始终不会明白人家为什么不再光顾餐厅的理由——因为客人不会为此而投诉!

要想为客人提供优质服务,还应当站在客人角度去思考问题,设身处地揣摩客人需要什么样的服务。不同类型的客人,在不同场合、时间里,在不同情况下,其服务要求都是不一样的。这位服务员的"体贴"服务对于行动不便、眼花耳背的老年顾客来说,绝对受欢迎,而用到这一对"非常"关系客人的身上,却绝对是一种干扰,是一种错误。从"个性化服务"的另一个角度说,这就是差别所在——前者要求更多的是贴身服务,而后者更重要的是希望得到无干扰服务。

【对管理者的启迪】

1.正确理解酒店服务意识,不为客人提供"过度服务"或"干扰式服务"。
2.在现场管理中,注意纠正"干扰式服务"或"过度服务"的现象。

案例四 "火星"事件

【教学目的】

1.认识入职培训的重要性。
2.认识到为新手及时补位,是一种言传身教的培训。

【案例回放】

一天,笔者在异地做客,与几位朋友去一家在当地闻名的星级酒店自助餐厅用餐。菜台上除了部分是已加工好的熟食品外,还有一部分是生食品材料,需要火锅烧煮。也许客人自己选菜、自己动手往火锅下料也算是一种乐趣吧,大家吃得既忙乎亦乐乎。

吃过一阵儿,火锅的酒精炉火苗小了下来,显然炉中的固体酒精所剩无几。我们几位中的唯一女性冯小姐向站在远处的一位服务员招手,并扯开嗓门:"服务员,酒精没了!"

不一会儿,这位服务员带来一个装着固体酒精的小铁罐。也许是她急于完成任务,也许是不知操作规范,她并没有取出原来炉中还有火苗的装酒精铁罐,就将固体酒精直接倒入炉中罐里。只见一团火焰往上蹿,火星四溅,吓得我们几位急往后躲。其中一颗较大的火星不偏不倚飞落在冯小姐头上。冯小姐被灼痛得哇哇大叫,并不断地用手拍打着自己的头。冯小姐怒不可遏,大声喊叫:"领班,过来!"

领班急匆匆赶到,脱口而出的第一句话是:"对不起,这位服务员是新来的,工作还不熟悉,请你们原谅她……"领班的话还没说完,就被我们中的一位先生打断:"你为什么不先问一下客人有没有被烫伤?"

接下来又是经理接受投诉,又是领班、服务员赔礼道歉。本来气氛不错的一顿饭,被这突如其来的"火星"事件搅得吃兴全无。

【案例点评】

"服务员是新来的,请原谅",这句话经常被督导人员用来搪塞客人投诉,甚至有的酒店还在实习生胸牌上的"实习生"三个大字下方印上"照顾不周请原谅"一行小字。其实,客人如果得不到正常或满意的服务,并不会原谅你,因为他花钱买的是无差错服务。

若按领班所说该服务员是新来的,那么显然是新手没有培训到位,即让之仓促上阵独立操作,有欠妥当。正确的做法应当是先让该服务员干一些容易的事,如整理菜台、收盘换碟等。

即使让新手逐步干一些难度大的工作,也应当由领班或老员工跟进观察,随时补位,一旦发现如同本案例现象即上前纠正,比如立即制止该服务员往尚存火苗的小铁罐直接添加酒精;并以自己行动示范,如先退出原有酒精罐换上新的再点火,或将原有罐中火苗熄灭再添上新的酒精。总之,领班在现场管理中,很大一部分精力必须放在密切观察新手操作,并随时做好补位之上。当下员工流动频繁,新手增多,督导带班和补位就显得尤为重要。

【对管理者的启迪】

1.遵循新手必须"先培训后上岗"以及"考核过关再上岗"的原则。

2.现场管理人员注意为新手带班、督导和补位。一旦客人有不满,首先对客人予以关心和解决客人问题,绝不可以使用"员工是新来的"托词搪塞。

案例五 这条鱼熟了吗

【教学目的】

1.了解作为一名职业经理人应当具备的素质。

2.让学生知道,职业经理人的素质中首先必须具备正确的职业意识。其中"客人永远是对的""顾客与酒店是双赢关系"的意识又最为根本。

【案例回放】

"这条鱼熟了吗?"汤先生用筷子拨了一下刚端上桌的清蒸石斑鱼,发现鱼肉和鱼骨头粘连得很紧,于是发出这样的疑问。

同一桌的客人相继动筷,同样夹不起鱼肉,大家都认为这条鱼确实没有蒸熟。

汤先生立即叫来服务员:"小姐,鱼还没有熟,拿下去再处理一下。"服务员小邵倒是手脚麻利,立即将鱼撤下。

不一会儿,穿黑制服的男主管小董走了过来,身后跟着刚才把鱼端下去的服务员。"请问,是谁说鱼不熟的?"董主管扫了大家一眼问道。

"我们都认为鱼还没有熟。"大家异口同声,接下来一阵沉寂。

还是刚才首先提出鱼不熟的汤先生问道:"鱼处理好了吗?"

董主管似乎找到说话的对象了,立即面向汤先生说道:"请您过来一下好吗?"说完便叫服务员将刚才端走的鱼盘放到工作台上。汤先生不解其意,随董主管指引来到工作台边。

董主管一边用筷子拨动着鱼身一边说:"这鱼蒸熟的程度刚刚好,如果再蒸下去鱼肉就老了,不好吃了。刚才问过厨师,厨师说蒸到这个程度的鱼肉是最嫩的。请您看一看这鱼肉。"董主管煞是认真,当他拨动鱼身时,他的脸凑近了鱼盘继续说道:"您看,这鱼肉有光泽,说明熟了,请您尝尝这一块。"董主管自顾自地一边说着一边如同化学老师给学生上实验课,仔细地操筷演示着。

这时汤先生注意到这位主管口无遮拦喋喋不休,可以想象他的唾沫星子直往鱼盘里喷放!汤先生顿时一阵恶心,终于忍无可忍,愤怒地说道:"这鱼就算熟了,我们也不要了!"

"为什么?"董主管眨着眼睛不解地问。

"为什么,你自己想想!"汤先生气得不想再作解释,脸色极为难看地回到座位上。

还是服务员小邵乖巧,赶紧拉了拉董主管的衣角,暗示他不要再说下去了。董主管也许是出于对工作的负责考虑,还是走到汤先生身边,一脸诚恳地说道:"对不起,如果我有什么做得不对,请您批评好吗?"

"你刚才不断往盘里喷放特殊味精,这鱼还能吃吗?"汤先生一句话引起哄堂大笑,让这位主管顿时满脸通红。最后董主管恼羞成怒地扔下一句话:"你们这是无理取闹!"然后气呼呼地离开了餐厅。服务员小邵也赶紧将鱼端走。

一场风波看来是平息了,谁承想到当他们买单时却发现这道菜还是被算了钱,理由是客人已动过筷子。这下餐厅里又掀起一阵波澜。虽然最后这道菜不再收费,但这几位客人表示今后再也不来这里吃饭了。

【案例点评】

这家酒店的餐厅主管小董犯了两个低级错误:

其一,忘记了"客人总是对的"这句服务业的至理名言。在服务行业,流行着一种理念:客人总是对的。这是被誉为"现代饭店管理之父"的斯塔特勒先生首先提出来的,并得到全球服务业的普遍认可。而小董没有记住这一点,却振振有词地辩解,而且在申辩过程中,极不注意自己的举止,竟将客人食物随意搅动,还唾沫飞溅。董主管这时说得再有道理,客人已被其所作所为惹恼,怎么可能再接受这道菜呢?

其二,既然这道菜已撤走,怎么可以再向客人收这道菜的钱呢?难怪客人表示不再光顾。想让酒店一时的利益不受损失,却因为处理不当吓跑这批顾客,今后的损失则更大。

对这道鱼怎么处理?只能按客人说的意见办:撤下去继续加工。由于是客人自己提出再处理的要求,即使到时鱼肉可能不会那么嫩,想必客人也会接受。退一步说,即便这道鱼本身没有问题,而是客人充内行、要面子,也要让客人成为"胜利者",绝无与客人"较真"的必要。这道鱼撤下去稍做加工,只要让客人感觉有处理过了,客人十有八九不会再跟你过不去。本案例董主管与客人较真,就意味着客人不对,客人面子往哪儿搁?越是要与客人辩谁是谁非,越不利于问题的解决。

顶撞、申辩,往往成了某些服务员甚至是管理人员对客人投诉的一种自然反应。这也许是出于习惯,也许是出于自我保护,但说到底还是因为缺乏最起码的"客人永远是对的"这种基本职业意识。有的人好像不顶撞、不申辩心里就不舒服。要知道,在客人投诉的情况下,即使我们申辩"有理",心里舒服了,而客人心里却不舒服了。客人的不舒服导致不再光顾,最终不舒服的还是酒店自己。董主管图一时说个明白、图一时利益不受损失,最终只落得把客人得罪了,赔了钱又损了酒店声誉。

如果说"客人永远是对的"是酒店从业人员起码应具有的职业意识,那么"顾客与酒店是双赢关系"也应当成为处理顾客投诉时应有的一种职业意识。和为贵,和气生财,这是老祖宗早就告诉我们的道理。让客人对菜肴、对服务称心如意,就是投诉也是赢家,酒店还怕不能从客人口袋里掏出钱来吗?

有人对职业经理人的特征做了很好的归纳,认为一名职业经理人应具有职业素养、职业眼光、职业习惯、职业精神和职业声誉5个方面的特征。我认为，是否还可以加上一个方面：职业意识，而且职业意识应当成为首要的特征。这是因为前述所有的特征，只有在正确的职业意识引导下，才更能显出其专业特点，水平也更高。而所有的职业意识中，"客人永远是对的""顾客与酒店是双赢关系"的意识又最为根本。

【对管理者的启迪】

1.酒店员工必须牢记"客人总是对的"的服务理念，特别是餐厅员工更应如此。有时，客人"指鹿为马"，员工（包括服务员和管理人员）要认"鹿"为马。

2.职业经理人应当具备职业意识、职业素养、职业眼光、职业习惯、职业精神和职业声誉等6个方面的特征，其中职业意识尤为重要。

3.为使自己成为一名成熟的职业经理人，必须经过职业意识、职业素养、职业眼光、职业习惯、职业精神和职业声誉等方面的"养成教育"。

案例六　"超常"服务的风险

【教学目的】

1.让学生懂得，超常服务也要讲一个"度"。客人若提出充满风险的超常服务要求，酒店可以婉言拒绝。

2.有的服务虽有风险，但如果可以想办法规避风险解决，应当满足其要求。

【案例回放】

超常服务是指超过常规内容或标准的服务，提供超常服务是为了使顾客对酒店的服务更加满意。应当说，酒店在力所能及的情况下为客人提供超常服务是一件很好的事情。然而，曾听到两则本属超常的服务，但笔者认为是充满风险而不可取的例子。

案例1：餐厅为客人保管挎包

某酒店的自助餐厅生意火爆，来这里就餐的多半是当地居民，附近写字楼的高级白领也是这个餐厅的常客。因此，顾客与服务员之间彼此相熟并不奇怪。

一天中午，一位经常光顾本餐厅的某公司年轻女宾，独自一人匆匆来到餐厅，好不容易找到一个空位。为了取菜方便，她像往常一样将随身携带的挎包交给已十分熟悉的某位餐厅领班，这位领班一如往常将这个挎包放进了工作台下方的柜子里，顺手将柜门拉上。

这一幕被坐在附近的一位中年女宾看在眼里。没过一会儿，这位中年女宾趁巡台的服务员转身走开，迅速走向工作台，俯身拉开柜门，取出挎包，然后用自己的外套披在执包的手腕上，径直走向收银台买单后快速离开。

当那位寄包的年轻女宾结束午餐，领班去柜子里取包准备交还时，才发现柜门打开，挎包已不见踪影。虽然挎包里没有什么值钱的东西，但仅是挎包本身就价值不菲。尽管这位寄包的女宾面对一脸愧疚的领班嘴里一直说算了，但从她脸色可以看出，她心里肯定十分沮丧，并且对该餐厅的安全期望值降到了冰点。

案例 2：为客人加工自带食材

某酒店由于地处偏僻，中餐厅的营业状况历来不好，午餐生意更是清淡。有一天中午，某房地产公司要在本餐厅订餐请客，大家自然十分高兴。不过，该公司提出一个要求，其中一道菜的食材由他们自己提供，请厨房代为加工。宴会预订部考虑到该公司是本酒店协议客户，加之厨房不忙，何况这种超常服务不失为取悦客户之举，于是非常爽快地答应了。

当厨房收到该公司工作人员送来的食材——一只不知名的类似山鸡的野生动物时，厨师犹豫了，因为他以前并没有加工过这类食材，担心加工不好便予以拒绝。得知情况的宴会部经理以为厨师怕麻烦不愿意加工，于是做了许多思想工作，厨师最终完成了加工。后来客人不但认可了这道菜，还为此表示感谢，经理们也为这次接待成功而感到高兴。

后来，餐饮总监以此作为成功的超常服务例子，向笔者做了介绍，然而我并不苟同。

【案例点评】

就案例 1 来说，餐厅因受条件限制，不可能像前厅总台那样，有严谨的贵重物品存取手续，有专用的保险箱，所以餐厅收留客人物品极具风险，因此也尚无餐厅为客人保管财物的服务规范。该餐厅接受客人寄包，显然属于超常服务范围，但笔者并不赞成餐厅为客人提供这样充满风险的超常服务。

那么，餐厅遇到客人要寄存挎包之类物品时，该怎么办呢？笔者建议通过以下两个途径解决：

一是餐厅备有"椅背套"，可以用之罩住客人披在椅背上的外衣，而且"椅背套"靠座位一面还有一个装有拉链的口袋，便于客人搁放小包，这样相对提高了客人财物的安全系数。

二是对个别携带有贵重物品的就餐者，可以协助其到前厅总台办理寄存手续，那么在餐台的告示牌上应加上一条："若有贵重物品需寄存，请联系管理人员办理寄存手续。"当然，这要求服务员提高警惕，加强巡视，也是保证客人财物安全所必不可少的方法之一。

从案例 2 来看，该酒店厨房虽然在生产不紧张的情况下为客人加工自带食材，看似在做好事，其实此举可能隐藏着以下两大风险：

第一，疑似山鸡的野生动物是否为国家明令禁捕的保护动物，我们缺乏辨别能力，倘若加工的是野生保护动物，显然酒店要承担部分责任。

第二，即便所加工食材为非保护动物，假如食材已变质或带有疾病传染源，食后中毒或引发传染病，追究起来，酒店自然也脱不了干系。

由此，笔者不赞同该酒店中餐厅这种充满风险的超常服务，今后遇到类似情况还是予以婉言拒绝为好。

顺便提出，除了拒绝有风险的超常服务之外，笔者不提倡为客人提供超越成本限制的超常服务。换言之，客人的满意也要讲一个"度"。

【对管理者的启迪】

1.有风险的服务，酒店应坚决不做。有的服务虽然有风险，但可以想办法规避风险解决的，应当予以满足。

2.延伸开去，某种定位下的酒店，只能去做成本付出所允许的超常服务。客人的满意也应有一个"度",一般情况下酒店不做无限制的超常服务。

8.2　厨房管理案例

PART 1　正面案例

案例一　感谢微信:"雪山包"又改进了

【教学目的】

1.培养虚心好学的精神。

2.在互联网时代,要学会资源的开发与利用。

【案例回放】

酒店点心间的雪山包一直受到客人的好评,雪山包是工作人员在参加"常州美食节"学习到的。雪山包又酥又白,很受客人欢迎。

有一次常州同行酒店来参观厨房,出品部负责人陈梅娟和其中一位点心师傅相互交流,并添加了微信。有一天那位师傅在微信中发了几张雪山包和菠萝包的照片,小陈看了就马上询问他雪山包面糊的配比,他也很热心,很快拍了他的笔记本配方给小陈。小陈看了他所用的原料比自己用的好,是广东点心的配方,试做了一下,确实好,这样也提升了自己的专业水平。

【案例点评】

餐饮部的出品质量是决定酒店餐饮收入的根本要素,酒店餐饮部必须不断推陈出新,确保出品质量,满足客人需求。出品部负责人陈梅娟,具有很强的学习意识和质量意识,她不放过每一次学习的机会,使自己的专业水平不断提升,这种精神很值得提倡。

【对管理者的启迪】

1.管理人员要时刻关注酒店的产品、关注市场、关注客人,客人对产品的认知决定我们未来产品创新的方向。

2.互联网时代,微信朋友圈也是学习的平台,如果把握到位,可以了解很多有用的信息,可以在学习的平台中提升自己,提高产品品质。

3.创新是一个永恒的主题,酒店及酒店管理人员要创造条件,鼓励员工不断地创新,这对于那些常客尤为重要,可以使他们感觉到酒店常来常新。

4.要帮助员工树立学习意识,特别是在科技发达的今天,各种不同的食材不断出现,各种科技手段不断应用,一定要注意引进采用。

5.要加强行业间的交流,不断整合这些资源,抓住一切学习的机会,这样会收到事半功倍的效果。

案例二　机器人会代替酒店厨师吗

【教学目的】

1.深刻感受智能化发展在酒店各个部门的实际应用。

2.认识新技术对酒店经营管理的影响。

【案例回放】

小蔡是这个南国城市五星级酒店的餐饮部经理,因为职业和年龄的缘故,他的老总经常会拿她开玩笑,说:"这个事交给我们小蔡就行了,那是小菜一碟呀。"这天,小蔡看到微信群里发来一则酒店用机器人厨师做菜的新闻,出于职业敏感,小蔡一口气把它看完了:

宝鸡一酒店厨房内,机器人大厨大展身手烹制美味,一旁的厨师长惠少锋静候端菜。据了解,该酒店近日引进多位机器人大厨进入厨房,将原来全靠厨师烹炒煎炸的菜系全交给机器人大厨,不仅省时省力,而且环保节约。

操作人员在电脑前轻轻按下操作键,"机器人大厨"随即开始熟练地操作,由于所有的原料、配料、调味品都是标准化投放,整个炒菜过程中火候精准、翻炒均匀,"机器人大厨"自动注水、加油、勾芡,3分钟后一道美味的湘味菜花就轻松出锅,一旁的观众惊叹不已。

"我们只需要提前准备好配料等物品,按下开始键就可以了,八大菜系 2 000 余种菜机器人全部可做。"据惠少锋介绍,自从酒店引进这些机器人大厨后,做菜的效率提高了许多。"前两天接待了一场婚宴,共 35 桌,每道菜比以前节省一二十分钟呢。"惠少锋说。

据酒店总经理介绍,此次酒店斥资 300 余万元,一次性引进了 3 种系列共 8 台智能炒菜机器人,这在西北地区酒店行业尚属首家。这让宝鸡居民近距离体验到高科技带来的便利,也让后厨从体力劳动中解放出来,能够更专注地进行菜品研发。

小蔡还想起,前不久去浙江工商大学听酒店管理方面的讲座,中午吃饭的时候,那位大学的老师朋友,请她吃了一碗机器人做的刀削面。

原来,浙江工商大学食堂为了吸引学生多在学校食堂就餐,原本可以请一个做麻辣烫和刀削面的厨师,结果,出于成本考虑选择了刀削面机器人。该学校的餐饮管理部谢主任介绍说,自从有了它,食堂面档的生意火爆不少,每天用掉的面粉约有80斤,一斤面做3碗,算下来一天最少能卖200碗刀削面。

小蔡经理是个爱思考的女孩:能否把"机器人"也引入自己的酒店呢? 小蔡心想,这样不仅可以提高工作效率,保证出品质量,还会产生广告效应呢。想到这里,她准备向酒店总经理提出建议。

【案例点评】

新技术已渗透到各个行业和各个领域,酒店也不例外,前厅部、客房部和餐饮部都可以使用。把"机器人"引入酒店,不仅可以提高工作效率,保证出品质量,还会产生广告效应。小蔡敏锐地发现和感觉到新技术可能对酒店产生的影响,向酒店管理层提出将机器人引入酒店的建议,值得点赞。

【对管理者的启迪】

1.酒店未来的机会在人工智能。酒店要将机器人与员工混合使用,降低人员的重复劳动,提高客人的体验度和酒店工作效率,进而提高酒店竞争力。

2.未来的智慧酒店必然依托物联网领域的创新,将会综合利用新一代信息技术创造出更高效、舒适、安全、便捷的智能酒店生态圈。

PART 2　反面案例

案例一　"太平燕"里无"太平"

【教学目的】

1.使学生懂得服务或出品必须遵循规定的程序,不漏环节地进行。

2.各环节的岗位必须尽职尽责地完成属于自己的内容,并注意关键环节的关键细节无一遗漏。

【案例回放】

福州某一高档酒店宴会大厅,一场婚宴正在进行。

在本地婚宴中一道必不可少的重头菜——"太平燕"上桌之后,突然在大厅里响起了一阵嗡嗡的议论声,而且声音越来越大。

怎么回事?新郎家里的一位亲戚,也是举办这场婚宴的主持人刘先生感到十分诧异。他立即放下陪同新郎新娘逐桌向来宾敬酒的任务,转而探究是什么原因引起客人一阵骚动。有人紧张地告诉他:"太平燕"这道菜缺少了"太平"——鸭蛋!

为什么这道菜中少了鸭蛋,就使得宴会气氛突然有变呢?这还得从"太平燕"这道菜的"典故"说起。

"太平燕"中的主要食料是"扁肉燕",犹如北方的馄饨,只不过包住肉馅的皮是用瘦肉经木棒捶打成肉茸,再掺上番薯粉揉匀擀成。这种薄如纸片的肉皮包住肉馅的馄饨,因形似飞燕,故在当地俗称扁肉燕。早年这一地区沿海一带坐船出海去南洋谋生者众,乡亲为去海外谋生者饯行时,往往都要煮一道以扁肉燕为主料的汤菜。为了让出海的亲人一路平安,便在煮扁肉燕时除了辅以腐竹、香菇等辅料外,还要特意加入剥了壳的鸭蛋。鸭蛋在本地方言中与"压浪"谐音,意为吃下加入鸭蛋的这道汤菜,即能保佑亲人出海谋生太平吉祥。因此,这道菜又称"太平燕"。后日久成俗,逢年过节或遇上红白喜事,凡设宴都必有加入鸭蛋的太平燕这道汤菜。在本地区婚宴中,当端上这道汤菜时还特意燃放鞭炮,以示隆重。

今天,新郎家的婚宴主持人刘先生得知"太平燕"中居然没有"太平"(鸭蛋),这岂不预示将来不祥?刘先生极为生气甚至愤怒,他立即找到餐厅经理强烈投诉。

餐厅吴经理到场查实后也感到事态严重,必须立即采取补救措施。但是,这时若在已上桌的这道菜中补加鸭蛋恐有不妥,只好当即表示免去太平燕这道菜的菜金。

这道菜由于在当地婚宴习俗中地位显著,而酒店一方竟然不当一回事,岂是免一道菜金就能够摆平的?情绪激动的刘先生坚决不予答应,声称:全部宴会费用要等一年后再考虑是否结算,并表示新婚夫妇在一年内若发生不吉利事件,则不买这个单!

酒店为了避免这场婚宴的 20 多万元营业款受到损失,在婚宴后的数天里,动员了许多力量,通过多种渠道,频繁地与新郎家人沟通协调,终以打折结账了事。

酒店因工作疏忽,这场婚宴几乎无利可赚,其教训不可谓不深刻。

【案例点评】

该酒店因一道重头菜的失误而白忙活了一场婚宴。其损失之大,恐怕不止于经济上的收入,更大的损失则是酒店的名声。

说起来确实难以原谅,"太平燕"本就因有"太平"(鸭蛋)而得名,如此重要的一道菜,如此重要的主料缺失,竟然可以"逃"过数关而无人发现!

酒店管理的诸多原则中,有一条叫"责任连带原则"。本案例看似直接责任人是厨房的"锅工""打荷"两个岗位,但与其密切相关的另两个岗位"荷头"和"砧板"显然负有连带责任。再延伸一下,厨师长甚至餐饮部经理该不该对此负责?当然脱不了干系,因为营业高峰时段,这些"重要人物"无疑必须人在现场、心在出品上把关！当然,再延伸开去,"太平燕"要经过的传菜口(俗称海关口)、传菜员、盯桌员以及餐厅领班等岗位,应当说也都负有参与菜肴出品把关的一定责任,至少像"太平燕"这道菜中没有"太平"而没有发现,实在说不过去。责任有连带,责任也有大小。只要相关岗位人人用心做事,都有可能把问题消灭在产品面客之前。

酒店出品、服务确实烦琐复杂,我们不能指望每一次出品、服务都绝无瑕疵。但我们没有理由对那些关键的部位、环节视而不见、听而不闻、察而不觉。本案例婚宴中,按当地风俗必上的"太平燕"应当说是关键产品,太平燕中的"太平"又是关键细节。这一关键所在的缺失,容易让人产生这家酒店餐饮部的生产线和服务线几近崩溃的联想,虽然以一次事件下结论不是科学的态度。

【对管理者的启迪】

1.酒店厨房和宴会经理对此事负有直接责任。

2.如此多的环节和岗位人员都可以防止而未能防止此事的发生,说明员工的责任意识和工作态度有问题。

3.狠抓关键、关注细节,永远是酒店稳定服务质量和提高管理水平的金科玉律。

4.应强化对员工责任意识和工作细节意识的培训。

案例二　是鸡蛋里"挑骨头"吗

【教学目的】

1.学生懂得产品质量的高与低,要看产品是否适合和满足客人的需要,既适合又满足才是质量高。

2.学生明白酒店产品的质量与员工的质量意识和工作态度有极大的关系。

3.管理人员对产品质量负有检查和督导责任。

【案例回放】

侨居美国的堂叔回乡祭祖,由笔者安排住进了当地一家国际品牌的五星级酒店。

第二天我去探望他,出于关心,问他住这家酒店感觉怎么样。没想到他没有正面回答,而是反问："这家酒店有五星级吗？"

我听后愕然，问道："怎么了？住得不舒服？要不要换一家酒店住？"

"换酒店倒是没必要，住得还是蛮舒服的。这家酒店客房设计不错，美国同一品牌酒店的客房还不一定比这好。只是西餐厅的早餐实在不敢恭维，感觉不到是五星级水平。"他说。

我与这家酒店的总经理是很好的朋友，出于对酒店的关心，自然希望听到堂叔的真话，于是我说："能不能说具体点？你知道，我的工作与酒店有关。"

"你也知道，鸡蛋几乎是每家酒店早餐都会有的食品，几乎每位客人出于营养要求也都会吃一个鸡蛋，而这家酒店的蛋品做得实在太差。"

我顿时来了兴趣，急不可耐地问他："怎么个差法？"

他见我认真起来，就接着说："有的人爱吃煮蛋，有的人爱吃煎蛋。而煎蛋又分单面煎和双面煎，我就爱吃单面煎。这家酒店餐厅的煎蛋明档位置见不到师傅，只是一个大盘里堆了一坨已经煎好的鸡蛋饼。不但全是双面煎，而且还不规整。我只好捡了一片，咬下去又冷又硬。好在我也是粗人出身，也就将就吃了。"

以前我都没有在这家酒店吃过早餐，不知道这种情况，听后深感意外，也不免有点愧疚，就对堂叔说："窥一斑而知全豹，看来这家酒店的中餐也好不到哪里去。这样吧，住还是住这里，吃就安排到附近的一家知名酒楼，你看怎么样？"

堂叔摆摆手说："没必要那么费事。如果你与这家酒店总经理是朋友，倒是可以向他反映这件事。我在国外以前也是开餐馆的，从一道哪怕很普通的菜，也可以看出一家餐馆的经营态度。我相信这家五星级酒店的厨师不可能煎不好蛋，而是工作态度不行。"

当天中午，我请堂叔就在住的这家酒店吃饭。刘总知道我在他的酒店请客，出于礼貌，特意来包厢敬酒聊天。我很自然地就把堂叔说的西餐厅鸡蛋出品的事告诉刘总，这时堂叔赶忙说道："刘总，我不好意思啊，我这真叫作鸡蛋里挑骨头啦。"

刘总谦虚地呵呵笑道："哪里，哪里。你说的对我们工作改进很有帮助，我要感谢你才是。"接下来，我还是出于职业习惯向刘总"说教"了一番。

【案例点评】

一枚小小的鸡蛋该如何加工，从中可以折射出经营和管理的问题。也许有人会说小题大做了吧，而我却不这么认为。

产品质量高与低，要看产品是否适合客人需要，同时还要看是否满足客人需要，既适合又满足才是质量高。虽然煮蛋、煎蛋适合了客人需要，但品种单调不能满足客人挑选的要求，煎出来的蛋不好吃也不好看，不能满足客人对食品品位的要求，就不能说蛋品质量是高的。倘若客人所需要的小小蛋品都做不好，还谈何"经营以市场为导向""服务以顾客为中心"？

营销理念之所以先进于促销思想，就在于你的出品是否懂得根据客人需求而预期性地用心设计、精心"智造"。高星级酒店提供粗制煎蛋，不但与其市场定位不相匹配，而且这种经营态度与现代营销思想实在相去甚远。

据笔者了解，该酒店这种事先加工一批煎蛋等客取用的做法由来已久，而且经常是早餐营业结束,煎蛋还剩不少,造成浪费。因此,从管理角度说,该酒店自上而下的管理层都应该思考自己是否有失职之嫌。拥有先进经营思想和丰富管理经验的总经理、餐饮总监以及餐厅经理,他们本该经常走动于早餐现场,难道对此都视而不见,或见了却察而不觉? 笔者认为,厨师长管理职责中最主要的有三条:管出品、管成本、管创新。作为菜肴生产直接责任人的厨师长,对菜肴的花色品种安排、加工方法设计以及出品质量把关等,更需要具有以需定产、以客为尊的思想,更应该费心尽力地决策督导。

【对管理者的启迪】

1.酒店提供产品或服务的质量高低,不但与操作层技能水平有关,还与其工作态度有关,而且与管理层的经营态度有关。

2.意识决定言行,态度决定高度。抓出品或服务质量,首先要抓员工的质量意识和工作态度。

3.厨师长是酒店厨房出品质量及餐饮成本的总监控者,本案例中暴露的问题首先是厨师长失职,其次餐厅经理以及餐饮总监等管理人员也负有检查和监督的责任。

本章案例讨论

客人要吃皇帝蟹

一天中午,某酒店中餐厅迎来一位经常在这里请客的附近某公司老板,老板声称今天要宴请几位外地来的贵宾,其中一道菜必须有当地著名的皇帝蟹。

由于皇帝蟹是一种稀罕的海鲜品种,价格昂贵,吃的人也少,所以该餐厅海鲜池平时不备有皇帝蟹,要吃都需要提前预订。

而今天这位老板临时带客人来吃饭,若是告知皇帝蟹无货可供,建议改换其他品种,想必老板也会给予谅解和接受。但是负责开单的领班并没有这么做,而是立即应承下来。

这位领班凭什么如此迅速承接这一任务呢? 原来,该酒店制度规定,凡是客人提出的服务要求遇到了问题,当事的基层管理人员(如领班、主管)可以有如下权力以应急完成这一临时出现的任务:

　　第一,如果需要相关岗位(哪怕是跨部门)配合才能完成的,这位领班或主管可以把有关人员视为"任务团队"的成员,允许对他们"发号施令",相关人员必须予以配合,其目的就是尽快满足客人的要求。

　　第二,给予一定的对客服务时所用的打折权、赠送权、部分免单权和自主(限额)采购权,目的是能够迅速处理与财务有关事宜,尽快解决客人问题。

　　这位领班有了这些权力,很快开好菜单,通知厨房"补货员"立即直奔附近海鲜市场购买皇帝蟹,并要求保证货品新鲜,无须再按平时那种"申购→询价→购买→验收"程序来。

　　采购到位后,立即投入加工,由于食材新鲜,厨师烹调技艺高超,服务员上菜、分菜、派菜技能娴熟,客人吃得满意,东道主挣足了面子,这位老板成为该酒店餐厅的常客就不足为奇了。

案例讨论:

如何评价这家酒店的服务和管理模式?

补充与提高

被告了一状的餐厅经理

　　今天北海天湖酒店餐饮部开周总结会,居然是张总亲自来总结。当经理把常规性的总结和指导讲完后,张总和大家讲了一个故事:

那是几个月前的一个晚上，在我们天湖酒店的中餐厅，有几位客人向餐厅经理询问："能不能协调一个6人包房，我们不想坐大厅，想安静地讨论些事情。"这位经理回答道："没有了，确实都订满了。"客人继续说："我们是附近公司的，是你们的挂账客户哦，经常来这儿吃饭，这是我们的老板，你看能不能找你们老总，或者你们部门经理协调一下？"谁知道这位餐厅经理回答："找谁都一样，没地方了。"结果，自然是客人走掉了。

听故事的餐厅员工都发出了叹息声。

"关键更伤心的是，这家公司从此后，再也不来我们酒店餐厅挂账消费了。这个故事，是我几天前，遇到那个公司的副总告诉我的。"

此时，所有的员工都默默地不说话了，那个餐厅经理，更是恨不得把头埋进椅子里去。

张总接着批评："其实，明明知道是附近的顾客，经常来吃饭，那么就是忠诚顾客，应该好好挽留。餐厅经理说的那句'找谁都一样'，不但落了那家公司老板的面子，还让忠诚顾客难堪，基本上下次再来吃饭也得要考虑一下了。顾客用脚投票是很容易的事情。那么，遇到这样的问题，应该怎么处理呢？其实并不难解决。首先当时小包房确实订满了，但是可能还有一间大包房没有预订，而且在那个时候，客人心理上是不愿再去寻找其他餐厅的，所以餐厅经理应该用温和的语言与顾客商量：'您看大包房还没有预订，座位很宽松，就餐更舒适，而且既然是经常光顾的老朋友，包间费就给您免了……'即便客人不愿坐大包房，餐厅经理也应该抱歉地讲：'您看，没能为您协调出包房，真的很抱歉，我送您一张名片，下次您需要就餐的时候，请提前给我一个电话，我一定为您提供满意的服务。'或者还可以请他们到外面大厅的桌子先喝茶，等有包厢出来后再给他们调剂。如果你是客人，你会选择体验哪种语言呢？绝对不会是'找谁都一样'吧！"

所有的员工都陷入了深思之中。

第 9 章
温泉康乐管理案例

9.1 户外温泉管理案例

PART 1 正面案例

《铿锵玫瑰》献女神

【教学目的】

学习如何利用节日进行度假村温泉区营销活动的设计与策划。

【案例回放】

2019年3月8日是国际妇女节,为了让来到碧水湾的每一位女士客人都能感受到节日的氛围,温泉康乐部李经理组织部门同事在温泉区开展三八节活动。

李经理将活动主题定为"缘在碧水湾,相遇女神节",联系美工涂经理制作主题海报,设计同系列的主题贺卡,在温泉区为女士送上女神专属贺卡,让客人感受到惊喜。

为给客人制造惊喜,何珊珊在贵宾的更衣柜进行布置;赵岩倒用鹅卵石在游泳池周边的草坪上布置"女神节快乐",供客人参观拍照;田春对中心舞台进行布置,将原有的心形拱门用气球装饰,烘托舞台美感。

李代军设计出"五个一"的活动。第一个"一"是送给女神的一首诗,通过何珊珊朗读《送给女神的一封信》开启活动的序幕;第二个"一"是送给女神的一首歌,李代军与湾畔乐队赵岩倒、李艾茸沟通,挑选了《铿锵玫瑰》这首歌献给全场女士,赞扬女性的坚强和伟大;第三个"一"是送给女神的一支花,对于参与活动的客人,都将由男神陈龙送上一支玫瑰花作为节日的祝福;第四个"一"是送给女神的一个游戏——手心相应,李代军作为游戏主持人,为参与的客人都送上精美礼品;第五个"一"是送给女神的一支舞,田春、张哲、田金秀、李叶到现场展示手语舞《三德歌》,表达碧水湾对客人的节日祝福。

当日的活动吸引了客人的热情参与,大家在碧水湾共同度过了开心的一天。

【案例点评】

优质服务是在标准化、规范化基础上的个性化、超常化、亲情化服务,优质服务也是能够让客人惊喜和感动,能够给客人留下美好而深刻印象的服务。温泉康乐部抓住节日机会,主动创新服务接待,用心设计各个环节,用氛围制造欢乐、用活动吸引客人,为顾客呈现出了一场有意义的节日策划。

亮点之一:集众人之力,将标准产品增加附加值,用优质的服务提高了顾客的体验感。

亮点之二:新颖而独特的"五个一",给了客人全新的感觉和体验,每一段回忆都值得珍视,每一段情感都值得赞扬。

在碧水湾这个团队,有着勇于拼搏、不断突破的优秀管理者,也有着热情主动、积极乐观的优秀员工,正是这些人,创造了一个又一个让客人传颂的故事。

【对管理者的启迪】

1.优质服务是优秀员工做出来的,优秀员工是优秀管理者培养出来的。

2.当我们的服务给客人留下美好而深刻的印象时,客人才愿意再次光临,才会主动把酒店推荐给亲朋好友,这就是服务创造价值,也是所谓的"帮助顾客赢,我们才能赢"。

3.度假村要利用节日进行营销活动的设计与策划,以便增加企业的曝光度,提升顾客的体验感。

PART 2　反面案例

温泉池惊现死老鼠

【教学目的】

1.认识温泉池管理的重要性,制度若有漏洞必须立即弥补,制度健全了就必须执行到位。

2.环节缺失,执行不力,都会导致问题发生。

【案例回放】

"泡某某酒店温泉,池中惊现死老鼠",这是某晚报一则报道的醒目标题。笔者看后非常震惊,因为该酒店是一家老酒店,其规章制度、管理团队相当健全,怎么可能出现如此糟糕的情况？带着疑问我往下看,下面是这则报道的内容:

本报讯:泡温泉本来是放松身心的游玩项目,可市民小陈昨日前往某某酒店泡温泉时,却玩出了心理阴影,原来她在其中的一个温泉池内发现了一只死老鼠。由于不满温泉服务区工作人员的处理态度,昨日她在微博上反映了此事。

昨晚记者联系上当事人小陈,她告诉记者,她刚泡入温泉池内,就看到水中漂着一团黑色的物体,认真一看,才发现那是一只死老鼠。这一幕可把她吓到了,本还想换到另外一个水池,但她已经没有了泡下去的心思,因为心里有了阴影。

小陈介绍,她向温泉服务区的工作人员反映此事,但处理过程并不顺畅。气愤之下,她拨打了当地旅游局的投诉电话。最终,酒店给予小陈退款处理。

记者随后拨打了该酒店电话,想了解温泉水池出现死老鼠的原因,接线人员说事情已经处理完毕,如果要进一步了解有关情况,他需要联系相关人员。之后,他请记者留下联系电话,但是过了一天,截至发稿之时,对方并未向记者反馈相关情况。

【案例点评】

1.该酒店会出现如此严重的事故,不外乎存在两种可能:

一是制度有漏洞。比如温泉水区服务员、领班、主管的岗位职责或工作流程中缺少"事前检查、事中检查"的内容,即缺失营业前和营业中必须检查池中是否有漂浮物这一具体要求。

二是执行有疏失。岗位职责或工作流程中都有"事前检查、事中检查"的内容了,但没有执行,而且是几个相关岗位无一执行。可以想见,只要有其中一个岗位执行其职责、完成其过程,则不至于产生如此严重的事故。

2.事件发生后,假如服务区工作人员处理及时而且得当,使得客人当即满意,也不至于发生后来客人向当地旅游局投诉、在微博上反映此事的情况,更不可能引得媒体记者的"兴趣"和曝光。

3.本案例还有一个细节值得注意,记者联系该酒店工作人员了解情况时,酒店理应越快澄清此事越好,有可能因此取得记者理解,将负面影响降至最低。可惜该酒店接到记者电话的"第一人"缺乏这种意识,或许该酒店原本就没有建立应对媒体或者处理公关危机的机制,所以没有在第一时间对媒体做出反馈,从而失去了挽回影响的宝贵机会。

【对管理者的启迪】

1.抓服务质量,必须从抓制度开始。制度若有漏洞必须立即弥补,制度健全了就必须执行到位。

2.加强管理人员的"走动管理",服务现场必须有管理人员坚守。

3.建立应对媒体或者处理公关危机的机制,这对挽回负面影响有着重要作用。

9.2　康体管理案例

PART 1　正面案例

案例一　不断创新的"调训工作"①

【教学目的】

1.了解服务创新模式,从中找到创新的灵感与方向。

2.关注细节服务,重视细节力量,从点滴处入手,让小细节发挥大能量。

碧水湾度假村
欢送视频

【案例回放】

管制调训活动开展两年有余,一直是度假村的一项重要工作。为创新 2019 年调训形

---

① 民航空管局为了缓解一线管制员的身心压力,组织的一项轻松减压的康养活动。

式,丰富调训内容,提高管制员满意度,康养部韦经理带领康养部成员一起研讨,对调训工作做了如下创新与突破:

（1）在开营视频上添加风趣幽默的文字,增强视频的观赏性。

（2）在开营晚宴上增加手语舞《刚好遇见你》和太极拳表演。

（3）在结营晚宴上增加朗诵《你守护空管安全,我守护您的健康》、手语舞《祝您一路顺风》。

（4）在原有的调训项目中新增"玫瑰柑"果园园艺养生活动。

（5）在以往调训的迎送形式上进行改进:拍摄欢迎视频,让客人提前认识调训接待小组的成员;拍摄欢送视频,通过视频触动到管制员的内心情感。

康养部将以上活动创意用于 2019 年第一期调训活动中,取得了良好的效果,深受管制员的好评。

【案例点评】

学习创新的速度决定企业发展的速度。调训活动是极具碧水湾特色的养生接待项目,它健康、积极,未来发展前景广阔。康养部立足于自身,学习亲情服务的接待模式,积极寻求创新,让调训的活动环节更灵活、更丰富,共同将服务做到"比昨天更好、比期望更高"。

亮点之一: 积极展开服务研讨,脑洞大开,群策群力,充分发挥团队的力量。

亮点之二:有创新的思维与行动,善于打破传统思维模式,创新服务,让客人眼前一亮。

亮点之三:服务一定要先感动自己才能感动客人。无论是在朗诵《你守护空管安全,我守护您的健康》,还是手语舞《祝您一路顺风》,员工自己在表演时都忍不住流泪,也就不怕打动不了客人。

【对管理者的启迪】

1.服务的切入点一旦找到,服务之花就会遍地开放。对于每一个作品,我们都要力求寻找它的切入点,把服务做得有声有色、有情有感、有血有肉。

2.学习创新的速度决定企业发展的速度,一个有生命力的企业一定是持续创新的企业。在我们日常工作中,要善于用新的思维方式去寻求新的服务模式,让客人永远充满新鲜感和期待感。

案例二　希望能帮您摆脱绕线的烦恼

【教学目的】

1.培养服务意识。

2.学会发现个性化服务切入点。

【案例回放】

张小姐是山东大厦康体中心的一位会员,每次张小姐来康体中心,都是穿一身运动服加上一个 MP3,张小姐觉得一边听音乐一边运动会让她更有动力。

有一次,张小姐洗完澡从更衣室出来,从包里拿出 MP3 却发现耳机线已经绕成一团。当值的小葛看见后,主动帮张小姐把耳机线解开。张小姐说,每次因为耳机线打结都让她心烦意乱。小葛对此也有同感,她想找个好办法帮张小姐解决这个问题。

下班后,小葛通过网络查找解决耳机线打结的方法,发现了绕线器,既简单又实用,而且外形美观,相信张小姐一定会喜欢。于是她在网上订购了一款笑脸小云朵耳机绕线器,颜色则选择了张小姐最喜欢的粉色。当张小姐再次来到康体中心时,小葛就把准备好的绕线器送给了张小姐,并说:"张小姐,希望这款绕线器能帮您摆脱绕线的烦恼,每次运动时都能有个好心情!"随后,她告诉了张小姐绕线器的使用方法。张小姐开心地说:"谢谢你啊!这款绕线器方便又漂亮,我很喜欢!"

【案例点评】

服务人员要有服务意识,要想客人之所想,急客人之所急,随时注意发现客人的个性化需求,继而为客人提供相应的服务,这样的服务会使客人喜出望外,为酒店点赞。

尽管 MP3 耳机线的缠绕不属于小葛的工作范畴,她也并不知道有绕线器这个小物件,可是为了客人有个好心情,她主动上网查询,并最终买来绕线器送给客人,使客人非常开心,这种服务意识值得提倡。

【对管理者的启迪】

1.酒店要培训员工的服务意识,多为客人提供个性化服务。

2.能够感动客人的个性化服务,会使客人成为酒店常客。

3.服务人员要注意观察和揣摩客人的潜在需求,这样的服务才会使客人感动。

4.酒店要设计出鼓励员工为客人提供个性化需求的激励机制,使得个性化服务常态化。

PART 2　反面案例

事发桑拿浴室

【教学目的】

1.认识桑拿部安全管理的重要性。

2.了解淋浴区防滑、防缺氧和防窒息等关系客人生命安全的注意事项。

【案例回放】

外地商人郝先生为庆贺与当地客户签下合同,邀请客户在下榻的酒店内吃饭、唱歌和洗桑拿。

郝先生平时酒量不错,吃饭时更因高兴喝了不少白酒,到卡拉 OK 厅又喝了大量红酒。和朋友们去酒店桑拿中心的路上,郝先生走路时身体已趔趄,从更衣室出来进入水区更是脚步不稳,而且脚上还没有穿拖鞋。同行的几位也喝得有点高,一个个摇摇晃晃,谁都没有注意到郝先生是光着脚进入淋浴区的。

突然"嘭"的一声巨响,好像什么重物落地。大家朝发出声响的方向看去,发现身上涂满沐浴液的郝先生摔倒在淋浴区。几位一起来的朋友顿时惊得头脑清醒,手忙脚乱地扶起郝先生。

值班经理赶到桑拿中心,发现郝先生已昏迷,立即给 120 打电话请求急救,同时通知保安部配合。保安部值班主管在事发现场驱走无关人员。

保安部派人在酒店旁的巷口等待救护车,然后引领救护车进入地下车库,带领医务人员从地下车库乘员工电梯上 5 楼的桑拿中心。

虽经医务人员努力抢救,但郝先生仍未有复苏的迹象。这时总经理闻讯赶到,见此情景,他果断地拿起手机,向平时交往不错的医院院长及急救中心主任求助,要求将昏迷不醒的客人送往医院继续抢救。

由于事发时间为上半夜,酒店公共场所流动的客人比较多,为避免造成其他客人的恐慌,大家将郝先生安放在轮椅上,盖上毛巾毯,推进员工电梯送到地下车库,由救护车送往医院。

最后经医院确认,郝先生因心脏病突发抢救无效死亡,并出具了死亡证明书。接下来酒店通知死者家属前往医院善后,一场在酒店发生的意外事件最终得以妥善处理。

【案例点评】

桑拿中心服务员发现严重醉酒的客人时,必须制止其进入水区,必要时报告上级协助处理,因为酒醉客人进入热水池、桑拿房或淋浴区都十分危险。即使客人没有酒醉,但不穿拖鞋进入水区同样存在隐患,完全有可能因光脚沾上沐浴液打滑摔倒。本案例桑拿中心接待工作明显存在问题。

该酒店处理这次突发事件紧张有序、忙而不乱，应归功于设立了一套应急程序以及值班经理指挥得当。

总经理将危重病者尽快移至医院的决策相当明智。假如因救护车设备简陋或医护人员技术有限而拖延至正式宣布死亡，由殡仪馆派车进入酒店，其负面影响可想而知。当然，之所以将危重病者如此顺利移至医院，应当说是该酒店平时注意与社会有关单位建立良好关系的结果。

反观有的酒店，对客人遇到生命危险的突发事件缺乏应急预案，处理慌乱出错，致使酒店承担处理不力或不当的责任；或者没有避免死者滞留酒店的意识和措施，导致死者家属将酒店大堂当灵堂，使得酒店无法正常营业甚至因此一蹶不振，其教训不可谓不深刻！

【对管理者的启迪】

1.桑拿中心服务员发现严重醉酒的客人时，必须制止其进入水区。

2.酒店必须建立突发事件应急预案。

3.酒店要注意及时将重危病人送往医院治疗，要有避免死者滞留酒店的意识和措施。

本章案例讨论

被忽视的高血压病人

2016 年 10 月 15 日 12：50 左右，某度假村温泉大堂来了一位老人，说是在等人，随后就在旁边的沙发上坐着。

13：30，温泉康乐部的大堂员工小张留意到老人有不适的症状，便主动上前询问："您好，先生，看您脸色不太好，是身体哪里不舒服吗？"老人回答道："我觉得我的头有点痛，应该歇一会儿就好了。"得知老人有头痛的症状，小张便主动提供了一系列个性化服务，老人表示稍有缓解；15：09，客人表示头疼欲裂，寻求小张的帮助，小张立即请来度假村王医生为其诊治。经过王医生的初步诊断，得知老人血压高达 189 mmHg，王医生强烈建议要尽快找到其家人，必须送往医院进一步治疗。

温泉康乐部大堂领班小黎得知此信息后，随即广播找人，直到 16：30 仍未找到老人的家人。小张因前来泡温泉的客人较多，便未再持续关注、跟进并反馈此事件，大堂主管小李在巡岗过程中也未及时关注到老人的症状；而此时，客人拖着不适的身体离开了温泉大堂。

直至下午 17：00，李主管在部门例会上将客人问题做具体汇报，部门总监才得知此事并意识到客人身体状况的严重性。所幸，最后在大家共同努力下找到了这位客人，并及时报警由警察接管后续工作，避免了事态的进一步恶化。

案例讨论:

温泉部员工对此事件处理是否得当？处理过程反映了哪些问题？能否给出最佳处理方法。

补充与提高

更衣室里的黑手

某酒店桑拿部办公室,一位客人正在向经理反映一件事:他放在更衣室衣柜的小手提包被人动过。包内有刚从银行取出的三沓百元钞票共 3 000 元,每沓被抽出 2 张或 1 张,共损失 500 元。客人是一位与酒店关系密切的朋友,一般说不存在欺诈行为,因为客人并没有要求酒店赔偿。

酒店为了确保安全声誉,还是向公安部门报了案。

公安部门介入调查后发现,衣柜的门没有被撬,锁头没有被破坏,三沓钱也未被全部拿走。可以初步断定,这是内部员工所为,或至少有内部员工参与盗窃。再查两把锁中的一把是挂锁,而这把挂锁的钥匙连同手牌上所标的号码与柜子号码相同,这就更加肯定了是内部员工模制钥匙后行窃的判断。

此案后经侦查告破,确是内部员工乘一人当班时与外部小偷联手作案。据作案者交代,之所以不将三沓钱全部偷走,是希望不被察觉,这样可以长期行窃。

此案明显是由于管理漏洞所致。漏洞有二。

漏洞之一:挂锁的钥匙连同固定手牌及其号码与衣柜号码一致,这样的设计是错误的,潜伏着危险,极有可能导致外部小偷利诱内部员工联手作案。

衣柜一般设置两把锁,一把锁由服务员掌握钥匙开启,其目的是预防顾客手上钥匙及牌子被他人捡走,捡到者来开衣柜时有服务员把关(服务员问对方柜内所存密码为多少,对方答不出就可以加以控制);另一把锁是由顾客自己掌握钥匙,其目的是多一层防线以防止他人(也包括服务员)开启该衣柜。如果顾客开启的锁与衣柜是固定配套,就有可能其钥匙被模制后由方便作案者(一般是内部员工)伺机作案。所以,通常将顾客开启的锁改为挂锁,而挂锁可以随时更换(总台备有比衣柜数更多一些的挂锁,随机抽取交给客人带入更衣室)。这样,即使钥匙被模制,但对上号的概率很低,就遏制了作案的动机。

然而,有的桑拿部管理者只知其一不知其二,即使知道使用挂锁,但不知用挂锁的真正意义何在。于是将挂锁与该衣柜固定配套,为失窃埋下隐患,也就形成了漏洞之一。

漏洞之二:更衣室通常有设两位或两位以上员工看管和服务。因为两位以上员工串通作案可能性相对较小。若因规模小、生意清淡只设一人值岗,就要加强领班或主管的走动管理。本案例之所以被窃成功,就是因为当班者只有一人,下手方便。由此,也暴露了该桑拿部管理者缺乏走动管理。

虽然现在有新式衣柜锁投入使用,如钥匙是竖式插入开启,看似目前尚无法模制这种钥匙,但也已发现小偷仍有开启的办法,真可谓"道高一尺魔高一丈"。由于更衣室无法安装电子眼探头,因此,管理人员的走动管理,无疑是有力的防范措施之一。

不论是正确使用挂锁的方法,还是安排两人以上值岗,或加强管理人员的走动管理,都是为了消除诱因,以杜绝作案者的不良动机。诚然,为了防止客人钱物被盗,除了有必要堵住以上两个漏洞之外,更重要的是把好客人进入桑拿更衣室前的关口,即在桑拿大厅总台接待时就要提醒客人请将贵重物品和现金寄存于总台。

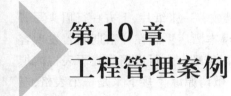

第 10 章
工程管理案例

10.1　工程维修与保养案例

PART 1　正面案例

案例一　"宾客报修单"的另一种用途

【教学目的】

1.认识客房设施设备对客人服务质量的影响。

2.培养管理者发现问题的能力和意识。

3.创新与客人的沟通方式。

【案例回放】

程先生跑了一天的业务,又累又脏,回到酒店房间后立即进入卫生间,想痛痛快快地洗个澡。

没想到刚抹完沐浴液正要冲淋时,原先还哗哗出水的喷淋头竟然停水了。

程先生心想,我刚才是拔出那个出水开关下边的小开关(术语称"转换开关")后喷淋头才喷出水的,那么喷淋头不出水是否与这小开关有关呢?估计是吧!他检查后认定自己的判断是对的,原来那个小开关把"头"缩回去啦。于是他又拔出那个小开关的"头"。呵,喷淋头又出水了。

程先生欣赏自己还算聪明,高兴地继续冲洗。然而,程先生似乎高兴得太早,那喷淋头突然又"罢工"了。

而这时的程先生全身上下的沐浴液并未冲洗干净,还是滑溜溜的。怎么办呢?这时叫维修工来处理肯定不合适,但身上泡沫总要洗干净吧。迫于无奈,他只好将身体蹲下,骑着马步,一手拔着那个小开关的"头",另一手上下紧张地在身上操作,直到洗净为止。程先生为刚才自己这副滑稽模样感到好笑。

当他正想上床睡觉时,忽然发现床头柜上端端正正摆放着一张纸片,上方一行眉头写着"宾客报修单",下面的文字是:"尊敬的宾客,欢迎您下榻本酒店!您在住宿期间若发现客房设备出现故障,请您立即拨打×××电话,我们将随时予以处理。也可以请您在下表栏内填写,以便您出房时我们安排人维修。给您带来不便之处,敬请原谅。"接下来是一个表格,左边栏目是"设备名称",右边栏目是"故障情况",落款是工程维修部。

程先生找来笔在表格里填写了有关内容。他想,明天晚上回来该不会再出现今天这副狼狈相了吧,他哑然失笑。

【案例点评】

客房设备出现故障,这是难免的事。但有的故障,不是靠服务员整理房间时就能检查出来的,也不是领班查房时所能检查出来的。比如,本案例中客房浴区的"转换开关"出现故障,就很难被员工发现。房务员清洗浴缸时,只是打开浴区的出水总开关(也叫"冷热混合开关")放水冲洗,一般情况下不会去试验"转换开关"是否有问题,领班更不会考虑到会出现此类故障。酒店员工通常查不出来的问题,往往只有客人才会发现。这一家酒店考虑到这种情况,推出宾客报修单的管理方法,值得称道和赞赏。

事实上,宾客报修单在另一种情况下也能发挥它的作用。例如,有的酒店(主要是度假型酒店)为了减少对客人下榻期间的干扰,规定两三天内不进房整理(当然为了不影响服务质量,在床头柜上多了一个告示卡,以表明其目的是不干扰客人,但同时声明:若客人有整理房间的需要,可以随叫随到)。在这种情况下,宾客报修单提供的报修电话,为宾客报修提供了方便,弥补了这两三天里,服务员无法查到设备故障而没有及时报修的缺陷。

说到报修,许多酒店的工程部接到某一客房的某种设备报修时,一般只是救火式地对这个房间立即修复,但没有想到或很少有人想到:其他房间的同类设备属于同期安装,其老化损耗程度相差无几,那么其他房间的同一种设备是否也有类似损坏的可能?是否需要有针对性地开展检修和保养工作?

因此,在管理者的质量管理意识和方法中,应当要有一条:举一反三、由点及面。换句话说,应当通过发现某一个点上的某一个问题,推而广之地去联想面上是否也有可能产生同样的问题,从而及时采取措施以防患于未然。

【对管理者的启迪】

1.某些设备存在问题,只有客人使用后才能发现,通过类似"宾客报修单"的留言条方式获得有关信息,是一种不错的方法。但这种方法,只适宜客房刚刚装修完毕或已年久失修、硬件经常出故障的老酒店,其他酒店不宜仿效(更何况,大部分客人发现硬件问题会电话沟通或投诉,电话沟通更快、效率更高,所反映的问题更容易得到解决)。

2.要求员工发现问题后,必须具有"举一反三、由点及面"的意识,及时或有计划地排除隐患。

案例二　深夜清洗地毯

【教学目的】

1.认识部门及岗位之间合作的重要性。
2.培养团队精神和合作意识。

【案例回放】

10 月 21 日 22：00，郑州黄河饭店工程部孟经理接到了营销部雒经理的电话，希望这会儿能安排人员清洗嘉宾厅的地毯。时间已近深夜，怎么想起来洗地毯呢？再说 500 平方米的嘉宾厅，仅靠一个夜班值班人员，怕是洗到天亮也洗不完。一问才知，嘉宾厅明天有重要会议，会方人员已基本将会场布置妥当。但主办方领导觉得地毯较脏，从礼仪公司租来的地毯又太过褶皱，不能用，要求饭店必须马上清洗地毯。但此时会场桌椅已布置妥当，若再撤空清洗，一来时间不允许，二来人手也不够。经过雒经理同会方人员协商，同意对会场通道及入口处地毯进行局部清洗。

弄清原委后，孟经理立即通知夜班值班人员小任着手准备清洗工作，同时营销部安排会议总协调人、销售经理小王予以配合。两人忙碌至凌晨一点半，终于完成了地毯的清洗及抽水，达到了会方要求，保障了此次高规格会议的顺利召开，会方人员对饭店的大力配合表示非常满意。

【案例点评】

饭店各部门之间是服务与被服务的关系，要树立服务意识。只有各部门之间都能够提供良好的服务，饭店才能够为客人提供良好的服务。黄河饭店的工程部作为后勤保障部门，始终以提供完美服务为宗旨，工作热情、礼貌、专业、高效，宁可自己千辛万苦，也不让前台一时为难，不仅解决了饭店营销部门的难题，更重要的是解决了客人的问题，满足了客人的需要，为饭店赢得了赞誉。

【对管理者的启迪】

1.饭店的硬件设施要始终保持整洁有效,符合星级饭店标准。这是饭店服务的基本保障,它会直接影响到饭店的品质和市场。

2.对于客人而言,饭店就是一个整体,饭店营销人员要及时与客人进行有效沟通,及时把客人的意见、建议和要求反馈给各部门,以便做好配合工作。只有饭店部门之间的服务配合,才有饭店的整体服务质量。

3.饭店各部门之间是服务与被服务的关系,要树立服务意识。饭店一线部门就是二线部门的客户,一线部门的需求就是客户的需求,二线部门要全力配合,满足客户需求。

案例三 "当日达"的马桶架:让红军女战士感动的服务

【教学目的】

1.如何形成"让客人尖叫的服务"。
2.认识时间效应在"关键时刻"服务中的作用。

【案例回放】

海南保亭七仙岭君澜度假酒店建有微信服务群,一线服务人员在服务过程中获取的信息,都可以向群内反映。有一天,酒店迎来了一位曾经是红军女战士的耄耋老人李女士。酒店总台看到李女士坐着轮椅,立即通知君澜服务大使,协助其家人照顾她的生活起居。李女士在和家人聊天时提到自己因腿部力量不足,解手后站起时比较吃力,君澜大使在一旁听到后,立即向酒店的微信服务群反映了老人的身体情况、服务需求和房号,并呼叫了工程部。当时,酒店缺少相应的移动设施,酒店总经理在网上找到高位马桶架图片发给工程总监。当时已是下午,但工程部表示可以制作,并尽力在当天完成。与此同时,微信群中有服务人员反映,老人因故不能到温泉池中泡澡,感到很遗憾。

当天 19:30,酒店总经理亲自带着打磨光滑的马桶架和中草药足浴桶来到老人房间,老人全家都十分感动,李女士说:"我住过那么多的酒店,只有你们因为我的双腿而给我做了一把定制的架子;因为我没法泡温泉,又给我送来有中草药温泉的木桶。你们酒店的服务真的太好了,我很满意。"

无独有偶,有一次该酒店工程主管维修时,发现两位 90 多岁的老人家住的房间门口过道上有一个小台阶,给老人行动造成障碍。该主管立即组织员工动手改造了崭新的无障碍通道,让老两口十分感动。

此前酒店园区客房很多都为台阶通道,不便于老、弱等特殊客人通过。工程人员以此为契机,完成了一批无障碍通道的修整,为客人提供真正便捷的服务。

【案例点评】

1.当时工程部意识到服务可以在次日完成,但如果能够在当天保质保量完成,就是赢得了"让客人尖叫的服务"的机会,因此全力把它做到了。

2.利用通信工具,建设一个跨部门的即时服务沟通平台,有利于获取服务需求并及时解决。

【对管理者的启迪】

1.观察、倾听、推测顾客的需求,举一反三,是优质服务的起点。

2.服务过程中的平行沟通对于提高效率有很大助益。

3.效率是服务品质的重要组成部分,关键节点的高效率使服务品质得到升华。

PART 2　反面案例

案例一　"冷场"的人大会

【教学目的】

1.认识 VIP 服务的重要性。

2.了解工程服务如何做到预先计划安排。

【案例回放】

2016 年 1 月 22 日,每年一次的自治区人大会议如约继续安排与会代表在南宁××饭店下榻,饭店负责来自全自治区代表的住宿和用餐。

1 月 21 日早上,人大会议代表进场的前一天,工程部曾经理和牟主管进行电锅炉启动供暖检查,发现有 8 组电锅炉发热管没有工作(电锅炉共有 15 组发热管)。曾经理立即通知负责该锅炉的技工张师傅来检修,张师傅检修后发现有 6 个继电器坏了,但这种型号的继电器当地没有现货,好不容易从广州调货来,三天又过去了。此时参会代表已有诸多不满情绪:为何饭店空调不热、热水不热,餐厅也冷冰冰的,以致饭店在自治区人大会议接待组上被直接点名批评。

那么问题到底出在哪里呢? 其实早在 2015 年 11 月,在冷机即将停机、电锅炉启用前,工程部曾经理就通知主管动力设备的技师张师傅,要他对供暖供热设备做个全面的检查。张师傅草草看了一下就跟曾经理汇报说,发热管是好的,并无严重结垢,检查结果正常。在人大会议报到的前三天,曾经理还开了个部门动员会,强调接待这次人大会议的重要性,再次通知张师傅对电锅炉进行检查。张师傅答复称电锅炉正常,只要提前2小时开就没问题。谁知道张师傅并没有好好去仔细再检查,导致发生重大接待事故。

当21日下午张副总知晓此事后,立刻与质检部王经理到现场查看,并安排采购部梁经理采购时间继电器。22日检查发现仍有5组发热管工作不正常偶尔偷停,其间不断检修调试,直至26日早上,查明原因发现还有5个时间继电器有问题,处理后电锅炉恢复满负荷正常运行。在测试中,发现当前供暖设备即使以24小时满负荷烧热水的方式来供暖供热,也难满足低温条件下满住客率时的需求。26日下午张副总召开紧急会议分析原因,提出了以下解决方案:

(1)立即安排客房部检查并关闭所有房间的门窗。

(2)餐厅、大堂暖气供给根据客人使用情况设专人控制开关,优先保证客房供暖。

(3)餐厅关闭了所有非营业期间的3楼、4楼的供暖。

(4)暂停餐厅洗碗热水供应,关小员工食堂洗碗用热水阀门。

(5)立即安排锅炉24小时专人值班,张师傅调出夜班,上正常班加强白天供暖管理。

张副总安排好了,会议结束后工程部门立即进行调研、整改和值班安排等具体工作。

【案例点评】

经分析,发生此问题的原因如下:

(1)供暖锅炉为360千瓦,设计仅供营业11 000平方米的饭店主楼用,是不含餐厅供暖的,现要供主楼和餐厅暖气,就造成小马拉大车,力不从心。当时供暖工程竣工验收时,室外温度8 ℃,房间供暖温度仅能达到20 ℃。

(2)餐厅、大堂能耗太大。

(3)餐厅洗碗、员工食堂洗碗热水消耗过大。

(4)主管供暖设备的技师张师傅在人大会议前未按要求对供暖设备认真检查维护。

对于南宁××饭店来说,这次教训是深刻的。在下达了检查通知后,尽管专属责任人作了无问题的汇报,但是作为经理,仍然应该提前将重大设备进行试运行,亲自检查一遍,以起到双保险的作用,做到万无一失。

【对管理者的启迪】

1.VIP会议应该建立重点设备专人保障制度。

2.对重点设备,必须全面检查,确保万无一失。

3.工程部的管理必须建立设备台账制度,定期检修关键岗位。

案例二　台商受伤的背后

【教学目的】

使学生明白,一名优秀的管理者应当是复合型人才:除了懂得外部经营和内部管理以外,还应当是专业技术型人才。

【案例回放】

台湾商人卓先生第一次来大陆做生意,由当地一位布业商人介绍,住进了沿海某市一家星级酒店。没想到的是,刚入住酒店头一次洗澡,卓先生就遭遇被热水烫伤并摔成重伤的事故。

原来,卓先生按自己对保养皮肤的认识和生活习惯,在气温适宜的情况下,尽可能用冷水洗澡。他刚放下行李,就急匆匆进入客房卫生间想冲个冷水浴。

他根据浴缸水龙头冷热混合开关背后墙上贴的示意冷热转向色标,将水龙头开关一下子转向了蓝色标识(示意为冷水)一方。

若按正常情况,应当是浴缸水龙头先出水,以便客人用脚先试一下水温,然后再拨动转换开关让喷淋头出水。然而没想到的是,浴缸水龙头并不出水,而是头顶上方的喷淋头突然冲出一股热水,而且水温相当高。卓先生光着的身体一下子被滚烫热水灼得刺痛,本能地跳出浴缸。更糟糕的是,卓先生脚底一滑,整个人重重地摔在了地上,连痛带惊几乎晕了过去!

好在酒店接到卓先生打出的求救电话,迅速地将其送往医院治疗。酒店领导第一时间前往慰问,同时派人陪护,还满足了卓先生的赔偿要求,这次意外事故总算平息了。

【案例点评】

台商受伤的背后,该酒店是否存在管理上的重大问题呢? 答案是肯定的。

如果说台商卓先生受到皮肉之痛苦、精神之惊吓实属可怜,那么,该酒店由此事故所暴露出来的问题,真乃可悲之至。

可悲之一:这个故事是在事发一个月后,本人出差该市住进这家酒店,发现冷热水进水管与色标所示方向不符,向该酒店总经理反映时他告诉我的。也就是说,那位台商出事之后的一个月内,该酒店并未采取任何有效的改进措施。比如,没有全面检查和改变客房水龙头红蓝标识(热冷水方向)与实际不符的情况,也没有全面检查浴缸冷热水转换开关是否失灵的情况。这就暴露出我们某些管理人员只重视"救火",却不重视探究发生"火灾"的原因,更是缺乏消除隐患的责任心;也暴露出该酒店的高层管理者缺乏亡羊补牢意识,事后并未责成下属对此问题跟进解决。

可悲之二:此事件也暴露了我们某些管理人员对专业相关常识的缺乏。我们知道,热水出水终端的温度最好控制在 45 ℃上下,因为泡热水澡的水温一般在 45 ℃左右比较合适。假如淋浴,其热水温度还可以再低一些,比较适宜的温度与人体的温度大致接近(如 40 ℃左右)。倘若热水出水终端温度达到了可以灼伤人的皮肤的程度,说明水温不低于 60 ℃。这种情况下若把热水调到适宜洗澡的温度,必须要掺和大量的冷水。那么,多余的热水必然滞留于管道内,只能让其慢慢散热,这无异于把烧水的能源费用挥发掉,从而加大了成本。当然,假如这家酒店经常是大批客人几乎同时入住(如接待旅游团队或会议),热水箱的水温高一些也属合理。而这家酒店纯属商务型,没有理由不惜成本地将热水烧得温度过高。由此可见,某些管理人员平日里为节约成本绞尽脑汁、想尽办法,却没有想到"点"上!

【对管理者的启迪】

1.强调管理的专业化,不仅要讲究运行上的程序化和制度化,还要注重技术层面上的规范化和标准化。

2.优秀的管理者应当既是经营管理型、又是专业技术型的复合型人才。

3.将冷热水标错的现象在国内酒店行业并不少见,屡屡造成对客人的伤害,引起客人的投诉,这是工程装修问题。但没有发现这一现象或发现了没有及时解决,则属于管理问题。

4.管理者应组织人员认真检查自己酒店是否存在这种现象并及时加以解决。

5.对于发现的问题不及时采取措施加以解决,导致问题重复出现,说明管理者已经麻木不仁,缺乏服务意识、顾客意识和管理意识,这种人不适合当酒店管理者,更不适合担任酒店总经理。

10.2　能源管理案例

PART 1　正面案例

用工业排风扇

【教学目的】

1.培养节能意识和成本意识。

2.学习节能方法。

【案例回放】

天目湖宾馆的 9 楼机房有一台 5 匹空调,用来给三台电梯散热降温,每年 5 月开始制冷运行,10 月结束。但随着电信和移动设备的增加,散热量成倍增加,空调在此环境下经常出现负荷过高跳闸,导致机房温度很快超过 38 ℃,危及电梯的正常运行。

工程部负责人郑军伟想过更换一台新空调,或者再增加一台 3 匹的,可想到降本增效,只能想其他办法了。考虑一段时间后,郑军伟向相关领导汇报,申请通过安装排风扇为机房降温,减轻空调负荷,领导同意了。

可现实问题接踵而至:一是排风扇装在什么位置,9 楼机房有三面不能开窗,必须要有贯穿风才能有效降温,在屋顶开天窗固然可行,但漏水风险太大;二是选用什么样的排风扇,要想达到降温效果,排风量需要满足每 2 分钟把机房空气换一次的要求。大排风量的风扇通常转速快,风噪大,会影响到 7 楼客房品质。这些矛盾如何解决,困惑了郑军伟很久。

郑军伟想到目前使用的锅炉,他试着在网上搜索"工业排风扇",一看它的参数,风量27 000立方米/时,相当于每分钟把机房空气更换 1.6 次,转速 450 转/分,所以噪声低于 60分贝。郑军伟向领导汇报,申请同意后,立即安装测试,打开直饮水机房的门,抽取楼梯间空气流通,大热天停止空调试运行了几天,效果相当好。今后再也不需要开空调了,一年可节电 1.6 万千瓦·时。

【案例点评】

酒店工程管理的目标有两个:一是做好设施设备的维护和保养工作,确保设施设备运转正常,从而确保酒店正常运营;二是节能降耗,节约各种成本费用。该宾馆工程负责人有强烈的成本意识,通过努力,为宾馆节约了一笔费用。

管理就是发现并解决问题,解决问题就需要积极用心,用心需要专业技术支撑,只有对宾馆的相关设备了解全面,解决问题才会完美有效。

郑军伟用心关注到相关设备,寻找相关有用数据,测算后汇报,及时整改,运行后达到降本的目的。

【对管理者的启迪】

1.管理者就是解决问题的人,管理者一定要对企业的效益负责。

2.要树立全员的经营意识,特别是当前酒店行业经营工作的压力很大,节俭就是降低成本,也是增加效益。

3.要教育管理人员增强责任意识,要注意不断地发现问题和解决问题。

4.要注意不断学习和掌握新的知识,特别是在当今科技大爆炸的时期,要不断引进和利用新的科技手段来解决以往的问题。

PART 2   反面案例

一封迟到的信

【教学目的】

1.认识酒店节能的重要性。

2.了解酒店能耗管理的方法和节能途径。

【案例回放】

陕西西安某五星级酒店的陆总,正兴致勃勃地回到他的办公室。此刻,他的脚步一直是轻快的,因为他刚刚休假回了一趟老家,一晃半个月过去了,好在酒店没有什么大事发生。陆总还停留在休假归来的愉悦氛围之中,刚进办公室,就看见桌上放着一封未拆的信。

尊敬的陆总:

你好!

来不及和你告别了,有一家新单位急着让我去上班,感谢你在这段时间给我工作上的支持。无以回报,就留这封工作上的心得,供你参考哦。可惜我们酒店对节能方面还不是很重视,我也没有更好的办法来落实,以下建议供你参考,毕竟你对我有知遇之恩。

1.酒店要用节水型的坐便器。用水分大小,引导客人正确使用,可以节水一半以上。

2.逐步淘汰传统的9升以上的坐便器,改为6升,或可以在水箱内安装节水芯,每个马桶一年可节水30吨左右。或用土办法,每个水箱里放一个1.25升的可乐瓶,开房率×房间数×1.25升×平均使用次数=节水量。

3.酒店的员工浴室可安装智能感应式节水系统。刷卡洗澡,男员工10分钟、女员工15分钟,控制用水量。

4.公共卫生间可安装感应节水龙头,客房卫生间可安装流量节水龙头,适当控制水流量就可以节约1/3的水。

5.中水回用。酒店可将部分废水回收,经沉淀过滤处理用于浇灌绿地、洗车、降温……

6.国外不少酒店都有雨水收集系统,雨水经处理再利用,不让资源白白流掉。

7.用提示卡引导客人,棉织品一日一换改为一客一换。

8.营造节水的氛围,用生动的形式提醒客人和员工。例如,国外有的饭店在房间放置提示卡:用一个杯子需要 4 杯水来清洗等。

9.对酒店的各个部门、各个区域分别用水表计量,积累数据根据使用率确定合理的用水量。

10.建立制度,发动员工养成良好的习惯,加强对电气水油跑冒滴漏的巡检,杜绝长明灯长流水。据检测,国内一般企业由于跑冒滴漏造成的浪费在 5%~10%。

11.凝结水回收。蒸汽变成凝结水,水温仍达 70~80 ℃。每吨凝结水约含 6 千克轻油燃烧的热量。一家中型酒店一年可回收凝结水近 5 000 吨,我们的锅炉可以进行适当改造。

12.酒店的冷却塔会形成大量的水雾。这不起眼的水雾,我们酒店一天就要飘掉 60 吨水,一年就要飘掉近 5 000 吨水。通过改变气流角度,安装收水器,即可大大降低水雾飘洒的损耗。

13.采用新型节能光源。LED 灯价格虽比传统的节能灯高数倍,但发光效率高 2~3 倍、使用寿命长 5~6 倍,经济上完全可行。酒店如全部采用 LED 灯照明,至少可节电 70%以上,而且 LED 灯的光谱色度已接近节能灯,并不影响氛围的烘托。

14.酒店大量的各类标识指示灯、夜灯可采用发光二极管 LED 灯,每一个灯耗电不到 1 瓦。

15.走廊过道、消防楼梯宜采用感应节能灯,防止出现长明灯。国外大部分酒店的客人通道也采用感应灯,只有客人前面的几盏灯是亮的,人过灯灭。

16.采用智能节电调压开关系统。我们酒店的公共区域:大堂、会议厅、多功能厅、宴会厅等往往装有数百个灯泡。此系统可根据日照条件和需要营造的氛围调节电压和照射度,可节电 20%左右。

17.组合式灯具可采用多开关分组控制,根据需要选择不同的照明模式。

18.在饭店工程设计规范中,对饭店耗电大户(如制冷机组、水泵、电梯、锅炉、风机等)普遍留有 30%的富余功率。在运行中一般存在"大马拉小车"的现象。我们酒店可采用变频系统,根据温度和负荷的变化调节电机的转速频率。一般可节电 30%~50%,动力电是我们酒店耗电的大头,不到两年均可收回设备的投资。

19.因地制宜利用屋顶、墙面安装太阳能电池板,为酒店提供补充电源。

20.我们这里的平均日照大于 2 000 小时。我们酒店可根据对建筑本身的优化设计,达到集取、存储、分配太阳能的功能。太阳能热水器、太阳能采暖、太阳能制冷、太阳能取电等,每平方米太阳能板一年可节电 800 千瓦·时。

21.我们酒店户外可采用太阳能路灯、草坪灯、泛光灯、灯光指示牌等。

22.日本有酒店采用太阳能停车棚,既可为客人的车辆遮阴,减少车子开空调的能耗和空气污染,又可为饭店提供电源。此类做法在技术上不存在问题,关键在于理念,看我们酒店是否考虑投资。

23.防止滥用户外轮廓灯和建筑射灯,因为这既耗电又给客房和邻人造成光污染。我们酒店的建筑泛光照明改进的办法可以采用 LED 半导体灯,同样的照明效果,却可以节约75%的用电量。

24.将空调的温度设定在26℃。许多饭店的空调让客人感到夏天太冷,冬天过热。2019年6月日本政府号召开展"节能装"运动倡导节能,要求饭店和办公楼把空调调到28℃,鼓励人们在公务和商务活动中脱去西装领带,着短袖便衫。这样既能减少10%的空调耗电,又能大大减少患空调病的概率。

25.减少客房待机状态的电器。按一下电源开关是举手之劳,可节约 4%~5% 的待机耗电。

26.房间的小冰箱、电水壶等电器不仅耗电,易产生噪声,而且还是房间的热源。可以学习国外酒店的做法,在客房楼面配置制冰机、饮水机、自动售卖机,需者自便。

27.电脑在开机时耗电最大,对机器的损耗也最大。暂时不用时,可设置为节电休眠状态,可节省50%的耗电量。

28.定期清洗冷热水管线及锅炉、空调管壁,对水质进行软化处理。防止管路积垢产生热阻,降低热传导效率。

29.以后每年至少清洗一次空调,不仅可以降低 4%~5% 的能耗,也可以防止霉菌和军团菌在管道和通风口内滋生,污染室内空气。分体式空调每周清洗一次隔尘网,可省电20%左右。

30.安装太阳能热水器。夏季水温可直接使用,冬季可接入锅炉加热至需要的水温。据已采用此项技术的酒店统计,至少可节能 20%~30%。

31.采用冰蓄冷技术。利用峰谷电价差,夜间中央空调制冷。

还有好多建议,无法一一写出来了,以后见面聊了,祝你工作顺利。

陆总一口气看完,心里大叹一声:我痛失一位优秀的人才啊! 气恼自己之时,立刻拨通人力资源部总监的电话……

【案例点评】

本案例暴露了很多酒店的节能问题。酒店的使命是在满足客人需求的情况下,实现利润最大化,而酒店的利润来自两个方面:收入和成本控制。做好成本和费用的控制,是实现酒店利润最大化的重要途径。酒店管理者要努力挖掘和寻找实施成本控制的切入点,采取措施,控制运营成本,提高酒店利润水平。

【对管理者的启迪】

1.酒店管理者要有节能意识。

2.酒店管理者要重视能源管理,努力挖掘和寻找实施成本控制的切入点,采取措施,控制运营成本,提高酒店利润水平。

3.具体的节能措施重点在于全员参与,并建立必要的奖惩制度。

4.只有当失去之时才会觉得人才的珍贵,酒店要建立特殊人才的上升通道。

本章案例讨论

"六常法"走进工程部

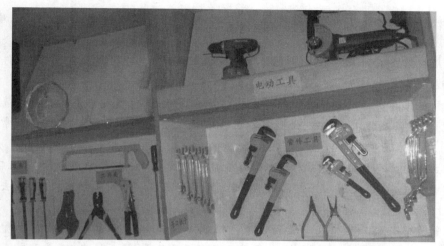

"六常法"内容包括常分类、常整理、常清洁、常维护、常规范、常教育。

某酒店工程部运用"六常法"管理已有十多年,取得了较好效果,尝到了甜头。该工程部的杨经理认为,通过"六常法"管理,可以改变员工的思想和行为,养成良好的工作习惯,这对提高工作效率,减少人力、物力、精力和时间的浪费,提升服务水平有相当大的帮助。

以下是该酒店工程部运用"六常法"管理的概况。

(一)员工管理方面

1.设立"人员去向牌"。分别在运行中心和维修中心的门口设置"人员去向牌",每一位当班人员的姓名、照片、联系电话及去向一目了然。

2.设立"仪容仪表镜",镜旁还贴有标准图供参照。要求员工上岗之前对镜自我检查,必须符合形象规范才可上岗。

3.安排班前会的短培训。规定班前会必须安排一定时间进行问题讨论、案例分析、经验交流和新技术学习。

4.设立专业工具书架和报刊栏。对书籍分类并贴上标签,书报固定位置摆放,阅后回归复位。

5.设立员工毛巾架、茶水杯架,架上贴有员工姓名,对应挂放,用后归位。这不仅是为了给人视觉上的有序感觉,更重要的是培养员工使用物品哪里来哪里去的良好习惯。

(二)设备管理方面

1.建立设备巡检制度。对设备巡检要求定人头、定设备、定职责、定时间、定区域,将设备的整顿、清洁、维护形成常态化。

2.建立设备检查(测)、保养、维护、维修的记录表单,有助于考核设备巡检制度得以落实的情况。

3.对设备的采购安装、使用培训、折旧报损等同样纳入常态化管理。

(三)材料管理方面

1.材料按是否可用及使用频率不同可分为有用和无用。有用的进入有关仓库,无用的集中存放待处理。有用又可分为常用和非常用,常用的材料则存放于仓库或货架的易领取位置。

2.材料按存放地点可分为零配件仓库、二次回收材料仓库、呆滞材料储存间、班组材料货架等。

3.常用材料在不同级别仓库,可按品种类别及规格存放,分为水配件、电气配件、装饰装修材料和机修制冷配件等。位置固定清楚,拿取方便迅速,盘点容易不乱。

4.对材料库存实行定量管理。每样材料尤其是高值材料,确定其最低和最高库存量,定时整理统计,以便及时申购补充,做到不积压、不"脱销",既不占用资金,又保证正常供应。

(四)工具管理方面

1.设立班组工具悬挂板。每种工具在板上都有固定位置,标有工具名称,一目了然。不常用工具被借走后,由使用人将自己的名牌挂上,用后归位。每天交接班,一眼望去,工具是否缺失,十分清楚。

2.配置员工个人工具柜或工具箱。工具柜或工具箱都贴有员工姓名,以便责任到人。工具柜里每件工具按固定位置摆放,工具箱里贴有工具目录,便于清点,不易丢失。

3.制作工具推车。对于像电焊、氩弧焊等笨重而又常用的工具,可制作工具推车,既便于移动使用,也便于清点保管。

(五)能源管理方面

1.建立能源管理巡检制度。要求定人头、定设备(材料)、定职责、定时间、定区域,将能源设备(材料)使用情况及是否符合规范的检查工作形成常态化。

2.制作与能源管理有关的表单,收集能耗统计数据。这些表单包括每日能耗(电、油、气)统计表、每班能耗分析对比表、值班巡视抄表和区域温度(气、水)检测记录表等。

3.定时对数据进行分析,发现是否存在与能源相关的设备运行异常或偏差,是否产生能源浪费现象,以便督促及时改进。

(六)档案管理方面

1.建立各类档案,包括工程图纸、各种设备产品样册、招投标文件、合同、各类设备、供应商信息和本部门员工信息等档案。

2.建立大型、重要设备独立"户口"档案。包括登记卡(记录该设备基本信息)、使用说明书、图纸、检测报告、维修保养记录等。

3.制作设备档案检索目录。目的是方便查找,繁而不乱,并通过档案收集登记,也避免了档案缺失。

4.定期清理档案。一旦各种情况发生变化,档案也要随之相应变动更改,以保持档案内容的客观准确性。

案例讨论：

如何评价"六常法"在酒店管理中的应用。

补充与提高

西藏饭店的能源管理

2018 年是西藏饭店的"而立"之年，也是收获之年——万元能耗比 5.4%，全年能耗坪效为 30 千克标准煤，每间房用水量为 1 500 升，均低于国际五星下限指标，处于行业先进水平。

近年来，西藏饭店将"绿色管理"纳入饭店战略层面，全面实施"绿色管理"。

（一）多维并举节能降耗

推行"绿色管理"，饭店实施了绩效管理制度。首先，将年度能源管理及计划纳入预算，制订大目标；其次，将这一目标分解到每一个月、每个部门，形成小目标；最后，再由部门按月分解至区域，形成微目标。这样使能源目标得以充分量化，更具操作性、监控性。再由下而上汇总分析，由微目标倒逼小目标和大目标，如此反复，形成数据库，结合绩效管理，奖罚分明。如今，西藏饭店的大、小、微目标已经可以用"精准"来形容。

饭店还积极引进新技术、新设备。如更新安装进口节能电梯，全方位采用 LED 节能照明技术；餐饮厨房炉具由原有的柴油炉具改造为天然气炉具，安装了光电油烟净化系统，净化减排，减少饭店费用支出的同时改善了员工的工作环境；断桥式中空窗的应用，起到隔热降噪的作用；应用常压式热水锅炉，降低排放，节约能源。

在合同管理方面,饭店与有资质的节能服务公司合作,推行合同能源管理,提高能源使用效率。如地下室水泵加设增压装置,减少用电量。

在设备的维护保养方面,饭店建立了系统的设施设备分类台账,全面掌握设施设备的性能、运行和能耗情况,每年制订大型设备维修保养计划,确保大型设备正常运行,提高设施设备的能源效率。如对饭店中央空调、锅炉、电梯等重要设备分类建立台账,发现能耗异常,立即排查原因。

饭店还引入智能远程抄表技术,每天安排专人定时对水、电、气的消耗量进行统计,根据当天的住房率、用餐情况、天气对当日能耗进行分析,进行环比、同比、高平谷峰分析对比,若发现异常,立即查找原因,予以整改。每月出具能源分析报表,作为决策参考。

饭店还建立了能源使用巡检制度。通过巡查,减少饭店设备使用和运行中存在的"跑电、冒气、滴水、漏油"现象,减少能源浪费。如公共卫生间水龙头的滴漏、抽水马桶的水箱漏水等得以及时发现,后勤区域的"长明灯""长流水"现象得到纠正。

实施"绿色管理",面对的不只是员工,还包括住房宾客。为了得到宾客的支持和参与,饭店推出了宾客绿色消费奖励计划。如客人入住饭店客房第二天,客房部员工在整理夜床时会放置绿色环保卡片,提醒客人如连续3天不要求更换棉织品,将会获得饭店赠送的藏式小礼品,房间内的棉织品在满足客人要求以及保证卫生的前提下,由传统"一日一换"改为"一客一换",以减少棉织品的洗涤量。

(二)加强管理重视细节

"绿色管理"涉及饭店管理的方方面面,在节水、制冷、节电等方面,饭店推出了以下措施:

在节水管理方面,饭店定期对供水管网进行检测。针对饭店供水管网较为陈旧、供水管网漏损比较隐蔽、漏损量较大的情况,通过每天用水量的监控和每季度对饭店管网进行的水平衡测试来获得管网漏水信息,发现管网漏水,立即聘请专业探测公司进行探测和修复。

饭店的供水系统,尤其是热水供水系统易产生"黄水"。"黄水"无法使用,造成水的浪费,同时也影响饭店品质。饭店供水系统更新采用了铜管,从供水方面基本解决了"黄水"现象。同时饭店还按照相关规定,定期对水质进行检验、清洗水箱水池,保证水质质量。

中央空调制冷系统配置有冷却塔和冷却水泵,冷却水在循环过程中由于蒸发、飘逸等原因会有一定损失。在每个制冷期开始前,饭店坚持检查维修冷却塔布水器、填料,有效降低冷却水的漂水损失,同时也改善了环境。

对于用水量较大的设备,如每小时用水量在0.5吨以上的用水设备以及主要的用水单元,饭店单独安装水表进行分级计量,以检测这类设备的用水量,减少水的浪费,如洗衣房、厨房的管事间、粗加工间等。

在节电管理方面,饭店建立了室内温度标准。根据不同时段、不同区域的温度要求,制订室内温度标准。温度标准的建立要满足宾客的舒适性和员工操作要求,夏季设定温度不低于26℃,冬季不高于20℃。

饭店还制订了不同区域的室内照度标准和灯具开关制度,达到既满足客人的使用要求、又能够节能的目的。泛光照明采用自动控制系统,室内照明按标识分时段由人工进行控制。

饭店为每一台设备制订了详细的操作规范,包括设备操作、维护保养、存放、交接等方面,使员工能够正确操作设备。正确的操作规范,能够有效避免设备空转、"带病使用"等问题,也能避免设备滥用现象。

根据节能减排需要,饭店调整了服务操作流程,改变了服务操作中浪费能源的不良习惯。例如,要求前厅员工在给团队会议客人排房时,尽量将客人集中安排,淡季期间关闭闲余楼层,减少能源浪费。

饭店还要求相关部门定期对用电设备进行维护保养,及时检修,降低电耗。例如,做好电动机的维修保养,减少转轴的转动摩擦,降低电能消耗;加强线路的维护,消除因导线接头不良而造成的发热以及线路漏电现象,节约能源的同时保证供电安全。同时,要求相关部门按照设备的参数标准加强对中央空调制冷机组的冷冻水和冷却水的出水、回水温度的控制,使中央空调制冷机组在最佳运行负载下运行,提高机组的制冷效率,提高能源使用效率。

饭店配置了两台 1 000 千伏安变压器,在不运行中央空调制冷时,一台变压器完全能满足运行负荷需求,则适时停用另一台,以减少设备变损。

考虑到用电设备中大都带有电动机等电感性负荷,饭店设置了电力无功补偿柜,以补偿用电设备的无功损失,提高用电设备的功率因素。

在燃气节约管理方面,饭店努力提高锅炉运行效率,保持锅炉经济运行。饭店许多用气设备是间断性用气,当设备停用后,立即关闭设备的进气阀,同时关闭整条管路的总阀,使该管路与蒸汽系统隔断,防止热量损失,并减少冷凝水的产生。同时,饭店将生活热水的出水水温维持在 45~55 ℃,以减少蒸汽浪费。

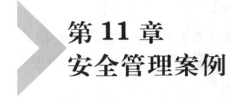

第 11 章
安全管理案例

11.1 部门安全案例

PART 1 正面案例

案例一 为客人的车子封车窗

【教学目的】

1.培养员工的安全意识。

2.了解酒店安全管理的切入点。

【案例回放】

7月21日,原本炎热晴朗的天突然下起了大雨,保安部曹主管和值班保安小贾在停车场巡视中,发现一辆轿车的四个车窗均未关严,车内也没有客人。看着瓢泼大雨倾盆而下,为防止雨水淋到客人车内,曹主管和小贾连忙找来塑料布和胶带,将客人的车窗全部封了起来。

大雨还在哗哗地下,曹主管和小贾不停地在这辆车的附近巡视,担心不要出现意外。

过了很长时间,车主马先生回到停车场,当他看到车子的窗子都用塑料布和胶带封起来时很惊喜。这时,曹主管和小贾走过去说明了情况,马先生非常感动,对保安员的细心和酒店无微不至的关怀表示由衷的感谢。

【案例点评】

酒店工作人员是客人的服务者,同时也是客人的保护者。工作人员要时时关注周边的情况,从各个方面保护客人的利益不受到损失。

保安部曹主管和值班保安小贾在看到客人车窗未关,并没有一味地寻找客人,而是灵活机智地及时采取措施做好处理,这就是十分负责的态度。

客人车窗没关又赶上下雨,这不仅有淋湿的问题还有防盗的问题,身为保安部的人员就应该有这种警惕性,他们关注这辆车的做法很到位。

【对管理者的启迪】

1.酒店要注意安全防范意识的培训,安全问题不仅是保安部的工作,也是全体员工都应该关心的问题。

2.员工要在日常工作中注意巡视,注意发现异常的现象,防患于未然。一旦发现问题要及时处理。

3.酒店要制订应对各种突发事件的预案,并做好日常演练,同时要注意不断地积累处理各种繁杂问题的经验。

案例二　不听劝阻的小孩,被酒店旋转门"咬"伤索赔 1.5 万元

【教学目的】

1.掌握应对酒店突发事件的处理技巧。

2.学会做好酒店安全管理中的安全防范工作。

【案例回放】

小骆是一家五星级酒店的大堂副理。这天小骆和往常一样,照例巡视酒店大堂。蓦然,一个小孩的身影走进了小骆的视线。只见那个小孩也就六七岁的样子,在大堂进门的旋转门里跟着旋转门在玩。

小骆赶紧上前:"小朋友,你爸爸妈妈呢? 你不可以这样玩,小心被撞到呢。"

小孩用手指了一下大堂里正打电话的男人,然后跑开了。

小骆赶紧走过去和小孩爸爸沟通起来。

"小孩想玩就让他玩一下吧,又不会出什么事,再说出事也不怪你们,你看我正忙着呢,别烦我啊。"小孩爸爸话刚说完,就走到一边继续打他的电话。

小骆摇了摇头,继续和小孩沟通:"咱们不玩这个好吗? 阿姨带你去玩其他更好玩的东西哦。"但小孩还是不理会小骆。小骆不停地劝阻了 3 次,直到大副台上的电话响了起来,小骆便去接电话了。

突然间,只听得"哇"的一声撕心裂肺的大叫,差点把小骆手上的话筒惊得砸下。原来是小孩一直在大堂旋转门内乱跑,他突然停下来但旋转门未停,导致自己的脚被夹在门下,刚才那声惨叫就是小孩发出来的。

后来,在酒店工程部员工、小骆、小孩爸爸及其他人的帮助下,门被抬了起来,小孩才得以脱身。随后,酒店立刻安排车辆送小孩去医院,经医生诊断并无大碍,就是小孩脚上的皮有少许擦伤。

把小孩送进客房后，小骆还没有来得及喘口气，小孩爸爸就开始向酒店索要赔偿了，包括小孩的营养费、保姆费、精神损失费，共计 1.5 万元，并扬言如果不赔偿的话，就要找媒体曝光。

小骆和酒店的前厅经理积极地与小孩爸爸沟通，表示可以帮其减免房费，并赠送两份自助晚餐作为补偿，但是客人坚持要求给予现金赔偿，双方并未达成一致意见，客人气愤离店。

后来酒店方继续联系客人，希望能够解决此事，但是客人坚持不肯让步，并表示会起诉酒店。

小孩爸爸回客房经过大堂时，还狠狠地瞪了小骆一眼，对小骆说道："你跟你们老总讲，酒店要不给我个说法，我就把事情搞大！"

小骆第一时间把这件事情告诉了酒店张总，张总觉得事情有点棘手，虽然自己能处理，但是让部门经理有个实例培训一下，岂不更好？于是通知当天下午召开大门"咬人"事件专题会。

会上，各部门经理七嘴八舌地讨论起来。前厅部贺经理说道："我们酒店方已经提示过客人，父母作为监护人没有看好小孩，出了事，却来怪酒店？酒店方出于人道主义免其房费、赠送晚餐，能做的已经做了。如果客人仍向酒店索赔，不好意思，如果您要采取其他维权手段，酒店会全程配合。除此以外，还想要其他好处的话，不好意思，没有。绝不能助长此类歪风！"

客房部姜经理说："不该让步就不要让步！做好准备，比如小孩玩的视频、工作人员劝阻的视频、工作人员与小孩家长沟通的视频等。与小孩家长联系尽量用微信、短信或电话录音。我们是连锁酒店，跟公司总部提前做好沟通，避免客人打电话投诉。希望这件事能圆满解决。"

餐饮部梁总厨说："这不是索赔，是勒索！"

"把旋转模式改成平开模式，等小孩走了再改回来，他无赖我们也无赖。"工程部曾经理气愤地说，"其实这事也简单，直接问小孩父母，你作为直接监护人，难道就没责任？如果对方索赔，我们直接告对方作为监护人没有尽到监护人责任，尤其他在劝阻之后没有任何阻止未成年人的行为，并在发生事故后，索要巨额赔偿，查看敲诈额度定义，也可以以此作为切入点。"

随着讨论越来越热烈，一时都无法知道谁先谁后了。

"反起诉，说他造成了酒店财产损失。"

"小孩受伤主要责任在其父母，他们对自己孩子的安全不够重视，而在酒店员工多次劝说下并没有及时制止孩子的行为，从而导致意外发生。这件事小孩的父母有很大的责任。"

"我以前做的酒店也有过这种情况，小朋友在行政酒廊摔倒撞到了头，索要酒店 12 张房券，理由是未来每个月都要到酒店来抚慰小朋友受伤的心灵。酒店平均房价 1 000 元，最后还是赔了。又是这种无赖客人，活该！"

"等客人起诉咯，酒店有提示客人，尽到了酒店的告知义务，并且酒店方也做出了积极回应，表示做一些补偿。客人这种做法和讹诈有什么区别，我的意见是坐等起诉。"

"越是不讲理越不能随便妥协，更何况不是酒店的过错，酒店站得住脚，不管他就好了，要怎么随你便。"

"这种客人就不能惯着,你要惯着他,他会更得寸进尺。酒店人员也已经告知小孩父母劝阻小孩不要玩门,作为父母没尽到监护人的职责,这边被夹了,还反咬我们一口。我们要是妥协了,他来一次酒店就会想索赔一次,这种客人就不要跟他妥协,不然受害的还是我们。"

"收集一切有利证据(事件经过、视频、图片、安全提示、证人),找好律师,等待应诉吧。这种事非常恼人,我第一次工作的店里,也遇过类似事件。打官司,结果是赢,但是费钱、费时啊!"

"现在的客人都不用道理讲话的,都不知道'素质'两字怎么写,蛮横无理是他们的本性。唉!可怜的酒店人,始终都是弱势群体,无奈!"

"以前工作的酒店旋转门,自从把几个孩子的脚夹住赔钱后,至今没用过,天天用平开门!也可以借鉴一下哦。"

"作为我们酒店,不要想着用息事宁人来谈,不要总是拿那些少数的没素质的客人没有办法,今天你答应了赔偿,这消息传开,以后就会有更多这样的人出现,宁可拿钱跟他们打官司,都不要对无理的要求让步。"

"首先,作为我们酒店,肯定不想事情闹大,毕竟这会影响我们酒店的名誉、口碑。所以,我建议酒店还是选择协商甚至赔偿。但是赔偿 1.5 万元,还是多了。我也不同意赔偿那么多,所以看酒店是否用房券、自助餐券等形式来赔偿给客人。如果客人还是坚持要赔偿 1.5 万元,那酒店可以赔偿一部分现金与少量或等额的房券和餐券。"

"收集关于小孩不听劝阻、家长监护不力导致小孩受伤的证据,可以启用酒店的公众责任险,由保险公司来处理!"

"酒店是个小社会,形形色色的客人都会有,所以跟这种没素质的人讲不清理,打官司劳民伤财,建议协商解决,重要的是做好防范措施,例如在重大接待时开启转动模式,在婚宴、过年等节假日高峰开启手动模式,以确保安全!"保安部经理突然慢条斯理地说了一大段,大家纷纷点头表示认同。

部门经理你一言我一语,说得热火朝天,也有很多真知灼见。张总一边听、一边想,慢慢的一个最终的处理方案基本成型,那就是"据理力争,原则不让,法律维权,人性关怀"。

最终的结果,应该能预想得到。

【案例点评】

此案例中,客人显然是无理取闹。酒店大堂副理已经提醒了小孩,也提醒了小孩的父母,尽到了义务。只是小孩及其父母都不听劝阻,导致事件发生,所以小孩的父母要负主要责任,即监护不当的责任。

酒店可以做一些人性化的关怀,但不能纵容和无限度地满足客人的无理要求,将酒店变成任人宰割的羔羊。

酒店张总处理此事的十六字方针值得赞赏:"据理力争,原则不让,法律维权,人性关怀。"

对于"不好伺候的客人",酒店可以努力做好服务,但对于无赖客人,酒店可以选择不接待,甚至可以将其列入"黑名单",上报当地酒店协会,成员酒店也可选择不再接待此客人。必要时,可以将酒店这一权利告知或暗示客人。

【对管理者的启迪】

1.在酒店所有存在安全隐患的地方,要有安全提示。如在酒店的大堂,可设置"严禁未成年人在门内玩耍"等字样。

2.酒店要积极购买公众责任险,这样可以减少风险,也可以因此而减少因打官司造成的时间、人力成本和对酒店品牌的负面影响。

3.品牌和声誉不是靠妥协获得的,酒店要坚持底线原则,不对无赖客人做无原则、无底线的让步。

4.发生此类事件时,一定要保管好监控视频等证据资料,学会拿起法律的武器保护自己。

案例三　一张身份证＝一条前台员工的生命

【教学目的】

1.了解《反恐法》对酒店业的要求。

2.学会处理酒店应急事件。

【案例回放】

这是一件让所有人都感到无比沉痛的事,事件发生在酒店,起因是因为一张身份证。

2016年8月26日22:06,因拒无身份证人员入住遭围殴身中3刀、连续抢救17天的广西南宁市一酒店员工,因病情过重,在广西医科大学第一附属医院抢救无效死亡。

按实名制登记制度执行,却惨遭歹徒毒手。

2016年8月5日3:17,3名男子来到南宁市白沙大道一酒店要求开房入住。酒店前台服务人员按照实名制登记制度,要求3名男子出示身份证进行登记。而3名男子中只有一名男子张某出示了身份证,另外两名男子姚某、姚某强未能出示身份证。对此,酒店前台服务人员告知姚某和姚某强,不能为其办理入住手续。随后,张某、姚某、姚某强三人离开酒店。

事发当天3:33,3名男子再次折返,其中一人用砖头打砸酒店玻璃大门。随后,3名男子中的其中两人,冲入大厅殴打酒店一男性工作人员罗某。扭打过程中,一男子掏出随身携带的匕首连捅工作人员3刀。随后,三人骑电动车逃走。酒店工作人员随后报警求助,并将受伤工作人员送至南宁市第二人民医院抢救。8月6日,罗某病情恶化,转至该院重症监护室。

案发后,江南派出所立即协同江南公安分局刑侦二大队对案件进行调查。通过其中一名嫌疑人张某在酒店前台出示的身份证信息,办案民警在经过大量的走访调查后,迅速掌握了3名嫌疑人的基本情况。民警兵分两路,一组民警对嫌疑人有可能出现的落脚点进行伏击守候,另一组民警找到了 3 名嫌疑人的家属,并做他们的思想工作。经过规劝,张某的父母表示愿意配合公安机关让其儿子投案自首。

8 月 9 日,嫌疑人张某在田东县公安机关投案自首,随后被带回南宁。10 日 21:00,嫌疑人姚某、姚某强在家属的劝说下,来到南宁市公安局江南派出所投案自首。至此,3 名嫌疑人全部归案。

【案例点评】

类似事件频发,说明酒店业已成为高危行业。

《中华人民共和国反恐怖主义法》第八十六条规定:住宿、长途客运、机动车租赁等业务经营者、服务提供者,应当对客户身份进行查验。如未按规定对客户身份进行查验,或者对身份不明、拒绝身份查验的客户提供服务的,主管部门应当责令改正;拒不改正的,处二十万元以上五十万元以下罚款,并对其直接负责的主管人员和其他直接责任人员处十万元以下罚款。法律自 2016 年 1 月 1 日起施行。目前,全国几乎每月都会有相关酒店被罚款甚至停业整顿半年的相关报道。除了酒店方受罚,关于故意伤人,其实也有相关的条例。《中华人民共和国刑法》第二百三十四条规定,故意伤害他人身体的,处三年以下有期徒刑、拘役或者管制。致人重伤的,处三年以上十年以下有期徒刑;致人死亡或者以特别残忍手段致人重伤造成严重残疾的,处十年以上有期徒刑、无期徒刑或者死刑。

本案例中,歹徒伤害酒店员工并致死,必须得到严厉惩罚。酒店员工在执行国家政策法规时,其安全也必须得到保障。酒店、酒店员工以及公安部门,都要采取相应的措施。面对非理性客人,酒店要尽量做到低调解释、高调保安。

【对管理者的启迪】

1.客人不是上帝,服务的人和被服务的人是平等的。粗暴不讲理以及违法乱纪的客人,酒店不欢迎。

2.对付流氓,必须拿起法律的武器,伤害酒店员工的人,必须追究到底,对其绳之以法。

3.酒店自身要加强技术防范,如建立与公安一键式呼救系统、保安夜班设加强班模式等。

4.事先将相关法规告知、张贴,委婉处理。

案例四　手机

【教学目的】

让学生懂得正确处理类似本案例情况的方法。

【案例回放】

某酒店保安部监控室,杨总经理和保安部王经理正在回放今天的一段电子探头摄下的录像。

镜头1:

这是客房10楼电梯间。忽然,电梯门缓缓打开,只见从轿厢里走出一位打扮入时的年轻漂亮小姐。此时是15:30。

镜头2:

这是10楼楼道探头摄像,这时我们只能看到这位小姐的背影。她抬腕看了一下手表,也许她觉得时间不早了,只见她脚步加快,一边走、一边看着每个房间的门牌号码,估计是在寻找她所要找的房间。突然,她停留在一个房间门口,脚步不再移动,估计这个房间正是她所要找的。她靠近房门,敲门。不一会儿,大概有人开门了,不知她与开门的人说着什么。少顷,她的身影就闪进了那间客房。

镜头3:

当一个人从那个房间出来时,已是18:15了。随着人影向镜头逐渐移近,我们可以看清此人正是刚才进入该房间的那位小姐,只不过衣着打扮与前面那个镜头里展现的有所不同,原先穿在身上的浅色过膝大衣现在改成挽在手臂上,而身上裹着的是一件深色毛衣。

镜头4:

从那位小姐离开,一直到该房间客人走出房间,向大堂副理报告手机丢失,历时15分钟。在这段时间里不见有其他人进出该房间。

保安部王经理放完监控探头摄下的录像,心里已经有了数,然后对杨总经理说道:“可以告诉1012房客人了,他说下午没有别人进他的房间是十足的谎话,不然可以叫他来看录像。”杨总经理终于松了一口气。

究竟是什么事情让杨总经理紧张了一阵呢?

原来,住在1012房的游先生,于当天18:30左右找大堂副理报告,说他去吃晚饭时把手机搁在房间里,等吃完饭回到房间,发现手机不见了。他怀疑是当班服务员乘他去吃晚饭的时候,把手机偷走了。

杨总经理听了大堂副理汇报后,心情沉重得吃不下饭。心想,如果真是服务员所为,那传出去该多丢脸!他在保安部王经理的陪同下,匆匆赶到客人房间。

"先生,你丢手机之前是什么情况,能介绍一下吗?"杨总经理问道。

"我是下午 1 点从街上回来进房间的,然后就上床休息。傍晚 5 点多出去吃晚饭,回来后就不见手机了。"客人回答。

杨总经理又问:"请你回忆一下,你下午回房间后手机还在吗?因为有可能你没有回房间之前,手机就已经在外面丢失了,是吧?"

"不可能,我下午在房间里还给家里打过电话!"客人十分肯定地说。

"那下午有没有你的朋友来拜访呢?"这时在一旁的保安部王经理开口了。

客人愣了一下,但还是以肯定的口吻回答:"没有,绝对没有!我估计是你们酒店的服务员,在我出去吃饭那一会儿进来收拾房间,见到手机后偷走的。"

"那么这样吧,我们向服务员调查一下,如果当班服务员不承认又确有疑点,我们绝不会姑息祖护,一定报案。你看可以吗?"杨总经理诚恳地说。

"何必报案呢?你们赔一点钱给我就算了,不然搞得服务员无脸见人,弄不好还会发生意外。"游先生似乎还挺为服务员着想,提出这么一个解决问题的方案。

当然,杨总经理没有同意客人的建议。

杨总经理、王经理离开房间后并没有去找服务员,而是先到保安部值班室(也是闭路电视监控室)查看探头录像,于是就有了前面几个镜头的回放。

当杨总经理和王经理再一次找到游先生,向他介绍了监控探头录像情况后,问客人是否还需要向服务员调查并报案时,游先生颇为尴尬,喃喃自语道:"也许是那个小姐偷走的吧。算了,还报什么案呀。"当然他也不再提出索赔的要求了。

【案例点评】

客人报称在房间里丢失财物,确是一件很伤脑筋的事情。因为有的客人动不动就要求酒店赔偿,否则就声称要找媒体曝光。许多酒店往往怕事情闹大而影响酒店声誉,于是未做调查就表示愿意适当赔偿,以图息事宁人。甚至,明知有诈,也甘愿吃哑巴亏了事。

遇到此类事情怎么办?我认为要注意以下几点:

第一,客人报称丢失财物,酒店上下不要惊慌,首先询问客人丢失何物。当告知所丢物品价值不高时,可由服务员进房帮其查找。一般来说,报告低价值物品丢失者不可能设局欺诈;若告知所丢财物是高价值的(如千元以上),那就要慎重处理,应由管理人员出面请客人离开房间,保护好现场,并询问客人是否要向公安部门报案。

第二,若客人不要求向公安部门报案,应当考虑情况可能比较复杂。酒店可以先向客人及相关人员进行调查,包括如本案例"翻阅"探头录像(这里也足以说明监控探头录像的重要性),以辨别客人向酒店报案的真实性。

第三,报称所丢失的财物价值高,而且调查无疑点或无结果,客人又不同意向公安部门报案的,一般可以不予采取进一步的行动。不过,我们可以佯称将向公安部门报案,以观察客人反应。

第四,客人若同意报案,即便公安部门介入,只要在公安部门未得出结论之前,酒店无须向客人表示赔偿。即使公安部门得出结论,认定是在酒店失窃,但还要厘清酒店是否都已采取防范措施了,如果防范措施严密,一般来说酒店不承担主要责任;假如被公安部门查出,客人失窃是由于酒店安全措施不力、管理不善等原因造成,那么就要准备负主要责任了。这里说的防范措施包括安全设施、设备的健全情况,安全制度的执行情况等,其中包括总台登记时是否向客人声明请寄存贵重物品、现金,并请客人签字认可说明已收到寄存通知,以及在适当的地方是否有张贴安全警示语等。

【对管理者的启迪】

1.遇到如同本案例情况时,酒店管理者必须清醒认识到:在对事件未调查之前,不必要也不可以向当事客人承诺赔偿,而是按点评中所述方法和步骤有条不紊地进行处理。

2.在公共场所安装足够的摄像探头,并保证其安排在合适有效的位置,这十分重要。

PART 2　反面案例

案例一　不落实实名制被罚款 10 万元

【教学目的】

让员工认识到实名制住宿登记的重要性。

【案例回放】

2016 年 6 月,初夏时节,杭州正是一片绿意盎然。

6 月 25 日是杭州公安局落实《中华人民共和国反恐怖主义法》集体大行动的一个特殊的日子。拱墅区公安分局依法对辖区的酒店上门检查。检查中,发现区域内某酒店多次出现不按要求落实住宿人员身份查验登记的情况。2015 年 9 月,拱墅警方就此情况已对该酒店进行了提醒和告诫,但酒店方仍没当一回事,受到提醒告诫以来,又连续 3 次因不落实住宿人员身份查验登记,被公安机关施以行政处罚。

这次在 6 月 25 日上午的大行动中,分局民警对该酒店进行检查时,再次发现其中 2 间酒店客房的住客身份信息没有按规定查验登记。分局依据《中华人民共和国反恐怖主义法》第八十六条第(二)款之规定,对该酒店做出了罚款 10 万元的处罚,并对酒店直接主管人陈某罚款 1 万元。

【案例点评】

法律的规定是刚性的,任何酒店和个人都无权逾越。警方已连续 3 次对这家酒店不按法律要求对住客查验登记进行了提醒和告诫,但酒店方仍没当一回事,最终被公安机关施以行政处罚是必然的。酒店必须依法经营,否则,会给犯罪分子带来可乘之机,威胁酒店、客人及国家的安全,同时,也会为酒店带来不可控的风险和损失。

【对管理者的启迪】

1.酒店管理要严格执行法规和制度,法规和制度是刚性的,只有执行了制度,才能给酒店带来安全。

2.任何侥幸的心理,都会为酒店带来不可控的风险。

案例二　向酒店索赔 100 万的受伤客人

【教学目的】

1.增强安全意识。

2.了解酒店客房易发事故点,掌握防范的办法。

3.掌握处理此类投诉的办法。

【案例回放】

这是两个真实的故事,故事中的两位客人都被酒店浴室玻璃划伤。

2016 年 10 月 22 日,广西柳州一家经济型酒店泽丰大酒店的浴室玻璃爆裂,导致一男性客人身体被玻璃划伤。酒店立即送客人到柳州市中医院就医。根据医生诊断,客人左前臂、左手共有四处划伤,客人对于医生建议的治疗方案,因个人原因没有接受(有急事、没有时间),仅对伤口进行了包扎。

后来,该客人发函来酒店,向酒店提出索赔。酒店给予《复函》如下:

酒店方已收悉房客周某你 2016 年 11 月 3 日来函《关于入住泽丰大酒店受伤之说明》,经研究答复如下:我公司看见您受伤之后,立即送您到柳州市中医院就医,根据中医院医生诊断,您左前臂、左手共有四处划伤,对于医生建议的治疗方案,您因个人原因没有接受,最后仅对伤口进行了包扎便离开医院。现您诉说大腿根部也受到伤害,我司表示不能理解,如果当时您大腿也受伤了,为何在中医院治疗时没有向医生述说这一伤情。

对于周某提出的精神抚慰金,《复函》则回应:

对于您诉求的精神抚慰金,我司认为您作为一名久经风雨的男士,此次伤害对您来说应当不算什么,故我司对您诉求精神抚慰金表示不能接受。

最后,《复函》回应表示,酒店愿赔偿500元并签订协议,若客人不能接受,可通过法律途径解决。酒店承认玻璃门是自行爆裂的,那么酒店基于服务合同的保障义务,承担了对应的违约责任。

另一个故事:

2016年8月9日,是传统七夕情人节,全国各地的有情男子使出浑身解数,讨女朋友欢心。不少酒店也在这一天集体满房,整个天空都弥漫着爱情的味道。

20:30左右,120急救车的鸣笛打破了这份喜悦,很快,医护人员抬着一个满身是血的男子从广西某酒店走出。

据了解,该男子正好在此地出差,晚上回到酒店,准备冲凉休息,刚进去没多久,浴室的玻璃推门发生了自爆,由于浴室空间较小,躲避不及,该男子腿部被玻璃残渣划伤,血流不止。经过处理,该男子的伤势无大碍,但该男子向酒店提出100万元的巨额索赔,让酒店头疼不已,同时严重影响了酒店的生意。

最终,该事件以酒店赔付远低于100万元的赔偿金后了结。

【案例点评】

两起事件,都是缘于浴室钢化玻璃门自爆。那么,钢化玻璃为什么会在没有外力的情况下自爆? 又该如何预防钢化玻璃自爆呢? 我们如何避免这种悲剧再次发生?

其实钢化玻璃内含有一种叫硫化镍的成分,在热胀冷缩的情况下,这种小颗粒会变大变小,此时,就可能导致玻璃内部应力变化剧烈,从而产生自爆。玻璃行业内允许的自爆率一般在3%左右。

钢化玻璃在生产过程中均质处理技术不完整,或者在安装过程中,如果没有留足够的伸缩空间等原因,都会导致发生自爆。同时,极端的高温天气,会更容易诱发钢化玻璃自爆,炎热的夏季是钢化玻璃发生自爆的高发期。

如何预防钢化玻璃自爆? 业内人士提醒,在使用钢化玻璃时,可贴一层防爆膜,在一定程度上可以降低钢化玻璃的自爆率,同时,当钢化玻璃发生自爆碎裂的时候,玻璃碎渣会粘在防爆膜上,而不会掉落下来,可以防止钢化玻璃自爆后,残渣飞溅伤人的问题。防爆膜款式多样,有透明的、磨砂的、带图案的、珠光花系列的,美观大方,透光不投影。买浴室玻璃门专用的防爆膜,成本价大约为1~2元/平方米,有的甚至更便宜。这些都是未来酒店可以整改的方向。

【对管理者的启迪】

1.凡是玻璃爆裂而伤及客人的,酒店必须承担一定责任,无法推诿,还是预防为主。

2.选购声誉良好的品牌钢化玻璃,玻璃上有 3C 认证和品牌标识,厂址明确,具有合格证,这样的产品质量可靠,售后服务也好。据专家介绍,有条件的话不要购买普通钢化玻璃,而购买钢化夹胶玻璃。夹胶玻璃是用 PFVB 胶片将两片钢化玻璃高温黏合,提高 5 倍以上强度,可以把爆裂碎片黏合,避免碎片伤人。如果条件允许,可以再贴上一层透明防爆膜,也因其粘力作用,更加有效防止碎片伤人。

3.雇用技术水平高的技术工人安装。

4.在淋浴间的明显处张贴安全提示,提醒客人规范操作,如拉门动作轻缓、水温逐步调高和在使用前铺上防滑垫或防滑巾等。

5.酒店必须购买公众责任险。

案例三　停车风波

【教学目的】

1.认识停车场也是酒店产品的一部分,必须与营业性部门一样予以重视。

2.了解做好停车场安保和服务工作应采取的措施。

【案例回放】

已是下半夜时分,天还下着蒙蒙细雨,某酒店停车场的大功率钠灯早已熄灭,只有周边的路灯在雨帘中泛出微弱的白光。

这时一辆黑色轿车缓缓地滑进停车场。停车场门口岗亭的保安员急匆匆地赶到车旁,正想指挥车辆停靠在合适位置,可是车里的客人已经出来,并径直往大堂方向冒雨跑去。保安员只好作罢,回到自己的岗位去了。

第二天一早,这辆车牌显示来自外地的奥迪轿车主人,找到停车场门口岗亭的保安员,声称他的轿车右边尾部被别人的车刮伤,并说肯定是原先停在他车子右旁的另一部车开出去时刮的,责怪保安员没有帮忙指挥那部车开出,才导致这样的结果。

保安员回答说:"我虽然都在岗亭里,但并没有听到有车的刮碰声,会不会是你的车未进场之前在外面就已经被刮了?"

话音未落,这位人高马大的中年男子上前就抓住保安员的衣领,气愤地说:"你没有看好车,还胡说八道!"中年男子大有要揍人之势,幸好被路过的其他人拉住劝下。

事情到此并未结束,过了一会儿该客人找到大堂副理,要求酒店给予赔偿。

由于该酒店停车场的监控探头早已损坏,也就没有停车场的摄影录像。因此,大堂副理无法判断该车是否是在本酒店停车场所刮,只好请求客人找保险公司赔付。

没想到这部车保险期刚过,未做续保而无法索赔,于是客人坚持要求酒店予以赔偿。大堂副理则以尚难断定该车是否在本酒店停车场刮碰为由,拒绝了客人的要求。

不料,这位恼怒的车主竟然将车停在了酒店大堂门前的回车道上,堵住了其他车辆通行,并声称要请媒体曝光此事。

无奈,酒店只好与客人协商,最后以免去这位客人的两夜房费才平息了这场风波。

【案例点评】

类似本案例的情况屡有所闻却不见减少,为什么? 其中一个重要原因,恐怕是发生类似事件的酒店,没有将停车场视为酒店产品的一部分,疏于严密管理的缘故。

我们先来链接另一家酒店发生类似事件后的处理情形:某日,该酒店大堂副理接到一位客人报称其车身被刮,同样要求酒店予以赔偿。大堂副理很快将停车场的探头录像调出来与客人一起观看,录像中清楚地表明该车从进入车场到客人发现车身刮痕的整个过程中,该车两旁在近距离内,并无其他车辆与之为伴。附近车辆进出均在保安员的指挥下安全行驶,没有发生过包括该车在内的刮碰现象。车主看后不得不承认自己的轿车是在进酒店停车场之前就被刮碰了,此事自然得到了妥善的解决。这说明什么? 该酒店之所以监控探头完好、录像完整,说明他们把客人停车视为消费行为之一,给予了高度重视。因此,该酒店的保安员也十分认真地指挥着每一部车的进出,自然也就不会发生类似前述案例的不愉快的事情了。

为了减少乃至杜绝客人车辆被刮、零件被偷甚至整部车失踪的事件,酒店应把停车场看作是酒店产品内容之一,同时也是一家酒店用以促销的条件之一——若停车场不方便或不安全,那些有自驾车的客人是不会上门的! 为此,酒店应有如下措施:

第一,设看场保安岗,24 小时走动巡视,主动指挥车辆进出,以防车辆碰撞或堵车事件发生。

第二,有 24 小时运转的电子眼监察(当然夜间也要有足够的光源或采用红外线探头),并保留一定时间的录像资料,以备发生意外后可供回放研判之需。

第三,为防止车辆被盗,客人的车辆进入停车场时,发给停车卡,离开时凭停车卡放行。另外,为避免在本店消费的客人对停车收费不满,可以不予收费,那么在发卡之时交代客人凭此卡到总台或吧台,换一张表明在本酒店消费的另一种停车卡。而对那些不在本酒店消费的客人车辆照样收费,此举可限制附近居民有过多的私家车,停放本酒店停车场而影响营业。

也许有人认为,酒店发停车卡给客人似乎存在风险——万一客人车辆丢失,此卡岂不成为客人与酒店打官司的凭据? 说到风险,天底下恐怕还没有不担任何风险的商业活动,重要的是应想办法如何去规避风险。我们采取种种措施(包括发停车卡)的目的就是力求客人车辆安全,把风险降至最低。如果有以上担心而不发卡,那么客人车辆丢失之后吃官司的可能性则更大。假如都不想承担风险,那干脆事先向客人声明本酒店不看车,丢失概不负责。这无异于告知客人本酒店没有停车场,显然直接影响到有自驾车的客人上门投宿与消费,损失更为巨大。

第四,购买包括客人车辆安全的公共责任险,不失为一种防范措施,也算为防止不测增加了一道"防火墙"。

【对管理者的启迪】

1.必须让酒店上下明确,酒店的停车场也是酒店产品的重要组成部分,与其他营业场所一样必须受到重视,为客人提供良好的停车服务。

2.为做好停车场安保和服务工作,应当按点评中提出的四项措施去做。

案例四　1520 房失窃案

【教学目的】

1.增强员工的安全管理意识。

2.了解针对特殊情况的处理方式:

(1)访客要求在住客房休息或住宿。

(2)访客只是将物件送入房间,不逗留在住客房间休息。

【案例回放】

"服务员您好,请您帮我一个忙好吗?"

正在 1508 房间弯腰铺床的房务员小姜，突然听到一声轻柔的男中音从门口方向飘来。她赶忙直起身，朝门口望去。只见一位戴一副金边眼镜的男青年正笑容可掬地看着她。

小姜觉得好像在哪儿见过这个人，一时想不起来。小姜对客人的求助向来都是积极回应，她热情地问道："您好，您需要我做些什么呢？"

"是这样，我本来在等 1520 房间的客人回来，没想到他刚才打电话说，在外面一时回不来，叫我请服务员开一下他房间的门，让我先在他房间里休息，等他回来。我已经在走廊等了一个小时，也确实累了。麻烦您帮我开一下他房间的门，您看可以吗？"这位看上去挺斯文的男青年温文尔雅地说道。

这时小姜想起来了，确实在一个小时前见过这位身着西装、拎一只密码箱的男青年，站在走道尽头，似乎是在等什么人，但由于今天自己整理房间任务重，顾不上与他打招呼。现在人家找到自己了，不能不理。

"1520 房间客人姓什么？哪里来的？"小姜例行公事地问道。对方迅速而且肯定地回答："姓赵，赵总，是山西来的，来这里参加煤炭会议。"

小姜知道，这个楼层住的客人确实都是参加煤炭会议的。但是 1520 房的客人是不是姓赵，来自哪里，自己并不清楚，还是要核实一下为好。于是她通过对讲机向房务中心证实，该房间客人确实姓赵，而且来自山西。

不过，即使以上信息都是正确的，按酒店规定，一般是不可以让访客进入住客本人不在的房间，只有在住客要求或同意之下才允许。所以小姜没有马上答应对方的请求，而是要求对方："请您打个电话给赵先生，我来和他讲话。"电话接通后，这位访客与对方不知讲了几句什么，然后将手机交给小姜，电话那头的"赵先生"不但证实是自己要求为眼前这位访客开门，而且对服务员的负责精神表示感谢。

最后，小姜为这位访客开门，也按规定做了记录。

到了中午，1520 房间的客人赵先生向大堂副理报告，他房间的手提电脑和一条中华牌香烟不见了。

酒店保安部调看楼层探头录像，向涉事人小姜了解情况后，立即向当地派出所报案。警察通过店内店外的监控探头，掌握了窃贼行动轨迹，很快找到窃贼窝藏地点，起获了未被销赃的手提电脑和香烟，及时交还给了客人。同时根据起获的其他赃物，牵出了多起其他盗窃案件，并抓获其同伙。

警察审问窃贼为什么要获得客人信息以及如何获得时，窃贼供述，根据以往作案经验，必须掌握有关信息才可能蒙混过关。为了这次盗窃，他首先从酒店各种告示获知，该酒店大部分客房都住上了参加煤炭会议的客人；还在大堂转悠过程中了解到，来自山西的煤老板多数住在 15、16 和 17 楼。至于 1520 房间客人姓赵的信息，那是"等"出来的，当他在过道徘徊观察时，遇到 1520 房门突然打开，里面出来两个人，他们边走边谈，其中一位叫另一个人为"赵总"。没想到这些信息都用上，并"蒙"过了服务员。窃贼也认为，这位服务员最马虎的地方，是叫他打电话给所谓的"赵先生"进行证实，而这正是他最容易与同伙表演双簧来完成的。

【案例点评】

本案例窃贼显然是经常出没于酒店的惯犯,不但摸清了该酒店运作"规矩",找准了安全管理上存在的漏洞,而且盗前做足了"功课"。

房务员小姜看似按照酒店规定处理访客开门问题,而事实上她在两个环节存在严重过错:一是核对住客姓名时,只核对住客的姓氏,而没有核对住客的全名;二是询问住客意见时,本应通过总台根据住客登记表上留下的手机号码,由酒店一方向住客打电话询问,而小姜却请访客打电话,显然是盲目相信访客。正因为小姜忽视了这两个重要细节,才为窃贼打开了"方便之门"。

为了扎紧篱笆、堵实漏洞,以下就两种情况分别提出建议,供处理此类问题时参考。

1.访客要求在住客房休息或住宿的情况

按公安部门规定,旅客必须持自己身份证入住酒店,即使两人同住也需要两人分别持身份证登记。即使住客同意访客进入住客不在时的房间,酒店方也不可轻易答应,因为很难说不会出问题,否则酒店还是难以脱清责任。为此,建议两点:第一,要求对方安排访客另外开房住宿,或到其他消费场所消费并等候;第二,假如住客坚持要求访客进入住客房间,那就必须要求访客到总台依规办理相关手续,并且要求住客出示文字凭据,或作电话录音(一般由领班以上人员与之通话)。也许对方会自觉麻烦而接受另行开房的建议。

2.访客只是将物件送入房间,不逗留住客房间休息的情况

服务员应当完成以下环节:首先,做好访客登记;其次,询问访客并核对住客的姓名、来自何地等信息;再次,通过旅客登记表留下的手机号码,由店方(一般为领班以上人员)打电话给住客征求意见,同意后方可将物件送入房间;最后,访客应在服务员监督下离开房间,服务员做好记录。

【对管理者的启迪】

1.规定员工凡遇到访客要求开门的,均按点评中提出的方法严格处理。

2.新员工在上岗的第一个月时间里,遇到此类事,必须请领班跟班督导处理。

3.对酒店新入职的员工,特别是房务部的员工,应做好安全管理的培训。

案例五　带房号的门卡

【教学目的】

1.认识房卡上显示房号可能产生的严重后果。

2.培养学生对酒店原有做法敢于质疑的精神,凡事都能去想一想、问一问,为什么这样做,这样做有什么利弊,怎样做会更好? 发挥主观能动性,使自己更快成熟起来。

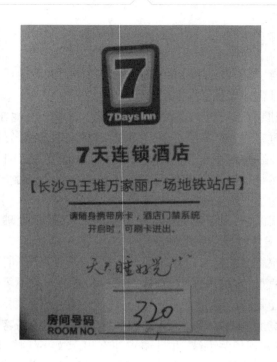

【案例回放】

神情沮丧的客人白先生找到大堂副理小潘诉称：今天上街购物时，放在上衣口袋的钱、身份证、寄存单以及酒店房间的门卡（钥匙）统统被小偷"扒"走，不知如何是好。

小潘向总台查实白先生是住本酒店 809 房的客人后，即安慰他道："你还有寄存在总台保险柜的钱，可以经我们酒店有关人员确认，你报出密码后即可领走。房间门卡丢失不碍事，可以重新制作一张供你使用，请你不要太难过。"

虽然客人一时得到安慰，但令这位客人难过的事情还没完。原来，当重新制作的门卡打开房门后，白先生发现原先放在房间里的旅行袋被打开，一套崭新的西服不见踪影，昨天刚购买的三条本地产香烟也一起消失。

问题出在哪里呢？接到白先生报案后，大堂副理小潘陷入了沉思。

小潘在保安部经理的建议下，查看了白先生从 9:00 离开酒店到 14:00 回到酒店这一段时间里，8 楼过道电子探头的录像，发现在 12:00 左右，有一个男青年（不是酒店员工）进入过白先生的房间，不一会儿又拎了两个酒店的礼品袋离开。

大堂副理小潘询问白先生："你有没有叫一个男青年到你房间取东西？"

"没有啊！"白先生睁大眼睛大声回答。

"那你发现上衣口袋东西丢失是什么时间呢？"小潘心里似乎已有了答案，仔细地查询白先生发现失窃的具体时间。

白先生不假思索地回答道："在我到一家小餐馆想吃当地风味小吃时发现的，那已是中午时间，大概是下午 1 点了吧。不瞒你说，由于我身上没钱了，不但吃不上东西，而且我还是走路回酒店的哩。"

小潘立即带领白先生到咖啡厅用餐，然后说道："回头我把分析的情况告诉你。"

怎么将分析情况告诉白先生呢？小潘感到左右为难。她知道，丢失门卡的责任固然在白先生，但酒店对失窃事件是否一点责任都没有呢？答案是否定的。因为酒店提供的门卡上不但有酒店标志，而且还明白无误地标有房号！显然，当白先生发现钱、门卡等丢失时，小偷已经按门卡上的酒店名称和房号"光顾"了白先生的房间。

小潘一时不知道该如何向白先生解释，陷入了尴尬的境地。她知道，除了向白先生赔礼道歉之外，一定的经济赔偿不可避免。

【案例点评】

白先生房间失窃，问题显然出在门卡的房号上。如果小偷偷去的门卡上没有标明房号，顶多知道的是失主住在哪一家酒店，倘若每一个房间都去试，风险很大。而门卡打上房号，这无疑给小偷提供了莫大的方便——可以赶在失主未发现失窃或即使发现而未要求酒店封闭房间之前，直奔该房间下手作案。

许多酒店为什么要在门卡上贴上房号标签呢？回答是：因为怕客人忘了自己房间的房号，打上房号便于客人辨认。

其实，房号已在房卡（即欢迎卡，也是装门卡的纸套）或钥匙袋上注明，何况客人开一两次房门后对房号应当也记住了。因此，门卡上再标上房号不但危险，也显得多余。

至于一些酒店管理人员认为一般不会因此而出问题，那是侥幸心理。不怕一万就怕万一，本案例足以告诫我们：在门卡上标有房号的做法潜伏着危险，务必改进。

【对管理者的启迪】

1.管理中难免出错，就怕知错不改。亡羊补牢，未为晚也。要善于吸取教训，及时采取补救措施，使得管理不断完善和提高。

2.对酒店各种规定和做法要敢于质疑，凡事勤于思考，为什么这样做，这样做有什么利弊，怎样做会更好？积极主动地与同行交流，向榜样学习、向专家请教。只有如此，才能不断增强自身的管理能力。

案例六　"客人"大声吼起来

【教学目的】

1.培养学生的安全意识。
2.了解酒店客房部可能出现的各种安全问题。

【案例回放】

这一天酒店的住客房特别多，服务员小王正在打扫 705 房间，忙得满头大汗。这时，一位客人推开了放在房间门前的工作车走进了房间。他一进来便把衣服往沙发上一摔，并大声地吼了起来："怎么还没有清扫完啊，我的客人马上就要到了，这是什么酒店啊，下次我再也不会来这里住了！"说着他还拉开了小冰箱拿出一瓶饮料喝了起来。

小王来酒店工作的时间不长,哪见过这阵势啊,连忙道歉:"先生您不要生气,我马上就会搞好的。"小王也是手脚不停地忙着,不一会儿就把房间搞得干干净净。她还是很客气地征求客人的意见,看看还有哪些需要,并表示道歉。客人还是不依不饶,就这样小王很委屈地离开了房间。

晚上,小王已经回家了,突然接到经理打来的电话,说请她马上回酒店,客人说他的皮箱丢了,通过查进房记录,只有小王和晚上报案的这位客人进过这个房间。

小王一听客人的皮箱丢了,很着急,立即打了出租车赶回酒店。可当她见到这位客人的时候愣住了,并说白天见到的客人不是这位,客人也说白天他根本就没有回过酒店。小王把白天遇到的情况说了一遍,还是一肚子的委屈。有经验的客房部经理听完经过后,问小王:"白天客人回到房间,你用客人的房卡验证了那个人就是这个房间的客人了吗?"

小王说:"客人一发火我都没敢吱声,哪还敢验证客人的房卡啊。"

听完小王的话,大家都明白了。后来经过查监控,也证实了那是冒充客人的盗窃者。

【案例点评】

客房服务员在清扫房间时,客人回房间的情况是常有的,但小王没有按照操作流程来验证客人的房卡,这是出现这起盗窃案的根本原因。

服务员在工作中可能会遇到不同的客人和情况,但要记住,不管客人的态度如何,我们要有清醒的头脑,保护好住店客人的利益是管理与服务的前提。

【对管理者的启迪】

1.必须培养员工的安全意识。服务人员一方面要热情地为客人提供优质的服务,另一方面还要保持一定的警惕性,确保客人的安全。这是酒店的责任和义务,包括客人的财产安全、生命安全,也包括客人的隐私。因此,新员工入职培训中一定要有安全教育的内容,使员工树立很强的安全意识。

2.要教育员工严格按酒店制订的操作标准与流程工作。这些标准与流程是多年来酒店通过实践总结出来的,是经过检验的,在任何情况下不可违背,一旦违背就会出问题。

3.酒店要对服务人员进行心理素质的训练,不管客人是高兴还是发火,职责不能忘,不要让个别客人抓住员工怕得罪客人的心理,而干扰了服务人员履行工作的职责。

4.酒店的监控很重要,要保证正常运行,一旦发生问题可以为公安机关破案提供线索。

案例七　夺命之"水"

【教学目的】

1.让学生认识到酒店安全管理的重要性。

2.让学生懂得,细节决定成败。对任何有可能产生危险的事物、服务和操作,不容放过任何细节。否则,就可能发生轻则顾客不满、重则如本案例的殒命事件。

【案例回放】

国庆假期的一天,郑先生自己开车载着父母妻儿一家 5 口,从四川成都回到老家苏州,住进当地一家度假酒店。郑先生开了两间房,父母一间、自己与妻儿住另一间。本是一家人欢欢喜喜地回老家,谁承想,入住酒店的第二天就发生了悲剧——郑先生在酒店因喝一口"水"而死于非命。

事件还得从郑先生父亲擅自进入楼层工作间取水说起。

入住当晚,郑先生父亲因吃药、泡茶,用光了酒店免费提供的两瓶矿泉水。第二天一早,郑先生父亲向正在楼道工作的服务员索要矿泉水,服务员当即从工作车上取了两瓶矿泉水给他。也许郑先生父亲觉得两瓶不够,自己又擅自进入楼层工作间拿走一瓶。回到房间后,住在隔壁的郑先生来到父母房间,随手拿起父亲放在桌上的矿泉水瓶,拧开就喝下一大口。顿时郑先生就感觉肚子痛,但喝下去的液体已吐不出来。郑先生太太找到服务员,也问不出所以然。酒店立即将郑先生送到附近医院,后又转送到大医院。等到弄清郑先生喝的是酒店放在工作间的"除锈垢剂"之后,为时已晚,郑先生最终不治身亡。死亡医学证明书的死亡原因,写的是"酸性液体中毒"。

经查明,该酒店为节约成本,采购的是大桶装"除锈垢剂",后分装到使用过的矿泉水瓶中。由于在瓶身上没有贴上"除锈垢剂"字样的标签,与酒店提供给客人的矿泉水瓶外观无任何差别,导致郑先生父亲误拿(经电子探头回放证实),而郑先生误喝后中毒身亡。

接下来,一场死者家属向酒店索赔的官司不可避免地发生。

【案例点评】

虽然这只是一次意外事件,由于人命关天,自然引起酒店界的强烈反响。这一事件警示我们,酒店工作的任何细节都不容放过,否则,就可能发生轻则顾客不满,重则如本案例的殒命事件。为此,我们必须注意以下几点:

第一,利用空瓶盛装危险液体,必须在瓶身贴上标签以便识别。

第二,进出工作间要随手关门,门旁贴上"非工作人员禁止入内"告示。据称本案例当时工作间门上虽然有此告示,但因门开着又紧贴着墙,郑先生父亲没有看到。不过,即便看到,房门洞开,难免可能"闲人"入内。因此,工作间关门应成为常态。

第三,这次事件厘清责任也多亏了楼道电子探头,由此也证明了安装和保持电子探头的正常使用十分必要和重要。

第四,楼层服务员往客房送矿泉水之类的瓶装饮料,必须注意瓶盖是否被打开过,尤其是非整箱包装的饮料瓶更要仔细察看。

【对管理者的启迪】

1.对有可能发生危险的区域,必须张贴警告性告示:如客房门后贴"睡前挂上安全链"、浴室墙上贴"洗澡时铺上防滑垫"、油库旁贴"请勿吸烟"、台阶上贴"注意台阶"等。这不但是为了预防发生危险,同时也为规避责任留下提醒客人注意的证据。

2.培训员工进行与危险性有关的服务,如 PA 清洁地面、餐厅服务员使用气化炉或使用酒精炉、游泳池救生员巡视、工程部维修电路或电梯等,都必须强调安全操作的注意事项。

案例八　就餐的女孩酒里被偷偷下药了

【教学目的】

1.掌握酒店违法事件的处理方法。
2.掌握应急事件的处理程序。

【案例回放】

美国加利福尼亚州一个女孩在餐厅用餐,被人在酒里偷偷下了药。

事发时,莫妮卡、索尼娅、马拉三个姐妹正在酒店餐厅吃饭,大家聊得正欢时,索尼娅突然不吭声了,瞪着邻桌,向朋友做了个鬼脸:"刚刚那个男的往女孩杯子里放了点什么。"

邻桌坐着一男一女,两人正在喝酒,看起来不是很熟。趁着邻桌女孩去洗手间的时候,索尼娅赶去提醒她:"姐妹之间,敞开了说话,我得跟你说点儿事……"索尼娅一口气就将事情说了出来,让女孩注意一下,千万不要喝那杯酒,让她考虑报警。得知真相,邻桌女孩很震惊,她表示,男子是她最好的朋友,也是同事,两人认识一年半了……

回去后,邻桌女孩不动声色地坐了40分钟。这期间,男子见她不喝,还主动跟她碰杯,引她上钩。然而,不管怎么劝,女孩滴酒未沾。

与此同时,姑娘们向餐厅经理汇报了情况。经理接下来的反应称得上老练,他先叫保安调出监控录像,收集证据,接着一边报警、一边跟犯罪嫌疑人周旋。

为了稳住嫌犯,餐厅服务员忽悠男子说电脑坏了,打不出账单。就这样,整个餐厅,只有嫌犯一个人被蒙在鼓里。

警察来抓他时,他既没反抗,也没问原因,显然做贼心虚。警方表示,目前正在化验杯子里的酒。目击者的证词和监控录像,为警方实施抓捕提供了充足理由。

据悉,犯罪嫌疑人叫麦克·许,今年24岁,现已被指控强奸及迷奸两项重罪。

【案例点评】

北京和颐酒店女孩遇袭无人搭救的经历,至今依然让人心有余悸。假如在酒店餐厅,你看到或听到顾客告知你有人往女孩酒杯下药,作为顾客或者餐厅工作人员,你会怎么做? 是揭穿还是假装看不到?

在酒店餐厅遇到这样的事,像上述案例的顾客和餐厅经理的行为,就值得我们借鉴。社会上不是所有人都能像这三位姑娘一样果敢。万幸的是,三位姑娘挺身而出,丝毫没有迟疑,她们用最安全稳妥的方式,提醒了受害者,又没有打草惊蛇,在众人的协助下,成功阻止了犯罪,她们的智慧与勇气,值得赞扬。

餐厅经理和服务员的表现出色,调出监控收集证据,在了解事情真相后立刻报警,还集体上演了一场戏来稳住嫌犯,最终让该名男子被绳之以法,避免更多人受害。

【对管理者的启迪】

1.酒店除了为客人提供服务之外,还需要为客人提供人身和财产安全保障。
2.见到可疑情况,要机智灵活处理。
3.一旦事态已不属于酒店服务范畴之时,就必须寻求法律和政府执法机构的支持。
4.在处理过程中,要注意保存证据。

案例九　"预订"骗局

【教学目的】

让学生了解酒店经营中可能出现的各种骗局,提高防范意识。

【案例回放】

某日上午,某酒店餐饮部客户经理小向接到一位自称姓徐的某中学老师电话。对方称,要预订该酒店包厢。

小向初入酒店行业,人脉不广,几个月下来销售指标都没有完成。能够接到这么一单生意,小向自然高兴。虽然对方电话很陌生,但小向丝毫没有怀疑,继续与对方商讨预订事项。

"我差点忘了,你们那里有没有 84 消毒水? 先借两箱。"预订谈妥了,对方却突然表示。小向觉得奇怪:"您要这个干什么?"自称徐老师的人说:"明天防疫站要来检查,我现在不在学校,而且身上钱也带得不多,行政办公室的人又都出去办事了。我想请你帮我跟防疫站供应科的李科长电话联系,先帮我垫一下买消毒水的钱,然后叫他们派人送货到学校传达室。晚上去你酒店吃饭时把钱一并结清,你看可以吗?"

一般说来,小向与这位客人素不相识,不可能轻易答应这种与本职工作无关的要求。但是小向心想,为客人做点增值服务不也是酒店提倡的吗? 买两箱消毒水钱应该不多,自己垫一下也无妨,何况晚上连同餐费就收回来了,于是就同意了。

接下来,小向与李科长联系,并按对方要求把钱打到一个卡号上。然而,等到下午,小向打电话给李科长,想确认一下货是否送到,但对方手机一直关机。小向顿时紧张起来,再给那位自称徐老师的人打电话,手机也是关机。至此,小向意识到被骗,向当地派出所报案。

【案例点评】

这是一起由中央电视台《社会与法》频道报道的案例,发生在福建南平市某酒店。案例中,电信诈骗者利用酒店人员为了做成生意,愿意为客人提供额外服务的心理设计骗局,成功骗取了钱财。

案例中,小向轻易被骗与她初入酒店、涉世不深有关。比如,对84消毒水价格及使用方法倘若有所了解,就会对其购买如此之多的量产生怀疑;对学校公款消费如此高标准预订包间有所疑问;对客人向素不相识的人借钱心存疑惑。其中任何一个疑问,小向只要请教资深人士,都不至于被骗。类似骗局还可能在酒店继续上演,因此酒店要以此为鉴,严加防范,避免上当受骗。

【对管理者的启迪】

当前中国社会正处于转型时期,社情复杂,管理者要对员工加强培训。在为客人提供优质服务的同时,要注意提高安全防范意识,避免酒店及个人财产损失。

11.2 消防安全案例

PART 1 正面案例

当好安全员

【教学目的】

1.增强安全意识。
2.学会处理各种安全隐患。

【案例回放】

7月4日,服务员王静在客房楼层值晚班。22:00巡视楼层时,发现356房间的客人正在打牌,说话音量也较大,整个过道弥漫着一股烟味。这时,356房间的客人要求帮他们泡两碗方便面。王静欣然答应,帮客人烧了开水并迅速把面泡上。这时,王静看见客人将装满烟头的烟缸放在地毯上,便迅速将烟缸清理了一遍,又帮客人加了2张方凳,把地毯上的烟缸摆放到方凳上。退出房间时王静又再次友情提醒客人,吸烟时请注意安全。

　　王静轻轻地将门关上,退出房间,为了能更好地关注 356 房间,她立即通知监控对这房间进行重点关注,有需要及时通知她。

　　次日部门早例会上,王静将此案例与同事分享,要求晚班服务员加强楼层巡视,针对发现类似问题的处理流程再次进行培训,同时也是进行安全管理方面的教育。

【案例点评】

　　安全是酒店的头等大事,服务员王静不仅有很强的服务意识,而且能够及时发现消防安全隐患,并积极采取有效的措施,及时处理,说明她具有很强的安全意识。

　　在次日早例会上,王静能够将此案例及时与大家分享,是一种很好的培训方式,可以提高大家的安全意识和学会处理安全问题的方法,使安全管理培训常态化。

【对管理者的启迪】

　　1.所有宾客的安全永远要放在第一位,要培养员工的安全意识。

　　2.对于有安全隐患的房间或地方,要通知监控重点关注。

　　3.要发挥班前会的作用,凡是发生的问题都要拿到例会上与大家分享,这样就可以举一反三、警钟长鸣。

PART 2　反面案例

案例一　火灾来自人祸

【教学目的】

认识学习安全知识、遵守安全操作制度的重要性。

【案例回放】

某年冬天,某酒店因一场火灾,引发客人跳楼逃生导致3人死亡、2人重伤的重大事件。该酒店当天就被有关部门勒令停业并摘去三星牌子。又因涉及有关部门的责任问题和赔偿官司,长期无法营业。其损失之惨重,不言而喻。

事件的起因是这样的:一位从店外请来的工人(后来才知道是无资质工程队派来的),在该酒店的9楼客房靠东头的901房间修理窗户。该工人在电焊作业时没有任何防护措施,火星飞到窗帘、地毯上,引发了小火。虽然楼层服务员手持灭火器迅速赶到,但是由于不懂如何使用灭火器,加之房间喷淋头也无任何反应,火苗在房间迅速蔓延扩大。电焊工与服务员眼看灭火无望,迅即逃离现场去报警。

如果没有发生下面的事情,接警后救援人员赶来扑救应该不成问题。偏偏在这个时候,距901房有一段距离的909房突然打开房门,走出两位客人。正因为909房的房门打开,加上909房的窗户洞开,从901房到909房形成穿堂风,一股温度极高的烟流冲进了909房。已走到门口的两位客人立即退回卫生间取来毛巾弄湿捂住嘴鼻冲向安全梯,而此时909房还有5位客人。如果这5人中有人想到先将房门关上堵住烟雾,等待救援,或许他们还有逃生的希望。此时他们似乎都失去了理智,只见其中一人爬上窗台往外跳,其余4人像被传染似的一个接一个地飞出窗外。其中两人先是落到轿车顶上然后被弹到地面,受了重伤,另外3人直接落地当场毙命!

【案例点评】

因为一个无资质工程队派来的电焊工违规作业,因为该酒店保安部门没有介入监控和采取防范措施,因为该酒店喷淋系统形同虚设,还因为该酒店服务员没有进行灭火器使用培训,导致了一场火灾的发生。可以说,这场火灾来自人祸。

如果客房窗户能按本地公安部门的要求,将推拉窗的一边用"自攻螺丝钉"锁住限位,只让窗门开启15厘米(原本是为了防止小偷爬窗入室行窃),则不至于从901房到909房之间形成穿堂风,风速也没有那么快,大大增加了909房客人逃生的时间和机会。如果909房窗户紧闭,也不至于5位客人那么"方便"地飞窗而下,而有可能"逼"着他们将房门关上,门缝底下塞上湿布条等待救援逃过一劫。

一颗小小的火星引起一场大火,一枚小小的"自攻螺丝钉"缺失导致客人跳窗伤亡。

有一则"蹄铁效应"的寓言故事:断了一枚钉子,掉了一只蹄铁;掉了一只蹄铁,折了一匹战马;折了一匹战马,摔死一位将军;摔死一位将军,吃了一次败仗;吃了一次败仗,输了一场战争;输了一场战争,亡了一个国家。也就是说,一个国家被灭亡,缘于一枚钉子!

"蹄铁效应"告诉我们:只要一个关键性的细节或小事被忽视或出现纰漏,就有可能引发各环节的连锁反应,或小事酿成大事,甚至可能如同多米诺骨牌那样,一个骨牌倒下而引起全线的崩溃!本案例该酒店因一颗火星、一枚螺丝钉引发的火灾和人员伤亡,最终导致该酒店一蹶不振,难道不正是印证了"蹄铁效应"的道理吗?

【对管理者的启迪】

1.只要一个关键性的细节或小事被忽视或出现纰漏,就有可能引发各环节的连锁反应,或小事酿成大事。

2.事关酒店安全的任何制度,都必须定期或不定期地检查、落实。

3.对员工安全知识的培训考核,特别是消防和集体灭火逃生演练,必须认真进行。

4.对关键性的安全部位和事关安全的操作节点,主要负责人必须亲临现场检查或指挥,不可懈怠。

案例二　酒店真的"跑火"了

【教学目的】

1.培养消防安全意识。

2.学会应急处置突发事件。

【案例回放】

南昌话里,说酒店跑火,多是指酒店生意好得不得了。但对于海航白金汇酒店来说,那真是真正的"跑火"了——酒店着火了。

2017 年 2 月 25 日早上,江西南昌市红谷滩新区一家名为海航白金汇酒店的星级酒店发生火灾。

当时是二楼的 KTV 发生火灾。起火建筑为高层公共建筑,钢筋混凝土结构,建筑总面积约 4 万平方米,分 A、B 两座塔楼,裙楼共 4 层。起火层为裙楼 1~2 层唱天下 KTV 的改造施工工地,大火于当日 12:08 被扑灭,着火面积约为 1 500 平方米。

此次火灾事故共造成 10 人遇难,其中 7 名装修工人的遗体在二楼火灾现场被发现,3 名南昌籍宾馆住客送医不治遇难。后仍有 9 名伤者在医院接受救治,其中 3 人病情危重,另外 6 人生命体征暂时平稳。

当日 18:00,南昌市东湖区人民检察院经审查,已先行对其中 7 名涉案人员以涉嫌重大责任事故罪做出批准逮捕决定。

初步查明,这场重大火灾是由于切割装修材料的火花引燃施工现场易燃材料而造成的。

据海航白金汇酒店保安领班饶松介绍,火灾是因为唱天下 KTV 装修未按照消防安全规程操作引起的。"他们装修时把垃圾和纸都堆在扶梯口,我昨天就叫清理干净,他们不听。"饶松说,早上工作人员在切割扶梯时火星四溅,引燃了堆放在旁边的垃圾和纸,这才引起了大火。据现场救援人员介绍,由于酒店大楼内经营种类多,既有住宿又有 KTV 和足浴等,被困人数一时难以查清。当地消防部门出动了 15 辆车、100 多名官兵赶到现场,消防官兵以灭火、搜索等不同方式分组进行了紧张的救援。仅从大楼一侧,就撤离出五六十名被困人员。

10 条鲜活的生命、10 个幸福的家庭,就这样被画上了抹不去的伤痛。

【案例点评】

此次重大火灾事故,充分暴露出一些生产经营单位安全生产主体责任不落实、安全管理不到位,尤其暴露出一些建筑施工单位消防安全措施不到位、从业人员安全素质差等问题。

对于重大安全隐患,保安人员不能仅停留在告知的层面。海航白金汇酒店保安领班饶松其实在检查时已经发现了问题,但他没有启动更严厉的措施,仅用口头告知的方式,未能有效防止悲剧的发生。

业主单位没有对承包单位进行严管,发包后把安全管理职责直接移交了。如果当时海航白金汇酒店采取霹雳手段,对不按安全操作规程工作的工程队,予以停工整改,灾难或许可以避免。安全工作可以移交,但安全责任无法移除,教训深刻。

【对管理者的启迪】

1.酒店业的经营,安全必须放在首位。要注意外包单位或酒店相对独立经营部门的安全管理,不留管理上的空白点。

2.装修如动明火,应该要重点监察,发现火灾隐患,应立即采取坚决措施,不能心存侥幸。

3.在重大活动(会议)期间,要特别加强安全管理,提升安全警戒级别。

本章案例讨论

机器人能代替酒店保安吗

黄经理从部队转业到这家四星级酒店任保安部经理,已经有好几个年头了。他最近工作上老感觉不顺心,手下的保安年龄都在四五十岁左右,人事部告诉他,年轻人基本招不到。但作为四星级酒店,还是得顾一下脸面吧,万一有个紧急情况,保安跑也跑不动、赶也赶不上怎么办?

今天,黄经理去公安分局回来,路过会展中心,看到正在举办"重庆市第十二届高科技成果交易会",想想正好到下班时间了,就去看看新信息吧。黄经理随着人流来到了展览大厅。

呵呵,没想到还真让黄经理淘到宝了。在这次重庆市第十二届高科技成果交易会上,我国的首款智能安保机器人"AnBot"正在亮相。

AnBot 在外形上类似套娃的造型,官方给出的数据是身高 1.49 米、体重 78 千克,最快行进速度达到 18 千米/时。这款机器人配备了智能检测系统和必要的传感器设置,还拥有非常智能的深度学习"大脑"系统。同时,这款机器人的续航时间达到了 8 小时,而当检测到电量不足时,还能够自主地寻找充电柱去充电。

黄经理在现场看到,这款机器人能根据事先设置的预定路线进行自主巡逻和全方位视频监控,自主避开障碍物。当探测到巡逻区域内有异常情况(如发现爆炸物、毒品、管制刀具和枪支等危险物品)时,会立即发出声光报警并发送至终端监控系统。如果机器人周边人员或自身遇到安全威胁,终端监控人员则可通过远程遥控,打开机器人身上配备的带电防暴叉,对可疑人员和犯罪嫌疑人进行威慑或将其制服。在巡逻区域内,当有人员遇到危险时,只要大声呼救或按下机器人身上的紧急呼救按钮,即可迅速报警。

在承担巡逻任务的同时,该机器人还具备媒体播放、智能问询、业务办理等服务功能,如安全知识播放、新产品推广、重要信息提醒、自动天气回答、导航问路和常见业务办理等,为区域内人员提供适时便捷的服务。它还可借助"天河"超级计算机等建立强大的机器人云服务中心,为公共安全和智慧城市建设提供安全预警分析和大数据服务。

据介绍,这款机器人可用于重要区域、重要目标和边境线巡逻执勤,也可在机场、车站、银行、酒店、工厂、学校等公共场所执行安保任务,它具有不知疲倦、不惧风险等特点,能部分替代安保人员的工作,使安保领域"机器换人"成为现实,能够有效节约人力资源,提高工作效率。

看着机器保安在展馆穿梭演示,黄经理特意留意了"他"作为替代酒店保安的功能。发现"他"其实最适合做酒店保安:一是酒店保安没有社会上遇到的乱七八糟的事多;二是酒店保安主要还是在于夜间的值班和白天的消防巡逻。这台机器人完全胜任得了。想到这儿,黄经理觉得应赶紧向总经理提议引进这款机器人,缓解现在酒店招工难的状态,这样自己也不用再看人事部的脸色了。于是,他抓起几张宣传资料就往酒店赶……

案例讨论:

机器人能够代替酒店保安吗?

补充与提高

酒店客房:客人换衣服被直播

2017 年 9 月 1 日中午,这天是星期五,临近周末,辽宁省葫芦岛市四星级酒店的郭总,想着当晚就可以回省城与家人团聚,心里别提多高兴了。

"郭总吗? 下午立刻到市旅游局开会,紧急会议,不得请假啊!"市旅游局办公室的一个电话,把郭总弄晕了。凭着对职业的敏感,郭总觉得肯定出什么事了,又要搞紧急检查、整改,看来这个周末难回家了。

果然,下午的紧急会议上,由市旅游局领导通报了葫芦岛市某酒店发生了一例在客房内安装监控探头的恶性案件。事情的经过是这样的:

2017 年 5 月 24 日,辽宁省葫芦岛市绥中县公安局接到某酒店报案,称酒店客房电脑内被人安装远程视频监控系统软件,入住酒店客人的隐私有可能外泄。

酒店工作人员称,有一个客人洗完澡走出浴室准备换衣服时,突然发现桌子上电脑屏幕亮了,客人发现自己的一举一动都出现在画面上,认为自己的隐私遭曝光,向酒店方投诉讨要说法。而酒店保洁人员进屋打扫房间,也看到自己的影像出现在电脑画面中。

事发后,酒店方也一头雾水,莫非是谁动了他们的电脑? 酒店方立刻做了电脑自查,发现整个酒店 36 台电脑中有 32 台被安装了远程视频软件。

警方在调查过程中了解到,案发前,酒店一位保洁人员称,她进入酒店房间通上电源正在打扫房间时,电脑屏幕不知为啥亮了一下,自己的影像居然出现在电脑屏幕上。因以前从来没有出现过这样的事,发现情况异常后,她赶紧告诉了当时负责客房电脑维护的人员。稍后,维护人员来到房间查看,说是电脑系统出了问题。保洁人员岁数比较大,对电脑知识不太懂,当时也没放在心上。后来再来打扫卫生时发现电脑正常了,再后来听说可能是电脑里"啥玩意"被删除了。

警方经过缜密调查,发现酒店大部分电脑均被人安装了一款叫"掌上看家"的软件,该软件是由南京一家通信科技有限公司开发的。电脑利用 BIOS 设置为通电自动开关,开机后软件自动后台运行,可利用电脑自带的摄像头、麦克风采集房间内部的视频、音频和图片信息,并上传至绑定的观看终端,可以实时观看,也可以回放观看。

警方介绍,这款软件适合幼儿园家长,可以通过手机软件实时观看孩子在幼儿园的动态情况,该软件用于合理合法的便民正途无可厚非。可嫌疑人却把这种软件装在宾馆客房内一体机电脑上,集成在一起,房间通电后电脑就会自动启动。由于屏幕保护设置时间非常短,屏幕基本刚亮一下,大约 10 余秒就会黑下来,一般人不容易注意到。此后,该"掌上看家"软件系统就会自动运行,房间里的一切情况,通过电脑监控都会一览无余,也就是适时"被直播"了。

在这个会议上,该市旅游局通报了此案的最终查处结果:该案的嫌疑人是涉案酒店的原电脑维护人员,其利用自身技术和职务之便,在酒店内非法安装软件。

会开完了,郭总也吓出了一身冷汗,心里想道:不用旅游局要求,各酒店也会进行自查,我自己回去就得好好检查一番。

第二天,郭总所在酒店开始了一次大检查……

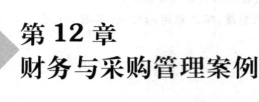

第 12 章
财务与采购管理案例

12.1　酒店收银管理案例

PART 1　正面案例

案例一　签字不符

【教学目的】

1.了解酒店财务管理中签字的问题。
2.指导学生学会解决财务管理中签名矛盾的问题。

【案例回放】

20××年 7 月的一天,催款员小李清理好市电业局 1—6 月消费的账单,来到电业局办公室催收应收账款。办公室李主任拿过账单一笔笔进行核对,突然指着其中一笔 3 月餐饮包厢消费 5 080 元的账单说:"这笔单是谁签的字,我怎么不认识?"小王接过单子,一下子就明白了,回答说:"这是贵局张局长的签名。""这笔迹不像呀?"小王胸有成竹地说:"这单子我在审单核对签名式样时也有这个疑惑,就与贵局的接待员小白核实过,确实是张局长签的,应该是当天在酒店消费时饮酒,字迹有点潦草,仔细辨认还是看得出是张局长的签名,同时,账单上还有贵局接待员小白的签字证明,您也可以与张局长核实一下。"李主任听了,将信将疑,立即与张局长进行了确认,这才放心地收单签字。

【案例点评】

酒店在清理和准备催款应收账时,要对每笔账单都进行核实,包括签名式样、折扣、消费金额等。如发现问题,先在酒店内部查找原因并及时解决,而不能把问题带到单位上,更不能自己没核对清楚,就把账单带到单位上。客人一问三不知,不知如何应答,这会让客人觉得是笔糊涂账,对酒店产生不信任感,影响酒店形象。

本案例中的小李是很有经验的,在核对此账单时,发现账单签字字迹模糊就立即采取了补救措施,让电业局当事人接待员小白签字证明,为自己催款奠定了良好的基础。

本案例中的酒店对应收账的管理是存在问题的,半年才去催收一次应收账,会给酒店留下一定的财务风险,按理应当做到每月一核单、每月一结账,即使做不到月月结账,但一定要做到每月核单,这也是间接地提醒客户在酒店产生的消费额,并及时进行结账。

【对管理者的启迪】

1.酒店要加强对催收账款的管理,努力做到每月一核单、每月一结账。

2.在酒店消费后,协议客户趁着酒兴,在签名的时候会"游龙走凤"地炫一把,把自己的名字签得难以辨认,酒店财务人员应在第二天稽核单据时找单位的陪同人员做一个补充签名或证实,防止出现无法辨认签名的情况而造成结账困难。

案例二　这个发票要不要开

【教学目的】

了解并掌握酒店的发票管理要求。

【案例回放】

某酒店常客向女士因要接待两位外地客户,便电话通知营销员小余为客人开了两间房,但特别交代退房时不要客人结账,要求小余为其担保一下。小余在消费结束后,便填写了担保单,收银则将账务直接转入了小余个人担保账中。

几天后,向女士来到酒店消费,在结账时提出要将前几天的住房消费和当天消费一起开具发票。当班收银员根据向女士提供的开房信息查实了几天前确有消费,当时转账时也确实未在前台开票。但因已转入小余担保账,收银员不能确定小余是否在后台开了票。而且按财务规定,未在前台现结且已转入应收账的消费,为避免重复开票,原则上只能统一在后台开票。向女士知道后,立马和小余电话联系,小余说自己并没有在后台开票。于是向女士要求收银员一并开具。收银员不知如何处理,只得向主管请示。主管见客人已表现得有些不耐烦了,便一边安抚客人情绪,一边和后台确认。当证实无误后,立刻为客人办理了此事,做好了开具发票的登记和备注,并与后台主管做好了交接。

【案例点评】

酒店员工要树立正确的服务意识,既要确保酒店利益不受损害,又要为客人提供满意的服务。因此,在对客服务时,既要坚守工作原则,又要有一定的灵活服务。具体而言,涉及内部流程完善,应先做好对客服务,再进行酒店内部流程的完善、内部问题的解决,不要把内部问题暴露和展示在客人面前。

本案例中,主管处理该问题的方法得当,既避免了酒店利益受损,又安抚了客人情绪,避免了客人的投诉和不满。另一方面,营销员小余应该了解酒店开具发票的相关规定,并将这笔发票的开具情况与前后台做好沟通,这样客人来开发票时,就不至于手足无措,耽误客人的时间,引起客人的不满。

【对管理者的启迪】

1.对于发票的开具,前台收银和后台会计都必须及时做好登记,以方便查询,并保证登记的准确性。

2.对于发票的特殊开具情况,前后台要做好工作交接,以杜绝发票的重复开具。

PART 2 反面案例

案例一 "套现"

【教学目的】

1.了解酒店采取有价证券营销中可能出现的漏洞和问题。

2.培养收银人员的警惕性和财务安全防范意识。

【案例回放】

4月22日一客人至前台收银处,说4月19日通过酒店销售代表小李预订了两间房,现在过来结账,收银员小张随即进入系统打印账单,但系统显示这两间房已结账,结账方式为酒店"八送一"(注:消费客房满八间送一间)免费房券。小张再次和客人确认,客人表示"两间房的消费没有结账,也未使用任何房券"。小张请示大堂副理后,按A类现付折扣给客人结账。

客人走后,收银员小张将事情经过上报给财务经理。财务经理认为此事肯定有别的深层次原因,大致判断是销售代表变相"套现"的违规操作,于是上报总经理请求调查事情真相。在调查中,销售代表承认:客人并非持免费券消费,而是自己想通过用客房"八送一"的消费券结账,再找客人索取现金达到"套现"的目的。

【案例点评】

收银员敏锐地发现问题,并及时汇报给上级管理人员处理,这是每个收银员必须牢记的工作要求,此员工在这件事情上处理得恰到好处。

不管系统内看到的信息如何,当客人主动要求结账时,工作人员应站在维护酒店利益的角度,完成对客人应支付而未支付的房费的收取。否则造成走单,会给酒店带来损失。

销售代表的行为明显是在钻酒店营销政策的"空子"。酒店需出台相应的财务内控政策,以防止此类事件再次发生。对于违规的销售代表,应当予以惩戒,通告全店,以儆效尤。

【对管理者的启迪】

1.酒店制订营销政策的时候,最好少用各种"有价证券",因为"有价证券"等同现金,很容易让酒店的工作人员和客人钻空子。

2.如果酒店在制订营销政策时,要使用各种"有价证券",就应当在营销政策的"顶层设计"时,做好严格地规范,避免酒店的工作人员和客户钻酒店的空子。

3.管理者要有内控意识,各部门要制订相关的内控政策和管理机制。

4.做好对营销人员的教育和管制。

5.加强对前厅收银人员的培训,严格按照酒店收银工作流程和财务制度办事。

案例二　笔误

【教学目的】

使学生明白每一次服务都必须认真细致,尤其是与钱财打交道的岗位,工作更是要小心小心再小心,冷静应对,一丝不苟,才不会出差错。

【案例回放】

商务中心服务员小沈送走预订机票的客人后,立即重新清点了一下收到的机票订金,同时对开出的收据进行了核对,发现刚才收到的一笔预订款金额是 10 100 元,但订金收据却写成了 11 000 元,是自己笔误造成的。假如客人领取机票时按订金 11 000 元结算,自己则要赔上 900 元。想到这里,小沈不免心慌意乱。

小沈请求大堂副理小高帮助解决此事。小高问清了情况,原来订机票的是住在本酒店 1705 房的姚先生,他为自己公司预订 9 张飞往成都的机票。按打折后的票额计算,收其预付款 10 100 元足够了。小沈也只要求对方预付 10 100 元。小沈还承认是自己疏忽,将 10 100 元错写成了 11 000 元。

小高拨通了 1705 房电话,把刚才小沈开票据失误的事说了一遍,并请姚先生回忆是否只付了 10 100 元,如果是那样的话,他就来房间将原来的票据当场作废,另开一张新的单据。但姚先生只答应回忆一下再说。

一天过去了,姚先生没有回话。这一天里小沈心情沉重、精神恍惚。前厅部经理知道后,生怕她情绪不佳而影响工作,通知她暂不上班,先在宿舍休息,同时将此事向总经理做了汇报。总经理建议,考虑到小沈的经济困难,由总经理本人带头为小沈捐款,希望由中高层干部凑足 900 元帮助小沈渡过难关。

又过了一天,当小沈亲自将机票送到姚先生手上时,姚先生告诉小沈:"我把这几天开支情况查了一下,那天我付给你的只有 10 100 元。小姐,让你虚惊一场了。"小沈心里的一块石头终于落了地,脸上顿时绽开了笑容。

不过,酒店在事后还是对小沈做了一定的处理,予以通报批评,以引起大家的重视。

【案例点评】

因笔误带来的烦恼和有可能由此产生的经济损失,想必会让小沈记上一辈子。这一案例告诉我们,干任何工作都要认真,尤其是与钱款打交道的工作更是马虎不得,必须慎之又慎。否则,不但个人赔钱,还给酒店带来声誉上的损失。

总经理提出由中高层干部凑足 900 元代小沈赔钱的建议值得称赞。小沈因笔误造成的经济损失理应由小沈个人负责,不该由企业承担。但考虑到小沈经济上的困难,建议干部们伸出援手,令人感动。

问题虽然已解决,但教训必须吸取。处理小沈也是为了教育广大员工,这是十分必要的。

【对管理者的启迪】

1.服务员出错时,心情必然慌乱紧张,这时管理人员不应忙于责备,而应先予以帮助解决问题,事后再批评和总结教训。

2.人性化管理是企业文化的核心内容之一。关心员工不但要关心其工作,还要关心其思想、生活等方面,这对提升员工热爱企业、忠诚企业,无疑有极大的助益。

3.要教育和培训员工养成认真细致的工作习惯。

案例三　为什么还没退好房

【教学目的】

提升内部沟通协调能力。

【案例回放】

8 月 10 日 11:15,1301 房客人王先生匆匆来到前台,将房间钥匙交给收银员 Tracy,并告诉她自己要出去见个朋友,大概半小时后回来结账,然后直接去机场赶飞机。当时,Tracy 正准备去用午餐,考虑到王先生要半小时后才回来结账,而自己用餐时间不到半小时,就顺手将客人交来的房卡钥匙放到了柜台里面,未向其他同事交代就去吃饭了。大约一刻钟后,王先生回到前台,询问另一名当值的收银员 Steven 他的账单是否准备好,Steven 称没有看到王先生的钥匙,王先生听后非常生气,于是进行了投诉。

【案例点评】

1.操作

主要失误:Tracy 在应允了客人的要求后,没有及时跟进,这是服务意识和工作责任心不强的表现。

建议如下:

(1)Tracy:应允了客人的要求应马上做,记住服务行业的一项标准是"把方便留给客人,把困难留给自己"。自己如果真的没空完成,也应该与同事交代清楚,并及时检查完成情况。

(2)Steven:客人前来查询时,先查看客人资料是否导出,如无,需向客人道歉,承认员工疏忽,并马上为客人办理退房手续。同时,在办理完手续时,也应再次向客人表示歉意。

2.沟通

Tracy:收银员 Tracy 对客人的理解有误,客人称半小时后回来,其实是客人希望收银员马上准备好账单,他之后要赶时间去机场,不愿意在此等待。

Steven:与客人沟通有问题,在未弄清楚状况时,服务人员不应该随意对客人说"不",要知道把责任推给客人很容易引起客人的投诉。并且,客人往往会把怒火迁怒到最后接触的服务员身上,补救效果最好的办法就是把责任揽回来。

3.责任心和诚信

Tracy 作为服务人员要注意客人口头承诺的随意性,比如该客人说半小时后回来,但一刻钟后就回来了,所以无论遇到什么情况,都要尽快做完自己手中的服务项目,而不要根据客人口头所说来安排自己的工作,离岗时则一定要将工作移交同事,避免出现服务真空或盲点。答应了客人的事情却没有完成,容易导致客人对员工及酒店的诚信产生质疑。

4.服务态度

当客人前来查询时,应该主动提供热情有礼、快捷的服务,降低客人的不满情绪。当客人抱怨时,切忌摆出一副"又不是我的错"的样子,应诚恳地向客人表示歉意。

5.流程

如果客人赶时间退房,可向客人提供费用追收服务(仅支持刷卡担保类客户或公司账户客户)或账单补寄服务等建议。

【对管理者的启迪】

1.加强服务意识的培训。

2.树立全局意识。

3.做好赶时间的客人的退房应对预案。

4.补救效果最好的手段就是把责任揽回来。

案例四　钱款进出之间

【教学目的】

1.了解诈骗者经常使用的真假币调包手法。

2.了解客人先付大面额钞票后,又声称有零钱可付的情况可能产生的后果,避免上当受骗。

【案例回放】

案例 1:真假币调包

"小姐,买单!"一位男性顾客站在餐厅吧台的收银员位置前大声地喊道。

正在埋头整理抽屉的收银员小唐抬头望了一眼这位顾客,问道:"您好,请问您是哪号台的?"

"我怎么知道我坐的那桌是哪一号?"这位客人还是那么大声地反问道。

正说着,负责接待这位客人的服务员赶了过来,说道:"是 10 号台,我正忙着照顾其他客人呢。"小唐看了一眼 10 号台账单后说:"两碗面、两盘菜、两瓶啤酒,总共 58 元。"这位客人掏了一张 100 元钞票扔在收银员面前的台面上。

小唐仔细地检查了一下这张百元钞票的真伪,确认是真币后就放进抽屉。然后在抽屉里捡着要找给客人的零钱。

"等一下,我好像有零钱。"这位客人突然喊道。小唐随即将刚才客人给的 100 元钞票退还给他。

这位客人磨蹭了一阵儿,掏出几张零钞点了点数,接着说:"才 52 元,不够。"于是又递给小唐一张 100 元钞票。

小唐接过后随手放进抽屉,然后站起身将已整理出来的 42 元零钱双手递给客人,说道:"找您 42 元,请您点一下。"而这位客人接过钱后并没有清点,与他朋友一道匆匆地离开了餐厅。

当小唐再次整理抽屉里的钱时,发现放在最上面的也就是刚刚收进来的这张 100 元钞票似乎有什么不对,认真检查,是假币!然而那位男性顾客与他的朋友早就不见了踪影。

案例 2:"那 100 元还我"

某酒店设在一楼临街的休闲中心,今天生意特别好,前台收银员小梅忙得不可开交。当她正要与别人交接班的时候,又来了一位男宾要买单。

"先生,两节脚按,打 9 折,一共 54 元。"小梅强打精神向客人说道。

这位男宾递了一张 100 元面额的钞票,小梅查验了一遍,是真钞。于是小梅立即从钱屉里捡出 46 元零钱放在客人面前的柜台上。

突然,这位客人说:"54 元是吗? 我有零钱,那 100 元还我。"随即把 54 元钱扔在了小梅面前的工作台上,小梅随后将 100 元钞票还给了客人。

小梅点完客人交来的零钱,突然想起刚才已补给客人 46 元,赶忙站起来往柜台上看。糟糕,柜台上是空的,客人也已经走了。

等她想起请门口的保安员叫住那位客人时,那个男宾早已溶入夜幕的人流中。

【案例点评】

案例 1 的行骗者之所以得逞,就是因为他第一次递来的是真钞,由此麻痹了收银员,当第二次递来假钞时,收银员已失去警惕性,误以为就是刚才给的那一张钞票,于是上当受骗。

类似案例 1 的真假币调包手法虽然常见,但对初入职的收银员来说,却是陌生的。为了避免上当受骗,收银员必须严格把握一条准则:每一次、任何人交给你的大面额钞票都必须当面检验其真伪。这里说的"每一次",当然包括了如同本案例使诈者的第二次甚至更多次,这样就不会被钞票反复进出而蒙昏了头;这里说的"任何人",也包括了你的同事——因为有可能你的同事缺乏识别真假币知识,他接过客人手上的钱,只是当了一个"二传手"。由此,特别提醒非收银人员的其他人员如服务员、管理人员,倘若你本人不具备识别真假币能力,最好不要随便充当"二传手"。当然,有的酒店餐厅为了提高结账效率,要求服务员代收银员向客人收钱,那么对服务员培训就必须增加如何识别真假币这一项目。否则,宁可由专职收银人员直接向客人收钱结账。

案例 2 很难说那位男宾是存心诈骗,然而小梅在乱中出错已成事实。一般说来,客人付整钱,收银员找零钱,一进一出,唱收唱付,手续清楚,不易出错。倘若进出多次,收银员就有可能被搞糊涂而出错。

要避免这类情况发生,收银员需要注意的是:上班时间要有足够的精神、清醒的头脑以及格外小心,客人急时你不能跟着急,客人忙乱时你不能也跟着忙乱。前面的客人未结清账,其他客人即使催促,也要一个一个地结清。钱进钱出、一来一往,都要有条不紊、有序不乱,否则就有乱中出错的危险!

【对管理者的启迪】

1.收银员必须先培训后上岗,除了培训收银基本流程,培训内容还包括真假币的识别方法、诈骗者常用诈骗手法、经常可能失误的情形。

2.要培训收银员提高防范意识。一旦遇到客人先付大面额钞票后又声称有零钱可付的情况,收银员必须引起警惕,冷静应对。在实际收银过程中,确实存在利用钞票几次进出折腾,分散收银员注意力,扰乱收银员思维,从而进行真假币调包,以及类似本案例占小便宜的不良客人。

3.一旦发现收银员在上班时间无精打采或情绪不佳,应请其暂时离岗休息。

4.财务部有关管理人员必须"走动管理",除督导之外,必要时予以"补位"。

案例五　对于收银员的可疑举动,崔先生选择了报警

【教学目的】

1.掌握酒店内各种犯罪的类型。

2.了解酒店智能犯罪的新趋势,并树立正确的职业道德观。

3.学会防范酒店内的各种金融犯罪活动。

【案例回放】

刘某是这家高星级酒店的前台收银员,她本来可以像其他收银员一样,享受安稳的生活,但她按捺不住心中那份贪念,最终无法复制如同事般的人生。

据央视报道,2016年9月20日18:47,贵阳市的崔先生来到酒店收银台,拿出信用卡准备预付款,收银员刘某拿走崔先生的信用卡,为其办理入住手续。趁崔先生低头填写资料,刘某弯下腰,借着柜台的遮挡,迅速地将信用卡在读卡器上刷了一下。

刘某的异常举动,引起了崔先生的注意。他立即提出质疑,要求刘某将口袋里的东西拿出来。刘某辩称,口袋里是一个充电宝,之后又改口说是充电器。

对于这样的解释,崔先生选择了报警。经警方调查,刘某是2016年9月6日通过应聘,成为这家酒店的收银员,但找工作并不是她的本意,她的目的是接触客人的银行卡,并偷看客人密码,伺机盗刷。"她说这是充电器,卡没磁性了要刷一下才能消费。"民警介绍。经调查核实,刘某确实是当面复制了崔先生的信用卡信息。刘某所说的充电器,其实是读卡器,可以快速复制信用卡信息,并利用这些信息制造伪卡。

刘某在获得这些信息后,将它交给她的上家去复制伪卡,盗刷原卡主的钱财。

类似这样的案例还有很多,一位犯罪嫌疑人李宏(化名)供述:"我应聘到酒店做服务员后,他们(指同伙)会给我一个黑色读卡器,上面有个按钮,按住按钮灯亮以后,拿客户的信用卡刷一下,卡号就记录进去了,我只需要偷偷看到密码就行了,然后将卡号告知复制卡的人。等他们复制好卡再寄给我,我验证密码对不对。"

李宏交代,一次4楼包厢的客人买单,客人直接把信用卡交给他去结账。当时,该客人消费了1 500元,他拿着客人的信用卡到1楼收银台的POS机上刷好,然后拿着移动密码器回到4楼包厢让客人输入密码。"途中,趁四周没人,我拿出读卡器把客人的信用卡在上面刷了一下,读卡器就记录下了该信用卡的卡号。当客人输入密码时,我站在他的左侧,看到他输入的号码并记在心里,结完账后再记在随身带的小卡片上。"

"一般收集到5个信用卡信息后,我就把这个读卡器寄往广州,广州那边的人做好复制卡再寄给我。拿到复制卡后,我用事先记下的密码查询余额,确认可以用,再把复制卡寄回广州,由他们寄给负责刷卡的人盗刷现金,变现后再给我20%的提成。"李宏交代。

办案检察官问李宏为什么不自己直接刷复制卡消费?他回答道:"这个行当有行规,入了行就要按行规办事。更重要的是,不直接盗刷,会比较隐蔽,不容易暴露自己,相对安全。"

【案例点评】

良好的从业道德,是从事酒店工作的前提。信用卡可以复制,但人生不可以复制,以上犯罪嫌疑人为自己的行为付出了代价。

智能化犯罪已伴随技术的进步同步攻陷着酒店业,酒店业要迅速迎接挑战,除了强化职业道德的训导之外,还要以技术抗衡技术。

【对管理者的启迪】

1.酒店对员工要加强职业道德教育。

2.招聘员工,除了技能之外,要更关注"德"的考核。

3.前厅及财务管理人员要关注高科技犯罪的动向与手段,采取必要的防范措施。

4.针对上述情况,重新规范前台操作程序,将涉及银行卡的操作行为在客人面前公开,并明确要求前台人员要有回避客人输入密码的操作程序。

案例六　酒店发票,助她 8 年贪污 3 680 万

【教学目的】

1.将反贪教育引入酒店教学。

2.掌握国家法令,避免酒店违法、违规经营。

【案例回放】

曾经理是一家四星级酒店财务部经理,今天的一则新闻,让他不由得对自己的工作增加了几分警惕。这则新闻是 2017 年 7 月的《南国早报》:"小官巨贪,副科级利用酒店发票,8 年贪了 3 680 万! 获刑 15 年。"报纸做了详细报道:

职务虽然只是副科级,但却涉嫌贪污单位公款 3 680 多万元。今天,我们要说的就是南宁高新技术产业开发区管理委员会(以下简称"高新区管委会")办公室原副主任丘朝阳贪污案。7 月 12 日上午,南宁市中院对南宁高新区管委会办公室原副主任丘朝阳贪污案进行一审宣判,以贪污罪判处被告人丘朝阳有期徒刑 15 年,并处罚金人民币 500 万元。

2007 年 10 月至 2015 年 10 月,被告人丘朝阳先后担任南宁高新区管委会接待办主任、分管接待办的办公室副主任。其间,利用管理单位公务接待工作及接待费用结算、报账的职务之便,在没有发生真实公务接待的情形下,先授意高新区管委会接待办工作人员在"经手人""验收人"处签名,填写大量的空白报账单,并向酒店、酒行负责营销的业务经理或者其他社会人员支付票面金额 4%~15% 的"税点",获取虚开的发票,将虚开发票混入正常公务开支产生的发票,通过报账单一同报账,以非法套取公款。经司法鉴定及其本人确认,丘朝阳非法套取的公款合计人民币 36 807 657.05 元。丘朝阳得款后,陆续开支给其亲友投资或个人使用。

看完这则新闻,曾经理吓出一身冷汗,想想自己单位,经常也有销售部人员请求财务部多给一些会务单位开大发票的现象,这真是助纣为虐。看来过两天,必须得开个纪律会议,

强调严禁提供这样的便利，否则一不小心就会违法违纪了。

主意打定后，曾经理敲响了李总办公室的门……

【案例点评】

这种以假乱真、虚报发票中饱私囊的敛财方式由来已久，应该说是最常见的贪污形式，并无多少科技含量，手段也算不上高明。只不过，这种显而易见的常识性漏洞，被利用到了极致，达到了疯狂地步，刷新了"小官大贪"数额巨大的又一纪录。作为酒店方千万不要为了业绩的冲动，而助纣为虐，去触犯法律的红线。

定点饭店制度，曾被视为遏制公务浪费的重要举措。推行定点饭店制度的初衷，一是利用团购优势降低出差和会议开支；二是便于对相关费用报销进行监管。然而这一制度在实施过程中，却暗藏着种种猫腻，比如通过酒店高开、虚开发票，将本不应有的消费纳入公务报销范畴。这一制度本应产生的减少开支、监督公务消费的效果，都基本失效。酒店要想规避违法、违纪的风险，必须主动为自己划出发票管理中不可逾越的红线。

【对管理者的启迪】

1.定点饭店不能成为腐败的温床。

2.饭店的经营者要依法经营，切实履行财务管理制度，做好发票管理工作。对于经营中的不合法、不合规要求，坚持不参与、不协助的原则。

案例七　银行到账比收银员投递上来的 POS 卡单多了 736 元

【教学目的】

1.学习酒店财务管理中的对账问题。

2.使学生认识到财务工作必须认真、细致。

【案例回放】

小邓作为酒店一名往来会计，每天要核对收银 POS 刷卡到账。20××年 4 月 28 日，他按照工作惯例对银行 POS 到账进行核对，发现银行到账比收银员投递上来的 POS 卡单多了 736 元。经过查询收银系统、核对结账账单都没有这笔结账记录。于是小邓便向收银主管反映了这个情况。根据经验，收银主管断定可能是收银员"预授权"完成客人 POS 卡单后，忘记系统结账了。他们立即清理"预授权"的账单，果然发现了一笔需结账的 736 元的账单，经核对"预授权"单和授权完成 POS 单卡号一致后，收银员进行了结账处理，以确保"账实相符"。

【案例点评】

收银员在操作每一笔账务时，不管是现金收款还是刷卡结账，一定要细心仔细。在进行现金收取和刷卡操作后，一定要及时进行系统账款的结清，确保每笔账务的准确性。

对于代收的应收账和担保账，虽然不需要再对系统进行操作，但也必须将开的收据和卡单同时上交后台财务,并在投款表上注明,以确保往来会计的账务核对。

【对管理者的启迪】

1.要培训酒店收银员认真负责的工作态度。

2.培养员工忙而不乱、有条不紊的工作作风。

案例八 差点开重发票

【教学目的】

1.认识酒店财务管理中的票据问题。

2.培养学生认真细致的工作作风。

【案例回放】

这天刚一上班,营销代表小张就来到会计科小李处,急切地对小李说:"快！快！快！给我开 2 万元发票,我 9:00 之前要送到单位去,不然人家就要出差了,这账就不知什么时候才能收回来了。"小李不敢耽误,一边麻利地开启电脑,一边对小张说:"你要开票？要开票的消费账单呢?"小张说账单早送到单位去了,但当时没开具发票,现在只能凭对方收账单的回执开具发票,小李接过回执一看,上面确实没有标注发票已开,但因为一般都是凭账单开具发票,这种没有消费账单而要求开发票的情况还是第一次遇到,小李也不知该如何处理,于是便向主管请示。主管小亚接过回执,仔细一看,虽然上面没注明发票开具情况,但"回执"上写了此笔账的系统流水号,小亚立刻打开《发票开具登记表》进行查找,结果发现这笔账已于半月前开具了发票。小张觉得很惊讶,说:"客人说没有呀,而且我这回执上也没写已开发票。"小亚又找出了当时小张亲笔签字的发票领用表给小张看,小张看了自己签名的表格,无话可说,自己又仔细回想了一下,终于想起此发票确实已开,因当时有效签字人不在单位,便给了单位上的另一个负责人请其转交。小张马上给那位负责人打了电话,证实发票已给,但对方忘记转交了。

【案例点评】

在这个案例中,小张首先在给客人送账单和发票时,回执填写不完整,发票已开已送,而未在回执上注明,导致差点给客人重复开票。小李作为财务人员在遇到自己把握不准的新问题时,及时向上级汇报,而没有盲目听信营销代表的一面之词;主管小亚认真核实,避免了发票的重复开具,工作严谨细心,值得称赞。

【对管理者的启迪】

1.酒店应当建立一套完整的发票领用、保管、开具等规范制度,以规避和防范财务风险。

2.酒店财务管理不能因是熟人或内部人而放松制度要求,只有严格执行财务管理制度,才能避免出错。

案例九　入账金额与单据金额不符:问题出在哪里

【教学目的】

1.了解酒店单据管理工作中常见的问题。
2.强化学生单据管理工作中认真和细致的意识。
3.了解酒店成本会计工作的主要内容。

【案例回放】

7月7日早晨,成本会计小熊一上班,按照平常的工作惯例,摊开案头上7月6日的迷你吧单据审核当日小商品的销量入账情况。小熊首先就发现入账总金额和单据总金额有差异,便打开POS收银系统逐单一一核对,原来有一张单据上开着芙蓉王烟1包计38元,而收银系统中却入账为薯片1盒20元,这样就有了18元的差额;而另一张单据恒大冰泉水2瓶,在系统中并没有入账。查明差异后,小熊与审计、当班收银员和仓库三方核对,确认恒大冰泉水2瓶20元为收银员误录入房间消费中,造成少收款20元;而另外的18元,也是收银员入账错误,误将芙蓉王烟1包录成薯片1盒以致少收款18元。

【案例点评】

收银员在"入单"时应仔细核对才能入账,在日常工作中应熟练掌握操作技能,确保在客人退房结账过程中保持冷静的态度,不慌不乱、井然有序。

成本会计作为事后审核岗位,需要认真对待每一张单据的审核,及时发现并指出错误,确保酒店利益不受损害。

【对管理者的启迪】

1.要对酒店收银人员加强培训,强化其工作认真负责的精神。
2.收银管理人员要对前台收银员的日常工作进行有效督导,每天、每班次的账务都要仔细核对清楚,这样才能保证账务问题能及时发现并及时解决。

案例十　客人对账单金额签字后,服务员怎么又擅自加单、加金额

【教学目的】

1.培养学生的宾客意识。
2.培养学生严谨的工作作风。
3.认识财务管理应分厘不差。

【案例回放】

到了10月,催款员小王又开始了年前忙碌的催款工作。这天,小王整理好老客户陈总

的账单,来到陈总办公室。陈总仔细对账单进行了审核,突然指着一张餐饮账单问小王:"哎,这张账单金额怎么变了?"

小王听了,连忙拿过账单:"没有呀,是 2 856 元,您不是在下面签字了吗?"

陈总说:"我是签了字,但我在上面这个金额 2 836 元上划了一下的,怎么又加了杂项 20 元,是什么意思?"

小王这才发现在原金额 2 836 元上是划了一笔作为标注,他仔细翻了后面的附件单,杂项 20 元是打破红酒杯的赔偿,于是连忙给陈总解释。可陈总很不高兴,说自己当时签字时,并没有服务员告知红酒杯打破一事,另外自己对账单金额签字后服务员又擅自加单、加金额的做法表示相当不满。虽然最终陈总在发了一通牢骚后,还是买了这 20 元的单,可是客人对酒店留下了极为不好的印象。

【案例点评】

作为餐饮服务员在客人要结账时,应及时与收银员核对入账金额。如有赔偿,一定要在第一时间跟客人说明情况,让客人明明白白消费。客户已签单确认的账单或已结账的账单,如再发现有漏单或错单的情况,应当和客人及时进行沟通,多收客人的钱应立即予以退回,少收或漏收的钱也要和客人作沟通,以求得客户的谅解,让客人再补足后面的消费金额。如果金额不大就不要再向客户收取了,而由责任人"买单"。本案例中因打烂了一个杯子,事后让客人赔付 20 元钱,显然酒店做法不妥,很容易造成老客户不满而流失。

作为收银员,在客人对消费金额签字确定后,在客人不知情的情况下,又擅自加消费金额属于违规行为,会影响酒店声誉,严重时可能会引起客人投诉。

【对管理者的启迪】

1.要培训员工严格执行财务管理制度的意识。

2.酒店对结账应建立规范的标准和体系。

3.员工要有宾客意识,不跟客人(特别是常客和会员)斤斤计较,不因小失大。

案例十一　"多心"的客人

【教学目的】

1.了解完整的贵重物品和现金寄存的程序与细节。

2.认识不完整、有漏洞的操作流程和规范的危害性。

3.让学生认识到已有的程序规范未必都是完美的,在实践中要善于思考和发现问题,并及时向上级反映。

【案例回放】

在某酒店总台，听到总台服务员和客人的一段关于寄存现金的对话，实录如下：

"您有贵重物品和现金需要寄存吗？"办完入住手续，总台服务员认真地询问面前这位客人。

"好吧，现金这么多带在身上不方便也不安全。"客人一边回答，一边从小手提包里掏出一沓现金，然后塞进服务员递给他的信封里。

服务员迅速填写好有关表单，请客人在单据上签上自己的名字，再撕下其中一联交给客人，并说："先生，请你保管好这一张凭证，来领取时要出示这张单据。"

客人似乎有点不放心地问："到时就凭这一张单据就可以领东西了吗？"

服务员微笑地回答："那也不完全是，还要出示房卡和您本人身份证。"

客人接着又问："假如我的房卡、身份证连同这张单子都被扒手窃走，他凭这些来领东西，你也会给他吗？"

服务员一时怔住了，然后说："怎么会全部都丢了呢？一般不会吧。"

"那有可能！假如是那样的话，他凭这些来领，你会给他吗？"

"我会认得你呀。"服务员被问急了，突然冒出这么一句。

不过，这位客人似乎有的是耐心，他继续问道："你会认得我，你要是明天不上班，其他服务员认得我吗？或者说，我托别人带上全部证件来帮我领取，你会给他吗？"服务员哑然。

客人似乎更加不放心，干脆把已装进信封的钱又全部放回了小手提包，然后说："小姐，我不寄存了。"

服务员望着这位"多心"的客人的背影直发呆。

【案例点评】

客人"多心"了吗？客人并不多心。这位客人问的没错，房卡、身份证和寄存凭据全部被小偷扒走的可能性不是没有。假如这些东西全部丢失,有人凭这些证件来冒领,服务员能不能让他领走?服务员不能肯定回答,客人当然不放心了。

那么,有没有最后一道防线?有没有什么不能被扒手同时掏走的?有。这就是要求客人在寄存件上写上密码,不论什么人来领取(是客人本人还是客人委托别人),只要有寄存凭证同时能报出密码,即可放心让其领走。即便房卡、身份证和寄存凭据全部丢失,只要报出正确密码,再按一定的程序,也可以领取寄存件。

严格地说,办理寄存手续时应当要客人填写包括"随客联""随件联"和"存根联"的三联式单据。这三联中既有相同的文字部分,如房号、客人姓名、寄存件数、寄存时间、经办人等,也有不同的文字备填栏,如随件联上多了一栏其他两联所没有的"密码"栏,并有客人本人的"签名"栏,存根联则多了"领取人签名"和"领取时间"两栏。

其中,随件联的密码是等客人(或委托人)来领取时,即使证件齐全的情况下也要报出的凭据。密码的作用相当大,如果客人证件全部丢失,他人利用证件冒领却无密码不能领取;如果客人房卡、身份证丢失,而另一位当班服务员并不认得这位寄存者,只要有寄存凭证并报出密码即可领取;如果客人委托他人领取,只需要有寄存凭证和委托书(寄存者签名)以及密码,同样可领取。

而存根联为什么还要填"领取人"和"领取时间"呢?那是预防以下情况发生:客人证件全部丢失,能报出密码并经多方确认确为本人(如经办人认得寄存人),寄存处同意其取走寄存件,但客人后来又找回全部证件,忘记自己已领走寄存件,或是个别居心不良者意欲讹骗索赔,这时领取人和领取时间就起到"备忘"的作用。

顺便说明,有的酒店不使用三联单,做法是:寄存件连同随件联放入寄存抽屉后,给客人一把寄件抽屉的钥匙(相当于随客联),然后在存取记录本上记录存入情况。当客人领走寄存件后,请客人在记录本上签名(相当于在存根联上签名)。这种做法当然可以,不过要注意的是随件联上同样必须请客人写上密码,领取时同样必须报出密码。

【对管理者的启迪】

1.即便是正在使用的程序、规范和制度等,都有可能存在不科学、不合理和不严谨的地方。这些规范和制度需要通过实践检验,加以改进和弥补其不足。

2.在对普通员工进行操作程序及规范的培训时,不但要讲怎么做,还要讲清楚为什么这样做,使员工知其然也知其所以然。

12.2　采购管理案例

PART 1　正面案例

大堂灯泡采购回来以后

【教学目的】

1.认识酒店采购工作的重要性。

2.掌握酒店采购的原则。

3.学会合理使用酒店采购的物品。

【案例回放】

酒店例会上,值班经理再次提到,昨天值班巡视时,发现大堂有几个筒灯坏了,希望工程部尽快安排更换。工程部经理回复说:"大堂的灯泡上个月才全面检修更换过。"工程部经理接着说:"最近新买的一批灯泡坏得比较频繁,不单是大堂,西餐厅也反映了同样的问题,希望采购部能够采购质量好的灯泡,避免太频繁的更换,造成人手安排不过来。"采购部经理插话:"最近买的这批灯泡是一个新牌子,每个灯泡比原来的要便宜近一半的价钱。"主持会议的运营总经理回复:"工程部安排当天夜里完成灯泡更换,由于灯泡涉及质量问题,本批次采购的灯泡可用于后勤部门,不宜用于大堂。"

【管理点评】

酒店管理中,对于物品常常采用货比三家的方式。但是,比对时不宜单纯看价格,还需要考虑用途和场所。对用于营业场所的工程配件,在考虑价格的同时,还要考虑美观和质量。用于后勤部门的配件,可以考虑在满足使用的前提下,尽可能地节省成本。当然,频繁更换带来的人力成本增加,也是管理中要考虑的问题。本批次采购的灯泡,虽然比原来的灯泡便宜近一半的价格,但是,损坏率太高,频繁更换会影响对客营业。

运营总经理提出当天夜里完成灯泡更换,反映了总经理的工作效率很高,要求将本批次采购的灯泡用于后勤部门,则反映了总经理具有很强的质量意识和成本意识。

【对管理者的启迪】

1.酒店采购讲究性价比,不能光看价格。

2.酒店采购的用品要与其档次和品牌相适应,不能影响酒店的品牌形象。

3.管理者要有质量意识和成本意识。

本章案例讨论

"营改增"：一老一少老总的对话

万豪酒店是这座南方城市的翘楚,在里面任职总经理的程总,是一个德高望重的酒店业前辈。2016 年五一劳动节刚过,酒店大堂的咖啡厅里,来了一位三十出头、着西服打领带的年轻人。年轻人姓郝,是本市一个经济型酒店的总经理,原来是程总的部下,今天他是抱着要向程总讨教的目的来找他的。

"噢呵,今天这么帅啊!"刚赶到大堂吧的程总向小郝总打趣道。

"啊,程老,您还是那么健康!"郝总尊敬这位已年过六十的酒店老前辈。

"程老,知道您忙,我也不多打搅您,这次来是想就酒店'营改增'的政策向您请教。对了,为何你们万豪 5 月 1 日把价格都提了呢?"郝总问道。

程总叹了一口气,说道:"不仅我们一家,几家大的酒店都涨了。5 月 1 日起,全国酒店税收实行'营改增',希尔顿、万豪、喜来登等国际酒店五一过后,房价都悄然上涨了,而部分内资高星级酒店则暂时持观望态度。以'营改增'之名而来的酒店涨价,其实背后是有部分税制改革带来的实际经济成本的上升。也有人认为,'营改增'无非是我们这些高端酒店涨价的借口和契机。当然,业内也有声音称,酒店涨价是借机转嫁成本,但对于我们这些高端酒店来说,若非成本提升,酒店本身不会随意涨价,在竞争日益加剧的情况下,个体涨价无异于自取灭亡。"

郝总点了点头,说道:"难怪我在希尔顿酒店官网的订房页面上方,看到酒店打出了一行醒目的提示语,内容为:'从 2016 年 5 月 1 日起,中国的酒店服务将征收增值税(VAT),所有酒店服务包括客房住宿及其他酒店服务都将征收相应的增值税。'我进入希尔顿酒店官网分别预订北京和上海 4 月 26 日和 5 月 4 日的房间,两个城市 4 月 26 日的房价均只需加收 15% 的服务费,而 5 月 4 日的支付价格中则增加了 6.9% 的税费。"

程老喝了一口咖啡,说道:"这一次外资酒店集体涨价,并非是集体行动,主要是各大酒店感受到了成本的压力。你可以在我们万豪、凯悦、喜达屋等国际酒店的官网订房系统中预订中国酒店 5 月的房间,计价系统显示的支付金额,均包含了 6.5% 的税金。这项税费实际上是房费加上服务费之和再乘以增值税率的结果。除住宿之外,好多高端酒店的其他服务价格,也随着'营改增'的到来而上涨。"

"那是不是'营改增'真的导致酒店业成本增加?"郝总忧虑地问道。

程老梳理了一下已经不浓密的白发,继续说道:"其实,根据财政部测算,'营改增'后,酒店业的税负总体还是下降的。对于年销售额在 500 万元以上的酒店,使用 6.5% 的增值税税率,但增值税是价外征收,而营业费是价内征收。因此,6.5% 的增值税按照营业税口径返算,相当于 5.66% 的税负水平。虽然税负增加 0.84%,但是酒店进货、能源、餐饮原料等是可以抵扣的。总体上看酒店增值税代替营业税后,负担是不相上下的。"

"程老,既然负担相等,那你们酒店为何要涨价呢?"

"一言难尽啊!"程老蛮有感触地说道。

"酒店行业与其他实行传统增值税的行业有很大区别。酒店主要出售服务,人力成本往往占公司营业成本的20%~35%,而这部分成本不能够抵扣增值税。同时酒店提供的服务中,很多成本也难以像传统行业那样进行抵扣,比如维保费用、技术服务费用、管理费用等都无法作为进项税额抵扣。而实物环节的成本可能只占三成左右。当然,酒店需要学习规范成本管理,规范供应商选择,而不是简单地将成本转嫁给消费者。在以前,酒店很少要求供应商提供增值税发票,一般都是普通发票。税制改革后,如果酒店要求供应商开具增值税发票,供应商又会将这部分税金反映在采购价格上,进行涨价。这也无形中会增加了酒店的成本。

"对于酒店来说,'营改增'带来的是一个骑虎难下的两难局面。索要增值税专用发票导致的供应商提价、大部分税费无法抵扣等问题,导致了事实上运营成本的增加。将税费转嫁给消费者,势必影响酒店的市场份额和销售业绩。但如果不增收相关税费,则会压缩酒店本身的利润空间。难啊!

"从这个'营改增'方案看,相比以前5%的营业税税率,酒店的负担将进一步减轻。而一般纳税人6.5%的税率虽然相比以前5%的营业税有所提高,但由于可以采取进项抵扣,酒店税负不一定就会上升。关键是看酒店进项税金抵扣部分能否抵消增加的1.5%的税率,如果可以抵消,则税负下降,如果不能,则相当于酒店多交税了(不考虑税金及附加)。有人曾经算过税改前酒店业的综合税负6%~9%(包含营业税及附加、企业所得税等),通过以上计算如果依照现行'营改增'方案,酒店税负有望降低到5%~6%,幅度还是非常大的。"

郝总说道:"这是一个令人振奋的税改举措,很大程度上给挣扎在盈亏边缘的酒店业与餐饮业减负了。通过计算,我们发现至少目前看来税改带给酒店业的实质性减负,可以说是一个新机遇,将给代表现代服务业的酒店业及餐饮业打入一针强心剂,酒店管理者和业主们还是应该宽心的。"

程总笑了笑,说道:"看来,你对这个问题还是很有研究的嘛。"

案例讨论:

1."营改增"对酒店会产生哪些影响?
2.酒店应采取哪些应对措施?

补充与提高

大老板的朋友不付房费,怎么办

江南的春季,正是莺歌燕舞的好季节,但今天,粤海酒店执行总经理欧阳却很郁闷。

事情是这样的：酒店大股东的朋友陈某，在入住时打电话给大股东，要求先开房间，后面再付房费。大股东当即通知了欧阳总，告知这位客人是他的朋友，先为其办理入住，后面再付房费。陈某入住后，并没有履行当时的承诺，住了三天，不管前台如何催，就是不交钱。执行董事是小股东，这件事被他知道了，他把欧阳总叫了过去，明确告知欧阳总，不交钱就扣欧阳总的工资。欧阳总随即与大股东电话沟通，大股东却告知欧阳总："收回房费是你的责任，你自己处理！"

郁闷的欧阳总只好出来散步，刚好遇见了他以前的上级黎总在酒店吃完饭回去。欧阳总把他的苦闷跟老上级一说，老上级跟他分析起来："执行总经理作为酒店第一负责人，掌管着酒店的经营，对酒店的经营负责是理所当然的。你同意陈某入住，正是在行使自己的经营管理权，当然要对自己的行为负责。"

"那我不可能拒绝执行大股东的决定啊！"欧阳总委屈地辩解道。

"要执行啊，但你可以提出条件！"黎总很果断地回答，"你可以以要做凭证为由，请大股东给你发个短信或来个微信，留个书面凭证，以便和其他股东交代，或者要求客人先刷信用卡预授权做钥匙押金等，反正自己先留个后手。"

黎总接着说："当然，执行总经理也有拒绝陈某入住的权力。你可以告知大股东，不同意入住，除非大股东担保，出现收不回房费的时候，由大股东负责。这样做，大股东可能不会给你这个执行总经理好脸色看。像这类事件，只要出现第一例，就要提前订制股东之间的制度，你没有提前与大股东协商好经营条款，执行总经理是有责任的。当下诸多的中小酒店大股东，多数是投资者，并不擅长酒店经营，也正因为这样的原因，他们才会选择聘请执行总经理来主持酒店的经营管理。"

欧阳总迷惑地说："也就是说，执行总经理有防范经营风险的责任？"

黎总继续说："在执行总经理和大股东签署合作合同的时候，就应当将经营权的细则考虑清楚，并写入合同里，以防范未来的经营风险，这里面就包括了大小股东亲戚朋友入住的条款。如果执行总经理没有与大小股东签署这类条款，又由于执行总经理是擅于经营的合作方，自然是有责任的。如果已经签署了这类条款，而大股东没有按照条款执行，执行总经理又同意了客人入住后付费，实际上是合同条款发生变更，双方默认同意，那执行总经理自然也有责任的哦。"

"啊，这样呀，如果收不回房费，怎么办啊？"

"如果客人的房费真收不回来，在合同条款中，又没有相关的约束，到底是谁的主要责任呢？责任比例是大股东30%，执行总经理70%，毕竟实际经营者是你这个执行总经理，不过也不要担心，多上门和他沟通，应该还是会还钱的哦。"

听完此话，欧阳总一下就奔往前台了。

第三篇
酒店营销与收益管理案例

第 13 章
酒店营销管理案例

13.1 营销战略案例

PART 1 正面案例

案例一 酒店从 0～100% 入住率仅用 3 个月

【教学目的】

1.认识酒店营销工作的重要性。
2.了解酒店营销战略。
2.掌握酒店营销方法。

【案例回放】

酒店从 0～100% 入住率仅用 3 个月,不是吹牛,更不是浮夸,而是一个实实在在的案例。

酒店从 0～100% 入住率仅用 3 个月,也许大家都觉得这是天方夜谭,别说"快速提升",能达到 100% 入住率在行业里就是一个奇迹。

国内目前知名度最高、连锁化率最强的某中端连锁酒店集团,其创始人从开第一家招待所,就制订了一个亘古不变的目标:必须天天满房。那时候,他可能还不晓得"客房产品不可储存性"这个道理,只是从商人的角度思考问题,有多少房间就要住多少人,不能无畏地空置。

创业伊始,为了住满房,这位创始人甚至自己骑着小摩托车,去人群聚集地、公交车站等散发传单,吸引客人入住。

酒店之所以能从最初一个招待所,发展成今天遍布全国几千家成员酒店的知名酒店集团,不是空穴来风,是有原因的。原因在于其创始人本身就是一个销售奇才。

下面是一个实战案例。

时间回到 15 年前,一家地处机场对面的酒店开业了,酒店总房间数 123 间,说在机场对面,其实要从机场到达酒店,有点像"蜀道之难、难于上青天"的感觉,因为机场对面是一个村,虽然遥遥相见几百米,但要想抵达酒店,必须得从村口进入,然后七拐八拐,好大一阵子才能到达。别说行李多的机场客,就是空着双手,徒步走过去都很费劲。

交通如此恶劣的酒店,是不是在常人眼里,会认为生意根本没法做?

可就是在这样的环境下,从酒店开业最初每天几间房的入住量,短短 3 个月时间,实现了 100% 的入住率,且久盛不衰。

也许你觉得不可思议,但这确确实实发生了。

那么,究竟酒店是如何实现从 0～100% 入住率的奇迹呢?

1. 先求生存,再求发展

从每天几间房,近乎为 0 的入住率,要想打开市场,可不是一般的难。中国有句古话叫"万事开头难",难在哪里? 难在千头万绪,不知道从何抓起。

新酒店一开业就从"节流"来抓,是不明智也是不现实的,唯有"开源"才是求生存的唯一法宝。

所以,在现有客源的基础上,加大周边宣传、签署协议客户、发展会员,但一切都收效甚微,为什么呢? 酒店既然地处机场,客源就应该从机场着手,只要抓住了机场客源,这 123 间房的客源还用愁吗?

首先,解决客人抵达酒店难的问题。开通机场和酒店之间 24 小时来回不间断的穿梭巴士。

其次,销售主动出击。销售部主动与各大航空公司地面服务部取得联系,签署协议,以最大优惠吸引各大航空公司的宾休客、误机客、中转客。

10 多年前,携程才刚成立不久,所谓的 OTA 市场还不成熟,寄希望于线上销售不现实,唯有做好线下销售才是硬道理。就这样,这家酒店逐渐夯实了客源基础。

2. 天下人人,为店销售

真正的杀手锏,销售政策才是关键,酒店推出的政策是"天下人,皆为我店销售员"。如何才能真正实现呢? 正所谓"重奖之下,必有勇夫"。15 年前,酒店的主要市场在哪里? 那时经济型酒店飞速发展、突飞猛进,酒店房价基本在 200 元以内。在房价不高的情况下,唯有靠走量才能实现薄利多销。

首先,酒店推出"重奖回佣"政策,168 元的房价,拿出一半作为天下人的回佣。酒店印制了大量名片,到机场派发给机场工作人员、出租车司机等,告诉他们,只要帮酒店拉客,拉一个客人入住酒店一间房就有 80 元佣金,而且是客人在前台办理好手续后立马兑现,绝不拖拉一分钱。机场只要有客人,一个电话,酒店穿梭巴士最晚 5 分钟就能出现在客人面前,让客人感受到便捷。

一旦客人第一次入住后,酒店会主动给客人一张酒店联系卡,下次客人在机场给酒店打一个电话,即有专车免费接送。

168 元的房价,能拿出 80 元来作为回佣,这是何等的气魄? 也许你会说,这不是找死吗?

其实,真不是找死,在 15 年前房租、人工成本较低的情况下,即使剩下 88 元,还是有微利可赚,更何况这是酒店伊始为了拉客源想出的销售策略,先让客人知道机场对面有这么一家酒店,体验后感觉不错,真正成为酒店回头客。

这项"重奖回佣"政策推出 3 天后,陆续就有机场工作人员的电话打进来,通知酒店到机场几号门接客,出租车司机直接开车送客到酒店门口,有时候甚至有路人亲自带客人来酒店前台办理入住手续。

开业不到 3 个月,酒店已经超出 100% 的入住率。为什么超出呢?因为机场地面服务部合作的宾休客、误机客、中转客人大部分会选择钟点房,几个小时后就要重新回机场办理安检、登机手续,不影响正常客人的入住,因此高峰时期,可达到 160% 的入住率。

3.收紧政策,稳步收益

当然,一旦酒店客房爆满后,就要开始收紧回佣政策,从原来的 80 元下调至 50 元,等客源结构完全稳定后,不到半年即可全部取消回佣政策,依靠酒店销售部与机场建立起的良好合作关系,拓展周边协议客户、不断发展忠诚会员,坚持酒店与机场候机楼之间 24 小时不间断穿梭巴士等手段,足够让酒店客房天天爆满。

【案例回放】

一家紧挨农村,地理位置不佳的酒店,仅用 3 个月时间,入住率便从 0 迅速提高到 100%,确实是个奇迹。这是酒店营销策略的胜利。

1.准确定位,锁定目标市场

从地理位置上讲,酒店地处农村,与机场之间被村庄隔断,这是不利因素,但管理者能够看到有利因素:离机场很近。于是,审时度势,将酒店目标市场锁定为机场客人。这是迈向成功的第一步。

2.推出了"重奖回佣"政策,将店外人员变为酒店业务销售员

酒店的战略是先求生存,再求发展。新酒店一开业就从"节流"出发,是不明智也是不现实的,唯有"开源"才是求生存的唯一法宝。为此,销售部主动与各大航空公司地面服务部取得联系,签署协议,以最大优惠吸引各大航空公司的宾休客、误机客、中转客。

与此同时,酒店采用大胆、灵活的销售政策,将店外人员变为酒店业务销售员。酒店推出"重奖回佣"政策,168 元的房价,拿出一半作为天下人的回佣。无论是机场工作人员还是出租车司机,只要帮酒店拉客,客人入住一间房就给 80 元佣金,而且立马兑现,绝不拖拉一分钱。这些措施极大地激励了店外人员的销售热情,使其成为酒店忠诚的兼职销售人员。

3.开通机场免费接送客人的穿梭巴士

为了解决客人抵达酒店难的问题,酒店开通了机场和酒店之间 24 小时来回不间断的穿梭巴士,让客人感到十分便捷,解决了客人的后顾之忧。

4.收益后适时进行政策调整

在客房爆满后,酒店开始收紧回佣政策,从原来的 80 元下调至 50 元,半年后全部取消回佣政策,酒店依然天天爆满。

【对管理者的启迪】

酒店的方法看似落伍,但在那个年代却是大胆的创新,且十分有效。正是这种"不要脸"的土办法,才让酒店客房爆满,真正实现了收益最大化。

1.酒店经营要有创新思维,一切奇迹的创造都源于敢想、敢做。

2.酒店营销要根据自身的状况,制订正确的营销战略。

3.酒店客房产品具有不可储存性,经营者要有收益管理理念和意识,需要实施收益管理,并通过收益管理,争取使酒店天天"满房"(最好保持在90%左右)。

4.酒店要根据收益管理理念,实时调整营销策略。

5.经营者要瞄准目标市场,实施精准营销。

6.要善于抓住顾客的痛点,将针对目标市场的服务做到极致。

7.酒店经营要善于利用社会资源,通过线上和线下方式,将消费者和社会大众以及利益相关者转换为酒店的兼职销售人员。

8.酒店运营没有那么难,技术含量也不高,酒店不缺客源,缺的是吸引客人的产品和正确的营销战略。要经营好酒店,唯有用心、用心、再用心。

案例二　面对狮子的羚羊们

【教学目的】

1.了解 OTA 在中国的现状。
2.掌握在新趋势下,酒店应对 OTA 的措施。

【案例回放】

2015 年 11 月 6 日,和往常一样,何经理很晚才拖着疲惫的身体回到那个在市郊的家。何经理是这座南方城市的一个高星级酒店的销售部经理,每天的困乏,使他回到家后都懒得动一下。

"爸爸,你给我讲讲这本书上的故事啊!"何经理 5 岁的女儿看到爸爸回来了,高兴地往他身上靠。

"好,爸爸给你讲一下,讲哪一个啊?"何经理这才露出开心的笑脸,"哦,这个啊,《面对狮子的羚羊》? 行,爸爸一会儿给你讲。"

何经理着急地打开了电脑,一手搂着女儿,一手用鼠标快速地浏览起新闻来:《携程去哪儿合并:2015 年互联网行业整合大盘点》,他突然一个激灵,赶紧拍了一下女儿:"找你妈去,爸爸要忙一会了。"何经理抓紧时间迅速浏览起来:

昨晚,携程宣布与百度达成股权置换交易。对于这两大巨头的交易,很多人似乎已经见怪不怪了,除去两家公司一直有过"合并"的绯闻,今年行业内巨头频繁整合也是一个重要的原因。

携程与百度达成股权置换交易后，百度将拥有携程普通股，可代表约 25% 的携程总投票权，携程将拥有约 45% 的去哪儿总投票权。这意味着，国内在线旅游两大巨头携程和去哪儿终于在某种程度上完成了"合并"。

何经理看着新闻，想起 2015 年 5 月 22 日对于酒店业来说是个黑色的日子。最重磅的消息当属携程收购艺龙，取代 Expedia，成为艺龙的大股东。原本的三足鼎立，变成了两强争霸。那时很多人都为去哪儿网捏了一把汗，携程和艺龙联合起来对抗去哪儿网，还有去哪儿网的好日子过？首先，携程和艺龙在这个关键节点合并，恰好说明去哪儿网已经威胁到了携程的最后一道防线——酒店。机票和无线领域已经被去哪儿网赶超的携程，若再失守赖以起家的酒店领域，在线旅游行业的老大就彻底易主了。可现在才过半年，携程居然和去哪儿网联姻了！

"何经理，看到了吗？去哪儿被收购的信息。"手机上传来酒店叶总浑厚的声音。

"刚看到，叶总，这个信息够爆炸哦，以后酒店的 OTA 佣金肯定要挨涨了！"何经理苦瓜着脸说道。

"还不仅仅是这个。在 5 月前的一片混战中，携程选择了投资艺龙，这让业内大跌眼镜。携程、艺龙供应链重叠，可补性并不强，且一个是缓慢增长（携程）一个是停滞增长（艺龙）。那时候去哪儿通过掀起价格战已经在市场上培养了大量的忠实用户，并且通过亏损换规模，去哪儿网已向市场证明了其价值。取暖抱团，一般是比较无奈的办法。携程一向认为自己是行业第一，但 5 月收购艺龙，已经显示出对去哪儿网凶猛攻势的忌惮。但我也没想到从原来的三国演义到楚汉相争，居然现在搞出个一统天下了。小何啊，你 2016 年的任务重啊，对他们（OTA）慢慢要疏远了啊，恐怕靠不太住了哦！"叶总说出了他的忧虑。

何经理给忙出忙进的妻子做了个手势，让她和女儿先吃饭，自己把腿一伸，拉开了架势，和叶总聊了起来：

"叶总！以酒店的立场来看，酒店肯定是不希望自己的销售渠道一家独大的，这就意味着将来可能会被某一个渠道挟持，失去话语权和定价权。因为线上预订酒店已经成为一个不可逆的趋势，尽管现在占比仍以线下预订为主，但此消彼长的态势明显，酒店未来肯定越来越重视线上销售渠道。当携程、去哪儿网、艺龙三足鼎立的时候，酒店可以任意选择其中两家作为自己线上的销售渠道，而且可以以此作为筹码，与三家谈判。但最近的选择只有两家了，酒店为防止一家独大，肯定不会只站队携程、艺龙，或者只站队去哪儿网，分别站队两家，才是酒店的最佳选择。今天起，以后对着携程的一统江湖，我们酒店业的佣金只有一涨再涨，且没有了和携程谈价的筹码了，横竖都是他家的。"

叶总坚定的信心从电话那边传来："那也不会一点儿机会都没有，通过这次并购，携程虽然短时间内确定了自己的统治地位，但是我们也可以去关注去哪儿以及美团的动作。作为与携程市值比肩的公司，美团的地面战术也颇为血腥，短短几年时间就拿下了携程十多年辛苦得到的数据；而去哪儿作为富二代，兵强马壮、资金雄厚，更有许多的底牌未曾亮明。如果携程搞排他性选择，用提高佣金等竭泽而渔的协议，那我们就一定要去支持它的对手，让我们自己有更多的选择。同时，最关键的还是做好自己的渠道，比如微信公众号行销、400GRS

中央订房系统、会员俱乐部等,全部加大建设力度。你今晚好好想一下,明天一早来我办公室,我们一起合计合计。"

"好咧!"刚才还是一脸乌云的何经理,顿时变得阳光灿烂起来。在走过客厅去吃饭的路上,何经理被一本儿童读物绊了一下。拿起书本一看,正好翻到刚才那篇《面对狮子的羚羊》:一群羚羊在草原上遇见了一头狮子,狮子缓缓走来,想要吃掉它们。这时,它们没有跑,而是在头羊的带领下,低着头,翘着角,一起向着狮子冲过去。这头狮子从来没有经过这阵仗,犹豫了一下,还是吓得落荒而逃了……

是啊,我们的酒店不正像那羚羊一样吗?面对携程这个 OTA 狮子,不应该逃跑,而应该迎难而上。何经理给明天早上的会议,定下了信心满满的基调。

【案例点评】

1.OTA 的兼并,带给酒店的动荡需尽快引起重视,没有竞争的合作伙伴一定会"仗势欺人"。何经理的职业敏感果然是有前瞻性的,携程多次风波,都是此忧虑的验证。

2.未来移动网络的发展,OTA 基本可以囊括所有的预订市场,酒店要加大对顾客的"黏性"服务,培养忠诚的顾客。叶总的预见和未雨绸缪,均体现了资深酒店职业经理人精准的洞察力和预见性。

【对管理者的启迪】

1.组建自己的销售渠道(包括公众号、酒店网站等)是当务之急,不能过度依赖 OTA 客源。

2.选择携程之外的 OTA 合作,扶持它们,让它们能更加壮大和用心服务自身客人。

3.不忘初心,做好服务,靠服务取胜,实施服务营销策略。

PART 2　反面案例

案例一　"要年轻漂亮的!"——角色认知之误

【教学目的】

1.了解营销部担负的两大任务:市场营销和公共关系。

2.认识到营销工作内容广泛,有拉业务、签协议、做促销的显性工作,还有为销售起铺垫和促进作用的隐性工作。

3.各业务部门的销售工作与酒店营销部的工作是相辅相成的关系,既有专业分工,又有职能配合。

【案例回放】

介绍几例因对营销部岗位角色认知有误而发生的事情。

案例1:"要年轻漂亮的!"

某酒店业主自任总经理,委托笔者物色一位营销部经理。我试着问他有什么要求,他大手一挥,铿锵有力地说:"工资高些不是问题,但一定要年轻漂亮的!"

"女的?"我问道,我想"漂亮"一词一般适用于女性。

"对!而且要年轻,懂交际,会喝酒!"这位年轻的老板好像在对他的人事部经理下达指令。

我考虑到不能误了人家的大事,不管他愿不愿意,还是耐心地向他罗列了营销部的工作内容和营销部经理的角色要求。

案例2:"你手上有多少客户?"

某酒店经营状况不好,不是在市场定位、产品结构、服务质量等方面找原因,而是一门心思地寄希望于聘请高明的销售人员。

因此,招聘广告上写着"有经验者优先,待遇从优",所谓"待遇从优",是指按业绩抽成不封顶,而底薪只有服务员工资的一半。面试的第一个问题是:"你手上有多少客户?"

这对于要求有基本生活保障、原本没有掌握多少客户资源的应聘者来说,只能对此岗位望而却步。

案例3:她老公没有为此高兴

某酒店拟将总台的一位接待员调往营销部,担任公关部(二级部)经理。职级得到提升,工资随之增长,该接待员兴冲冲地把这个好消息告诉自己的老公。

谁知她老公非但没有为此高兴,反而郑重地告诉她:"如果赴任,立即离婚。"理由是:"公关部经理整天与客户嘻嘻哈哈,有红杏出墙的危险。"

这位接待员哭笑不得,只好留在原岗位了。

案例4:"可以不设立营销部吗?"

某酒店开业筹备期间,该酒店老板向笔者咨询关于设立组织机构事宜,其中一个问题是:"可不可以不设立营销部,销售工作由各业务部门自行负责?"

我只好就酒店营销部的作用、各业务部门自行开展销售工作的内容,以及营销部与业务部门之间的工作关系,向他一一做讲解。

【案例点评】

营销部担负两大任务:一是市场营销;二是公共关系。有的酒店使用"公关销售部"名称,直接表明部门任务。

其实,营销工作除了与客户签订协议、做促销宣传及活动、加入预订网络等销售工作外,还应当包括市场调研、销售分析,为确定竞争战略(成本领先战略、差异化战略和专一化战略)、营销策略(产品策略、价格策略、销售渠道策略和促销策略)提出建议;对产品服务质量改进、品种变化和价格调整提出意见;重大接待的计划制订、事务安排和跟踪服务;进行客户回访,建立客史档案,应对网上评价和需求信息反馈等工作。

这些工作中有显性的,如拉业务、签协议、做促销,而更多属于隐性的,恰恰这些隐性工作是大量的,对显性工作起到了铺垫和促进作用。

各业务部门的销售工作与酒店营销部的工作是相辅相成的关系,既有专业分工,又有职能配合。

营销部的另一任务是公共关系工作,主要包括两个方面:一是树立形象;二是广结良缘。具体内容包括:为提高知名度、美誉度所做的形象设计和宣传活动;与社会各界朋友交往,获得公众对酒店的正面认知和支持;应对有损酒店形象的事件,消除负面影响;等等。诚然,公共关系工作对营销工作有着重要的间接影响和促进作用。

顺便提一下,有的规模大的高星级酒店还对营销部做了更细的分工,下设几个二级部门,如设市场部、销售部、VIP 接待部、广告媒体部和社会关系部等,不一而足。其中,市场部与销售部区别在于市场部做战略规划,销售部做战术实施;市场部设计营销方案,销售部执行销售计划;市场部多是动脑,销售部多是动手脚;市场部重"道",销售部重"术";市场部为的是使产品好卖,销售部为的是让产品卖好。

本案例 1 的老板对营销工作显然知之甚少,狭隘地认为营销就是"攻关"。案例 2 的酒店片面注重人员促销作用,有一句话说得好:"让产品本身说话,使促销成为多余!"产品适销对路,服务质量优良,才是销售成功的基础,否则,靠关系拉来的客户照样会流失。案例 3 中那位接待员老公的担心来自对公关工作的误解。案例 4 中老板的想法则是对部门职能和专业分工的不甚了解所致。

【对管理者的启迪】

1.酒店市场营销工作是最具挑战性的工作,酒店高层决策机构要正确认识酒店营销工作的重要性、营销工作的性质和内容,招聘高素质的营销人员。

2.营销工作既有拉业务、签协议、做促销的显性工作,又有为销售起铺垫和促进作用的隐性工作。许多人恰恰没有注意到这一点,只承认前者,对后者却视而不见。

3.各业务部门的销售工作与酒店营销部的工作是相辅相成的关系,既有专业分工,又有职能配合;既有营销部的店外促销,又有业务部门的现场促销。

案例二 "虚假营销"的惨痛代价

【教学目的】

了解虚假营销可能给酒店带来的风险。

【案例回放】

因房客网上预订的"五星级酒店"并非真的挂牌五星,北京艺龙信息技术有限公司(以下简称"艺龙公司")被法院认定欺诈。2017年3月14日,朝阳法院判决艺龙公司赔偿消费者李先生酒店住宿费3倍的费用,共计10.5万余元。

李先生介绍,他通过艺龙网预订了三家酒店:上海外滩华尔道夫酒店(以下简称"华尔道夫酒店")、三亚亚龙湾瑞吉度假酒店(以下简称"瑞吉酒店")、三亚海棠湾天房洲际度假酒店(以下简称"天房洲际酒店")。艺龙网网页标注三家酒店均为国家旅游局评定的五星级酒店。2015年12月至2016年1月,李先生先后入住了上述三家酒店,房费总计35 220元。

李先生称,2016年1月一个偶然机会,他发现自己通过艺龙网预订的这三家酒店实际情况与标注不符。协商无果后,李先生向北京市工商局朝阳分局进行了投诉。2016年6月8日,北京市工商局朝阳分局做出处罚决定,认定艺龙公司产品宣传存在误导消费者消费的情况,属于虚假宣传,对艺龙公司处以15万元的罚款。

2016年9月,李先生以艺龙公司在履行合同过程中存在欺诈行为为由,将艺龙公司诉至法院,要求其退还房费并索要3倍赔偿金共计105 660元。

艺龙公司辩称,李先生所说的三家酒店均为准五星酒店,"因公司员工录入错误,造成网页显示为五星级酒店"。艺龙公司称,华尔道夫酒店是福布斯评定的五星级酒店、瑞吉酒店和天房洲际酒店是按照五星级标准打造的顶级国际酒店,且一直在向国家旅游局申请五星级挂牌。上述三家酒店的硬件设施和软件服务真实到位,李先生接受服务的品质未受影响。艺龙公司同时称,李先生故意入住信息录入错误的酒店,并非正常消费,不应受消费者权益保护法保护,亦不同意李先生的全部诉讼请求。

法院经审理认为,李先生从艺龙公司购买酒店服务,并已实际入住,双方合同已经履行完毕,李先生要求退还房费缺乏依据,不予支持。艺龙公司提供的酒店服务与其网站宣传不符,并已被行政主管部门认定为虚假宣传,李先生作为消费者以欺诈为由要求三倍赔偿,符合法律规定,法院予以支持。

最后,朝阳区法院做出一审判决,判令艺龙公司赔偿李先生105 660元,同时驳回了李先生的其他诉讼请求。一审宣判后,艺龙公司不服,提出上诉。二审法院做出终审判决,驳回上诉,维持原判。

【案例点评】

"星级酒店"是由国家有关主管部门和行业组织根据《中华人民共和国星级酒店评定标

准》评定并对外发布的,受国家法律法规的保护。未正式评定和挂牌的任何酒店都不得以相应星级和"准星级"的名义对外营销。

近年来,一些未参与评星的饭店打着"准星级""相当于星级"的旗号欺骗消费者,严重干扰了星级饭店市场的正常竞争秩序,对星级评定制度的权威性和公平性构成了挑战,损害了旅游星级饭店品牌形象和消费者的正当权益。中国旅游饭店业协会早在 2009 年就已在国家工商行政管理总局商标局,正式将星级饭店图形登记注册为证明商标。该证明商标的使用,应严格按照《星级饭店图形证明商标使用管理规则》执行。任何单位或个人未经协会授权,不得擅自制作和使用。根据《商标法》的规定,造成消费者产生混淆认识的做法都是违法行为,故此"准星级、相当于星级、按星级标准建设、星级饭店、星级酒店"等标示,都侵害了星级证明商标的商标权益。

在本案例中,"躺着中枪"的酒店看似无辜,艺龙公司也可能并非有意虚假宣传,但是在利益的驱动下,在其他 OTA 平台上,类似这样的案例比比皆是,且大多还是酒店自己主动拔高、有意为之的。

本案例对酒店具有启示意义和警示作用:虚假的宣传会给酒店带来不可控的风险,可能会让酒店付出惨痛的代价。经济的处罚可能仅是小事,品牌的损失才是切肤之痛。

【对管理者的启迪】

1.酒店不能进行非法、违规和虚假宣传,否则不仅会使品牌受损,还可能遭受惨重的经济损失。

2.OTA 的利益、酒店的利益均趋向一致时,酒店要保持清醒的头脑,毕竟品牌是自己的,不诚信的经营骂名会降低公众的美誉度。

3.酒店要对 OTA 进行监督,防止其在利益驱动下进行虚假宣传,最终损害双方利益。

4.重大关键性信息的披露,需加以制度性防范,多设置几个审核关口,可以为酒店避免一定的风险。

案例三　《致携程的一封分手信》引发的思考

【教学目的】

1.了解 OTA 经营模式。

2.认识酒店与 OTA 的关系及其对酒店经营的影响。

【案例回放】

近期,一篇名为《致携程的一封分手信》的文章在网络广泛传播,也将本已陷入舆论漩涡的携程再次送上了风口浪尖。文章大意是河北一家青年旅舍无法忍受携程缺乏契约精神:改房价、超售以及乱改佣金等问题,因此选择与携程分手。下文为分手信内容。

尊敬的上海携程商务有限公司(携程旅行网):

我们是承德初见客栈青年旅舍,是您 25 万家(官网数据未核实)签约酒店商家之一。因对贵公司缺乏契约精神与职业操守的做法不能认同，在价值理念上存在严重分歧，特提出分手，所有房型在贵网站下线，并按程序解除合作关系。

我们于2015年4月26日牵手，当时作为一家刚刚起步的小小青旅，能攀上您这么个高枝，自然对您提出的条件百依百顺，全部服从，这个条件就是家庭间房型佣金15%，其他房型佣金10%。当时其他主流订房网站的佣金率是6%~10%不等，但我认了。

我们的牵手证明

6月下旬，旅舍换了新掌柜，通过后台 EBOOKING 系统进行季节性调价，但迟迟没有获得审核通过，于是致电给一位杜姓客户经理，得到的答复是设定的佣金率不符合要求。她的逻辑是由于更换掌柜视同新店，新店的佣金率全部应为15%。Why? 只是换了掌柜而已，店名、地址、电话、房型一切都没有变。当掌柜提出尊重协议维持原佣金率的请求时，傲娇的杜经理以做低初见客栈在携程的排名为要挟，且一言不合便挂断了电话。

　　这是我们第一次吵架，虽说过日子难免磕磕绊绊，但您的傲慢、强势和任性还是给我留下了很大的心理阴影。日子还得过下去，为了保证客房的正常销售，我不得不将佣金率上调，但心里难免有些疑虑，作为在线旅行服务行业龙头、纳斯达克上市企业，这么做真的好吗？

　　妥协带来的是暂时的融洽。树欲静而风不止，2015 年 10 月 26 日，噩耗传来——您把去哪儿网给收了。我们只想安静地做一家小小的青旅，并不愿关注这类所谓业界重磅，但这样一宗绝对意义上的垄断收购案例必然会殃及池鱼。果然，没过几天，您携程、去哪儿网加上早已被您招致麾下的艺龙三大 OTA 集体调高佣金率至 15%，没有任何通知，更不要说修订协议的法律程序了。毫无疑问，这一定是您一统江湖后急于提高营收树立老大地位的"高明"策略。这样的调整对酒店业的影响无疑是巨大的，也许是签约的酒店商家吐槽声浪过高，没过多久，这 15% 的"业界统一标准"不了了之，各家 OTA 也悄悄地把佣金率调低至原来的水平。您给自己的这记嘴巴扇得够响！

　　到了今年清明节期间，您又一次让我见识到了霸气、傲娇、任性的一面。我们在 3 月 12 日通过携程后台调整了清明节期间 4 月 1—5 日的房价，其中六人间床位价格调整为 55 元/天，并于 3 月 14 日经傲娇的杜经理审核通过。4 月 1 日，有客人通过您预订了清明节假期的六人间床位，而订单价格是 33 元/天，显然低于我们设定的价格。

　　愚人节玩笑？您好像没有这样的幽默感。后台查询发现六人间床位的价格全部被改成了 33 元，比我们淡季的价格还要低，更蹊跷的是我们的价格体系中根本就没有 33 这个数字。这不科学，掌柜的智商已经无法解释此事了，只得硬着头皮再次请教傲娇的杜经理。好消息是接听电话的换成了孟姓的经理助理，坏消息是孟助理的态度和杜经理一样傲娇。我不能理解到底是什么样的企业文化聚集（或者应该说是"培养"）了这样的员工。

　　对于房价为何被无端更改，孟助理并不能给出合理的解释，而如何处理这个订单就成为一件特别头疼的事。如果接单，那不仅意味着赔本赚吆喝，而且同日入住的客人价格悬殊，对于其他客人有失公平；如果拒单，就意味着旅舍在携程排名会显著下降，影响销售。您这让人进退两难的招数果然够狠，在您和客人面前，我们掌柜是猪八戒照镜子里外不是人。但是这样任性地篡改商家的房价真的没有法律和道德风险吗？这不是十几块钱的问题，更重要的是反映了一个企业的诚信和对待合作伙伴的态度。我的店面虽小，但守法诚信经营，价格透明公开，真诚对待每一位客人。在这方面，携程我瞧不起您！

　　您至今没有对这件事给予任何答复。为保证我的房价不再被恶意更改，我按照同行的建议（看来同样的招数您没少用过）给您的管理层发了一封义正词严的投诉信，虽然像预想的一样石沉大海，但至少我的房价没有再被恶意更改过。

　　让我彻底对您失去信心是今年端午节期间，这次您没有改我的房价，转为改我的房态，说白了就是我已经订满关房的房型又被您再次出售。于是又产生了一个将我置于两难境地的订单。好吧，我已经快要被您逼成二师兄了。

　　修改商家房态的做法也许源于您的惯性思维：总认为商家没有把所有房间都放在携程上售卖，所以当我们关房时您总认为还有房可卖，这时往往就会有客服人员不厌其烦地打电话来说，麻烦您做个买单确认吧！麻烦您再给协调一下吧！目的就是增加您的订单量，从而多赚点佣金。但是您知道吗,我是毫无保留地把我所有的客房都放在您的网站上销售的,我对您是真爱啊,我关房就意味着我确实没房可卖了。您不能以己度人,自己不守诚信就认为商家也都不守诚信。

作为您的签约商家,我们的房价和房态自己都无法掌控。经过这么三番五次的欺骗和背叛,我觉得有点累。我们本不是同路人,价值理念和经营之道隔阂巨大,长此以往双方都过得很痛苦,还是早点分开吧。我会一直坚守诚信的底线把小店经营下去,也希望您能提高法律和诚信意识,我们国家的法治环境虽说还不是很健全,但一个缺失契约精神和职业操守的企业毕竟不会走太远。好了不多说了,就此分道扬镳,保重!

您的签约商家:承德初见客栈青年旅舍

2016 年 7 月 23 日

一时间,各个快捷酒店、主题酒店、客栈、公寓,以及酒店 PMS 厂商等都在网上发表了不同的意见,他们大概持有以下三种观点:

1.携程欺人太甚,一定会咎由自取

某家 PMS 厂商的朋友和几位中档酒店的朋友持这样的观点。他们认为,是酒店给了携程佣金,养活了携程,现在携程的做法却并不像"拿人钱财、替人消灾"的态度,更像是把酒店摆在砧板上,剁得血淋淋的屠夫。同时,他们也认为,携程这样做下去,无异于杀鸡取卵。当下的酒店,多数是分散的没有凝聚力的团队,哪天酒店这头雄狮醒来,也就是携程的末日。也有人认为,携程当前的做法,和资本的推动有关。或许,携程并不希望与酒店对立,也不愿意做酒店行业的黄世仁。一切的原因,是因为资本推动,携程不得不这么做。

2.携程怎样和我没关系,我自己玩自己的

有部分主题酒店、客栈的朋友这样说:"我有自己的客户,我有自己的渠道,我有自己的在线订房系统(微信订房),我的携程客户只有3%不到,携程在我这里可有可无。如果携程愿意合作,那就好好合作,我不下线,一旦哪天过分了,我就下线你,自己干。"

3.与携程好好合作,没必要鸡蛋碰石头

一类朋友的评论,分析得非常仔细。他们认为:一方面,携程对于消费者来说,不可或缺。它就像网上的"酒店超级市场",客户可以在这里轻易挑选自己喜欢的酒店,选择空间大,消费者离不开携程,酒店没有必要和携程对着干,该合作的继续合作。因此,他们认为没有必要和携程闹僵,各取所需,好好合作。

【案例点评】

目前 OTA 强势,国家对垄断又缺乏监管。在酒店看来,有些不公,但贸然取消合作,并且直接对抗 OTA,是不智之选。在目前 OTA 完全垄断的前提下,各酒店无法抗衡。退一万步说,像这篇文章的酒店老板一样,今天你发泄完了情绪,明天你准备怎么经营酒店呢?这是很现实的问题,出租率肯定要下降,收入也会减少,这些就像酒店老板的柴米油盐一样,回避不了。

尽管不少个体酒店对 OTA 多次提升佣金比例的行为不满,但这是一个愿打、一个愿挨的结果,是市场行为,也是各方利益博弈的结果,只要不违法,也无可厚非。

"互联网+"的特点,就是用别人的酒店来做自己的生意,未来平台的力量,将会完全打压实体酒店,各实体酒店需要尽早应对。

【对管理者的启迪】

1.做好服务,以服务来吸引回头客。

2.酒店应该建立和强化自己的线上预订渠道,做好自己的会员体系,让会员通过自己的在线预订渠道来预订,这样能够减少客户从携程预订的可能性,也就减少了酒店对携程的依赖。

13.2 营销策划案例

PART 1 正面案例

案例一 日全食期间的酒店营销

【教学目的】

1.掌握酒店在特殊事件中的营销技巧。

2.学会在看起来并不相关联的事件中寻找商机,并通过策划获得成功。

【案例回放】

美国国家航空航天局(NASA)预测,2017 年 8 月 21 日,从美国东海岸到西海岸的全景范围内会出现日全食天文奇观。这是美国 1776 年建国以来,第一个仅在美国境内掠过而没有掠过其他国家的日全食,同时也是 99 年来掠过美国全境的日全食现象:8 月 21 日那天,月亮的影子会在美国本土上(没有任何其他国家的一寸土地上能看到这次日全食)划出一条完美的曲线,而位于这条112千米宽的线条之中的人们,将有机会看到这个天象奇观——日全食。

按道理,日全食和酒店无关,但是美国的商家确实是眼界奇高,挖掘到了经营商机。早在日全食到来前几个月,万豪酒店集团就已开始了其针对性的营销活动,在日全食到来之际,入住其在全美五座全食带城市酒店的消费者,将得到额外的超值服务套餐,还有些酒店则推出了日全食纪念套餐、日全食蛋糕等。

【案例点评】

任何事件都要抓住其关联点,设法与酒店行业相连,找到"爆点",引发营销。本案例中的美国酒店业,做足了"事件营销"的蛋糕。

【对管理者的启迪】

酒店要关注各种"唯一性"事件,在唯一性中创造出与其他酒店、与其他时段不同的营销手段,达到提升品牌、增加收入的目的。

案例二 紧俏的酒店"高考房"

【教学目的】

1.掌握市场特殊需求的酒店营销模式。
2.学会酒店饥渴营销的实操技巧。

【案例回放】

这个四星级酒店每年夏天的这几天,都会迎来一个小高潮,那就是一年一度的"高考房"订房大战。由于酒店地处市中心,附近有两所中学每年都会成为高考的考场。一到4月,酒店营销部和前台的预订电话就会响个不停,都是来打听酒店"高考房"价格政策的。

面对市场的刚性需求,营销部的陆经理可是早早地做了准备。因为他知道,伴随着年度大戏高考的临近,家长们对酒店高考房的关注度也日益走高。

尽管距离高考还有两个月左右的时间,但是一些心急的家长已经开始为参加高考的孩子,提前预订"完美"的"高考房"。与以往的"高考房"预订趋势不同的是,2017年的星级酒店已成为高考房的一匹黑马,拉开了"高考房"大战的序幕。

随着2017年高考考点的陆续公布,高星级酒店成为这个沿海城市考生家长们选择的热点,很多家长放弃价格相对便宜的快捷酒店,中意价格偏高的星级酒店。这不,从2017年预订询价电话早了半个月、多了一大半量的大数据看,2017年"高考房"的房价肯定可以上涨一截。陆经理自信满满地扬了一下手臂,捏紧了拳头。

其实陆经理也不是盲目自信,昨天他已召集了营销部开了一个"高考房"定价商讨会。会上一位销售主管分析:"一些高考学生家长之所以喜欢瞄准我们这些高价星级酒店的高考房,原因就是看中我们的环境好,体现在房屋面积大、床铺大、特别安静等方面。而一些经济型的快捷酒店虽然价格便宜,但是面积不大,有些房间还没有窗户,家长认为会让孩子感到不舒服,担心影响休息,所以受到冷落。"

另一个销售代表还建议:"我们在考生家长预订高考房的电话打来时,可以要求他们应该带着孩子实际感受一下,然后再决定是否预订我们酒店,让他们不要贪便宜,花了冤枉钱而误了孩子的'终身大事'哦。"

营销部副经理也发言:"今年价格策略还是要早定,据我了解,有些家长已经通过微信群组建了'调房联盟',现在几乎没有家长等到高考考点出来以后再订房了,都是先根据往年的高考考点分布来'押宝',有的家长甚至'押'了两所以上。他们都是这个意见:先把房子囤着,即使有损失也没关系,孩子一生只一次的事情,还是要办稳妥点好。不少家长抱着这样的心态,就加入'押宝囤房'的行列。为了防止押宝落空而导致损失,聪明的家长们还成立了'调剂联盟'互通有无,一旦考点发生变化,便可以在群中和群友换房,这样自己不会有损失。其实,家长间对预订信息互通有无,也有利于酒店实际入住率的提升。"

会上,大家七嘴八舌地讨论着,陆经理最终定下了这个四星级酒店的"高考房"销售政策:

(1)按牌价全额销售,不打折。

(2)先交全款,全款到,100%保证房源。

(3)销售到最后的 10 间标、单间时,暂停标、单间的销售,全力销售套房,对外报酒店已无标、单间,套房按标、单间价,再加 50%。

(4)留 2 间标、单间不销售,作维修机动房。

(5)给客房部下单,保证酒店切实为考生提供舒适、安静、免打扰的居住环境。

(6)中央空调温度适中,维修室内空调机组,确保无噪声运行。保持室内恒温,既能降低室内温度,又能消除考生的燥热感。

(7)要求餐饮部推出益智补脑的营养套餐、增开夜宵。用健康的饮食补足孩子及家长的营养需要。

……

一条条政策制订出来了,这家酒店"高考房"的营销模式也逐渐水落石出,交全款及先售标、单间的饥饿营销法,使得酒店客房一下子面临抢订的局面,连平常最难销售的套房都销售一空。

【案例点评】

特殊产品要用特殊的营销手段,适度高价以市场承受力为限。像本案例中"高考房"的定价,可以根据市场的刚性需求,适度提价,创造酒店利润的最大化。

高价必须高质。本案例酒店不仅考虑如何将客房销售出去,还切实为考生着想,注意各部门的协同作战,如工程部保证设备静音,保安部保证外围无噪声,餐饮部保证营养餐的配套服务,使"高考房"名副其实,努力提高"高考房"这一特殊产品的质量,使酒店这种适销对路、季节性的产品,能够固定化、长期化、品牌化。

【对管理者的启迪】

1.酒店产品是有限的,酒店应做好市场调查,根据供求情况,做好收益管理。
2.必要时,酒店可以使用饥饿营销的手段来提升销售业绩。
3.要确保产品质量,打造产品品牌。

案例三　有自己名字的曲奇

【教学目的】

1.掌握个性化会议销售的特点。
2.学会创造性地进行会议营销。

【案例回放】

小燕是这个滨海城市粤海酒店的销售代表,2017 年来,因中央八项规定,政府的会议大幅削减或放在更低星级的酒店召开了。作为销售代表,小燕的心理压力很大,如何做好会议销售呢? 看来只能向企业会议进军了。

但在这个服务趋于同质化的年代,会议销售很难脱颖而出。而且大家都在追求个性化服务,以达到吸引新客户、留住老客户的目的! 我们经常把个性化服务挂在嘴边,但是否有真正的行动呢? 或许,我们有这个意愿,但是苦于没有灵感!

定制个性化服务,必然是要付出代价、付出努力的,毫不费力的个性化服务也会显得廉价不堪。小燕陷入了深深的思考。

哈哈,第一招来了!

今天在酒店举行的会议业务,正好是小燕拉回来的,一天的会议,早上十点的茶歇期间,会议代表三三两两地走到了茶歇处,当个别代表看到点心台上别着的精致卡片上写着:"亲,找到自己哦!"原来这饼干上有会议代表的名字啊! 一时间,点心台上人头攒动,大家都在找有自己名字的饼干。好多人找到后都不舍得吃,只是闻闻,便用一张餐巾纸包起来,小心翼翼地放进随身小包里。原来小燕想出一个办法,在会议期间,给客人定制一个饼干盒,里面装一些烤制的曲奇饼干,同时,上面刻有该次会议客人的名字,摆放成塔形给客人取用。

小燕估计客人舍不得吃,留作纪念或发朋友圈的概率很大。这不,好几个客人已经拿着有自己名字的曲奇饼干在摆 Pose 了。

小燕的"计谋"成功了!

【案例点评】

个性化创意使客人有新鲜感、亲切感、诙谐感,能在记忆上产生强烈的印象,同时又成了客人发朋友圈与朋友共赏的素材。本案例中的创新服务、创新营销点燃了曝光点和客人的兴奋点,值得点赞。

【对管理者的启迪】

1.会议销售要打情感牌、创新牌,在市场低迷的现状下,必须要有创造性的手段来抢夺别人的蛋糕。

2.营销要设法点燃曝光点和客人的兴奋点,让客人成为酒店的义务宣传员和亮点传播者。

3.营销要与产品的生产相结合。

PART 2　反面案例

案例一　免费给客人送水果,反而得罪了客人

【教学目的】

1.让学生明白,对客人服务要讲"信息对称",既要酒店方了解客人的需求,也要让客人了解酒店产品,否则将有可能引起双方的"误会"而功亏一篑。

2.培养学生在实际工作中主动发现供需信息是否对称,并积极提出改进建议的意识。

【案例回放】

某酒店规定:标准间或大床间若按门市价入住,赠送水果一份,小冰箱内的食品饮料全部免费;如果按协议价入住,就不赠送水果,小冰箱也将被锁上。

包先生是按门市价入住大床间的。他放下行李,简单洗漱后,就出门去会客用餐了。

晚上包先生回到房间,发现桌上多了一个小水果篮,里面有两个苹果、一根香蕉,外加几个迷你西红柿。

包先生心想:下午进房时,桌上没有水果,现在怎么多了一个果篮? 这个水果是送自己

吃的,还是要另外收费呢?自己不是酒店的贵宾,不可能有"免费的午餐"。而且听说现在酒店为了搞促销,客房里到处摆放各种消费品引诱客人,价格比外面市场还高出许多,还是别碰为好。于是他将水果篮推到一边,不予理睬。

第二天中午,包先生到总台退房结账。服务员小相例行公事地问:"包先生,住得怎么样,感觉还好吗?能不能给我们留下宝贵意见啊?"

"住得还好。"包先生笑着回答,但是脸上旋即由晴转阴,"就是有一点不好,你们酒店大概为了搞促销吧,不经我同意,竟然在我房间摆上水果篮,而且迷你吧上也没有像其他酒店那样摆放赠饮的矿泉水瓶。"

小相听后"扑哧"一声掩嘴而笑,然后说:"包先生,不好意思,那要怪我昨天忘了告诉你,你那个房间的水果和冰箱里的食品饮料全部是免费的。"

"全部免费?不可能吧。我住这么多酒店,还没有享受过这么好的待遇呢。"

"是真的。我们酒店对门市价的房间,都实行水果赠送和冰箱食品饮料免费的规定,而协议价的旅游团队房和会议房就不享受了。"小相如实相告。

"门市价和协议价差多少钱?"包先生开始认真起来。

小相回答:"你这种房间门市价 480 元,协议价 330 元。"

包先生不满地说:"你们昨天没有告诉我这个规定,害得我没有享受到免费食品的权利,那这个房费就不能按门市价收了,必须给我改成协议价。"

小相面露难色:"包先生,昨天我没有告诉你,是我马虎了。你如果坚持要协议价,我要找主管批准,领导要是知道我出错,我这个月的奖金肯定泡汤了。能不能这次就算了,按门市价结算吧。"

"那不行,这里要差 150 元呢。责任不完全在你,客人那么多,你怎么可能都记得一一告诉呢。我觉得责任还是在你们管理人员,他们为什么就没想到在客房桌上立一个告示牌呢?哪怕在押金收据上注明一下也好。"包先生态度显得十分强硬。

小相见客人通融不成,只好请示上级后以协议价为包先生结了账。

【案例点评】

有一句歌词叫"明明白白我的心",既然酒店有送好处给客人的心意,那就要想方设法让客人明明白白地知道,以博取客人的好感才是。本案例的客人非但没有享受到酒店给予的好处,还差点对酒店产生不满,其原因就在于没有把自己的"心意"传递到位,这也是一种信息的不对称。

包先生的话不无道理,总台服务员在客人多、事情忙的情况下,难免有可能将传达信息的任务遗忘。所以本案例的酒店为了确保让每位客人都知道门市价房间食品免费的规定,除了总台服务员口头传达外,在客房的显眼位置摆放告示牌,就显得很有必要了。

那该酒店管理层为什么就没有想到这一点呢?说轻一点,这叫一时疏忽、考虑不周,说重一点,那就是管理层心里没有装着客人,没有设身处地去考虑问题!因此,"用心服务"不能停留在口头上,而是要把对客服务的每一件事情都放在心里细细琢磨,尽可能不给客人留下遗憾。

【对管理者的启迪】

管理资源有人力、物力、财力、时间、信息和声誉六大方面,其中信息的管理也是一大内容。对客服务中,供求双方的"信息对称",关系到服务质量和客人的满意度;必须予以重视。

案例二　人到中秋分外愁

【教学目的】

1.了解酒店月饼销售模式。

2.认识酒店现行月饼销售模式的利与弊。

3.探索新的酒店月饼营销模式。

【案例回放】

南宁××饭店的陈副总,这两天愁眉不展,原来一年一度的中秋节又要来临了。中秋节临近,月饼战又见硝烟,饭店领导班子给员工部署卖月饼的任务指标再创新高。南宁××饭店的"金麒麟"月饼是南宁的一个招牌,每年的"月饼黄牛党"也就只炒"金麒麟"月饼。高企的月饼销售指标,对负责月饼销售任务的陈副总来说,真是一枚又涩又苦的青橄榄,对接到任务的员工来说,中秋节已经完全演变成一场实实在在的"中秋劫"。

这一天,陈副总召集其他几位经理和副经理开了个碰头会。陈副总说:"老规矩,大家说一下,今年有什么招数?"

韦经理说:"还能有何招数?老办法,继续给员工下任务呗。"

陈副总知道,给员工下达任务已成为不少星级酒店月饼销售工作的惯例。完不成任务,员工就甭想拿奖金,连工资也可能被扣掉,且卖不完还不能退货。因此他对韦经理的做法,也没有异议。市场不景气,员工担压力。受月饼原材料微涨、市场不景气的影响,饭店在外部市场受挫的情况下，只得进一步通过内部消化来解决销售压力，最常见的一种方式就是由饭店向员工下达月饼销售任务。

陈副总又问财务部的梁经理："你们部门也用老办法吗？"

梁经理毕竟是个女经理，有点不好意思地说道："我们不如销售部懂策划，我们还是用老办法吧，全体供应商按销售额摊销。"

陈副总说："具体如何操作呢？"

梁经理说："今年操作上就不用老办法了，今年给供应商直接发月饼券，每张100元，从给饭店的供货款里直接扣。"

陈副总不无担心地说道："你不怕他们有苦难言、忍气吞声。现在是敢怒不敢言，以后有机会就会报复回饭店？"

梁经理牛气地回应："他们不敢的，虽然知道这个规定不合理，但是也不敢拒绝。因为我们要求供货商必须购买我们饭店的月饼，否则就断绝业务往来，或暂时不结货款。在行业中，酒店向供货商强制性'推销'月饼的现象很普遍，也不独我们这一家。"

因为没有资源，每次客房部几乎都没有完成过任务，这让客房部莫经理对财务部很是嫉妒。这不，她酸溜溜地接着说："作为供货商，根本没有选择月饼盒数的权利和余地，因为饭店的财务部，会早早地根据供货商平均每月提供商品的金额大小，来决定供货商购买月饼数量的多少。我问了一位饭店的猪肉供应商，他最近已被财务部强迫订购了100盒月饼。而且他还说，饭店推销月饼的价格很贵，每盒月饼基本都在百元以上，也只给他打8.8折，并且是以月饼券的形式发给他的，让他自己去领月饼或者送人。稍有微词，财务就吓唬他要终止合作，这不，光从猪肉商那儿，你们就搞了100盒。"

梁经理杏眼怒瞪着莫经理，拿起拳头欲打，莫经理一看不妙，做了个鬼脸，赶紧跑开了。

"人事部，你们这次能搞几盒？历年你们就卖几十盒，是卖得最少的部门了。"陈副总点起将来。

"哦，陈总要我多卖点也行啊，给政策啊！"人事部陶经理"诡诈"地回答。

陈副总不解："什么政策？"

"按东莞政策办啊！"陶经理"意味深长"地回答，"东莞一个酒店的员工文小姐跟我说，她们酒店有员工4月向酒店上交辞职书，获批7月离职，但是酒店于5月21日发文要员工在9月30日前完成所下达的月饼销售任务。文小姐告诉我，员工即使将要离职也有任务，月饼任务未完成则需按照7折买单，扣罚后才可办理离职手续，结清工资。她们酒店还规定，若员工于销售月饼期间离职，则根据实际未卖数对员工予以相应的扣罚。如某领班7月离职，应该卖完9盒，实际完成2盒，则需按7折价购买剩余的7盒月饼。文小姐还跟我说，她们主管要她们每个员工都推销月饼，如果推销不掉，就要自己买下来。她们每个人被分配了20盒月饼的销售任务，有的同事因为不想卖月饼就提前辞职了。因为，完不成任务的要被扣除30%～40%的工资，个别没能力的就赶在卖月饼前提前辞职了。这种现象在中秋节前，各个酒店都非常普遍。"

"啊，我们饭店不能这样搞啊，这个政策我不给的，那是违反《合同法》和《劳动法》的。酒店强行要求员工购买月饼，并从员工工资中扣款的行为，这直接侵犯了劳动者的合法权益,违反了《合同法》和《劳动法》。销售月饼并非员工的工作范围,员工可以不同意。劳动合同法规定,劳动者有权取得劳动报酬,工资必须以现金方式支付,任何单位不得以任何名义克扣员工劳动报酬。酒店这种做法,违反了公平的原则,员工随时可以向工会或劳动部门进行投诉。假如我们饭店也这么做的话,要是被起诉你代我出庭啊!”陈副总明确拒绝了陶经理的提议。

“那我们人事部今年的任务就不加了哦?”陶经理狡黠地说道。

“好吧,好吧,不加了!”陈副总这才悟到这个小家碧玉的人事女经理的弯弯绕。

“下一个,保安部,你们今年能加点任务吧?”陈副总还在一个一个地和部门经理“斗智斗勇”……

真是月到中秋分外明,人到中秋分外愁啊!

【案例点评】

酒店行业的月饼大战,已成为一些综合性酒店的经营模式标配,在中央八项规定后,销售已完全回归市场的情况下,如何找到一个行之有效的销售办法是亟须研究的课题。

酒店方以内部营销为主,只能说是一种另类的营销方式,不能称其为营销的主流,如何突破月饼销售“人情网”的销售瓶颈,需引入新的手段和新的销售理念。

【对管理者的启迪】

1.员工内部销售不能走极端,否则,造成员工的逆反心理后,不仅会使酒店自身企业文化受损,严重的还可能会引起辞职潮。

2.企业要依法经营,切忌触犯法律的红线。

3.就酒店月饼销售而言,需及时引入“互联网+”、共享、分享、平台销售等理念,探索出一条与传统模式相区别的道路来。

13.3　客户销售案例

PART 1　正面案例

“精”字招牌

【教学目的】

1.了解酒店营销的四大策略:产品策略、价格策略、销售渠道策略和促销策略。

2.认识开展营销工作是在分析市场、本企业优劣势、竞争对手威胁和市场机会等基础上,对四大策略加以组合进行的。

3.了解酒店如何开展精心的营销工作,为今后从事营销工作提供参考。

【案例回放】

福建漳州招商美伦山庄地处风景优美的黄金海岸,规模不大,西班牙风格的精美建筑,是名副其实的精品度假酒店。

该酒店开业才几年,就取得不俗业绩。秘诀何在?以总经理张文成先生的话说,"应缘于其'精'字招牌"。该酒店的建筑装修、设施设备之"精"自不待言,值得称道的还应数其服务和营销之"精"。

1.精致的服务

美伦山庄通过以下两个措施达到服务之"精":一是以提供全程个性化管家式服务作为精致服务的形态;二是以某种主题文化作为精致服务的内核。二者结合相得益彰,为宾客带来全新的消费体验和尊贵享受。

该酒店将每位客人都看作 VIP,基本上每一位客人都会被 3 个以上的员工照顾到。该酒店所提供的管家服务十分细致,哪怕是客人习惯把遥控器放在左床头还是右床头这样的事情都会被酒店记录在案,更不用说客人早上是喜欢喝红茶还是咖啡了。

为了推行全程个性化管家式服务,在组织架构的设计上实行双轨制,即在传统酒店组织架构之外,又建立了一个以总经理为核心的管家体系,同时在制度上提供保障,对传统酒店服务流程进行再造,明确了管家服务的流程及其标准。建立管家体系,并不意味着摈弃传统的组织架构,而是在原有组织架构基础上,借鉴了现代军队多兵种协同作战模式:当接到某一接待任务时,由大管家(总经理)临时组建具有合乎客人个性化要求的"特战部队"即"管家任务团队",实现跨部门、跨专业交叉协同"作战",为宾客提供全程一站式贴身服务。当某一接待任务完成,该"管家任务团队"也就自行解体,回归原有组织架构。

管家体系下的总经理成了大管家,总经理不时地在大堂迎宾,成了山庄标准的待客之道。不多的客房数和并不因此而减少的员工数,也让员工与客人之间的互动性、亲和力更强。贴身管家可以陪客人品茗聊天或参与其他活动,甚至可以充当导游,带客人去领略当地的风土人情。

该酒店让客人接受管家式服务的同时，也能感受到以西班牙滨海风情为主题文化的意境。除了酒店建筑外观、装修配饰、设备用品、灯光设计等体现了西班牙异域风情之外，酒店要求服务人员成为"为绅士淑女服务的绅士淑女"，培养每个服务员以翩翩风度、优雅身姿出现在客人面前，并通过对服务员进行有关西班牙的知识培训，要求服务员在为客人服务的过程中能够做到：为客人娓娓道来西班牙人文历史，如数家珍般介绍散布在酒店各个角落的西班牙大艺术家达利的绘画作品，使宾客在酒店期间既度过休闲时光，又得到精神的愉悦和满足。

2.精心的营销

美伦山庄的精心营销体现在以下六个方面：

（1）精确的市场定位。该酒店考虑到政务接待、会议业务因国家政策变化导致萎缩，商务接待也日渐减少。为走出经营困境，根据酒店背山面海的地理位置特点，将酒店转型定位为高品位的"身心修养目的地"，在原有住宿、餐饮、会议等基本产品基础上，推出与身心修养有关的产品，诸如 SPA、瑜伽、太极、剑术、茶道、书法等项目，这些项目中有的自请专业人士担纲，有的对外承包经营。该酒店还与相邻的高尔夫球场联手，将高尔夫也作为该酒店的一项活动内容（酒店也成了高尔夫球场的会所）。酒店为客户营造了一种悠然休闲的度假氛围和修身养性的生活方式，也由此改善了经营状况，逐步实现"小市场中求大份额"的目标。

（2）精准的目标客户。该酒店体量小、客房少，自转型定位为休闲度假精品酒店之后，利用酒店紧靠高尔夫球场的地域优势，重点挖掘高尔夫球会的会员；同时利用集团的社会资源，瞄准与集团有业务关系的工商企业、银行等大客户。该酒店从转型经营开始的"吃不饱"，逐步朝"应接不暇"的局面良性发展。

（3）精细的信息资料。山庄为了能为客人提供高质量服务，以精细的信息资料作为销售基础。资料包括市场调研情况、目标群体的购买能力数据、顾客投诉记录等；资料还包括客户的档案，详细记录客户的年龄性别、喜好忌讳、教育背景、职业特点、家庭状况、收入水平、消费习惯、联系方法，以及以往在本酒店的消费记录等信息。这些资料为提供个性化服务发挥了作用。

（4）精诚的客户拜访。该酒店要求销售人员第一次对某一新客户拜访时，事先详细了解该客户的信息资料，充分利用已搜集到的客史档案，掌握客户的喜好忌讳、消费习惯，以便投其所好，尽快顺利地建立业务关系。例如，营销部在开业之初，了解到某商业公司董事长对武夷岩茶情有独钟，就派了一位对茶叶颇有研究的销售人员，随身携带上好的武夷岩茶上门拜访，先是品茶论道、以茶会友，然后才诚恳商谈业务，后来这家公司成为该酒店的忠实协议客户。

（5）精密的营销计划。该酒店要求营销部每年度、每季度甚至每一项重要营销活动，都要有一个营销工作计划表。该表呈坐标图状，纵栏是需要完成的销售工作事项，横行为完成时间。根据纵向内容分出轻重缓急，根据横向时间确定关键节点，然后确定出关键步骤、关键执行人以及需要哪些资源配合等，要求何时、何地、何人、做何事及结果如何，一目了然。

（6）精明的促销手段。该酒店利用新媒体技术，通过微信、微博发布酒店信息，利用客户微信圈、微博圈,在目标群体中免费为酒店做宣传,摈弃了传统的粗放式的广告宣传手段,做到有的放矢、事半功倍,取得了良好的促销效果。

【案例点评】

美伦山庄精品度假酒店最值得称道的还是其营销工作。在这里不妨说说"营销策略",策略是完成战略的具体谋略方案、行动方针和工作计划。营销策略是企业为实现竞争战略、达到企业经营目标的具体方案。可见,策略是为战略服务的,营销策略所针对的是经营对象,达到的目标是取得应有的市场份额。

本案例酒店自定位为休闲度假精品酒店之后,其产品策略、价格策略、销售渠道策略和促销策略都是围绕其目标市场展开,其营销工作之到位,尤其是产品开发之丰富、客户管理之细致、促销手段之新颖,都值得精品酒店或精品度假酒店学习。其实其他类型的酒店也可以根据自身的条件和需要,从中吸取对自己有参考意义的经验。

【对管理者的启迪】

1.日常开展营销工作,是在分析市场状况、本企业的优劣势、竞争对手威胁和市场机会等基础上的营销活动。

2.本案例的酒店产品开发之丰富、客户管理之细致、促销手段之新颖,都值得同行学习。

3.根据国内政治经济和社会形势的变化,适时调整酒店目标市场、市场定位和经营策略是酒店成功的根本。

PART 2　反面案例

小李为什么没有完成新客户开发任务

【教学目的】

认识制订和执行科学的拜访计划的重要性。

【案例回放】

近期,广州美妆行业的会议比较频繁,为争取日后更多美妆客户的会议,广州某酒店销售总监把开发美妆客户的任务,分给负责商务组的销售代表小李。销售总监要求其在未来一个星期之内,至少上门拜访20家客户及签订商务协议。小李接过任务之后,马上通过黄页信息、网络关键字搜索、美妆行业协会会员信息等,寻找出近 50 家化妆品客户信息。小李想已有这 50 多家客户的联系电话和地址,抱着侥幸的心态,想着到时候直接上门拜访就可以完成开发客户的销售任务指标了。当正式执行拜访计划时,小李发现之前找到的客户名单里有几个问题:有些电话是空号或一直无人接听;客户与客户之间的距离都比较分散,交通成本很高;有些公司需要预约才能见到项目负责人。经过一个星期的销售拜访,小李没有完成 20 家的客户拜访及签订商务协议。

【案例点评】

有效的客户拜访是销售迈向成功的第一步。只有做好充分的准备工作,客户拜访才能取得成功。评定一名销售人员成败的关键,是看其每个月开发出来多少个有效新客户、销售业绩得到了多少提升? 那么,如何成功进行上门拜访呢? 制订和执行客户的拜访计划非常重要。本案例的小李虽然通过各种方式找到了很多客户的联系信息,但是还是没有完成拜访任务,主要问题出在客户拜访计划的缺失上。

缺失之一:提前准备客户的联系资料,事先进行电话沟通,否则无法确认资料的有效性。电话拜访或预约拜访,找到业务统筹对接人。

缺失之二:没有根据客户地理位置及洽谈重要性,铺排拜访客户的先后顺序。拜访客户的洽谈有效时间与路途花费的时间需要把控,提前判断,提高拜访效率。

缺失之三:没有采取有效的方式把控每日拜访计划的执行进度。

【对管理者的启迪】

1.要取得有成效的客户拜访,必须提前做好拜访计划。

2.销售人员的上级管理者要对销售人员做专业培训,并进行有效的监督指导。

13.4　会员发展案例

PART 1　正面案例

案例一　深航国际酒店将商务中心转变为"会员发展中心"

【教学目的】

1.认识酒店开发会员的重要性。

2.了解酒店会员的发展方式。

【案例回放】

酒店商务中心的职能正在弱化,而大力发展酒店会员成为应对 OTA 以及激烈竞争的重要手段。在此背景下,深航国际酒店逐渐将其位于酒店大堂的商务中心转变为"会员发展中心"。酒店商务中心对酒店会员免费开放,只要是会员就可免费使用商务中心的计算机等设施,如果客人尚未成为酒店会员,员工可引导客人登记成为会员,这样就可免费享用商务中心的设施、设备。因此,很多非会员会被酒店礼宾部员工发展成为酒店的会员。

【案例点评】

由于信息技术的飞速发展,越来越多的客人拥有自己的手机和手提电脑,在客房内也可以通过互联网直接订票,发送、接收电子邮件和传真。一些高档酒店还在客房内配备了打印机、复印机和传真机,客人对酒店商务中心的依赖程度大大减少,使得商务中心的生意清淡。正如一些经营者自嘲式地感叹:"我们商务中心设备齐全,唯一缺少的就是顾客!"因此,酒店商务中心从组织设计到管理模式以及职能转换方面,都要创新变革。深航国际酒店商务中心在继续发挥职能的同时,担负起会员发展中心的角色,让礼宾部员工引导客人申办会员的做法,是一个很好的举措,值得点赞。

【对管理者的启迪】

1.酒店管理要与时俱进。

2.酒店管理者要打开思路,在为客人服务的各个流程、环节中努力将客人发展成为酒店的会员。

案例二　通过亲情服务将客人转化为会员

【教学目的】

1.让学生了解会员体系在企业生存发展中的重要性及价值。
2.掌握发展会员的有效方法。

【案例回放】

2018 年 7 月 11 日,预订组于春贺得知某公司侯先生再次入住碧水湾,于是在客人到店之前积极为客人准备小惊喜：准备"欢迎回家"的个性房卡套，在房间门牌上粘贴"欢迎回家"的字样；从侯先生朋友圈得知客人挚爱荷花，设计了用荷叶打底的欢迎词，用荷花图片制作成沙画，同时在酒店彩虹湖采摘新鲜的荷花用花瓶装好送到房间。侯先生对此次接待特别满意，在离店时，于春贺为其介绍了酒店的会员制，侯先生特地预存 5 万元，成为酒店金卡会员。

【案例点评】

"好的服务是最好的营销"，本案例真正做到了视客人为亲人，为客人提供温馨、周到、体贴、关怀的亲情服务，服务在客人开口之前，让客人感到尊贵和有面子，最终客人被酒店的服务打动，愿意成为酒店的忠诚顾客。本案例将服务营销诠释得淋漓尽致，服务细节可圈可点，值得点赞。

【对管理者的启迪】

1.通过亲情服务达到成功营销的目的是最高明的营销方法。
2.管理者要鼓励员工努力为客人提供亲情服务，通过亲情服务感动客人，并适时地向客人介绍酒店会员制方案，从而将客人成功转化成酒店会员。

PART 2　反面案例

前台员工错在哪里

【教学目的】

1.培养学生的酒店会员销售意识，掌握发展酒店会员的方法。
2.懂得在恰当的场景中为会员提供恰当的服务。
3.学会在低频高额的消费场景中，刺激会员消费和完善会员体验。

【案例回放】

某酒店大堂。

酒店的会员 A 先生在办理入住后，因为有生意上的约谈，进入房间放下相关的行李便急匆匆地从客房楼层下来准备叫车赴约。因为比较匆忙，A 先生突然觉得口渴，便在前台咨询服务人员，可否给他一瓶瓶装水，以便赴约的途中可以饮用。

酒店前台员工 B 按照酒店传统的培训要求，很有礼貌地回答道："不好意思，先生，酒店前台是不提供免费饮用水的。"员工 B 还温馨提示道："先生，如果您需要，在您客房的洗浴间的梳妆台上有两瓶免费的赠饮，您可以回房间取用。"

【案例点评】

该酒店是五星级高端酒店，运营服务的 SOP 手册完善且细致，如果按照酒店制订的完善细致的 SOP，前台确实是不提供饮用水给客人的，前台员工 B 在学习和接受培训时，也没有接受到特殊场景的相关培训。

如果员工 B 提前感受到了客人 A 先生的匆忙用水需求和叫车出行需求，可以提供一瓶饮用水，并做会员价值的相关引导和增值服务销售。

如 A 先生不是会员，可告知客人："您好，这瓶饮用水是会员赠饮，看到您比较繁忙，我将自动帮您注册成为我们酒店的会员，以便您以后体验更多的增值会员服务，另外，成为会员可以专享我们的酒店专车服务××折优惠。"

如 A 先生已经是会员，可告知客人："您好，看到您是我们尊贵的会员，这瓶会员专享赠饮提供给您，另外作为尊贵会员的您，可以享受我们的酒店用车××折优惠，如果有需要，可以立刻帮您叫车，希望助您出行顺利。"

如此两个场景的服务引导，是否使客人的体验更赞？答案是肯定的。然而，本案例的前台员工 B 并没有做到。

问题出在哪里？出在前台员工 B 服务销售意识和体验认知的缺失上。

缺失之一：前台员工 B 没有抓住客人继续出行叫车的需求，没有推荐酒店的叫车服务。

缺失之二：前台员工 B 对于会员体验服务的理解，仅限于会员权益等初级的纸面文字类，没有基于实际场景应用的经验。

凡是有缺点的服务，必然是：要么制订的服务程序有缺失，如少了必要环节，或程序本身不科学、不细致；要么是服务程序没问题，但在执行时存在缺失。

如果能做到制订的服务程序严谨科学，执行时周密无缺失，那么博得客人满意就是功到自然成了。

【对管理者的启迪】

1.营销是市场前段，服务在酒店后端，沉淀源自后端体验。

2.需要培训前台员工的销售意识、销售艺术与销售技巧。

3.规范和完善的 SOP 文字条款是死的，服务是活的，管理者可培训员工学习实际场景的经验案例并举一反三。

4.会员的增值权益,不能让会员自己去探索记忆,不然只会繁而无用,要在恰当的场景发挥会员权益的最大化价值。

5.凡是会员体系做得好的,family 超市、华住酒店集团,在会员到店消费的各个场景,服务人员总是在不断地强调会员的价值和不断引导不是会员的人注册成为会员。

13.5　OTA 与新媒体营销案例

PART 1　正面案例

"首旅云"微信餐厅缘何成功

【教学目的】

1.使学生懂得,营销"4P"策略即产品策略、价格策略、销售渠道策略和促销策略,与"4C"策略即顾客需求和欲望、顾客成本、购买的便利性和沟通形成了对应关系。让学生知道"4C"是从"4P"衍生出来的,体现了"4P"的核心所在。

2.让学生了解本案例的酒店是如何抓住营销策略的核心和关键从而取得成功的,为今后从事营销工作提供帮助。

【案例回放】

首旅酒店集团旗下的北京京伦饭店有一个叫四合轩的特色餐厅,该餐厅有着二十多年的经营历史,是北京酒店行业中最早开业、以经营老北京高档家常菜和中华民族传统风味小吃为主的餐厅。在许多高端酒店餐饮经营普遍不景气的形势下,京伦饭店的四合轩餐厅却逆势增长,取得喜人业绩,其原因何在?

该餐厅除了以过硬的传统菜品质量和优良的特色服务吸引客人外,很重要的是运用了一个时髦的销售手段,即利用了该集团建立的"首旅云"微信订餐平台——把线下餐厅搬到移动微信端。

其具体做法是,消费者只要在手机微信端搜索并添加"首旅云"微信公众账号,即可在其界面上选取离自己较近或自己想预订的餐厅,点击"预订""点菜"或"外卖",即能在手机上向该餐厅发出指令。例如"点菜"时,可以看到该餐厅所有种类的菜品以及价格,点好菜后使用微信支付即可。

有一位四合轩餐厅的常客,在知道有"首旅云"后,马上添加了这一微信平台,他满意地说:"我在办公室就能先点好菜,到店后和服务员确认一下订单,稍等片刻就能吃上饭。吃完饭用手机支付就可以了,既省时、便利又安全。"

由于微信餐厅明了的菜品样式和菜肴价格,消除了大众消费者仰望高端酒店而驻足不前的心理;外卖服务可以把星级酒店高品质、有安全追溯机制的菜品送进千家万户,也由此打开了"社区"这一有潜力的市场。

首旅酒店集团推出"首旅云"微信餐厅,是在移动互联网经济时代背景下的一次创新尝试。该集团首席运营官介绍说:"这一平台是在我们深入研究餐饮用户需求及市场发展趋势的基础上形成的。它一方面切实解决了北京部分地区餐饮消费者'订位难、点餐慢、支付繁、外卖少'等多方面的痛点问题,为消费者提供了新鲜、良好、方便的消费体验;另一方面也有助于让旗下酒店达到开拓市场、减少人工、优化流程、提高服务效率的目的,实现消费者参与、酒店拓宽渠道的多方共赢。"

【案例点评】

这里有两点值得一说。

第一,四合轩的成功,印证了"4C"营销策略理论的重要性。

我们所熟悉的"4P"营销策略,是指产品策略(Product)、价格策略(Price)、销售渠道策略(Place)和促销策略(Promotion),而"4C"是指顾客需求和欲望(Customer wants and desire)、顾客成本(Customer cost)、购买的便利性(Convenience)和沟通(Communication)。"4C"是从"4P"衍生出来的,体现了"4P"的核心所在。如果说4P是看问题的方向,那么4C是抓问题的关键。营销活动从4C着眼,从4P着手,或者说用4C来思考、用4P来行动。

本案例中的四合轩之所以成功,就是抓住了营销策略的核心和关键,从4C着眼、从4P着手的结果。该餐厅产品既与其他高档酒店不同(差异化),又迎合和满足了那些喜好北京传统特色菜肴的消费者的核心需求和欲望,且物有所值。更重要的是在销售渠道上利用微信订餐平台,为消费者选择预订产品提供了极大便利,并且能进行供求双方信息的迅速有效沟通。

第二,当今流行的移动互联网正在改变人们的生活方式和消费形式,作为与人们生活密切相关的酒店行业,也应当超越传统的商业模式,积极采用新的经营方式和销售手段。著名酒店管理专家张润钢指出,互联网和移动互联网的广泛应用,正打破传统认知——由"硬件+软件"变为"线上+线下",聚焦点由"怎样做好一碗汤"转变为"怎样卖好一碗汤"。本案例中的四合轩应用手机微信平台取得的成效也验证了这一点。

【对管理者的启迪】

1. 经营成功的关键之一,在于抓住营销策略的核心与关键。
2. 在当今移动互联网时代,应用手机微信平台开展营销工作正当其时。

PART 2　反面案例

网络渠道客人到店找不到预订记录之后

【教学目的】

1. 懂得制订和执行严谨科学的操作程序(SOP)的重要性。
2. 认识网络渠道客人的订单特殊性及顾客服务优先的重要性。

【案例回放】

在某酒店前台,一位女客人 A 小姐告知在携程有订房,要办理入住,当班的前台员工 B 在预订系统中没找到客人的预订信息。A 小姐很着急,要求马上登记入住,但因为她给出的报价信息与酒店散客价格不符,前台员工 B 无法按流程操作办理入住。此时大堂经理 C 先生过来,很有礼貌地安抚客人情绪,在征得客人同意后查阅携程的确认短信,并告知前台员工 B 通过短信中的携程订单号找到客人的预订信息,帮客人成功办理了入住。原来客人的预订是朋友代订的,入住客人非预订人。大堂经理 C 先生发现客人同行还有孩子,于是给客人升级为亲子客房,并推荐客人去微信商城预订亲子晚餐和儿童乐园门票,客人很满意并给予酒店携程 5 星好评。

【案例点评】

问题出在哪里?

缺失之一:预订部同事在制作 OTA 渠道订单时,对于入住客人信息录入的缺失。

缺失之二:前台员工 B 没有及时与客人沟通来确认 OTA 渠道的订单信息。

缺失之三:酒店在定价策略上的错误,应把前台散客与 OTA 渠道进行差别定价。

凡是有缺点的服务,要么制订的服务程序有缺失,如少了必要环节,或程序本身不科学、不细致;要么是服务程序没问题,但在执行时存在缺失。

本案例值得称道的是:大堂经理 C 先生发现客人同行有孩子,给客人升级为亲子客房,并推荐客人去微信商城预订亲子晚餐和儿童乐园门票,最终使不满意的客人转变为满意的客人,并给予酒店携程 5 星好评。对于酒店来说,这是最想要的结果,也是最珍贵的。

【对管理者的启迪】

1.酒店应针对 OTA 订单,制订 SOP 接待流程,没有严谨科学的规范,包括制度、程序和规定等,就不可能有优质的服务。在 OTA 订单中应做好客人的信息备注(姓名、OTA 订单号、抵离日期、房型、预订人联系方式等),如发现入住人不是预订人的,应做好信息的关联,方便在后台核查信息。

2.OTA 渠道价格应与前台散客价一致,避免已到店客人在前台被 OTA 渠道转化。

3.关注好 OTA 渠道客人的在店体验,适时给予客人关怀与惊喜体验,将有利于酒店获得网络好评与美誉度。

4.给予员工更多的合理授权,做好特殊情况下的客人投诉安抚。

5.在入住期间的各场景中,应鼓励员工多发现客人的消费潜在需求,及时给予消费指引,增加客人的在店消费。

本章案例讨论

××酒店客房营销方案

某新开业不久的酒店,开房率一直处于低位。为了促销,提高开房率和市场占有率,同时缓解还贷压力,管理层准备向市场推出"赠房卡",并起草了"赠房卡"销售协议。请结合相关法律法规等,对该协议的可行性进行分析。

××酒店客房消费认购协议书

项目名称:××酒店客房消费认购项目

本协议由下述各方于_____年____月____日在××省_____市_____区签署。

甲方(发起方):

法定代表人:

银行户名:

银行账号:

开户银行:

联系电话:

乙方(认购方):

身份证号:

银行户名:

银行账号:

开户银行:

联系电话:

丙方(担保方):

法定代表人:

银行户名:

银行账号:

开户银行:

联系电话:

鉴于:

1.××酒店为甲方开办,乙方明确清楚甲方对酒店的经营模式,同意预存费用认购甲方客房消费,同时按照如下声明、操作模式、须知进行相应的操作;甲方作为酒店的经营者保证经营项目,妥善经营,对于乙方在认购甲方客房消费项目所预存之款项,承诺保证资金安全,丙方作为甲方担保方,愿意对甲方的行为及引起的责任承担担保责任。

2."赠房卡"是甲方发放用来认购客房消费的唯一凭证。

现各方经友好协商,根据《中华人民共和国合同法》及相关法律法规的规定,达成如下协议:

一、认购金额

本次认购每份为人民币(大写)____伍万元____整,最少认购____壹____份起,乙方自愿认购_____份,人民币(大写)_____万元(￥_____万元)。

二、消费认购周期

本次消费认购周期为____五____年,自____年____月____日起至____年____月____日止。

三、消费认购款项管理

在本消费认购协议下,消费认购款项转入甲方协议指定账户中,消费认购周期终止后<u>7</u>个工作日内无息一次性退回至乙方协议指定的账号。

四、乙方收益

1.赠房卡:按乙方认购份数,甲方一次性免费赠送<u>80</u>张"赠房卡"给乙方,"赠房卡"有效期至本次消费认购协议终止之日,并且分淡旺季(每年4—9月为淡季,10月—次年3月为旺季)使用各半。

2.凭壹张"赠房卡"免费入住甲方酒店豪华房壹间壹晚(纯住房,不含早餐、温泉和其他消费),在国家法定节日之外时间使用,如需在国家法定节日使用,须补差价给甲方。

3.凭"赠房卡"可按成本价购买酒店早餐和温泉,每张"赠房卡"最多可购买早餐和温泉各两份。

4."赠房卡"可以自用、赠送、转让和出售。

五、"赠房卡"使用规定

1."赠房卡"需提前一天预订,豪华房订满即止,也可补差价入住其他房型。

2."赠房卡"的预订经甲方确认后不可撤销。

3.每张"赠房卡"拥有一个独立的ID号,须凭甲方计算机终端确认正确后方可使用。

4."赠房卡"凭卡消费,遗失不补,过期作废,乙方要妥善保存好,甲方不承担任何责任,不会给予乙方任何形式的折现或补偿。

5.每次使用时甲方收回"赠房卡"。

6."赠房卡"入住必须遵守甲方的服务规定,禁止从事违反法律法规的活动。

7.为维护市场价格的稳定和合作双方长远的发展,乙方"赠房卡"对客价格不能低于甲方规定的建议售价,包括但不限于携程、艺龙、去哪儿、同程、驴妈妈、要出发、阿里旅行、美团网、淘宝(天猫)、飞猪等,也包括来自第三方但最终通过乙方完成预订的线上低于甲方规定的最低售价的订单,如有此种情况也属违约。

8.如乙方违反规定低价售卖,甲方有权每次在乙方的预存款中扣除600元/间作为甲方的补偿。

9.对以非法占有为目的的,伪造、涂改"赠房卡",或利用"赠房卡"进行诈骗活动的,以及其他有损甲方合法权益的行为,甲方有权维护自身合法权益并依法追究有关当事人的法律责任。

六、违约责任

1.本协议三方签名盖章,并且甲方收到乙方转入协议约定的预存款后生效,甲方以银行凭条日期确认开始计算认购周期。

2.乙方所认购的份额,不得以任何形式抵押给第三方,否则视为乙方违约,因此造成的任何纠纷与甲方无关。

3.认购消费份额后,未满时间不得申请退出;认购后如不满申请退出,将扣除认购金额<u>20%</u>后再退还剩余预存款,乙方须将甲方免费赠送的80张"赠房卡"退还给甲方,如乙方已使用其中一部分"赠房卡",由乙方按800元/张补偿给甲方。

4.认购周期终止前三个月,甲方会联系乙方是否续期,如乙方同意续期,认购周期终止当天,各方重新签署认购协议,如不续期,按下面认购周期到期条款执行。

5.认购周期终止当天本合同即停止计时,如因乙方原因导致本金逾期无法按时退还的,甲方不承担任何责任;如产生逾期,乙方应尽快联系退还本金,否则不论逾期多长时间都不给予任何形式的补偿。

6.认购周期终止当天本合同即停止计时,如因甲方原因,导致逾期　3　天以上未按约定退还预存款,则视为甲方违约,违约方除退还本金外,每逾期一天还需向乙方支付认购总额的　千分之四　作为违约补偿。

7.认购周期终止后,甲方只负责向乙方退还本金,不得将本金退还给任何第三方;如乙方确因特殊情况无法履行本协议,可由乙方直系亲属凭授权继续履行本协议,非直系亲属要代为履行协议需要提供乙方的书面授权或相关法律证明文件。

七、争议的解决

本消费认购协议所发生的或与之相关的任何争议,双方应友好协商解决。如不能协商解决的,可向甲方所在地人民法院提起诉讼。

八、其他

1.协议生效:本协议三方签名盖章并且甲方收到乙方转入协议约定的预存款后生效,甲方以银行凭条日期确认开始计算认购周期。

2.本协议不可以手写方式修改或补充,如有未尽事宜,双方必须另作补充协议。

3.协议终止:消费认购协议到期后,甲方退还乙方本金当日起本合同即终止。

4.本合同一式三份,各方各执一份,具有同等法律效力。

以下是各方签名盖章页

签署时间:　　　年　月　日

甲方(盖章):
法定代表人或授权代表(签字):

乙方(盖章):
法定代表人或授权代表(签字):

丙方(盖章):
法定代表人或授权代表(签字):

案例讨论:

这个酒店客房营销方案可行吗?

补充与提高

一个差评让住客"去死"
——酒店该如何处理 OTA 上的评价

"5月6日,我和朋友入住了西湖边的××公寓酒店,位置在上城区东坡路27号。是通过携程网预订的,269元/天。住进去之后就发现隔音效果不好,能听到外面的人在说话,一直吵到凌晨三四点。5月7日离店之后,在携程网上给了酒店一个差评。5月17日,公寓工作人员突然添加我微信,说给我发红包,要我把这个差评删掉!我没有同意,工作人员接着开始骂我,说'你去死吧'之类的话!"

最终,酒店被整改下架,市场监管局也介入。

OTA上的评价,对于酒店来说是很重要的。住客可能会因为一条好评入住酒店,也可能因为一句差评而选择其他酒店。而当出现差评时,酒店的应对方式成为一个关键,能扭转局势,也可能让酒店陷入困境。对于本案例的酒店来说,这无疑是最糟糕的结局。

面对住客的差评,酒店到底该如何应对?

携程网调研显示,60%的客人在预订酒店时,会浏览差评内容。那么,什么样的差评对酒店影响最糟糕呢? 大致可分为以下三类:

一是包含图片的长篇幅差评内容:

多数人更相信"眼见为实",有图片作为事实佐证的差评,往往能得到未入住浏览客人的认可。同时,这一类图文丰富的点评内容有可能会被系统排在相对靠前的位置,会有更多客人看到。

二是夸大酒店缺点的差评内容:

当客人对酒店产生不满情绪,他在写点评时,可能会故意夸大酒店的缺点,例如前台办理入住时不够热情,在客人差评中可能就变成了"前台态度极其恶劣"。又或者在描述中故意隐去一部分事实,让不知情的客人误解。

三是离店许久才写的差评内容:

对于一年前住过的酒店,客人的点评可能会出现记忆的偏差,甚至有人出现张冠李戴的情况。当然,也有客人直接写发泄性质差评,其内容往往与酒店现状存在一定出入。因此,携程对于客人可以写点评的时间,已由离店后的一年时间缩短为半年,减轻这一类差评对酒店的影响。

那么,如何减轻差评的负面效应呢?

(一)如何减轻差评的负面效应

2019年1月1日起,《电商法》明确规定,不得删除消费者对其平台内销售的商品或者提供的服务的评价,否则将可能面临最高50万元的罚款。

所以,酒店商家要减轻差评在 OTA 平台上引发的负面效应,主要还是得从"差评回复"入手。

1.酒店对差评回复要及时(24 小时内为佳)

有调研显示,一半以上的客人会关注差评回复,他们更想了解,酒店是否有针对反馈做出改进措施。而酒店越早对差评做出有效回复,该差评对订单转化率的影响越小。

2.酒店应该了解什么样的差评回复是有效果的

按照差评类别,合理有效的酒店回复可以分为以下三类:

(1)事实型差评的回复

对于客人提出与事实相符的差评,酒店应该及时自查,对于可以立刻改进的问题要第一时间处理,及时将改进措施展示在酒店回复里,并强调不会再出现此类情况。

●对于针对环境设施类的差评,青岛某酒店的回复思路:表达歉意→已做改进措施→强调不会再犯。

酒店回复:尊敬的客人,感谢您的光临,很抱歉未能带给您完美的入住体验,我们深感内疚。关于您提出的问题,我们十分重视,已逐一制订整改措施:①大堂油烟问题,我们现在已彻底解决,前几天因为风向原因,致使排风管道倒灌,以后不会再出现类似的情况了;②目前酒店业双人间的床大部分都是 1.2 米的尺寸,我们目前无法进行调整,推荐您体验大床间哦,再次向您致以诚挚的歉意,希望您能给我们再次为您服务的机会,体验新房间。

●对于针对人员服务类的差评,该酒店的回复思路:表达歉意→强调处罚→加强管理不再犯。

酒店回复:亲爱的家人,非常抱歉给您带来不愉快的入住体验,您提到的问询回答含糊的问题,我们已经根据首问负责制对当事员工进行了教育和处罚,酒店领导高度重视,已经在全店开展应知应会培训。另外您有任何需求,可随时与我们值班经理联系,我们竭诚为您服务,保证您满意。祝工作顺心,阖家幸福!

(2)偏离事实类的差评

酒店收到疑似不符事实的差评后,应该首先从人到物进行内部调查,明确事情的完整经过,有确切证据可证实主要责任不在酒店方时,可以直接用事实礼貌回应,内容要保证别的客人也能一眼辨别孰是孰非。

以下酒店的回复案例,可供大家参考:

●客人有意歪曲事实的差评回复

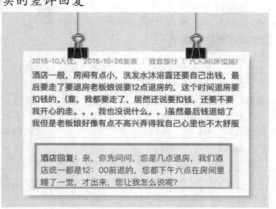

● 客人阐述与事实有偏差的差评回复

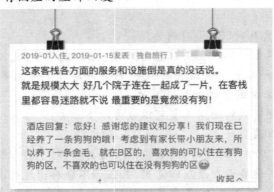

● 证实为同行恶意差评的回复

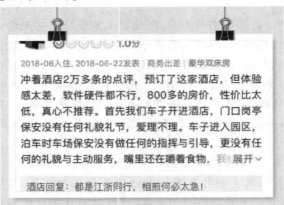

（3）不知所云类的差评

部分客人的点评中，打差评的原因很模糊，或是字数极少，例如凑字数的"哦哦哦哦哦哦哦哦哦"或"我觉得这家店很一般"。

对于这类客人，酒店可以通过携程 IM 联系对方，了解详细的差评原因。对于这类差评的回复，可用相对巧妙的语言，让其他客人看到酒店的服务态度。

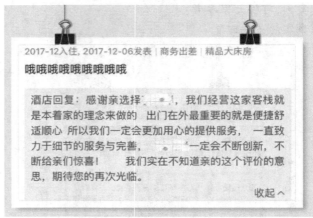

（二）应对差评的不当做法

现在多数酒店都十分重视点评，关于差评的几种不合理处理方式，也提醒大家要注意避免。

1.骚扰客人删除差评

为避免差评的上线，部分酒店会想出各种办法联系到客人，要求对方删除或修改点评，这很有可能引发客人反感或投诉升级。携程客人在写完第一条点评后，是可以继续追评的。一旦酒店处理不好，一条差评可能会变两条（主点评+追评）。

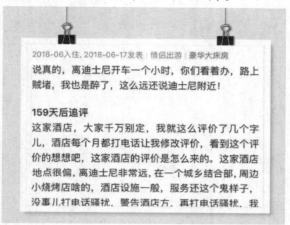

2.泄露客人私人信息

大多数酒店在客人入住后，会登记客史档案，当客人给出差评后，部分酒店可能会将差评跟客人信息对应起来，甚至在酒店回复中暴露客人的姓名等信息。这是客人隐私资料的泄露，酒店请务必杜绝。

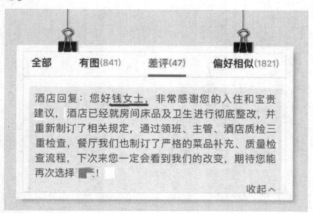

3.跟客人对骂或千篇一律的回复

作为酒店，我们很难要求客人拥有同理心，站在商家的角度去思考问题。所以，确实会存在部分客人的差评抹黑酒店形象，让人难以接受。这也导致有些时候部分酒店觉得委屈，会在回复中跟客人直接对骂起来，而有的酒店比较佛系，对客人的差评始终用千篇一律的模板去回复，这两种做法都是不可取的。

本案例对管理者的启迪：

(1)管理者要重视网评回复工作，并培训员工掌握网评回复的方法和艺术。

(2)回复只能轻微缓解差评的负面效应，并不能从根本上解决问题。

(3)酒店更应该关注的是如何在客人在店时，加强与客人的沟通，及时疏解掉客人的不满情绪，在与客人接触的多个节点上提升服务水平，将差评扼杀在摇篮之中。

第 14 章
酒店收益管理案例

14.1　酒店收益管理理念案例

PART 1　正面案例

营销渠道多元化，线上线下两手都要硬

【教学目的】

了解收益管理中的渠道管理。

【案例回放】

S 市是直辖市，由于近几年的经济快速发展，酒店需求量激增，导致各类投资者前往 S 市投资酒店业，当地酒店如雨后春笋般拔地而起。A 酒店是当地一家老牌五星级商务酒店，在当地经营多年，享有一定的人气，但是随着新酒店的不断开业，当地酒店的需求不断被稀释，A 酒店的营收增长渐渐开始出现疲软的状态。

为了保持酒店的营收增长依然保持一个稳定的态势，A 酒店专门在周收益会上讨论了酒店的各销售渠道的方式。旅行社经理说，随着新酒店的不断开业，旅行社的选择性越来越多，且不断地压低价格，经常合作的几家旅行社龙头也开始不断地压价，导致现在旅行社的产量不断下降，建议酒店在旅行社散客渠道下调价格，以获得更大的竞争优势。OTA 经理说，目前酒店各大 OTA 平台的产量，较去年同期大多产生了一定程度的下降，现在 X 平台作为 OTA 渠道中的龙头，推出了某些特惠政策，表示会增加酒店的流量，并且会给出某些特殊的展示，但要求该 OTA 享受所有线上渠道最低价，并且不能与其他的 OTA 渠道进行合作。OTA 经理建议与该渠道进行紧密合作，签订该合作条款以获得酒店在该渠道上的大量流量。酒店宣传公关部觉得最近在酒店官网、微信号等自媒体渠道活动太少了，应该推出更多的活

动,增加酒店自媒体渠道的活动亮点,提升酒店的宣传知名度,同时可以开展部分的销售策划活动,协同各类平台开展部分的线上线下联动活动。

收益经理根据掌握的情况做出了分析:旅行社作为酒店在非工作日期间的主力销售渠道,在商务客产量较少的时候可以做到一个很好的补量。同时随着寒暑假的到来,S 市旅游散客资源会有一定的增加,需求将会持续性地增长。酒店应该开发更多的旅行社,增加部分系列团作为酒店淡季时的铺底,将部分旅行社散客作为酒店散客补充的一部分,而在价格方面应该与酒店的 OTA 渠道持平,给予旅行社一定的价格控制空间。而 OTA 渠道由于其独特的优越性,酒店在该渠道上作为主要的曝光宣传场所,应努力增加酒店的曝光量,结合 OTA 预订客人的消费习惯,顾客更加关注的是酒店的产品展示、预订界面、产品信息介绍界面、点评界面的展示,让客人更加了解酒店产品,全渠道展示酒店的信息,无论 OTA 的平台大小,只要有量,都应该保留,积少成多。OTA 渠道一般作为顾客第一次到店选择的渠道,若顾客需要复购,应该尽量让顾客选择酒店的会员渠道或自媒体渠道,从而减少酒店的佣金支出,提升酒店的收益。单个销售渠道容易让酒店陷入被动,一旦双方的合作出现某些不愉快,容易对酒店的细分市场产生较大的影响;而酒店的官网、微信公众号等自有渠道,应作为酒店的主要宣传渠道,不断地开展各类线上线下联动活动,增加酒店自媒体渠道对顾客的吸引力。同时,结合酒店的会员体系,不断地加强酒店自有渠道的产量占比,并且享受各类礼遇、享受一定的价格优势。

旅行社经理觉得虽然报价高于竞争对手有点不安,但收益经理说的也有道理,于是他还是按照收益会议上的决定策略开发更多的旅行社,铺开酒店的线下市场渠道面;OTA 经理也铺开酒店的 OTA 渠道市场,与各类 OTA 直销渠道进行合作,增加酒店的线上售卖,并且对所有的 OTA 渠道商一视同仁,享受同样的价格;宣传公关部则加强线上线下的宣传合作,增加酒店的宣传渠道以及在各渠道开展各类活动。最终酒店由于与各类旅行社和 OTA 合作,再加上线上线下的联动活动,即使在非工作日的传统淡季,由于各渠道之间的紧密配合,不断提升酒店知名度,酒店的曝光量不断增加,并将大量的客源引流至酒店的直接预订渠道,减少了酒店的佣金支出。因此,酒店不仅在产量上得到了一定的突破,同时由于市场渠道的优化,酒店的利润率与去年同期相比也有了一定的提高。

【案例点评】

本案例中,旅行社和 OTA 经理一开始犯了几个认知错误:
(1)误认为收益管理等于削价竞争。
(2)误认为参加了主要渠道的活动就能够提升酒店的流量。
(3)误认为酒店的平台只要建立起来了就会有产量。

【对管理者的启迪】

1.不打价格战。不要因为竞争对手降价了,本酒店也需要降价。
2.不要只选择一个渠道进行销售,要广撒网,即使产量较少,但是乘以 365 也会变成一个巨大的营收,防止酒店因渠道被卡喉咙。
3.平台需要酒店进行长时间的维护,需要经营,开展各类活动,制造噱头,增加平台的吸引力。

4.不同的渠道其预订成本不同,需要酒店进行筛选,尽量发挥酒店直接预订渠道成本较低的优势,优化各预订渠道的占比,可以直接提升酒店的利润增长。

PART 2　反面案例

酒店客房预售秒杀活动:错了吗
——互联网促销活动的反思

【教学目的】

1.了解互联网促销活动的方式。
2.认识互联网促销活动的利与弊。

【案例回放】

　　有一家豪华度假 A 酒店通过网络第三方分销平台做了一次客房预售秒杀活动,活动引起了消费者的强烈回应。A 酒店把原价 1 088 元的海景客房以 699 元的抢购价形式,对来年淡季库存进行预售。这家酒店本来在当地的度假市场名气就非常大,加上这么大的降价力度,卖起来也容易,短时间内就带来超过 150 万的预订流水。

　　此活动在短时间内为酒店促成了收入的大幅度提升,又为酒店在网络分销平台带来很高的流量曝光,从效果来看确实是一次非常成功的营销活动。于是其他周边的酒店也依葫芦画瓢,纷纷开展这样的活动,突然就变成了整体市场的"降价促销"。最终使得整个市场的酒店平均房价环比下滑,迫使 A 酒店在来年淡季期间推出 658 元无早的特惠价,而且酒店对于平日与周末的库存没有合理分配,使得购买 699 元预售产品的客人经常预约不上,导致原购买 699 元预售产品的客人开始投诉与退订,预售产品的退订率高达 40%。最终使得酒店入住率虽然提升 15%,但整体收益同比往年基本持平。

【案例点评】

　　网络渠道的信息互通且公开透明,价格一旦降下来就很难再上涨,会对日后的渠道定价与营收产生更大的压力。价格如果上涨,消费者不买单,价格只能持续走低。
　　问题出在哪里?
　　(1)A 酒店对于淡季促销只以单房降价为卖点。

（2）在市场整体降价的情况下,酒店也只是选择继续降价,没有给出新的产品卖点。

（3）在产生预售产品退订潮时,酒店没有采取补救措施,使得预售产品退订率极高。

由此可见,互联网只是销售渠道和客户引流方式,酒店应该更加关注客人到店后的线下体验,酒店通过高品质的服务和产品来打动客户、留住客户,利用移动互联网延伸品牌影响力,让更多的用户有机会来体验,持续做到"服务—口碑—传播—体验"的良性循环,并在服务过程中利用移动互联网思维分析用户需求,有针对性地提供个性化服务,提高用户满意度。

【对管理者的启迪】

1.互联网渠道的淡季营销,不能只通过价格来吸引客户。

2.网络预售产品虽然能保障酒店远期收入,但产品设计与渠道的价格管理尤为重要。

3.酒店要权衡品牌价值与价格策略,避免产生用短期收入利益损害长期品牌价值,因为消费者对商家有时是非常严苛的,稍有不满就会降低消费黏性与酒店的市场口碑。

4.酒店的互联网秒杀营销要考虑可能会引起的市场连锁反应,最终可能损害市场和酒店未来的利益。

5.互联网只是拓宽销售与品牌影响力的触手,酒店管理者应该冷静应对,不应该只着眼于短期和低价的爆款活动。要利用互联网平台在适当的时机做营销,做口碑宣传吸引客户,切忌杀鸡取卵急功近利。

6.酒店本身应该更注重对直销渠道和会员的拓展,通过更有吸引力的会员政策与权益,让外部客源沉淀为自身客户。最终从放水养鱼、授人以鱼到授人以渔,进而使酒店对渠道定价与市场营销更有主动权与话语权。

7.酒店应该更加关注客人到店后的线下体验。互联网只是销售渠道和客户引流方式,酒店应通过高品质的服务和产品来打动客户、留住客户,利用移动互联网延伸品牌影响力。

14.2　酒店收益管理方法案例

PART 1　正面案例

案例一　实施升级销售,迅速提升平均房价和利润率

【教学目的】

1.理解升级销售的重要性。

2.掌握升级销售的思路和方法。

【案例回放】

A 酒店是北京一家有 303 间客房的挂牌五星级酒店。其行政房和套房占可售房总数的 30%。长期以来,该酒店的这两种房型的价格定得太高,而且与标准房和豪华房的差别太大,加上不懂得动态调价,不重视升级销售,这两种房型要么使用率不高,长期空置浪费(一般出现在淡季和平季),要么长期免费升级(一般出现在旺季和火爆的季节,旺季经常超额预订价格较低的标准房和豪华房,再免费升级到行政房和套房),导致行政房和套房没有创造应有的投资回报,而且酒店的客房收入、平均房价和利润都比较低。

一年前,该酒店开始与鸿鹄酒店收益管理公司合作,实施收益管理,并上线了鸿鹄收益管理系统——HiYield RMS。通过该系统把沉睡在酒店管理信息系统(PMS)之中的数据挖掘出来,并自动进行分析和整理,挖掘出它们的价值,自动生成简明易懂的图片和曲线,呈现出酒店的客源结构、渠道组合以及各种房型的销售量、销售价格与销售收入等在不同供求关系和不同时期在酒店总销售量、平均售价和销售收入中的占比,找出它们在淡季(出租率小于或等于 50%)、平季(出租率大于 50% 而小于 80%)、旺季(出租率等于或大于 80%,但小于 90%)和火爆季节(出租率等于或大于 90%)等以及一周之中的每一天的量价关系及变化规律。在鸿鹄收益管理专家团队的指导下,该酒店结合未来经济发展的趋势、市场供求关系、酒店预订进度、酒店的价格变动情况、展会与特殊事件等情况,优化了价格体系、理顺了细分市场代码、价格代码、渠道代码和房型代码,大胆实施动态定价和阶梯定价的策略,并制订了每天、每月,前厅、预订部、销售部等升级销售的目标,改善了升级销售的操作流程和绩效考核标准。使升级销售变成全体员工的关注焦点,目标明确、奖惩到位、价格灵活、措施得当,升级销售的落地不再是一句空话。

由于升级销售的措施有效,加上鸿鹄的团队还指导酒店优化了细分市场结构,减少低价系列团,开发并增加高价的 MICE 市场团队,完善了销售渠道,增加线上渠道的占比和 ADR。该酒店 2017 年的客房销售量(或出租率)与 2016 年同比虽然少了 2.7%(即平均每天少 6.5 间夜),但是平均房价同比增长了 108 元,增幅为 20.3%;客房总收入同比增加 7 933 573 元,增幅为 17.05%,远超同一商圈竞争群酒店平均 6% 的增幅;客房毛利和毛利率也达到了创纪录的新高。其中,行政房和套房销售收入同比增加了近 350 万元,增幅为 130%。平均每日比上一年度增加近 1 万元,占客房总收入增量的 45%,对平均房价的增长贡献了 40 元,并为整个酒店每房收益（RevPAR）、平均房价（ADR）和经营毛利（GOP）的增长做出了重要贡献。收益管理的投入取得数十倍的投资回报。

【案例点评】

升级销售对酒店的 ADR、RevPAR 和 GOP 的提升有巨大的影响。行业统计数据表明，在出租率不变的情况下，积极有效地进行升级销售，能使酒店的客房收入和平均房价提升 2%～3%，毛利增加 20%～30%。

要做好升级销售，提高升级销售的效果，必须有先进的自动化、智能化的数据分析优化计算机系统，如 HiYield RMS。这样的工具能自动收集数据、分析数据，监控竞品酒店在各种渠道、各房型每天价格变动的情况，甚至每 4 小时监控一次，并提出预警。此外，它还能分析顾客消费间夜数和价格之间的关系，帮助酒店根据市场需求的价格弹性和敏感度来制订策略、精准调价，从而高效提升高档房型的销售量和销售收入。

收益管理的本质和目的，是通过每天的数据挖掘和精心计算，捕捉每个收益最大化的机会，堵塞收益流失的漏洞，减少不良资产和生产力的空置和浪费。收益管理的效果体现了积少成多、积小利成大利、量变引起质变的思想。从实际操作的效果来看，如果一家酒店认真去做收益管理，每天能通过升级销售多挣 1 000 元，虽然看起来不多，也不难做到，但是，如果每天都坚持这样做，一年就增加 36.5 万元收入。如果一个有 10 家酒店的集团能坚持这样做，一年就可多赚 365 万元。如果这些酒店营业时间为 10 年，该集团就多挣 3 650 万元！此外，由于客房的边际利润很高，通过升级销售多挣的收入，大部分转化为利润，从而极大地提升了酒店和酒店集团的平均售价和经营利润（GOP）。可见，酒店业主和经营管理者不可不重视升级销售和收益管理。

成功的升级销售，能帮助酒店和客人实现双赢。酒店能准确识别客人的消费能力，并提供范围内最好的产品和服务给客户，使得酒店收入、毛利和平均房价都最大化。而客人多花了钱，得到了更好的产品和服务，满意程度自然也会提高。

那么，如何提高升级销售的效果？

（1）要做好数据分析，找到规律和机会。

（2）做好预测。预测是在数据分析的基础上，对未来最有可能、最好情况的预见和测算，是精算，是制订目标和确定策略的基础。

（3）要制订升级销售的目标、流程和绩效考核标准，提高团队升级销售的技巧。

（4）要配备收益管理系统，提高升级销售的效果。

【对管理者的启迪】

1.酒店管理者要有收益管理理念。

2.升级销售是收益管理的重要途径之一，成功的升级销售能帮助酒店和客人实现双赢。

3.酒店要制订升级销售的目标、流程和绩效考核标准，提高团队升级销售的技巧。

4.收益管理要做好数据的分析和预测。

5.酒店要引入收益管理系统，使收益管理科学化。

案例二 收益管理:成功的动态定价

【教学目的】

1.理解动态的重要性。

2.掌握动态定价的思路和方法。

【案例回放】

D 酒店是浙江一家有 320 间客房的挂牌五星级酒店。开业 8 年以来,一直实施全年固定不变的价格政策,收益长期停滞不前。同时面临周边新开业国际五星级酒店的竞争压力,虽尝试各种投入及活动运营,出租率保持在较稳定的水平,但收益增长一直存在很大的问题,利润一直很低。

2017 年,该酒店开始与某著名收益管理公司合作,实施收益管理,并上线了收益管理系统——HiYield RMS,通过该系统把沉睡在酒店管理信息系统(PMS)之中的数据挖掘出来,并自动进行分析和整理。

根据对不同时期已有预订数据的分析,收益管理团队发现国庆期间预订量已远远超出同期水平,并预测国庆期间的需求量将大于同期水平。于是建议酒店进行价格调整,将各细分市场价格在原价基础上提升 100 元/间夜。经过一个多月的观察,客户的预订量在价格增加的情况下不减反增,于是收益管理团队又建议酒店进行二次调价,将价格再次提高了 160 元/间夜。

经过类似的多次提价操作,最终国庆 7 天,该酒店客房收入总计增加 24.5 万元,ADR 增长 78 元/间夜、出租间夜增长 181 间。

	2017 年	2016 年	同比增长	增幅
间夜	1 773 元	1 592 元	181 元	11.3%
平均房价	671 元	593 元	78 元	13.2%
房费收入	1 188 781 元	943 522 元	245 259 元	26.0%

【案例点评】

酒店过去在收益管理上存在的问题,主要有以下几点:

(1)先入为主的预设客户不能接受价格变化,迟迟不敢实施动态调价,损失了许多可以提高收益的机会。

(2)没有科学合理的预测方法与工具,导致对不同时段需求量无法准确预测,也就无法做出行之有效的决策。

(3)误以为只要提供好的产品和服务,接更多的生意提高出租率就可以了,并没有严格控制价格政策,导致价格该高的时候不高,损失了很多可以提升收益的机会。

【对管理者的启迪】

1.动态定价是收益管理乃至整个旅游行业常用的策略方法,在航空业及一线城市已经广为客户接受,不要用过去的认知预设客户不能接受,而应顺势而为,大胆实施,让动态定价为提升酒店收益服务。

2.根据已有数据掌握预测和定价的方法,合理预测,及时实施动态定价:高需求段提高价格提升收益,低需求段降低价格,提高出租率提升收益,才是收益成功的关键。

案例三　收益管理三十六计之欲擒故纵

【教学目的】

让学生明白,收益管理决策和酒店定价,要从多个维度进行综合分析。

【案例回放】

J市是县级市,有三家高端酒店,C酒店、S酒店和R酒店。夏季是这里酒店的淡季,但今年夏季,省里却计划在这里举办一次大型会议。

为了拿下这个会议,C酒店专门在周收益会上讨论报价问题。销售经理说:"S酒店和R酒店已抢先给出了报价,价格非常优惠。此次省里举办的会议,对于这个小城市的三家高端酒店,是在淡季的唯一一次大型商机。C酒店和R酒店都把价格压得很低,志在必得。我们必须准备一份更低的报价,否则没法和另两家竞争。"

收益经理根据掌握的情况做出了分析:"此次大型会议与会者400多人,需要180个双人间,40个单人间。S酒店最大的会场只能容纳300人,而R酒店的双床房才120间。他们两家不可能独立接这单生意。如果S酒店提供住房,R酒店提供会场,会议组织者会觉得很不方便。况且,两家酒店离得不近,要用大巴摆渡这400多人,是件很费周折的事情。我们C酒店,既有足够数量的双床房,又有足够大的会场。就凭这两点,我们理应享受溢价。"

销售经理虽然觉得报价高于竞争对手有点不安,但收益经理说的也有道理,于是他还是按照收益会议上决定的价格报价。然而,主办单位的回馈是他们对C酒店的各方面都满意,唯一遗憾的是C酒店的报价,略微超出了主办单位的预算。

销售经理把问题带到了第二天的晨会上,经过讨论,酒店决定在此次活动结束后,发放一批免费房券给主办单位,并注明房券只能在指定的时间段使用。主办单位虽然在省城,但平时经常派人来J市出差联系业务。所以,主办单位欣然接受了用房券补偿超出预算部分费用的方案,一单大生意终于敲定。

【案例点评】

本案例中,酒店销售经理一开始犯了几个认知错误:

(1)误认为收益管理只有在供不应求时起作用。

（2）误认为收益管理等于削价竞争。

（3）误认为竞争对手不实行收益管理，自己酒店就不必实施收益管理。

【对管理者的启迪】

1.不要因为竞争对手的决策而影响自己做出最佳判断。

2.销售部门和收益管理部门决策产生矛盾时，要通过收益例会进行讨论，一致通过后再进行决策。

3.客户选择的不一定是最便宜的，但一定是最合适的，要从客户的需求来进行考虑。

4.报价之前，要对市场、竞争对手及客户需求等多方面的情况进行综合分析，再制订合理的收益管理方案，实现酒店收益最大化。

PART 2　反面案例

"收益管理"为何夭折

【教学目的】

1.每做一项重要决定，离不开必要的论证。

2.收益管理理论的运用要结合实际，否则将产生副作用。

【案例回放】

有一段时间,某酒店的老板经常接到他当地朋友的抱怨电话,说最近你的酒店怎么搞的,房价忽高忽低,而且本地人带外地朋友在夜总会消费之后到酒店开房,房价比白天开房要高出许多。总之,这些人心里感到纳闷和不爽,也是出于好意向老板反映以上问题。

老板立即找来总经理询问怎么回事,得到的答复是:自从营销部管理人员在外听了一次"收益管理"讲座之后,突发灵感,建议总台一天中每隔3小时,根据即时电脑显示的住房率的升高或下降,将房价相应地调高或调低,目的是求得收益的最大化。经过总经理批准,已执行一个月了。

"效果怎么样?"老板关心地问。

总经理回答:"效果不明显。以往本地人多是半夜来开房,现在明显少了。还有,当天拿房价高的,见到别人拿的房价比他低,就有很大意见。如果门市房价低于协议价,协议客户也很有意见。看来这种做法有问题。"

总经理不敢怠慢,立即向那位讲收益管理课的老师进行咨询。

老师的回答是:"想法固然很好,理论上也成立,但结合实际就未必行得通了。原因是酒店供过于求的情况下,是客人选择酒店,是买方市场。如果考虑一年里的淡旺季节或一周中的淡旺日来调整房价,顾客还可以接受。而在一天中房价变化如此频繁,恐怕就不是所有客人都欢迎的了。试想,午夜时分可能是每一家酒店一天中住房率最高的时候,而午夜入店的客人非但没有享受到优惠打折,反而要其掏出比其他时间入住还要多的房费,再比较其他酒店午夜一般都有打折的现实,稍有消费理智的客人,无论如何是不能接受的。"

接下来,老师又郑重其事地说:"还有更重要的问题是:房价的反复不定,有可能使得消费者对酒店的市场定位产生错乱感觉,显然不利于稳定目标市场,这是非常危险的。"

既然一天中随住房率高低调整房价的方法对增加效益不是很明显,还会招来部分客人抱怨,专家也证实此法不妥,总经理当即决定取消这一做法。

【案例点评】

每做一项重要决定,离不开必要的论证,论证能克服计划的盲目性,使决策更为合理科学。只要时间允许,就要尽可能地多听一些意见,多做一些调查,多做一些利弊得失的分析和主次轻重的权衡,这绝无坏处。

本案例不经论证的决定,付出的恐怕不只是金钱的代价,其严重性正如那位讲收益管理课的老师所言,有可能使得消费者对酒店的市场定位产生错乱感觉,不利于目标市场的稳定,显然充满了很大的风险。

因而,作为决策层(特别是高层决策者),在拟订重大决定、计划,尤其是影响到酒店市场定位、经济效益等重要的经营性决策时,更需要多做论证研究,不可凭一时的冲动草率行事。

【对管理者的启迪】

1.每做一项重要决定,必须多做利弊得失的分析和论证,不可仓促行事。

2.收益管理理论的运用要结合实际,如本案例中房价一天内多变,产生诸多副作用的教训值得吸取。

3.要抓住收益管理的本质,不能教条地理解,机械、简单地行事。

本章案例讨论

利用特殊事件,增加酒店收益

泰国属于热带季风气候,除短暂的冬季为旱季外,其他季节都处于雨季。有一年泰国进入雨季后,曼谷连降暴雨,降雨量远超往年同期水平。暴雨引发了洪水,曼谷近郊悉数被洪水淹没,曼谷国际机场被迫关闭。A 酒店每天接到无数预订取消邮件,旅游系列团全部取消、商务会议团全部取消、商务散客全部取消、旅行社散客预订全部取消、OTA 预订全部取消……酒店总经理虽然经历丰富,在这种情况下,也只能束手无策。

所幸 A 酒店所属酒店管理集团在东南亚有众多姐妹酒店,而且所有酒店都使用了收益管理软件。于是 A 酒店联系了集团总部,通过集团收益管理软件数据库,调取了处在相近维度姐妹酒店在发生洪灾时的预订进度历史记录和细分市场历史记录。根据对历史数据的分析,A 酒店发现在洪水发生初期,预订量急剧下降。但随着时间的推移,在洪水不退的情况下,细分市场中的长住客数量和占比会慢慢上升。

经过和姐妹酒店进一步的沟通和了解情况,同时,A 酒店向泰国气象部门购买了气象情报,掌握了暴雨和洪水的预期时长,再结合曼谷地区市中心地势高、周边地势低,部分富有阶级的别墅分布于市郊等情况,通过在收益管理会议上和各部门经理及总经理的讨论,A 酒店推出了针对洪水情况下的长住客套餐。销售部同事在会后有针对性地拜访了地处市郊别墅区的住户。在这个漫长的雨季,A 酒店连续 2 个月满房。这 2 个月的平均收入超过了旺季月份的平均收入。

洪水退去后,总经理狡黠地说:"如果年年有洪水该多好啊!"

案例讨论:

如何评价 A 酒店的收益管理策略?

补充与提高

打折也要"有名堂"——真希望客人都是秃头

案例 1:老乡待遇优惠

某省一著名房地产商,在北京开了一家高星级酒店。考虑到酒店的地点比较偏僻,早期客源有限,于是该酒店开业之初在家乡省份的媒体上大做广告:凡持本省身份证者,入住本酒店将享受特别优惠待遇:住宿 5 折、餐饮 8 折。

这一广告自然引起赴京或在京"老乡"的关注和好感,无疑为开业之初的促销活动起到了很好的推动作用。

案例 2:生日房价打折

某酒店周边的竞争对手林立,从开业起就陷入恶性竞争漩涡。各家酒店大打折扣牌,互相压价,利润微薄。许多酒店为了生存,纷纷降低成本,卫生水平和服务质量也因此下降,客人并不因为房价的降低而买账。

这家酒店经过调查,了解到客人诉求的核心是质量,要求住得放心,价格还是其次。于是决定不走大面积打折的路子。该酒店一方面大力宣传本酒店客房做清洁卫生时,使用"视频记录仪"进行监督(做完卫生即撤走),让顾客对卫生状况放心;另一方面,针对入住期间遇上生日的客人实行住宿 5 折优惠,还将送上祝贺礼品。

由于周边的酒店都没有这种遇生日房价打折的做法,加上该酒店使用"视频记录仪"新招,媒体对该酒店倍感兴趣,竞相报道,酒店也因此提高了知名度。恰遇生日的顾客入住获得惊喜自不待言,就是其他客人也因为客房住得放心,因此该酒店生意自然比同类型同档次酒店好得多。

案例 3:光头者的福音

日本东京一家叫 Tetora 的酒店,推出一则另类的广告:凡是秃头者入住本酒店,一律给予大幅度打折！这一广告自然引起秃顶或光头客人的注意和青睐。其独特的创意是怎么来的呢？这里有一段故事。

Tetora 酒店原本生意不错，但随着附近不断增加新的酒店，而且产品同质化严重，迫使同行之间压价竞争，利润自然下降。各家酒店的促销活动一波接着一波，该酒店也跟着仿效，但效果都不佳。

Tetora 酒店的老板三浦孝寺感觉到以往虽然花费不少人力、财力进行促销，但手法老套、缺乏新意，不能给客人留下什么印象，媒体更不会报道，这样的促销活动没有意义。怎么办？正当三浦孝寺不知如何是好时，一个新颖的促销主意竟在一次巡视酒店时不经意产生。

这一天，三浦孝寺像往常一样到酒店各处巡视。当走到某一间客房时，正遇上两位房务员在做清洁卫生。他听到一位房务员对另一位房务员抱怨说："淋浴房排水口的头发太多，很难清除。"他接下来不无调侃地说，"真希望客人都是秃头，就不会有这么多麻烦。"三浦孝寺自己也是秃头，下意识地摸摸自己没有几根头发的脑袋，不禁一笑，小声地对随从说："让秃头客人住酒店，这不是一个很好的创意吗？"

他立即要求下属根据这个创意，策划一个促销方案。宣传的主题广告语就是"凡是秃头者入住本酒店，一律给予大幅度打折"，秃顶的三浦孝寺则成了宣传广告画中的吉祥物人偶，也就是所谓的形象代言人。

果然，擅长于猎奇的媒体争相报道，引发了一场轰动效应。虽然秃顶或光头的客人仅占少数，但因另类促销手段吸引了人们的眼球，即使没有秃头的客人也特意光顾体验。客人们发现该酒店硬件优良，服务也很好，自然成了回头客，Tetora 酒店的生意也因此长盛不衰。

由此可见，打折是吸引客人上门的一种促销方法，在产品同质化严重的形势下，打折似乎成了各家酒店常用的经营竞争手段。长此以往，客人对打折似乎也麻木起来，漫天降价的打折手法渐渐失去效力。

上面三则案例都与打折有关，而且这三家酒店的打折促销都取得了较好的经营效果。有什么诀窍吗？有。其诀窍就是打折"师出有名"，或曰"有名堂"。这种"名堂"不是重复别人常用的"开业大酬宾""周年庆典大优惠""住五（夜）免一（夜）"之类，而是有新意，是别人所没有的。这种"名堂"能抓住客人的注意，要知道"注意力"也是生产力。

我们还看到，这三家酒店只对部分群体有较大的打折力度，并未涉及全面顾客。这样给人的感觉是，本酒店产品质量可靠，不屑于跟风式的泛滥打折，无形中维护了酒店声誉。其实，打折只能是一种辅助手段，要让酒店立于不败之地，根本的依靠还是优异的产品质量。

本案例给管理者的启迪：

（1）打折是经营竞争手段之一，但打折要"有名堂""有说法"，这种"名堂"要能抓住客人和媒体的注意，因为"注意力"也是生产力。

（2）不可以跟风式的泛滥打折，否则会引起客人对产品质量的怀疑，从而有损酒店声誉。

（3）打折只是一种辅助手段，要让酒店立于不败之地，根本的依靠还是优异的产品质量。

第四篇
酒店综合管理案例

第15章
酒店个性化服务与产品创新案例

15.1 酒店个性化服务与管理案例

PART 1 正面案例

案例一 夜访曼谷"东方"

【教学目的】

1.了解完美服务的实现路径。

2.认识个性化服务的重要性。

3.认识企业文化与信息化管理手段在个性化服务中的重要作用。

【案例回放】

我国旅游界著名学者王连义教授数年前曾到泰国,为了探访世界著名酒店——曼谷东方酒店的成功奥秘,在回国的前一天夜晚找到这家酒店。在他的要求下,如愿见到该酒店的公关部经理。

王连义教授觉得这么晚了打扰人家实在不好意思,于是只简单地问了一个实则不简单的问题:"曼谷东方的成功奥秘何在?"

这位公关部经理十分简单地用一句话和一个例子回答了这一不简单的问题。这句话是:东方酒店的成功源于最大限度地展示东方的礼节礼貌和最大限度地采用西方的先进设备。那么例子呢? 公关部经理娓娓道来:"王教授,三天前你坐的这个位置上曾坐过一位美国客人史密斯先生。他落座后向服务员要了一杯咖啡。咖啡送到后,服务员立即往杯中放了两块糖,正想说'请慢用'时,客人却先开口了:'小姐,你怎么知道我要两块糖?'客人的表情明显带着不满,而愠怒的语气表达的弦外之音是:你太自作主张了! 服务员马上向这位客人深深地鞠了一躬,沉着地说:'史密斯先生,五年前你在这里喝咖啡都是要求放两块糖的,所以我就这么放了。如果有什么不对,我立即改正。''你还知道我的名字? 你还记得五年前的情形? 太棒了!'史密斯先生顿时展开笑颜,冲着服务员伸出拇指直夸奖。"

【案例点评】

曼谷东方酒店公关部经理告诉王教授的一句话、一个例子可谓经典,道出了曼谷东方酒店多年来为什么被评为"全球十佳酒店"最精练的答案。

东方人的情感化服务加上西方先进的设备,这也算是一种东西方文化的结合吧,而且结合得如此到位。既满足了你的生活习惯和水准,又让你感受到东方人的热情和礼貌,加上典型的个性化、细微化服务,岂有不被感动、震撼继而产生惊叹、惊喜之理?

什么才叫完美的服务? 完美服务=规范服务+情感服务+惊喜服务。一般说来,惊喜服务的成本占总成本的比例并不大,有的甚至没有成本,只不过多花些心思而已,但对客人回头率产生的影响,却起到了决定性的作用。可不是吗? 你能记住我五年前的个性需要(一杯咖啡放两块糖),而且能记住我这个人——可见我在你心目中的分量有多重! 我下回来曼谷能不住你的酒店吗?

个性化服务到什么程度,还要看你对客人的个人信息掌握到什么程度。客人的个人信息怎么掌握? 主要还是由服务在第一线的员工去观察分析、征求意见、费心搜集,然后把这些信息记录下来,建立客史档案。本案例中的服务员之所以能准确地把握两块糖,是用心去观察、用心去记忆的结果。当然,有人会问,假如原先了解这些信息的服务员离开这家酒店,岂不造成信息流失? 现在有了电脑,有了酒店建立起来的客户关系管理(Customer Relationship Management,CRM),这个问题就好解决了,凡是接待过史密斯先生的部门或员工有责任把信息输入电脑储存起来,供大家共享。

为客人提供优质的服务,要求从业人员必须有观察能力、记忆能力、思维能力、应变能力和操作能力,而发挥所有这些能力的前提条件则是其工作态度。工作态度又是由职业意识、职业习惯和职业心态所构成的。曼谷东方酒店的这位服务员之所以能做到超前的个性化服务，是由其职业化的意识、习惯和心态所决定的。

本案例虽然只是一种表象，但我们可以透过表象看到其背后的力量——企业文化的力量。这位服务员良好的职业态度从何而来？相信是曼谷东方酒店长期以来所宣扬的价值观引导的结果，是企业文化氛围熏陶的结果。难怪许多有识之士把企业文化看作企业的核心竞争力之一。

管理者管什么？管人力、物力、财力，管信息、时间、声誉。前三项为硬资源、有形资源，后三项为软资源、无形资源。人力资源虽为有形资源，但对人的管理则有其无形的一面，管理的内涵发生了变化，从过去管人的手脚发展到了今天管人心、管头脑、管文化。

在本案例中，从一个小小的例子，可以看到曼谷东方酒店的管人已不是简单的管纪律、管规范了。如果没有管员工意识、习惯、心态，没有营造企业文化，就不可能有如此自觉的员工去用心为客人服务。

至于管信息，尤其是客户信息、市场需求信息的搜集与应用，管理者似乎天天都在做，但未必人人都能自觉地做精做细，从而发挥这一软资源的应有效能。客史档案是建立了，但细致到什么程度？又运用到什么程度？如果仅凭个别员工对接触过的个别客人的信息汇总显然是远远不够的。我相信，曼谷东方酒店的客户信息管理绝不限于凭员工个人的记忆。王连义教授连续数年收到曼谷东方酒店为他发来的生日贺卡。我想曼谷东方酒店之所以连年排在全球十佳之列，与其客户信息管理的细致程度以及每位员工善于利用顾客信息，把个性化、亲情化服务做到极致是密不可分的。

【对管理者的启迪】

1.必须十分重视企业文化的建设。员工自觉地为客人提供个性化服务，必须具有良好的职业化意识、习惯和心态，而这些都需要优秀的企业文化熏陶。

2.完美服务＝规范服务＋情感服务＋惊喜服务。为了使客人感动和惊喜，个性化服务是一种重要的方法。

3.必须重视客人历史档案的建立。

4.为做到精准的个性化服务，还要靠先进的信息化管理手段支持。

案例二　在碧水湾，我们走进爱情的殿堂

【教学目的】

1.理解"私人定制式服务"的概念，了解做好"私人定制式服务"的途径。

2.从消费者的角度去感知服务带来的惊喜和感动，从酒店从业者的角度去享受服务创造价值的成就感。

【案例回放】

2016 年 1 月 12 日,前厅部黄金莲接到陈先生电话,需要预订 1 月 22 日的房间,于是黄金莲为其预订了一间大床房。陈先生此次碧水湾之行是准备向女朋友秘密求婚的。为了帮助陈先生求婚成功,黄金莲进行了精心的策划及安排。首先,为陈先生免费升级一间豪华套房营造一个浪漫的求婚场所。其次,黄金莲在客人的微信朋友圈找来四十多张陈先生和女朋友的照片,由总机同事任红艳利用自己闲暇时间,为客人量身定制了"执子之手,与子偕老"系列的手绘相册、手绘情侣贺卡及象征幸福甜蜜的手绘图,并在手绘相册中融入碧水湾元素,让客人只要看到相册就可以想起碧水湾,在无形中宣传了碧水湾。再次,在客人入住当天,黄金莲时刻与客人保持联系,提前在酒店大堂等待客人到来,热情接待客人。客人入住之后继续保持与客人沟通,并利用自己晚饭时间冒雨去玫瑰园采花为晚上布置房间做准备,等晚上客人出去泡温泉时,黄金莲又组织同事对求婚房进行布置。预订主管苗翩翩、总机同事任红艳利用自己下班时间来帮忙布置房间,电脑房同事也来帮忙安装 DVD 机,又请客房同事帮忙做床上布置,房间客厅用蜡烛灯及红色玫瑰花布置成心形图案,将 99 朵玫瑰放在心形里面,又在房间卧室用粉色玫瑰花瓣和蜡烛灯布置了一个小型的心形,另外布置了一条代表幸福的玫瑰花路通往客厅及卧室,在客厅的窗帘上用气球布置了心形,将提前准备好的礼物配入房间,并书写了祝福贺卡,整个房间充满着温馨、浪漫。

最终客人求婚成功,在微信朋友圈发图文表示感动与感谢。

【案例点评】

"好的服务,就是我关心或在意的,都被你关注了。"本案例中该同事得知客人求婚信息后,积极为其进行策划,将有"温度"和"深度"的私人定制式服务呈现给客人,让客人带着满意和惊喜离开,这是对碧水湾"亲情服务"最好的诠释。

亮点之一:捕捉到客人的个性化信息后,能够及时进行私人定制式的设计和策划。

亮点之二:能够借力完成整个服务的过程,不仅仅是依靠一个人或者一个部门。

【对管理者的启迪】

1.认真只能把事情做对,用心才能把事情做好。在管理的过程中,我们需要培养员工用心的习惯和企业文化。

2.帮助顾客赢,企业才能赢。在践行这条理论的过程中,我们需要以顾客需求为导向,以顾客体验为着力点,以私人定制式服务为方法,以顾客的惊喜与感动为目的,以用心、走心、真心、暖心的服务,才能真正做到帮助顾客赢,企业才能赢。

3.令人感动的好的服务,常常需要一个团队来完成,因此,不仅要培养员工的服务意识,还要培养员工的团队意识。

案例三　碧水湾度假村是这样庆祝生日的

【教学目的】

1.深刻理解基于中国文化的"亲情服务"的内涵和实现路径。

2.在优质服务的案例中,找到极具新意的服务因子,激发服务创造的灵感。

【案例回放】

2019年3月20日,吴小姐致电总机订房,准备在碧水湾为闺蜜庆祝生日,前厅总机黄姝颖了解到信息后,立即为吴小姐的庆生活动展开服务策划。

前期沟通联系:经过客人同意后,黄姝颖添加了吴小姐的微信,提前沟通房间的布置细节等信息。吴小姐为闺蜜在网上订购了生日快乐气球套装,黄姝颖主动接收快递,将装饰物保存好,待客人入住前布置房间。

定制"友谊长存"屏保等:黄姝颖在朋友圈找到吴小姐和闺蜜的照片,挑选出有代表性的合照,并加上可爱的边框打印出来装入相框;请美工设计带有四人图片的"友谊长存"个性欢迎屏保;准备了四个可爱的猪年公仔,愿"猪"事大吉,也寓意四人的友谊地久天长。

主题房间布置:为突出庆生主题,黄姝颖制作了生日贺卡,用朋友间调侃的语气,写上美好的生日祝福及寄语;用半透明彩纸将甜食和花朵包装成花束,寓意生活"甜甜蜜蜜";除小礼物外,黄姝颖将房间布置得温馨可爱,用吴小姐寄来的气球布置房间,手工绘制了生日快乐主题彩旗,将搜集的照片夹在彩灯上面,营造出温馨的气氛。

惊喜表白胶囊:黄姝颖特意购买了表白胶囊,在透明胶囊中放入黑色纸条,在纸条上写满表白闺蜜的话语,十个胶囊代表着十全十美,每一个小小的胶囊都装载着闺蜜之间浓浓的友谊。

吴小姐和闺蜜们进入房间后非常惊喜、赞叹不已,纷纷拍照留念。

【案例点评】

亲情服务的深度和广度就是"客人想到的,我们替客人做到;客人没想到的,我们要替客人想到而且做到"。前厅的黄姝颖在了解到客人要替闺蜜庆生的信息后,帮客人做到布置的小小要求,帮客人想到友谊的重要性,帮四位青春洋溢的好朋友打造出让人感动的一次相聚时光。好的服务就是"你关注的是我关心或在意的",从客人的角度出发,真正感动了客人。

亮点之一:做到了服务在客人开口之前,无论是客人的开口需求还是隐性需求,员工都能细心地发现,并提供相对应的个性化服务。

亮点之二:服务设计不是千篇一律,而是敢于突破与创新,从个性屏保到表白胶囊,这些元素都是极具新意的服务因子。

【对管理者的启迪】

1.好的服务是设计出来的,优质的服务案例一定是经过用心斟酌与研究的。

2.在服务策划和设计的过程中,服务的复制或者模仿相对简单,但是敢于进行服务的突破与创新,这就不简单。我们需要通过激励机制的建立,调动员工勇于打破传统思维,不断进行服务创新,这样才能让我们的服务保持持久而旺盛的生命力。

案例四　眼里有"活"、心中有"意"

【教学目的】

1.培养员工的服务意识。
2.认识服务的三个境界。

【案例回放】

案例1：老同学的感动

我去某酒店看望一位外地来开会的老同学。他知道我的工作与酒店有关，于是寒暄一阵之后，就很自然地转到了酒店话题。他告诉我，这家酒店很不错，有几件事情令他十分感动。

例如，因房间迷你吧台的电源插座不通电，他将原先放在迷你吧的电热水壶移到卫生间烧水。等他出去一趟回到房间后，发现电热水壶已归位到吧台，水壶旁边还躺着一张小便笺，写着："吧台的电源插座已修复，我们对此造成的不便深表歉意。"老同学对服务员工作之细心和酒店工作效率之高，深表赞赏。

再如，由于开会文件材料比较多，他将材料凌乱地散放在写字台上。会后回到房间，发现文件整整齐齐地码在了一起，而且出人意料地在文件旁边还多出了两样东西：一叠可用作稿纸的大信笺和一个文具盒（该房间不是商务房，原来没配置文具盒）。写字台上的这些变化使他大为惊喜。

还有，几件散放于座椅、床上的衣服不见了，而在床头柜上多了一张留言条，告知衣服收进衣橱里了，并体贴地说："您的会期还有好几天，估计您需要换洗内衣，为了消除客人对洗衣房洗涤内衣是否卫生的顾虑，本酒店房务中心备有洗涤带烘干的家用洗衣机，可以为您单独洗涤内衣，如果需要可与房务中心联系。"留言条落款是某服务员。老同学说，不管我是不是需要，但对服务员为我考虑如此周到，心中还是充满感激。

后来，我特意打电话给该酒店总经理，表扬那位为我老同学服务的房务员，并建议给予奖励。

案例2：离店客人的匆匆留言

某酒店总台按该酒店规定：在客人办理离店手续时，都必须请客人留下意见和建议。

一天，作为该酒店顾问的我，在总台随手翻了翻客人意见记录本。当翻到昨天的一页时，发现有一位住2020房的客人只留下一句话："十分贴心周到，下回一定再住！"

与其他客人多少举些事例、谈些具体意见相比，这句话未免显得过于简单。对此反而引起我欲探究竟的兴趣。

总台的当班接待员说，昨天这位客人办理离店手续时，显得非常急迫。当要求他留下意见时，他没有讲话，只是自行取过记录本，在上面草草写下几个字后就匆匆离开了。不过，总台接待员提供了另一个情况：这位客人是大前天入住的，登记身份证信息时，总台发现当天恰好是该客人的生日，于是立即通知营销部的公关专员，负责落实为该客人的2020房间送进生日蛋糕、鲜花和贺卡。

另向负责该房间服务的房务员了解情况，房务员谦虚地说："其实也就是按常规为他服务而已。"然后讲述了几件事。

她说，现在是热冷天气交替时期，酒店不开冷热空调，只送新风。这位客人晚上睡觉似乎怕冷，因为第二天整理房间时发现，客人将另一张床上的被子加盖在自己睡的床上。于是她按常规铺好两张床后，又在他睡的床上加铺了一条被子。

房务员还发现,卧室的垃圾桶里及周围扔了很多手抽纸的纸团,由此推断他可能患了感冒。于是她除了在床头柜上多放一盒手抽纸外,还写下留言条,建议他到附近的医院就诊,并告诉他,酒店可以随时提供红糖姜汤,如果需要可以与房务中心联系。

至此,我总算明白了这位客人匆匆写下话虽短、意却真的留言的原因。

当然,作为该酒店顾问的我,没有忘记建议总经理表扬或奖励为 2020 房客人服务的有关部门和个人。

【案例点评】

服务员的工作状态一般可分为三个层次:

第一,眼里没"活"、心中无"意"。眼里看不到该做的事,心中也没有主动服务的意识。

第二,眼里有"活"、心中无"意"。虽然看到了该做的事,但缺乏主动服务的意识。

第三,眼里有"活"、心中有"意"。不但看到了客人需要什么服务,心中更有主动为之提供服务、满足其需要的愿望,并主动地去做。

要达到第三个层次须三管齐下:一是灌输正确意识;二是建立激励机制;三是加强现场督导。这样才能使员工产生自觉自愿、积极主动的行为习惯。

以上两则案例的酒店,其服务之所以使得客人深受感动和心存感激,赢得客人很高赞誉,与这两家酒店的员工工作状态达到了第三个层次有关。

本案例中涉及的工作虽然都是服务员应该做的,也并不复杂,有的甚至是举手之劳,但如果服务员缺乏主动服务意识,也就很难发现,或发现了也可能不会主动去做,或做了也可能做得不精不细。反之,服务员如果能站在客人角度,想客人之所想,甚至想客人之未想,具有强烈的主动服务意识,就能敏锐地察觉和发现问题,积极地找到该干的"活",并认真细致、体贴入微、精益求精地去满足客人的需要。

由此我们领悟到:酒店的好名声是靠"眼里有活、心中有意"的员工一点一滴做出来的!

【对管理者的启迪】

1.人力资源管理超越了以往的人事管理,员工素质可以通过培训得以提高,使其成为酒店发展动力的第一源泉。要求一线员工达到"眼里有'活'、心中有'意'"这一层次,就显得十分必要。

2.为把一线员工培养成"眼里有'活'、心中有'意'"的人,必须灌输正确意识、建立激励机制和加强现场督导,三条途径缺一不可。

案例五　千里之外,客人要求快递十箱矿泉水

【教学目的】

学习换位思考及对客户诉求的二次发现。

【案例回放】

午后，GSM 的座机清脆响起。"虞小姐！"电话那头传来熟悉的声音，"我是昨天退房的沈小姐呀！我还有 10 箱矿泉水留在了你们的行李房里，能帮我快递到重庆分公司吗？快递到付！"

放下电话，小虞开始暗自琢磨：乍听之下，沈小姐的这个要求似乎有点儿悖于常理。毕竟，10 箱矿泉水从杭州快递到重庆的费用要远远高于其市场售价。一定是有什么特殊的原因，职业经验告诉她，不要只看宾客的表面诉求，要从客人的内在需求去了解事情的原委，这样才能提供更贴切、更周到的服务。

于是，小虞拿起了电话，主动联系了沈小姐。在告知其快递价格之后，沈小姐明显有点犹豫。小虞试着慢慢了解这一特殊需求的内在痛点。原来，这是沈小姐第一次组织公司的会务活动，也是公司对自己的一次考核测评。遗失 10 箱矿泉水对她来说，是经费控制和物资管理方面的失职。所以，沈小姐才会如此执着于将水快递回分公司。

"那么，我来帮您代售吧？天气那么热，我们的同事也是需要买水喝的，不如我帮您把 10 箱矿泉水代售，卖水所得的款项全数通过微信转给您，可以吗？这样，您的经费控制和物资管理问题都可以一并解决啦！"小虞询问道。

"真的吗？太好了！那真是帮了我的大忙了！君澜的服务果然是最棒的！"电话里的喜悦之情，即便是相隔千里之外的小虞也能够感同身受。

【案例点评】

客人提出要快递 10 箱矿泉水，显然有悖常理。员工并没有直接简单地满足客人这一要求，而是与客人沟通，了解客人真正的需求，进而找到更好的解决问题的办法，体现了员工服务的灵活性和酒店真正替客人着想、为客人提供个性化服务的思想。这样的服务赢得了客人的心，也为酒店赢得了市场。

【对管理者的启迪】

1.当客人的诉求中出现有悖常理的地方时，往往有其更深层次的服务需要。此时，要注意进一步发掘，并提供有针对性的个性化服务。

2."尖叫式服务"的打造过程，需要一定的灵活授权，合理的授权体系，是确保优质服务被及时提供的前提。

案例六 "环游世界，碧水湾站"

【教学目的】

1.学习在服务设计中如何突出服务的仪式感。

2.了解在进行服务策划时如何找准关键点、关键人物、关键事件，为优质服务的开展助力。

【案例回放】

2019 年 3 月 12 日,营销部丁雪姣接收到酒店钻石卡会员蒋太太订房的信息,便立即开始准备蒋太太一行的相关事宜。为制造惊喜,丁雪姣从房间到用餐布置都考虑得非常周到。先是请客房同事跟进房间的欢迎布置,另外通过翻看蒋太太的朋友圈发现客人的旅游爱好,便请美工肖梓华巧妙地设计了以"环游世界,碧水湾站"为主题的屏保。

蒋太太在 40 岁时和家人共同拍了一组艺术照,丁雪姣挑选其中两张艺术照打印出来,选用温馨的黄色相框提前配入客人房间;蒋太太的朋友圈有许多与家人的合照,丁雪姣选取了家人旅行的、孩子获得荣誉的这些值得纪念的照片打印出来,贴在长约 3 米的相册内,请各部门的同事写上对蒋太太一家的祝福语。

此行是蒋太太带着朋友来碧水湾游玩度假,丁雪姣请餐饮部的丁燕婷为蒋太太及闺蜜献上米粒画,以碧水湾近期绚烂的紫荆花为主题,布置出一幅紫荆花的山水画,蒋太太与同行的朋友都非常喜欢。

客人离店后,发信息对酒店的精心安排表示感谢。

【案例点评】

好的服务是"你关注的是我关心或在意的"。钻石卡会员蒋太太是碧水湾的忠实顾客,营销部丁雪姣从客人角度出发,考虑到老顾客的需要,了解老顾客在朋友面前的尊贵,留意到家人的重要性,关心客人所在意的,这就是好的服务不仅让客人尊贵又有面子,也让美好的印象深入客人的心中。一场度假旅行充满仪式感的渲染,使客人一生难忘。

亮点之一:增加服务的仪式感,让服务瞬间与众不同。

亮点之二:"顾客关心的,正是我们关注的。"本案例创造者将客人最关心的人或事作为服务的切入点,迅速抓住客人的情感点,最易打动客人。

【对管理者的启迪】

1.生活需要仪式感,服务也需要仪式感。有仪式感的服务会使客人感到尊贵。
2.为客人提供规范化服务以外的额外服务,更容易打动客人的心,给客人留下美好的印象。

案例七 "投其所好"的服务

【教学目的】

1.引导思考个性化服务从何做起,个性化服务的切入点在哪里。

2.让学生认识到酒店服务管理中客史档案的重要性。

【案例回放】

2015年5月8日,中餐厅小张在包厢服务时发现,坐在主人位的客人开始用餐时左手伸向了筷子,小张就悄悄把其他餐具都移到了左边。用餐结束后小张主动征询宾客意见,在交流过程中通过客人确认账单的签名,知道了客人的全名、联系方式等信息,小张及时将信息反馈给餐厅管理人员,录入宾客档案。

两个月后,客人通过电话预订了一个包厢,当到达餐厅入座以后,惊喜地发现餐具已经摆在了左手边。

某公司是酒店的重要客户,销售经理小王在例行销售拜访时得知该公司的主要负责人刘总血糖高,于是小王记下了这一重要信息。年底时该公司召开年会时,刘总惊喜地发现他入住的客房里准备的欢迎水果是低糖水果,用餐时餐厅也为其准备了无糖或低糖食品。于是,重要客户变成了忠实客户。

【案例点评】

以上案例都说明建立客史档案的重要性:有利于为客人提供个性化服务,增加人情味;有利于搞好市场营销,争取回头客;有助于提高酒店经营决策的科学性。安徽合肥天鹅湖大酒店的员工在服务中,善于观察客人的个性化需求,并将其记入客人档案,从而使酒店能够为客人提供个性化服务,反映了酒店员工的服务意识和酒店的管理水平,同时也进一步说明酒店观察和了解客人的需求,并建立客史档案的重要性。

【对管理者的启迪】

1.个性化的服务比标准化的服务更"用心",需要不断积累、更新宾客的喜好和忌讳。

2.客史档案管理的内容,不仅包含宾客的喜好、习惯,还应该包括宾客的忌讳。一旦发生宾客忌讳的事便很难能引起宾客的喜欢,更别提满意、惊喜、感动。客史档案是个性化服务、优质服务、差别服务的参考基础,没有这些就没有惊喜和感动。

3.不仅前厅、客房、销售要建立客史档案管理,任何一个对客服务的部门都应当有完善的客史档案机制并合理运用。

案例八　"客人生活习惯"是个性化服务的切入点

【教学目的】

1.使学生懂得,有的酒店服务规范并不符合大部分客人的生活习惯,需要改进。

2.培养学生在实际工作中注意发现客人习惯的意识。

3.认识到客人的生活习惯就是个性化需求,只有通过"规范化"和"个性化"的结合,才能让客人满意。

【案例回放】

案例 1:拖鞋放置的设计

人们到家后要做的第一件事往往是换鞋,即脱下外面穿的鞋,换上家里穿的拖鞋。既符合清洁卫生要求,又满足轻便舒适需要。

然而,几乎所有酒店都做不到进入客房的门口就可以换上拖鞋。其一次性拖鞋一般放在床头柜或行李柜下面,有的甚至"藏"在衣橱里,进入客房后才能找到,即使找到了,还要拆去封套后才能穿上。

四川西昌的邛海宾馆考虑到客人在家的生活习惯,其一次性拖鞋放置位置与形式的设计与其他酒店截然不同。该酒店不但将拖鞋放置于靠近房间门口的位置,而且已拆去封套,并将拖鞋面挺起,然后按穿人方向摆放。

案例 2:续住房枕头的处理

客人对枕头的高低软硬,大都有自己的习惯要求。经常住酒店的笔者,睡前最烦的一件事就是要对枕头进行调适处理。一般酒店标准配置是一张单人床放置两个枕头。笔者根据睡觉习惯,叠两个枕头太高,置一个又太低,于是进行一番调适:使用一个枕头,在枕头下另加一条折叠数层的浴巾。第一天晚上问题虽然解决了,但是第二天晚上往往还要与房务员做一番枕头复原的"斗争"。这是因为大部分酒店的房务员第二天整理床铺时,仍然按照酒店原有规定的标准摆放两个枕头,而且垫在枕头底下的浴巾也被拿掉了。

根据笔者观察,未能顾及客人习惯处理续住房枕头的酒店居多,而能够按客人习惯处理的极少。个别酒店能够在客人下次入住时,根据客史档案记录,按照客人个性要求事先摆放枕头的,当然属于凤毛麟角了,这样的酒店自然给笔者留下抹不去的好印象。

【案例点评】

众所周知,酒店只有通过规范化和个性化相结合,才能满足客人多方面的需求,其中包括方便和舒适的需求。笔者发现,方便性、舒适性与客人生活的习惯性有着很大的关系。换言之,客人的习惯也是一种需求。以往看似规范的服务,其实并不符合大部分客人的生活习惯,应当给予改进。

案例1的邛海宾馆对客房拖鞋摆放位置和形式的设计,可以说是根据大部分客人日常生活习惯而对以往的规范化进行的改进,使得客人产生进入客房犹如回到家的感觉,值得称赞。

案例2的个别酒店能够按个别客人习惯个性化地处理续住房枕头,甚至能够在客人入住前按其习惯事先个性化地摆放枕头,同样值得称道。

【对管理者的启迪】

1.个性化服务和规范化服务有机结合,才能为客人提供最佳服务。

2.以往制订的规范化服务内容是否合理科学,应当重新审视梳理,看其是否符合大部分客人的生活习惯,不符合的必须予以改进或推陈出新。

案例九 一根刺、两颗心

【教学目的】

1.认识酒店人性化服务的重要性。
2.了解优质服务的方式。

【案例回放】

王静是浙江东钱湖恒元酒店实习生,短短7个月时间,连续5个月蝉联酒店"服务达人",同时,也是酒店第一、二季度的"银星员工"! 她在7个月实习中共创造了54次亲情化服务案例,受到宾客表扬119次:为客人编头发、教客人系丝巾、帮孩子洗澡、为女客人精心准备中药包……

每天19:00左右,便是年卡客人入场的小高峰。有一天,王静在整理美发台上吹风机的时候,闻到一股刺鼻的药味,发现一旁的邵女士(年卡客人)正在擦药。王静上前询问邵女士,原来邵女士今天要去洽谈一个商务谈判,走得较急,不小心把脚崴了一下,身上又没有带药,只好胡乱拿了瓶风油精在那里擦了一下。王静了解情况后,立即去医药储存柜拿了一片云南白药膏,并帮邵女士贴好药膏,邵女士微笑着说:"能遇见你真好!"

2016年7月14日18:00左右,一位爸爸带小朋友来学游泳。细心的服务员小周发现客人走路时脚尖不着地,脸上的表情也十分痛苦,上前询问后,得知客人脚尖被刺扎伤了。准备去拿针的小周正巧碰到王静送针和消毒液过来,原来王静也得知客人被刺扎伤,去找了一根针,准备帮客人把刺挑出来。两位同事来到休息区看到客人还在那里休息,过去给客人说清楚自己的来意,客人很不好意思地说自己来就好,小周说道:"没有关系的,我们来就好,您自己不方便的!"挑完刺,王静为客人消毒并贴上了创可贴。这一幕,让那位客人非常感慨,不由地说道:"一根刺、两颗心!"

网络点评里,客人们都称赞王静不放过任何一个服务机会,用心为每一位客人服务,让客人满意加惊喜。

【案例点评】

在这个机器人即将替代酒店许多服务的年代,我们的酒店服务是否还有市场?当标准化的服务程式已经形成整齐划一的格式时,我们的优质服务是否还可以是核心竞争力?案例说明:机器人不可能全面替代人工服务,"走心"的服务,将永远是酒店的核心竞争力!

构建个性化企业服务文化也非一日之功,需脚踏实地,逐步推进。东钱湖恒元酒店能够提供这么好的个性服务,正是其多年企业文化积淀的成果。

【对管理者的启迪】

1.人性化的酒店服务永远是酒店长盛不衰的核心竞争力,再完美的技术也敌不过服务员人性化的温柔关怀,这才是未来人不会完全被机器淘汰的唯一法宝。

2.优质服务是由优秀员工提供的,而优秀员工是由好的文化培养出来的,管理者要着力打造企业的优质服务文化。

案例十　带中药入住的客人

【教学目的】

1.培养服务意识。

2.了解客房创新服务的思路。

【案例回放】

5 月 21 日下午,黄河饭店 2407 房间住了一位参加会议的客人,服务员小陈在做夜床时,发现客人有一包中药放在桌子上。她想起之前自己喝中药时,医生特别嘱咐药包应该放冰箱里冷藏,要不然药会变质。于是小陈连忙将药包放在了房务中心冰箱里,并给客人留了言。小陈中班下班时也没见到客人回房间,就在交接班本上做了记录。

第二天一上班,服务员小王首先看了交接班的记录,了解到 2407 房间客人的情况。快中午时,小王发现客人开完会回房间了,端着刚刚加热好的中药敲开了 2407 的房门。客人看到热好的中药非常意外,惊喜地说:"我以为你们把中药放冰箱就行了,没想到还这么贴心,记着我还没喝药并替我热好。你们的服务真是太让我感动了,让我有了家的感觉,我会极力推荐朋友选择你们饭店。谢谢你的贴心服务,我会记住你的。"

【案例点评】

小陈在此事的处理上很及时、很恰当。看到客人的中药包没有冷藏保管,及时处理并留言,服务上能够根据情况当机立断。

服务需要知识作支撑,比如什么时间吃中药,一般都是在饭前,当快中午时小王看到客人开会回到房间,准确地抓住了这一时机,第一时间为客人热好药送到房间,服务细致、及时、贴心。

【对管理者的启迪】

1.服务就是满足客人的需要,优质的服务往往在于发现客人的隐性需求,行动于客人开口之前,这就是主动而个性化的服务。

2.服务的各个环节都要环环相扣,这就需要严格遵守交接班的制度,要把需要下一班处理的事项写清楚,体现服务的连续性。

PART 2　反面案例

"异常"行为的背后

【教学目的】

认识到客人某些举动看似与常人有异,却是其个性化需求的一种表现,不可视而不见或等闲视之,需要我们用心琢磨,做出适时和适当的反应以满足其需要。

【案例回放】

有时会遇到客人行为"异常",但是酒店一线服务员对客人同一种"异常"表现的反应却有所不同。这里举两个例子。

案例1:危险的画框

笔者住酒店有个习惯,在临睡前都要看一眼床头上方的墙上是否挂有画框,若有画框,我即取下置于墙边地上,这样才能安心睡下。因为我担心:这画框有可能安装不牢固,万一遇上震动,岂不有随时掉下来被砸的危险。即便酒店方已告知画框安装十分牢固了,但我还是没有安全感。

在床头上方悬挂画框虽然不多见，但还是有少部分的酒店这样做。而我将画框取下之后，酒店的一线员工反应却各不一样。有的酒店服务员会问我："是不是怕掉下来？如果是，我们就不挂了。"有的管理人员对我的"床头上方不宜挂画框"的建议十分重视，表示马上取下来改挂其他地方。而有的酒店一线员工似乎对此不以为然，到了第二天仍然将之挂上，也许还认为这位客人真是怪异。

案例 2：天女散花

我有个朋友向我讲起这么一件事。他有一段时间因患上严重鼻炎，躺在床上也常要吐痰擤鼻涕，为图方便经常将床头柜上的便笺纸取来"包装"，然后随手丢弃于地上，犹如天女散花一般。

他发现第二天整理过的房间有不同的"反应"：有的酒店服务员很细心，床头柜上比先前多放了几张小便笺；有的酒店服务员则干脆在开夜床时将垃圾桶放在床头柜前面，这些变化着实令他感动。然而，也有的酒店对此似乎无动于衷，即没有任何的"异常"表示。

【案例点评】

立即响应并满足客人的要求，是酒店员工的天职，也是酒店员工服务意识的体现。服务质量的优劣表现之一，就是看我们提供的服务是否细致周到、反应迅速。你善解人意，并满足了客人的要求，客人就称赞你；客人被你的"反应"感动，不怕他不成为你的回头客。

客人异常行为的同一种表现，在不同酒店或不同的一线员工中的反应却不一样，这里多少可以折射出员工对客人态度的不同，或至少表现出对客人异常行为的敏感度及反应能力的差别。

【对管理者的启迪】

1. 对员工宾客意识的灌输应当常抓不懈。只有让员工时刻把客人装在心中，才可能对客人的异常表现敏锐地察觉、细心地揣摩，继而做出适时和适当的反应，以满足客人的特殊需求。

2. 酒店管理人员必须经常深入现场，倾听客人的意见，了解员工的发现和反馈，才可能对设施设备的改进、服务标准的修订做出及时的反应和决策。

3. 酒店管理人员应当允许和鼓励一线员工在规范服务的基础上，对异常表现的客人给予个性化或特殊化处理。

4. 对员工进行宾客服务意识灌输时，应当提醒员工可能会遇见个别客人的异常行为，切不可大惊小怪，应视作为客人提供个性化服务、让客人感动的机会。

5. 某些问题的处理需要一定的权限，这就要求管理人员必须给予一线员工适当的授权和放权，以加强一线员工对客服务的主动反应能力。

15.2 酒店经营与产品创新案例

PART 1 正面案例

案例一 飞奔而来的酒店 VR 时代

【教学目的】

1.了解 VR 技术在酒店的应用潜力。

2.把握酒店服务的发展趋势。

【案例回放】

2017 年 9 月 6 日,第十三届中国(南京)国际软件产品和信息服务交易博览会在南京开幕。博览会上,两位新闻同行巧遇了,一位是《钱江晚报》的小许,另一位是《北京青年报》的小唐。由于两人年龄相仿,一阵寒暄过后,立刻就显示出职业女性的特点。

小许先发问:"小唐,这次你们报社领导喊你重点抓什么题材啊?"

"VR 进酒店哦。"小唐很自豪地回答。

"啊,VR 啊,我还不太懂,VR 进酒店就是把家庭影院搬进酒店客房吗?"小许一脸谦虚地说道。

"那不是,VR 在酒店是用头盔来看的哦。酒店只需要辟出一个小小的空间,客人通过扫

VR 热气球或者 VR 吊椅上的二维码付费即可选择不同的内容,进行身临其境式的旅游了。有些酒店还不用投资一分钱呢,个别厂家采用的 VR 体验设备由公司免费提供,客人自助操作,无须专门安排服务人员,产生的收益与酒店分账。"小唐解释道。

"这种模式好,那现在有哪些酒店上了这个 VR 项目呢?"小许一脸羡慕地问道。

"好多家了。上海瑞金洲际酒店就推出了 360° 全景 VR 宣传视频配音版。他们酒店为每一位客人都配了眼镜,标准间里配的是两副。2017 年被酒店业界称为'VR 元年',VR 刮起跨界龙卷风,如今 VR 也进入酒店行业。洲际酒店集团正式宣布与全球智能移动设备与虚拟现实(VR)科技的创新领袖 HTC 促成战略合作,推出'虚拟现实'宾客体验,成为首家在中国为宾客提供前沿数字娱乐体验的国际酒店集团。客人只需在入住时预订"虚拟现实"产品及服务,就可以通过 HTC Vive 专属的 Viveport 应用商店,选择心仪的内容,在客房内享受到有趣的数字化娱乐时光。现在客人可以在上海外滩英迪格酒店、北京新云南皇冠假日酒店及三亚半山半岛洲际度假酒店率先感受到这一先进的数字体验。"

小许听完,吐了吐舌头,说道:"不听你讲了,你带我去他们的展台看看吧,省得心痒痒的。"

"好啊!"小唐答应道。两位美女愉快地走向了一家 VR 厂商展台。

【案例点评】

VR 在酒店的应用,未来将不仅仅停留在电影和游戏、娱乐层面,同时,许多酒店和旅游平台均有将 VR 虚拟现实技术引进在线选房的计划。用户可通过平台 App 内嵌的 VR 功能,身临其境地感受从大堂到客房的场景。

【对管理者的启迪】

1.VR 时代已来临,今后酒店的装修改造要考虑 VR 的应用。

2.除迎接这个智能化的 VR 之外,也要利用其特点,迅速打造酒店客房的娱乐化体验,抢占桥头堡。

案例二　林芝恒大酒店藏式特色服务

【教学目的】

1.了解酒店特色经营的方式。

2.了解打造特色品牌酒店的思路。

【案例回放】

　　林芝恒大酒店是恒大酒店集团旗下具有藏式文化特色的主题酒店。酒店拥有 102 间藏族风格的客房及套房,分布在 6 栋藏式院落中。酒店采用藏式与现代相结合的风格装饰,唐卡、哈达、转经筒、酥油灯等藏式元素随处可见,加入了现代元素的修饰后,酒店充满藏式风情又富有时尚感,曾多次荣获"中国最佳文化主题酒店"。

　　"太美了,要是能拍一套藏式婚纱照该多好啊!"一对远道而来的年轻夫妻入住林芝恒大酒店时,在大堂看到了佛塔、佛像、转经筒、唐卡,尤其是工作人员漂亮的藏族服饰时,被深深地打动,妻子对丈夫发出了这样的感叹。酒店前台服务员听到后,立即向他们表示:"您好,我们可以帮您。"很快,酒店便找到了美轮美奂的藏族服装和专业摄影师,还特别安排了一个婚礼仪式,圆了他们的雪域高原婚礼梦……

　　西藏林芝被誉为"藏地江南""东方瑞士",而林芝的桃花被称为"全世界最美的桃花",每年 3—4 月是林芝百里桃花盛开的时节,一年一度的林芝桃花旅游文化节便在此时举行。林芝恒大酒店每年都会适时推出桃花主题客房、藏式餐饮、特色套票等一系列优质且极具特色的产品,探访林芝的"独家秘籍",推荐多条极具特色的赏花和感受藏文化的旅行线路,打造独特的藏式风情高品质服务,让各方宾客更好地品味藏族文化和藏地风光。

【案例点评】

随着消费升级,消费者的需求不断多元化,主题酒店成为行业新贵,各种主题特色酒店在全国遍地开花。如何打造一家真正有特色的主题酒店呢?林芝恒大酒店提供了一个好的范本:除了藏式特色的建筑、硬件和环境,更有藏族文化融入酒店的方方面面,包括客房、餐饮、旅游线路等,将藏文化这个主题做足、做深、做透,让客人真正体验到藏文化的特色和酒店的热情,给客人留下难忘的入住体验。

【对管理者的启迪】

1.发掘并放大酒店的特色和竞争力,打造品牌特色。
2.酒店经营和服务要因地制宜,形成别具一格的品牌形象。

案例三　特色枕头的启示

【教学目的】

1.从实例中了解个性化需求的概念和满足个性化需求的意义。
2.如何从个性化服务发展为标准化服务。
3.了解酒店产品创新的途径。

【案例回放】

一位军队高级将领下榻福建晋江爱乐酒店。该酒店领导十分重视,公关销售部更是费心搜集这位 VIP 的个性消费资料。

当随行秘书提出酒店是否有荞麦皮枕头时,该酒店的客房部王经理不免大伤脑筋。王经理是北方人,据他所知,本地根本没有这种枕头。怎么办?王经理急忙向总经理汇报此事。总经理想起当地一家酒店用品公司,就急忙与该公司的业务经理联系。事也凑巧,该公司的业务经理正在北方出差,就答应立即带回两个荞麦皮枕头。

当高级将领的床上摆放着荞麦皮枕头时,他也许还以为是办事周到的秘书特意为他带来的呢。

事后,几位管理人员试用了荞麦皮枕头,发现这种枕头虽然硬实而且沉甸甸的,但头部枕靠在上面,确实舒服且不轻易移位,感觉非常好。于是酒店又少量购进了一批这种枕头,与软枕头搭配,先在几个楼层试用。

后来许多客人对这款枕头的意见都反映良好,酒店便决定将全部的客房都配上荞麦皮枕头。

【案例点评】

现在许多酒店都备有一定数量的多种内芯(如棉花、木棉、丝棉、羽绒、荞麦皮、绿豆皮、决明子、茶叶、薰衣草和柚柑叶等)的特色枕头,以"枕头菜单"的形式,向客人介绍选用,应当讲本案例没有什么稀奇之处。之所以录下此案例,是想说说由客人需要特色枕头给予我们的启示。

某高级将领爱睡荞麦皮枕头,是个性化需求。个性化消费行为,看似个别人生活习惯使然,其实往往包含有合理成分和可取之处。把这种少数人的喜好产品推而广之,可能会受到许多人的欢迎和接受,而成为一种具有满足共性需要的时尚产品。

本案例中的酒店关注客人消费喜好的细枝末节,在不起眼的一个枕头上费尽心机,由满足个性化需要推演为提供一种特色产品,其用心经营的态度值得学习。

酒店竞争光靠拼价格不是高明之举,非价格竞争中的产品差异化竞争应成为一种重要手段。人无我有,则胜人一筹。这个"有"未必是大的产品,像本案例客房里床上软硬枕头相配,再如有的酒店客房卫生间易耗品托盘上多了个牙签袋、每日一换的晚安卡上注明第二天的天气预报或提醒客人给家人打个问候电话等小产品也同样适用。别人家没有而你有,都将给客人以刺激、惊喜和记忆。经受过你匠心独运的情感震撼之后的客人,还怕不成为你的回头客吗?

【对管理者的启迪】

1.要善于从个性化需求中得到启发,去挖掘更多客人的潜在需求,把个性化产品变成本酒店的特色产品。

2.客人对某些产品还不认识,不会主动要求酒店提供。作为管理人员要有"创造需求、引导消费"的意识,在推出新产品的同时,要予以宣传介绍。

3.酒店竞争光靠拼价格不是高明之举,非价格竞争中的产品差异化竞争应成为一种重要手段。

案例四　用"酒店+"的概念经营酒店

【教学目的】

了解酒店如何利用自身优势或推出新产品,为客人提供新的生活方式,提高附加值。

香米拉温泉

香米拉"本草金汤"温泉与广州中医药大学合作,以传统中医养生理念与温泉养生相结合打造出的独具特色的个性化温泉养生康疗项目

【案例回放】

案例 1:"额外"的产品

福建永泰香米拉温泉酒店为打破同质化竞争局面,做足"酒店+"文章,不但有"酒店+养生",还有"酒店+影院""酒店+展厅",开发了周边同类酒店所没有的"额外"产品。

其一,引入独特的"五维养生温泉浴"项目。五维是指"诊、清、调、养、通",先是诊测客人体质类型,然后使用对应药物泡浴清洁,再喝有调理功效的对应茶方,进食有养生功效的对应套餐,最后根据不同体质在相应身体部位粘贴特制膏药,同时在缓缓音乐声中做保健操,达到舒筋活络、通体康泰的效果。由于功效明显,尤受中老年客人欢迎,酒店也因此而声名远播。

其二,引入小型电影院,吸引了不少年轻消费者。同时,改造少量客房为"电影房","躺在床上看电影"成为新卖点。

其三,利用空间优势开辟展厅,举办土特产品、服装展销会,带来人气;"书画长廊"常年展览名家书画,使得中新式设计的酒店更加充满中国传统文化气息,有的书画爱好者就是冲着欣赏名家书画作品而下榻该酒店,酒店还可以从销售作品的收入中获得提成。

案例2:"酒店+景区"

"酒店+景区"为某些度假酒店赢得了经营竞争优势。例如,碧水湾温泉度假村位于广州市从化区良口镇,依山傍水、风景秀丽,原来是一家疗养院,现为四星级酒店,还是4A级景区。该酒店仅花工就有二三十人,绿化非常好,漫步度假村看不到枯枝落叶,一步一景,加上空气新鲜,令人心旷神怡,住房率均在80%以上。

再如,广州的九龙湖公主酒店是一家欧式城堡主题的度假酒店,坐落于4A级景区内,还有高尔夫庄园配套。由于酒店及周边景色优美,成为广州及附近城市客人的度假胜地,也是年轻人拍摄室外婚纱照的首选景点。

案例3:"酒店+主题活动"

"酒店+主题活动"是福建漳州招商美伦山庄的特色产品,该酒店经常推出附近其他酒店不曾有的主题活动,诸如集体婚礼、茶艺表演、瑜伽培训、书法展览等。

其中父亲节活动别开生面:清晨,酒店瑜伽教练带领父亲们迎着朝阳拉伸舒展,放松身心;早餐后,父亲们关闭手机,陪着老婆孩子在海边徜徉散步;太太们在酒店大厨指导下,为父亲们精心准备了营养午餐;傍晚时分,一家子围坐在茶吧,品一壶香茗,然后由父亲们在酒店为他们准备的写字案台上挥毫写下对亲人的祝福,无论字写得漂亮与否,那斑斑驳驳的墨汁都浸透着浓浓的爱,这些"墨宝"也成为每年父亲节的展览纪念品。

美伦山庄的主题活动,无疑为提高酒店知名度和扩大营业额发挥了很大作用。

【案例点评】

以上各案例的"酒店+"大都因市场竞争而催生,或利用自身优势,或挖掘目标市场潜在消费能力,创造需求,丰富产品,引导消费,既满足了客人不断增长的需要,又提高了酒店的营业额。他们的成功经验可以为正在进行"供给侧改革"的酒店提供借鉴。

【对管理者的启迪】

在新的历史时期,酒店竞争异常激烈,新时期的酒店经营者们不能墨守成规,而应用"酒店+"的理念,利用自身优势,不断丰富和创新酒店产品,吸引客人,提升酒店市场竞争力。

案例五　体验式消费:经营的增长点

【教学目的】

1.体验经济时代的到来为酒店提供了新的商业机会。

2.体验经济不但可以唤醒客人的潜在需求,也可以创造需求,引导消费,制造经营增长点。

【案例回放】

随着物质生活水平的提高,客人在酒店接受服务的同时,更多地追求精神享受。体验式的消费是满足这种精神享受的途径之一。酒店如何提供体验式产品来满足客人精神享受,使之成为新的经营增长点呢? 通常有营造主题氛围、让客人动手参与和调动客人情感三种方法,且看以下案例:

1. 营造主题氛围

例1:某景区的一家观光度假酒店从环境设计到实物展示,都与茶文化主题相关。店内庭院就种有茶树;客房放置有新颖别致的茶具和有关茶方面的文字资料;餐厅推出别具一格的茶宴;在配套设施中还专门开辟一处茶艺居,经常有茶艺表演;酒店商场摆满了茶叶和各式茶具。酒店还不时举行由顾客参与的采茶、制茶(酒店业主集团下有茶园和制茶厂)、选出"茶王"的活动,并给"茶王"奖励。酒店为客人营造了浓厚的"茶乡"氛围,让顾客体验到城市所没有的那种贴近自然的茶乡气息。

例2:坐落于北京颐和园边上的某一精品酒店,宛若皇家园林的布局。该酒店最大的一套房间为皇家套房———一个独立的四合院。古朴的宫灯在院内高高悬挂,房间布置体现了明代居家风格,空气中弥漫着檀木家具的气味,桌椅镌刻有精美的古典图案,穿着大长衫或旗袍的酒店员工穿行其间。这让每位入住的客人都沉浸在醇厚的京都文化氛围之中。

例3:某酒店是一家典型的商务型酒店,但酒店的某些经营场所也营造出某种主题特色的环境,既能满足顾客功能性的消费需要,又能让顾客从中获得精神性的氛围体验。如让顾客体验热带雨林感觉的风味餐厅,体验西方音乐世界的音乐酒吧,体验由古色古香的典雅装修、轻柔低回的民族器乐、点缀其间的书法作品以及娴熟秀美的茶艺表演所构成的清雅茶室。

例4:某酒店夜总会的包厢装修既简单又别具特色。每个包厢看似"家徒四壁",也没有复杂的吊顶,但纯照明灯一灭,就会留下紫色的特殊光源,包厢内立即出现独特的环境空间,客人仿佛身临其境,或翱翔太空,或潜游海底,或漫步森林,或置身草原峡谷。

2.让客人动手参与

例1:某海滨一家休闲度假酒店,缘于渔民傍晚捕鱼归来,沿沙滩向游客兜售鱼虾而突发灵感,设计了一个供酒店顾客活动的项目:酒店包下当地渔民的机帆船,每船约载七八位游客,穿上救生衣(当然还购买了保险),由渔民协助在近海拉网捕捞。中午在附近海岛吃饭休息,下午返航时收网,战利品就在店内加工。尽管客人们个个皮肤晒得发红,疲惫不堪,甚至有人晕船呕吐,但那种因惊险和新奇带来的兴奋却一生难忘。

例2:某休闲度假山庄利用当地小山丘搞了一个狩猎场。客人向酒店买了数只山鸡,带上向酒店租来的猎枪,穿上迷彩服,俨然一副出征战场的战士模样,与酒店派出的教练一道带上猎犬上山放鸡追杀,满山遍野地奔跑,当了一回猎人。

例3:有的酒店推出让顾客自己动手的项目。如餐厅为客人准备一些半成品食材,由客人自己烹调,甚至开展顾客烹饪比赛;咖啡厅让客人研磨咖啡豆,自己烧煮咖啡;音乐酒吧或演艺厅让客人上台弹奏演唱;茶艺居让客人模仿茶艺小姐完成整套茶道动作;开设陶吧或举办插花学习班,学习后自己操作,作品可以带走;棋牌室、球类活动室举办竞赛活动……

3.调动客人情感

例1:北京某酒店为迎接某位国际著名音乐大师,大堂酒廊的小乐队早早就做了准备。当这位音乐大师抵达酒店时,小乐队奏起了由这位大师创作的成名曲,令他感动得热泪盈眶。

同样是这家酒店,曾接待过非洲某国总统的女儿。当她跨入酒店大堂时,一眼看到旗杆上挂着自己国家的国旗,一下子怔住,接着又听到乐队奏响自己国家的国歌,被感动得不知所措。

例2:日本东京某酒店开辟有女子楼层,规定该楼层只能是单身女子入住,不可有男友相伴而居,与男友约会只能安排在酒店的其他地方。

单身女宾上到楼层,入眼四壁的全是浅色象牙粉红。浴室内的洗漱用品齐全精致,犹如细心的母亲为远归女儿所准备。卧室里的床罩、枕头、梳妆品和各种饰品摆设,样样充满温馨。

最令单身女宾印象深刻的,是放在床头柜的一本厚厚的装订考究的日记册,里面留下了房客的只言片语,如同女宾之间的悄悄话,抒发人生感怀、交流彼此心事,不经意间排遣了单身女子出门在外的孤寂感。这一切无不令单身女宾感受到酒店为之考虑周到、呵护有加,感激之情油然而生。

例3:某精品酒店推出的"情感产品"虽然很小,同样也能使客人体验到被尊重的心理震撼效果。如洗手盆旁边立着一个告示牌,上书:"温馨提示:请别忘了给家里挂一个电话,免得您家人牵挂";茶几上的果盘前靠着一张由总经理亲笔签名的精美的欢迎信笺;开夜床时床头柜上多了一支鲜花和一块包装精美的巧克力,并放置由服务员签名的晚安致意卡;VIP客人的睡袍上绣有他的名字;卫生间马桶里漂浮着几片花瓣……

【案例点评】

酒店供过于求的形势下,产品设施单一、服务内容雷同的酒店,往往陷入削价竞争的旋涡而不能自拔。要走出经营困境,除了采取对市场再细分并重新定位或提高服务质量、打造品牌等措施外,开发新产品、改进老项目也不失为良策。

开发什么新产品,如何改进老项目? 那就要研究消费需求的新动向了。需求有显在的和潜在的,谁能看到潜在的需求或创造出看似不存在的需求,谁就可能抢占先机。以供给的创新来创造需求、引导消费,应成为酒店经营决策者必须经常思考的问题。体验经济的到来无疑将给酒店带来新的商机。

体验经济是一种通过满足人们的各种体验而产生的经济形态。美国学者约瑟夫·派恩与詹姆斯·吉尔摩合著的《体验经济》中这样描述其特征:"在这里,消费只是过程,消费者成为这一过程的产品。当过程结束后,体验记忆将会长久地保存在消费者脑中。消费者愿意为体验付费,因为它美好、难得、非我莫属、不可复制、不可转让、转瞬即逝,它的每一瞬间都是'唯一'。"享受体验同样会发生在进入酒店的客人身上。消费者通过体验消费所产生的深刻印象、全新感受和美好回忆,无疑将使其成为酒店的忠实客户。

消费者从初识酒店的惶惑,到习惯,再到不满足,迫使我们去思考怎样让消费者在酒店得到更加丰富的体验,从而使酒店获得新的经营增长点。以上各案例是以不同方法来满足消费者体验消费所做的尝试,也许可以为意欲转型升级的酒店打开一条思路。

【对管理者的启迪】

1.跟上体验经济时代的步伐,挖掘潜在需求或创造出看似不存在的需求,引导消费。为客人增添新的生活方式的同时,为酒店获得新的经营增长点。

2.体验经济时代的到来,为酒店转型升级、打开新的经营思路创造了有利条件。

3.酒店经营者要根据自身的特点和条件,研究和设计能够满足客人需求的体验产品,吸引客人,创造需求,为客人的每次住宿留下深刻印象和难忘的记忆。

案例六　中午要求吃早餐

【教学目的】

1.让学生树立"酒店的一切工作都是让客人满意"的思想,接受"经营以市场为导向、服务以顾客为中心"的理念。

2.培养学生敢于改革和创新的锐意进取精神。

【案例回放】

某风景区。入夏,时值旅游旺季。

某酒店餐厅。午餐时间,已有不少客人正在用餐。

有电话打进餐厅吧台,询问还有没有早餐可吃,接电话的领班小杨抬腕看了一下手表:

11:50。她本能地笑出声来，本想向对方说："你不看看现在已经几点钟了？"但她还是忍住了，便改口问道："您是哪个旅游团的？"

"我们是安徽来的，我是这个团的全陪。"对方答道。

小杨建议："你们干脆吃午餐吧。"

对方似乎有点为难，嗫嚅地说："我们手上都还有早餐券呢，而且我们昨天爬了一天的山，累得没胃口，都不想吃东西了，只想喝点稀粥。你看还有没有早上剩的稀饭呢？"

小杨想，对方要求也不高，不过要问一下厨房才能回答。于是她回答说："您是哪个房间的？我过两分钟打您房间电话答复您好吗？"

小杨将客人的要求转达给了厨师长。厨房里的厨师们听说中午有客人要求吃早餐，一个个都觉得好笑。有的说真逗，有的说怪怪的，还有的说这个例不能开，不然以后还要把早餐食品留到中午，怎么留啊！厨师长也感到为难：早餐用不完的稀饭已统统送给附近的养猪户了，如果答应客人的要求，那就要另外再加工，无形中加大了成本，于是没有同意。小杨怀着惴惴不安的心情，向安徽团的全陪作了不能满足客人要求的回答。

这件事情本来已经过去了，假如不是因为一位"好事者"员工向上司反映了这一情况，从餐饮部经理到总经理可能谁也不会料到客人有此要求，更不会有后来的服务革新了。

原来，一位刚从旅游职业学校来这家餐厅实习的传菜员小廖，将整个过程看在眼里。他不认为客人的要求有什么好笑的地方——不是说客人是上帝，他们总是对的吗？不是说客人不能得罪，只要他们的要求是正当的就应当尽可能给予满足吗？于是他把这件事情向正在巡视餐厅的餐饮部李经理做了报告并谈了自己的看法。

李经理立即安排厨房马上加工稀饭，同时又向安徽旅游团全陪房间去了电话。不一会儿，安徽团的团员虽然个个睡眼惺忪却满脸笑意地走进了餐厅。

林总经理听了餐饮部李经理的汇报后，当即决定：以后中午也提供早餐。送进客房的免费早餐券由原来的一小片改成大张一些的，将就餐时间用黑体字印上：用餐时间为7:00—12:00，同时也要求餐厅9:00过后将剩余的早餐食品移至一个小餐厅保留至中午。

【案例点评】

"中午要求吃早餐"是否合理？站在客人的立场，我早餐券未用，酒店理应补上这一餐，只不过要求在时间上做一些灵活处理而已。站在酒店的立场，酒店既然做了就餐时间上的规定，超出这个时间范围不提供也理所当然。看来双方都有道理。假如酒店本着"经营以市场为导向、服务以顾客为中心"的理念来看这件事情，结论又怎样呢？我想店方就不敢说自己有道理了，除非酒店不想再办下去了。

在本案例中，安徽旅游团全陪也许并没有站在客人的立场，还是从酒店"惯例"考虑，所以只是试探性地问了一下"还有稀饭没有"。酒店方拒绝其要求，估计旅游团客人也不会因此而投诉，但他们会不会觉得酒店不近人情呢？想必这是极有可能的，而这种认知对酒店来说是很危险的。所以，有的事情在酒店方看来"合理"，而客人认为不"合情"，那就不是最佳服务了。

由此看来，客人不投诉不等于酒店没问题。庆幸的是我们队伍中还有敏感于此类现象而向上级反映问题的员工,更庆幸的是本案例中的餐饮部李经理和林总经理并未忽略客人的意见,而采取了果断的服务改革措施。

之所以有人认为超出规定时间不提供早餐(其实就是适合早晨胃口吃的食品而已),其中的一个原因恐怕是因为早餐是免费的,是我白送给你的,所以我有决定你用餐时间的权力。假如换成另一种情形——不免费,客人掏钱买早餐,你还认为客人的要求好笑吗? 恐怕不会。所以这里有一个认识问题:出发点的差别问题。能不能从另外一个出发点认识这一问题呢? 假如我们以"酒店的一切工作都是让客人满意"为出发点,还会对客人中午要求吃早餐感到奇怪吗? 答案是明摆着的。

一家酒店在市场定位下,目标市场的需求就是酒店服务设计的出发点,而客人需求的变化,就是酒店服务改革或创新的方向。如果把个别客人(甚至部分)要求延迟早餐用餐的截止时间看作个性需求的话,那么把早餐食品留到中午正是个性化服务的创新。本案例中的林总经理做出"中午也提供早餐"的决定,堪称服务创新的一个典范。

【对管理者的启迪】

1.目标市场的需求就是酒店服务设计的出发点,而客人需求的变化就是酒店服务改革或创新的方向。

2.是否在午餐时间为客人提供早餐并不重要,重要的是管理者要学会从客人的角度思考问题,并重新设计服务流程和管理制度。

案例七　来自基层的创意设计

【教学目的】

培养学生敢于改革和创新的锐意进取精神。

广州从化碧水湾温泉度假村员工用米粒作画,在宴会摆台上"画"出参加
"碧水湾现象研讨会"晚宴的嘉宾所在酒店和学院的 Logo,令参加宴会的
教授和总经理们欣喜不已,无不为之惊叹

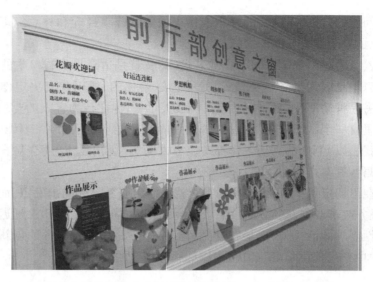

广州从化碧水湾温泉度假村通过墙报的形式,鼓励员工创新

【案例回放】

有许多创意设计来自基层的普通员工,以下列举数例。

案例1:充满创意的摆台

酒店大型宴会的餐桌上,为了渲染豪华盛宴的气氛,通常都会以鲜花或假花来装饰台面。尤其是大张台桌的宴会,每道菜均以分菜或派菜形式上桌,台面中心的转盘上一般不摆菜,顶多搁放一些调味品,这个转盘就成了装饰性平台,使用的鲜花数量比较大,费用开支自然也就比较高。

某酒店餐饮部中餐厅,有两位服务员认为鲜花不但费用高,而且无法重复使用,造成很大浪费。假花即使能重复利用,却不环保,而且也显得没有档次。她们共同想出了一个经济、环保且新颖的好点子——用彩色的碎石和细沙在转盘上摆出各种图案,替代以往的花饰。这些彩色碎石和细沙可以在淘宝网上买到,而且很便宜,更重要的是可以重复利用。

实践证明,这两位员工的充满创意的摆台,不但为酒店节约了不少成本,也因推广节俭环保理念和给客人带来了新鲜感,得到客人们的称赞。

案例2:"为我们考虑到家了"

某酒店客房服务员建议在客房放一个给客人的致意卡,上面写着足以调动客人情感的温馨提示:"请您给家里挂个电话,以免家人牵挂。"客人因此深受感动,有的客人称赞道:"你们真是为我们考虑到家了。"

这一致意卡原先是放在床头柜上的,后来该酒店服务员经常在引领贵宾进入客房时,发现客人放下行李后的第一件事,往往是先到卫生间洗手。于是,服务员又建议将致意卡改置于洗手台边,这样客人可以在第一时间里看到,其效果自然比原先放在床头柜上好多了。

案例3:"豆腐花"的新佐料

某酒店中餐厅曾推出一道叫"豆腐花"的小菜作为餐后甜食。原来的设计是另外配上一小碗蜂蜜,放在豆腐花旁边,随客人自己意愿用小勺取之调拌豆腐花来吃。

　　该餐厅服务员经过长期观察,发现有的客人并不喜欢甜味。于是他们想到,可不可以增加几种带有微咸口感的食品(如肉松、榨菜丝等)来调拌豆腐花。服务员立即将此意见向领班、主管建议,后经推出试验,客人反响不错。

【案例点评】

　　案例 1 中的员工是出于节约开支的想法,后两则案例是员工出于改进服务或出品的目的,都值得酒店褒扬和奖励。

　　有的创意之所以得到客人的认可和赞赏,是因为基层员工与服务对象零距离接触,最了解客人的需求,其创意灵感易于迸发,其设计效果自然也好。

　　差异化竞争促使各家酒店不断推陈出新,但这个"新"未必(也不可能)都是大的变化。一些小小的改变,只要能让客人感觉到酒店的细心和用心,客人就会因此而感动并从心里记住你,成为你的回头客。所以,酒店管理者不可小看基层员工的创意设计。

　　为了鼓励基层员工有更多的创意设计,除了灌输创新意识之外,还应当跟上奖励措施,相信来自基层的好点子将会层出不穷。

【对管理者的启迪】

1.创新要群策群力,不可小看基层员工的创意设计。
2.跟上奖励措施,来自基层的好点子将会层出不穷。

案例八　不能让客人离开时的心情分数低于 9 分

【教学目的】

1.认识酒店服务的重要性。
2.开阔酒店"创心"服务的思路。

【案例回放】

酒店的"创心"服务,就是为客人创造让心灵感动的机会。下面这家美国餐厅,真是把"创心"的服务做到了尽善尽美。

美国一家餐馆,名字叫小华盛顿客栈,其精致的餐点及精美的服务都令顾客赞不绝口。为了让前来的顾客拥有毕生难忘的用餐体验,他们采用了一套叫作"心情分数"的独特管理办法。餐馆服务人员在每一桌客人坐定准备点菜后,必须观察各桌的气氛,先打一个 1~10 分的心情分数。这个分数会随着菜单一起输入电脑,显示在餐馆中每一个环节的屏幕上。小华盛顿客栈的目标是,不想让客人离开时的心情分数低于 9 分。

餐馆的员工都具备"看"得出顾客心情的能力。心情分数判读的准确率,当然不可能是百分之百,但也不能有太大的落差。如果这一桌客人的气氛本来就比较好,就不需要特别安排;但如果某一桌客人,看起来分数很低,那么整个管理团队就必须同心协力地扭转这个局面。

这种努力常常在细微处。如当顾客对两道菜难以做决定时,厨房会把没点的另一道制作一小份,让客人品尝一下味道。在与顾客的互动中,服务人员重新查看心情分数,输入新的计分。如果还是只有 5 分,可能会加送一道菜;如果提升到 7 分,可能加送一道点心就够了。为了提升心情分数,整个服务团队必须随时准备"危机总动员"。

若顾客即将离开时,心情分数仍然只有 8 分,餐馆就会使出最后一招:由主厨亲自出马招待顾客:参观号称全美国最美丽的厨房,由主厨陪着被视为贵宾般的顾客,做更进一步的"沟通"。通常到这个时候,顾客无不惊喜万分。

多年来,这家餐馆凭着缔造的完美顾客体验而闻名美国,甚至被著名的美食评论杂志评为全美第一。

【案例点评】

通过打造完美的顾客体验,不管顾客是高兴而来或不高兴而来,都能让其高兴而归。给顾客的心情打分,根据顾客愉悦程度不同采取不同的策略,其目标只有一个,就是让客人带着不低于 9 分的心情分离开饭店。这是创新服务,也是"创心"服务。"创心"服务是提高酒店竞争力的重要手段。本案例中的做法不一定科学,但全方位提高客人满意度的理念值得称道,也是各酒店应该学习和借鉴的。

【对管理者的启迪】

1.对服务接触点关键时刻的有效管理,可获得服务投入收益的最大化。

2.酒店因"服务"而存在,服务是酒店生存之本。酒店要力图将有形产品做到精致,将无形服务做到精美。

3.管理者要通过打造企业文化和完善管理机制,鼓励员工为客人提供"创心"服务。

案例九 对住客外卖送餐行为的管理

【教学目的】

1.学会了解顾客需求、尊重顾客需求、创新服务方式。
2.能够根据顾客需求,跨部门开发新的服务产品。

【案例回放】

某四星级酒店地处城市商业中心区域,由于地理位置优越、交通便利,周边商业网点密布,吸引了不少商务客人。刚开始,很多住客因住宿时间长达数天,他们总会在某些时间点,通过网络平台点餐叫外卖到客房门口。一时间导致外卖小哥频繁进出酒店大堂和电梯,影响了大堂秩序和酒店形象,也增加了客房楼层安全管理的隐患。为此,酒店安装了电梯智能刷房卡管理系统,住客需刷房卡才能到达客房楼层,这样,外卖小哥就无法直接到达客房楼层,酒店希望以此来控制住客点外卖带来的影响。但是,不少住客并没有停止叫外卖的行为,他们向前台提出,要求前台要么对外卖小哥放行,要么酒店行李员代为送达房间。前厅部曾走访过部分老客户,了解他们对外卖的看法。客人们认为,虽然外卖不一定营养、健康、卫生、好吃,但是方便,随时可点,选择范围大、便宜;而酒店提供的餐饮服务虽然质量有保障,但价格偏高,大大超出了他们的差旅预算。而且有的餐厅有营业时间限制,客房送餐服务的餐单也没有吸引力。前厅部在完成了顾客调查后,把此事提交到酒店行政例会上讨论。酒店考虑再三,认为没有办法阻止住客点外卖,但酒店应该积极维护酒店秩序和形象,哪怕为此付出更多的人员服务、增加前台员工编制。为了防范责任事故的发生,防止住客因外卖食物的原因带来身体健康的问题,清晰界定责任方,保障酒店的利益,酒店一方面要求礼宾部员工在交接外卖时认真检查食品包装是否完整无损,在指定的区域,即监控摄像头能清晰覆盖的角度下与外卖小哥进行交接,随后沿指定路线乘坐电梯到达客房楼层,一路上确保酒店员工行为能被监控记录。另一方面,餐饮部、销售部、客房部也积极配合,他们开发了专门为住客提供的仅在本酒店前台推荐及销售的工作简易自助餐,价格比酒店的自助餐厅低五成,菜式种类及成本也同步下降,并提供客房送餐服务。对客房送餐服务的菜单也进行了修改调整,为此专门印制了宣传小页摆放在客房,此举大受住客欢迎。

因此,客人减少了外卖送餐,增加了在酒店内的消费。酒店一方面有效地解决了困扰已久的外卖问题,另一方面也提高了营业收入。

【案例点评】

饮和食是人的生理需要。虽说一般全服务型酒店能自主提供相关服务产品,有些酒店也提供住宿加餐饮的小包价式组合产品,但酒店无法对住客的消费选择作强制性要求。本案例中的酒店不仅能根据顾客的需求调整组织机构和经营管理模式,还能在充分了解住客需求的基础上,合理调整自己的产品线,推出面向这一细分市场的新产品,体现了酒店以顾客为中心的管理理念和灵活务实的管理作风。

随着外部环境的变化发展,酒店经营过程中会不断出现各种新问题。很多情况下,新问题展现出来的可能只是某个部门遇到的局部问题,但本质上它是牵一发而动全身的全局性问题。拥有整体的全局思维下产生的解决问题的方案的效果,是各部门各自为政所不能比拟的。因此,"各业务部门管好自己的事情"虽然一般说来并没有不对,但酒店的中高层管理人员应努力树立全局意识,增强部门间的沟通和互动,充分挖掘酒店资源,在解决新问题的过程中,寻求酒店发展的机遇。

【对管理者的启迪】

1.酒店要有顾客意识,及时发现和重视客人的需求,并加以满足。

2.酒店经营要有全局思维,能够围绕顾客需求,及时调整服务流程和管理模式。

3.是否允许外卖,要看酒店的档次,对于五星级及以上的奢华酒店,不提倡;对于四星级及以下的酒店,可以尊重客人的需求,但要加强管理和疏导。

4.酒店最好自己开发能够满足住客需求的新产品来替代"酒店外卖"。

案例十 "妑雅寻踪"带您酒店深度游

【教学目的】

1.理解度假酒店产品设计中的地方化、民俗化。

2.认识到好的产品设计能做到"给我一个机会,让您终生难忘"的效果。

【案例回放】

“妑雅寻踪”是七仙岭君澜度假酒店的特色产品。

“妑雅”是黎话的音译，意思为黎族长老。活动从大堂开始，“妑雅”给参加活动的客人右手系上香茅草，按黎族的意寓为辟邪保平安，也可防蚊。

从酒店大堂吉祥物十二蛙、鼻箫的雕像出发，客人们一路进入丛林，到了当地的热带水果波罗蜜树下，“妑雅”向客人介绍它的生长，如果正值成熟，客人就能尝到“妑雅”现场为大家摘下的新鲜滋味。

紧接着来到百年荔枝树下，茂密的枝干遮天蔽日，粗大的树干需要 4 人才能环抱，让人叹为观止。百年荔枝树旁长了好多的豆蔻，花期为 4—8 月。随后“妑雅”带领客人来到小桥边大榕树下，介绍“空中花园”鸟巢蕨的由来。接着是桄榔，花期为 6 月，别称砂糖椰子，生吃有毒，其花絮的汁液可以制糖、酿酒，幼嫩的茎尖可做蔬菜食用。

在波罗蜜苑旁的水车桥边，“妑雅”为客人唱起了黎族传统的捡螺歌，歌声清脆悦耳动听，在溪谷中回荡开来。无花果树旁，“妑雅”亲自采摘汁多清甜的果子给客人品尝，笑声顿时响起一片。山盟石边，“妑雅”介绍山盟海誓的故事，“执子之手，与子偕老”。

伴随着欢笑声活动即将进入尾声，“妑雅”让大家回到房间时揭开右手边的香茅草，然后搓在手里，用水洗脸可以解乏。一路下来，客人们无不为“妑雅”点赞，纷纷竖起大拇指说真是一本活的雨林百科全书。“妑雅寻踪”是七仙岭君澜最受欢迎的度假活动之一，以热带雨林慢生活为宗旨，传承纯正的黎苗文化元素，令人印象深刻。

【案例点评】

度假是人们体验“生活在别处”的一个过程。将民俗融入产品设计，是度假酒店产品设计的一个方法，极具特色的民俗体验活动产品能带给人们沉浸式体验。

【对管理者的启迪】

1.产品设计中，可以借用的不仅有游玩设施，还有故事、自然知识、文化习俗等全方位的体验。

2.度假酒店不仅可以借助周边资源来开发产品，还可以把酒店自身打造成一个深度产品。

PART 2 反面案例

网红酒店吸引力

【教学目的】

1.观察分析网红酒店的特征及其对消费者的吸引力。

2.思考酒店发展的总体战略及网络信息管理策略。

【案例回放】

小林夫妇俩结婚一年,还没有小孩。小林爱好摄影,太太喜爱美食,平日里两人经常上网浏览各种旅游信息,他们热切渴望去发现世界各个角落的美,尤其是去欣赏人类活动与自然融合的和谐美。

一个著名的旅游目的地附近,有一家设计独特的网红酒店吸引了他们。酒店所在地的原址是一座工厂,30多年前因为要保护旅游地生态环境,加上产业发展的升级换代,该工厂停止生产,但厂房建筑群、货物运输码头等保留完好。经设计师奇妙的设计,展现出一幅新与旧、现代与传统、时尚与怀旧融为一体的山水画卷,就像一杯清茶。酒店内外散发出的质朴感、灵动感让人产生浮想联翩的幽思,空间的明与暗、高与矮、远与近的铺陈与交叠,世俗生活与纯净的一方水土相守对视,光与影、动与静,大自然怀抱岁月的风尘,让人在物我间游离的过程中得到放松小憩……设计型酒店加上由国际知名但国内还较少代表作的"披着神秘面纱"的酒店管理公司管理,吸引了很多人慕名而来。网络上传播的关于酒店的介绍与照片让小林夫妇一见倾心,加上酒店所在旅游目的地也是小林夫妇向往已久的,他们便开始搜集关于这个酒店的更多信息,筹划下一次的出游。

他们上酒店官网、上OTA预订平台,比较后发现同一时间同类房型的房间价格是统一的,在酒店官网,可以自动查询到未来数月的房间预订情况及价格,有公布的提前预订价。官网里还对酒店内活动有一定的介绍,也有一些产品组合,如"历史追忆之旅",把客房和餐饮、手工制作体验活动等产品组合在一起销售,但都价格不菲。小林夫妇还认真看了用户评价。某著名OTA平台上98%的用户推荐了该酒店,700多条的用户评价,平均4.7分,"环境优美""亲子活动丰富"以及设计、设施、服务等是好评中提到较多的。其中差评的有14条,主要集中在客房噪声、卫生、交通服务、餐饮服务、标识与照明等方面,认为性价比不高。每一条差评下都有以酒店行政经理名义回复的意见,言辞尚诚恳。

小林夫妇随后还与同一区域内同档次的酒店进行了比较。考虑了很久,他们最终决定放弃这家网红酒店,另择他处。林太太说:"综合参考顾客评价,感觉这家酒店不够厚道,公共交通不方便,本来就是酒店的一个短板,但酒店不仅没有想办法提供更便捷的出行服务,反而在帮住客联系网约车时收取过高的服务费,显得非常没有服务诚意。而我是个吃货,不可能一日三餐都在酒店解决,再说酒店餐饮产品种类有限、价格高但评价不高,这样我们更不愿留在酒店吃饭,所以酒店到周边的交通方式及费用对我们来说就很重要。但这恰恰是这间酒店的短板,交通问题和餐饮问题事关我们度假的生活方式和度假活动质量,不像个别客人抱怨的客房卫生及蚊虫,具有一定的偶然性。至于酒店的活动,虽然好评不少,但是我们现在没有孩子,亲子类活动不适合我们。而其他一些活动如竹筏、攀岩、按摩、制糖课程等,虽说有一定的吸引力,但我们是第一次去那个旅游地,时间和消费预算都有限,我们只想到处走走,不想一直待在酒店,不想浪费时间做那些在别处也可以做的活动。"

不久,在一份权威报纸上,小林太太读到一篇由国内一位知名酒店管理专家撰写的文章,内容是对那家网红酒店的消费体验。文中有这样的表述:"目前,酒店的餐饮产品为印尼美食和价格昂贵但并不地道的地方美食,度假顾客在酒店餐厅的消费基本不会超过一天,餐饮能否吸引人,直接影响客人在酒店的逗留时间和满意程度。"小林太太深以为然。

【案例点评】

因设计独特,在设计界备受好评以及斩获多个设计奖项,酒店通过各种媒体得到广泛传播,成为网红酒店,吸引了众多消费者的目光。虽然酒店客房数只有 100 多间,预订情况不错,销售的压力不是特别大。但是,如何充分利用网红酒店对消费者的吸引力,使网络流量变现为酒店营业收入,需认真对待顾客需求,在顾客点评尤其是差评中寻找服务的短板及提出改进措施。本案例中,顾客点评好评率高达 98%,总体上受到顾客肯定的是酒店的设计风格、度假氛围、酒店安排的付费或免费活动、设施、人员服务等,这恰恰是酒店在网络蹿红的最重要因素。虽然差评率比较低,但有些消费者会认为差评更真实,因此也会更重视差评中显示的信息。本案例中的小林夫妇正是受到其他顾客差评评价的影响,最终没有选择该酒店。因此,网络传播是把双刃剑,网络既能在很短的时间里提升自己的知名度,吸引众多渴望获得独特体验的消费者,也会因为负面信息的传播而导致酒店声誉受损、客源流失,对其他潜在消费者产生影响。顾客差评的内容,需引起酒店管理方的高度重视。虽然顾客可能对不同细分市场的关注点略有侧重,但对卫生、工作人员的服务态度以及高质量的消费体验期待是共同的。酒店需扎实做好各种工作,让顾客乘兴而来、满意而归。

该酒店管理方是个以"融入自然环境,结合当地文化,注重体验"为服务理念的高奢度假品牌,在业界享有一定的知名度,但由于他在中国大陆的项目非常少,所以很多消费者是通过网络传播知晓他的。利用网络传播的规律让酒店迅速走红,该酒店做得很成功。对顾客留言评价的回复,酒店也比其竞争对手做得更细致得体。从开业至今将近两年的时间里,顾客普遍感到不满的是哪些服务,酒店是清楚的,但似乎没有见到改进。例如餐饮服务方面,除了酒吧收获较多好评外,无论是早餐、晚餐出品,地方特色美食失准,还是服务、价格,一直是顾客吐槽的热点所在。餐饮体验效果似乎与"结合当地文化"的品牌调性有很大差距,顾客餐饮体验的缺憾,会影响到顾客消费的整体体验,由此拉低对酒店的整体评价。受影响的不仅是酒店的经营业绩,酒店管理方品牌的社会声誉也会受到波及。

【对管理者的启迪】

1.对设计型酒店来说,因酒店的独特设计而带来的吸客红利,会随着时间流逝而逐渐消失。加上在市场上不断涌现的新的设计型酒店,市场关注的热点会转移,网红酒店的光环会逐渐暗淡、网红热度会消退、时尚风向也会转变,因此扎实做好产品、保证服务质量、持续创造卓越的服务才是品牌成长的根本,也是酒店持续经营的根本。

2.对顾客评价的负面信息给予及时的回复,是酒店消除顾客误解、弥补服务缺陷的重要机遇,是客户关系管理(CRM)指导思想的具体实践,也是酒店质量管理工作力度的试金石。负责在网络上回复顾客意见的人员必须要有同理心,具备良好的书面表达能力和沟通能力。但以上这些还不够,还需要拥有一定的权力或得到特别的授权,以便能切实解决问题,避免客人投诉的同类事件在短期内重复出现。

15.3　酒店经营转型案例

PART 1　正面案例

案例一　四星级酒店华丽变身养老院

【教学目的】

1.学会酒店如何在危机中寻找机会,实现战略转型。

2.掌握酒店战略转型的实战技巧。

【案例回放】

　　梵尔赛酒店是东莞首个由四星级酒店改建的豪享康乐养老院,于 2017 年 6 月初正式营业。当初在兴建酒店时,酒店董事长怎么也想不到,这个喧客如沸的场所会在短短 10 余年里变成清静安逸的养老院。

　　酒店于 2001 年开张营业,这家酒店最出名的是它的 KTV 娱乐城。娱乐城位于主体建筑旁,是一座有着中型体育馆体量的单体建筑,承担娱乐功能。2014 年东莞星级酒店数量锐减,高端酒店亏损成为常态。这一年,梵尔赛酒店营收下跌,比营业总额最高峰时下降了50%,不得已停止营业,转型迫在眉睫。

　　常平镇的梵尔赛酒店第一个吃了螃蟹,将 KTV 改建成 2 万平方米的养老院。

改建养老院投资了几千万元。从 2014 年年底开始,改造持续一年多,KTV 包厢改成了护理房间,拆掉了电视音箱,加装了扶手围栏。后排的 KTV 过道原来很窄,为了方便轮椅通过,现在加宽了。房间音响全部拆除,表演大厅舞台改成荷花池,里面真花假花穿插摆放。原来 KTV 后面的几个大鱼池清洗之后,现在养了鲤鱼,另一个池子养了乌龟,还有一个池子里竟然养着两条鳄鱼。酒店大楼右边原是 KTV 所在地,养老院就设在这个两层楼里。小楼外面是假山,看上去略有些厚重,进了大门后的院子原是 KTV 的表演大厅,还保留着当时的各种怪树造型。恍惚间,如同进了游乐园一般。

梵尔赛 KTV 当时的设计风格独特,在那里喝酒看表演,还有假的打雷、闪电,有假的恐龙、大象等各种动物的叫声,当时的设计有的还申请了专利,现在改为养老院感觉也不错,给人身处大森林、大自然的感觉。

2017 年 4 月,梵尔赛酒店的改造工程终于浮出水面。改建的豪享康乐养老院是集养老、医疗、康复、生活、娱乐等功能于一体的养生文化园,也是常平镇首家民办养老院。有关资料显示豪享康乐养老院占地 2 万平方米,其中老年护理院占地 1 万平方米,含客房 3 000 平方米、公共设施区域 7 000 平方米,并提供老人住房 260 套,床位 450 张。根据老年人的不同需求及类别,划分出 5 种养生居住区。园区建有医保定点医院、门诊、生活超市、氧吧等共计 45 项专为老年人服务的设施设备,可根据老年人的不同需求提供医疗、养生、购物、美食、健身、娱乐等全方位服务。

至此,东莞终于有了第一家真正转型成养老院的星级酒店。6 月 18 日,由梵尔赛酒店 KTV 房改建而成的东莞豪享康乐养老院揭牌,并宣布投入试运营。相关负责人称已有几十名老年人登记入住,价格为 3 000~6 000 元/月,最高收费标准为 7 000 元/月,有专人陪护。

酒店改造成养老院,巧妙地借助了酒店的优势。每间房门口均有一个电子显示器,显示老年人最近的健康状况、伙食和注意事项等。在物业管理上,采用国际最先进的智能化信息系统及定位系统,24 小时全方位守护老年人的健康,并通过智能化定位系统,及时检测老年人的健康波动状况,在紧急情况下,可通过房间内呼叫设备或随时携带的智能呼救定位设备救助。

目前,东莞普通养老院收费不超过 2 000 元/月,镇、街敬老院价格更便宜。至此,东莞常平镇的梵尔赛酒店实现华丽转身。

【案例点评】

由于各种原因,酒店业供给过剩,在养老院需求不足的地区或城市,将酒店变身为高档养老院,不失为一个很好的战略转型,既避免了酒店的过度竞争,解决了酒店的发展问题,又满足了新时期我国养老市场的巨大需求。特别是对于因国家政策的变化而导致的严重供过于求的东莞星级酒店业来说更是如此,该酒店的转型具有重大的示范效应。

但转型要成功,还需要满足以下三个条件:

(1)节约转型投资。转型需要投入较大的资金进行改建,业主方要聘请专业人士和机构,通过科学的设计,尽量不破坏或尽可能少地改变原有的建筑结构,设计符合养老市场需求的现代化养老院,尽可能地满足我国现代养老市场的需求。

（2）专业机构管理。经营养老院和经营酒店是完全不同的概念，要聘请专业的、现代化的养老机构或专业的养老院经营管理人才，进行养老院的经营和管理工作，高档的养老设施要有高档的养老服务和管理相配套。

（3）要参照星级酒店的服务，制订转型后养老院的经营和管理模式与服务流程、规范。

【对管理者的启迪】

1.遭遇危机的酒店，要及时把危机变为机遇，迅速找到一条华丽转身的路子。以东莞为例，由于国家政策的变化，大部分星级酒店经营困难，少部分甚至难以为继，可将东莞现存的星级酒店进行改造，按新型养老需求进行转型。

2.转型要切合市场的需要，瞄准市场需求，切忌为转型而转型。

案例二　重新定位的酒店，走向成功转型

【教学目的】

1.了解酒店经营中的市场定位。
2.认识市场定位的重要性。
3.学会根据市场环境的变化对酒店进行科学的市场定位。

【案例回放】

一家原来专做政府接待的二线城市的国宾馆，受中央八项规定的影响，营业收入下降80%。如何重新定位，通过转型来填补这80%的收入而让企业继续生存？国宾馆占地1 200亩，有600间客房，园林式的环境加多个会议厅和宴会厅。我们用启发式的归零思维告诉国宾馆的经营管理队伍，这样的现状在当地是否有优势？产品和服务的定位是什么？目标客源在哪里？这一系列问题是一家老的大型国宾馆需要重新定位的课题。归零心态下，通过市场调查和分析，发现他们的环境和产品在当地属于唯一。振奋人心的唯一，就有了激烈竞争下的排他性，如何定位是关键。当明确了环境和场馆是优势以后，目标客源是否可以是汽车行业、医疗器械行业的促销会、展示会？是否可以是专业、大型全国会议的举办地？因为这样的会议需要的场地在当地别无他选。这样的目标市场存在，找到他们、引进他们，用优质的服务吸引他们再次光临。客房、场馆的目标客源有了方向，餐饮、康乐呢？在接待大型促销和展销会的任务中，餐饮的配套和康乐设施的配套是不可或缺的，研制标准多样的会议餐和提高出菜、上菜流程是做好会议、团队接待的关键。除了这样的目标市场，现成的场馆还可以为当地市民做些什么？以往相对封闭的国宾馆，市民难以奢望在里面举行人生大事——婚礼，更无法奢望有大型的草坪增加浪漫的气氛。现在这些都成为可能，还能提供中式和西式的马车在林荫道上走向婚礼殿堂的服务，这样的条件和其他高端餐厅的价格一样，市民哪有不来的理由？这家转型之后的国宾馆，2015年除了完成国家安排的特殊任务（接待两会），全年完成1.3亿元的营业收入，并且收入比2014年同比增加30%。在转型目标市场找到良好开端的基础上，进一步优化管理流程。把原来的政务接待流程改为适合商务顾

客需求的接待流程,同时保留政务接待的优良品质,平均房价上升了 12%、餐饮收入上升了 20%,婚宴做了 7 777 桌,其中遇到黄道吉日,还创造了同时举办 10 个婚礼的纪录。当地的高端酒店在不断增加,国际品牌纷纷进入,但是这家国宾馆在重新定位后成功转型,实属不易。今后,他们将在收益管理领域进行新的探索。

【案例点评】

最近两年,行业协会和媒体都多次组织行业酒店在新形势下的转型工作。可惜太多酒店不在自身酒店定位、产品及服务上做功课、下功夫,而是到处参加论坛,等待大数据能给酒店带来客源,茫然地人云亦云地做转型:有高端酒店门口卖包子的,有做盒饭的,有把房价放给团购半价出售的,结果都不尽人意。

对于转型,要做专业角度的分析。

对于采用国际会议品牌、但当地没有国际会议客源的酒店,对于当地政府有关部门以前花纳税人的钱挥霍消费、但当地经济水平消费指数很低的高端酒店,对于品牌和当地目标消费客源错位的酒店来说,很难转型。如果是地产开发商聘请国际品牌管理,三年后都会做出双向选择,因为企业的生命期不是政府决定的,是企业的“血液”资金决定的。聘请国内品牌管理的酒店有以上症状的,还没有三年时间,可能一年半就双向选择了。问题是这类酒店节约了管理费,但问题并没有得到解决。

对于一个城市的消费能力和商务环境只需要 10 家高端酒店,但因主管部门失去控制,地产开发商的无序开发导致出现超量高端酒店,造成供需严重失衡的,除了削价竞争,转型效果也不会明显。

对于原来是普通同质化的标准星级酒店,在当地没有文化特色和配套产品的前提下,硬是创造主题而无法吸引顾客的,转型也不会成功。

这家酒店之所以转型成功,是因为在专业酒店管理公司的咨询辅导下,深入解析自身的产品和服务优势,认真地重新开辟与自身产品和服务匹配的目标客户群,转型取得了成功!

总之,成功转型很难复制,因为每家酒店的客观条件不同,更要防止人云亦云的侥幸心态。回归本原,认清自身的产品和服务的优势,认清当地的消费特点,不断根据目标顾客的需求修订自身的产品和服务,才能做到扎扎实实的转型。目前有了大数据的工具,如何找到适合自身酒店目标客源的平台,如何利用大数据来提高目标客源与产品、服务匹配的精准度,是所有酒店需要学习和提升的。

【对管理者的启迪】

1.成功转型无法复制,酒店的转型要在认真分析自身优势和劣势的基础上进行。

2.酒店要分析当地客源市场的需求情况。

3.要利用大数据来提高目标客源和产品、服务匹配度的精准度。

案例三　冲破边界

【教学目的】

通过本案例中的酒店冲破边界的事例,了解到酒店怎样解放思想、跨界融合,从而扩大经营范围和发展新的经营模式。

【案例回放】

案例1:为社区提供服务和商品

小区业主微信群突然跳出一则酒店广告,标题是某某酒店为社区提供服务。原先以为是酒店开展公益活动,打开一看,才知道原来是提供有偿服务。

酒店广告里介绍的服务内容的确都是贴近居民生活所需。比如,有家政服务,包括上门清洗地毯、上门保洁、上门修理电器、水电工上门维修等;比如,有可上门送货的商铺,售卖的商品是酒店自有进货渠道的无污染食材,还有糕点、红酒、床上用品、浴巾毛巾和洗涤用品等;再比如,还有上门揽接洗衣、熨衣、洗被单床单业务等,而且每样服务或商品都有图示和标价。

小区居民对附近这家酒店的做法无不啧啧称赞。该酒店口碑本来就不错,提供的又是给居民带来方便可靠的服务和商品,生意自然是意料中的好。

案例2:上门办酒席和提供餐饮服务

某酒店餐饮部由于当地餐饮业竞争激烈,生意很是清淡,一时不知如何是好。

有一天,突然接到一家当地知名大型工厂打来的电话,问可不可以派厨师和服务员到工厂办尾牙宴席,且主要食材由酒店提供。

餐饮部经理心想,这与他们来酒店吃饭没有区别呀,有什么不可以的。后来先派厨师到该厂考察食堂厨房的设备情况,确认某些食材在酒店加工成半成品后,再经工厂食堂二次加工出品不成问题,于是与工厂签下了这份第一次上门办酒席的协议。

自此之后,该酒店餐饮部打出上门办酒席的广告,而且上门服务还分几种类型,有提供包括食材、加工和服务的"全套"类,有只提供加工和服务的"半套"类,还有只出租厨师类。该酒店因为上门办酒席成为特色而远近闻名,餐饮生意日渐兴隆。

与此同时,该酒店甚至放下身段,推出通常快餐店才有的外卖快餐和炒菜,这也为扩大市场开辟出一片新天地。

案例3:与医院合作开办月子中心

某市各种档次的酒店均呈现供过于求的状态。某五星级酒店地处偏僻,加之硬件老化,销售业绩每况愈下,老板甚是着急。

有一天,老板的一位在本地妇幼保健院担任副院长的朋友找到他,商量两家可不可以合作开办月子中心一事。老板心想,堂堂五星级酒店怎么可以搞得像医院?一开始此事没有谈拢。

当老板与总经理提起此事时,总经理眼睛一亮,认为可行。理由是:酒店有两栋楼,仅新楼就已符合五星级评定标准,只要将旧楼稍做改造,另开大门,就可以作为月子中心经营。

老板听从了总经理建议,答应与妇幼保健院合作,办起了当地最好的月子中心,生意十分红火,酒店的日子从此也好过起来。

【案例点评】

经济的迅猛发展不但催生出许多新的业态,而且原有的行业也发生着质的变化。有着敏锐市场意识的企业经营者都在探讨自身行业的新属性,寻找新的经营增长点,而不是固守在原来的经营经验之中。

按酒店固有的属性,就是盯着酒店客户。区别只是从最早坐等客人上门,到后来引入以需定产的营销理念,懂得了根据顾客的需要去打造和改进酒店产品。随着行业竞争日趋激烈,某些酒店经营者发现,守着酒店固有属性,只盯着原有的目标客户,难过的日子很难改变。于是时势逼着他们去探讨行业的新属性,在原有的市场定位上,打破酒店传统的经营边界,寻找新的商机。能做到这一点的酒店经营者,委实不多。

本篇三例,都是思想解放、嗅觉灵敏的经营者,在盯住目标市场的同时去扩大市场范围,在请进目标客户的同时又走出去寻找新的市场。他们冲破边界、重塑边界、跨界融合,最终取得成功。他们这种敢于另辟蹊径、打破市场格局、发展新的经营模式的精神和实践,确实值得同仁学习和借鉴。

【对管理者的启迪】

1.酒店的品牌也是酒店的资源,可以加以利用,为酒店创造利润。很多酒店经营者并没有意识到这一点。酒店开拓新业务,实际上是利用酒店的良好品牌开展业务,不仅增加了收入,而且带旺了人气,进一步扩大了酒店品牌知名度和影响力,可谓一举两得。

2.酒店开展的新业务,可能填补了市场空白,在这个市场上没有竞争,可以大展身手;也可能已有竞争者存在,但酒店通常具有良好的品牌,更能赢得消费者的信赖。

3.经济的迅猛发展,不但催生出新业态的酒店,而且传统的酒店可以冲破边界,重塑边界,打破市场格局,转型升级,发展新的经营模式。

案例四　来自英国的预订电话

【教学目的】

1.使学生懂得,核心竞争力的"核心"还是产品本身。
2.产品既要有特色,也要有创新,包括对原有产品的改良。

【案例回放】

某风景区某酒店。某日,电话总机突然接到从英国打来的长途电话。

电话那头操着浓重的英国口音,总机话务员虽然也能应付一般的英语对话,但对方连珠炮似的语速顿时使得话务员从不知所云到不知所措。她只好反复告知对方："对不起,请稍等。"然后急忙把电话转给了英语口语水平较高的销售部杨经理。

说来也巧,杨经理认识这位英国的詹姆斯先生,两个人在电话中聊得挺热乎,让在一旁的其他人感到莫名其妙。事后经杨经理说明,大家才明白是怎么一回事。

原来,电话那头的詹姆斯先生,是上个月曾经入住本酒店的游客。当时他与夫人、侄儿一同前来中国旅游。一天,詹姆斯先生的侄儿在酒店的小径晨跑,扭伤了脚踝,在导游的提示下,找到该酒店的保健中心吴大夫。吴大夫运用中国特有的针灸术以及手法复位,并用绷带加压固定,患者当即疼痛顿失,且可行走自如。中国医术的神奇吸引了詹姆斯先生,他抱着尝试的心态,让吴大夫为他治疗长期困扰的腰痛毛病。吴大夫又是针灸拔罐,又是推拿按摩,詹姆斯先生的腰痛居然当天缓解,第二天全然消失。不但如此,吴大夫还用中医的"望、闻、问、切",诊断出詹姆斯先生的胃肠道、肝功能都不太好的老毛病,越发使得詹姆斯先生佩服起中国医术来。回国后,一家人经过商量,詹姆斯先生决定带着他的太太重返中国,继续住在该酒店疗养一段时日,并且还将动员他的朋友们一道来。

酒店销售部的同事们听到这一消息,自然十分高兴。而此时,最为兴奋的当属林总经理了。他敏锐地意识到:利用高品位的园林式酒店的优美环境,扩大并完善酒店的保健中心,也许是把观光型酒店转向休养度假型酒店的开始。他展开了酒店下一步发展计划的酝酿。

【案例点评】

酒店的核心竞争力是什么?对此问题,众说纷纭。其实,核心竞争力的核心还是产品本身,是一家酒店的特色产品本身。

品牌固然是核心竞争力之一,而品牌的形成,如果没有主题鲜明的特色产品,则很难在短时期内树立起来。

要想跃出酒店价格竞争的旋涡,靠的是通过市场再细分,筛选出适合自己产品的顾客群。这就首先要对产品进行一番重新定位,也就是以市场量身定制产品或以产品寻找合适的市场。在通常情况下,应是在审视当地酒店市场供求状况后,确立自己在市场的定位,重新开发新产品。

本案例中的酒店善于从一件事,展望酒店的营销走向;善于从自己的优势领域,萌发酒店发展的新思路;善于从一个需求信息,捕捉酒店新的商机,值得大加赞赏。

没有创新就没有出路。创新的着眼点在哪里?宏观上说在于酒店整体的发展往哪一个方向走。以往提到的旅游需求六要素是"吃、住、行、游、购、娱",再往后发展是什么?是"学""健"甚或是"体验"。这家酒店的新思路,是扩大保健中心服务范围,从过去单纯为游客应急救治、普通保健和出售一些中成药,转为让客人接受保健疗养的同时,还能学习太极拳、针灸,集"学""健"于一体,而且保健项目将更多,疗养层次将更高。当然,这需要扩大规模和增加技术力量。将来有可能还要在店内开办学院,让客人尤其是景仰东方文化的外国人在这里学习中国书艺、画艺、茶艺、棋艺等休闲、修身与养性之道。到那时,观光型酒店往休养度假型酒店转变将成为现实。

　　将来的竞争,是差异化的竞争,是与众不同的竞争,而与众不同的首先还是特色产品本身。从这家酒店来自国外的长途电话预订来看,客人看重的不是大家都有的客房和餐饮,而是独具特色的保健产品,所以酒店的产品,不应局限于传统的功能,应当把视野放得更宽一些。

【对管理者的启迪】

　　1.没有创新就没有出路。创新可以从自己的优势出发,萌发酒店发展的新思路,从一个需求信息捕捉酒店经营的新商机,争取通过转型升级开拓新的经营模式。

　　2.将来的竞争,是差异化产品的竞争,是与众不同的产品竞争。而与众不同的产品,既要有特色,也要有创新,包括对原有产品的改良。

本章案例讨论

了解酒店智慧客房

扫描二维码

案例讨论:

1.这样的酒店客房,客人会喜欢吗? 酒店是否应该投资将客房改造成这样的智慧客房?

2.如果将客房改造成智慧客房,房价可以增加多少?

补充与提高

印制在丝绸上的菜单

　　二十国集团(G20)领导人峰会 2016 年在杭州举行。中方为迎接二十国集团领导人精心准备的国宴备受关注。

　　那么,国宴到底长什么样呢? 据悉"西湖盛宴"G20 国宴餐具系列的设计创作灵感来源于水和自然景观。整套餐瓷是有西湖元素的"青绿山水"的骨瓷餐具,体现出"西湖元素、杭州特色、江南韵味、中国气派、世界大国"的 G20 国宴布置基调。

体现出"西湖元素、杭州特色、江南韵味、
中国气派、世界大国"的 G20 国宴布置基调

G20 峰会晚宴现场

国宴餐具的图案,采用富有传统文化审美元素的"青绿山水"工笔带写意的笔触创造,布局含蓄严谨、意境清新,所有图案设计均取自西湖实景。

招待各国领导人的国宴菜单,以及节目单、号牌,宴会上每一张桌子的号码牌都是采用丝绸质地。

峰会宴会摆台

峰会宴会丝绸节目单

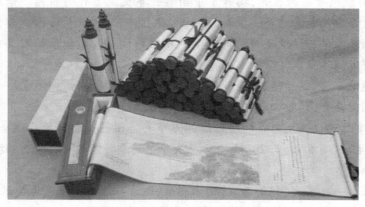

峰会欢迎晚宴元首丝绸卷轴邀请函

峰会欢迎晚宴丝绸席签

峰会宴会全家福

2016 年 G20 杭州峰会的召开,揭开了中国与世界交流合作的新篇。借此东风,也令丝绸这一中国历史经典元素开启了一段新的旅程。9 月 4 日晚,杭州西湖国宾馆,东道主中国为与会的各国领导人举行了最高规格的晚宴。在这场代表国家形象的国宴中,中国将传统礼仪文化演绎得淋漓尽致。

丝绸卷轴邀请函、丝绸席签、丝绸节目单、丝绸菜单、丝绸桌号牌……无一不是丝绸元素在中国举办的国际盛会上,最彻底也是最创新的一次展示。

据了解,国宴厅的丝绸主角是一幅由浙江万事利集团匠心制作的西湖全景图巨型丝绸壁画,位于大厅主墙,高 6 米、长 20 米,全方位展示了西湖壮阔的自然风光,这也是目前国内最大的丝绸壁画。

壁画原稿来自一幅名为《锦绣西湖》的水墨画,邀请知名书画家将其绘制在由 15 张与巨型丝绸壁画实际等比的画片拼接组成的纸张上,然后再由工作小组用一个月左右的时间将扫描成电子版的画稿进行"地毯式"的修补和颜色修正。

15 块画片组成一幅完整的壁画,"无缝"是成败的关键要素。15 块画片的颜色匹配度要达到 99%;画片之间缝隙不能超过 1 毫米;墙体与画片之间的胶水厚度绝对控制在 5 毫米,且不能变形……看似简单的数字背后却是工人们为此付出的巨大心血。从喷印到装裱再到墙基,每一个环节都务求精益求精,让所有误差减到最小,从而实现壁画的"天衣无缝",彰显了国家的尊严。

此次国宴以丝绸为菜单的用料,彰显了中国传统文化的传承。

瓷器和丝绸都是典型的中国符号,在此运用,恰到好处、画龙点睛,尤其是再融入国画等中国元素,更是体现了"只有民族的,才是世界的"这一颠扑不破的真理。

这一经典案例说明:

(1)最高等级的 VIP 接待,一定要创新。

(2)最高的企划,一定融入了中国文化的元素,"只有民族的,才是世界的"。

(3)风格的和谐、整体的统一、元素的选择、硬件的完善、软件的到位,酒店 VIP 接待策划缺一不可。

第 16 章
酒店公共关系与危机管理案例

16.1　酒店公共关系管理案例

PART 1　正面案例

案例一　美国总统"做"服务员

【教学目的】

使学生认识到巧妙的公关策划可以事半功倍地使企业获取最大的价值,酒店要利用和借助名人效应来树立品牌。

美国总统特朗普在酒店里当了一天的服务员

【案例回放】

"黑马"特朗普赢得美国总统大选让多少人跌掉眼镜,更为奇特的是,尽管特朗普是个房地产大亨,他却很早就涉足酒店业,也是酒店人,有属于自己的酒店帝国。

按道理来说,作为亿万富豪的特朗普,尤其是已经登上美国总统宝座的特朗普,已经非常忙碌,但是你能想象他竟然去自己的酒店做门童,送餐,做客房服务员,帮客人遛狗吗?

"你说什么?美国总统帮酒店客人遛狗?刷马桶?送餐?提行李?这怎么可能?"

"没错！你没看错，也没听错！"

但美国总统特朗普确实这么做了！一个在网上很火的视频，再现了特朗普在自家酒店参与对客服务的全过程。

【案例点评】

作为美国总统，特朗普所做的这一切有他的政治目的，既可以显示其亲民，又可展现其个性和人格魅力，有助于他给美国民众留下亲民的印象，一点架子都没有，反而给人留下"这老头还挺可爱的"超级好印象。

政治上、公关秀的评判我们可不加以理会，当然对于他个人来讲，对于特朗普酒店来讲，肯定是超级利好。总统做什么都是爆炸性新闻，尤其是总统干这些活，那更是会被全世界的新闻媒体报道。酒店的曝光程度可想而知，知名度也上去了。同时，客人还能体验到总统的亲自服务，估计这就是最个性化的服务了。就此事而言，其对酒店业的启示，是我们应该加以学习的。

大家发现没有，特朗普在给客人服务的时候，非常自然、热情，面带微笑，这无疑给员工树立了一个非常好的榜样。同时，他在跟员工学习的时候非常地谦虚，而且还不断地跟员工说："你干得好，我喜欢这份工作。"员工听到这些话语，会不会有自豪感和归属感呢？

【对管理者的启迪】

1.巧妙的公关策划可以事半功倍地获取企业最大的价值。

2.酒店要利用和借助名人效应来树立品牌。

案例二　恒大酒店集团与理念相同的知名企业实施跨界营销
——通过倡导绿色出行活动，提升酒店品牌的美誉度和知名度

【教学目的】

1.学会树立酒店品牌的社会形象。

2.学会开展酒店公共关系。

【案例回放】

2017 年 11 月 3 日,正值创立 10 周年之际的恒大酒店集团与共享新能源汽车品牌EVCARD 举行合作发布会暨发车仪式,开启双方在绿色出行领域的深度合作。EVCARD 共享汽车在恒大酒店集团旗下的广州恒大酒店、增城恒大酒店、重庆恒大酒店、南京恒大酒店等多家酒店已设立或即将设立网点。与此同时,更多的旗下酒店项目,也正在推进和落实中。

双方的此次合作将为恒大酒店集团旗下多家酒店的宾客、周边社区住户以及广大民众提供更环保、便利且实惠的出行增值服务。通过与 EVCARD 强强联合、优势互补,恒大酒店集团旗下酒店无疑将更具吸引力和竞争力,成为更多商务和度假宾客的首选。

EVCARD 具有环保、实惠、便利的优势,目前所用共享汽车均为纯电动车,零碳排放无污染。双方的合作是基于双方共同的理念,EVCARD 为民众提供的绿色环保、自由便捷的全新出行方式与恒大酒店集团倡导的"绿色、自由、分享"的理念不谋而合,而这也遵循了十九大报告提出的"建设生态文明是中国人民永续发展的千年大计","倡导简约适度、绿色低碳的生活方式,开展创建绿色出行等行动"的要求。

除了与 EVCARD 合作之外,恒大酒店集团还与共享单车品牌进行合作,推出绿色出行免费月卡等形象,受到用户的喜爱和好评。

【案例点评】

恒大酒店集团在树立酒店品牌形象和公共关系方面,一直做得非常到位。酒店做环保在国际上已经是常规操作,并不是稀罕事,但是在恰当的时机(十九大胜利召开+集团成立十周年)进行这样一次品牌跨界合作,非常恰当、有力地向社会公众展示了一个健康、符合国家和社会需要的品牌形象。而共享汽车、电动汽车又是当下时代的发展趋势,可谓天时、地利、人和!

环保一直以来是个严肃的话题,但品牌可以通过新的形象让环保变得更有趣、更有亲近感。

【对管理者的启迪】

1.环保是酒店品牌形象的重要组成部分,酒店可从技术、管理和品牌等多个角度进行强化和传播。

2.通过与年轻品牌、潮牌的合作,可以活化品牌形象,吸纳新粉丝,对于酒店客群的拓展是有帮助的。

3.酒店管理者要有广阔的视野,发现各种开展公共关系及品牌推广的机遇(包括跨界营销),提升酒店品牌的美誉度和知名度。

PART 2　反面案例

重复的人名牌

【教学目的】

1 让学生关注细节的力量。

2.让学生明白检查的重要性。

【案例回放】

20××年 11 月 15 日,第三期职业经理人培训班开班。

天气晴朗,万里无云。会务组临时决定将原定于 16 日的集体合影,提前至 15 日16:30进行。接到临时通知,营销部小李和会务组负责人便赶紧将合影所需的前排人员名单发给美工小肖打印,并叮嘱道:"时间紧急,麻烦仔细核对并打印,谢谢。"

由于小肖粗心大意,竟将其中一个人名牌重复打印,也未细心检查便交还给了营销部小李,而小李也疏于检查,并未发现该问题,便将名牌交给了会务组人员。会务负责人发现名牌重复后,在没有任何询问、沟通、反馈的情况下,便私自将重复的两张人名牌都扔掉了,最终造成某位同行领导没有座位而愤然离场。

【案例点评】

满怀期望的同行不远千里来到碧水湾考察学习,是对酒店品质的认可和肯定,客人却因员工的工作差错而无位可坐。培训班本是向同行展示企业风采的平台,却事与愿违,让同行见证了酒店最不专业的表现,实属不该。

缺失之一:营销部没有应对会务日程临时变化的紧急预案。

缺失之二：美工人员工作上的粗心大意。

缺失之三：多个环节应检查的工作不检查。

【对管理者的启迪】

1.管理的一半是检查，哪里没有检查哪里就可能出现问题。

2.大型接待前要综合考虑多种因素，提前做足各项应急预案应对突发状况。

3.员工细心习惯的养成需要管理人员多管齐下（培训、检查、奖励、处罚等）。

4.会务组既是伙伴又是客人，合作时要做好充分的沟通，还要有时刻保持补位的意识。

5.注重"细心、细致、细节"，才能造就高品质的酒店服务。

16.2　酒店危机管理案例

PART 1　正面案例

案例一　五星级酒店洗裙子要赔 3.5 万元

【教学目的】

1.学会灵活处理客人的投诉。

2.掌握危机管理的方法。

【案例回放】

20××年 1 月 5 日，对于福州台江区的这一家五星级酒店的老总来说，真是一个烦心的日子。当地一位市民来酒店干洗一条裙子，酒店本打算收她 70 元的洗衣费，现在却可能要付出 3.5 万元的赔偿金。

事情是这样的：市民张女士把她的一条价值 3.5 万元的裙子，送来台江区鳌峰路某五星级酒店干洗，取回时发现颜色暗淡、面料粗糙，她就找到酒店洗衣部要求赔偿。洗衣部承认有一点瑕疵，但并没有发生损坏，不同意按张女士的要求进行全赔，双方就赔偿问题无法达成一致意见。

"裙子是 1 月 2 日上午送洗的，晚上拿回来时发现面料变得非常粗糙。"张女士懊恼地跟洗衣部程经理反映，"我的裙子是迪奥品牌，成分为百分之百桑蚕丝，在香港买的，价格换算成人民币约 3.5 万元。"

张女士还说："我的裙子送洗前，染了红酒渍，怕比较难洗，我就特意询问了酒店洗衣部的工作人员，是否有能力清洗？ 在得到酒店洗衣部工作人员的确认后，我才放心地将裙子办了手续交出呢。"

张女士向程经理展示了裙子送洗前后的对比照片。程经理看到,干洗后的裙子确实比洗前显得粗糙,而且色调暗淡。"我要求酒店照价赔偿或是赔偿一条同款的裙子。"张女士对程经理说。

面对张女士的要求,程经理回复道:"在合理的范围内,我们愿意对消费者进行赔偿,但照价赔偿的要求,我们很难接受。"

张女士说:"为何不行啊,是你们洗坏的吧? 你们洗坏了,就要赔啊。"

程经理耐心地告诉张女士:"衣物干洗之后肯定会有损耗,而损耗程度的认定相对主观,每个人都会有自己的标准。我们认为,您的裙子在洗涤过程中并没有出现破损的现象呀。"

张女士说:"可这个衣服,已经变样了呀,那么粗糙,根本与原来的样子不一样了,没法穿着出去见人了呀。"

程经理说:"我们已经向老总请示过了,我们现在提出这种赔偿方案可否? 按照洗衣费70 元的 10 倍进行赔偿,另外再赠送免费入住酒店 5 天的服务。"

张女士一口回绝了:"不行,我就要那条裙子! 我不要你们赔钱,你们帮我买回那一款裙子吧。"

谈判陷入了僵局,程经理只有把张女士的意见如实地向老总做了汇报。酒店总经理也觉得事情有点严重。第二天的部门经理例会上,老总把这个事情和大家说了一遍,想听听大家的意见。经理们各抒己见,有说这位女士是来骗钱的,有说是故意找茬的,有说是过度维权的,有说酒店还是把它当作一次诚信危机公关赔偿了事的,也有说各承担一半的,还有说让张女士起诉酒店,等法官来裁定的……

最后,总经理选择了跟生产厂家协商的办法。通过采购部联系到生产裙子的香港厂家,对方听了酒店的困难后,同意拿衣服回去,对部分面料进行更换,只花了不到 3 000 元的费用,解决了此事。

一场风波就此平息。

【案例点评】

解决此类投诉的方法有很多种,本案例中,酒店管理者能够认真对待投诉,这一解决方案未必是最好的,但是双方都能够接受,较好地解决了这一投诉。

实际上,3 000 元已经是酒店方所能支付的最大赔偿额(按照国际惯例,酒店只需要赔偿该衣物洗涤费的 10 倍,即 700 元即可),如果客人还不接受,就应该诉至法律,由法院裁决,不能怂恿消费者过度维权。

【对管理者的启迪】

1.在接受客人待洗衣物时,要向客人交代清楚可能出现的结果,在客人愿意承担后果的情况下,请客人签名确认。

2.投诉的解决,要加强与当事人的沟通,避免小事变大,这是正确处理客人投诉的原则之一。

3.针对这种情况,酒店可寻求一种第三方保险的模式来防范经营的风险。

4.处理重大投诉要考虑多方因素及示范效应。

5.创造性地寻找双赢的解决问题的办法,是对酒店管理者经营智慧的考验。

案例二 客人要求开除帮她找到戒指的服务员

【教学目的】

1.学会如何处理酒店客人的无理投诉。

2.学会应对非常规客人的自我保护和防范员工监守自盗的办法。

【案例回放】

山西某酒店,有位客人在换房过程中声称丢失了三枚戒指。客人打电话到前台,客房回复没有找到,但到第二天在清点布草时,先找到了一枚还给了客人。但客人声称总共丢了三枚。后来,客房部又发动全体员工努力寻找,第二天找到了另外两枚。

当客人拿回这三枚戒指后,完全不像普通客人一样向酒店表示感谢,而是拿出手机拍照、录影,开始要求酒店给予赔偿。由于她怀疑酒店的服务员偷了她的戒指,便不依不饶地要求酒店给予她房费全免及赔偿寻找戒指的误工费用1 000元的要求。

为此,该酒店立刻启动投诉处理机制。

首先对整个事件进行全面了解:

(1)客人是男是女?什么时间发现戒指丢失?客人最后的印象中戒指在哪里?客人的反应是什么?客人最终的诉求?

(2)房务部服务员的人品及一贯表现怎么样?都有哪些人知道客人有贵重物品?哪些人查过房?查看监控、查验做房和查房记录。

(3)询问相关人员,问询时要对被询问者观察入微。

通过酒店一系列的调查后,基本可以得出以下结论:客人的戒指确实有三枚,第一枚戒指是在布草堆里找到的,另两枚戒指服务员声称也是在布草堆里找到的,只是没有其他人作旁证。

客人不依不饶地要求酒店开除最后找到两枚戒指的那位服务员。

酒店经理亲自与客人交涉,明确告知客人:"因为你自己并未遵守酒店关于贵重物品寄存在前台贵重物品保险柜的规定,且目前你并没有任何财物损失。但对此事耽搁了你的时间,酒店对此表示歉意。给予你赠送免费早餐,下次入住8折的特惠,本次的房费也按8折算。假如还不满意,那只好报警解决。"

当酒店经理告知客人处理决定后,客人无法接受,嚷着要报警处理。酒店经理继续跟她讲,如果报警,希望她提前告知家人,估计时间会比较长,因为程序较复杂。如果不嫌麻烦,可以先去录个把小时的口供,要详细描述戒指丢失细节,酒店方也会有专人陪同。

客人听到酒店经理这样讲,起初态度还比较强硬,后来就开始软化了,最后接受了酒店经理提出的方案,酒店经理还送给她一份当地的土特产。

客人走了,但酒店经理却没有闲下来。他感觉到整个事情很蹊跷,心想会不会是一个心虚且有一定工作经验的老员工所为呢？你发现了我就给你放回去,发现不了就赚啦！当然也不排除是客人自己遗忘在布草上……也许两种都有可能吧。当天下午,酒店经理立刻组织客房部员工开了一个会,他在会上没有点名批评任何员工,只是讲了一个发生在酒店的真实案例:曾经有位外国客人不小心把护照扔进了垃圾桶里,员工在清理垃圾时发现后及时上报,大堂经理打车追到机场归还了失主。后来这个失主再次入住时,把他们公司的办事处永久地设在了酒店,租下了半层楼。这位员工也被酒店聘为终身员工。

"好人会一生平安!"酒店经理意味深长地结束了他的讲话,在座的员工都陷入了深思……

【案例点评】

针对非常规客人的投诉,需要把握危机处理的分寸,既不能让客人貌似合理的诉求侵占了酒店的利益,也不能完全不顾及客人的感受,把握分寸是最高明的艺术。

拒绝非理性维权的诀窍,就是要以理性的程序增大其非理性维权的成本,达到让其知难而退的目的。

【对管理者的启迪】

1.控制好客人维权的"度"是一门艺术,片面地把客人当上帝会造成酒店利益受损。

2.要警惕员工的贪欲给酒店带来的负面影响,但在管理的艺术上又要用欲擒故纵、敲山震虎、胡萝卜和大棒混用的策略。

案例三　组合拳:新冠疫情下,珠海来魅力假日酒店的危机管理

【教学目的】

1.培养危机意识,把握市场营销机遇,认识提升酒店品牌的重要性。

2.了解和掌握酒店危机管理思路和方法。

3.了解酒店在危机期间的创新营销和经营方法。

【案例回放】

2020 年初,一场突如其来且没有硝烟的战争,不仅打乱了酒店所有的工作计划,还迫使酒店按下了暂停键。这场"战疫"席卷全国,使旅游酒店业受到严重打击,珠海来魅力假日酒店也不例外,于 2 月 5 日被迫停业。

疫情期间,在酒店总经理唐伟良的领导下,酒店管理团队一手抓安全,一手抓复业。在疫情初期,酒店迅速成立疫情防控工作领导小组,准确制订"疫情防控工作方案"并加以落实。根据疫情进展和政府部门的政策指导,不断完善各项防治举措,对内精准施策、精细实施,加强酒店公共区域清洁、消毒工作,并建立检查记录,为客人提供安心的入住环境。如酒店大堂进出口处设置消毒地垫,前台体温检测,翔实登记,电梯按钮覆盖透明膜并配备免费洗手液和纸巾,酒店商务车辆消毒等。同时,加强内部员工群防群控,构建"无风险"环境,如

全面部署佩戴口罩、检测体温、员工餐厅及宿舍全面消毒(调整专用隔离宿舍用于外地返珠员工使用)、梳理员工健康状况并建立个人档案。除此之外,酒店应急采用针对疫情专题的"蓝豆云"酒店疫情消杀卫生任务智慧模板,组织开展线上专题培训,提升员工防疫专业性,科学管理。

与此同时,酒店管理团队还关注社会热点动态和市场环境,借势积极复业。了解到2月20日澳门赌场开业,酒店高层商议将2月20日定为复业日。复业后,酒店根据市场环境和社会热点,打出了一套营销和经营的组合拳,在市场上引起了广泛影响和良好反应。

1.将每月20日定为"酒店健康日·酒店会员日"

响应国家号召,拒绝食用野生动物,酒店第一时间将每月20日定为"酒店健康日·酒店会员日"。

2.上线"五星外卖"活动

为坚守工作岗位的员工以及当地居民提供安全用餐,酒店复工上线"五星外卖",并通过酒店公众号进行广泛的推广宣传,取得了很好的效果,使酒店开房率不断上升,也加强了酒店品牌营销,树立了酒店安全、质优的社会形象和品牌形象。

3.以"魅力女神节"为主题做了一场预售推广

以"魅力女神节"为主题做了一场预售推广,3月8—10日短短三天,取得了营业收入六位数的历史性突破。

4.实施基于"全民营销"的"分销奖励"计划

(1)从"全员营销"到"全民营销"

为了迅速扩大销售,转"危"为"机",酒店推出大型"分享微商城商品　全民营销轻松赚佣金"计划。第一轮先对集团员工开放,让员工了解和学习。第一轮后,对全社会开放,从"全员营销"发展到"全民营销"。3月20日是酒店开业店庆11周年纪念日,酒店会在那一天对社会发布:"11年,一心一意,匠心传承。"

酒店官方发出推文后,阅读量迅速攀升到2 000+,销售额首日突破6万元。这篇推文通过外部的本地知名自媒体"珠海微助手"转载后,阅读量迅速突破13万+,转化率也大大提高,取得良好的效果。

(2)"分销奖励"计划

①本轮女神节活动,员工分销(或自购)佣金奖励5%。

②当日分销成功,系统将自动返还订单的5%佣金到分销员的微信账户。

5.设立"酒店会员日"

除了将每月20日设立为"酒店健康日"外,还将设置"酒店会员日",开展可预测的周期性电商营销,吸引高频忠诚消费者。

【案例点评】

1.面对突如其来的新冠病毒,酒店第一时间快速成立疫情防控领导小组,并准确制订防控工作方案,且井然有序地开展,临危不乱,确保了酒店的安全,为疫情后期的复业工作奠定了有力的基础。

酒店会员日

2.疫情期间,酒店高管高度关注社会热点、国家政策环境,借势复业,利用酒店公众号、电商网络资源,加强对酒店防控工作和产品的宣传推广,提高酒店曝光度,树立酒店社会形象和品牌形象,一定程度上满足了客人的心理需求,消除了安全顾虑。

3.在了解到 2 月 20 日澳门赌场开业的信息时,面对这一潜在的客源市场,酒店高层决定将 2 月 20 日定为酒店复业日,并抓住这一市场机遇,抢先一步占领了客源市场。这说明酒店管理者具有敏锐的市场洞察力,善于把握各种市场机遇。

4.针对这次疫情的特点,积极响应国家号召,拒绝食用野生动物,并将每月 20 日定为"酒店健康日·酒店会员日"。通过健康日的设立,回应了媒体和市民关注的问题,树立了酒店良好的社会形象,同时也表达了酒店对健康卫生、健康生活、健康饮食的高度重视和长远承诺,加强了对酒店客户的管理,拉近了与客人的距离。

5.上线"五星外卖",不仅解决了市民的就餐问题,增加了酒店在疫情期间的营业收入,还扩大了酒店的影响,提高了酒店的知名度,可谓一举多得。

6.酒店在三八妇女节推出以"魅力女神节"为主题的预售推广活动,是一次非常成功的危机期间的营销活动。首先,酒店将三八妇女节改为"魅力女神节",将"来魅力"酒店的店名与女神巧妙地结合在一起,很有创新,既美好、有吸引力,又可以使消费者记住酒店名称。其次,疫情尚未结束,多数人仍不愿出街购物,而且部分经营场所尚未营业,酒店通过"网购"和"预售"来解决问题,满足消费者的需求,提前锁定一部分客源,增加消费黏性,为复工初期打下了基础。

7.通过"女神节"预售,培养酒店微商城在目标人群中的热度,开辟了酒店新的电商渠道。

8.酒店从"全员营销"走向"全民营销",意义重大,是互联网时代酒店营销新动态,是一种革命性的营销举措,不仅对酒店自身经营将产生重大影响,而且对整个酒店行业的经营都将产生重大影响。

【对管理者的启迪】

1.酒店管理者要有危机管理意识,善于转"危"为"机",努力减少危机带来的损失。

2.酒店经营要关注社会热点、国家政策及市场变化,学会借势营销。

3.管理者在危机期间要强化网络营销意识。

4.酒店的产品,包括客房、餐饮等在内,具有不可储存性,因此,经营者要有预售意识,尽量避免损失,增加现金流。

5.酒店经营要有互联网思维,要从"全员营销"走向"全民营销"。

PART 2   反面案例

案例一   从一则差评说起

【教学目的】

1.了解 OTA,认识酒店与 OTA 之间的关系。

2.使学生懂得,只要酒店上、下对客人的每一条差评都重视了,都能够站在客人角度寻找问题,然后举一反三、由点及面地加以改正,就不怕得不到客人的好评。

【案例回放】

"这是我住过的五星级酒店中最差的一家!"

对着电脑网评上这短短的一行字,于总拧紧眉头定定地看了许久。

"通知前厅部、客房部、营销部和公关传媒部经理到我这里来。"声音虽然不大,但可以感觉到于总情绪不佳。

不一会儿，该来的经理都来了。于总冷冷地问大家："知道什么事找你们了吧？"

"知道了。"几位经理不约而同地回答，因为他们每天一上班都要上网浏览网评。

究竟因为什么事情这么紧急地召集大家来开会呢？话还要从几天前接待的一位来自北京的秦女士说起。

秦女士在三天前的傍晚抵店。她告诉总台服务员，她是通过 OTA 预订并已在网上付款。总台服务员查找了一下资料后告诉她："秦女士您好，根据资料显示，您预订的是明后两天的行政楼层单人间，我们已经为您预留。您提前到店，而现在没有行政楼层单人间给您，并且今天晚上客房爆满，只剩下一间套房了，建议您今晚先住套房，明晚再转到行政楼层单人间，您看可以吗？"

秦女士听后着急起来，声音有点失控："怎么会是预订的明天呢？ 明明定的是从今天开始住的呀，请你看清楚！"

"没错，您定的是明天开始入住的。"说完，总台服务员请秦女士看她自己当时下的单。

"那是我把时间搞错了，不怪你们。今晚就先住套房吧。不过，能不能给我按预订的房费算，不要再加钱了呢？"秦女士也知道套房费用要比单间高，所以才有此要求。

总台服务员经过请示，结果没有完全达到秦女士的愿望，只是打了折，可是与她的要求还是相差了 500 元，秦女士心里虽然不爽，但也只好接受。

这时正值冬天，酒店按规定房间供暖温度为 19 ℃。秦女士第二天向大堂副理投诉："由于房间温度不够高，也找不到加盖的棉被，加上一上床就睡着了，今天感冒了。"虽然大堂副理向她道歉，同时告诉她可以向客房服务中心打电话要求送被子，但秦女士还是表示十分不满。她说："我住过的五星级酒店，还从来没见过壁柜里没有加盖棉被或毛毯的。"

考虑到客人的投诉合理，大堂副理当天就将此情况做了汇报，客房部第二天就往秦女士住的行政楼层单人间送去毛毯，并在开夜床时为秦女士铺上。与此同时，总经理做了批示：将秦女士多付的 500 元予以退还，由大堂副理对秦女士提出的意见表示接受并深表谢意，秦女士当场也不再表示不满。

按理说，为秦女士做了后续弥补工作，秦女士也该满意了，怎么"人走茶凉"，隔天就在网评上给了差评呢？ 几位经理都觉得这个秦女士真是"忘恩负义""不近人情"。

然而，于总对这几位经理的议论有不同看法："我觉得倒要感谢她的'忘恩负义'和'不近人情'，她的一句差评，使我们清醒。的确，哪一家五星级酒店衣橱里不备有加盖毛毯呢？"

于总接下来转头问客房部经理："现在每个房间的衣橱里都配进加盖毛毯了吗？"

"哦，还没有。"客房部经理满脸通红。

"为什么呢？"

"我以为就是个别客人需要。如果有人要，也会打电话到房务中心的。"

于总紧抓不放："秦女士打电话了吗？ 没有，为什么呢？ 也许是因为人家怕麻烦。如果衣橱里本来就有毛毯，她自己顺便加盖了，就没有后面的感冒。即使她自己没有加盖而感冒，也不至于投诉吧。所以，我们要站在客人的角度去想问题，要懂得举一反三、由点及面去改进工作啊。"大家一个个低下了头。

于总问前厅部经理:"秦女士预订之后,我们与她确认过入住时间等问题吗?"

"由于OTA没有把秦女士电话给我们,我们无法与秦女士联系,只好提前一天打电话给OTA确认,但是通过总机转分机,一直没人接听。后来我们想,以前都没出过问题,这次应当也不会有事,所以就没有再联系了。谁能想到客人自己下错单了呢。"前厅部经理无奈地说。

于总转而问公关传媒部经理:"你们知道该怎么做了吧?"

"知道,立即跟进,网上'消毒'。"

"对。不过要注意,态度要诚恳,要实事求是。该检讨的要深刻检讨,该表示改进决心的要坚定表示。"

于总最后还是给大家做了一番鼓励:"一则差评不可怕,怕的是大家对此不以为然、无动于衷。如果我们改进到位了,产品和服务质量上去了,不怕客人不给好评,也不怕挽回不了秦女士差评的负面影响。"

【案例点评】

本案例的于总给大家上了一堂很好的教育课。于总说得好:"一则差评不可怕,怕的是大家对此不以为然、无动于衷。"俗话说,亡羊补牢未为晚矣。只要酒店上下对客人的每一条差评都重视了,就能站在客人的角度寻找问题,然后举一反三、由点及面地加以改正,不怕得不到客人的好评。

各种原因导致很多酒店依赖OTA,OTA担心酒店跳过他们直接与客人联系下单,所以通常不给酒店预订客户的通信信息,这实属正常。酒店应当考虑的是如何把线上的客人转化为线下自己的"粉丝"。为此,除了在旅客登记单上请客人留下电话号码外,更重要的是要通过优异的产品和服务来增强酒店与客人的黏性,使之成为你的忠诚客户,并且为你带来更多的客人。

顺便说一句,现在客人通过网上预订已成趋势,酒店也希望通过OTA宣传自己,所以许多酒店也乐于与OTA合作。不过,给OTA的价格一般都低于门市价格(或高于协议价),还要支付佣金。所以,酒店应将降低对OTA的依赖度、减少给OTA的房间数及佣金和提高给OTA的房价(防止线下客人倒回线上)作为追求的目标。为此,酒店就要"打铁还须自身硬"了。

【对管理者的启迪】

1.差评难以避免,只要酒店上下对客人的每一条差评都重视了,就能站在客人的角度寻找问题,然后举一反三、由点及面地加以改正,不怕得不到客人的好评。

2.酒店应当降低对OTA的依赖度,应当为如何把线上的客人转化为线下自己的"粉丝"而努力,为此,酒店必须有高质量的产品提供给客人。

3.冬季19 ℃的温度太低,客房温度可调高到22~24 ℃。

案例二　订了××酒店，员工却让客人去住民宿

【教学目的】

1.培养酒店服务中的沟通意识。

2.真正理解"客人至上"的服务理念。

【案例回放】

暑假期间我与家人自驾前往福建旅游，我们按原计划在武夷山游玩两天后，为了观看著名的山水实景舞台剧《印象大红袍》，我们预订了离剧院非常近的维也纳国际酒店，8月10日在携程App上下单8月11日晚五间房入住。

8月11日下午，我们离开武夷山景区，在5:00左右抵达酒店办理入住。在check in时，前台服务人员没能在第一时间找到我的订单信息，两位员工搜查了好一会儿才找到，接着告知我酒店没有足够的房间供我们入住，最多只有四间房，意味着我们有两个人无法入住，我当即向前台提出质疑："订单是昨天下的，房间是可以给我们整晚保留的，更何况我们今天又是在6:00前抵达的，这明显是你们的问题。"一名员工向我表示歉意，并说明酒店确实已无更多的房间，高等级的也已全部售完。我带着怒意要求退房，一家人分开住，很不方便，而且有老人小孩，游玩了一天大家都很疲惫了，又还未吃晚饭，被无端耽误，我更加生气了。此时另一名员工对我说："小姐，实在不好意思，我们昨天的订单没有及时处理，我们向经理请示一下，请您在大厅稍作休息，我们尽快给您答复。"一名接待员把我们请到大堂的沙发上，并端来热茶和小饼干，给两个小孩拿来了糖果。我的情绪也稍微平静了一点。

10分钟后，一位经理走了过来，第一时间表达了歉意，并提出可以腾出一间业主房供我们入住，我再次向他确认是否能保证有足够房间，以免最后有变故导致要分酒店入住。他再三确认并致歉，请我们先入住已有的房间休息，剩下的一间房稍后送房卡到我的房间。经理态度很好，我们就住下了。

本来以为事情已经定下来了，但没想到过了15分钟，前台服务员给我打电话，说能否请未入住的两位移步旁边的民宿住下。这家维也纳因为靠近武夷山景区，价格相对较高，跟民宿实在不是同一价位，况且前不久那位经理才跟我确认过，我们才住下的，现在又无端变卦，我当即又生气了，跟前台交涉了许久，该员工才说因为业主房需要一定的时间进行清理，担心我们久等，才让两位住进隔壁的民宿。

【案例点评】

无论是因为员工失误还是超额预订，客人预订了却没有足够房间提供，这种情况在前厅部的工作中经常遇到，此案例在处理上有可取之处。

首先，在问题出现时，前台所有员工以及接待员态度良好，不断致歉和贴心服务让客人先消气。其次，经理提出的解决方法——先腾出业主房供客人入住，也很值得借鉴。

但案例中问题的处理也暴露出酒店服务与管理中的很多问题，多次使客人失望，让客人

不满意,使投诉不断升级,造成误会,费时又费力,问题出在前厅部的一线员工身上。

(1)前台员工没有做好交班工作,导致客人订单被遗漏,出现登记时间过长且无房提供的情况。

(2)经理没有与前台服务员沟通,导致对客人的说辞不一致。

(3)虽然前台员工出发点是好的,但没有考虑和权衡客人的情况和要求,让客人入住隔壁民宿,没有说明原因,也没询问客人的意见,造成一定的误会,又耽误了大家的时间。

(4)管理人员先是答应安排客人入住业主房,后又以"没有打扫好房间"为借口(显然不合常理),要求客人入住隔壁民宿,估计内部缺乏沟通或沟通不到位,最终导致投诉升级。

【对管理者的启迪】

1.所有服务出现的问题,说到底还是管理问题。没有严谨科学的规范,包括制度、程序和规定等,就不可能有优质的服务。

2.以客人满意为前提,要对一线员工进行服务意识和沟通艺术的培训,培养处理客人投诉、解决实际问题的能力。

3.在酒店经营中,不仅服务人员要有服务意识,而且管理人员和酒店业主也要有服务意识和宾客意识,从业主到服务人员,"客人至上"的理念要真正落实到酒店服务和经营活动之中。

案例三　这20万元赔得冤枉吗

【教学目的】

1.培养学生的安全意识。
2.了解酒店对突发事件处理方式的不同可能导致的不同后果。
3.掌握酒店紧急事件处理方法及危机管理方法。

【案例回放】

集团公司的品牌管理部欧阳总监,最近被一桩烦心事弄得焦头烂额。欧阳总监决定,这次事件处理完后,一定要给董事长建议,今后千万不要再压缩人员和减少培训资金的开支了。

事情得回到两天前,法院终于下了判决书,一段旷日持久的人身伤害索赔案,终于画上了一个句号。

起因是两年前张先生从外地来北京出差,入住集团旗下酒店后,突发脑出血死亡。家属将酒店起诉至法院,要求公开赔礼道歉并赔偿损失70余万元。北京市海淀区人民法院最后判决酒店赔偿20万元。

两年前张先生来北京出差,入住了集团旗下的快捷连锁酒店。其间,张先生在酒店门口站立不稳,倒地昏迷,工作人员查看后未予理睬。其他客人发现后,告知了前台工作人员,酒店工作人员将张先生扶至大堂沙发处,未采取任何措施便回到前台。张先生不断咳嗽呕吐,工作人员仍未采取任何措施。40 分钟后,工作人员才拨打了急救电话,急救人员到达现场并将张先生送往医院。几天后,张先生在医院死亡,死因为脑出血。

当时酒店方辩称,自己作为快捷酒店,对客人没有特别照顾的义务。张先生是患病死亡,非普通人可以识别。在发现其身体不适后,员工采取了适当的救助措施,尽到了安全保障义务。

法院经审理认为,《中华人民共和国侵权责任法》第三十七条规定了从事住宿等经营活动的自然人、法人或者其他组织的安全保障义务。违反安全保障义务产生的责任是不作为责任。张先生作为酒店的客人,其独自在酒店内发生身体不适,工作人员发现后未及时采取有效措施,于 40 分钟后才拨打急救电话,对治疗造成了一定延误,应承担相应的赔偿责任。具体赔偿比例由法院根据酒店在此事件中的过错程度予以酌定。最终法院判决酒店赔偿张先生家属各项经济损失共计 20 万元。

法院的判决下来了,酒店觉得冤枉,但也认了。可是欧阳总监却觉得事情还没有完,因为由于下属加盟连锁酒店的员工不及时作为,给集团的品牌造成了一定的损害。是否可以由集团投入较多的培训基金,提升员工的安全防范意识呢? 欧阳总监陷入了深深的思考……

【案例点评】

这是一宗发生在酒店的安全事件。从本案例看,显然主要是客人自身的问题,所以,法院对酒店判 20 万元的赔偿责任,酒店感到很冤枉。尽管这样,酒店也不是没有一点责任,酒店的责任在于没有对客人做到"合理照顾"。客人的生命高于一切,酒店即使没有医生,也要及时拨打 120 将客人送往医院救治。

对员工进行安全意识以及安全问题的紧急处理方面的培训,显然是很有必要的,但为此要求集团投入大量资金没有必要。

【对管理者的启迪】

1.在中国,永远是"稳定压倒一切",法律的天平永远是倾向"弱者"一方的,在酒店和客人之间,客人被认定为弱者,所以,酒店方面常常会感觉很冤,但也必须服从法律。这是中国的国情,酒店人必须清楚。

2.酒店尽量不要打官司,要把问题消灭在萌芽状态,否则不仅会给酒店带来经济上的损失(法院通常同情"弱者"),还会对酒店的品牌造成损害。

3.任何手上的工作,都没有比抢救人的生命来得更重要。

4.需要对员工进行安全意识以及安全问题的紧急处理方面的培训。

5.告诫员工必须将处理有风险事宜放在第一位,既为自身减少内疚,也为酒店规避风险。

本章案例讨论

这锅我背、这错我改、员工我养

——来自海底捞"老鼠门"事件的思考

2017年8月26日是酒店管理公司的张总继续给这家五星级酒店领班以上人员讲课的日子。下午的课是《酒店危机公关》，张总早早就来到酒店培训室，打开电脑后，张总没有像往常一样立刻开始讲课，而是把电脑连到了外部网络上，让这些管理人员看了一则昨天的新闻：两门店因"老鼠门"事件停业，海底捞忙扩张埋下隐患。

大家都还不知道这件事情，于是跟着张总电脑上的鼠标浏览着网页里的内容：

今日，有媒体曝光海底捞北京劲松店、太阳宫店存在老鼠在后厨地上乱窜、打扫卫生的簸箕和餐具同池混洗、用顾客使用的火锅漏勺掏下水道等问题。四川海底捞餐饮股份有限公司下午在官方微博做出回应，称媒体报道中披露的问题属实，公司对此十分愧疚，向顾客表示诚挚的歉意。海底捞已布置所有门店进行整改，并会后续公开发出整改方案。

海底捞在"老鼠门"事件爆发3小时后发表了致歉信。2个多小时后，海底捞又对这一危机发布了7条处理通报。上午，海底捞沦陷；下午，海底捞逆袭。有人将海底捞的反应归纳为三个词：这锅我背、这错我改、员工我养。

海底捞"处理通报"中第6条，让很多人大跌眼镜——"涉事停业的两家门店的干部和职工无须恐慌，你们只需按照制度要求进行整改并承担相应的责任。该类事件的发生，更多是公司深层的管理问题，主要责任由公司董事会承担。"

随着张总鼠标的点击，各位管理干部一下子了解了"老鼠门"事件的来龙去脉。

这时，张总开始说话了："因为昨天正好发生了这件事，表面上看，这是个火锅店，不是我们酒店，但它跟我们酒店的餐饮部，不是一个样吗？所以今天我们这个课就专门讨论一下这个案例。大家觉得海底捞的公关做得好吗？他还应该如何做？"

质检培训部王经理首先提出了自己的看法："当然，我承认，从公关的角度来看，海底捞的这次公关确实做得很好，但很多人选择原谅海底捞的原因是：中国的餐厅不都这样吗？总比路边摊干净吧，海底捞已经算是好一点的了。"

销售部的何经理也站在王经理这一边："我们是做销售的，我们最怕酒店出一单这样的事，要知道出一单这样的事，我的客户会用口水把我淹没的。海底捞就应该吸取教训，重点应放在对厨房的整改上而不是如何技巧地进行危机公关！"

案例讨论：

如何评价海底捞的危机公关？

补充与提高

参加五星级酒店午宴的是 100 个流浪汉

那是 2017 年 6 月，澳大利亚一家咨询公司兰利集团在洲际酒店预订了一场豪华的午餐宴会。因为这场午餐会是兰利公司用来招待重要客户的，约 100 人的规模，来的都是金主，所以他们特地把午宴选在了这个老牌的五星级酒店里，并且很早就把菜品、酒水等都确定好了：人均 400 美元标准，一共 100 人。

兰利公司当时就爽快地把钱付了。

可是，天有不测风云。一周后，兰利公司内部安排突然出现变动，大 Boss 一声令下，这场午餐会取消。

"取消午餐会？钱都付了啊！"负责预订的经理当时就懵了……

于是，经理赶紧给洲际酒店的预订部打电话："不好意思啊，能不能帮我们取消下周三预订的午餐会……"

可是，洲际酒店方面的态度，却是坚决的……

"Sorry，这个真不行！不管你来不来，钱是绝对不能退的！"

兰利公司的经理一听，钱不能退，就更着急了："4 万元美金可不是小数目啊，哪怕退一半也行啊！"

可是洲际酒店坚持要严格按照预订条款来执行，为了他们这场声势浩大的午餐会，酒店已经推掉了其他的预订，这个风险和损失，酒店是不背的。

一周之内退订，一分钱也不退！

澳大利亚人就是这么守规矩……

兰利公司的经理这下郁闷了，这洲际酒店也太坑了！"这钱要是真的要不回来，就要你好看！公司既然花了钱，就要让公司的付出有所回报！"

公司品牌策划经理灵机一动，计谋来了，既能让洲际酒店难堪一下，也能让公司的付出物超所值。

于是，2017 年 6 月的那个中午，她叫来了 100 个流浪汉，冲进了洲际酒店……

兰利公司的经理梅赫塔在知道餐费不能退还之后，也想过很多方法，比如把午餐会改成公司的内部聚会之类的。但是时间有限，匆匆忙忙搞个不伦不类的聚会也是徒劳。梅赫塔觉得老板一定希望钱既然已经花出去了，不能草草了事，要发挥最大的价值。

于是，她想到了那些最需要一顿美食的人：流落街头、食不果腹的人，他们可能一辈子都没有机会走进一家五星级酒店，尝一口精致甜美的点心，吃一块鲜嫩多汁的牛排，这些对自己来说习以为常的工作餐，对另一些人来说可能是用来回味一生的享受。

她不打算再做别的安排，只想把这场精心安排的午餐送给慈善机构，邀请 100 名穷苦的

homeless 来享用这顿免费的午餐。

首先,他们需要告知酒店!

洲际酒店可不是一般的小酒店。作为全球知名的高档连锁酒店,可以说是往来无白丁。澳大利亚的这家洲际酒店位于大名鼎鼎的金融街 Collins Street 上,平时进进出出的都是高级白领和金领⋯⋯

这里的餐厅更是高贵优雅、纤尘不染。这一下子要来 100 个 homeless⋯⋯想想也是很崩溃! 可是,万万没想到,洲际酒店的工作人员竟然二话不说就答应了。餐厅的经理非常职业地对梅赫塔说:"宴会是您订的,您的客人就是我们的客人,人无贵贱、来者是客,请相信我们的服务!"

洲际酒店在得知兰利公司这个特别的安排之后,决定免费升级餐饮标准,不仅有主厨拿手的鸡腿和牛肉,还做了别的精心搭配⋯⋯

总之,就是要让每一位特殊的来宾,吃出幸福感!

最用心的一点是:因为他们知道澳大利亚的很多孩子会选择当服务员来打工挣学费,所以他们给这些流浪的孩子们安排了一次特别的参观之旅,让这帮孩子了解在一家五星级酒店的工作是怎样的,酒店更是愿意提供机会让他们学会谋生。为了给这些 homeless 一个美好的机会,兰利公司、慈善机构、洲际酒店,都在用心地忙碌着⋯⋯

Home of Welcome 的负责人告诉梅赫塔,一些 homeless 在得知可以去洲际酒店的时候激动得哭了,这真的是他们做梦都没有想过的好事。他们拿出自己仅有的一套体面的衣服反复问:"我可不可以?"

他们都是一群被社会遗弃的人。

也许这是唯一一次觉得自己被重视了。

为了给这些 homeless 一个美好的记忆,慈善机构还专门包了一辆电车。这样,他们可以在吃饭前好好游览一遍这个温暖的城市,也不用在寒风中走着去赴宴,因为今天他们每一个人都是贵宾。

当走进这个富丽堂皇的五星级酒店时,年幼的孩子们又蹦又跳,而那些吃尽苦的 homeless 却都犹豫了⋯⋯有的是因为自卑而局促,有的是因为感慨美得太不真实,有的是想让这个梦长一点、慢一点⋯⋯

穿着精致、满脸热情的服务生主动迎接他们,把他们带到了早就布置好的宴会厅。

主厨已早早地等在餐厅,为他们介绍各种美食。这些他们听都没有听过的食物名字,在那一刻却温暖而熟悉!

虽然他们中有的已经很多天没有吃过一顿饱饭,早已经饥肠辘辘,但每一个 homeless 都自觉地排着队,小心翼翼地夹取食物⋯⋯

100 名 homeless 和慈善机构的工作人员围坐在一起,像家人朋友一样,谈论着自己未来的打算。一群本以为没有未来的人,突然间对未来有了憧憬。

梅赫塔怎么都没有想到,自己这个决定能带给这么多人幸福和快乐,甚至有可能改变这些孩子的人生。他们同样善良,同样有爱,同样值得拥有幸福和快乐。如果能在他们最困难的时候给他们一点希望,那比什么都珍贵。

参考文献

[1] 刘伟.酒店客户管理[M].重庆:重庆大学出版社,2020.

[2] 刘伟.酒店管理[M].2 版.北京:中国人民大学出版社,2018.

[3] 刘伟.前厅与客房管理[M].4 版.北京:高等教育出版社,2018.

[4] 刘伟.酒店前厅与客房部运行与管理[M].北京:中国旅游出版社,2017.

[5] 刘伟.酒店前厅管理[M].重庆:重庆大学出版社,2018.

[6] 刘伟.酒店客房管理[M].重庆:重庆大学出版社,2018.

[7] 刘伟.旅游学[M].北京:高等教育出版社,2014.

[8] 刘伟.旅游概论[M].4 版.北京:高等教育出版社,2019.

[9] 刘伟.现代饭店房务运营与管理[M].最新版.北京:中国旅游出版社,2018.

[10] 田玉堂.21 世纪瑞海姆国际旅游度假村经营模式[M].北京:中国旅游出版社,2000.